Buch-Updates
Registrieren Sie dieses Buch auf unserer Verlagswebsite. Sie erhalten dann Buch-Updates und weitere, exklusive Informationen zum Thema.

Galileo
BUCH UPDATE

Und so geht's
> Einfach www.galileocomputing.de aufrufen
<<< Auf das Logo **Buch-Updates** klicken
> Unten genannten **Zugangscode** eingeben

| Ihr persönlicher Zugang zu den Buch-Updates | 06GP76911062 |

Marcus Fischer
Rainer Hattenhauer

Ubuntu Linux
Grundlagen, Anwendung, Administration

Galileo Computing

Liebe Leserin, lieber Leser,

Ubuntu ist das, was sich viele User lange gewünscht haben: ein Betriebssystem, das sie mit ein paar Tastendrucken installieren können, das ihre komplette Hardware problemlos erkennt, stabil läuft, sich intuitiv bedienen lässt, übersichtlich ist und ihnen alle Funktionen und Programme bietet, die Sie für ihre tägliche Arbeit brauchen. Sicher haben Sie mit anderen Betriebssystemen bisher andere Erfahrungen gemacht. Und vielleicht ist das auch der Grund, warum Sie sich für Ubuntu interessieren.

Mark Shuttleworth und Canonical haben mit diesem auf Debian GNU/Linux basierenden System ganze Arbeit geleistet. Sie werden nicht enttäuscht sein. Genauso wenig wird Sie dieses Buch enttäuschen, wenn Sie von der Installation bis zur Administration alles über Ubuntu wissen möchten.

Rainer Hattenhauer und Marcus Fischer sind nicht nur Linux-Experten, sondern selbst begeisterte Ubuntu-Nutzer. Mit Begeisterung und Energie haben Sie auch dieses Buch geschrieben. Sie wissen, was User interessiert und wie sie es verständlich vermitteln.

Dieses Buch wurde mit großer Sorgfalt geschrieben, lektoriert und produziert. Sollte dennoch etwas nicht so funktionieren, wie Sie es erwarten, dann scheuen Sie sich nicht, sich mit mir in Verbindung zu setzen. Ihre Anregungen und Fragen sind jederzeit willkommen.

Ich wünsche Ihnen viel Vergnügen beim Lesen! Und viel Spaß mit Ubuntu!

Ihr Jan Watermann
Lektorat Galileo Computing

jan.watermann@galileo-press.de
www.galileocomputing.de

Galileo Press • Rheinwerkallee 4 • 53227 Bonn

Auf einen Blick

	Vorwort	15
	Teil 1 Einstieg in Ubuntu	
1	Ubuntu Linux – Überblick	21
2	Installation	51
3	Der Ubuntu Desktop	95
4	Hardwarekonfiguration	133
5	Installation weiterer Software	185
6	Informationen und Hilfe	205
	Teil 2 Ubuntu in der Praxis	
7	Anwendersoftware	217
8	Netzwerktechnik	279
9	Programmierung und Design	331
	Teil 3 Ubuntu für Administratoren	
10	Systemverwaltung	357
11	Sicherheit	377
	Teil 4 Ubuntu optimieren	
12	Kompilierung von Systemsoftware	413
13	Ubuntu und aktuelle Hardware	433
	Teil 5 Referenz	
14	Übersicht: Software für (K)Ubuntu	457
15	Befehlsreferenz Ubuntu Linux	467
	Anhang	
A	Ubuntu im VMPlayer	555
B	Mark Shuttleworth	559
	Index	577

Der Name Galileo Press geht auf den italienischen Mathematiker und Philosophen Galileo Galilei (1564–1642) zurück. Er gilt als Gründungsfigur der neuzeitlichen Wissenschaft und wurde berühmt als Verfechter des modernen, heliozentrischen Weltbilds. Legendär ist sein Ausspruch »Eppur se muove« (Und sie bewegt sich doch). Das Emblem von Galileo Press ist der Jupiter, umkreist von den vier Galileischen Monden. Galilei entdeckte die nach ihm benannten Monde 1610.

Lektorat Jan Watermann
Korrektorat Sabine Düwell, Bonn
Herstellung Steffi Ehrentraut
Satz Claudia Schulz
Einbandgestaltung Barbara Thoben, Köln
Druck und Bindung Koninklijke Wöhrmann B.V., Zutphen, Niederlande

™ Ubuntu and the Ubuntu logo are registered trademarks of Canonical Ltd.

Dieses Buch wurde gesetzt aus der Linotype Syntax Serif (9,5/13,5 pt) in LaTeX. Gedruckt wurde es auf fein holzhaltigem Naturpapier.

Gerne stehen wir Ihnen mit Rat und Tat zur Seite:
jan.watermann@galileo-press.de bei Fragen und Anmerkungen zum Inhalt des Buches
service@galileo-press.de für versandkostenfreie Bestellungen und Reklamationen
stefan.krumbiegel@galileo-press.de für Rezensions- und Schulungsexemplare

---

Bibliografische Information Der Deutschen Bibliothek
Die Deutsche Bibliothek verzeichnet diese Publikation in der Deutschen Nationalbibliografie; detaillierte bibliografische Daten sind im Internet über http://dnb.ddb.de abrufbar.

ISBN 3-89842-769-2

© Galileo Press, Bonn 2006
1. Auflage 2006

Das vorliegende Werk ist in all seinen Teilen urheberrechtlich geschützt. Alle Rechte vorbehalten, insbesondere das Recht der Übersetzung, des Vortrags, der Reproduktion, der Vervielfältigung auf fotomechanischem oder anderen Wegen und der Speicherung in elektronischen Medien. Ungeachtet der Sorgfalt, die auf die Erstellung von Text, Abbildungen und Programmen verwendet wurde, können weder Verlag noch Autor, Herausgeber oder Übersetzer für mögliche Fehler und deren Folgen eine juristische Verantwortung oder irgendeine Haftung übernehmen. Die in diesem Werk wiedergegebenen Gebrauchsnamen, Handelsnamen, Warenbezeichnungen usw. können auch ohne besondere Kennzeichnung Marken sein und als solche den gesetzlichen Bestimmungen unterliegen.

Inhalt

Vorwort **15**

Teil 1 Einstieg in Ubuntu

1 Ubuntu Linux – Überblick 21

1.1 Ubuntu – das menschliche Linux 21
    1.1.1 Die Philosophie hinter Ubuntu 22
    1.1.2 Ursprung 23
    1.1.3 Ubuntu und Debian 25
    1.1.4 Der wirtschaftliche Hintergrund 26
    1.1.5 Varianten von Ubuntu 27
    1.1.6 Weitere Projekte von Canonical 30
    1.1.7 Ubuntu im Download 32
    1.1.8 Werden Sie doch Kammerjäger! 33
1.2 Die Struktur des Ubuntu Linux Systems 33
    1.2.1 Softwarekategorien 33
    1.2.2 Ubuntu und die Sicherheit 34
    1.2.3 Stabilitätsstufen 34
    1.2.4 Ubuntu versus Debian 35
    1.2.5 Hardwareplattformen und Systemanforderungen 35
1.3 Die Ubuntu Community 36
1.4 Die Zielgruppe von System und Buch 37
1.5 Das Howto zum Buch 38
    1.5.1 Formalia 38
    1.5.2 Zum Aufbau des Buchs 41
    1.5.3 Die DVD zum Buch 43

2 Installation 51

2.1 Vorbereitungen 51
    2.1.1 Beschaffung der Installationsmedien 51
    2.1.2 Sicherung der persönlichen Daten 52
    2.1.3 Systemcheck 52
    2.1.4 Internetzugang vorbereiten 53
    2.1.5 Verkleinerung einer Windowspartition 53
    2.1.6 Bootvorbereitungen im BIOS 55

2.2	Eine kommentierte Installation		57
	2.2.1	Startbildschirm und erweiterte Startoptionen	58
	2.2.2	Start des Installationssystems	60
	2.2.3	Sprach- und Tastatureinstellungen	61
	2.2.4	Start der Installationsroutine/Netzwerkerkennung	62
	2.2.5	Partitionierung	64
	2.2.6	Aufteilung der Platte und Partitionsgrößen	68
	2.2.7	Abschluss der Partitionierung	69
	2.2.8	Aufspielen der Pakete/Abschlusskonfiguration	69
	2.2.9	Systemzeit	70
	2.2.10	Standardbenutzer anlegen	71
	2.2.11	Konfiguration des Paketsystems und Bootloaders	72
	2.2.12	Reboot und Abschluss der Installation	72
2.3	Nacharbeiten und Feintuning		75
	2.3.1	Einrichtung der Paketverwaltung	75
	2.3.2	Internetverbindung prüfen	76
	2.3.3	Aktualisierung des Systems	79
	2.3.4	Anpassung des Grafiksystems	80
	2.3.5	Lokalisierung	81
	2.3.6	(Neu-)Konfiguration des Bootloaders	82
2.4	Spezielle Installations-Szenarien		82
	2.4.1	Ubuntu mit KDE-Desktop: Kubuntu	82
	2.4.2	Hinweise zur Installation auf einem Laptop	84
	2.4.3	Minimalinstallation/Serverinstallation	85
	2.4.4	Installation auf externen USB-Medien	86
	2.4.5	Einrichtung von LVM	88
	2.4.6	Ubuntu in virtuellen Umgebungen	92

3   Der Ubuntu Desktop   95

3.1	GNOME – der Standard		96
	3.1.1	gdm – der Login-Manager	96
	3.1.2	Die Arbeitsfläche	97
	3.1.3	Wichtige Hilfsprogramme	100
	3.1.4	Zugriff auf Ressourcen	104
	3.1.5	Personalisieren des GNOME-Desktops	106
3.2	KDE – die Alternative		108
	3.2.1	kdm – der Login-Manager	109
	3.2.2	Die Arbeitsfläche	109
	3.2.3	Programme starten	111
	3.2.4	Wichtige Hilfsprogramme	111
	3.2.5	Zugriff auf Ressourcen	114
	3.2.6	Personalisieren des KDE-Desktops	114
3.3	Systemadministration für Einsteiger		116
	3.3.1	Ein Benutzer namens Root...	116
	3.3.2	Nützliche Shellwerkzeuge	118

	3.3.3	Eine Übung zur Administration	120
3.4		**Tipps und Tricks zum Desktop**	**122**
	3.4.1	GNOME-Tipps	122
	3.4.2	KDE-Tipps	126
3.5		**Weitere Desktopmanager**	**129**
	3.5.1	xfce	129
	3.5.2	icewm	130
	3.5.3	twm	130

4   Hardwarekonfiguration   133

4.1		**Vorwort: Linux und Hardware**	**133**
4.2		**Netzwerk und Internet**	**135**
	4.2.1	Netzwerkkarte	135
	4.2.2	Internetzugang per DSL und Router	138
	4.2.3	Direkter Anschluss eines DSL-Modems	139
	4.2.4	ISDN	141
	4.2.5	Zugang per Modem	143
4.3		**Feintuning des X Grafiksystems**	**147**
	4.3.1	NVIDIA Treiber installieren	148
	4.3.2	ATI Treiber installieren	150
	4.3.3	Änderung der Auflösung	152
4.4		**Standardhardware anpassen**	**153**
	4.4.1	Eingabegeräte	153
	4.4.2	Drucker	155
	4.4.3	Scanner	159
	4.4.4	CD-/DVD-Laufwerke	162
4.5		**WLAN einrichten**	**163**
	4.5.1	Ein wenig Theorie	163
	4.5.2	Basiskonfiguration	164
	4.5.3	WPA-Verschlüsselung einrichten	166
4.6		**Bluetooth einrichten**	**168**
	4.6.1	Installation	168
	4.6.2	Dateiaustausch mit einem Mobiltelefon	168
	4.6.3	Synchronisation mit Evolution	169
4.7		**Ubuntu und Multimediahardware**	**169**
	4.7.1	Das Soundsystem	170
	4.7.2	TV-Hardware nutzen	172
4.8		**Externe Geräte nutzen**	**176**
	4.8.1	Webcams unter Ubuntu	176
	4.8.2	Eine digitale Fotokamera anschließen	177
	4.8.3	Anschluss eines CamCorders	179
	4.8.4	Datenaustausch mit dem PDA	180

5 Installation weiterer Software 185

5.1	Vorwort: Software unter Linux/Ubuntu	185
5.2	Varianten der Softwareinstallation	186
	5.2.1 Explizite Setup-Skripte	186
	5.2.2 tarballs (Tar-Archive)	186
	5.2.3 Der Debian/Ubuntu-Weg	187
	5.2.4 Repositories	188
5.3	Paketmanager unter Ubuntu	190
	5.3.1 APT	190
	5.3.2 Synaptic	191
	5.3.3 Lokales Repository mit Synaptic verwalten	193
	5.3.4 Die Ubuntu Aktualisierungsverwaltung	194
	5.3.5 Die Ubuntu Anwendungsverwaltung	195
	5.3.6 Kynaptic – die KDE-Lösung	196
5.4	Quellenstudium und -pflege	196
	5.4.1 Manuelles Editieren der Datei sources.list	196
	5.4.2 Externe Quellen	198
	5.4.3 Ubuntu Backports	199
	5.4.4 GPG-Schlüssel importieren	200
	5.4.5 Update auf CD	201
	5.4.6 Das System aufräumen	202

6 Informationen und Hilfe 205

6.1	Integrierte Hilfe	205
6.2	Informationen aus dem Internet	207
6.3	Bücher, eBooks, OpenBooks	210

Teil 2 Ubuntu in der Praxis

7 Anwendersoftware 217

7.1	Internetsoftware	217
	7.1.1 Browser	217
	7.1.2 E-Mail Clients	221
	7.1.3 Newsreader	225
	7.1.4 Chatprogramme	228
7.2	Büroanwendungen	231
	7.2.1 OpenOffice Writer	232
	7.2.2 OpenOffice Calc	235
	7.2.3 OpenOffice Impress	238

	7.2.4	OpenOffice Base/Datenbanken	239
	7.2.5	Organisationssoftware	241
	7.2.6	Viewer und Wörterbücher	242
7.3	**Grafikprogramme**		244
	7.3.1	Vektorgrafik	244
	7.3.2	Desktop Publishing (DTP)	247
	7.3.3	Bitmaps bearbeiten: The Gimp	248
	7.3.4	Verwaltung digitaler Fotos	249
7.4	**CDs und DVDs erstellen und brennen**		252
	7.4.1	Brennen von der Kommandozeile	252
	7.4.2	Eingebaute Brennprogramme	253
	7.4.3	Komfortable Brennprogramme	254
7.5	**Multimediaanwendungen**		257
	7.5.1	Codecs und rechtliche Aspekte	257
	7.5.2	Wiedergeben von Audio-CDs	258
	7.5.3	Encodieren von Audiomaterial	259
	7.5.4	Bearbeitung von Audiodateien	260
	7.5.5	Videomaterial wiedergeben	262
	7.5.6	Videoschnitt	267
	7.5.7	VDR – ein digitaler Videorekorder	268
7.6	**Fremdsoftware unter Ubuntu Linux**		271
	7.6.1	Windowsprogramme unter Linux	271
	7.6.2	Javaprogramme unter Linux	273

8 Netzwerktechnik 279

8.1	**Grundlagen**		279
	8.1.1	Netzwerktest	280
	8.1.2	Routing	281
	8.1.3	Netzwerküberwachung	282
	8.1.4	Probleme mit der Namensauflösung	284
8.2	**Datentransfer in Linux/UNIX-Netzen**		285
	8.2.1	Basiskommunikation mit SSH	285
	8.2.2	NFS einsetzen	288
	8.2.3	FTP-Server nutzen	290
	8.2.4	Datenaustausch über Peer-to-Peer-Netze	292
8.3	**Datentransfer in heterogenen Netzen**		294
	8.3.1	Zugriff auf Windows-Freigaben	294
	8.3.2	Manuelles Einbinden einer Windows-Freigabe	295
	8.3.3	Linux als Windowsserver (Samba)	296
8.4	**Remoteadministration**		301
	8.4.1	Einen SSH-Tunnel aufbauen	301
	8.4.2	Den Ubuntu-Desktop exportieren	302
	8.4.3	Virtual Private Networking (VPN)	306
8.5	**Serveranwendungen**		310

	8.5.1	Einen Nameserver einrichten	310
	8.5.2	Einen Webserver aufsetzen	312
	8.5.3	Installation von MySQL	314
	8.5.4	Ein einfacher FTP-Server	316
	8.5.5	Der Squid Proxyserver	318
	8.5.6	CUPS für Administratoren	320
8.6	**Echtzeit-Kommunikation**		**322**
	8.6.1	Internettelefonie	322
	8.6.2	Videokonferenzen	326

9 Programmierung und Design — 331

9.1	**Programmiersprachen**		**331**
	9.1.1	Interpretersprachen	331
	9.1.2	Compilersprachen	334
9.2	**Integrierte Entwicklungsumgebungen**		**338**
	9.2.1	Anjuta	338
	9.2.2	KDevelop	339
	9.2.3	Eclipse	340
	9.2.4	Lazarus	342
	9.2.5	Gambas	343
9.3	**Webdesign**		**344**
	9.3.1	Mozilla Composer	344
	9.3.2	Nvu	346
	9.3.3	Weitere Lösungen	347
9.4	**Professioneller Satz mit LaTeX**		**348**
	9.4.1	Installation	349
	9.4.2	Beispiele	349
	9.4.3	Integrierte Umgebungen	351

Teil 3 Ubuntu für Administratoren

10 Systemverwaltung — 357

10.1	**Ein Blick ins System**		**357**
	10.1.1	Schicht für Schicht	357
	10.1.2	Datenträger und Dateisystem	358
	10.1.3	Die fstab	359
	10.1.4	Der Verzeichnisbaum	363
10.2	**Ubuntu und die Dienste**		**366**
	10.2.1	Multitasking und Multiuser	366
	10.2.2	Runlevel	366
	10.2.3	Deaktivieren von Diensten	367

10.3	Arbeiten mit der Konsole	368
	10.3.1 Grundlagen zur Befehlseingabe	368
	10.3.2 Eingabehilfen und Tricks	369
	10.3.3 Copy and Paste leicht gemacht	369
	10.3.4 Administration leicht gemacht	371
10.4	Hardwareinformationen ausgeben	373
	10.4.1 IDE-Geräte	373
	10.4.2 SCSI-/USB-Geräte	373
	10.4.3 Eingabegeräte	374
	10.4.4 Soundkarten	374
	10.4.5 Netzwerkgeräte	374
	10.4.6 ACPI-Informationen ausgeben	374

11 Sicherheit   377

11.1	Grundlagen der Sicherung	377
	11.1.1 Medien für die Sicherung	378
	11.1.2 Neue Festplatten hinzufügen	379
	11.1.3 Partitionierung	379
	11.1.4 Partitionstabelle und Bootsektor sichern	380
	11.1.5 Partitionierung der Zweitplatte	380
	11.1.6 Verkleinerung von bestehenden Partitionen	381
	11.1.7 Partitionierung einer externen Festplatte	383
11.2	Datensicherung	383
	11.2.1 Inkrementelles Backup	383
	11.2.2 Direktes Klonen via dd	384
11.3	Ist Linux sicherer als Windows?	385
	11.3.1 Verschiedene Konzepte	385
	11.3.2 Root versus sudo	386
	11.3.3 Allgemeine Bemerkungen	389
	11.3.4 SELinux	390
11.4	Virenscanner und Firewall	391
	11.4.1 Überprüfung des Systems	391
	11.4.2 Sicherheits-Updates	394
11.5	Informationen über Ihr System	395
	11.5.1 Prozesse anzeigen	395
	11.5.2 Offene Ports anzeigen	395
11.6	Verschlüsselung	396
	11.6.1 Einrichtung des Systems	396
	11.6.2 Konfiguration der Cryptopartitionen	398
	11.6.3 Umwandlung der unverschlüsselten Partitionen	399
	11.6.4 Der erste verschlüsselte Start	400
	11.6.5 Datenspuren vernichten	401
11.7	Verschlüsseln mit GPG	401
	11.7.1 Verschlüsselung einzelner Dateien	402

	11.7.2	E-Mails verschlüsseln mit GnuPG	402
	11.7.3	Wichtige GPG Befehle	404
11.8	**Systemreparatur**		405
	11.8.1	GRUB installieren/reparieren	405
	11.8.2	Passwörter zurücksetzen	406
	11.8.3	Beschädigte Dateisysteme reparieren	407

Teil 4   Ubuntu optimieren

12   Kompilierung von Systemsoftware   413

12.1	**Sekundärsoftware aus Quellen**		413
	12.1.1	Der Linux-Dreisprung	413
	12.1.2	Reversible Installation	415
	12.1.3	Installation unter Ubuntu	415
	12.1.4	Alternativen: dh_make und fakeroot	419
	12.1.5	Zwei Beispiele zur Installation	420
12.2	**Einen eigenen Kernel bauen**		424
	12.2.1	Vorbemerkungen	424
	12.2.2	Vorbereitungen	425
	12.2.3	Kernel konfigurieren	427
	12.2.4	Kernel kompilieren	428
	12.2.5	Kernel installieren und booten	430

13   Ubuntu und aktuelle Hardware   433

13.1	**Hardwaretests**		433
	13.1.1	Etikettenschwindel	433
	13.1.2	Mehr Informationen	433
	13.1.3	Speichertest	434
	13.1.4	Festplattentest	435
	13.1.5	Weitere Hardwarekomponenten	436
13.2	**Ubuntu auf Laptops**		437
	13.2.1	Vorbemerkung	437
	13.2.2	Der Installationsvorgang	438
	13.2.3	Powermanagement und ACPI	438
	13.2.4	Das Grafiksystem anpassen	443
13.3	**Ubuntu auf 64-Bit Systemen**		444
	13.3.1	64-Bit Architekturen – eine kurze Einführung	444
	13.3.2	Installation von Ubuntu 64	444
	13.3.3	Paralleles Arbeiten mit 32-Bit Software	446
	13.3.4	Benchmarking	450

Teil 5 Referenz

14 Übersicht: Software für (K)Ubuntu — 457

- 14.1 GNOME-Programme — 457
  - 14.1.1 Internet/E-Mail/Netzwerk — 457
  - 14.1.2 Multimedia/Grafik — 458
  - 14.1.3 Datei-, Office- und Systemsoftware — 459
- 14.2 KDE-Programme — 460
  - 14.2.1 Internet/E-Mail/Netzwerk — 460
  - 14.2.2 Multimedia/Grafik — 461
  - 14.2.3 Datei-, Office- und Systemsoftware — 462
- 14.3 Vergleich: Windows- und Linuxprogramme — 463

15 Befehlsreferenz Ubuntu Linux — 467

- 15.1 Überblick — 467
- 15.2 Die Befehle im Detail — 474
  - 15.2.1 Dateiorientierte Kommandos — 474
  - 15.2.2 Verzeichnisorientierte Kommandos — 493
  - 15.2.3 Verwaltung von Benutzern und Gruppe — 494
  - 15.2.4 Programm- und Prozessverwaltung — 497
  - 15.2.5 Speicherplatzinformationen — 504
  - 15.2.6 Dateisystem-Kommandos — 506
  - 15.2.7 Archivierung und Backup — 517
  - 15.2.8 Systeminformationen — 527
  - 15.2.9 System-Kommandos — 529
  - 15.2.10 Druckeradministration — 530
  - 15.2.11 Netzwerkbefehle — 531
  - 15.2.12 Benutzerkommunikation — 544
  - 15.2.13 Bildschirm- und Terminalkommandos — 546
  - 15.2.14 Online-Hilfen — 548
  - 15.2.15 Alles rund um PostScript-Kommandos — 550
  - 15.2.16 Sonstige Kommandos — 551

A Ubuntu im VMware Player — 555

B Mark Shuttleworth — 559

Index — 575

Vorwort

Etwas Komplexes leicht verständlich erklären und es trotzdem so umfassend darzustellen, dass sowohl Anfänger als auch Fortgeschrittene ihren Nutzen daraus ziehen – das ist ein Unterfangen, welches gerade auf dem Gebiet der Bits and Bytes nicht einfach ist. Speziell auf Linux basierender Software haftet der Ruf einer umständlichen Bedienung und eines komplexen Aubaus an. Linux gilt gemeinhin als unübersichtlich und zu stark an Befehle gebunden – ein System für Spezialisten halt.

Mit Ubuntu hat eine neue Distribution das Licht der Welt erblickt, die schon auf den ersten Blick Einfachheit und Transparenz, also Nachvollziehbarkeit der einzelnen Anwendungsschritte verspricht. Ubuntu hat den Anspruch ein Betriebssystem für alle Menschen dieser Welt zu sein, für immer kostenlos und jederzeit frei verfügbar. Mit Ubuntu soll unter anderem Menschen aus ärmeren Ländern die Chance gegeben werden, mit Hilfe kostenloser Software Bildungsmöglichkeiten aufzutun und somit Wege aus der Armut zu finden.

Aber auch in unseren Breitengraden hat die Anwendung von Ubuntu durchaus seinen Reiz, nicht nur aus technologischen Gesichtspunkten. Dieses Betriebssystem hat das bescheidene Ziel alle Menschen auf dieser Welt zu verbinden, egal aus welcher wirtschaftlichen Lage sie auch kommen mögen. Sie sehen, Ubuntu hat auch eine philosophische Seite und hebt sich damit positiv von den kommerziellen Interessen großer Konzerne ab.

Dieses Buch soll Ihnen den Einstieg in Ubuntu erleichtern, die Welt dieses Betriebssystems ein bißchen näher bringen und Ihnen ein treuer Begleiter auf Ihrer Reise durch die faszinierende Welt von Ubuntu und Linux sein. Unser Anspruch ist dabei, sowohl Anfängern als auch Fortgeschrittenen eine nützliche und leicht verständliche Hilfe an die Hand zu geben. Wir hoffen, dass es uns gelungen ist.

Bad Sachsa und Hamburg, im Februar 2006
Rainer Hattenhauer und **Marcus Fischer**

Teil 1
Einstieg in Ubuntu

1 Ubuntu Linux – Überblick

1.1	Ubuntu – das menschliche Linux	21
1.2	Die Struktur des Ubuntu Linux Systems	33
1.3	Die Ubuntu Community	36
1.4	Die Zielgruppe von System und Buch	37
1.5	Das Howto zum Buch	38

1. **Ubuntu Linux – Überblick**
2. **Installation**
3. **Der Ubuntu Desktop**
4. **Hardwarekonfiguration**
5. **Installation weiterer Software**
6. **Informationen und Hilfe**
7. **Anwendersoftware**
8. **Netzwerktechnik**
9. **Programmierung und Design**
10. **Systemverwaltung**
11. **Sicherheit**
12. **Kompilierung von Systemsoftware**
13. **Ubuntu und aktuelle Hardware**
14. **Übersicht: Software für (K)Ubuntu**
15. **Befehlsreferenz Ubuntu Linux**

1 Ubuntu Linux – Überblick

Ein Linuxsystem, das ohne Klimmzüge einfach funktioniert – durch sein bestechendes Konzept hat Ubuntu den Linux-Olymp in Rekordzeit bestiegen. Das hat es bis dato nicht gegeben: Eine Distribution, die Einsteiger und Profis gleichermaßen überzeugt.

1.1 Ubuntu – das menschliche Linux

Geburt eines neuen Sterns

Sicher gab es kaum jemanden in der Linux-Szene, der große Erwartungen in die Ankündigung der Firma Canonical setzte, die am 15. September 2004 im Internet einschlug:

```
From:    "Benj. Mako Hill" <mako-AT-canonical.com>
To:      ubuntu-announce-AT-lists.ubuntulinux.org
Subject: Announcing Ubuntu 4.10 Preview
Date:    Wed, 15 Sep 2004 13:50:02 -0400
Most of you receiving this mail registered for the
low-traffic announcement list at no-name-yet.com.
This is our first announcement! Before we get to the
good stuff I'm pleased to announce that we are
nameless no more... the name of our distribution
is "Ubuntu" (read below for details) and the company
supporting the project is Canonical Ltd.

            Announcing Ubuntu 4.10 Preview

Ubuntu is a new Linux distribution that brings
together the breadth of Debian with a focused
selection of packages, regular releases (every
six months) and a commitment to security
updates with 18 months of security and
technical support for every release.
```

Tatsächlich hat Ubuntu innerhalb eines Zeitraums von wenigen Monaten den ersten Platz auf der Beliebtheitsskala der bekannten Internetseite **www.distrowatch.com** erstürmt. Was sind die Gründe dieses steilen Aufstiegs?

Platz 1 auf Distrowatch

Die Vorzüge von Ubuntu

- **Benutzerfreundlich**

  Ubuntu ist kinderleicht zu installieren. Obwohl das bewährte Debiansystem seine Installationsroutine mittlerweile überarbeitet hat, ist ihm Ubuntu in puncto Benutzerfreundlichkeit um Längen voraus. Bestehende Betriebssysteme, die neben Ubuntu die Festplatte bevölkern, werden nicht angetastet; der Ubuntu Installer ist sogar in der Lage, Windowspartitionen aller Couleur zu verkleinern und somit Platz für die Linuxinstallation zu schaffen.

- **Basiert auf Debian**

  Ubuntu basiert auf der vielfach bewährten **Debian GNU/Linux** Distribution, die mittlerweile mehr als zehntausend Softwarepakete anbietet.

- **Einfach und überschaubar**

  Im Gegensatz zum Debiansystem kommt Ubuntu mit einer überschaubaren Auswahl von Softwarepaketen daher: Es genügt eine einzige CD für die Installation. Ubuntu ist so konzipiert, dass im Lieferumfang der Basisdistribution für jede Anwendungsaufgabe lediglich ein bewährtes Programm zum Einsatz kommt. Dadurch werden insbesondere Einsteiger nicht überfordert.

- **Update einfach gemacht**

  Ubuntu lässt sich spielend leicht auf dem aktuellen Stand halten. Dafür sorgt der Ubuntu Update Manager sowie das Debian Paketsystem. Ein simples `apt-get upgrade` aktualisiert alle Pakete, mit `apt-get dist-upgrade` kann man sogar die komplette Distribution erneuern.

1.1.1 Die Philosophie hinter Ubuntu

Mitmenschlichkeit

Ubuntu ist nicht nur eine Ansammlung von Software - hinter der Idee steckt eine tiefgründige Philosophie: **Ubuntu** ist ein altes afrikanisches Wort, es stammt aus der südafrikanischen Sprachfamilie »Nguni«, eine exakte Übersetzung existiert leider in keiner europäischen Sprache. Der Begriff beschreibt Menschlichkeit und gegenseitige Großzügigkeit ebenso wie die Zusammenarbeit für ein gemeinsames Ziel.

Es ist »*der Glaube an etwas Universelles, das die gesamte Menschheit verbindet*«. Dieses Konzept ist die Grundlage für die Zusammenarbeit in der Ubuntu-Gemeinschaft. Die Ubuntu Community möchte effizient zusammenarbeiten.

Der südafrikanische Erzbischof Desmond Tutu beschreibt Ubuntu so:

> *Ein Mensch mit Ubuntu ist für Andere offen und zugänglich. Er bestätigt Andere und fühlt sich nicht bedroht, wenn jemand gut und fähig ist, denn er oder sie hat ein stabiles Selbstwertgefühl, das in der Zugehörigkeit zu einem größeren Ganzen verankert ist.*

Abbildung 1.1 Das Logo von Ubuntu wird durch mehrere Menschen aus unterschiedlichen Kulturkreisen imitiert. Dieser »circle of friends« symbolisiert den wesentlichen Charakterzug von **Ubuntu – Linux for human beings**

Die Schöpfer haben für die Linux-Distribution den Namen Ubuntu gewählt, weil sie glauben, dass er die Grundgedanken des Miteinander-Teilens und der Kooperation perfekt trifft, die für die Open-Source-Bewegung so wichtig sind. In der Welt der freien Software arbeitet man freiwillig zusammen, um Software zu schaffen, die allen nützt. Man verbessert die Werke anderer, die frei erhältlich sind, und man teilt die eigenen Erweiterungen auf der gleichen Basis mit anderen.

1.1.2 Ursprung

Wem haben wir aber nun Ubuntu zu verdanken, und wie ist diese ganze Lawine ins Rollen geraten? Warum Ubuntu? Was ist das für ein merkwürdiges Wort und was hat das auf meinem Computer zu suchen?

Wir möchten an dieser Stelle nicht bei Adam und Eva beginnen und die x-te Abhandlung der Entwicklung von UNIX und Debian GNU/Linux herunterbeten (schließlich ist das vorliegende Buch ein Praxisbuch, und Sie sind ja eher am praktischen Umgang mit dem System interessiert).

Dennoch sollte man einige Meilensteine der Entwicklung von Ubuntu ansprechen, um das System im Kontext der anderen Linuxdistributionen zu verstehen.

M. Shuttleworth – der Pate von Ubuntu

Ubuntu erblickte, wie in der oben zitierten Mail schon zu lesen war, im Jahr 2004 das Licht der Linuxwelt. Der geistige Vater von Ubuntu ist Mark Shuttleworth, vielen sicher auch bekannt als der zweite zivile, zahlungskräftige Raumfahrtpassagier, der als erster Mensch des afrikanischen Kontinents im Jahr 2002 den Weltraum besuchte.

Abbildung 1.2 Mark Shuttleworth vor seinem Ausflug ins Weltall

Die Beweggründe für sein Verhalten spiegeln sich im Wort Ubuntu wider. Mark Shuttleworth ist Gründer der Softwarefirma Thawte Consulting. Als diese von VeriSign übernommen wurde, wurde Shuttleworth über Nacht zum Millionär. Nun weiß niemand, ob Mark im Weltraum die Erleuchtung zum Projekt Ubuntu gekommen ist. Fest steht, dass der Multimillionär seinerseits der Internetgemeinde etwas zurückgeben wollte, basierte doch sein Vermögen auf den Geschäften, die er in den seligen Zeiten der New Economy getätigt hat. Darüber hinaus hatte Mark Shuttleworth die Vision, den armen Bevölkerungsschichten in Afrika ein einfaches, schlankes Computerbetriebssystem zukommen zu lassen.

Canonical – der wirtschaftliche Hintergrund

Der verlängerte wirtschaftliche Arm, der hinter Ubuntu steht, ist die Firma Canonical, die im Besitz von Mark Shuttleworth ist. Da nun die wenigsten Menschen darauf erpicht sind, ihr Geld zu verschenken, sondern zumeist auch welches verdienen wollen, steht bereits ein Enterprise Ubuntu in den Startlöchern, welches im April 2006 auf den Markt geworfen werden wird. Man beachte: Ubuntu als System wird der Idee von Shuttleworth zufolge stets kostenlos sein; lediglich der Support im professionellen Umfeld wird kostenpflichtig werden.

Die folgende Tabelle stellt kurz die bisherigen Ubuntu Releases sowie die in naher Zukunft erscheinenden zusammen. Der Name eines Release ist dabei stets durch einen mehr oder weniger skurrilen Tiernamen gegeben.

Releasenummer	Datum	Name	Übersetzung
Ubuntu 4.10	Oktober 2004	The Warty Warthog	Das warzige Warzenschwein
Ubuntu 5.04	April 2005	The Hoary Hedgehog	Der altersgraue Igel
Ubuntu 5.10	Oktober 2005	The Breezy Badger	Der flotte Dachs
Ubuntu 6.04	April 2006	The Dapper Drake	Der elegante Erpel

Tabelle 1.1 Übersicht der Ubuntu Releases

Das vorliegende Buch basiert auf dem Breezy Badger Release vom Oktober 2005. Zum Zeitpunkt der Drucklegung wurden bereits einige »Kinderkrankheiten« dieses Releases ausgemerzt. Dieses Know-how ist bereits in das Manuskript eingeflossen.

1.1.3 Ubuntu und Debian

Ubuntu Entwickler kommen hauptsächlich aus den **Debian**- und **GNOME**- Communities. GNOME wird als Standard- Desktop installiert. Neue Versionen von Ubuntu werden synchron mit den neuen Versionen des GNOME-Projekts veröffentlicht, das ebenfalls alle sechs Monate eine neue Version herausbringt. Des Weiteren wird dem KDE-Projekt eine hohe Bedeutung im Projekt eingeräumt und ein Ubuntu mit KDE als Standard-Desktop veröffentlicht. Dieses Ubuntu erschien erstmals im April 2005 unter dem Namen Kubuntu.

Debian und GNOME stehen Pate

Debian gilt zu Recht als stabil und zuverlässig. Die Debian-Entwickler sind allerdings sehr restriktiv bezüglich Neuerungen und Veränderungen am System. Dadurch ist Debian wohl eines der stabilsten »Linuxe« geworden. Allerdings hat dies seinen Preis. Das System ist schon lange nicht mehr up to date, was z.B. Usability (Benutzerfreundlichkeit) angeht. Mag dies hartgesottene Linux-Fans auch nicht stören, so ist gerade dies eine große Hürde für Neueinsteiger.

Ubuntu geht hier einen Mittelweg. Es basiert auf der sicheren Architektur von Debian und mischt es mit neueren Softwarepaketen. Dies geschieht mit großer Sorgfalt, damit die oben genannten Vorteile von Debian nicht verloren gehen.

Ubuntu – das Konzept

Die Schwerpunkte von Ubuntu liegen auf Benutzerfreundlichkeit, Stabilität, Übersichtlichkeit und der Einfachheit der Bedienung.

In der Standardinstallation werden nur ausgereifte Programme für die gängigen Anwendungen (E-Mail, Browser, Office) installiert. Für jeden Zweck soll dem Einsteiger erst einmal nur ein bewährtes und leicht zu bedienendes Programm an die Hand gegeben werden, um ihn nicht durch eine zu große Vielfalt und eine damit einhergehende Unübersichtlichkeit zu verwirren.

Ein anderes Ziel des Projekts ist die Verbesserung der Internationalisierung, damit die Software so vielen Menschen wie möglich zur Verfügung steht. Auch aus diesem Grund wird z. B. GNOME verwendet, da für diese Arbeitsumgebung besonders viele Übersetzungen existieren.

Es wird das gleiche Paket-Format (.deb) verwendet wie in Debian, und auch sonst stehen sich beide Projekte sehr nahe. Alle Änderungen und eventuelle Verbesserungen an Debian Paketen, die in Ubuntu vorgenommen werden, werden sofort ans Debian Projekt weitergegeben. Zahlreiche Entwickler von Ubuntu sind ebenfalls im Debian Projekt aktiv und betreuen dort wichtige Pakete.

1.1.4 Der wirtschaftliche Hintergrund

Canonical

Canonical ist ein weltweites Unternehmen. Die Zentrale liegt auf der »Isle of Man«[1]; die Angestellten verteilen sich auf mehrere Kontinente, u. a. Europa, Nord- und Süd-Amerika und Australien.

Der harte Kern umfasst ungefähr 30 Entwickler. Obwohl die Firma noch nicht lange existiert, haben die Entwickler von Ubuntu tiefe Wurzeln in der Gemeinschaft von Open Source-Entwicklern. Es sind Mitarbeiter aus allen wesentlichen Bereichen vorhanden. So arbeiten für Canonical Mitglieder der GNOME, Linux, Debian und Arch Open Source-Projekte.

Canonical Ltd. hat sich die Entwicklung, Verteilung und Bekanntmachung von Open Source Software zum Ziel gesetzt. Hierzu werden einzelne Projekte ins Leben gerufen und finanziell unterstützt. Sie können die Firma Canonical per E-Mail (info@canonical.com) oder über die nachfolgende Adresse erreichen.

---

1 Die Isle of Man ist eine Insel in der Irischen See, die als autonomer Kronbesitz direkt der britischen Krone unterstellt ist. Die Isle of Man ist bekannt als Steueroase und Sitz vieler Offshorefirmen.

> Canonical Ltd.
> 1 Circular Road
> Douglas
> Isle of Man
> IM1 1AF

Die Ubuntu-Foundation

Mark Shuttleworth und Canonical Ltd. haben im Juli 2005 die »Ubuntu Foundation« gegründet. Diese neu gegründete Foundation wurde mit einer anfänglichen Finanzspritze von insgesamt 10 Millionen US-Dollar ausgestattet. Mit Hilfe dieses Geldes sollen wichtige Community-Mitglieder eingestellt werden, um sicherzustellen, dass Ubuntu für lange Zeit unterstützt wird. Erstmals ist es somit auch möglich, dass die Version Ubuntu 6.04, welche im April 2006 erscheinen soll, drei Jahre auf dem Desktop und fünf Jahre auf Servern unterstützt werden kann. Normalerweise betragen die Zeitdauern hier 18 Monate für den Desktop und drei Jahre für den Server. Die Version »Dapper Drake« stellt somit ein besonderes Release dar und den Abschluss einer Entwicklung, die sich über drei Vorgängerversionen (Warty, Hoary, Breezy) erstreckte. Die nachfolgenden Versionen halten sich vermutlich wieder an den normalen Supportzyklus.

Die Firma Canonical ist für die kommerziellen Belange zuständig, die Ubuntu Foundation für die Weiterentwicklung von Ubuntu. Ein weiteres wichtiges Ziel der Foundation ist die Sicherstellung der Verfügbarkeit von kostenloser Open-Source-Software. Dies soll sicherstellen, dass Ubuntu auch in Zukunft kostenlos erhältlich bleibt. Das Geld möchte die Firma Canonical durch regionale und globale Partnerschaften, Zertifizierungen und Support-Programme verdienen.

Für immer kostenlos

1.1.5 Varianten von Ubuntu

Ubuntu ist nicht allein. Inzwischen hat die Canonical-Familie Nachwuchs bekommen und Ubuntu einige Brüder und Schwestern. Ziemlich schnell kam Kubuntu auf die Welt, der Bruder von Ubuntu, welcher KDE als Standarddesktop einsetzt. Zeitgleich mit dem aktuellen Release gesellte sich auch noch eine Schwester namens Edubuntu zu den beiden, ein Betriebssystem, welches für den Einsatz in Schulen optimiert ist. Weitere Geschwister sind in Planung. So ist in letzter Zeit vermehrt von Xubuntu zu lesen, einem Ubuntu mit der Arbeitsumgebung XFCE als vorinstalliertem Desktop. Eventuell wird Xubuntu schon zeitgleich mit dem nächsten

Release von Ubuntu das Licht der Welt erblicken. Ebenfalls zu diesem Zeitpunkt soll die erste Firmenversion von Ubuntu, Ubuntu Enterprise, erscheinen.

Edubuntu

Für Lernende und Lehrende

Edubuntu (**www.edubuntu.org**) ist eine speziell an die Bedürfnisse für den Einsatz in Klassenzimmern angepasste Ubuntu-Version. Dozenten sind hiermit in der Lage, mit relativ wenig Computerkenntnissen schnell und einfach ein Computerlabor aufzubauen.

Das System des Dozenten arbeitet hierbei als Server, während die anderen PCs als Clients fungieren. Als Dozent kann man somit die Kontrolle über die Clients behalten und z.B. geöffnete Programme und andere Lerninhalte vorgeben. Die erste Version von Edubuntu erschien zeitgleich mit Ubuntu 5.10. Sie besteht ähnlich wie das »normale« Ubuntu aus mehreren Kernkomponenten:

- **Der Dektop:** Als Arbeitsumgebung wird genau wie bei Ubuntu GNOME eingesetzt. Der Einsatz von KDE als Standard ist bisher nicht vorgesehen, kann aber natürlich bei Bedarf nachinstalliert werden.
- **Die Office-Suite:** Edubuntu 5.10 beinhaltet die Office-Suite OpenOffice.org. Auf OpenOffice.org werden wir in einem nachfolgenden Kapitel noch näher eingehen.
- **Linux Terminal Server Project:** Die Hauptkomponente von Edubuntu 5.10 ist LTSP, das Linux Terminal Server Project. Mit LTSP ist die Verbindung des Edubuntu-Servers zu einer Vielzahl von Clients möglich. LTSP stellt eine sehr günstige Möglichkeit der Kommunikation zwischen Server und Clients dar, wobei die Hardwareanforderungen an die Clients sehr gering gehalten sind. Sie bekommen mehr Informationen auf der Homepage des Projektes **www.ltsp.org**.
- **SchoolTool Calendar:** Dies ist eine Server-basierte Anwendung, die eine effiziente Kalenderverwaltung für alle Bereiche rund um Schule darstellt. Mit Hilfe von SchoolTool ist es möglich, Schulpläne wie Stunden-, Klassen-, Sport- oder Ausflugskalender zu veröffentlichen und zu verwalten. Änderungen, die von einer Lehrkraft oder auch von Eltern vorgenommen werden, erscheinen zeitgleich in den Kalendern der Schüler/Studenten. Hierbei ist es möglich, komplexeste Aufgaben wie unregelmäßige Wiederholungen oder den automatischen Import von Klassenlisten zu organisieren. Für weitere Informationen steht Ihnen auch hier die Informationsseite des Projekts im Internet zur Verfügung **www.schooltool.org**.

- **Moodle:** Moodle ist ein »Kurs-Management-System«, welches das E-Learning, also die Möglichkeit von internetbasierten Kursen ermöglichen und vereinfachen soll. Moodle kennt hierbei keine Größenbeschränkungen und kann mit einigen wenigen Teilnehmern genauso gut umgehen wie mit einer kompletten Universität von 40 000 Studenten. Die Homepage des Projekts erreichen Sie unter **www.moodle.org**.

SkoleLinux ist ein auf Debian basierendes Projekt, welches die gleichen Ziele verfolgt wie Edubuntu. Aus der anfänglichen Konkurrenz wurde inzwischen eine Kooperation. Die Zusammenarbeit zwischen beiden Projekten begann Anfang 2005. Als erstes soll die Kommunikation zwischen den Projekten intensiviert werden. Die Mitarbeiter von Edubuntu nehmen inzwischen an den Entwicklertreffen von SkoleLinux teil und entwickeln dort zusammen mit ihren Kollegen von SkoleLinux die nächsten Ziele und lösen gemeinsam Schwierigkeiten. Eventuelle weitere Zusammenarbeiten oder auch eine Fusion sind bisher nicht angedacht.

Kooperation mit SkoleLinux

Kubuntu

Gleichzeitig mit der Freigabe von Ubuntu Hoary erschien auch die erste stabile Version von Kubuntu. Die Adresse der offiziellen Seite lautet **www.kubuntu.org**. Der einzige Unterschied zu Ubuntu besteht darin, dass Kubuntu KDE statt GNOME als Standarddesktopumgebung nutzt. Allerdings ergeben sich durch diese kleine Änderung eine Menge an Unterschieden zum »regulären« Ubuntu. Wir werden uns im ganzen Buch intensiv mit Kubuntu auseinandersetzen. Von daher gehen wir jetzt ganz schnell zur nächsten Ubuntuversion weiter.

Ubuntu Lite

Ubuntu Lite ist eine inoffizielle Ubuntu-Version, die speziell für ältere Rechner konzipiert ist. Diese ist jedoch noch in Entwicklung und hat zur Zeit der Drucklegung dieses Buches Version 1.1 erreicht. Die Projekt-Webseite mit näheren Informationen und Wiki finden Sie unter **www.ubuntulite.org**.

Ubuntu Enterprise

Im April 2006 soll die erste Version von Ubuntu speziell für Firmen erscheinen. Die Informationen hierzu sind noch sehr vage. Allerdings ist von Seiten Canonicals versprochen, dass die Enterprise keine großen Unterschiede zur normalen Ubuntu-Version haben soll.

1.1.6 Weitere Projekte von Canonical

Obwohl Canonical immer in Verbindung mit Ubuntu genannt wird, sollte man wissen, dass diese Firma auch andere Projekte ins Leben gerufen hat bzw. unterstützt. Bei Ubuntu wird großes Gewicht auf das Ökosystem rund um die Distribution gelegt:

> *Es ist das Ökosystem um das Betriebssystem herum, das es am Leben hält. Der Support aus der Community diktiert den Erfolg eines Produkts.*
>
> *(Mark Shuttleworth auf der Linux World-Expo 2005)*

Immer mehr südafrikanische Unternehmen sollen zum Einsatz von Ubuntu bewegt und damit auch die lokale Wirtschaft auf Dauer gestärkt werden. Die Bedeutung lokaler Entwicklungen und Innovationen für die Wirtschaft Afrikas und anderer Computer-Entwicklungsländer darf nicht unterschätzt werden.

Ubuntu

Canonical verspricht

- Ubuntu wird immer kostenlos bleiben. Es werden niemals für Ubuntu oder einzelne Komponenten Lizenzgebühren verlangt werden.
- Ubuntu wird kontinuierlich und in regelmäßigen Abständen erscheinen. Es wird ca. alle sechs Monate eine neue Version von Ubuntu geben.
- Ubuntu entspricht in allen Bereichen den Prinzipien der Open Source Entwicklung. Keine Komponente von Ubuntu wird jemals proprietär sein. Canonical ermutigt nachdrücklich alle Menschen, Ubuntu zu benutzen und zu testen.

Bazaar

Bazaar ist eine Implementierung des GNU Arch Protokolls, welches die Open Source Entwickler benutzen.

Es besteht eine enge Zusammenarbeit zwischen dem Team rund um Bazaar und der GNU Arch Community.

Go Open Source Campaign

Die »Go Open Source« Kampagne hat sich zum Ziel gemacht, den Vorteil von Open Source Software in Südafrika publik zu machen. In dieser Kampagne haben sich Organisationen aus den privaten, wirtschaftlichen und

Verwaltungssektoren zusammengeschlossen, um sich gemeinsam für die Verbreitung der Open Source Software unter allen Bevölkerungsschichten einzusetzen.

Damit soll auch Laien die Möglichkeit gegeben werden, sich auf dem EDV-Gebiet Wissen anzueignen um mit Hilfe dieses Wissens ihre Zukunft besser zu gestalten und so Wege aus der Armut zu finden. Um diese Ziele zu verwirklichen, wird nicht nur die Verbreitung der kostenlosen Software vorangetrieben, sondern auch Aufklärungsarbeit über die Medien betrieben und es werden regelmäßige Treffen organisiert.

Wege aus der Armut

The OpenCD

Die »Open Source CD« ist eine Zusammenstellung von Open Source Software für den Windows-Bereich. Sie soll den Nutzern von Windows die Möglichkeit geben, ohne besondere Vorkenntnisse Open Source Programme zu nutzen. Die Benutzer können somit die Alternativen für kommerzielle Software kennenlernen und sich von deren Qualität überzeugen. Die Open Source CD lässt sich kostenlos herunterladen von der Homepage des Projekts **www.theopencd.org**.

TuXlabs

TuXlabs (**www.tuxlabs.com**) stellt den virtuellen Auftritt der Shuttleworth Foundation im Internet dar. Diese Foundation wurde im Jahr 2000 von Mark Shuttleworth gegründet mit dem Ziel, der südafrikanischen Jugend eine zentrale Anlaufstelle für alle technologischen Aspekte des Internets zu geben. Dies alles geschieht in dem Glauben, dass einzig und allein Bildung der Schlüssel zum geistigen Potentials Afrikas ist.

Die Shuttleworth Foundation stellt sich aber nicht nur im Internet dar, sondern hilft auch ganz real an vielen Orten des afrikanischen Kontinents. So werden z. B. an vielen Orten so genannte »Freedom Roaster« aufgestellt, an denen sich die Jugendlichen kostenlos Kopien von freier Software anfertigen können. Aufgrund mangelnder Telekommunikationsnetze in Afrika ist der Download größerer Datenmenge nämlich so gut wie unmöglich.

Launchpad

Das Launchpad (**launchpad.net**) ist eine Art Portal, welches eine Sammlung von Open Source Projekten beherbergt. Jeder, der möchte, kann sein eigenes Projekt dort registrieren und gemeinschaftlich mit anderen zusammen an diesem Projekt arbeiten. Es sind mehrere Arten der Zusammenarbeit möglich, da sich das Launchpad in mehrere Rubriken aufteilt. Diese sind im Folgenden:

- **Rosetta:** Rosetta (**launchpad.net/rosetta**) ist ein Übersetzungsportal, in welchem sich jeder registrieren kann und an der Übersetzung von Programmen in verschiedene Sprachen mitarbeiten kann.
- **Malone:** Malone (**launchpad.net/malone**) ist ein System, in welchem Sie Softwarefehler melden können.

Des Weiteren können Sie den Entwicklern der Open Source Projekte über Launchpad Verbesserungswünsche und Anregungen mitteilen.

1.1.7 Ubuntu im Download

Wie wir bereits erwähnt haben, können Sie Ubuntu kostenlos aus dem Internet herunterladen:

```
http://cdimage.ubuntulinux.org
```

Wenn Sie die obige Zeile in Ihren Browser eintippen, erscheint das Ubuntu- Downloadverzeichnis:

```
Index of /

daily-live/    --täglich aktualisierte Live-CD
daily/         --täglich aktualisierte Version
dvd/           --Die DVD mit allen aktuellen Quellen
edubuntu/      --Das Edubuntu-Verzeichnis
kubuntu/       --Das gleiche für Kubuntu
ports/         --Portierungen auf andere Architekturen
releases/      --Veröffentlichte Ubuntu-Versionen
tocd3.1/       --The Open CD, Version 3.1
tocd3/         --The Open CD, Version 3.0
weekly-dvd/    --wöchentlich aktualisierte DVD
```

Wenn Sie die aktuelle und veröffentlichte Version von Ubuntu nehmen wollen, dann steuern Sie das Verzeichnis »releases« an. Hier finden Sie alle bisher erschienen Ubuntu-Versionen sowie eventuelle Vorabversionen des Nachfolgers.

Vorabversionen erkennen Sie an Bezeichnungen wie »Colony« oder »RC« (Release Candidate). Der »Dapper Drake« absolviert Testflüge und so heißen diese Versionen folgerichtig »flight« mit einer fortlaufenden Nummer. Kurz nach der Veröffentlichung einer neuen Ubuntu-Version beginnen die Arbeiten am Nachfolger. Sie können die jeweiligen Schnappschüsse der Entwicklung gerne benutzen, aber diese werden ausdrücklich nicht für den produktiven Einsatz empfohlen, da in diesen Versionen natürlich höchstwahrscheinlich noch Fehler stecken.

1.1.8 Werden Sie doch Kammerjäger!

Wenn Sie Lust verspüren, neue Dinge auszuprobieren, dann helfen Sie mit bei der Entwicklung von Ubuntu. Nutzen Sie die Entwicklerversionen und melden Sie Fehler (sogenannte »Bugs«) an **bugzilla.ubuntu.com**. Auf dieser Seite können Sie Fehlermeldungen abgeben oder in evtl. vorhandenen blättern.

1.2 Die Struktur des Ubuntu Linux Systems

1.2.1 Softwarekategorien

Wer jemals mit Debian GNU/Linux gearbeitet hat, der kennt die Problematik: Möchte man wirklich aktuelle Software verwenden, die auch moderne Hardwarekomponenten unterstützt, so kommt man um den Zugriff auf Softwarepools von Drittanbietern nicht vorbei. Ubuntu Linux teilt aus diesem Grund die Software in folgende Kategorien bzw. Repositories[2] ein:

Repositories bzw. Zweige

- **Main:** Das main-Repository enthält Pakete, die den Ubuntu- Lizenzanforderungen entsprechen und die vom Ubuntu-Team unterstützt werden. Die main-Pakete folgen komplett dem Open Source Gedanken.
- **Restricted:** Hier befinden sich Pakete, welche die Ubuntu-Entwickler zwar (mitunter nur eingeschränkt) unterstützen, die aber nicht unter einer geeigneten freien Lizenz stehen, um sie in main zu implementieren. Es handelt sich z. B. um binäre Pakete für Grafikkarten-Treiber. Der Grad an Unterstützung ist deshalb eingeschränkter als für main, weil die Entwickler keinen Zugriff auf den Quelltext der betreffenden Software haben.
- **Universe:** Pakete freier Software, die unabhängig von ihrer Lizenz vom Ubuntu-Team nicht supportet werden. Damit haben die Benutzer die Möglichkeit, solche Programme innerhalb des Ubuntu- Paketverwaltungssystems zu installieren. Der Vorteil, dass sich diese Programme gut in das Ubuntu-System integrieren, bleibt gewahrt. Aber diese nicht unterstützten Pakete sind getrennt von den unterstützten Paketen wie

---

2 Ein Repository ist eine Sammlung von Softwarepaketen, die auf einem frei zugänglichen Internetserver abgelegt sind und vom Anwender »per Knopfdruck« installiert werden können.

in main und restricted. Diese Softwareprodukte werden vom Ubuntu-Team nicht gewartet, Bugs nicht gefixt. Die Verwendung obliegt der eigenen Verantwortung.

- **Multiverse:** Zu den Multiverse-Komponenten gehört ein noch breiteres Spektrum an Software, die das Ubuntu-Team unabhängig von ihrer Lizenz nicht unterstützt. Hier sind Pakete zu finden, die nicht den Lizenzbestimmungen freier Software unterliegen müssen und dennoch als Debianpakete vorhanden sind. Der Vorteil, dass sich diese Programme gut in das Ubuntu-System integrieren, bleibt also auch hier gewahrt. Diese Softwareprodukte werden vom Ubuntu-Team nicht gewartet, Bugs nicht gefixt. Die Verwendung obliegt auch hier der eigenen Verantwortung.

Somit können Sie selbst entscheiden, inwieweit Sie von der reinen Lehre abweichen möchten und auch unfreie Pakete, die unter Umständen nicht unter der GPL[3] stehen, auf Ihrem Rechner installieren wollen. Generell kann man sagen: Je moderner ein Programm bzw. eine zu integrierende Hardwarekomponente ist, desto eher müssen Sie sich Software aus einem der letztgenannten Repositories besorgen.

1.2.2 Ubuntu und die Sicherheit

Sicher fragen Sie sich, ob nicht die Gefahr besteht, sich über die Installation eines Softwarepakets einen Schädling (Virus, Wurm) auf den PC zu holen. Windows-Anwender kennen dieses Problem, mit dem man bei der Installation von Shareware oder Freeware stets konfrontiert werden kann. Bei Verwendung von offiziell vom Ubuntu Team freigegebenen Repositories kann dies von vornherein ausgeschlossen werden:

Die Pakete sind mit einem Schlüssel versehen, welcher vor der Installation überprüft wird. So stellen Sie sicher, dass nur autorisierte Pakete ihren Weg auf die Festplatte finden. Natürlich können Sie diesen Sicherheitsmechanismus bei Bedarf auch abschalten. Wir werden uns dieses Thema noch einmal genauer in Kapitel 11 ansehen.

1.2.3 Stabilitätsstufen

stable, testing, sid Wer sich schon einmal mit Debian GNU/Linux beschäftigt hat, der weiß, dass dort drei Stabilitätskategorien unterschieden werden: stable, testing und unstable bzw. sid (still in development).

---

3 GPL (GNU Public License): Der juristische Grundpfeiler der Mehrzahl der Open Source Projekte.

Unter Ubuntu besteht diese scharfe Trennung nur bedingt. Ubuntu baut zwar auf dem stable-Zweig der Debian Distribution auf, verwendet aber aus Gründen der Aktualität viele ergänzende Komponenten, die sid entspringen. Nur dadurch ist es möglich, dass Ubuntu auch auf topaktueller Hardware seinen Dienst verrichtet; mit Debian ist dies ein oftmals undenkbares Unterfangen.

1.2.4 Ubuntu versus Debian

Kann man bedenkenlos Debian-Pakete für Ubuntu verwenden? Installationstechnisch stellt dies kein Problem dar, da beide Distributionen dasselbe Paketsystem verwenden. Dennoch raten viele Insider, insbesondere auch das Ubuntu Team, davon ab. Auf der Ubuntu Homepage findet man folgende Aussage:

> *Obwohl Debian und Ubuntu zu einem großen Teil kompatibel sind und viele Quellpakete gemein haben, ist es keine gute Idee, Binärpakete der beiden Distributionen zu mischen. Diese wurden unabhängig voneinander kompiliert, was zu unerwarteten Effekten im Paketmanagement System führen kann. Die potentielle Unverträglichkeit stellt aber in Wirklichkeit kein Problem dar: Nahezu jegliche Software des Debian Systems findet man auch unter Ubuntu.*

Sollte man nun auf eine Softwarekomponente angewiesen sein, die nicht im Ubuntusystem enthalten ist, so hat man die Möglichkeit, so genannte Backports zu verwenden. Mehr dazu finden Sie in Kapitel 12. Im Anhang zu diesem Buch finden Sie ein Interview mit Mark Shuttleworth, in welchem er auf die besondere Beziehung von Ubuntu zu Debian näher eingeht.

1.2.5 Hardwareplattformen und Systemanforderungen

Ubuntu Linux unterstützt die folgenden Hardwarearchitekturen:

- **Intel x86:** Darunter fällt die überwiegende Mehrzahl der in den privaten Haushalten befindlichen PCs. Diese sind mit einem Intel/AMD 32 Bit Prozessor ausgestattet und laufen in der Regel mit dem Betriebssystem Microsoft Windows.
- **PowerPC:** Bis vor kurzem war dies der bevorzugte Prozessortyp der Firma Apple. Hergestellt von IBM, findet man diesen Hardwaretyp im Apple Macintosh G3, G4, und G5, ebenso wie in iBooks und PowerBooks.

Seit Juni 2005 scheint die Apple-Welt jedoch auf den Kopf gestellt: Fortan soll der ehemalige Erzrivale Intel die Herzstücke der Apple Computer liefern.

|Auch für 64-Bit-Systeme erhältlich|

▶ **AMD64:** Wer bereits einen modernen 64-Bit Prozessor der Firma AMD sein Eigen nennt, der darf sich freuen: Ubuntu unterstützt mit einer speziellen Version die AMD64 bzw. EM64T Architektur (d. h. Athlon64, Opteron, sowie den EM64T Xeon).

Allerdings fällt der Geschwindigkeitsschub noch nicht allzu dramatisch aus, da bislang nur relativ wenige Programme die Vorzüge der 64-Bit Architektur nutzen.

Welche Systemanforderungen stellt Ubuntu?

Aufgrund des schlanken Designs der Basisversion kann man bereits mit einem 500 MHz PC, der mit 256 MByte RAM ausgestattet ist und über 5 GByte freien Plattenspeicher verfügt, ausreichend schnell arbeiten. Augenzeugenberichten zufolge soll Ubuntu aber auch schon auf einem betagten Pentium mit lediglich 64 MB RAM seinen Dienst verrichtet haben, dann allerdings ohne grafische Oberfläche im Konsolenbetrieb.

1.3 Die Ubuntu Community

Sicher werden Sie sich wundern, warum wir in einem eigenen Teilabschnitt die Menschen, die am Gesamtkunstwerk Ubuntu beteiligt sind, gesondert hervorheben. Der Grund ist einfach: In all den Jahren, in denen wir uns mit Linux beschäftigt haben, ist uns noch nie eine derart freundliche, hilfsbereite Gemeinschaft über den Weg gelaufen.

Gerade Linux-Einsteiger kennen die Situation, dass sie nach einer bescheidenen Anfrage in den gängigen Linux-Newsgroups von den »Alteingesessenen« vom hohen Roß herab betrachtet und abgekanzelt werden. In der Ubuntu Gemeinschaft ist das anders: Hier gibt es ein freundliches Miteinander, und selbst wenn ein »Newbie« ein Thema zu x-ten Mal aufrollt, ohne vorherigen Gebrauch von den einschlägigen Suchmaschinen zu machen, wird ihm deswegen nicht gleich der Kopf abgerissen.

|Stets hilfsbereit – die Ubuntu Community|

Ein wahres Füllhorn an Informationen findet man in den wie Pilze aus dem Boden schießenden Wikis[4] und Foren zu Ubuntu. Wir möchten nicht verhehlen, dass ein Großteil der in diesem Buch recherchierten In-

---

[4] Ein Wiki ist eine Ansammlung von HTML-Seiten im Internet, die von jedem registrierten Leser selbst ergänzt und korrigiert werden können, Interaktivität im besten Sinn.

formationen dem deutschen Ubuntu-Wiki auf **www.ubuntuusers.de** entstammt. Dem interessierten Neueinsteiger seien daher als Erweiterung zum Buch und für den Fall, dass er auf Probleme trifft, die im Druckwerk nicht beschrieben sind, zunächst einmal folgende Anlaufstellen im Web ans Herz gelegt:

Das deutschsprachige Ubuntu-Wiki: **www.ubuntuusers.de/wiki**.

Das deutschsprachige Ubuntu-Forum: **www.ubuntuusers.de/forum**.

Dort findet man stets eine freundliche, einsteigerorientierte Beratung, wenn es mal ein wenig im System klemmt.

1.4 Die Zielgruppe von System und Buch

Wir hoffen, Sie wurden durch die allgemeinen Abhandlungen der letzten Seiten nicht abgeschreckt, wir geloben Besserung: Im Vordergrund stehen nun Praxis, Praxis und nochmal Praxis.

Für wen aber lohnt sich die nähere Beschäftigung mit Ubuntu im Allgemeinen und dem vorliegenden Buch im Speziellen? Die Antwort ist keinesfalls so eindeutig wie bei den etablierten Distributionen à la SUSE, RedHat, Mandriva und Debian. Lassen Sie es uns so ausdrücken: Ubuntu vereint alle positiven Eigenschaften der genannten Produkte und leistet sich darüber hinaus keine Schwächen. Sie dürfen sich von Ubuntu bzw. diesem Buch angesprochen fühlen, wenn Sie in eines der folgenden Raster »passen«.

- **Der enttäuschte Distributionskunde:** Sie haben die Nase voll von den zunehmend aufgeblähten klassischen Distributionen. Gerade Anfänger verlieren hier oftmals den Überblick, wenn es darum geht, das richtige Linuxprogramm für den richtigen Zweck zu finden. Die Maintainer von Ubuntu haben Ihnen die Qual der Wahl abgenommen.

    Ubuntu – das einfache Debian

- **Der Windows-Umsteiger:** Willkommen an Bord der MS Tux. Vergessen Sie die landläufige Meinung, nur SUSE Linux sei für Umsteiger geeignet.

    Genießen Sie den schmerzlosen Umstieg und erfreuen Sie sich an einer äußerst hilfsbereiten Community, die nicht sofort jedem Newbie eins auf die Ohren haut, wenn er sich vor dem Stellen seiner Frage in einem Forum noch nicht durch hunderte von Manualseiten gewälzt hat.

- **Der Möchtegern-Debian-Anwender:** Sie haben schon viel Gutes von Debian gehört, andererseits ist es Ihnen aber auch nicht entgangen, dass an dieser beliebten Distribution der Zahn der Zeit nagt. Oftmals ist es ein Kunststück oder gar unmöglich, moderne Hardware auf einem aktuellen Debian Stable System zum Leben zu erwecken; verzweifelte Hilferufe in den Internetnewsgroups sprechen da ihre eigene Sprache. Kopf hoch: Ubuntu ist Debian »Bleeding Edge«, d. h. hier fließen die aktuellsten Entwicklungen ein.

- **Der Administrator mit Sinn für Freizeit:** Hand aufs Herz, ihr Linux-Administratoren: Wieviel Wochenenden und Nächte haben Sie sich schon abgeplagt, um beim vermeintlich problemlos zu wartenden XY Linux Professional »mal eben« einen kleinen Dienst bzw. eine Serversoftware neu aufzusetzen? Ubuntu vermag auch im professionellen Umfeld durch seine leichte Handhabbarkeit zu punkten.

Und für wen ist Ubuntu eher ungeeignet? Dazu möchten wir folgendes Posting aus dem Forum von **ubuntuusers.de** zitieren:

```
Ubuntu ist langweilig!!

Seit ca. 3 Wochen läuft mein Notebook mit Ubuntu.
Mit der Hilfe der Wiki läuft jetzt alles was ich
so brauche. Und nun???? Was mache ich nun??
Wie ich vermute, besteht bei vielen der Spass am
Betriebssystem an dessen Unzulänglichkeiten. Ich
muss jetzt nix mehr defragmentieren, keine
Anwendung zum Bereinigen der Registry ausprobieren,
Viren und Spyware tauchen nicht auf etc. etc.
Ich darf nicht mehr nach Fehlern suchen, weil der
Rechner abstürzt. Es läuft ganz einfach. Wie öde!!
```

Wie Sie sehen: Man kann es nicht allen Recht machen. Wer also sein Seelenheil im ständigen Basteln und Schrauben am Betriebssystem sucht, der ist bei Ubuntu mit Sicherheit an der falschen Adresse.

1.5 Das Howto zum Buch

1.5.1 Formalia

Damit Sie den größtmöglichen Nutzen aus diesem Buch ziehen, sollen im Folgenden einige Konventionen, unsere Howto[5] erläutert werden. Gleich

---

[5] Unter einem Howto versteht man in der Linux/UNIXwelt eine Anleitung. Der Begriff kommt aus dem Englischen und bedeutet sinngemäß übersetzt »wie macht man ... «

zu Beginn eine Warnung an den mausverwöhnten Windowsnutzer: Wir werden im Rahmen des Buchs regen Gebrauch von der Kommandozeile machen. Viele Aufgaben unter Linux lassen sich einfach ökonomischer durch einige Tastaturkommandos erledigen. Das soll allerdings nicht heißen, dass wir gänzlich auf den Komfort einer grafischen Umgebung verzichten, denn wie bei vielen Dingen des Lebens gilt auch hier: Die Mischung macht's.

Programme starten

Bei der Beschreibung von Programmen auf der grafischen Oberfläche wird der Programmstart in der Regel aus dem Startmenü heraus beschrieben, der Startpfad wird mit einer Fettschrift gekennzeichnet, die Untermenüs werden durch einen Punkt getrennt. Beispiel: Starten Sie *Evolution* über **Anwendungen • Büro • Evolution**.

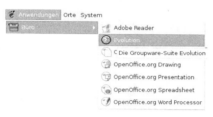

Abbildung 1.3 Programme aus dem Menü starten

Befehle eingeben

Für Kommandozeilenbefehle soll folgende Schreibweise verwendet werden: Im fließenden Text werden Konsolenbefehle durch die Verwendung von Nicht-Proportionalschrift gekennzeichnet, die Programmnamen selbst werden kursiv dargestellt. Beispiel: »Starten Sie das Programm *Gimp* auf einer Konsole mit dem Befehl `gimp`.« Ist ein Befehl von einem normalen Benutzer auszuführen, so wird dies durch ein vorangestelltes `user$` signalisiert:

```
user$ xeyes
```

Manche Befehle erfordern Administratorrechte (in der UNIX-Welt Root-Rechte genannt). Ubuntu vertritt im Vergleich zu anderen Linuxdistributionen eine eigene Philosophie: Der Standardbenutzer der ersten Installation kann jeden Administratorbefehl durch Voranstellung des Befehls `sudo` ausführen. Anschließend muss dann das Passwort des Standardbenutzers eingegeben werden. Beispiel:

```
user$ sudo synaptic
Password: <Hier eigenes Passwort eingeben>
```

Sind mehrere Befehle als Administrator einzugeben, so kann das Voranstellen von `sudo` auch lästig werden. In diesem Fall verschafft man sich mit dem folgenden Befehl vorübergehend eine Root-Shell. Dies geschieht unter Ubuntu am einfachsten über **Anwendungen • Systemwerkzeuge • Root-Terminal**. Alternativ geben Sie in einer Konsole den folgenden Befehl ein

```
user$ sudo -s
Password: <Hier eigenes Passwort eingeben>
```

In der Kommandozeile wird der Superusermodus durch ein vorangestelltes `root#` signalisiert. Beispiel:

```
root# tail -f /var/log/messages
```

Listings Konsolenausgaben, Listings oder Konfigurationsdateien werden ebenfalls in Nicht-Proportionalschrift wiedergegeben, am Kopf einer Konfigurationsdatei steht in der Regel deren vollständiger Pfad:

```
#Auszug aus /etc/resolv.conf
#Insert nameservers here
#nameserver 127.0.0.1
nameserver 194.25.2.129
```

Und noch eine weitere wichtige, eher technische Konvention: Einige der vorgestellten Kommandozeilenbefehle erstrecken sich über mehrere Buchzeilen. Das ist im Buch dadurch gekennzeichnet, dass am Ende der entsprechenden Zeilen ein »Backslash« signalisiert, dass der Befehl in der nächsten Zeile weitergeht. Ein Beispiel: Zum Erstellen des ISO-Abbilds unser Begleit-DVD wurde der folgende längliche Befehl verwendet:

Eingabe langer Befehle

```
user$ sudo mkisofs -l -r -J -v -V \
"Ubuntu Breezy Galileo" -no-emul-boot \
-boot-load-size 4 -boot-info-table \
-b isolinux/isolinux.bin \
-c isolinux/boot.cat -hide-rr-moved \
-o ubuntudvd.iso master/
```

Sie haben nun die Möglichkeit, sämtliche Kommandos »am Stück« einzugeben oder ebenfalls, wie oben geschehen, den Backslash nach jeder Zeile für die Eingabe zu verwenden. In diesem Fall erscheint am Anfang einer jeden Zeile der Prompt »>«, den wir bei den übrigen Listings im Buch dann aber aus Gründen der Übersichtlichkeit weggelassen haben:

```
user$ sudo mkisofs -l -r -J -v -V \
> "Ubuntu Breezy Galileo" -no-emul-boot \
> -boot-load-size 4 -boot-info-table  \
> -b isolinux/isolinux.bin \
> -c isolinux/boot.cat -hide-rr-moved \
> -o ubuntudvd.iso master/
```

Aber wie heißt es doch so schön: Ein Bild sagt mehr als tausend Worte. Wann immer es sinnvoll erscheint, soll daher ein Screenshot zur Erhellung des Lesers beitragen. Die Optik entspricht dabei dem Breezy Badger Release, welches zum Zeitpunkt der Drucklegung aktuell war. Auf Grund der Dynamik, mit welcher sich die verschiedenen Programmpakete weiterentwickeln, kann es allerdings schon vorkommen, dass sich die Gestalt sowie einige Funktionen der beschriebenen Programme geändert haben. Wir trauen dem Leser an dieser Stelle die notwendige Flexibilität zu, einen Transfer zwischen der Beschreibung im Buch und der aktuellen Software zu leisten.

Werden Internetlinks im Buch angegeben, so werden diese besonders ausgezeichnet, z.B. **www.ubuntulinux.org**.

Die folgenden kleinen Minibilder (neudeutsch auch Icons genannt) dienen der Übersicht und haben folgende Bedeutung:

Wann immer Sie das nebenstehende Symbol sehen, ist Vorsicht angeraten: Hier geht es um systemkritische Operationen, die bei unbedachter Anwendung Ihrer bestehenden Installation Schaden zufügen können.

Nur durch Beispiele lernt man, und diese werden im Buch durch nebenstehendes Symbol gekennzeichnet, ein auf der Spitze stehendes Quadrat. Wir werden im Verlaufe des Buches so oft wie möglich versuchen, unser erlerntes Wissen durch ein Beispiel zu festigen.

Linux ist zwar hervorragend dokumentiert, dennoch kann man die kleinen oder großen Probleme des Alltags mit einigen Insidertipps besser bewältigen.

1.5.2 Zum Aufbau des Buchs

Die Einleitung haben Sie ja fast schon geschafft. Wie in jedem besseren Kino folgen nun vor der Hauptvorstellung die Trailer der nächsten »Filme«. Das Buch ist in fünf Hauptteile und 15 Kapitel unterteilt. Im Einzelnen erwarten Sie dort die folgenden Inhalte:

Teil I: Einstieg in Ubuntu

In **Kapitel 2** wird die Installation von Ubuntu unter Berücksichtigung aller Haken, Ösen und Fallstricke besprochen. Insbesondere wird hier auch auf verschiedene, denkbare Einsatzbereiche (Workstation, Server) sowie Installationsvarianten (Ubuntu, Kubuntu) eingegangen.

Kapitel 3 holt die Linuxeinsteiger ab und vermittelt wesentliche Grundlagen der gängigen Linux Desktopsysteme. Aber auch Linuxinsider können dort den einen oder anderen Tipp finden, der die Arbeit erleichtert.

Moderne Hardware unter Linux nutzen – ein Buch mit sieben Siegeln? Nicht mehr nach der Lektüre von **Kapitel 4**. Dort wird die Einrichtung der gängigen Hardwarekomponenten unter (K)Ubuntu besprochen.

Ist das gewünschte Programm nicht im Lieferumfang der DVD enthalten? In **Kapitel 5** lernen Sie, wie man Zugriff auf das komplette Ubuntu-Softwaresystem erhält.

Als Abschluss des Einstiegs wird in **Kapitel 6** insbesondere Einsteigern die Anleitung zur Selbsthilfe gegeben. Sie erfahren dort, welche Möglichkeiten das Internet bietet, um bei Problemen rasch Hilfe zu finden.

Teil II: Ubuntu in der Praxis

Im Praxisteil stellt Ihnen **Kapitel 7** die Softwarelösungen von Ubuntu für die verschiedensten Anwendungsbereiche vor. Dies erfolgt stets in Verbindung mit dem Erledigen konkreter Aufgaben.

Linux ist ein Netzwerkbetriebssystem, so dass sich **Kapitel 8** vorwiegend mit »zwischenmaschinellen Problemen« und deren Lösung beschäftigt. Beispielsweise lassen sich mit Ubuntu im Handumdrehen Serverdienste aller Art aufsetzen.

Wer sich schon immer einmal näher mit dem Thema Programmierung beschäftigen wollte, der findet in **Kapitel 9** eine Kollektion der beliebtesten Entwicklerwerkzeuge unter Linux.

Teil III: Ubuntu für Administratoren

In **Kapitel 10** lernen Sie verschiedene Werkzeuge zur effizienten Systemverwaltung kennen. Hier erfolgt der sprichwörtliche Blick unter die Haube des Systems, so dass nach der Lektüre des Kapitels Runlevel und Initskripte keine böhmischen Dörfer mehr für Sie sein werden.

Kapitel 11 ist der Absicherung des Systems gewidmet. Wenngleich unter Linux Viren derzeit kein großes Thema sind, erfordert der Aufbau eines eigenen Servers mit Internetzugang die Beschäftigung mit Themen wie Firewalls und Datensicherung.

Teil IV: Ubuntu optimieren

Schneller, höher, weiter: Kein System ist perfekt, und es gibt immer ein paar Schräubchen, an denen sich drehen lässt, um das System zu optimieren. Wie das geht, erfahren Sie in diesem Teil des Buchs.

Sollten Sie einmal ein Programm benötigen, welches noch nicht Eingang ins Ubuntusystem gefunden hat, so können Sie sich in **Kapitel 12** informieren, wie man Software aus Quellpaketen zusammenbaut und in das System integriert. Wie man sein eigenes, maßgeschneidertes Betriebssystem durch das Anpassen und Kompilieren eines eigenen Kernels erhält, wird dort ebenfalls thematisiert.

Sie haben einen neuen Desktop-PC oder ein neues Laptop erworben? **Kapitel 13** zeigt, wie Ubuntu fit für den Einsatz mit aktueller Hardware gemacht wird.

Teil V: Die Ubuntu Referenz

Welches Programm kann meine geliebte Windowssoftware unter Linux ersetzen? Die Softwareliste in **Kapitel 14** gibt Aufschluss darüber.

... und wie lautet noch einmal der Konsolenbefehl zum Erstellen eines symbolischen Links? Die Befehlsreferenz in **Kapitel 15** fasst sämtliche relevanten Ubuntu-Befehle zusammen.

1.5.3 Die DVD zum Buch

Die Begleit-DVD zum Buch enthält zunächst einmal das offizielle DVD-Release von Ubuntu 5.10 Breezy Badger für die Rechenerarchitektur i386 zur direkten Installation oder auch wahlweise zum direkten Start eines Livesystems. Vorsichtige Naturen, die zunächst einmal das Look-and-Feel von Ubuntu testen möchten, ohne sich gleich an eine Installation zu wagen, haben hiermit die Möglichkeit, Ubuntu als Livesystem zu booten. Viele der im Buch beschriebenen Programme verrichten auch vom Livesystem aus ihren Dienst.

Wer noch vorsichtiger sein möchte und Ubuntu zunächst einmal als virtuelle Maschine in einem Betriebssystem seiner Wahl testen möchte, findet im Ordner `virtual` entsprechende Software.

Nutzung des Livesystems

Dazu betätigen Sie am Bootprompt **boot** einfach die Eingabetaste (Abbildung 1.4).

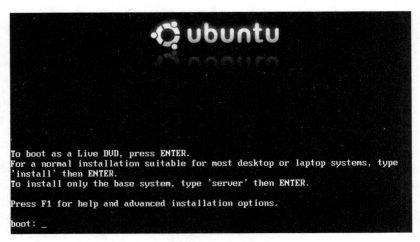

Abbildung 1.4 Press <Enter>: Ubuntu Livesystem booten

Nach dem Start wird zunächst eine kleine Konfigurationsroutine durchlaufen, in welcher ähnlich der »echten« Installation die Systemsprache und Tastaturbelegung ausgewählt werden müssen. Sollte sich in Ihrem lokalen Netz ein DHCP-Server befinden (das ist bei den meisten handelsüblichen Hardwareroutern der Fall), dann bezieht das Livesystem über diesen während der Konfiguration automatisch eine IP-Adresse, und der Internetzugang wird meist ebenfalls automatisch angepasst. Ist das nicht der Fall, so können Sie später nach dem Booten die Konfiguration des Netzwerkes nachholen. Wie das funktioniert, erfahren Sie in Kapitel 2.

Schließlich ist noch eine letzte Interaktion vom Benutzer erforderlich: In einem Untermenü ist die automatisch vom System erkannte Videoauflösung zu bestätigen oder gegebenenfalls abzuändern (Abbildung 1.5).

Schließlich begrüßt Sie die Ubuntu-Standardoberfläche. Die Lokalisierung der Standardmenüs im Livemodus ist, gelinde gesagt, suboptimal: Etliche englische Bezeichnungen sind noch zu finden. Mit ein wenig Phantasie und durch Ausprobieren finden sich aber auch Englisch-unkundige Nutzer zurecht.

Der Root-Account im Livesystem ist nicht mit einem Passwort gesichert, innerhalb einer normalen Konsole wechseln Sie einfach mittels `sudo -s` in die Root-Shell.

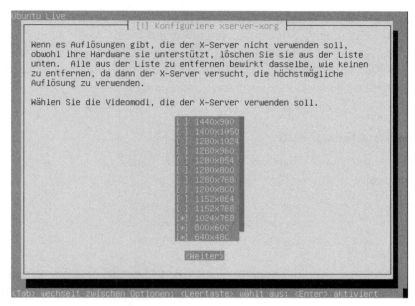

Abbildung 1.5 Auswahl der Videoauflösung im Livemodus

Abbildung 1.6 Root-Modus/Netzwerkkonfiguration im Livebetrieb

Zur übrigen Konfiguration des Systems wird ebenfalls kein Root-Passwort benötigt, die Netzwerkschnittstelle richtet man, wie in Abbildung 1.6 zu sehen, über das übliche Konfigurationswerkzeug ein.

Live DVD als Rettungssystem

Damit hätten Sie sämtliche Vorbereitungen getroffen, einen ersten ausgiebigen Spaziergang im Ubuntusystem vorzunehmen. Seien Sie unbesorgt: Weitere Betriebssysteme, die auf Ihrem Rechner installiert sind, werden in keiner Weise gefährdet. Im Gegenteil: Die Ubuntu-DVD eignet sich im Livemodus hervorragend als Rettungssystem, um Daten im Falle des Falles z.B. auf einem USB-Memorystick zu sichern.

Die Struktur der DVD

Neben den Standard-Ubuntu-Verzeichnissen finden Sie auf der DVD noch folgende weitere Unterverzeichnisse:

- **books:** Dieser Ordner enthält drei zum Thema passende OpenBooks: »Das Ubuntu Anwenderhandbuch« von Marcus Fischer, das »Debian Anwenderhandbuch« von Frank Ronneburg sowie das »Ubuntu OpenBook«, welches den ersten Teil der vorliegenden Printausgabe in elektronischer Form zum einfachen Copy & Paste von Befehlen bietet.
- **extras:** In diesem Verzeichnis finden Sie Programme, die in diesem Buch besprochen werden und nicht dem Ubuntu Standardrepository, sondern z.B. Universe und Multiverse entspringen. Zusätzlich enthält das Verzeichnis eine Aktualisierung von OpenOffice auf die finale Version 2.0, welche aus Termingründen noch nicht im offiziellen Breezy-Release enthalten war.
- **isos:** Hier sind die ISO-Dateien von folgenden Ubuntu-Varianten zu finden:
  - Ubuntu 5.10 Breezy für i386
  - Kubuntu 5.10 Breezy für i386
  - Ubuntu 5.10 Breezy für AMD64
  - Kubuntu 5.10 Breezy für AMD64
  - Ubuntu 5.10 Breezy für PowerPC

  Die ISOs lassen sich mit einem Standardbrennprogramm (z.B. K3b unter Linux oder Nero unter Windows) auf gängige CD-Rohlinge befördern und können von diesen Medien anschließend installiert werden. Somit ist auch für die Freunde des KDE-Desktops und Besitzer von AMD64- bzw. PowerPC-Maschinen gesorgt. Sollten Sie die ISOs zunächst auf Ihre Platte befördern wollen, so empfiehlt sich ein Vergleich mit den beiliegenden MD5-Prüfsummen.
- **ubuntuusers:** Dieses Verzeichnis enthält einen aktuellen Snapshot des Wikis von **www.ubuntuusers.de**. Das Wiki ist eine hervorragende Ergänzung zu den im Buch behandelten Themen, insbesondere bei Fra-

gen zur Einrichtung spezieller Hardware wird man dort mit Sicherheit fündig. Als Einstiegsseite verwenden Sie am Besten die HTML-Seite `Startseite.html` im Unterverzeichnis `wiki`.

- **updates:** Seit dem offiziellen Release von Ubuntu Breezy im Oktober 2005 sind Updates von einigen Paketen erschienen. In diesem Verzeichnis finden Sie die bis zum Zeitpunkt der Drucklegung des Buches erhältlichen Updates, geordnet nach Distributions- bzw. Rechnertyp. Kubuntuanwender finden zudem das Update auf KDE 3.5.

   Sie sparen sich durch die Pakete aus `updates`, ebenso wie bei Verwendung der Pakete aus dem Ordner `extras`, langwierige Downloads aus dem Internet.

- **virtual:** Dieses Verzeichnis enthält die Installationsdateien für den VMPlayer (Windows und Linuxversion), sowie eine vorkonfigurierte virtuelle Maschine, die eine Ubuntu-Minimalinstallation enthält. Diese lässt sich auch unter Windows XP/2000/9x nutzen. Mehr zur Virtualisierung von Ubuntu erfahren Sie im Anhang.

Virtualisierung

Installation und mehr

Eine ausführliche, bebilderte Installationsanleitung finden Sie in Kapitel 2. Für den Anfang genügt es zu wissen, dass Sie die Installationsroutine mit der beiliegenden DVD dann durchlaufen, wenn Sie Folgendes am Bootprompt eingeben:

```
user$ boot: install
```

Nun kann es aufgrund des speziellen DVD-Typus (es handelt sich um eine zweilagige DVD mit 8,4 GByte Speicherkapazität) vorkommen, dass ausgerechnet Ihr System sich weigert, von einem derartigen Medium zu booten. In diesem Fall verwenden Sie einfach eines der im Ordner `isos` befindlichen CD-ISO-Abbilder des gewünschten Systems (Ubuntu bzw. Kubuntu).

Bootprobleme und deren Lösung

Auf Windowssystemen kann ein ISO mit Hilfe der gängigen Brennprogramme wie Nero oder WinOnCD (meist über den Menüpunkt **Rekorder • Image brennen**) auf einen handelsüblichen CD-Rohling befördert werden, unter Linux empfiehlt sich K3b.

Von der mit Hilfe des Images selbst erstellten DVD sollte die Installation nun auch auf älteren Systemen problemlos funktionieren.

Für Experten ...

Nach der eigentlichen Installation bietet sich für fortgeschrittene Anwender zunächst ein Systemupdate mit den Paketen aus dem Verzeichnis updates an. Das ist schnell gemacht:

```
user$ cd /cdrom/updates/updates_<Name>
sudo dpkg -i *.deb
```

Möchten Sie die Pakete aus dem Ordner extras in Ihr System transparent einbinden, so ist folgendermaßen vorzugehen: Kopieren Sie zunächst den Inhalt des Verzeichnisses von der DVD in einen lokalen Ordner der Festplatte (z. B. das Verzeichnis /tmp) und entfernen Sie den Schreibschutz:

```
user$ mkdir /tmp/extras
user$ cp -a /cdrom/extras/* /tmp/extras
user$ chmod ug+rw /tmp/extras/*
```

Stellen Sie sicher, dass das Paket dpkg-dev installiert ist. Andernfalls holen Sie das folgendermaßen nach:

```
user$ sudo apt-get install dpkg-dev
```

Wechseln Sie nun in das Verzeichnis auf der Festplatte und erstellen Sie eine Paketdatei Packages.gz wie folgt:

```
user$ cd /tmp/extras
sudo dpkg-scanpackages ./ /dev/null | \
gzip > Packages.gz
```

(Man beachte die Fortsetzung des Befehls auf der nächsten Zeile, gekennzeichnet durch den Backslash »\«). Ergänzen Sie nun in der Datei /etc/apt/sources.list die folgende Zeile:

```
user$ # Lokale Quelle
deb file:///tmp/extras ./
```

Alternativ können Sie die neue Quelle auch innerhalb von Synaptic definieren. Nach dem Ändern der Paketquellen ist ein

```
user$ sudo apt-get update
```

erforderlich, um die Änderungen wirksam zu machen.

Bleibt uns nur noch, Ihnen viel Spaß bei der Reise in die Welt von Ubuntu zu wünschen.

2 Installation

2.1 Vorbereitungen 51

2.2 Eine kommentierte Installation 57

2.3 Nacharbeiten und Feintuning 75

2.4 Spezielle Installations-Szenarien 82

1	**Ubuntu Linux – Überblick**
2	**Installation**
3	**Der Ubuntu Desktop**
4	**Hardwarekonfiguration**
5	**Installation weiterer Software**
6	**Informationen und Hilfe**
7	**Anwendersoftware**
8	**Netzwerktechnik**
9	**Programmierung und Design**
10	**Systemverwaltung**
11	**Sicherheit**
12	**Kompilierung von Systemsoftware**
13	**Ubuntu und aktuelle Hardware**
14	**Übersicht: Software für (K)Ubuntu**
15	**Befehlsreferenz Ubuntu Linux**

2 Installation

»*Linux lässt sich mittlerweile sogar von einem Huhn installieren – vorausgesetzt, es pickt oft genug auf die Eingabetaste ...*«

(Phil Hughes im Linux Journal)

2.1 Vorbereitungen

2.1.1 Beschaffung der Installationsmedien

Prinzipiell erhalten Sie die Ubuntu Installationsmedien über die folgenden Wege:

- Die einfachste Variante: Suchen Sie etwa in der Mitte dieses Buchs nach einer silbernen Plastikscheibe. Auf der Begleit-DVD zum Buch finden Sie die offizielle Ubuntu Installations-/Live-DVD. Dort befinden sich außerdem die ISO-Abbilder einiger spezieller Installations-CDs, etwa Kubuntu bzw. das 64-Bit-Ubunturelease.   *Von der Begleit-DVD*

- Bis April 2006 sollte das auf der Begleit-DVD enthaltene Release Breezy Badger aktuell sein. Danach können Sie die jeweils aktuellen Ubuntu-Releases von folgendem Link aus dem Internet auf Ihren Rechner herunterladen: **www.ubuntulinux.org/download**

  Es empfiehlt sich, dort einen Spiegelserver (engl.: mirror) auszuwählen, der sich möglichst in Ihrer geografischen Nähe befindet. Freundliche Zeitgenossen bedienen sich des BitTorrent-Downloadwerkzeugs, um Bandbreite zu sparen. Dieses Tool ist auf jeder Ubuntu-Variante, insbesondere auch auf der Live-DVD enthalten; mittlerweile gibt es auch eine Windows-Version.

  Nach dem Download können Sie das ISO-Abbild mit einem gängigen Brennprogramm unter Linux oder Windows auf eine CD bzw. DVD befördern. Unter Windows erledigen Sie diese Arbeit mit einem Standardbrennprogramm wie z.B. *Nero*. (Befehl in Version 6: **Rekorder • Image brennen**). Im Falle von Linuxsystemen stehen Ihnen diverse Brenntools wie *k3b* oder *xcdroast* zur Verfügung, mehr dazu erfahren Sie in Kapitel 7.4.

- Schließlich gibt es bei Ubuntu eine einzigartige Möglichkeit, an Installationsmedien zu kommen: Sie können diese auf der Ubuntu-Homepage unter **shipit.ubuntulinux.org** kostenlos bestellen. Voraussetzung dafür ist, dass man auf der genannten Seite einen Account einrichtet. Die Lieferzeit kann sich zwar schonmal über ein bis zwei Monate erstrecken, aber bislang hat noch jeder Besteller seinen Satz Installationsmedien erhalten.

2.1.2 Sicherung der persönlichen Daten

Bevor es Ernst wird, soll an dieser Stelle noch ein Hinweis an diejenigen erfolgen, die planen, Ubuntu neben bereits existierenden Betriebssystemen zu installieren: Sichern Sie vor der Installation wichtige persönliche Daten. Auch wenn die Installationsprozedur im Normalfall andere Partitionen unangetastet lässt, kann der Faktor Mensch hier doch einiges vermurksen. Insbesondere dann, wenn Sie bei der Partitionierung zum falschen Zeitpunkt aufs falsche Knöpfchen drücken, können ganze Systemlaufwerke im Datennirwana verschwinden. Folgende Daten sollten in jedem Fall gesichert werden:

- ▶ Windowsanwender kopieren das Verzeichnis *Eigene Dateien* auf einen mobilen Datenträger (CD, DVD, USB-Festplatte).
- ▶ Linuxanwender sichern das /home-Verzeichnis einer bestehenden Installation.

Wer besonders sicher gehen und sich im Falle einer Fehlbedienung die Neuinstallation des bestehenden Systems ersparen möchte, der fertigt ein Image der Systempartition an. Im Linuxumfeld ist dass rasch unter Verwendung einer Live-CD wie Knoppix zu erledigen. Näheres hierzu können Sie dem Kapitel 11 entnehmen.

2.1.3 Systemcheck

Test mit Live-System

Ist mein Computer fit für Ubuntu, wird sämtliche Hardware unterstützt? Ubuntu ist ein sehr modernes Linuxsystem, so dass es mit Computern der neuen Generation eigentlich keine Probleme geben sollte.

Schon schwieriger gestaltet sich die Installation auf betagten Rechnern. Wer also einfach mal testweise Ubuntu auf einem Rechner installieren möchte, der bislang auf dem Dachboden sein trauriges Dasein fristete, dem sei empfohlen, die Ubuntu-CD auf dem Gerät der Wahl testweise im Livemodus zu booten. Sollte das ohne Probleme klappen und das System auch im grafischen Modus einigermaßen flüssig laufen, so sollte einer Festplatteninstallation nichts mehr im Weg stehen.

In Abbildung 2.1 sehen Sie den Gerätemanager einer Ubuntu-Installation auf einem Pentium II mit 266 MHz.

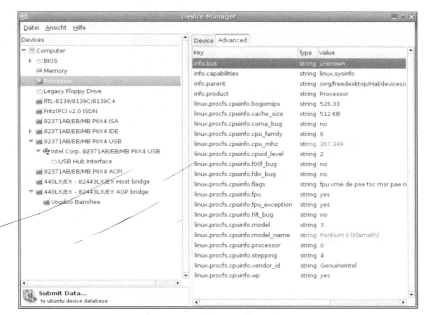

Abbildung 2.1 Ubuntu auf einem guten alten Pentium II/266 MHz mit 196 MB RAM, hier der Gerätemanager nach dem Start des Livesystems

2.1.4 Internetzugang vorbereiten

Zwar nicht lebensnotwendig für die Installation von Ubuntu, aber doch recht komfortabel ist die Nutzung eines bestehenden Internetzugangs. Idealerweise wird dieser durch einen Router realisiert, der systemunabhängig zu konfigurieren ist, etwa per Browser. Ein moderner Router kann entweder in Verbindung mit einem bestehenden DSL- oder ISDN-Anschluss genutzt werden und besitzt oftmals auch ein integriertes Modem. Ubuntu kann dann in Verbindung mit solchen Geräten bereits während des Installationsvorgangs für den (Inter-)Netzwerkeinsatz eingerichtet werden.

Schwieriger gestaltet sich die Situation, wenn Ihr Computer via Modem oder ISDN-Karte direkt an das Internet angebunden ist. In diesem Fall muss die Konfiguration des Internetanschlusses nachgeholt werden, mehr dazu erfahren Sie in Kapitel 4.2.

2.1.5 Verkleinerung einer Windowspartition

Dieses Teilkapitel behandelt den Sonderfall, dass Sie beabsichtigen, eine bestehende Windowspartition zu verkleinern, um Platz für Ubuntu zu schaffen. Zwar wird dies durch das Partitionierungswerkzeug von Ubuntu auf Knopfdruck erledigt, der Prozess kann allerdings geraume Zeit in Anspruch nehmen. Schneller läuft der Vorgang ab, wenn man hierfür einige Vorbereitungen auf Seiten von Windows unternimmt.

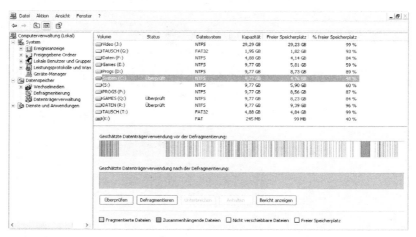

Abbildung 2.2 Beispiel einer stark fragmentierten Windowspartition

Defragmentieren Sie zunächst die Partition unter Windows. Dies erledigen Sie unter aktuellen Windowssystemen (XP/2000) mit einem rechten Mausklick über dem Symbol Arbeitsplatz im Startmenü/Punkt Verwalten, dort **Datenspeicher • Datenträgerverwaltung**.

Abbildung 2.3 Windows Auslagerungsdatei(en) abschalten

54 Installation

Schalten Sie vor der Partitionsverkleinerung die Windowsauslagerungsdatei aus. Diese nennt sich *pagefile.sys* und kann über folgende Schritte deaktiviert werden: Rechter Mausklick über dem Arbeitsplatzsymbol, hier nun **Eigenschaften • Erweitert • Systemleistung • Einstellungen • Erweitert • Virtueller Arbeitsspeicher (Ändern)**, dort **keine Auslagerungsdatei** markieren bzw. den Wert der Auslagerungsdatei auf Null setzen. Nach der Verkleinerung der entsprechenden Partition und der Installation von Ubuntu sollte die Auslagerungsdatei freilich wieder aktiviert werden. Sie ist vergleichbar mit der Swap-Partition unter Linux.

2.1.6 Bootvorbereitungen im BIOS

Sollte die CD bzw. DVD nicht automatisch booten, so gilt es, das BIOS Ihres Rechners auf Tauglichkeit hin zu überprüfen bzw. die Bootreihenfolge anzupassen. Dazu ist es notwendig, mit Hilfe einer Tastenkombination (neudeutsch: Hotkey-Sequenz) in das BIOS zu gelangen.

Bootsequenz im BIOS einstellen

BIOS	Hotkey-Sequenz
ACER	Strg + Alt + Esc
AMI	Entf
	Strg + Alt + S
Phoenix	Strg + Alt + Esc
	Strg + Alt + S
	F2
Phoenix (Dell)	Strg + Alt + Enter
ATT	F1
Award	Entf
AST	Strg + Alt + Esc
Compaq	F10
IBM	F1

Tabelle 2.1 Hotkeys der wichtigsten BIOS-Varianten

Tabelle 2.1 zeigt die Tastenkombinationen für die am meisten verbreiteten BIOS-Varianten. Beachten Sie, dass sich dabei derselbe BIOS-Fabrikant durchaus unterschiedlicher Sequenzen bedienen kann. Darüber kann mitunter der Zeitpunkt von Bedeutung sein, wann die Hotkeysequenz einzugeben ist, z.B. während des Speichertests. Nähere Informationen entnehmen Sie der Dokumentation Ihrer speziellen Hardware, in diesem Fall der des eingesetzten Motherboards.

Nach der Hotkeysequenz präsentiert sich der Hauptbildschirm der BIOS-Software. Hier sollten Sie nach einem Menüpunkt namens Boot bzw. einem entsprechenden Untermenü Ausschau halten. Abbildung 2.4 zeigt am Beispiel des Phoenix-BIOS ein solches Bootkonfigurationsmenü.

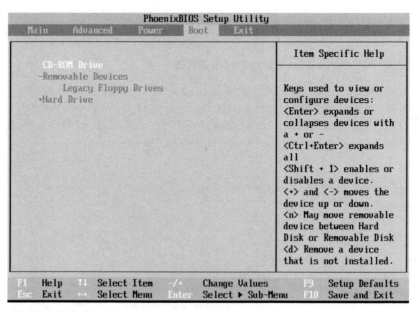

Abbildung 2.4 Startsequenz im BIOS anpassen

Im Bootuntermenü ist nun zu prüfen, ob der Datenträger, von welchem gebootet werden soll, am Anfang der Liste der Bootmedien steht. Ist dies nicht der Fall, so kann die Reihenfolge zumeist mit der (+) - bzw. (-) - Taste des Nummernblocks auf der Standardtastatur geändert werden, näheres entnehmen Sie wiederum der Hardwaredokumentation. Im vorliegenden Fall steht dem Anwender zudem die kontextbezogene Hilfe am rechten Bildschirmrand zur Verfügung.

Booten von USB Bei moderneren Systemen können an dieser Stelle weitere Varianten, wie beispielsweise das Booten über Netzwerk oder von angeschlossenen USB-Geräten wie z.B. Memorysticks oder mobilen Festplatten, ausgewählt werden. So ist es mittlerweile auch möglich, Ubuntu auf einer externen USB-Festplatte zu installieren und zu booten. Dadurch können Sie Ihr komplettes System stets mit sich führen.

Eine Warnung ist an dieser Stelle auch angebracht: Bitte beschränken Sie sich bei den Änderungen nur auf das Bootuntermenü. Gerade die Manipulation des BIOS ist eine hervorragende Gelegenheit für Ungeübte, digitales Porzellan zu zerschlagen. Wer beispielsweise meint, die Parameter seiner Festplatte unbedingt manuell eintragen oder gar den Takt des Prozessors »hochschrauben« zu müssen, riskiert Systemabstürze und Datenverlust.

Nach erfolgter Änderung verlässt man die BIOS-Konfiguration schließlich über das Untermenü Exit bzw. den Hotkey (F10). Bei älteren BIOS-Varianten ist zu beachten, dass die abschließende Bestätigungsabfrage die Eingabe des Buchstabens z statt y erfordert, da diese BIOS-Versionen auf das amerikanische Tastaturlayout angepasst wurden. Nun sollte Ihrem ersten Bootversuch nichts mehr im Weg stehen.

Die Ubuntu-CD-/DVD will nicht booten. Und nun . . . ?!

Auch hier gibt es eine Lösung, die folgendermaßen lautet: Installiere den Bootloader GRUB in einem bestehenden Windowssystem und boote von da aus den Ubuntu-Installer. Eine Anleitung hierzu finden Experten (und nur solche sollten sich an eine derart komplexe Aufgabe heranwagen) unter

http://wiki.ubuntuusers.de/Installation_ohne_CD

Eine weitere Möglichkeit besteht darin, mit einer Hilfsdiskette einen Linuxkernel zu booten, welcher dann die entsprechenden Treiber für das CD-Laufwerk zur Verfügung stellt und somit das BIOS überlistet. Dazu lesen Sie am besten folgende Informationen:

http://wiki.ubuntuusers.de/Bootdiskette

2.2 Eine kommentierte Installation

Die folgende Anleitung nimmt Sie an die Hand und erläutert Schritt für Schritt die einzelnen Stufen einer Ubuntuinstallation. Dabei werden auch die technischen Grundlagen unter dem Motto: »Was geschieht hier eigentlich?« besprochen. Die beschriebenen Schritte sind bei allen Ubuntu-Versionen gleich, Besonderheiten, die z.B. bei Kubuntu oder der 64-Bit-Variante auftreten, werden in einem gesonderten Kapitel besprochen.

2.2.1 Startbildschirm und erweiterte Startoptionen

Hilfe über F1 Nachdem das Installationsmedium vom BIOS erkannt und für bootwürdig befunden wurde, begrüßt Sie der unten abgebildete Startbildschirm. Dieser ist gleichzeitig auch Ausgangspunkt für zehn weitere Hilfsbildschirme, die jeweils mit den Funktionstasten `F1` bis `F10` angewählt werden können.

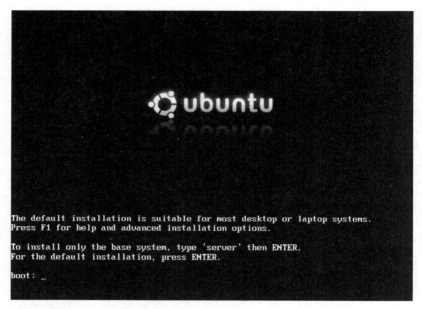

Abbildung 2.5 Der Ubuntu Startbildschirm

Auf den Hilfeseiten finden Sie folgende Themenbereiche (derzeit leider nur auf Englisch):

- **F1:** Eine Übersicht der verschiedenen Indexseiten.
- **F2:** Die Voraussetzungen für die Installation: In der aktuellen Version werden 1,8 GB freier Festplattenspeicher für das Desktopsystem, bzw. 350 MB für die Installation eines Serversystems ohne grafische Oberfläche veranschlagt.
- **F3:** Eine Auflistung der speziellen Installationsmethoden. Zur Verfügung stehen die Boottargets[1] `linux` (Standardinstallation), `server` (Minimalsystem für den Serverbetrieb), `expert` (interaktive Installation für die maximale Kontrolle des Installationsvorgangs). Darüber hinaus kann durch Eingabe des Parameters `memtest` ein Speicher-

---

1 Ein Boottarget ist eine vorbereitete Bootkonfiguration.

testprogramm gestartet werden, um den verbauten RAM-Speicher auf Fehler hin zu überprüfen. Die drei erstgenannten Optionen können auch in Kombination mit weiteren Bootparametern verwendet werden.

```
boot: linux acpi=off
```

schaltet z.B. das ACPI für den Fall aus, dass der Installationsbootvorgang in Folge nicht oder schlecht unterstützter Hardware hängenbleibt.

- **F4:** Eine Übersicht der Untermenüs für erweiterte Bootoptionen (Menüs F5, F6, F7).
- **F5:** Einige Bootparameter zur Beeinflussung spezieller Hardware.

Ein Beispiel: Sollte bei der Installation auf einem Laptop die Grafikhardware ihren Dienst versagen, so lässt sich durch Eingabe der folgendem Parameter zumeist dennoch die Grafik während der Installation ansprechen:

```
boot: linux vga=771 noapic nolapic
```

Im fertig installierten System haben Sie dann immer noch die Möglichkeit, spezielle Grafiktreiber nachzurüsten.

- **F6:** Hilfe zur Nutzung verschiedener Festplattencontroller. Sollte Ihre Festplatte während des Installationsboots nicht erkannt werden, so können Sie dies durch Eingabe eines auf dieser Seite gelisteten Parameters umgehen.

```
SPECIAL BOOT PARAMETERS - VARIOUS HARDWARE                        F5

You can use the following boot parameters at the boot: prompt,
in combination with the boot method (see <F3>).
If you use hex numbers you have to use the 0x prefix (e.g., 0x300).

HARDWARE                              PARAMETER TO SPECIFY
IBM PS/1 or ValuePoint (IDE disk)     hd=cylinders,heads,sectors
Some IBM ThinkPads                    floppy=thinkpad
IBM Pentium Microchannel              mca-pentium no-hlt
Protect I/O port regions              reserve=iobase,extent[,...]
Workaround faulty FPU (old machines)  no387
Laptops with screen display problems  vga=771
If your system hangs when booting, and the last message you see is
"aec671x-detect..", try                gdth=disable:y
If you experience lockups or other hardware failures,
disable buggy APIC interrupt routing   noapic nolapic

For example:

  boot: linux vga=771 noapic nolapic

Press F1 for the help index, or ENTER to boot: _
```

Abbildung 2.6 Optionsmenüs zur Installation

- **F7:** Beeinflussung der automatischen Installationsroutine: Es kann vorkommen, dass während der Installation ein Gerät nicht korrekt erkannt bzw. konfiguriert werden kann. Sollte es diesbezüglich zu einem »Hänger« kommen, dann haben Sie die Möglichkeit, die Installation neu zu starten und die Erkennung einzelner Komponenten gezielt zu deaktivieren.

  Um z.B. die Suche nach USB-Geräten zu unterbinden, ist folgender Befehl einzugeben:
  ```
  boot: linux debian-installer/probe/usb=false
  ```
- **F8, F9, F10:** Einige Informationsseiten über das Ubuntu-Projekt sowie das Copyright.

US-Tastatur beim Start

Sollten Sie den einen oder anderen Bootparameter eingeben wollen bzw. müssen, dann machen Sie zwangsläufig Bekanntschaft mit dem anglo-amerikanischen Layout. Folgende Tabelle dient als Übersetzungshilfe.

gewünschtes Zeichen	Eingabe auf deutscher Tastatur
/ (Slash)	- (Bindestrich, Minus)
- (Bindestrich, Minus)	ß (Esszet)
_ (Unterstrich)	? (Umschalt + Esszet)
= (Gleichheitszeichen)	´ (Tick, Taste neben Esszet)
: (Doppelpunkt)	Ö (Umschalt + ö)

Tabelle 2.2 Übersetzungstabelle deutsche <-> amerikanische Tastatur

2.2.2 Start des Installationssystems

Eingabetaste zum Start der Installation

Nachdem Sie nun am Bootprompt gegebenenfalls einige weitere Parameter eingegeben haben – was allerdings im Normalfall nicht notwendig sein wird – starten Sie durch Betätigen der Eingabetaste das Booten des Installationssystems. Dabei wird bereits ein Linuxkernel gestartet, was an den in rascher Folge über den Bildschirm laufenden typischen Bootmeldungen ersichtlich ist (Abbildung 2.7).

Sollte der Bootvorgang an irgendeiner Stelle stoppen, so versuchen Sie, wie im vorangegangenen Abschnitt beschrieben, die Hardwareerkennung für kritische Komponenten gezielt zu deaktivieren.

Eine genaue Analyse der Bootmeldungen gibt erste Anhaltspunkte, welche Komponenten für einen Fehlstart verantwortlich zeichnen.

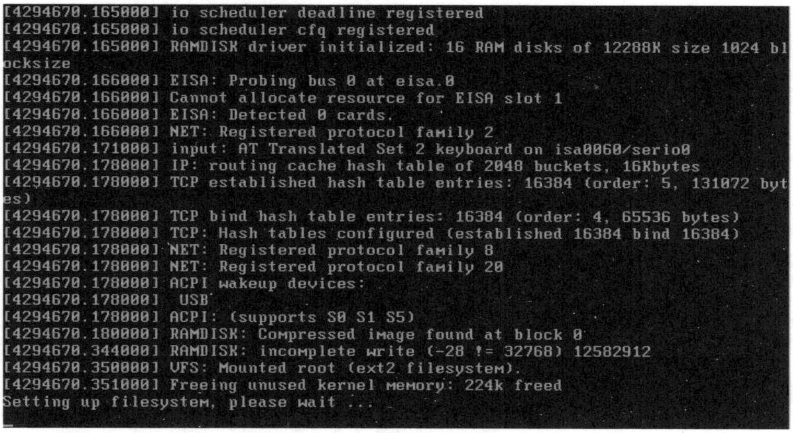

Abbildung 2.7 Der Kernel des Installationssystems wird gestartet

2.2.3 Sprach- und Tastatureinstellungen

Sie erinnern sich, dass vor dem Booten die Tastaturbelegung noch dem US-Layout folgte. Im ersten Schritt der eigentlichen Installation werden daher sowohl die Spracheinstellungen als auch die Tastatur nach Ihren Vorgaben angepasst (Abbildung 2.8).

Menüauswahl über Tabulator-/Pfeiltasten

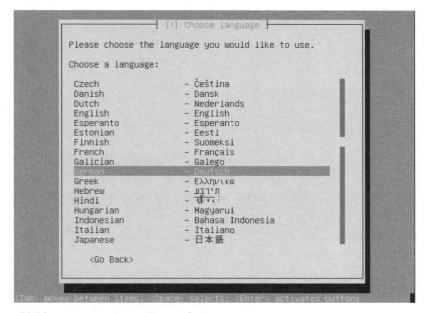

Abbildung 2.8 Spracheinstellungen festlegen

Eine kommentierte Installation

Die Navigation in den etwas spartanischen Menüs erfolgt mit Hilfe der Pfeiltasten, zwischen Untermenüs springt man mit der Tabulatortaste, und ein Menüpunkt wird entweder mit der Leertaste oder mit der Eingabetaste bestätigt. Bei der Tastaturbelegung haben Sie zudem die Möglichkeit, die aktuell gewählte Belegung in einem Eingabefenster zu testen. Gleichzeitig werden mit der Ländereinstellung auch die nächstgelegenen Server definiert, auf welche das System später bei einer Nachinstallation von Software mit dem Tool apt-get zurückgreift.

2.2.4 Start der Installationsroutine/Netzwerkerkennung

Nach Abschluss der Sprachkonfiguration wird die eigentliche Installationsroutine geladen und geprüft, ob sich das CD-ROM- bzw. DVD-Laufwerk einbinden lässt. Zusätzlich werden einige Module geladen, die den Zugriff auf die angeschlossene Hardware sicherstellen. Hier wirken sich gegebenenfalls die Parameter aus, welche zu Beginn des Bootvorgangs am Bootprompt eingegeben wurden.

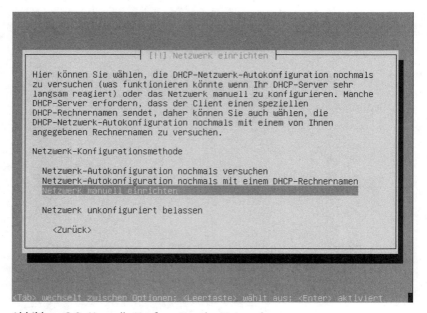

Abbildung 2.9 Manuelle Konfiguration des Netzwerks

Es folgt der Versuch, die Netzwerkhardware zu erkennen und einzubinden. Wer dabei einen so genannten DHCP-Router sein eigen nennt, ist hier im Vorteil: Diese Geräte verteilen die notwendigen Netzwerkadressen (IP-Adressen, also z.B. 192.168.0.1) auf »Zuruf«. Sollte das in

Ihrem lokalen Netz nicht funktionieren, so können die entsprechenden Einstellungen auch manuell in einem Untermenü vorgenommen werden (Abbildung 2.9).

Eine typische Einstellung könnte bei Einsatz eines gängigen Hardwarerouters folgendermaßen aussehen:

- **IP-Adresse:** 192.168.0.1
- **Netzmaske:** 255.255.255.0 (ist zumeist automatisch vorgewählt).
- **Gateway:** Hier ist die IP-Adresse Ihres Routers einzugeben, z.B. 192.168.0.254.
- **Adresse des DNS-Servers:** Mit diesem Server erfolgt die Namensauflösung von Internetadressen, d.h. die Umsetzung von URLs wie **www.google.de** in eindeutige IP-Adressen. Bei Verwendung eines Routers genügt es hier meist, dessen IP-Adresse anzugeben.
- **Rechnername:** Voreingestestellt ist **ubuntu**, Sie können hier aber einen eigenen Namen auswählen.
- **Apropos manueller Eingriff:** Sie können von jedem Untermenü der Installationsroutine, welches ein **Zurück**-Feld enthält, in das Hauptmenü des Installers wechseln und somit die wichtigsten Schritte wiederholen, vgl. Abbildung 2.10.

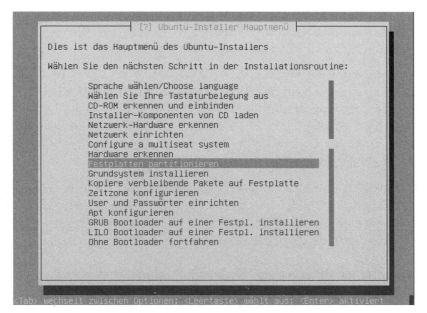

Abbildung 2.10 Hauptmenü des Installationsprogramms

2.2.5 Partitionierung

Primäre und erweiterte Partition

Bevor Sie sich nun in die Untiefen der Partitionierung stürzen, soll noch kurz über den Sinn und Zweck derartiger Festplattenaufteilungen gesprochen werden. Jede Festplatte enthält eine Partitionstabelle, in der bis zu vier Einträge untergebracht werden können. Entweder können vier primäre Partitionen definiert werden, oder drei primäre Partitionen und eine erweiterte Partition. In dieser erweiterten Partition können wiederum logische Laufwerke angelegt werden. Die Anzahl dieser logischen Laufwerke ist bei SCSI, S-ATA und Firewire auf 15 beschränkt. Verwenden Sie (E)IDE-Platten, so erhöht sich die Zahl auf 63. Wenn Sie also planen, Ihre Platte in mehr als vier Partitionen aufzuteilen, so muss spätestens die vierte Partition als erweiterte Partition angelegt werden. Modernen Linuxsystemen ist es gleichgültig, ob sie auf einer primären oder auf einer erweiterten Partition untergebracht sind. Mittlerweile wurden durch die Verwendung von GRUB als Bootloader auch die Probleme behoben, die beim Booten mit dem Standardbootloader lilo mit Partitionen auftraten, die jenseits der 1024-Zylinder-Grenze lagen.

Vollautomatische Partitionierung

Diese Variante ist für eine Neuinstallation von Ubuntu am einfachsten und insbesondere für den Fall gedacht, dass ausschließlich Ubuntu auf dem Computer seinen Dienst verrichten soll. Wer nebenbei z. B. noch Windows auf dem Computer beherbergen möchte, der sehe sich den folgenden Abschnitt »Manuelle Partitionierung« an.

Wählen Sie für die automatische Partitionierung im Partitionierungswerkzeug des Installers den Punkt **Gesamtes Laufwerk löschen**. Der Installer wählt dann von sich aus eine geeignete Partitionierung. Zumeist wird eine Swappartition von der Größe des Hauptspeichers angelegt, der Rest des Festplattenspeichers wird als Systempartition (unter Linux: Root-Partition) verwendet.

Beachten Sie, dass im Falle dieser automatischen Partitionierung sämtliche Daten Ihrer Festplatte unwiederbringlich gelöscht werden. Dies möchte man in den seltensten Fällen. Die Mehrzahl der Anwender wird die nachfolgend beschriebene Partitionierungsvariante wählen.

Manuelle Partitionierung: Analyse bestehender Partitionen

Wenngleich die Möglichkeit der manuellen Partitionierung als Expertenoption angesehen wird, gewährt sie doch die beste Kontrolle über den

Partitionierungsvorgang. Zunächst verschafft man sich ein Bild über die auf dem Rechner befindliche Partitionslandschaft.

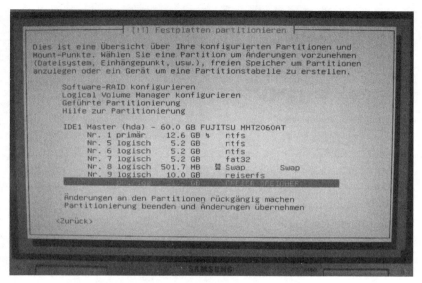

Abbildung 2.11 Komplexe Partitionierung auf einem Laptop

Auf Abbildung 2.11 sieht man einen Laptop-Computer, der über eine primäre Partition mit einem Windows XP System sowie eine erweiterte Partition mit zwei weiteren NTFS-Partitionen, einer FAT32-Partition sowie einer Debian GNU/Linux-Installation mit einer Swap- und einer ReiserFS-Systempartition verfügt. Darüber hinaus besitzt der obige Rechner noch ca. 20 GB freien, unzugeordneten Speicher.

Sie haben die Möglichkeit, entweder eine bestehende Partition zu verkleinern oder freien Speicherplatz auf der Platte für die Ubuntu-Installation zu nutzen. Letzteres soll im Folgenden durchgeführt werden. Falls Sie zunächst eine Partition verkleinern und Platz schaffen möchten, so sind die in Abschnitt 2.1.5 beschriebenen Vorbereitungen zu beherzigen. Die Verkleinerung von Windows NTFS-Partitionen funktioniert seit Ubuntu Hoary zuverlässig.

Manuelle Partitionierung: Anlegen von Partitionen

Wählen Sie einfach den freien Speicherbereich im Partitionierungsmenü aus und betätigen Sie die Auswahl mit der Eingabetaste. Darauf erscheint der Dialog der Abbildung 2.12.

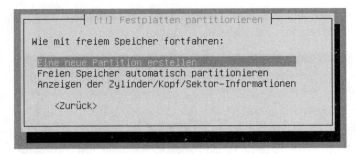

Abbildung 2.12 Manuelle Partitionierung

Doppelt soviel Swap wie Hauptspeicher

Hier wählen Sie den Punkt »Eine neue Partition erstellen«. Befindet sich auf dem Rechner noch kein Linuxsystem, so muss zunächst eine Swap-Partition erstellt werden. Deren Größe sollte nach einer Faustregel etwa der doppelten Größe des Hauptspeichers entsprechen. Bei Speichergrößen von mehr als 512 MB genügt in der Regel die einfache Größe des RAM.

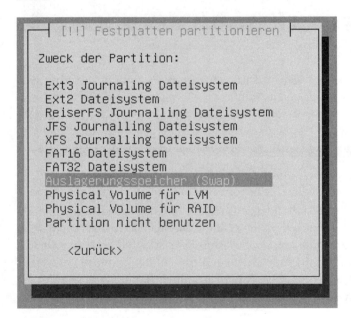

Abbildung 2.13 Anlegen von Swapspeicher

Durch eine großzügige Wahl des Swapspeichers können Sie später ohne Probleme den Suspend to Disk Modus nutzen, bei welchem die Daten, die sich im RAM befinden, auf die Platte geschrieben werden und der nächste Systemstart deutlich schneller erfolgt. Geben Sie die gewünschte Partitionsgröße im nächsten Schritt an.

Als Partitionsart können Sie, wie oben erläutert, entweder **Primär** oder **Logisch** angeben. Die Swap-Partition sollte an den Anfang des freien Speichers gesetzt werden. Dem Installer muss im nächsten Schritt noch mitgeteilt werden, dass es sich bei der neuen Partition um eine Swap-Partition[2] handelt. Dies geschieht mit dem Menüpunkt Benutzen als, hier wählt man als Typ Auslagerungsspeicher (Swap, Abbildung 2.13).

Schließlich erscheint ein Dialog, der die neu erstellte Partition anzeigt. Die neue Partitionstabelle wird dann über den Menüpunkt Anlegen der Partition beenden berechnet.

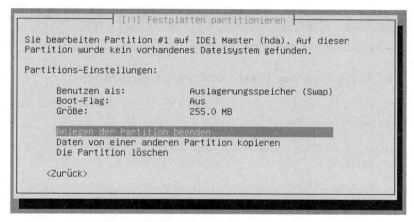

Abbildung 2.14 Abschließen der Erstellung einer Swap-Partition

Die obigen Schritte sind für jede Partition, die man erstellen möchte, zu wiederholen. Im Prinzip kommen Sie mit lediglich einer weiteren Partition aus: Diese enthält das komplette Linuxsystem und wird Root-Partition genannt. Für die Root-Partition (Abkürzung: /) wählt Ubuntu automatisch das ext3fs4[3]-Dateisystem, Sie haben aber die Möglichkeit, hier auch andere Dateisysteme auszuwählen, vgl. Abbildung 2.13 bzw. Abbildung 2.15.

Swap- und Root-Partition erstellen

---

2 Haben Sie bereits eine andere Linuxdistribution installiert, so können Sie deren Swapbereich nutzen. Dieser wird von der Installationsroutine automatisch eingebunden.
3 Näheres zu den unter Linux verwendeten Dateisystemen finden Sie in den Sekundärliteraturquellen aus Abschnitt 6.2. An dieser Stelle genügt es zu wissen, dass man bei Ubuntu derzeit mit dem ext3fsDateisystem am besten fährt.

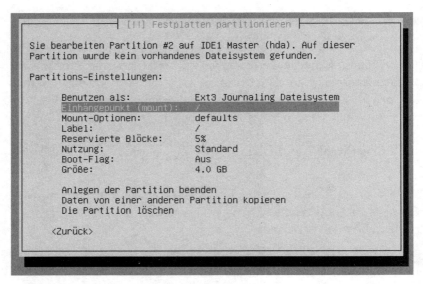

Abbildung 2.15 Die Root-Partition wird angelegt

2.2.6 Aufteilung der Platte und Partitionsgrößen

Folgende Empfehlungen können in Abhängigkeit vom jeweiligen Einsatzzweck gegeben werden:

- Einfaches System für **Einsteiger**: Eine Swap-Partition, sowie 5 GB als Root-Partition.

- Für **Fortgeschrittene**, die ihr System häufiger neu aufsetzen möchten, dabei aber nicht ihre persönlichen Daten verlieren möchten: Eine Swap-Partition, eine 5 GB Root-Partition sowie eine extra /home-Partition. Letztere kann dann bei Installation eines neuen Systems erneut verwendet werden. Deren Größe wird lediglich vom freien Festplattenspeicher limitiert.

- Für **Experten** als Mehrbenutzersystem: Swap, 5 GB Root, eine Partition für / (ca. 4 GB), eine Partition für /opt (ca. 4 GB), sowie eine Partition für /var (ca 1 GB). Der Rest des Speicherplatzes kann als /home-Partition zur Speicherung der Daten verschiedener Benutzer freigegeben werden.

- Sollten Sie außerdem auf Ihrem Rechner ein Windowssystem installiert haben, so ist es sinnvoll, eine FAT32-Partition zum **Datenaustausch** zu erstellen. Auf diese kann dann sowohl von Linux als auch von Windows aus lesend und schreibend zugegriffen werden. Deren Größe richtet sich nach dem zur Verfügung stehenden freien Speicher, 2 GB ist sicher ein guter Startwert.

2.2.7 Abschluss der Partitionierung

Nachdem Sie nun alle gewünschten Partitionen angelegt haben, wird es Ernst: Im Übersichtsmenü wählen Sie den Punkt Partitionierung beenden und Änderungen übernehmen aus.

Eine letzte Sicherheitsabfrage ist noch zu überwinden (Abbildung 2.16), dann löscht das Programm unwiederbringlich Ihre alte Partitionstabelle und legt neue Partitionen nach Ihren Vorgaben an. Dabei kann es durchaus vorkommen, dass der Bildschirm längere Zeit leer bzw. blau bleibt.

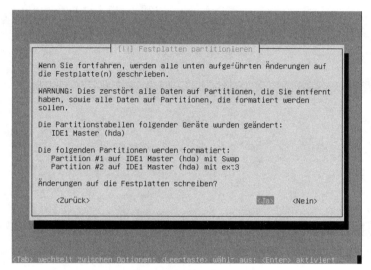

Abbildung 2.16 Der nächste Schritt kann tödlich sein ...

2.2.8 Aufspielen der Pakete/Abschlusskonfiguration

Nach der Bestätigung der Partitionierung startet unmittelbar die eigentliche Installationsphase. Nun können Sie sich eine Tasse Kaffee holen und gemütlich zurücklehnen.

Das Kopieren, Auspacken und Konfigurieren der Systempakete nimmt auch auf modernen Systemen mindestens 10 Minuten in Anspruch.

Abbildung 2.17 Die eigentliche Installation beginnt

Eine kommentierte Installation

Nach Abschluss der Installation haben Sie schließlich noch die Möglichkeit, angepasste Sprachpakete aus dem Internet zu installieren. Dies setzt einen erfolgreich konfigurierten Internetanschluss voraus, vgl. Abschnitt 2.1.4. Die Lokalisierung Ihres Systems können Sie aber später immer noch nachholen, siehe Abschnitt 2.3.4.

2.2.9 Systemzeit

Wichtig ist noch der folgende Schritt, in welchem die Systemzeit konfiguriert wird. Sollte sich parallel zu Ubuntu ein Windowssystem auf Ihrem Rechner befinden, so ist der folgende Dialog mit **Nein** zu beantworten (Abbildung 2.18).

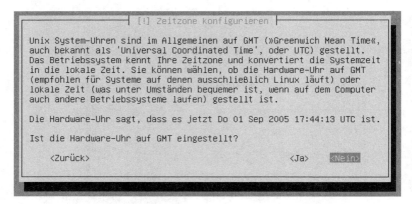

Abbildung 2.18 Systemzeit konfigurieren

Die anschließend vorgeschlagene Zeitzone Europa/Berlin sollte bestätigt werden. Wer sich in einem anderen geografischen Gebiet befindet, wählt selbstverständlich eine andere Zeitzone aus. Ein entsprechendes Menü erreicht man bei Auswahl des Menüpunkts Nein (Abbildung 2.19).

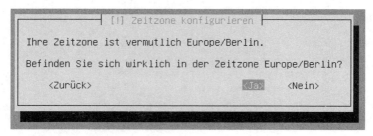

Abbildung 2.19 Auswahl der Zeitzone

2.2.10 Standardbenutzer anlegen

Im nächsten Schritt geht es darum, den Standardbenutzer des Systems festzulegen. Dieser hat bedeutend mehr Macht als bei anderen Linuxdistributionen: Das Passwort des hier definierten Anwenders ermöglicht das temporäre Erlangen von Root- bzw. Administratorrechten. Merken Sie sich also unbedingt die (Passwort-)Eingaben, die Sie hier vorgenommen haben.

Benutzerpasswort = Root-Passwort

Zunächst muss der vollständige Name des Benutzers angegeben werden. Danach wird das Kürzel des Benutzers definiert. Mit dieser Login-Kennung (engl.: account) müssen Sie sich später auf dem Ubuntu-System einloggen (Abbildung 2.20).

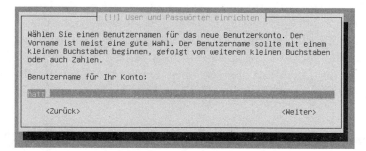

Abbildung 2.20 Definition des Login-Namens

Schließlich wird das Passwort für den soeben angelegten Benutzer definiert. Zum Schutz vor Tippfehlern muss dies zweimal hintereinander erfolgen (Abbildung 2.21). Wundern Sie sich nicht, wenn bei der Eingabe kein Text erscheint, es gibt im Gegensatz zu anderen Systemen keinen Platzhalter wie beispielsweise *.

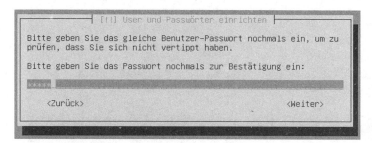

Abbildung 2.21 Bestätigung des Passworts

2.2.11 Konfiguration des Paketsystems und Bootloaders

Am Ende der Basisinstallation wird das APT (Advanced Package Tool) konfiguriert und der Bootloader GRUB im Masterbootrecord installiert (Abbildung 2.22).

Abbildung 2.22 Installation des Bootloaders

Möchten Sie keinen Bootloader installieren oder statt GRUB den Loader lilo verwenden, dann können Sie an dieser Stelle über die Schaltfläche **Zurück** in das Installerhauptmenü springen und die Bootkonfiguration selbstständig Ihren Vorstellungen entsprechend anpassen. Damit wäre die erste Stufe der Installation abgeschlossen. Entfernen Sie das Installationsmedium aus dem CD-/DVD-Laufwerk und starten Sie den Rechner neu.

2.2.12 Reboot und Abschluss der Installation

Zunächst begrüßt Sie beim Reboot der Countdown des Bootloaders GRUB. Durch Drücken der Esc-Taste bekommen Sie einen ersten Eindruck über die zur Auswahl stehenden Systeme. Sollte ausschließlich Ubuntu auf dem Rechner installiert sein, so erscheint eine Ansicht ähnlich der Abbildung 2.23.

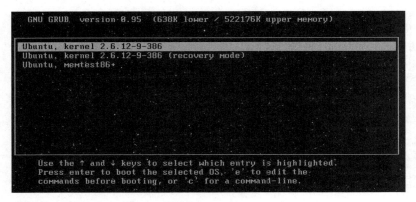

Abbildung 2.23 Bootmenü von GRUB

Standardmäßig wird der Kernel normal gestartet. Sollte es dabei zu Schwierigkeiten kommen, können Sie versuchen, das System im Recovery-Modus zu starten (zweiter Menüeintrag).

Mit Hilfe des dritten Menüeintrags können Sie Ihr RAM auf Fehler überprüfen, was insbesondere dann durchgeführt werden sollte, wenn es im laufenden Betrieb des Rechners zu unerklärlichen Systemabstürzen kommt. Unter Windows äußert sich dies in Form des berüchtigten Bluescreens.

Befinden sich auf dem Rechner weitere Betriebssysteme, z.B. eine Windowsinstallation, so werden diese automatisch in das obige Bootmenü integriert. Skeptische Naturen können an dieser Stelle testen, ob sich die übrigen Betriebssysteme problemlos starten lassen.

Windows automatisch erkannt

Wählen Sie nun den ersten Eintrag im Bootmenü aus. Ohne die oben beschriebene Betätigung der Esc-Taste startet das Ubuntusystem innerhalb von drei Sekunden. Beim ersten Systemstart nach erfolgter Basisinstallation beginnt nach dem Booten des Kernels die Konfiguration und Installation der zuvor auf die Festplatte kopierten Softwarepakete. Dieser Vorgang kann einige Minuten in Anspruch nehmen (Abbildung 2.24).

Abbildung 2.24 Installation der Pakete nach Reboot

Nun folgt der letzte interaktive Schritt: Zur Konfiguration des Grafiksystems werden Sie aufgefordert, die gewünschte Auflösung der grafischen Oberfläche anzugeben. Orientieren Sie sich zu diesem Zweck an den Angaben des Monitorherstellers. Sie können an dieser Stelle, beginnend von der höchsten Auflösung, mehrere geringere Auflösungen wählen.

Auswahl der Auflösung

Auf diese kann man im laufenden Grafikbetrieb mit der Tastenkombination (Strg)+(Alt)+(+) bzw. (Strg)+(Alt)+(-) wechseln. In der Regel wurden die auf Ihrem Grafiksystem nutzbaren Auflösungen schon vom Installer erkannt und vorgewählt.

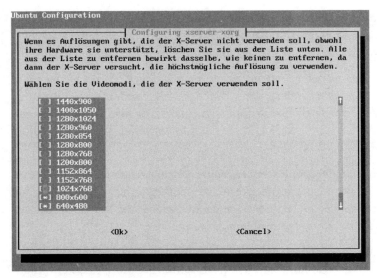

Abbildung 2.25 Konfiguration der grafischen Oberfläche

Wenn Sie nun den in Abbildung 2.26 abgebildeten Startbildschirm erblicken, dann haben Sie es geschafft: Ubuntu Linux wurde erfolgreich auf Ihrem PC installiert. Loggen Sie sich nun mit Ihrer Benutzerkennung/Passwortkombination ein.

Abbildung 2.26 Anmeldebildschirm

Nach dem Login erwartet Sie eine aufgeräumte Oberfläche. Sollten Sie bereits während der Installation die Internetverbindung eingerichtet haben, dann erscheint in der Regel eine Meldung, dass neue Systemupdates auf Ihrem lokalen Ubuntu-Server zur Installation bereitliegen. Es empfiehlt sich, diese Aktualisierung vorzunehmen, mehr zu diesem Thema erfahren Sie im nächsten Teilabschnitt.

Abbildung 2.27 Updates befinden sich auf dem Server

Erforschen Sie aber zunächst die neue Oberfläche auf eigene Faust, um einen ersten Eindruck von Ubuntu zu gewinnen.

2.3 Nacharbeiten und Feintuning

2.3.1 Einrichtung der Paketverwaltung

Einer der größten Vorteile von Ubuntu ist die Möglichkeit, fehlende Software per Knopfdruck zu installieren. Die meisten der im Buch besprochenen Softwarepakete finden Sie auf der Begleit-DVD, welche während der Installation bereits als Softwarequelle definiert wurde. Wer jedoch stets die aktuellste Version eines Programms installieren möchte, der verwendet eines der unzähligen Ubuntu-Softwarearchive aus dem Internet. Solange Sie sich hierbei auf die Installation einzelner Pakete beschränken, genügt ein schmalbandiger Internetzugang wie z.B. eine ISDN- oder Analogmodemverbindung. Wer jedoch öfter das komplette System updaten will, kommt nicht um einen breitbandigen Internetanschluss wie (A)DSL herum.

2.3.2 Internetverbindung prüfen

Netzwerkeinstellungen kontrollieren

Wenn Sie über die oben empfohlene Modem-/Routerkombination ins Internet gelangen, dann können Sie zunächst noch einmal die Netzwerkeinstellungen kontrollieren. Dazu rufen Sie das Netzwerkkonfigurationswerkzeug über **System • Systemverwaltung • Netzwerk** auf. Zunächst müssen Sie Ihr Benutzerpasswort eingeben. Wie bereits erläutert, erlangt der Standardbenutzer durch Eingabe seines Passworts Administratorrechte. Kontrollieren Sie im nun erscheinenden Fenster die Eigenschaften der Ethernetschnittstelle, insbesondere die Adresse des Gateways (Routers) sowie des Nameservers, vgl. Abschnitt 2.2.4.

Abbildung 2.28 Prüfen der Netzwerkeinstellungen

Wer nicht über einen Router verfügt, der springt im Buch zum Kapitel 4.2: Dort ist die manuelle Konfiguration des Internetzugangs für die Varianten DSL, ISDN sowie ein Analogmodem beschrieben.

Synaptic konfigurieren

Repositories überprüfen

Die bequemste Möglichkeit, Software-Pakete unter Ubuntu zu installieren, findet man in dem universellen Werkzeug Synaptic. Starten Sie das Programm zunächst über **System • Systemverwaltung • Synaptic-Paketverwaltung**. Nach der Passwortabfrage zeigt das Programm beim ersten Start zunächst einen kurzen Informationstext. Bestätigen Sie den Dialog und sehen Sie sich zunächst einmal das Synaptic Hauptmenü an. Auf der linken Seite befinden sich im Normalfall einige Softwarerubriken, aus denen Programme ausgewählt werden können. Im rechten Teilfenster erscheinen dann die Namen der einzelnen Programmpakete. Klickt man auf deren Namen, so erscheint eine Beschreibung zum entsprechenden Paket.

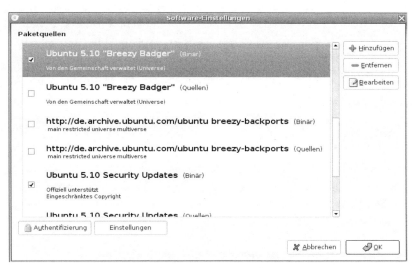

Abbildung 2.29 Universe Paketquellen in Synaptic ergänzen

Uns interessiert an dieser Stelle aber zunächst lediglich die Anbindung des Paketmanagers an das Internet. Begeben Sie sich mittels **Einstellungen • Paketquellen** zur Konfiguration der Paketquellen (auch Repositories genannt). Dort ist ersichtlich, dass bereits einige Repositories vordefiniert wurden.

An erster Stelle findet man immer das Originalinstallationsmedium, in diesem Fall die Ubuntu-CD bzw. -DVD. Wer nun nicht über eine adäquate Internetverbindung verfügt und mit der Aktualität der auf dem Medium befindlichen Programme leben kann, der kann im Prinzip die Internetquellen über die Schaltfläche **Entfernen** herauswerfen. Dieser Schritt kann später durch die Schaltfläche **Hinzufügen** wieder rückgängig gemacht werden. Üblicher ist es, an dieser Stelle zumindest noch das Universe-Repository zu ergänzen, vgl. dazu auch Abschnitt 5.3. Dazu klicken Sie die Schaltfläche **Einstellungen** an und markieren den Punkt **Deaktivierte Paketquellen anzeigen**. Nun sollten die Universe-Paketquellen in der Auswahl erscheinen. Setzen Sie ein Häkchen vor die jeweilgen Universe Binärquellen und verlassen Sie den Dialog über die Schaltfläche **OK**[4], siehe dazu auch Abbildung 2.29.

Nach der Änderung der Repositories wird eine aktuelle Liste der darin enthaltenen Softwarepakete aus dem Internet geladen. Das Synaptic-Paketwerkzeug ist nun einsatzbereit.

Noch ein Tipp: Oft möchte man einfach mal ein Paket auf die Schnelle nachinstallieren, ohne das umfangreiche grafische Frontend Synaptic aufzurufen. Das geht am schnellsten über eine Kommandozeile im Terminal (**Anwendungen • Systemwerkzeuge • Terminal**). Folgender Befehl ist zur Installation eines beliebigen Pakets einzugeben:

```
user$ sudo apt-get install <Paketname>
```

Da es sich bei der Installation von Software um eine Administratoraufgabe handelt, ist auch hierfür die Eingabe des Passworts erforderlich.

Einen tieferen Blick auf die Ubuntu Softwareverwaltung werden wir noch später in Kapitel 5 werfen, an dieser Stelle sollte zunächst einmal sichergestellt werden, dass gegebenenfalls benötigte Software nachinstalliert werden kann.

Wenn Sie sich hinter einem Proxyserver befinden

Wer in einem Unternehmen mit guter IT-Infrastruktur seinen Dienst verrichtet, der gelangt möglicherweise nur über einen Proxyserver ins Internet. Dies muss bei der Konfiguration von Synaptic berücksichtigt werden. Wählen Sie innerhalb des Programms den Punkt **Einstellungen • Einstellungen • Netzwerk**. Markieren Sie dort den Schalter Manuelle Proxykonfiguration und tragen Sie die IP-Adresse oder den Namen des zuständigen Proxyservers ein. Arbeitet der Proxy mit einem Authentifizierungsverfahren, so müssen zusätzlich noch Benutzername und Passwort übermittelt werden. Ein typischer Eintrag könnte dann folgendermaßen aussehen:

```
<Benutzername>:<Passwort>@<IP-Adresse des Proxys>
```

Beispiel:

```
meinlogin:geheim@192.168.0.98
```

---

4 Experten können an dieser Stelle bei Bedarf auch die Ubuntu Backports aktivieren, vgl. Kapitel 5.

Als Port wird bei den meisten Proxies entweder 3128 (der Squid-Proxy, vgl. Abschnitt 2.2.4) oder 8080 gewählt, Näheres erfahren Sie von Ihrem Systemadministrator.

2.3.3 Aktualisierung des Systems

Update durchführen

Ubuntu ist ein äußerst dynamisches System: Seit Veröffentlichung der letzten Distributions-ISOs wurden mit Sicherheit viele Pakete aktualisiert. Sie können Ihr System aber jederzeit auf den aktuellen Stand bringen. Dazu klicken Sie entweder auf das Symbol des Updatemanagers in der oberen Fensterleiste (vgl. Abbildung 2.27), oder Sie starten den Updatemanager direkt über **System • Systemverwaltung • Ubuntu Aktualisierungsverwaltung**. Nach Eingabe des Passworts startet die Ubuntu Updateroutine.

Abbildung 2.30 Automatische Aktualisierung des Systems

Es erscheint eine Liste mit sämtlichen Paketen, die seit dem Erscheinen des Installationsmediums aktualisiert wurden. Durch Bestätigen mit dem Knopf **Installieren** führen Sie die Systemaktualisierung durch. Hierbei werden die entsprechenden Pakete zunächst aus dem Internet geladen und anschließend installiert. Wenn Sie eine unstabile Entwicklerversion von Ubuntu verwenden, dann kann es vorkommen, dass der beschriebene Mechanismus nicht greift und Sie ein komplettes Distributionsupgrade durchführen müssen, mehr zu diesem Thema finden Sie in Abschnitt 5.3.

Update per Knopfdruck

2.3.4 Anpassung des Grafiksystems

Es passiert selten, aber wenn es passiert, ist es ärgerlich: Der Installer hat die Grafikhardware nicht richtig erkannt, und statt des beschriebenen Ubuntu Startbildschirms landen Sie in einer nichtssagenden, schwarzen Textumgebung, in Linuxkreisen auch Konsole genannt. In diesem Fall haben Sie die Möglichkeit, die Grafikhardware interaktiv zu konfigurieren. Loggen Sie sich auf der Konsole mit Ihrer Login/Passwortkombination ein und geben Sie den folgenden Befehl ein:

```
user$ sudo dpkg-reconfigure xserver-xorg
```

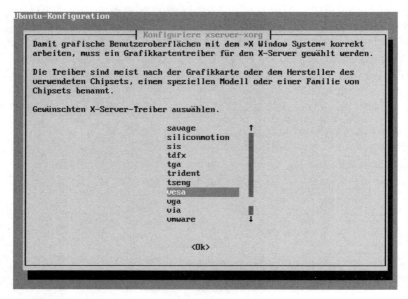

Abbildung 2.31 Neukonfiguration des Grafiksystems

Nach Eingabe des Benutzerpassworts startet die Routine zur Konfiguration des Grafiksystems. Im Gegensatz zur Standardinstallation haben Sie hier jedoch wesentlich mehr Eingriffsmöglichkeiten. Halten Sie dabei die Handbücher Ihrer Grafikkarte und Ihres Monitors parat und arbeiten Sie sich durch die einzelnen Menüs. Notfalls wählen Sie aus dem Grafikkartentreibermenü einfach den Vesa-Treiber aus, dieser sollte immer funktionieren. Die übrigen Menüpunkte können dann im Prinzip bestätigt werden.

Im Notfall VesaTreiber auswählen

Sollte Ihr Monitor nach der Konfiguration flimmern, dann besteht die Möglichkeit, auf dem Desktop unter **System • Einstellungen • Bildschirmauflösung** die Wiederholrate des Bildschirms heraufzusetzen. Sie finden weitere Feintuningoptionen für die grafische Oberfläche in Abschnitt 3.4.

2.3.5 Lokalisierung

Als erstes Beispiel für den unkomplizierten Einsatz der Paketverwaltung soll das Ubuntusystem lokalisiert werden, d.h. die Menüs der Programme sollen in der Muttersprache des Benutzers erscheinen. Sie erinnern sich: Dies konnte auch während der Installation vorgenommen werden. Haben Sie diese Anpassung ausgelassen, z.B. weil Sie zu diesem Zeitpunkt noch nicht über einen Internetzugang verfügten, so kann dies nun nachgeholt werden. Öffnen Sie die Konsole (**Anwendungen • Systemwerkzeuge • Terminal**) und geben Sie die folgenden Befehle ein:

```
user$ sudo apt-get install language-pack-de
user$ sudo apt-get install language-pack-de-base
user$ sudo apt-get install language-support-de
```

Das letzte Metapaket sorgt insbesondere für die Lokalisierung des Firefox-Browsers und des OpenOffice-Bürosoftwarepakets. Benutzer anderer Sprachräume installieren natürlich ihr spezielles Sprachpaket, mehr Informationen über die entsprechenden Paketnamen liefert eine Suche nach dem Schlüsselwort language innerhalb von Synaptic.

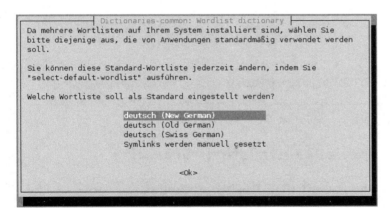

Abbildung 2.32 Einrichten der Spracheinstellungen

Während der Installation haben Sie außerdem die Gelegenheit, zwischen der neuen oder der alten deutschen Rechtschreibung zu wählen (Abbildung 2.32). Diese werden unter anderem für die Rechtschreibprüfung des Officepaketes verwendet.

2.3.6 (Neu-)Konfiguration des Bootloaders

Seit Ubuntu Breezy gibt es einen eigenes Tool zur Konfiguration des Bootloaders GRUB. Dieses startet man über **System • Systemverwaltung • Systemstart**. Zunächst lässt sich im Hauptmenü festlegen, welches der zur Verfügung stehenden Systeme ohne weitere Eingaben des Benutzers innerhalb einer definierten Zeitspanne gestartet wird. Die Wartezeit bis zum automatischen Start kann ebenfalls eingestellt werden.

Ein Doppelklick über einem Eintrag im Hauptmenü führt zu einem Untermenü, in welchem die Bootparameter für das entsprechende Bootabbild festgelegt werden können. Über die Schaltfläche **Bearbeiten** kann z.B. der Videomodus für den Framebuffer festgelegt werden. Dadurch lässt sich die Auflösung im Konsolenbetrieb einstellen.

Abbildung 2.33 Konfiguration des Bootloaders GRUB

2.4 Spezielle Installations-Szenarien

2.4.1 Ubuntu mit KDE-Desktop: Kubuntu

Linux-Insider haben es längst bemerkt: Ubuntu bevorzugt als Standarddesktop GNOME. Nun gibt es aber eine große Zahl von Anwendern, die statt mit GNOME lieber mit dem KDE-Desktop arbeiten. Auch Windowsumsteiger fühlen sich damit tendenziell wohler. Sie haben zwei Möglichkeiten, mit Ubuntu zu einem KDE-Desktop zu gelangen:

- Besorgen Sie sich ein Kubuntu-ISO, z.B. von der Begleit-DVD oder von **www.kubuntu.org**, und installieren Sie damit Ihr System. Kubuntu ist die KDE-Variante von Ubuntu, Abbildung 2.34 zeigt das Kubuntu-Startbild vor Beginn der Installation. Der geänderte Startbildschirm ist auch schon der einzige Unterschied zur herkömmlichen Ubuntu-Installation, die Installation von Kubuntu läuft analog zu dem in Abschnitt 2.2 beschriebenen Verfahren ab.

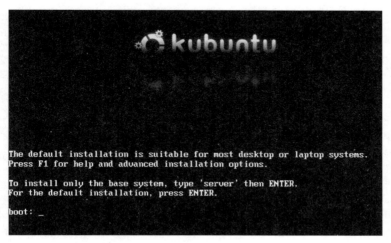

Abbildung 2.34 Kubuntu installieren

- Andererseits lässt sich ein bestehendes Ubuntu/GNOME-System auch leicht um den KDE-Desktop erweitern. Dazu ist lediglich ein einziges Metapaket mit Synaptic oder apt-get zu installieren. Das Paket heißt kubuntu-desktop und wird mit apt-get wie folgt installiert:

```
user$ sudo apt-get install kubuntu-desktop
```

Während der Konfiguration des Metapakets wird nachgefragt, ob man den Loginmanager gdm von GNOME oder kdm von KDE bevorzugt. Die Entscheidung ist letztendlich Geschmackssache, beide Desktops lassen sich vom jeweils anderen Loginmanager starten. **Wahl des Loginmanagers**

Nach der Ausführung des Befehls loggt man sich aus GNOME aus und kann nun am Login KDE als neue Sitzungsart auswählen (Mausklick auf Sitzung, dort KDE wählen). Nach dem neuerlichen Einloggen erscheint Ubuntu im KDE-Gewand (Abbildung 2.35).

Abbildung 2.35 Kubuntu – die KDE-Alternative

Sollte KDE nach dem Start nur die englischsprachige Lokalisierung aufweisen, dann muss das Paket kde-i18n-de noch nachinstalliert werden:

```
user$ sudo apt-get install kde-i18n-de
```

Nach dem An- und Abmelden aus KDE erscheinen dann sämtliche Programme und Menüs in deutscher Sprache.

2.4.2 Hinweise zur Installation auf einem Laptop

Generell eignet sich Ubuntu von allen auf dem Markt befindlichen Linuxdistributionen am besten für den Betrieb auf einem Laptop. Die Firma Hewlett Packard liefert seit geraumer Zeit Linux-Laptops aus, auf denen Ubuntu vorinstalliert ist. Insbesondere die Version 5.10 Breezy Badger wurde in Bezug auf den Einsatz auf Laptops optimiert.

Folgende Punkte sollten bei der Installation von Ubuntu auf einem Laptop berücksichtigt werden:

▶ Führen Sie die Installation mit angeschlossenem Netzgerät durch. Es kann durchaus sein, dass einige Programme zum Energiemanagement noch nachgerüstet werden müssen, vgl. Abschnitt 10.2. Ohne diese Tools erhält das System falsche Informationen zum Ladezustand des

Akkus, und es kann passieren, dass der Rechner sich unmittelbar nach dem Start in Folge vermeintlich zu geringer Spannung abschaltet.

▶ Manchen Laptops muss explizit die Benutzung der Framebuffergrafik als Bootparameter beim Start des Installationsmediums mitgeteilt werden, siehe dazu Abschnitt 2.2.1. Dies ist dann der Fall, wenn nach dem Start des Installers nurmehr ein schwarzer Bildschirm erscheint.

▶ Gegebenenfalls muss die so genannte DSDT-Tabelle des BIOS gepatcht werden, um das Energiemanagement korrekt zum Laufen zu bringen. Mehr dazu finden Sie in Abschnitt 10.2.

Energiemanagement manuell anpassen

Im Abschnitt 10 finden Sie ebenfalls Hinweise, wie man bei Laptops den Standby- bzw. den Suspend-to-Disk-Modus (unter Windows Ruhezustand genannt) realisieren kann.

2.4.3 Minimalinstallation/Serverinstallation

Vielleicht haben Sie noch einen ausgedienten alten Rechner auf dem Dachboden herumstehen, der sein Gnadenbrot als Server verdienen kann. Hier bietet sich die Ubuntu-Serverinstallation an, welche ohne eine grafische Oberfläche auskommt und nur wenig Systemressourcen beansprucht.

Wenig Ressourcen heißt in diesem Fall 64 MB RAM und weniger als 1 GB freier Festplattenspeicher. Beachten Sie aber, dass das Aufsetzen eines konsolenbasierten Linuxsystems eher für fortgeschrittene Benutzer gedacht ist.

Für die Server-Installation muss folgender Befehl am Bootprompt des Installationsmediums eingegeben werden:

```
boot: server
```

Darauf wird automatisch ein Minimalsystem ohne grafische Oberfläche installiert.

Mit grafischer Oberfläche ...

Wer möchte, braucht auch bei minimalen Ressourcen nicht auf ein X-Window-System mit Fenstermanager zu verzichten. Dazu sind einige Pakete aus dem Universe-Repository via `apt-get` nachzuinstallieren (zur Einbindung dieses Repositories in das konsolenbasierte Paketmanagement mit `apt-get` siehe Abschnitt 5.3):

```
xserver-xorg
x-window-system-core
xdm
numlockx
xterm
```

Als schlanke Windowmanager eignen sich besonders icewm und fluxbox. Eines von den folgenden Paketen sollten Sie daher zusätzlich installieren:

```
icewm
fluxbox
```

Zum Start der grafischen Oberfläche gibt man folgenden Befehl ein:

```
user$ startx
```

Das System belegt in dieser Minimalkonfiguration ca. 500 MB Festplattenspeicher.

... und schlanken Anwendungen

Wer darüber hinaus noch Platz hat, der kann sich die folgenden Anwendungen installieren:

- dillo – Ein kleiner Browser ohne viel Grafik
- abiword – Eine Textverarbeitung für geringe Ansprüche
- sylpheed – Ein schnelles E-Mail Programm
- xzgv – Ein Bildbetrachter

2.4.4 Installation auf externen USB-Medien

Ubuntu kann auch auf externe Datenträger wie USB-Festplatten oder Memorysticks installiert werden. Von letzterem sollte man aus zweierlei Gründen Abstand nehmen: Zum einen ist die Kapazität eines Memorysticks nicht übermäßig groß (derzeit maximal 1 GB), zum Anderen lassen sich derartige Flashmedien nur begrenzt oft (wieder-)beschreiben. Das folgende Szenario verwendet eine externe USB-Festplatte.

Beachten Sie bitte, dass auch diese Anleitung eher für Linux-Insider gedacht ist, da sie den sicheren Umgang mit der Linuxkonsole voraussetzt. Nebenbei lernen Sie die Verwendung des Ubuntu-Installers im Expertenmodus kennen.

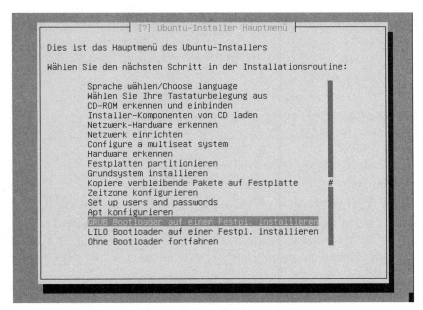

Abbildung 2.36 Der Installer im Expertenmodus

1. Schließen Sie die USB-Platte an einen freien USB-Port an und booten Sie die Installations-CD im Expertenmodus:

   boot: expert

   Dies ist erforderlich, um später vor der Konfiguration des Bootloaders für einige manuelle Eingriffe auf eine Kommandozeile wechseln zu können.

2. Arbeiten Sie sich durch die selbsterklärende manuelle Installation durch. Zusätzlich abgefragte Punkte bestätigen Sie einfach durch die Eingabetaste. Bei der Partitionierung erscheint nun diese USB-Platte als SCSI-Device. Dieses können Sie wie in Abschnitt 2.2.6 beschrieben partitionieren. Es empfiehlt sich, die Größe der Root-Partition auf 8 GB zu beschränken, da einige BIOS-Varianten Probleme mit größeren bootbaren USB-Partitionen haben. Auch ist es ratsam, die Systempartition an vorderster Stelle auf der Platte einzurichten.

3. Bevor Sie den GRUB-Bootloader installieren (Abbildung 2.36), ist nun ein wichtiger Eingriff in das System erforderlich. Wenn Sie von einem USB-Medium booten möchten, dann müssen bereits vor dem Booten des Kernels entsprechende Module geladen werden, welche den Zugriff auf dieses Medium sicherstellen. Dazu verwendet man eine so genannte Initial Ramdisk (initrd).

4. Erstellen Sie die initrd folgendermaßen: Wechseln Sie mit `Strg` + `Alt` + `F2` auf die freie Konsole 2. Durch das Betätigen der Eingabetaste erhalten Sie einen Root-Prompt. Ergänzen Sie die Datei modules wie folgt:

```
root# nano /target/etc/mkinitrd/modules
# Auszug aus /target/etc/mkinitrd/modules
sd_mod
ehci-hcd
uhci-hcd
ohci-hcd
usb-storage
```

5. Die obigen Einträge sorgen dafür, dass die für den USB-Betrieb notwendigen Module geladen werden. Verlassen Sie den Editor nano mit der Tastenkombination `Strg` + `O` (Abspeichern) `Strg` + `X` (Beenden).

6. Schließlich muss eine kleine Verzögerung (in diesem Fall 10 Sekunden) zum Laden der Module beim Systemstart eingebaut werden. Dazu editieren Sie die Datei mkinitrd.conf:

```
# Auszug aus /target/etc/mkinitrd/mkinitrd.conf
DELAY=10
```

7. Nun wird eine neue Ramdisk für das System generiert:

```
root# chroot /target
root# mount -tproc none /proc
root# mkinitrd -o /boot/initrd.img-<Kernelversion>
root# exit
```

8. Anschließend können Sie wieder mittels `Strg` + `Alt` + `F1` auf die Installationskonsole wechseln und den Bootloader GRUB konfigurieren und installieren. Geben Sie hierbei explizit die USB-Platte als Installationsziel an (z.B. /dev/sda), indem Sie bei der Frage »Installation in den MBR« Nein angeben.

Beim nächsten Booten sollte bei angeschlossener USB-Platte Ubuntu vom externen Medium gestartet werden.

2.4.5 Einrichtung von LVM

Wir wollen uns nun eine grundlegend andere Art der Partitionierung etwas genauer ansehen. Der Logical Volume Manager (LVM) hat sich insbesondere im professionellen Umfeld durchgesetzt. Er ist zu vergleichen mit dem Konzept des dynamischen Datenträgers unter Microsoft Windows 2000/XP/Server 2003.

Die grundlegende Idee ist folgende: Anstelle von Partitionen starrer Größe verwendet man so genannte Volumes, die bei Bedarf vergrößert werden können. Dadurch ist es beispielsweise auch möglich, im laufenden Betrieb Festplatten in ein System zu bauen und mit diesen den bestehenden Speicherplatz »Online« zu erweitern.

Wo benötigt man so etwas?

In erster Linie auf dem Gebiet der Hochverfügbarkeitstechnik, wo es keine Seltenheit ist, dass ein Server einige Jahre ununterbrochen läuft.

Die folgenden Begriffe sind für das Verständnis der LVM-Technik wichtig:

- Ein **Physical Volume** ist eine spezielle Partition einer Festplatte und kann nur aus einer Teilpartition oder auch aus der kompletten Platte bestehen.
- Die **Volume Group** fasst eines oder mehrere Physical Volumes zu einer Gruppe zusammen, stellt also quasi einen Speicherpool dar. Eine Volume Gruppe ist jederzeit erweiterbar, z.B. wenn man eine zusätzliche Festplatte einbaut.
- Das **Logical Volume** entspricht im übertragenen Sinn einer normalen Partition bzw. wird vom Betriebssystem als solche gesehen. In Wirklichkeit ist es jedoch nur ein Bereich, der in einer Volume Group zusammengefasst und reserviert wurde. Auch ein Logical Volume ist jederzeit erweiterbar.

Zunächst benötigt man also mindestens ein Physical Volume. Daraus wird eine Volume Group erstellt. Aus der Volume Goup heraus werden nun Logical Volumes definiert, die später die einzelnen Dateisysteme beherbergen. Jedes Logical Volume ist erweiterbar; ist der Platz der Volume Gruppe irgendwann aufgebraucht, kann diese durch Hinzufügen eines weiteren Physical Volumes erweitert werden.

Sehen wir uns nun einmal ein Beispiel an: LVM auf einem Server. Folgende Partitionierung bietet sich für ein System an, das später als Server agieren soll:

- Eine boot-Partition (`/boot`): 50 MB, Dateisystem: ext3fs
- Eine Root-Partition (`/`): 300 MB, Dateisystem ext3fs
- Eine LVM-Partition (kein Mountpoint): Der Rest der freien Festplatte

Innerhalb der LVM-Partition werden die folgenden Logical Volumes erstellt:

- /usr: 2 GB, Dateisytem xfs
- /var: 1 GB, Dateisystem xfs
- /tmp: 200 MB, Dateisystem xfs
- /home: je nach Bedarf, als Anfang 1 GB, Dateisystem xfs
- swap: je nach Speicher, mindestens 512 MB

XFS zur problemlosen Erweiterung

Die Verwendung von XFS (Extended File System) als Standarddateisystem für die obigen Partitionen hat den Grund, dass xfs-Partitionen, im Gegensatz zu ext3fs-Partitionen, im laufenden Betrieb vergrößerbar sind. Boot- sowie Rootsystem werden nach wie vor als ext3fs formatiert, da die benötigten Module zur Einbindung der Partitionen schon während des Bootens zur Verfügung stehen. Die obige Partitionierung stellt eine im Serverbereich übliche Aufteilung dar.

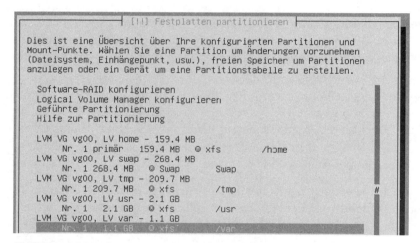

Abbildung 2.37 Anlegen von Partitionen unter LVM

Die Installation wird nun wie gewohnt durchgeführt. Bei der Partitionierung ist dann folgendermaßen vorzugehen:

- Wählen Sie im Installer die manuelle Partitionierung aus und legen Sie zwei ext3fs-Partitionen für / und /boot gemäß dem obigen Vorschlag an.
- Der Rest der Festplatte wird für das LVM-Physical-Volume verwendet, zu diesem Zweck müssen Sie die Option Physical Volume für LVM als Typ auswählen.

- Nun wählen Sie im Partitionierungsmenü die Option Logical Volume Manager konfigurieren aus. Bestätigen Sie den nächsten Dialog, über den die bislang vorgenommene Partitionierung auf der Platte übergenommen wird. Als erste Aktion erstellen Sie eine Volume Group, für die Sie das oben definierte Physical Volume auswählen (Leertaste betätigen). Der Name kann z.B. vg00 sein.
- Anschließend erstellen Sie Logical Volumes gemäß dem obigen Vorschlag. Idealerweise verwenden Sie selbsterklärende Namen, z.B. usr für das zukünftige /usr-Dateisystem.

Sind alle Volumes angelegt, kehren Sie zurück ins Hauptmenü. Dort werden den nun sichtbaren LVM-»Partitionen« xfs-Dateisysteme und die entsprechenden Mountpoints zugewiesen. Die fertige Partitionslandschaft zeigt Abbildung 2.37.

Nun kann die Partitionierung abgeschlossen werden, und die Installation läuft ganz normal weiter. Ist das System fertig installiert, kann man sich mit dem Befehl `df -h` auf einer Konsole die gemounteten Dateisysteme anschauen und sieht die angelegten Volumes.

Wichtige LVM-Befehle

Im Normalfall benötigt man nur zwei Befehle, wenn man ein Dateisystem erweitern möchte:

- **lvextend -L [neue Größe, z.B. 2500 M oder 5 G] /dev/vg00/[lvol-Name]** erweitert ein Logical Volume.
- **xfs_growfs [Mountpoint, z.B. /usr]** erweitert das XFS-Dateisystem im eben erweiterten Logical Volume auf dessen aktuelle Größe.

Weitere Befehle, die man eventuell benötigen könnte, sind:

- **pvcreate [Partition, z.B. /dev/hdb1]** erzeugt ein neues Physical Volume, z.B. auf einer neu eingebauten Festplatte.
- **vgdisplay [Volume Gruppe]** zeigt die Eigenschaften einer Volume Gruppe an, insbesondere wieviel Platz noch vorhanden ist.
- **vgextend [Volume Gruppe] [Physical Volume(s)]** erweitert eine Volume Gruppe.
- **lvdisplay /dev/[Volume Gruppe]/[Logical Volume]** zeigt die Eigenschaften eines Logical Volumes an.
- **lvremove /dev/[Volume Gruppe]/[Logical Volume]** löscht ein Logical Volume.

2.4.6 Ubuntu in virtuellen Umgebungen

Als Abschluss des Installationskapitels sei noch kurz angemerkt, dass Ubuntu auch auf typischen virtuellen Umgebungen wie z.B. VMware vorzüglich seinen Dienst verrichtet. Möchten Sie VMware unter Ubuntu installieren, so benötigen Sie neben dem regulären VMware-Paket von **www.vmware.com** die zum laufenden Kernel passenden Header. Die Kernelversionsnummer erfahren Sie durch Eingabe des Befehls

```
user$ uname -a
```

Das Headerpaket wird dann mit *Synaptic* oder *apt-get* installiert:

```
user$ sudo apt-get install linux-headers-<Version>
```

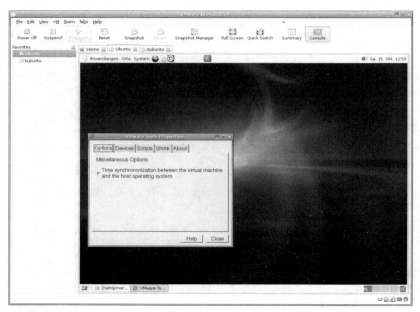

Abbildung 2.38 Ubuntu in VMware

3   Der Ubuntu Desktop

3.1   GNOME – der Standard 96

3.2   KDE – die Alternative 108

3.3   Systemadministration für Einsteiger 116

3.4   Tipps und Tricks zum Desktop 122

3.5   Weitere Desktopmanager 129

1. Ubuntu Linux – Überblick
2. Installation
3. **Der Ubuntu Desktop**
4. Hardwarekonfiguration
5. Installation weiterer Software
6. Informationen und Hilfe
7. Anwendersoftware
8. Netzwerktechnik
9. Programmierung und Design
10. Systemverwaltung
11. Sicherheit
12. Kompilierung von Systemsoftware
13. Ubuntu und aktuelle Hardware
14. Übersicht: Software für (K)Ubuntu
15. Befehlsreferenz Ubuntu Linux

3 Der Ubuntu Desktop

Die Ästhetik des Einfachen – so könnte man den Ubuntu Desktop beschreiben. Ein- bzw. Umsteiger fühlen sich auf der klar strukturierten GNOME-Oberfläche wohl, alternativ steht für Ubuntu der beliebte KDE-Desktop zur Verfügung.

GNOME kontra KDE [1] – diese Diskussion erhitzt in regelmäßigen Abständen die einschlägigen Linuxforen. Das Ubuntuteam hat sich für GNOME als Standard entschieden. Folgende Punkte sprechen für diese Entscheidung:

GNOME

- GNOME überfordert gerade den Einsteiger nicht durch ein Übermaß an Konfigurationsmöglichkeiten.
- Die Programmmenüs sind nicht überfrachtet und darüber hinaus intuitiv zu beherrschen.
- GNOME basiert auf dem unter GPL[2] stehenden Widget-Set GTK2. Dadurch ist man nicht auf den Goodwill eines kommerziellen Erstellers grafischer Bibliotheken angewiesen.

KDE hat im Vergleich zu GNOME folgende Vorzüge:

KDE

- Die Struktur der Oberfläche erinnert an die gängigen Windowsoberflächen, so dass sich hier insbesondere Windowsumsteiger heimisch fühlen werden.
- KDE ist maximal konfigurierbar. Sämtliche Desktopspielarten sind hier realisierbar, vgl. dazu auch Abschnitt 3.2.
- Die Systemkonfiguration ist bei KDE in Form des Kontrollzentrums an einer zentralen Stelle vorzunehmen. Weiterhin gibt es für jede erdenkliche Administrationsaufgabe ein entsprechendes KDE-Werkzeug, so dass sich KDE insbesondere auch für Administratoren gut eignet.

Wie bereits in Abschnitt 2.4.1 beschrieben wurde, kann man KDE und GNOME unter Ubuntu auch problemlos nebeneinander betreiben. Wann immer möglich, werden bei den im Buch beschriebenen Aufgaben je-

---

1 GNOME: GNU Network Object Model Environment, KDE: K Desktop Environment, ursprüngl.: Kool Desktop Environment.
2 GPL steht für Gnu Public License.

weils eine GNOME- und eine KDE-Lösung besprochen. Sehen wir uns im Folgenden aber erst einmal die Grundstruktur beider Desktops an.

3.1 GNOME – der Standard

3.1.1 gdm – der Login-Manager

Bevor Sie den eigentlichen Desktop erblicken, müssen Sie sich am Login-Prompt anmelden. Zuständig hierfür ist der gdm (GNOME Desktopmanager). Sie haben die Option, eine bestimmte Sitzung auszuwählen (GNOME, KDE3, ...) bzw. die Sprache des gestarteten Desktops festzulegen (3.1).

Abbildung 3.1 Auswahl der Sitzungsart mit dem gdm

Fortgeschrittene Benutzer können innerhalb eines bereits gestarteten Desktops auch eine weitere Desktopinstanz mit folgendem Befehl starten:

```
user$ gdmflexiserver --xnest
```

Dadurch lässt sich das Verhalten anderer Desktopmanager in einem Fenster innerhalb von GNOME testen. Voraussetzung hierfür ist die Installation des Pakets *xnest*. Auf diese Weise ist übrigens der obige Screenshot entstanden. Der Loginmanager wird über das Menü **System • Systemverwaltung • Einrichtung** des Anmeldebildschirms konfiguriert. Dort kann man unter anderem einen Begrüßungsspruch definieren.

3.1.2 Die Arbeitsfläche

Die folgende Abbildung 3.2 zeigt einen GNOME-Desktop mit typischen Elementen.

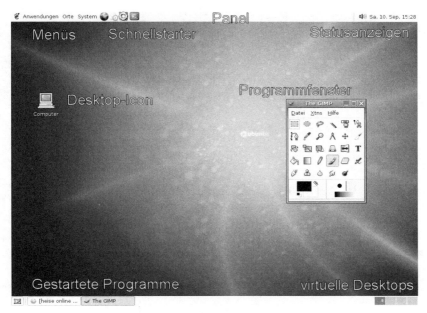

Abbildung 3.2 Funktionsbereiche des GNOME-Desktops

Im Einzelnen besitzen die obigen Elemente folgende Funktionalität:

Menübereich

Für den Windowsumsteiger etwas ungewohnt findet man das Startmenü standardmäßig im linken oberen Desktopbereich. Es gibt drei einzelne Menübereiche:

- **Anwendungen:** Hier findet man die Programme, die man im täglichen Umgang mit dem Computer benötigt. Diese sind in die Rubriken Büro, Grafik, Internet, Spiele, Systemwerkzeuge, Unterhaltungsmedien und Zubehör unterteilt. In den einzelnen Rubriken findet man die direkt startbaren Programme. Für Windowsumsteiger: Die Funktionalität entspricht in etwa dem Programmmenü unter Windows. Ein weiterer Punkt (Anwendungen installieren) erlaubt dem Standardbenutzer, weitere Programme zu installieren und in das Startmenü zu integrieren.

Abbildung 3.3 Anwendungen

▶ **Orte:** Das Orte-Menü erlaubt den direkten Zugriff auf lokale Ressourcen wie beispielsweise das persönliche Verzeichnis des Benutzers oder die Speicherperipherie des Computers (CD-/DVD-Laufwerk, Memorystick). Außerdem lassen sich bei Bedarf auch Netzwerkverzeichnisse einbinden.

Abbildung 3.4 Orte

▶ **System:** Hier finden Sie die meisten für die Systemadministration benötigten Programme. Die Rubrik Einstellungen enthält Tools zur Konfiguration des Desktops; unter System befinden sich Programme zur Administration im engeren Sinn, die zumeist Root-Rechte erfordern. Möchten Sie sich aus dem System ausloggen, so erfolgt dies im vorliegenden Menü über den Menüpunkt **Abmelden**. Die in den verschiedenen Teilbereichen zusammengefassten Programme werden im Laufe des Buchs zum größten Teil separat besprochen.

Abbildung 3.5 System

Die Panels

Dreh- und Angelpunkt des GNOME-Desktop sind die frei konfigurierbaren Panels, welches sich in der Standardinstallation am oberen und unteren Bildschirmrand befinden. Das obere Panel beherbergt die Startmenüs, das untere die Statusanzeigen für gestartete Programme. Die Panels können selbstverständlich per Drag and Drop auch an eine andere Seite des Bildschirms gezogen werden. Äußerst praktisch ist die Möglichkeit, eigene Schnellstarter für Programme auf einem Panel zu erzeugen. Dazu wählt man einfach das gewünschte Programm im entsprechenden Menü aus und zieht dieses per Drag and Drop auf das Panel. Auf diese Weise lassen sich auch spezielle Panel-Applets wie z.B. der lokale Wetterbericht oder der Börsenticker integrieren. Dazu führen Sie einen rechten Mausklick über einer freien Stelle des Panels aus und wählen den Punkt **Zum Panel hinzufügen**. Allerdings wird in Abschnitt 3.4.1 noch das Konzept der *gDesklets* besprochen werden, welches die Möglichkeiten der Panel-Applets noch um Längen übertrifft.

Schnellstarter

Abbildung 3.6 Frei definiertes Panel mit Schublade

Interessant ist in diesem Zusammenhang noch die Möglichkeit, beliebig viele neue Panels zu generieren und diese entsprechend mit Anwendungen zu bestücken (rechter Mausklick – neues Panel anlegen). Praktisch ist in diesem Zusammenhang die Schublade, mit welcher Programmgruppen zusammengefasst werden können (siehe Abbildung 3.6).

Programme starten

Folgende Varianten stehen Ihnen zum Starten von Anwendungen zur Verfügung:

- **Startmenü:** Klicken Sie den entsprechenden Programmeintrag in der entsprechenden Unterrubrik des Startmenüs an. Die Einträge des Startmenüs lassen sich auch Ihren individuellen Vorschlägen entsprechend anpassen, siehe dazu Abschnitt 3.1.6.

- **Desktopicon/Schnellstarter:** Erstellen Sie einen Schnellstarter im Panel oder ein Icon auf dem Desktop via Drag and Drop aus dem Startmenü. Das Programm lässt sich dann durch einen Einfachklick im Panel oder einen Doppelklick auf das Desktopicon starten.

  GNOME: Aktionen per Doppelklick

  Die meisten Aktionen auf dem Desktop oder im Dateimanager erfordern bei GNOME in der Standardkonfiguration einen Doppelklick, dieses Verhalten lässt sich aber über das Menü **Bearbeiten • Einstellungen** im Universalbrowser Nautilus ändern.

- **Eingabefenster:** Kennen Sie den Namen der ausführbaren Programmdatei, so lässt sich das Programm auch über das Eingabefenster starten (Abbildung 3.7). Dieses öffnet man durch die Tastenkombination (Alt) + (F2).

Abbildung 3.7 Das Eingabefenster

- **Konsole:** Wer maximale Information über die von einem gestarteten Programm ausgegebenen (Fehler-)Meldungen wünscht, der bedient sich des Konsolenprogramms *gnome-terminal*. Mehr zur Funktionsweise der Konsole finden Sie im nächsten Teilabschnitt.

3.1.3 Wichtige Hilfsprogramme

Terminal

Im vorliegenden Buch werden wir sehr häufig auf das Terminal bzw. die Konsole zurückgreifen, eignet sich diese(s) doch hervorragend zur Erledigung von administrativen Aufgaben. Eine Konsole startet man aus dem Menü Anwendungen über **Zubehör • Terminal**. Besonders praktisch ist die Möglichkeit, über Reiter in einem Fenster mehrere Instanzen zu öffnen (Abbildung 3.8). So können Sie auf einem dieser Reiter die Meldungen eines Programms während des Ablaufs verfolgen und auf einem anderen Reiter weitere Befehle an das System eingeben.

Abbildung 3.8 Ein wichtiges Werkzeug unter Linux: Das Terminal

Seit der GNOME-Version 2.12 (enthalten in Ubuntu Breezy) ist im Startmenü nicht mehr die Möglichkeit vorgesehen, ein Terminal mit Root-Rechten zu öffnen. Dies erreichen Sie aber aus einer »normalen« Konsole heraus relativ einfach durch Eingabe des folgenden Befehls und nachfolgender Eingabe des Standardbenutzerpassworts:

Root-Terminal

```
user$ sudo -s
<Passwort eingeben>
```

Die Root-Umgebung bzw. jede beliebige Konsole verlassen Sie am schnellsten durch Eingabe der Tastenkombination (Strg) + (D). Fürs erste Überleben in der Konsole (in Fachkreisen auch Shell genannt) stellt die Tabelle 3.4 die wichtigsten Shell-Befehle zusammen. Einige davon werden Sie im Laufe des Buchs noch näher kennen lernen.

Befehl	Wirkung	Nützliche Parameter
Navigation		
ls	Verzeichnisinhalt anzeigen	-a, -h, -l
pwd	Aktuellen Pfad anzeigen	
cd <Verzeichnis>	In Verzeichnis wechseln	
cd ..	Eine Ebene höher gehen	
cd	Wechsel ins Heimverzeichnis	

Tabelle 3.1 Wichtige Shell-Befehle für Einsteiger

Befehl	Wirkung	Nützliche Parameter
Verzeichnisse		
`mkdir`	Verzeichnis erstellen	-m, -p
`rmdir`	Verzeichnis löschen	-r, -v
Dateien		
`touch <Dateiname>`	Datei erzeugen	
`rm <Dateiname>`	Datei löschen	-r, -f, -d
Dateien bearbeiten		
`nano, vi`	Beliebte Editoren auf der Kommandozeile aufrufen	
`less`	Ausgabe von Textdateien	
`cat <Datei1> <Datei2>`	Textdatei 1 und Textdatei 2 zusammenführen	
Adminstrative Aufgaben		
`sudo`	Befehl als Root ausführen	
`sudo -s`	Eine Root-Shell öffnen	
`halt, reboot`	System anhalten/neu starten (als Superuser auszuführen)	

Tabelle 3.2 Wichtige Shell-Befehle für Einsteiger (Fortsetzung)

Deutsche manpages
Die Bedeutung der oben angegebenen nützlichen Parameter erfahren Sie durch Eingabe von `man BEFEHL`. Dadurch wird die entsprechende Manualseite zum Befehl mit den möglichen Parametern aufgerufen. Möchten Sie die entsprechenden Hilfestellungen in deutscher Sprache angezeigt bekommen, so ist das Paket manpages-de zu installieren, siehe dazu auch Abschnitt 6.1.

Editor

Spätestens dann, wenn Sie sich intensiver mit administrativen Aufgaben beschäftigen, kommen Sie um die Bedienung des Systemeditors nicht herum. GNOME bietet Ihnen zu diesem Zweck den Editor *gedit*, welchen Sie als normaler Benutzer über **Anwendungen • Zubehör • Texteditor** bzw. durch Eingabe von `gedit` innerhalb einer Konsole starten. Der Editor erinnert an das von Windows her bekannte Notepad, wenngleich er wesentlich größere Möglichkeiten besitzt, z.B. lassen sich in einer Editorinstanz mehrere Dateien in Form von Reitern öffnen. Darüber hinaus beherrscht *gedit* Syntaxhighlighting bei den meisten Skript- bzw. Programmiersprachen, vgl. Abbildung 3.9.

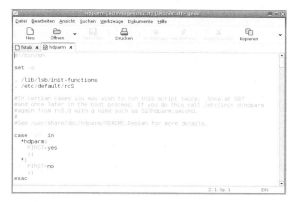

Abbildung 3.9 Der GNOME Standardeditor gedit

Wenn Sie Systemdateien bearbeiten wollen, ist es erforderlich, den Editor mit Rootrechten zu starten. Dies geschieht am einfachsten von einer Konsole aus mit folgendem Befehl:

```
user$ gksudo gedit
```

Browser

Zum zentralen Werkzeug von grafischen Oberflächen haben sich mittlerweile die Browser gemausert. Bei GNOME findet man für diesen Zweck den *Nautilus*-Browser. Den ersten Kontakt zu *Nautilus* bekommen Sie, wenn Sie im Menü Orte den Punkt **Persönlicher Ordner** auswählen. In diesem Fall öffnet sich der Browser und zeigt Ihr Heimatverzeichnis an (Abbildung 3.10).

Abbildung 3.10 Der Nautilus-Browser

Wer sich das vom KDE-Browser *Konqueror* bekannte Verhalten der Navigation per Einfachklick wünscht, geht folgendermaßen vor: Wählen Sie in *Nautilus* den Menüpunkt **Bearbeiten** • **Einstellungen** • **Verhalten** und markieren Sie dort den Punkt **Einfacher Klick** zum Aktivieren von Objekten. Wer mag, kann an dieser Stelle auch das direkte Löschen von Dateien unter Umgehung des Mülleimers ermöglichen.

Kopieren mit Strg
Selbstverständlich beherrscht der *Nautilus* auch das Verschieben von Dateien via Drag and Drop von einem Fenster in das nächste. Soll eine Datei kopiert werden, so erreicht man dies durch Drücken der (Strg)-Taste während der Aktion. Darüber hinaus können Sie Dateien, wie bei fast allen bekannten Browsern üblich, auch mit (Strg) + (C) kopieren bzw. mit (Strg) + (X) ausschneiden und anschließend mit (Strg) + (V) an anderer Stelle wieder einfügen.

Integrierte Funktion zum Entpacken
Viele Funktionalitäten des *Nautilus*-Browsers erschließen sich dem Benutzer intuitiv. Oft ist es auch interessant, einmal das Kontextmenü für bestimmte Dateien im *Nautilus* näher zu inspizieren, welches nach einem rechten Mausklick über dem Objekt erscheint. Eine gepackte Datei etwa lässt sich durch den Befehl **Hier Entpacken** (zu erreichen per rechtem Mausklick über dem betreffenden Objekt) innerhalb von Nautilus extrahieren.

3.1.4 Zugriff auf Ressourcen

Windows-Umsteiger werden sich ein wenig umgewöhnen müssen in Bezug auf die Benennung gängiger Hardwareressourcen wie z.B. CD-ROM-Medien oder USB-Sticks. Jeder Hardwarekomponente wird eine so genannte Devicedatei zugeordnet. Die folgende Tabelle 3.5 zeigt die unter Linux-Systemen üblichen Zuordnungen.

Datenträgerbezeichnung	Linux Devicebezeichnung	Eingebunden auf
DVD-/CD-ROMs	/dev/cdrom, /dev/cdrom1, ...	/mnt/cdrom
Floppy-Disk	/dev/fd0	/mnt/fd0
Festplatten	/dev/hda1, ..., /dev/hdb1, ...	/mnt/hda1, ...
USB-Devices (Memorystick etc.)	/dev/sda1, ... /dev/sdb1, ...	/mnt/sda1, ...

Tabelle 3.3 Gerätedateien der Massenspeichermedien

Auf dem Ubuntu-Desktop unterscheidet sich die Arbeit mit Massenspeichermedien allerdings nur unwesentlich von der von Windows bekannten Verfahrensweise. Zentrale Anlaufstelle für die Peripherie ist unter Ubuntu zunächst einmal der Menüpunkt **Orte • Computer**: Dort finden Sie sämtliche aktuell eingebundenen Devices fein säuberlich in einem Nautilusfenster aufgelistet.

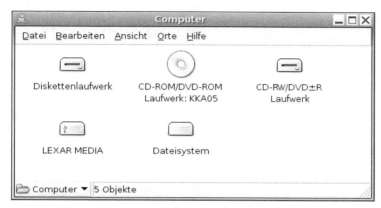

Abbildung 3.11 Aktuell auf dem Computer vorhandene Medien

CD-ROMs und DVDs werden mittlerweile auch unter Linux beim Einlegen automatisch in das Dateisystem eingebunden: Es öffnet sich z.B. beim Einlegen von Daten-CDs automatisch ein Laufwerksymbol sowie ein Nautilusfenster, welches den Inhalt des Mediums anzeigt. Audio-CDs werden nach dem Einlegen direkt abgespielt.

Umgang mit Medien

Um das Medium wieder auszuwerfen, muss man darauf achten, dass keine Anwendung mehr darauf zurückgreift, z.B. sollte das dem Medium zugeordnete Nautilusfenster geschlossen werden. Dann genügt ein Druck auf den Auswurfknopf, und Sie können die CD/DVD wie gewohnt entnehmen. Eine Alternative besteht darin, einen rechten Mausklick über dem Symbol des Datenträgers auf dem Desktop durchzuführen und den Kontextmenüpunkt Auswerfen zu wählen.

Wenn Sie einen USB-Memorystick verwenden und diesen in den PC einstecken, so erscheint nach einer kurzen Wartezeit ebenfalls ein Icon und eine Browserinstanz auf dem Desktop. Ubuntu verhält sich auch hier recht unkompliziert: Dateien können bequem per Drag and Drop auf den Stick kopiert bzw. vom Stick auf die Festplatte verschoben werden.

USB-Stick

Nach derartigen Aktionen ist es allerdings sinnvoll, den Stift nicht sofort abzuziehen, sondern sauber über den Kontextmenüpunkt Datenträger aushängen aus dem Dateisystem zu entfernen.

Gepufferter Zugriff Der Grund für diese Verfahrensweise: Der Zugriff auf Massenspeicher erfolgt unter Linux gepuffert, d.h. nach dem Durchführen von Dateioperationen (Speichern, Kopieren, Löschen, ...) seitens des Benutzers werden diese nicht unmittelbar ausgeführt, sondern erst zu dem Zeitpunkt vorgenommen, an dem der Prozessor dafür ein Zeitfenster zur Verfügung stellt.

Datensicherung auf die Schnelle Äußerst praktisch ist die Möglichkeit, Dateien und Verzeichnisse auf einen CD-Rohling per Drag and Drop zu sichern. Legen Sie zu diesem Zweck einfach einen Rohling in den Brenner ein. Darauf öffnet sich eine Nautilusinstanz mit dem Ortsnamen burn:///. Ziehen Sie nun die zu sichernden Daten in dieses Fenster und betätigen Sie im *Nautilus* die Schaltfläche **Auf CD/DVD schreiben**: Fertig ist die Datensicherung.

Die Verhaltensweise beim Hinzufügen eines Wechselmediums lässt sich ganz einfach im Menü **System • Einstellungen • Wechseldatenträger/-medien** festlegen.

3.1.5 Personalisieren des GNOME-Desktops

Richtig wohl fühlt man sich auf dem Desktop erst dann, wenn man einige grundlegende persönliche Einstellungen vorgenommen hat. Zentrale Anlaufstelle für diese Aktionen ist das Menü **System • Einstellungen**. Hier kann man unter anderem den Desktop mit einem neuen Hintergrund versehen (Menüpunkt Desktop-Hintergrund), den Bildschirmschoner einrichten (Menüpunkt Bildschirmschoner), aber auch das multimediale Verhalten des Systems beeinflussen (Multimedia). Das GNOME-Konzept unterscheidet sich hier etwas von dem entsprechenden Ansatz in KDE: Dort gibt es eine zentrale Instanz für derartige Aufgaben in Form des Kontrollzentrums, während GNOME für jede Aufgabe eine spezielle Anwendung zur Verfügung stellt.

Thema für den Desktop festlegen

Bequem ist die Auswahl eines so genannten Desktopthemas zur Konfiguration des Look and Feel. Dazu bedient man sich des Themenmanagers (Menüpunkt Thema). Ein Thema beinhaltet einen speziellen Satz Icons, Hintergründe oder Fensterformen. Mit der GNOME Version 2.12 hat eine neue Variante des Clearlooks-Themas Einzug in Ubuntu gehalten, welches durch klare Linien und Einfachheit ein angenehmes Gesamtbild vermittelt. Selbstverständlich können weitere Themen aus dem Internet kostenlos bezogen und installiert werden, eine der ersten Anlaufstellen hierfür ist **art.gnome.org**.

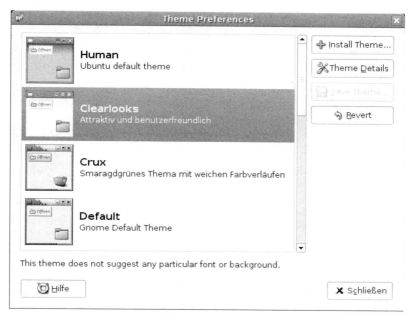

Abbildung 3.12 Der GNOME Themenmanager

Die Installation eines neuen Themas ist sehr einfach: Begeben Sie sich auf die oben genannte Internetseite mit einem Browser Ihrer Wahl (z.B. *Firefox*) und ziehen Sie die gewünschte Themendatei mittels Drag and Drop aus dem Browser in das geöffnete Themenmanagerfenster. Nach dem Fertigstellen des Downloads können Sie dann z.B. einen neuen Iconsatz über **Thema • Eigenschaften** aus der entsprechenden Rubrik anwählen.

Installation per Drag & Drop

Menü bearbeiten

In die GNOME Version 2.12 wurde der Menüeditor *smeg* zur individuellen Konfiguration des Anwendungsmenüs integriert. *Smeg* findet man unter **Anwendungen • Systemwerkzeuge • Menü-Editor Anwendungen**. Ein Doppelklick auf einen Eintrag führt zu einem einfachen Konfigurationsmenü für die entsprechende Anwendung.

Smeg ist insbesondere auch dann nützlich, wenn durch die Parallelinstallation von KDE (vgl. Abschnitt 2.4.1) einige unerwünschte KDE-Einträge im GNOME-Menü gelandet sind. Diese werden durch Abwählen des kleinen Hakens vor dem Menüeintrag deaktiviert und erscheinen anschließend nicht mehr im Menü.

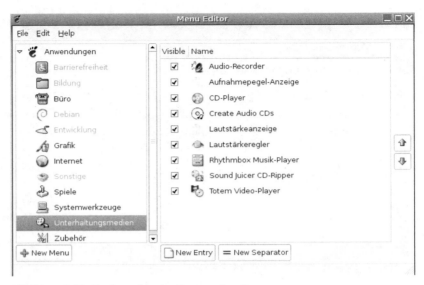

Abbildung 3.13 Konfiguration des Startmenüs mit smeg

Dateitypzuordnung festlegen

MIME-Dateien zuordnen

Um einen MIME³ Dateityp, (z.B. pdf, avi oder png) immer mit einem bestimmten Programm zu öffnen, ist folgendermaßen vorzugehen: Zunächst sucht man mit dem Dateimanager *Nautilus* eine Datei des gewünschten Typs. Mit einem Rechtsklick über der Datei öffnen Sie das Kontextmenü und wählen hier Eigenschaften aus. Aus den verschiedenen Untermenüs wählt man den Reiter **Öffnen mit**. Dort sind alle Programme aufgelistet, die schon einmal zum Anzeigen der gewählten Datei verwendet wurden. Über den Button **Hinzufügen** (unten rechts im Fenster) können auch noch weitere Programme ausgewählt werden, es kann sogar ein benutzerdefinierter Befehl eingegeben werden.

3.2 KDE – die Alternative

KDE – meistbenutzter Desktop

Obwohl viele Linux Benutzer den im vorangegangenen Abschnitt vorgestellten GNOME Desktop bevorzugen, hat KDE bei der Anzahl der Benutzer laut einer Umfrage der Internetseite **www.desktoplinux.com** die Nase vorn: 44 % aller dort registrierten Linuxanwender bevorzugten im Jahr 2004 den KDE-Desktop, GNOME rangiert etwas abgeschlagen mit 27 % auf Rang 2. Der folgende Abschnitt stellt den KDE-Desktop dem GNOME-Desktop gegenüber, es werden dabei die gleichen Anwendungsbereiche wie im vorhergehenden Teilkapitel vorgestellt. Insgesamt

---

3 MIME steht für Multipurpose Internet Extension.

ist der Abschnitt etwas kürzer gehalten, da die Linuxgrundlagen ja bereits im letzten Abschnitt erläutert worden sind.

3.2.1 kdm – der Login-Manager

Wenn Sie KDE via Kubuntu installiert haben, werden Sie nach dem ersten Hochfahren des Systems vom Loginmanager *kdm* begrüßt. Sollten Sie die KDE-Oberfläche von einer regulären Ubuntu-Installation aus starten, so können Sie das System so konfigurieren, dass in Zukunft der *kdm*-Desktopmanager verwendet wird. Dazu muss lediglich das Paket **kdm** mit einem Paketmanager Ihrer Wahl installiert werden. Im Verlauf der Konfiguration wird nachgefragt, welcher Fenstermanager als Standard verwendet werden soll.

Abbildung 3.14 Der Login-Manager kdm

Analog zur Variante *gdm* aus GNOME können Sie bei *kdm* am Loginbildschirm die Sitzungsart auswählen. Hinter dem Icon Menü verbergen sich einige Systemoptionen wie z.B. das Wechseln des Benutzers, die Anmeldung auf einem Fremdrechner oder das Öffnen einer Textkonsole. Die Konfiguration von *kdm* erfolgt im KDE-Kontrollzentrum unter dem Punkt **Systemverwaltung • Anmeldungsmanager**. Um *kdm* auf die deutsche Sprache zu lokalisieren, sind einige Klimmzüge erforderlich, siehe dazu Abschnitt 3.2.6.

3.2.2 Die Arbeitsfläche

Die folgende Abbildung 3.15 zeigt den KDE-Desktop mit typischen Elementen.

Abbildung 3.15 Der KDE-Desktop und seine Elemente

Im Vergleich zu GNOME ist eine gewisse Ähnlichkeit zu den gängigen Windowsoberflächen nicht zu verleugnen. Folgende Teilbereiche werden nach ihrer Funktionalität unterschieden (vgl. dazu auch Abbildung 3.15).

Menübereich: Das K-Menü

Im Startmenü, bei KDE auch K-Menü genannt, findet man sämtliche Anwendungen des Systems in Funktionsgruppen geordnet wieder. Im unteren Bereich des K-Menüs sind unter der Überschrift Aktionen einige Systemoperationen wie das Ausführen eines Befehls oder das Wechseln des Benutzers anwählbar. Der Aufbau des Menüs in Unterrubriken (Büroprogramme, Dienstprogramme, Grafik, Internet, Multimedia, System) entspricht in etwa der von GNOME bekannten Form.

Das Systemicon bzw. das Systemmenü

Klicken Sie auf das Systemmenüsymbol im Panel bzw. das Systemicon auf dem Desktop, so erreichen Sie die folgenden Untermenüs:

KDE Kontrollzentrum

- ▶ **Einstellungen:** Hier gelangen Sie in den zentralen Konfigurationsbereich des Desktopmanagers, das so genannte KDE Kontrollzentrum.
  - ▶ **Entfernte Orte:** Das Entfernte-Orte-Menü erlaubt den direkten Zugriff auf Netzwerkfreigaben wie z.B. den Ordner **Gemeinsame Dokumente**

eines im Netz befindlichen Windowsrechners. Aber auch NFS- bzw. FTP-Freigaben im (Inter)-Netz können hier angesprochen werden.

- **Mülleimer:** Nomen est omen, er besitzt die schon aus GNOME bekannte Funktionalität.
- **Persönlicher Ordner:** Hier erhalten Sie den direkten Zugriff auf Ihr Heimverzeichnis. Selbstverständlich benutzen KDE und GNOME bei einer Parallelinstallation das gleiche Heimverzeichnis.
- **Speichermedien:** Hier können Sie auf die am System angeschlossene Peripherie wie z.B. USB-Sticks oder CDs zugreifen.

Das Panel

Bei KDE wird die Leiste am unteren Bildschirmrand *Kicker* genannt. Sie ist mit der gleichen Funktionalität wie die Panels in GNOME ausgestattet. Auch hier haben Sie die Möglichkeit, Programme bzw. Hilfsanwendungen mit einem rechtem Mausklick zu definieren bzw. per Drag and Drop auf das Panel zu ziehen. Wer viel Platz auf dem Desktop benötigt, der kann die Leiste per Knopfdruck auf das am Panelrand befindliche Pfeilsymbol auf eine Bildschirmseite einrollen und bei Bedarf wieder erscheinen lassen.

3.2.3 Programme starten

Zum Starten von Programmen stehen Ihnen die gleichen Möglichkeiten wie unter GNOME zur Verfügung:

- Verwendung des Startmenüs.
- Benutzung des Icons auf dem Desktop bzw. auf der Schnellstartleiste.
- Nutzung des Schnellstartfensters über `Alt` + `F2`.

3.2.4 Wichtige Hilfsprogramme

Terminal

Das KDE-Terminal heißt *Konsole* und wird über den Menüeintrag **System • Konsole** gestartet. Die KDE-Konsole besitzt dieselbe Funktionalität wie das entsprechende GNOME-Programm.

Editor

KDE bringt gleich zwei Editoren mit: *Kwrite* und *Kate*. Während *Kwrite* ein Brot- und Butter-Editor für kleinere Aufgaben ist, kann man mit *Kate* und dessen integriertem Dateibrowser schon komplexere Projekte in Angriff

Systemeditor Kate

nehmen. Beide Editoren beherrschen das Syntaxhighlighting für diverse Programmier- und Skriptsprachen.

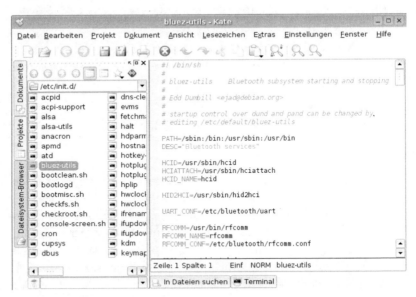

Abbildung 3.16 Der erweiterte Editor Kate

Kate finden Sie im Startmenü unter **Dienstprogramme • Kate**. Sehr praktisch ist bei *Kate* die Möglichkeit, eine Datei aus dem integrierten Browserfenster direkt zum Bearbeiten per Drag and Drop in den Editor zu ziehen.

Browser

Die Standardbrowserlösung von KDE heißt *Konqueror*. Dieser Browser macht sowohl als Systembrowser als auch als reiner Internetbrowser eine sehr gute Figur. Den ersten Eindruck vom *Konqueror* bekommen Sie bei der Auswahl des persönlichen Ordners aus dem Desktop bzw. durch Anklicken des Icons auf dem Desktop. Beachten Sie: Bei den meisten Aktionen auf der KDE-Oberfläche genügt ein Einfachklick. Im linken Teilbereich des *Konquerors* befinden sich mehrere anwendungsbezogene Untermenüs in Form von Symbolen (Abbildung 3.17). Sollte das nicht der Fall sein, so können Sie mit Hilfe der Taste (F9) in diese Ansicht wechseln.

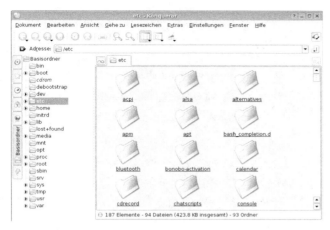

Abbildung 3.17 Der Konqueror als Dateibrowser

- Im Menü **Favoriten** befinden sich die vom Benutzer angelegten Lesezeichen, mit deren Hilfe man eine Internetseite, aber auch einen Ort im Dateisystem durch Anklicken erreichen kann.
- Der Reiter **Verlauf** zeigt die bereits besuchten Orte im Dateisystem bzw. im Web.
- Der Punkt **Persönlicher Ordner** führt direkt ins Heimverzeichnis des Benutzers.
- Durch Anklicken des Menüs **Basisordner** erhalten Sie die Möglichkeit, den kompletten Systembaum zu erforschen.
- Das **Fähnchen** schließlich kennzeichnet das Untermenü KDE-Dienste. Hier erhält man Zugriff auf das KDE Kontrollzentrum zur individuellen Konfiguration der Oberfläche.

Der *Konqueror* verfügt neben den üblichen Möglichkeiten zum Kopieren, Verschieben und Löschen von Dateien über eine Menge an Spezialfunktionen. Insbesondere die so genannten KIO-Slaves[4] machen den *Konqueror* zu einem unentbehrlichen Helfer unter KDE. Damit ist es möglich, aus dem *Konqueror* heraus ein Windowsnetzwerk nach Freigaben zu durchsuchen oder einen Audio-CD-Titel per Drag and Drop in das MP3- bzw. Ogg Vorbis-Format zu encodieren. Eine kleine Übersicht einiger KIO-Slaves zeigt Tabelle 3.6. Zur Anwendung eines KIO-Slaves geben Sie einfach den **Handler-Befehl** in die Adresszeile des Konquerors ein.

KIO-Slaves

---

4 KIO steht für **K I**nput **O**utput, Slaves ist das englische Wort für Sklaven.

KIO-Handler	Funktion
`audiocd:/`	Ermöglicht das transparente Encodieren von CDs in Ogg Vorbis oder MP3
`devices:/`	Listet die verfügbaren Speichergeräte auf
`info:/<Befehl>`	Stellt den Zugriff auf die Info-Seiten des Systems her
`man:/<Befehl>`	Anzeige der Man-Page zu dem gewählten Befehl
`settings:/`	Zugriff auf das KDE-Kontrollzentrum
`man:/<Befehl>`	Anzeige der Man-Page zu dem gewählten Befehl
`file:/<Verzeichnis>`	Anzeige aller Dateien eines Verzeichnisses
`ftp://<Hostname>`	Anzeige aller Dateien eines Verzeichnisses
`file:/<Verzeichnis>`	Der Konqueror als FTP-Client
`http://<Hostname>`	Der Konqueror als vollwertiger Webbrowser
`nfs://<Hostname>`	Einhängen von NFS Exports
`fish://<Hostname>`	Zugriff auf einen Host per SSH zwecks einfachem Kopieren von Dateien

Tabelle 3.4 Wichtige KIO-Befehle innerhalb des Konquerors

Die netzwerkspezifischen Befehle werden später noch ausführlich besprochen werden.

3.2.5 Zugriff auf Ressourcen

Die angeschlossene Peripherie finden Sie im KDE-Nebenmenü unter Speichermedien oder durch Eingabe der Adresse media:/ im Browser *Konqueror*. Das Handling der Medien ist identisch mit der im Abschnitt 3.1.5 besprochenen Verfahrensweise für GNOME.

3.2.6 Personalisieren des KDE-Desktops

Anlaufstelle für jegliche Anpassungen der Oberfläche ist das KDE-Kontrollzentrum. Die Standardanpassungen wie z.B. Bildschirmhintergrund oder Bildschirmschoner erreichen Sie am schnellsten über das Kontextmenü des Desktops (rechter Mausklick auf den Desktop, Arbeitsfläche einrichten, Abbildung 3.18).

kdm auf Deutsch   Interessant ist an dieser Stelle insbesondere die Anpassung des KDE-Loginmanagers *kdm*, der in der Standardkonfiguration in englischer Sprache lokalisiert ist. Um *kdm* Deutsch beizubringen, ist es erforderlich, dessen Konfigurationsdatei zu editieren. Rufen Sie dazu den Editor *kate* als Root auf:

```
user$ kdesu kate /etc/kde3/kdm/kdmrc
```

und löschen Sie das Kommentarzeichen # in der Datei kdmrc an folgender Stelle:

```
#Language=de_DE
```

Loggen Sie sich aus, in Zukunft sollten Sie von einem deutschsprachigen Loginmanager begrüßt werden.

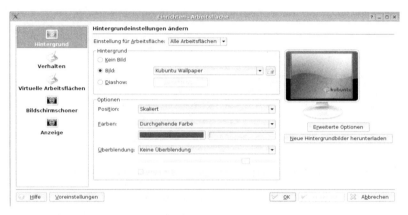

Abbildung 3.18 Einrichten des KDE-Desktops

Das KDE Startmenü anpassen

Führen Sie einen rechten Mausklick über dem K-Menü durch und wählen Sie den Punkt Menü-Editor aus. Daraufhin öffnet sich eine Anwendung, mit welcher Sie bequem Änderungen am K-Menü vornehmen und Programme hinzufügen bzw. entfernen können.

Insbesondere lassen sich hier auch Einträge definieren, die mit Rootrechten laufen. Dazu markieren Sie den Punkt **Unter anderer Benutzerkennung starten**. Dadurch wird vor dem Start des Programms das Root-Passwort abgefragt und anschließend an das auszuführende Programm übergeben. Änderungen am Startmenü sind mittels (Strg)+(S) (Speichern) zu übernehmen.

Grafische Programme mit Root-Rechten

Dateitypzuordnung festlegen

Nach einem rechten Mausklick über einer Datei wählen Sie den Menüpunkt **Öffnen mit** und wählen entweder ein Programm aus der Menüliste oder geben direkt den Kommandozeilenbefehl für das Programm ein (vgl. Abschnitt 3.1.6).

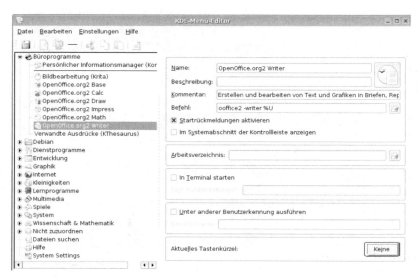

Abbildung 3.19 Bearbeiten des Startmenüs mit dem KDE-Menüeditor

3.3 Systemadministration für Einsteiger

Der folgende Abschnitt gibt Ihnen einige Überlebensregeln mit auf den Weg, um die im Buch beschriebenen Administrationsaufgaben sicher bewältigen zu können. Insbesondere wird auch auf die Bedeutung des Systemadministrators unter Linux im Allgemeinen und unter Ubuntu im Besonderen eingegangen.

3.3.1 Ein Benutzer namens Root...

Per sudo zum Administrator

... ist unter Ubuntu eigentlich nicht vorgesehen. Während der Installation wird ein Standardbenutzer[5] eingerichtet, dessen Passwort zugleich für Administratoraufgaben gültig ist. Startet man beispielsweise ein Systemprogramm wie den Paketmanager *Synaptic*, so wird unmittelbar nach dem Start des Programms dieses Passwort abgefragt. Aus einer Konsole heraus lassen sich Programme nur dann mit Rootrechten starten, wenn der Befehl sudo (Superuser do) vorangestellt wird, also z.B.

```
user$ sudo apt-get install <Programmpaket>
```

Auch hier ist vor der eigentlichen Befehlsausführung stets das Passwort des Standardbenutzers einzugeben. Ubuntu merkt sich bei derartigen Aktionen das Passwort übrigens für einen Zeitraum von 15 Minuten, danach wird der Passwortcache wieder deaktiviert.

---

5 Weitere, später eingerichtete Benutzer erhalten dieses Privileg nicht.

Warum ist Ubuntu aber den Weg gegangen, keinen eigenen Administrator- bzw. Root-Account in der Standardkonfiguration vorzusehen? Das von Linux sonst verwendete Root-Konzept hat einige Nachteile:

- Es kann nur einen Superuser Root geben.
- Vergisst man, sich als Root abzumelden, bleibt das System gefährdet.
- Man muss sich mindestens zwei (verschiedene) Passwörter merken.
- Es verleitet zur ständigen Arbeit als Root.

Ein Nachteil der von Ubuntu bevorzugten Methode ist der, dass man bei längerer Tätigkeit als Root eventuell das Passwort mehrmals eingeben muss. Außerdem verleitet sie dazu, ein recht einfaches Passwort zu wählen.

Vereinfachungen

Man kann sich das Leben als Ubuntu-Administrator in einigen Punkten vereinfachen. Wer z.B. mehrere Kommandos über einen längeren Zeitraum in einer Shell eingeben möchte, der wechselt einfach auf eine Root-Konsole. Ausgehend von einer normalen Benutzerkonsole gelangen Sie durch folgenden Befehl dorthin:

```
user$ sudo -s
<Passworteingabe>
root#
```

Diejenigen unter den Lesern, die von einer anderen Linuxdistribution zu Ubuntu migriert sind, können das bekannte Wechseln via su in eine Root-Konsole folgendermaßen realisieren: Ergänzen Sie die versteckte Datei .bashrc mit einem Editor Ihrer Wahl um die folgende Zeile:

```
user$ gedit ~/.bashrc
#Auszug aus .bashrc
alias su='sudo -s'
```

Starten Sie anschließend eine neue Shell. In dieser können Sie nun bequem per su in eine Root-Shell wechseln.

Anderen Benutzern Root-Rechte gewähren

Wenn Sie ein Mehrbenutzersystem eingerichtet haben, so können Sie anderen Benutzern ebenfalls die Verwendung von Systemprogrammen gestatten, indem Sie diese einfach der Administratorgruppe zuordnen. Dies geschieht am schnellsten durch den Standardbenutzer mit folgendem Befehl:

```
user$ sudo adduser <Name> admin
```

Der entsprechende Benutzer kann nun mit seinem eigenen Passwort auf der Konsole den `sudo`-Befehl verwenden. Einen kleinen Schönheitsfehler hat diese Variante allerdings: Der neue Administrator kann keine grafischen Programme direkt aus dem Menü starten. Dies lässt sich aber anderseits einfach aus einer Shell heraus realisieren: Verwenden Sie unter KDE das Programm *kdesu* bzw. unter GNOME *gksudo*.

Den klassischen Root-Account herstellen

Aktivieren und Deaktivieren von Root

Mit einem Trick lässt sich auch unter Ubuntu der ehemals deaktivierte Root-Account wiederbeleben. Definieren Sie zu diesem Zweck einfach vom Standardbenutzeraccount aus ein Passwort für den Benutzer Root:

```
user$ sudo passwd root
Enter new UNIX passwd:<Eingabe des Root-Passworts>
Retype new UNIX passwd:<Wiederholung des Passworts>
```

Als Test können Sie nun einmal mit dem Befehl `su` in einer Konsole zum Root-Account wechseln. Auch mit diesem Root-Account kann man die grafischen Administratortools nur indirekt per Konsole starten.

Beachten Sie, dass Sie sich nach Definition eines Root-Passworts nicht mehr mit Ihrem alten Standardpasswort in einer Root-Shell anmelden können.

Wer das alte Verhalten wiederherstellen möchte, der kann mit dem folgenden Befehl den Root-Account auch wieder deaktivieren:

```
user$ sudo passwd -l root
```

3.3.2 Nützliche Shellwerkzeuge

Kommandozeileneditoren

Nachfolgend werden wir immer wieder Änderungen an Konfigurationsdateien vornehmen oder auch eigene Skripte schreiben. Dazu ist es praktisch, wenn man auf Editoren zurückgreifen kann, die in der Kommandozeile funktionieren. Ein beliebter Editor, der zur Ubuntu Grundausstattung gehört, ist *nano*.

Gestartet wird der Editor durch Eingabe des gleichnamigen Befehls, eventuell mit Angabe der zu editierenden Datei auf der Kommandozeile. Am unteren Bildschirmrand finden Sie eine Übersicht der wichtigsten Editorbefehle.

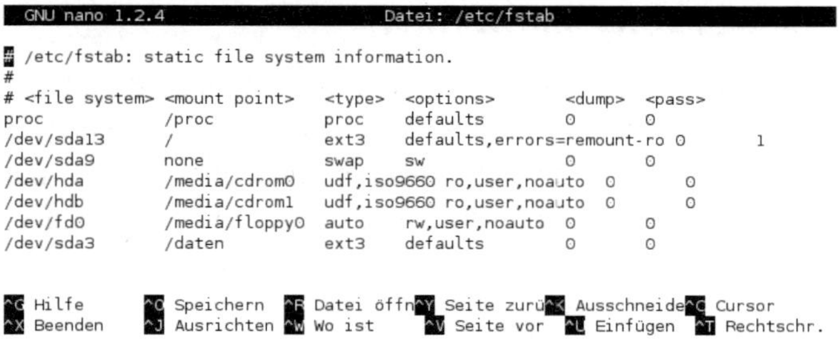

```
 GNU nano 1.2.4                    Datei: /etc/fstab

 /etc/fstab: static file system information.
#
# <file system> <mount point>   <type>   <options>        <dump>  <pass>
proc            /proc           proc     defaults          0       0
/dev/sda13      /               ext3     defaults,errors=remount-ro 0   1
/dev/sda9       none            swap     sw                0       0
/dev/hda        /media/cdrom0   udf,iso9660 ro,user,noauto 0       0
/dev/hdb        /media/cdrom1   udf,iso9660 ro,user,noauto 0       0
/dev/fd0        /media/floppy0  auto     rw,user,noauto    0       0
/dev/sda3       /daten          ext3     defaults          0       0


^G Hilfe      ^O Speichern  ^R Datei öffn^Y Seite zurü^K Ausschneide^C Cursor
^X Beenden    ^J Ausrichten ^W Wo ist    ^V Seite vor ^U Einfügen   ^T Rechtschr.
```

Abbildung 3.20 nano – der Editor für die Schnelle

Kommandozeilenbrowser

Sicher gibt es einige Leser, die noch in den guten alten Zeiten von MS-DOS ihr Handwerk erlernt haben. Damals gab es den allseits beliebten *Norton Commander*, mit welchem die Navigation auf einer Textkonsole deutlich vereinfacht wurde. Unter Ubuntu steht Ihnen für derartige Zwecke der *Midnight Commander* zur Verfügung. Dieser wird durch Eingabe des Kommandos mc aus einer Konsole heraus gestartet.

Wenn Sie den Midnight Commander aus einem Terminal der grafischen Oberfläche heraus gestartet haben, dann können Sie die Menüpunkte des Browsers durch Anklicken mit der Maus aktivieren. In einer reinen Textkonsole betätigen Sie die Funktionstasten. Deren Belegung ist im unteren Teil des Fensters ersichtlich (Abbildung 3.21).

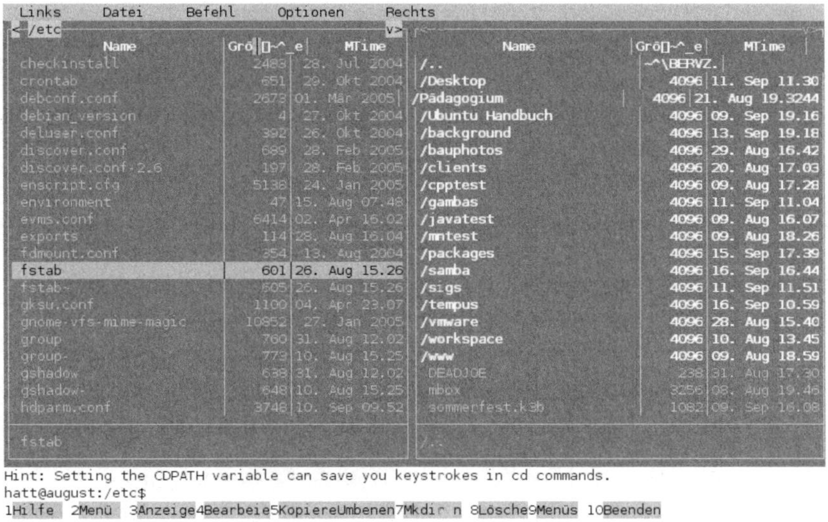

Abbildung 3.21 Der Midnight Commander: Ein Browser für die Shell

Systemadministration für Einsteiger

3.3.3 Eine Übung zur Administration

Nachfolgend sollen Sie sich Ihre ersten Lorbeeren als Systemadministrator verdienen. Die Aufgabe lautet: Binden Sie eine bestehende Windows Datenpartition in das System ein, so dass man deren Dateien lesen und in das Linuxsystem kopieren kann. Wir werden dabei folgende Dinge lernen:

- Die Installation eines neuen Systemprogramms.
- Das Bearbeiten einer Systemdatei.
- Das automatische Einbinden einer Fremdpartition während des Systemstarts.

Um einen bequemen Einblick in die auf Ihrem Rechner befindliche Partitionslandschaft zu bekommen, ist es zunächst notwendig, das grafische Partitionsprogramm *GParted* zu installieren. Dies kann mit *Synaptic* oder dem folgenden Befehl geschehen:

```
user$ sudo apt-get install gparted
```

Alternativ können Sie auch den neuen Anwendungs-Installer verwenden (**Anwendungen • Anwendungen installieren • Systemwerkzeuge • GParted**). Das neu installierte Programm befindet sich unter GNOME im Startmenü unter **Systemwerkzeuge • GParted**, alternativ kann es über die Kommandozeile mittels

```
user$ gksudo gparted
```

gestartet werden. *GParted* soll uns an dieser Stelle nur als Informationswerkzeug dienen. Linux Insider verwenden an dieser Stelle natürlich den Kommandozeilenbefehl `fdisk l`. Als Anfänger sollte man Abstand von eigenmächtigen Operationen innerhalb dieses Partitionierungstools nehmen.

Im vorliegenden Fall befinden sich etliche Windowspartitionen auf der aktuellen Platte. Nachfolgend soll die in der obigen Abbildung 3.22 markierte Partition /dev/sda7 lesbar in das System eingebunden werden.

Nachfolgend werden wir etliche Aktionen als Administrator vornehmen. Öffnen Sie zu diesem Zweck wie in Abschnitt 3.3.1 beschrieben eine Root-Konsole mittels `sudo -s`. Erstellen Sie zunächst einen Einbindungspunkt (Mountpoint) für die betreffende Partition:

```
root# mkdir /media/windows
```

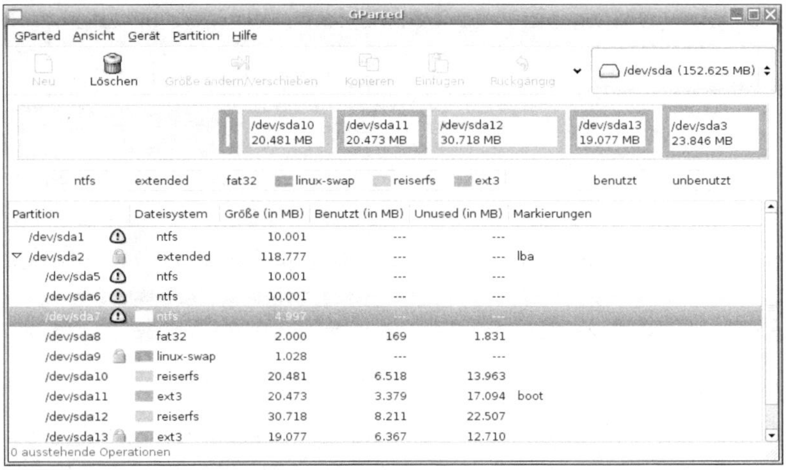

Abbildung 3.22 Analyse der Partitionierung mit GParted

Nun können Sie testen, ob sich die Partition manuell einbinden lässt:

```
root# mount /dev/sda7 /media/windows
```

Soll das Verzeichnis für den Benutzer mit dem Namen xyz zugänglich gemacht werden, so ist der obige Befehl wie folgt abzuändern:

```
root# mount -o uid=xyz /dev/sda7 /media/windows
```

Nun können Sie anhand des Festplatteninhalts überprüfen, ob es sich um die richtige Partition handelt:

```
root# cd /media/windows
root# dir
...
```

Binden Sie nun die Partition wieder aus:

```
root# cd
root# umount /media/windows
```

Wir wollen jetzt die Systemdatei /etc/fstab editieren, damit die Partition bei jedem Systemstart automatisch in das Dateisystem eingebunden wird. Folgende Zeile ist in der obigen Datei im Falle einer NTFS-Partition zu ergänzen:

```
root# nano /etc/fstab
# Auszug aus /etc/fstab
/dev/sda7        /media/windows     ntfs      \
    ro,user,auto,nls=utf8, uid=1000, gid=1000  0  0
```

Systemadministration für Einsteiger **121**

Die Angabe des Parameters `ro` (read only) ist notwendig, da Ubuntu nicht auf NTFS-Partitionen schreiben kann. Die obigen Parameter sind in eine einzige Zeile zu schreiben. Sollte es sich bei der betreffenden Partition um eine FAT32-Partition handeln, dann sehen die Parameter folgendermaßen aus:

```
/dev/sda7    /media/windows   vfat  umask=000  0  0
```

Damit sollte die Partition beim nächsten Systemstart automatisch eingebunden werden. Ein Neustart kann übrigens durch das folgende Kommando umgangen werden:

```
root# mount -a
```

Sie finden die neu eingebundene Partition anschließend im Menü **Orte • Computer**.

3.4 Tipps und Tricks zum Desktop

Der folgende Abschnitt gibt einige Hinweise zu dem Thema, wie man sich das Leben auf dem Desktop verschönern kann.

3.4.1 GNOME-Tipps

Tastaturanpassung

Tote Tasten vermeiden — Wer viel in der Shell arbeitet bzw. programmiert, der wird bei älteren Ubuntu-Varianten feststellen, dass wichtige Zeichen wie z.B. die Tilde nicht bei der üblichen Tastenkombination erscheinen. Die Lösung: Passen Sie das Tastaturlayout an. Starten Sie dazu das entsprechende Programm über **System • Einstellungen • Tastatur** und wählen Sie dort den Menüpunkt *Belegungen*. Fügen Sie über die entsprechende Schaltfläche die Tastaturbelegung *German Eliminate Dead Keys* hinzu und wählen Sie diese anschließend als Standardbelegung bzw. Vorgabe aus. Starten Sie zum Testen ein Terminalfenster: Nun sollten auch die Sonderzeichen wie gewohnt erscheinen.

NumLock beim Start aktivieren

Bei Ubuntu ist wie bei den meisten Linuxsystemen der Zahlenblock der gewöhnlichen Computertastatur nach dem Systemstart nicht aktiviert. Abhilfe schafft das kleine Paket **numlockx**, welches im Universe-Zweig von Ubuntu beheimatet ist. Achten Sie also vor der Installation darauf, dass dieses Repository aktiviert ist. Geben Sie den folgenden Befehl ein:

```
user$ sudo apt-get install numlockx
```

Nach dem Start der grafischen Oberfläche ist der Zahlenblock Ihrer Tastatur automatisch aktiviert.

Symbolgröße auf dem Desktop ändern

Die Größe der auf dem Desktop angezeigten Symbole sowie das prinzipielle Desktopverhalten (Einfachklick/Doppelklick) lässt sich mit folgendem Menü ändern: **System • Einstellungen • Verwaltung von Dateien**. Um z.B. die Symbolgröße zu ändern, wählen Sie eine entsprechende Vergrößerungsstufe im Untermenü **Ansichten • Vorgaben** für Symbolansicht.

Zusätzliche Schriften installieren

Windowsumsteiger erleben meist eine große Enttäuschung, wenn Sie nach dem Wechsel zu Linux ihre alten Microsoft Word Dokumente in Open Office öffnen: Diese zeigen oft nicht mehr die gewohnte Optik, da die Windows-spezifischen Schriften nicht frei weitergegeben werden dürfen.

Für dieses Problem gibt es zwei Lösungen: Installieren Sie die fehlenden Schriften mit dem Paket **msttcorefonts**. Dabei handelt es sich um ein kleines Programm, welches die Microsoftschriften aus dem Internet herunterlädt und installiert. Bevor Sie das Programm installieren können, muss der Multiverse-Repositoryzweig freigeschaltet werden (siehe Kapitel 5).

Microsoft-Schriften installieren

```
user$ sudo apt-get install msttcorefonts
```

Die Schriften befinden sich nach dem Download im Verzeichnis /usr/share/fonts/truetype/msttcorefonts.

Kopieren Sie die Truetype-Schriften einer parallelen Windowsinstallation aus dem Verzeichnis WINDOWS/Fonts in das Linux-Verzeichnis /usr/share/fonts/truetype. Die Windows-Systempartition mounten Sie dazu wie in Abschnitt 3.3.3 beschrieben:

```
user$ sudo cp *.ttf /media/windows/WINDOWS/Fonts \
         /usr/share/fonts/truetype
```

Nach einem Ein- und Ausloggen in die Benutzeroberfläche können Sie sich an der gewohnten Optik Ihrer Worddokumente erfreuen.

GNOME Systemkonfiguration ändern

Wer tieferen Einblick in das GNOME System erhalten möchte, der schaue sich einmal den GNOME Systemeditor an. Das Programm wird aus dem Menü **Anwendungen • Systemwerkzeuge • Konfigurationseditor** gestartet. Dort findet man in einer Baumstruktur nahezu sämtliche Einstellmöglichkeiten der GNOME-Oberfläche.

Ein Beispiel: Standardmäßig hat GNOME den Mülleimer vom Desktop auf das Panel verbannt. Wer dennoch einen Mülleimer auf dem Desktop angezeigt haben möchte, der wählt den Eintrag **apps • nautilus • desktop • trash_icon_visible** aus.

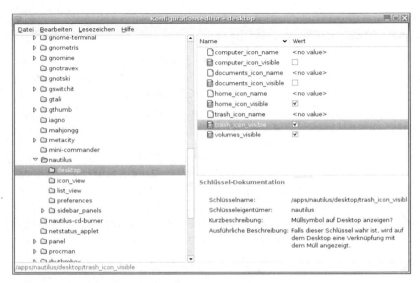

Abbildung 3.23 Der GNOME Konfigurationseditor

Debian-Pakete per Mausklick installieren

Manchmal möchte man Debian-Pakete installieren, die sich nicht in einem Standardrepository befinden. Damit das Ganze per Mausklick aus dem *Nautilus* Browser heraus klappt, installieren Sie das Paket *gdeb*:

```
user$ sudo apt-get gdeb
```

Nach der Installation des Pakets suchen Sie zu Testzwecken einmal ein Debian-Paket mit *Nautilus* (z.B. die *gdesklets* aus dem nächsten Abschnitt) und definieren per rechtem Mausklick **Datei • Mit einer anderen Anwendung öffnen • Einen benutzerdefinierten Befehl verwenden • gdeb**.

Abbildung 3.24 gdeb – Vereinfachte Installation von Debian-Paketen

Anschließend lässt sich jedes beliebige Debian-Paket durch einfaches Anklicken installieren. Beachten Sie aber, dass diese Methode nur bei Paketen funktioniert, die nicht von weiteren Debianpaketen abhängen. In letzterem Fall ist es ratsam, apt-get zu bemühen.

gDesklets

Ein echtes Eyecandy (zu Deutsch: ein Hingucker) sind die gDesklets (die GNOME Desktop Applets). Dabei handelt es sich um kleine Anwendungen, die das Leben auf dem Desktop schöner machen. So können z.B. verschiedene Hardwaresensoren definiert werden, der lokale Wetterbericht in Form eines Feeds eingesehen und dem Starterpanel ein Mac OS X Look verpasst werden.

Balsam für die Augen: gDesklets

Obwohl die gDesklets aus dem Universe-Repository direkt mit apt-get installiert werden können, empfiehlt es sich, die jeweils aktuelle Version von der gDesklet Homepage **http://gdesklets.gnomedesktop.org** herunterzuladen. Sie benötigen zwei Pakete: Das erste nennt sich **gDesklets<Version>.deb**, das zweite **gDesklets-data <Version>.deb**. Letzteres enthält eine Kollektion derzeit populärer Desklets. Achten Sie darauf, dass die Hauptversionsnummern der beiden Pakete übereinstimmen. Diese Pakete können nach dem Download mit *gdeb* bequem installiert werden, vgl. Abbildung 3.24 im letzten Abschnitt.

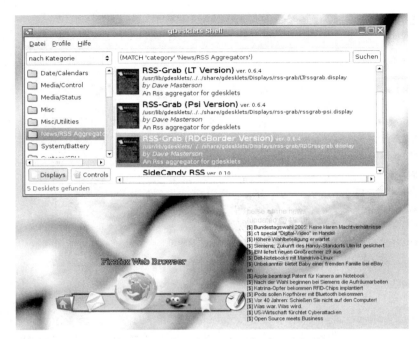

Abbildung 3.25 Apple OS X Look und RSS-Newsfeed mit gDesklets

Nach der Installation starten Sie den gDesklet-Daemon aus dem Hauptmenü über **Anwendungen • Zubehör • gDesklets**. Haben Sie wie oben beschrieben das gDesklet-Datenpaket mitinstalliert, so können Sie nun aus einer Vielzahl von Miniprogrammen auswählen und diese auf dem Desktop installieren. Dazu wählen Sie das entsprechende Applet durch Anklicken aus, gehen in das Menü Datei und klicken dort Ausgewähltes Desklet starten an. So können Sie Ihren Desktop in eine perfekte Informationszentrale verwandeln.

Autostart Die vorliegende Konfiguration hat noch einen kleinen Schönheitsfehler: Beim Neustarten der GNOME-Oberfläche sind die Desklets wieder verschwunden. Sie müssen nämlich dafür sorgen, dass der Desklet Daemon schon während des Starts von GNOME geladen wird. Das erreichen Sie durch Eintragen des Befehls gdesklets im Autostartverwalter unter **System • Einstellungen • Sitzungen • Startprogramme**.

3.4.2 KDE-Tipps

Systemverwaltermodus im Kontrollzentrum

Es gibt zwei Möglichkeiten, als Administrator im Kontrollzentrum zu arbeiten: Starten Sie das Kontrollzentrum über das Systemmenü Punkt

Einstellungen. Für administrative Aufgaben ist das Administratorpasswort einzugeben. Alternativ: Loggen Sie sich von einer Konsole aus in KControl ein:

```
user$ kdesu kcontrol
```

Dadurch haben Sie bereits volle Kontrolle über alle administrativen Bereiche. Sollte die erste Variante wider Erwarten nicht funktionieren, so ist folgendermaßen vorzugehen: Löschen Sie einfach den versteckten[6] Ordner .kde in Ihrem Heimverzeichnis. Dieser wird kurz darauf vom System sofort wieder neu angelegt. Loggen Sie sich anschließend aus KDE aus und wieder ein. Danach sollte der Systemverwaltungsmodus im Kontrollzentrum funktionieren.

Datum und Uhrzeit im Panel in Deutsch

Sollte bei Ihrem System das Format von Datum und Uhrzeit in der englischen Form erscheinen, so beheben Sie das folgendermaßen:

```
user$ sudo kcmshell kde-clock --lang de
```

GTK Programme im KDE-Look

Insbesondere dann, wenn Sie KDE parallel zu einem GNOME-Desktop laufen haben, wünscht man sich, dass die GNOME Programme besser in die KDE-Optik integriert werden. Dazu installieren Sie das Paket *gtk2-engines-gtk-qt*:

GTK-Programme im KDE-Look

```
user$ sudo apt-get install gtk2-engines-gtk-qt
```

Möchten Sie den Stil und das Erscheinungsbild von GNOME-Anwendungen innerhalb der KDE-Oberfläche anpassen, so wählen Sie im KDE-Kontrollzentrum den Punkt **Einstellungen • Erscheinungsbild • GTK Styles and Fonts**.

Internetverbindung beschleunigen

Nervtötend langsam erscheinen Internetverbindungen innerhalb von KDE mit dem *Konqueror*. Der Grund dafür ist, dass der *Konqueror* zunächst versucht, die Verbindung mittels IPV6-Unterstützung herzustellen, eine Technik, die derzeit noch nicht weit verbreitet ist. Schalten Sie IPV6 folgendermaßen aus:

---

6 Um versteckte Dateien bzw. Verzeichnisse anzuzeigen, wählen Sie im Konqueror die Option **Ansicht • Versteckte Dateien anzeigen**.

```
user$ sudo echo "KDE_NO_IPV6=TRUE" $>>$ \
/etc/environment
```

Alternativ können Sie natürlich auch die Datei /etc/environment mit einem Editor Ihrer Wahl um die Zeile KDE_NO_IPV6=TRUE ergänzen. Danach sollte der Seitenaufbau im *Konqueror* deutlich beschleunigt erfolgen. Erstaunlicherweise ist *Mozilla Firefox* nicht von diesem Problem betroffen.

Superkaramba installieren

Mit der KDE Version 4 werden die *Superkaramba*-Erweiterungen Einzug in das KDE-Projekt halten. *Superkaramba* ist in etwa mit den gDesklet-Erweiterungen des GNOME Desktops zu vergleichen.

Sie installieren *Superkaramba* entweder mit Kynaptic/Synaptic oder durch folgenden Befehl:

```
user$ sudo apt-get install superkaramba
```

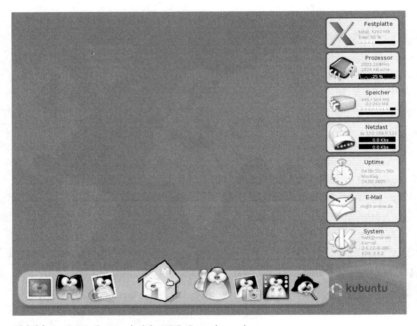

Abbildung 3.26 Eyecandy à la KDE: Superkaramba

Nach der Installation des Programms startet man *Superkaramba* einfach durch Eingabe des Befehls `superkaramba` in einer Shell oder durch Auswahl des Menüs **Dienstprogramme · Superkaramba**. Ausgehend vom

Superkaramba-Startmenü haben Sie nun die Möglichkeit, Themen aus dem Internet von **www.kde-look.org** zu laden oder bereits heruntergeladene Themen direkt zu installieren. Nach dem Download starten Sie das *Superkaramba*-Thema von der Kommandozeile aus über

```
user$ superkaramba <Pfad zum Thema><Name>.theme &
```

Dabei können mehrere Thementeile parallel aktiviert werden, z.B. eine Startmenüleiste und Systemanzeigen (Abbildung 3.26). Wer die Applets bereits nach dem Starten der Oberfläche in Funktion haben möchte, der packt den entsprechenden Aufruf in den KDE-Autostartordner. Dieser befindet sich im versteckten Verzeichnis /home/<Benutzername>/.kde/Autostart.

3.5 Weitere Desktopmanager

Abschließend sollen noch einige alternative Desktopmanager vorgestellt werden, die sich insbesondere für Benutzer mit knappen Systemressourcen anbieten.

3.5.1 xfce

Dieser Desktopmanager ist stark konfigurierbar. *xfce* lässt sich sehr gut und einfach mit der Maus bedienen und übernimmt in sein Menü alle GNOME- und KDE-Programme. Besonders auf älteren Rechnern ist *xfce* mittlerweile eine echte Alternative zu GNOME oder KDE, vor allem wegen der höheren Geschwindigkeit.

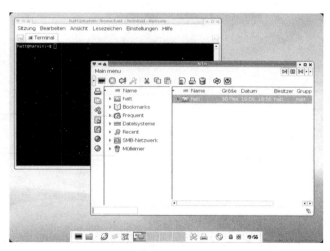

Abbildung 3.27 Ein schneller, schlanker Desktop: xfce

Sie installieren *xfce* über das Paket **xfce4**. Es empfiehlt sich, noch einige weitere xfce-Plugins zu installieren, mehr Informationen dazu liefert eine Suche innerhalb von Synaptic.

3.5.2 icewm

Dieser schlanke Fenstermanager läuft auch auf älterer Hardware, d.h. die Ressourcenanforderungen sind ebenfalls nicht allzu hoch. Etwas gewöhnungsbedürftig ist die Bedienung des Startmenüs: Das Öffnen der Unterordner erfolgt nicht automatisch durch Berühren, sondern muss mit einem aktiven Klick eingeleitet werden. Zugriff auf das Startmenü erhält man auch, wenn man mit der rechten Maustaste auf eine beliebige Stelle des Desktops klickt.

3.5.3 twm

Der *twm*-Desktop eignet sich hervorragend für Remotezwecke, d.h. der Fernsteuerung eines Desktops über ein lokales oder auch entferntes (Inter-/Intra)-Netz. Aufgrund der äußerst spartanischen Oberfläche müssen nur sehr wenige Daten zwischen Client- und Remoterechner übertragen werden. *twm* hat sich insbesondere in Verbindung mit dem virtuellen Desktopsystem *VNC* (Virtual Network Computing) bewährt. Der Zugriff auf das Programmmenü erfolgt wie bei *icewm* durch einen Klick auf den Desktop: Bei gehaltener linker Maustaste navigiert man zum Programm, welches man starten möchte. Lässt man die Maustaste wieder los, so wird das entsprechende Programm gestartet. Es erscheint zunächst nur ein leerer Rahmen, welcher durch einen erneuten linken Mausklick endgültig platziert wird. Auch unter *twm* können sämtliche Programme einer parallelen GNOME- bzw. KDE-Installation verwendet werden.

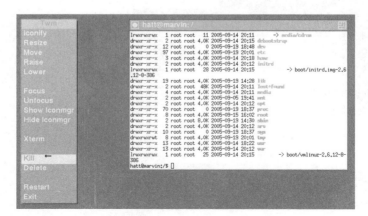

Abbildung 3.28 Ein Desktop für Minimalisten: twm

4 Hardwarekonfiguration

4.1	Vorwort: Linux und Hardware	133
4.2	Netzwerk und Internet	135
4.3	Feintuning des X Grafiksystems	147
4.4	Standardhardware anpassen	153
4.5	WLAN einrichten	163
4.6	Bluetooth einrichten	168
4.7	Ubuntu und Multimediahardware	169
4.8	Externe Geräte nutzen	176

1	**Ubuntu Linux – Überblick**
2	**Installation**
3	**Der Ubuntu Desktop**
4	**Hardwarekonfiguration**
5	**Installation weiterer Software**
6	**Informationen und Hilfe**
7	**Anwendersoftware**
8	**Netzwerktechnik**
9	**Programmierung und Design**
10	**Systemverwaltung**
11	**Sicherheit**
12	**Kompilierung von Systemsoftware**
13	**Ubuntu und aktuelle Hardware**
14	**Übersicht: Software für (K)Ubuntu**
15	**Befehlsreferenz Ubuntu Linux**

4 Hardwarekonfiguration

Ubuntu Linux genießt bezüglich der Erkennung aktueller PC-Hardware einen ausgezeichneten Ruf: Die Mehrzahl aktueller Komponenten läuft ohne große Klimmzüge aus dem Stand. Sollte es dennoch einmal klemmen, hilft Ihnen das folgende Kapitel weiter.

4.1 Vorwort: Linux und Hardware

Linux hat einen weiten Weg seit jenen Zeiten zurückgelegt, als es noch ein echtes Abenteuer war, allein nur ein einfaches grafisches X-Window-System aufzusetzen, ohne dabei den Monitor abrauchen zu lassen.

Durch den offenen Standard sind die Programmierer des Linuxkernels allerdings auf den Goodwill der Hardwarehersteller angewiesen: Diese müssen ihre Schnittstellen hardware- und softwaretechnisch offen legen. Gerade das gestaltet sich in unserer durch Konkurrenz bestimmten Welt natürlich schwierig: Wer möchte durch ein allzu offenherziges Produktplacement seinem Mitbewerber schon eine Knowhow-Steilvorlage zuspielen?

Dennoch funktioniert das Open Source System recht gut: Die Reaktionszeit, in welcher Treiber für neue Hardwarekomponenten zur Verfügung gestellt werden, bewegt sich derzeit im Bereich von wenigen Monaten. Wer hoch motiviert ist, kann natürlich auch zur Hardwareunterstützung beitragen und Treiber selbst schreiben.

Ubuntuanwender haben es besonders leicht: In dieses moderne System fließen alle aktuellen Linux-Treiberentwicklungen ein, die der Markt hergibt, da Ubuntu im Wesentlichen auf dem Unstable-Zweig von Debian aufsetzt. Sie können davon ausgehen, dass die Hardware eines PCs, dessen Baudatum ein halbes Jahr hinter dem aktuell verwendeten Ubunturelease zurückliegt, in der Regel vollständig unterstützt wird. Wer darüber hinaus plant, topaktuelle Hardware einzusetzen, sollte die folgenden Tipps beherzigen:

▶ Führen Sie eine grundlegende Recherche zur entsprechenden Hardwarekomponente im Internet durch. Dort lassen sich zunächst diverse Linux Hardwaredatenbanken anzapfen. Erste Anlaufstelle für Ubuntunutzer ist das Ubuntu-Wiki oder auch das Ubuntuforum unter **www.ubuntuusers.de**. Dort findet man beispielsweise eine exzellent gepflegte Hardwaredatenbank. Darüber hinaus ist das Linux Hardware Wiki unter **www.linuxwiki.org/LinuxHardware** und die Linux Compatibility Howto auf **http://www.tldp.org/HOWTO/Hardware-HOWTO** zu empfehlen.

- Meinungsbildung: Dazu zählt in erster Linie nicht die eigene Meinung zur avisierten Komponente (die hat man sich ja an dieser Stelle schon gebildet), sondern die anderer Anwender. Zunächst sollte man über die Newsgroupsuchmaschine **groups.google.de** recherchieren, ob es bereits erste Erfahrungen oder gar Probleme mit der entsprechenden Komponente gibt. Sollte es dann immer noch Fragen geben, dann kann man selbst aktiv werden und in der entsprechenden Newsgroup (in Deutschland zumeist **de.comp.os.unix.linux.hardware**) höflich nachhaken.

- Test und Kauf: Mit der Ubuntu Live CD-/DVD haben Sie ein Werkzeug zur Hand, welches es Ihnen gestattet, ohne die komplette Installation eines Betriebssystems die Funktionsfähigkeit der Hardware speziell unter Linux zu testen. Planen Sie den Kauf eines Komplettsystems, dann gehen Sie ruhig zum Händler Ihrer Wahl und testen Sie die Hardware durch Booten der Live-CD bzw. -DVD. Beim gängigen Computerversand via Internet ist die Situation noch einfacher: Gemäß des Fernabsatzgesetzes haben Sie hier die Möglichkeit, Hardware innerhalb von 14 Tagen mehr oder weniger kommentarlos zum Versender zurückzuschicken bei voller Erstattung des Kaufpreises.

Nun muss und kann sich sicher nicht jeder zum aktuellen Zeitpunkt ein komplettes Neusystem zulegen. In diesem Fall gibt es auch eine gute Nachricht: Ubuntu funktioniert natürlich genauso gut auf alter bis mittelalter Hardware. Besonders bei betagten Geräten gibt es immer eine Möglichkeit, eine schlanke Oberfläche wie z.B. icewm oder twm auszuwählen (vgl. Abschnitt 3.5) und dadurch die Ressourcenanforderungen auf ein Minimum zu reduzieren.

Abschließend noch einige Anmerkungen zum Aufbau des Kapitels: Primär wird im Folgenden auf die Hardwarekonfiguration mit grafischen Tools eingegangen. Bei manchen Komponenten kann dies allerdings nicht immer durchgehalten werden: Dann ist ein Ausflug auf die Kommandozeile und das Editieren von Konfigurationsdateien unumgänglich. In manchen Fällen wird auch die alternative Konfiguration per Shell dem grafischen Werkzeug gegenübergestellt, damit Sie auf alle Situationen vorbereitet sind: So bequem die Desktopwerkzeuge sind, im Falle eines defekten Grafiksystems nützen Sie Ihnen wenig.

Weiterhin wird die Konfiguration mit grafischen Tools zunächst ausführlich mit Hilfe des entsprechenden GNOME-Werkzeugs erläutert, am Ende eines Abschnitts wird kurz das entsprechende KDE-Tool vorgestellt. So ist auch den KDE- bzw. Kubuntu-Anwendern gedient.

4.2 Netzwerk und Internet

Wenn wir persönlich ein Betriebssystem auf einem Rechner installieren, dann erfolgt nach der Basisinstallation sofort die Konfiguration der Netzwerkschnittstellen sowie der Internetverbindung. Der Grund: Tauchen Probleme mit irgendwelchen Komponenten auf, so kann man im großen Wissenspool des Internets nach Lösungen forschen. Der Zugriff auf das lokale Netz ermöglicht das temporäre Zwischenspeichern von Dateien zu Sicherungszwecken, falls in der Originalinstallation noch nicht alles wie gewünscht läuft.

4.2.1 Netzwerkkarte

Sie starten die Netzwerkadministration über **System • Systemverwaltung • Netzwerk**. Folgende Teilmenüs stehen Ihnen nach dem Start des Programms zur Verfügung:

- Verbindungen: In diesem Untermenü tauchen alle Netzwerkkomponenten auf, die vom System während des Systemstarts erkannt wurden. Unter anderem sollte hier ein Eintrag Ethernet-Verbindung auftauchen. Die Eigenschaften der entsprechenden Verbindung können durch Auswahl der Verbindung und Betätigen des Knopfes Eigenschaften eingesehen werden (Abbildung 4.1). Dort kann insbesondere angegeben werden, ob die Netzwerkkarte eine Adresse über DHCP zugewiesen bekommen soll, wie dies bei den meisten Routern der Fall ist, oder ob die Einstellungen manuell vorgenommen werden sollen.

- Allgemein: Hier wird der Rechner- sowie der Domänenname definiert. Achten Sie darauf, den Rechner nach Änderung eines der beiden Namen neu zu starten, damit die Änderungen übernommen werden. In der Regel sollte aber auch ein Aus- und Einloggen im Desktopmanager genügen.

- DNS-Server: In diesem Untermenü wird ein Server definiert, der für die Namensauflösung von Internetadressen verantwortlich zeichnet. Bei Verwendung eines kombinierten DSL-Modem/-Routers ist das meist die IP-Adresse des Routers. Wer einen externen **DNS** (**D**omain **N**ame **S**erver) verwenden möchte, findet im Internet eine reiche Auswahl durch eine Google- Suche mit dem Suchstring dns server <Pro-

vidername>. Für <Providername> ist ein beliebiger Internetprovider auszuwählen.

▶ Im Menü Rechner können Sie Alias-Namen weiterer Rechner in Ihrem lokalen Netz definieren. Durch derartige Zuordnungen ist es möglich, durch die Verwendung von Klartextnamen (im Gegensatz zu IP-Adressen) direkt auf entsprechende PCs zuzugreifen.

▶ Über das Menü Standort haben Sie die Möglichkeit, verschiedene Netzwerkkonfigurationen für verschiedene Orte zu definieren (also z.B. für Ihren Büroarbeitsplatz und für die häusliche Umgebung).

Abbildung 4.1 Konfiguration der Netzwerkschnittstellen

Testen der Netzverbindung/manuelle Konfiguration

Nachdem Sie Ihre Netzwerkkarte entweder manuell oder automatisch mit einer IP-Adresse versehen haben, sollten Sie die Netzanbindung testen. Dies erfolgt mit dem Kommando ping (einzugeben in einer Konsole) auf einen bekannten Rechner im gleichen Subnetz. Im Folgenden wurde dem Testrechner die IP 192.168.0.111 zugewiesen, ein Router im gleichen Netz hat die IP 192.168.0.254. Der ping-Befehl wird mit dem Kommando Strg + C unterbrochen.

```
user$ ping 192.168.0.254
PING 192.168.0.254 (192.168.0.254): 56(84) bytes
64 bytes from 192.168.0.254: icmp_seq=0 ttl=128
time=0.1 ms
...
--- 192.168.0.254 ping statistics ---
4 packets transmitted, 4 packets received, 0%
packet loss round-trip min/avg/max = 0.1/0.1/0.1 ms
```

Sollte das nicht funktionieren bzw. ist keine Antwort von dem entsprechenden Rechner erfolgt, so ist zu prüfen, ob die entsprechende Schnittstelle korrekt aktiviert wurde:

```
user$ ifconfig
eth0      Protokoll:Ethernet
Hardware Adresse 00:50:BF:08:71:7D
inet Adresse:192.168.0.111   Bcast:192.168.0.255
Maske:255.255.255.0
...
```

Ohne Verwendung des grafischen Werkzeugs lässt sich die Schnittstelle mit den in Abbildung 2.9 sichtbaren Eigenschaften folgendermaßen einrichten:

```
user$ sudo ifconfig eth0 192.168.0.111
           netmask 255.255.255.0
```

Ein Gateway wird über das `route`-Kommando definiert:

```
user$ route add default gw 192.168.0.254
```

Der korrekte Eintrag in die Routingtabelle lässt sich durch Aufruf des Befehls `route` (ohne Parameter) testen. Zusätzlich muss noch der Nameserver in der Datei /etc/resolv.conf wie folgt eingetragen werden:

```
nameserver 192.168.0.254
```

Sollten Sie über mehrere Netzwerkdevices verfügen (z.B. zusätzlich zum Ethernetdevice ein WLAN-Modul), dann können Sie die jeweils nicht verwendete Netzwerkschnittstelle wie folgt temporär deaktivieren:

```
user$ ifconfig eth0 down
```

Der entsprechende Befehl zur Reaktivierung lautet:

```
sudo ifconfig eth0 up
```

Danach müssen Sie gegebenenfalls die Defaultroute neu setzen.

KDE-Werkzeug zur Netzwerkkonfiguration

Die Konfiguration Ihrer Netzwerkschnittstelle nehmen Sie bei KDE im Kontrollzentrum vor. Dazu ist es notwendig, das entsprechende Modul im Superusermodus auszuführen. Ausgehend von einer Konsole starten Sie das Kontrollzentrum mit folgendem Befehl:

```
user$ kdesu kcontrol
```

Begeben Sie sich nun in das Untermenü **Internet & Netzwerk • Netzwerkeinstellungen**. Dort können Sie die im vorangegangenen Abschnitt beschriebenen Einstellungen vornehmen. Die Syntax bzw. die Untermenüs ähneln stark der des GNOME-Tools, so dass an dieser Stelle nicht weiter auf die einzelnen Punkte eingegangen wird.

Abbildung 4.2 Netzwerkkonfiguration im KDE-Kontrollzentrum

4.2.2 Internetzugang per DSL und Router

Die einfachste Möglichkeit, ins Internet zu gelangen, stellt die Verwendung einer Kombination aus DSL-Modem und LAN-Router dar. Deren Einsatz wurde bereits im Installationskapitel beschrieben. An dieser Stelle sollen nur noch einmal kurz die Konfigurationsschritte bezogen auf den Router besprochen werden.

Konfiguration des Routers

▶ Moderne Router lassen sich heute via Webbrowserinterface konfigurieren. Schauen Sie im Handbuch Ihres Routers nach, unter welcher IP-Adresse dieser zu erreichen ist. Geben Sie diese Adresse in der Adresszeile Ihres Browsers ein. Loggen Sie sich anschließend in den Administratorbereich des Routers ein. Konfigurieren Sie im Router folgende Punkte:

  ▶ Dynamische IP Vergabe: Dabei wird jedem im Netz befindlichen Computer automatisch eine IP-Adresse zugeteilt.

  ▶ Internetprovider/Zugangsdaten: Bei T-Online ist hier beispielsweise die Nutzerkennung in der Form

  `<Anschlusskennung><T-Online-Nr>#0001@t-online.de,`

sowie das Zugangspasswort einzutragen. Nutzer der T-Com Business Produkte tragen die Loginkennung in der Form

t-online-com/<Benutzerkennung>@t-online-com.de

ein.

▶ Auf der Seite des Ubuntu-PCs konfigurieren Sie wie im letzten Abschnitt beschrieben lediglich die Ethernetkarte. Dort sollte dann die automatische IP-Adressenvergabe angewählt werden. Als Standardgateway geben Sie die IP-Adresse des Routers an, ebenso ist mit der Nameserver-IP zu verfahren.

▶ Nun können Sie zunächst per Webbrowser prüfen, ob der Router in Verbindung mit dem DSL-Modem eine Internetverbindung hergestellt hat. Ist das der Fall, dann ist zu testen, ob der PC den Router via ping erreichen kann. Anschließend wird die Nameserveranbindung überprüft: Sind Sie in der Lage, einen beliebigen Rechner im Internet anzupingen (z.B. **www.google.de**), dann steht die Verbindung.

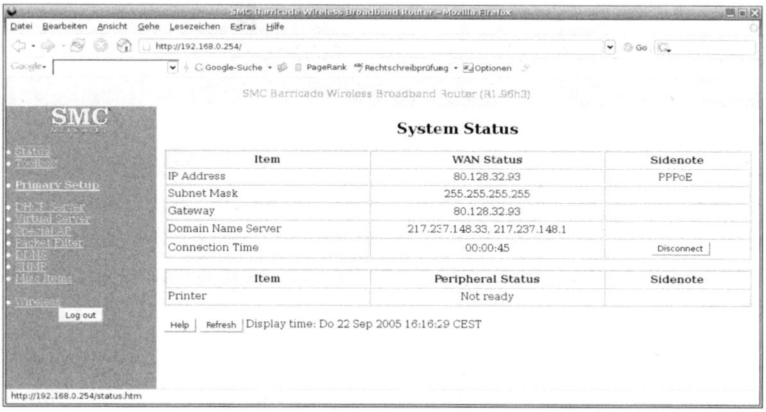

Abbildung 4.3 Einsatz eines Universalrouters zur Herstellung der Internetverbindung

Die Verwendung der Kombination Router/DSL-Modem hat den Vorteil, betriebssystemunabhängig zu sein. Die beschriebene Lösung funktioniert mit allen gängigen Systemen.

4.2.3 Direkter Anschluss eines DSL-Modems

Sollten Sie nur über einen einzigen PC nebst DSL-Modem verfügen, dann ist folgendermaßen vorzugehen: Starten Sie das Programm *pppoeconf*. Dieses hilft Ihnen bei der Einrichtung Ihres DSL Zugangs. PPPoE steht hierbei für PPP over Ethernet, dem Standard für DSL-Zugänge in

PPP over Ethernet

Deutschland. In Österreich verwenden die meisten Provider das PPTP-Protokoll. Eine Anleitung für diese Variante finden Sie unter **http://howto.htlw16.ac.at/athighspeedhowto2.html**.

```
t-online-com/<Beuser$ sudo pppoeconf
```

Nach dem Start des Programms ist zunächst die Netzwerkschnittstelle auszuwählen, an welcher das DSL-Modem angeschlossen ist. Das Programm sucht nun einen PPPoE-Access-Concentrator, das heißt auf gut Deutsch: Ein DSL-Modem.

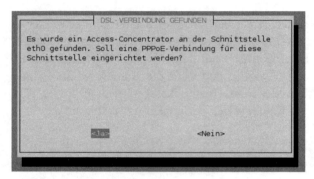

Abbildung 4.4 Ein DSL-Modem wurde gefunden

Nachdem das Modem identifiziert wurde, wird nun die Konfiguration der Providerzugangsdaten vorgenommen. Die entsprechenden Daten werden in der Datei /etc/ppp/peers/dsl-provider gespeichert. In den folgenden Konfigurationsdialogen sind die Zugangsdaten des Providers einzutragen, vgl. Abschnitt 4.2.2.

In die Konfigurationsdatei wird die IP-Adresse eines Nameservers geschrieben. Dieser Schritt sollte ebenso wie die weiteren Fragen einfach bestätigt werden.

Abschließend erscheint die Nachfrage, ob der PPPoE-Daemon bereits beim Booten gestartet werden soll, eine Möglichkeit, von der insbesondere Besitzer einer Flatrate Gebrauch machen können.

Damit wäre Ihr Internetzugang konfiguriert. Sie können die Verbindung nun manuell mit dem Befehl sudo pon dsl-provider starten und mit sudo poff wieder stoppen. Ob Sie Erfolg hatten, zeigt ein Blick in die Log-Datei /var/log/messages:

```
user$ sudo tail -f /var/log/messages
[...]
```

```
PAP authetication succeeded
local IP adress 80.128.28.165
remote IP adress 217.0.116.165
```

Abschließend können Sie testen, ob z.B. mit dem Browser Seiten im Internet aufgerufen werden können.

4.2.4 ISDN

Obwohl ISDN im Vergleich zu DSL etwas aus der Mode gekommen, bietet diese Variante in strukturschwachen Gegenden immer noch die schnellste und zuverlässigste Möglichkeit, ohne DSL-Anschluss ins Internet zu gelangen. Es soll nicht verschwiegen werden, dass die saubere Einrichtung des ISDN-Subsystem unter Ubuntu mit einiger Handarbeit (sprich: der Installation zusätzlicher Software und dem Editieren von Konfigurationsdateien) verbunden ist. Der Grund: ISDN ist in den USA und Afrika wenig verbreitet.

Komplizierte Konfiguration unter Ubuntu

Die beste Linux-Unterstützung bietet ISDN Hardware der Firma AVM, auch besser bekannt als Fritz!Card. Die Inbetriebnahme einer solchen Karte soll nachfolgend beschrieben werden. Nach Einbau der Karte wird ISDN unter Ubuntu folgendermaßen eingerichtet:

▶ Installieren Sie die Pakete *linux-restricted-modules-<Kernelversion>* sowie *avm-fritz-firmware-<Versionsnummer>*, um die Firmware des Herstellers in Ihr System zu integrieren. Ergänzen Sie in der Datei /etc/modules folgende Zeile (Root-Rechte erforderlich):

```
# Auszug aus /etc/modules
capi
```

Bearbeiten Sie die Datei /etc/isdn/capi.conf, indem Sie alle Zeilen bis auf die Ihrer Karte entsprechende auskommentieren. Bei einer FritzCard-PCI wäre dies:

```
# Auszug aus /etc/isdn/capi.conf
fcpci
```

Erstellen Sie eine Datei /etc/hotplug/backlist.d/isdn mit folgendem Inhalt

```
# Auszug aus /etc/hotplug/backlist.d/isdn
hisax
hisax_fcpcipnp
```

▶ Starten Sie den Rechner neu und installieren Sie die folgenden Pakete: **isdnutils**, **capiutils**, **pppdcapiplugin**. Im Verlauf der Installation wird das ISDN-System bzw. der ipppd-Daemon konfiguriert.

Testen der CAPI-Schnittstelle

▶ TestenSie, ob die CAPI-Schnittstelle korrekt geladen wurde, indem Sie den Befehl `capiinfo` eingeben. Jetzt müssen Sie nur noch die Authentifizierungsdatei für Ihren Provider editieren. Dazu editieren Sie am besten eine der existierenden Dateien unter `/etc/ppp/peers/isdn` und benennen diese in <Providername> um:

```
# Auszug aus /etc/ppp/peers/isdn/<Providername>
password <Mein Passwort>
user <Meine Loginkennung>
```

In der Datei sind also die Loginkennung Ihres Providers sowie das Passwort einzugeben. Die Verbindung wird nun mit folgendem Befehl getestet:

```
user$ sudo pon isdn/<Providername>
```

Ob der Verbindungsaufbau erfolgreich war, zeigt ein Blick in die Datei /var/log/messages (vgl. Abschnitt 4.2.3). Unterbrochen wird die Verbindung wieder mit:

```
user$ poff isdn/<Providername>
```

▶ Abschließend ist es noch wichtig, zur Namensauflösung im Internet die IP eines Nameservers explizit in der Datei `/etc/resolv.conf` zu definieren:

```
# Auszug aus /etc/resolv.conf
nameserver 194.25.2.129
```

Grafisches Werkzeug

Wer das An- und Ausschalten der Internetverbindung etwas bequemer haben möchte, installiert noch das grafische Werkzeug *gpppon* (4.5).

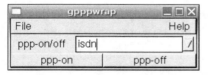

Abbildung 4.5 Grafisches Werkzeug zum Ein-/Ausschalten der ISDN-Verbindung

KDE und ISDN

Die obige Anleitung ist für KDE- bzw. Kubuntu-Anwender gleichermaßen geeignet. Leider sind die beschriebenen Klimmzüge derzeit noch notwendig, um mit Ubuntu per ISDN ins Internet zu gelangen. Es wäre wünschenswert, wenn bei zukünftigen Ubuntu-Releases ein entsprechendes benutzerfreundliches grafisches Werkzeug zur Konfiguration der ISDN-Hardware beigefügt würde.

Weitere Informationen zur Einrichtung einer Vielzahl von ISDN-Hardware-Komponenten finden Sie unter **www.ubuntuusers.de**. Dort ist unter anderem auch die Einrichtung einer ISDN-PCMCIA-Karte beschrieben.

4.2.5 Zugang per Modem

Auch im DSL-Zeitalter hat das gute alte Modem durchaus seine Daseinsberechtigung. Nicht jedes Hotel auf der Welt verfügt über einen Highspeed-Internetanschluss, und dann ist man dankbar, wenn man sein Laptop per Modem ins Internet bringen kann. Apropos Laptop: Die in gängigen Notebooks eingesetzten so genannten WinModems verhalten sich in diesem Zusammenhang meist problematisch, da sie spezielle Treiber erfordern. Völlig unkompliziert verhalten sich externe Modems, die über die serielle Schnittstelle an den Computer angeschlossen werden. Diese lassen sich problemlos auch unter Linux verwenden.

Aber auch andere Modemtypen werden mittlerweile von Ubuntu »out of the box« unterstützt: Bluetooth Funkadapter, USB Modems oder auch Infrarotschnittstellen lassen sich einsetzen. Im Folgenden wird die Installation und Konfiguration eines gewöhnlichen seriellen Modems unter Ubuntu gezeigt.

Vorsicht bei WinModems

▶ Schließen Sie Ihr Modem an den Computer an und starten Sie das Werkzeug zur Netzwerkkonfiguration über **System • Systemverwaltung • Netzwerk**. Im Untermenü *Verbindungen* erscheint nun ein Symbol für die Modemverbindung. Wählen Sie die passende Modemverbindung aus und betätigen Sie den Knopf *Eigenschaften*.

Abbildung 4.6 Modemzugangsdaten

Um auf die Hardware zugreifen zu können, markieren Sie im nun folgenden Fenster den Schalter *Dieses Gerät ist konfiguriert* und tragen anschließend die Zugangsdaten zu Ihrem Provider ein (Abbildung 4.6).

▶ Wechseln Sie nun in das Untermenü *Modem* und starten Sie die automatische Hardwareerkennung über den Knopf Auto-Erkennung. Ein serielles Modem sollte üblicherweise an der Schnittstelle `/dev/ttyS0` hängen. Als Wahlverfahren ist Ton anzugeben, für einen ersten Test sollte auch der Lautsprecher des Modems auf mittlere Lautstärke eingestellt werden. Wenn Sie in Zukunft eine automatische Anwahl der Internetverbindung wünschen, so markieren Sie den Punkt Modem als Vorgaberoute ins Internet verwenden.

▶ Aktivieren Sie bitte nach Eingabe der Daten die Modemverbindung über **Verbindungen · Aktivieren**. Dabei sollte dann die Verbindung zum Provider hergestellt werden. Die Logdatei `/var/log/messages` gibt wieder Auskunft über den Status der Verbindung.

Betrieb an Nebenstellenanlage
▶ WennSie über eine Nebenstellenanlage ins Internet gehen, ist das Verfahren etwas komplizierter: Tragen Sie Ihre Zugangsdaten in den Dialog ein, aktivieren Sie aber das Modem zunächst nicht. Bestätigen Sie die Änderungen und verlassen Sie das Programm mit OK. Für das Modem wurde eine Datei `/etc/chatscripts/ppp0` erstellt, die folgendermaßen zu editieren ist:

```
# Auszug aus /etc/chatscript/ppp0
OK-AT-OK "ATDTX3DT0,W<Providertelefonnummer>"
```

Hinter dem Kommando `AT` folgt also zunächst der Befehl `X3` (Modem an Nebenstellenanlage), der Providertelefonnummer wird ein `0,W` vorangestellt (Amt mit 0 holen, warten auf Freizeichen). Damit sollte die Einwahl auch an einer Nebenstellenanlage klappen. Dies wird mit folgendem Befehl getestet:

```
user$ pon ppp0
```

Verfolgen Sie parallel die Ausgaben der Systemlogdatei /var/log/messages über folgenden Befehl:

```
user$ sudo tail -f /var/log/messages
...
ATX3DT0,W0191011
CONNECT
...
Connect: ppp0 <--> /dev/ttyS0
```

```
PAP authentication succeeded
local IP adress 217.245.120.146
...
```

Sollte an dieser Stelle die Meldung PAP authentification failed erscheinen, so überprüfen Sie bitte Ihre Logindaten (Kennung, Passwort). Die Verbindung wird wieder beendet mit

```
user$ poff ppp0
```

Auch hier können Sie für die einfache Anwahl wieder das grafische Programm *gppp* installieren, vgl. Abschnitt 4.2.4.

Troubleshooting

Gibt es Probleme beim Verbindungsaufbau? Dann installieren Sie zum Testen der Verbindung das Programm *Minicom* (apt-get install minicom). *Minicom* wird mit folgendem Befehl gestartet:

Minicom zur direkten Kontrolle

```
user$ sudo minicom -s
```

Definieren Sie zunächst den Modem-Port sowie die Transfergeschwindigkeit (Serial Port Setup, Abbildung 4.7).

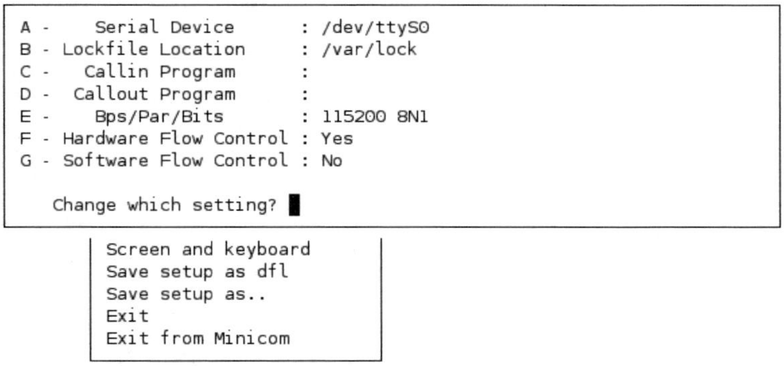

```
A -    Serial Device       : /dev/ttyS0
B - Lockfile Location      : /var/lock
C -    Callin Program      :
D -    Callout Program     :
E -      Bps/Par/Bits      : 115200 8N1
F - Hardware Flow Control  : Yes
G - Software Flow Control  : No

    Change which setting? ▮
            Screen and keyboard
            Save setup as dfl
            Save setup as..
            Exit
            Exit from Minicom
```

Abbildung 4.7 Minicom – ein Terminalprogramm zur direkten Modemsteuerung

Danach sichern Sie die Einstellungen (Save setup as dfl) und gelangen via Exit in eine Modemkonsole. Hier können Sie nun versuchen, mit dem Modem zu kommunizieren. Die Eingabe von at sollte das Modem mit OK quittieren. Sie haben jetzt die Möglichkeit, verschiedene Modembefehle abzusetzen und zu prüfen, ob das Modem korrekt wählt.

Anwender, die sich über eine Nebenstellenanlage einwählen, geben vor dem Wählen den Befehl `atx3` ein:

```
OK
atx3
OK
atdt0,w0191011
CONNECT 4800/V42BIS
```

Definition von Initstrings

Nachdem Sie auf diese Weise gegebenenfalls einige Initialisierungsstrings getestet haben, können Sie diese permanent in der Datei `/etc/chat scripts/ppp0` unterbringen. *Minicom* verlassen Sie übrigens mit der Tastenkombination (Strg) + (A) + (Z), gefolgt von (Q).

Modems unter KDE: KPPP

KDE- bzw. Kubuntuanwender finden im Tool *KPPP* eine Lösung zur Modemkonfiguration. Das Programm wird mit Root-Rechten aus einer Konsole gestartet:

```
user$ kdesu kppp
```

Abbildung 4.8 KPPP: Modemkonfiguration unter KDE

Nach dem Programmstart muss zunächst über die Schaltfläche Einrichten eine neue Modemverbindung erstellt werden. Dazu ist zunächst die Hardware zu testen. Wählen Sie das Untermenü Modems und definieren Sie über Neu ein neues Gerät. Sie haben die Möglichkeit, die Verbindung zum Modem über die Schaltfläche Modem abfragen im Untermenü **Modem** zu prüfen. An dieser Stelle haben Sie zudem die Möglichkeit, über den Punkt Modembefehle eigene Initialisierungsstrings zu definieren, z.B. ATX3 bei Betrieb an einer Nebenstellenanlage.

Nach der Konfiguration der Hardware muss im Hauptmenü ein Providereintrag über den Schalter **Zugänge** definiert werden. Die Bestätigung des Wahlfeldes **Passwort speichern** erspart Ihnen die wiederholte Passworteingabe bei jedem Einwahlvorgang.

4.3 Feintuning des X Grafiksystems

Sämtliche freien Linuxdistributionen, darunter auch Ubuntu seit Version Hoary, sind mittlerweile aufgrund der restriktiveren Lizenzpolitik von xfree86.org zur komplett unter der GPL stehenden Alternative x.org gewechselt. Die Konfigurationsdateien beider X-Server-Varianten unterscheiden sich nur unwesentlich. Die zentrale Konfigurationsdatei xorg.conf befindet sich im Verzeichnis /etc/X11/. Der folgende Abschnitt beschäftigt sich in erster Linie mit der Steigerung der grafischen Leistungsfähigkeiten Ihres Systems durch die Verwendung so genannter proprietärer, d.h. nicht freier Treiber. Dabei liegt das Augenmerk auf den zwei meist verbreiteten Grafikkartentypen: NVIDIA und ATI.

xorg – Die freie Alternative

Wichtig: Sichern Sie vor jeglichen Experimenten mit dem Grafiksystem Ihre Originaldatei unter /etc/X11/xorg.conf:

```
user$ sudo cp /etc/X11/xorg.conf \
/etc/X11/xorg.conf.orig
```

Sollte das Grafiksystem nach Veränderungen an dieser Datei nicht mehr starten, so können Sie die besagte Datei nach Booten des Rettungssystems wiederherstellen.

Um sich einen Eindruck von der aktuellen Leistungsfähigkeit Ihres Grafiksystems zu verschaffen, starten Sie am besten einmal das Tool *glxgears* aus einem Konsolenfenster heraus. Es erscheinen rotierende Zahnräder, die ausgiebig Gebrauch von der 3D Hardwarebeschleunigung machen. Mit einem kleinen Trick bzw. Parameter lassen sich die Zahnräder auch als Benchmark missbrauchen:

Benchmark

```
user$ glxgears \
-iacknowledgethatthistoolisnotabenchmark
```

Dadurch werden die aktuellen FPS-(Frames per Second)Werte auf der Konsole ausgegeben.

4.3.1 NVIDIA Treiber installieren

Besitzer einer Grafikkarte mit NVIDIA-Chip gehen wie folgt vor, um die 3D-Beschleunigung ihrer Karte auszureizen:

Der einfache Weg

- Für Hardware der Generation TNT, TNT2 und GeForce2 brauchen Sie die Pakete *linux-restricted-modules-<Kernelnummer>-nvidia-legacy*, sowie *nvidia-glx*.
- Für neuere Grafikkarten wird ebenfalls das Paket **nvidia-glx**, darüber hinaus aber **linux-restricted-modules-<Kernelnummer>** benötigt.

Ubuntu-Pakete verwenden Zur Installation verwenden Sie entweder Synaptic oder apt-get. Die verwendete Kernelversion bringen Sie durch den folgenden Befehl in Erfahrung:

```
user$ uname -r
2.6.12-9-386
```

Nach der Installation der Pakete muss die Datei /etc/X11/xorg.conf noch für die Verwendung des aktuellen Treibers angepasst werden. Das erledigen Sie mit folgendem Befehl:

```
user$ sudo nvidia-glx-config enable
```

Alternativ können Sie auch den X-Server komplett neu konfigurieren:

```
user$ sudo dpkg-reconfigure xserver-xorg
```

Im ersten Schritt der Konfiguration ist dann statt nv das Modul nvidia zu nehmen. Denselben Effekt hätte man übrigens, wenn man in der Datei /etc/X11/xorg.conf in der Devicesektion »nv« durch »nvidia« ersetzt. Nach der Neukonfiguration des X-Servers ist das grafische System neu zu starten. Am einfachsten geht das mit der Tastenkombination (Strg)+(Alt)+(Backspace).

Der schwierige Weg

Die folgende Variante wählen diejenigen unter den Lesern, die gerne die aktuellsten Treiber von NVIDIA für ihre Hardware einsetzen möchten:

1. Laden Sie sich von **http://www.nvidia.com/object/unix.html** den zu Ihrer Rechnerarchitektur (Intel 32 Bit, Intel 64 Bit, AMD 64 Bit) passenden Treiber herunter. Das Paket heißt *<Version>-pkg1.run*.
2. Das Paket benötigt zur Installation folgende Ubuntu-Pakete:
   - *build-essential*: Hierbei handelt es sich um den C-Systemkompiler und einige Pakete zum Selbstkompilieren.
   - *linux-headers-<Kernelversion>*: Das sind die Kernel-Headerdateien, die zur Kompilierung der Grafiktreiber benötigt werden.
3. Wechseln Sie mit `Strg` + `Alt` + `F1` in eine Textkonsole und beenden Sie zunächst den Loginmanager *gdm* bzw. *kdm*: user$ sudo /etc/init.d/gdm stop

   Treiber selbst kompilieren
4. Wechseln Sie in das Verzeichnis der Installationsdatei und starten Sie die NVIDIA-Installationsroutine wie folgt:
   ```
   user$ sudo sh <Version>-pkg1.run
   ```
5. Der Verlauf der Installationsroutine ist selbsterklärend. Das Programm erstellt nun die zu Ihrem verwendeten Kernel passenden Module. Dazu werden, wie oben schon erwähnt, die Kernelheader benötigt. Nach Fertigstellung können Sie den Desktopmanager wieder starten:
   ```
   user$ user$ sudo /etc/init.d/gdm start
   ```

Abbildung 4.9 Test der 3D-Fähigkeiten mit PlanetPenguin Racer

Bei Verwendung des NVIDIA-Treibers werden Sie in Zukunft beim Start des Grafiksystems vom NVIDIA-Logo begrüßt. Testen Sie nun noch einmal Ihre Grafik mit *glxgears*, Sie werden überrascht sein. Wer noch mehr Freude an den neu erworbenen 3D Grafikfähigkeiten haben möchte, installiert das Paket **planetpenguin-racer**.

Dabei handelt es sich um ein kurzweiliges 3D-Rennspiel[1], welches nach der Installation über **Anwendungen • Spiele • Planetpenguin Racer** gestartet wird (Abbildung 4.9).

Problemlösung

Folgende Tipps haben sich bewährt, wenn nach der Installation der Treiber nichts mehr geht:

- Starten Sie Ubuntu im Rescue-Modus (siehe Abschnitt 2.2.1) und konfigurieren Sie den X-Server neu über ein

    ```
    user$ sudo dpkg xserver-xorg
    ```

    Deaktivieren Sie während der Konfiguration die Module `dri` und `GL-Core`.

- Aktivieren Sie in der Sektion Device in der Datei `xorg.conf` explizit AGP durch folgenden Eintrag:

    ```
    Option "NvAGP" "1"
    #1 = use NVAGP, if possible
    ```

- Sollte GNOME nach der Installation der Grafiktreiber träge reagieren, so ergänzen Sie folgenden Eintrag in der Sektion Device:

    ```
    user$ Option "RenderAccel" "true"
    ```

Startlogo unterbinden
- Wenn Sie das NVIDIA Logo beim Start stört, so kann dessen Erscheinen mit folgendem Eintrag in der Datei `xorg.conf`/Abteilung Device verhindern:

    ```
    user$ Option "NoLogo" "true"
    ```

4.3.2 ATI Treiber installieren

Typ Radeon

Für die älteren Radeon-Karten genügt ein einziger Eingriff in die Datei xorg.conf, um das System 3D-tauglich zu machen. Zuvor muss allerdings

---

1 Linuxveteranen kennen das Spiel sicher noch unter dem Namen **Tuxracer**.

sichergestellt werden, dass der neuere FireGLX-Treiber (falls vorhanden) aus dem System entfernt wird:

```
user$ sudo apt-get remove --purge xorg-driver-fglrx
```

Nun ändern Sie in der xorg.conf folgende Zeile:

```
Section "Device"
#     Driver "ati" wurde geändert in
Driver "radeon"
```

Nun noch den X-Server mittels (Strg) + (Alt) + (Backspace) neu starten, fertig ist die 3D-Aktivierung.

Typ FireGL

Installieren Sie zunächst die zu Ihrem Kerneltyp passenden proprietären Module:

```
user$ sudo apt-get install linux-restricted-\
modules-<Kernelnummer>
```

Anschließend wird der FireGL-Treiber mit folgendem Befehl installiert:

```
user$ sudo apt-get install xcrg-driver-fglrx
```

Nun müssen Sie noch das zu ladende Modul in die Datei /etc/modules eintragen:

```
# Letzte Zeile in /etc/modules:
fglrx
```

Zusätzlich ist die Datei xorg.conf zu editieren:

```
Section "Device"
#     Driver "ati" wurde geändert in
      Driver "fglrx"
```

Darüber hinaus sollten folgende Optionen in die Sektion Device aufgenommen werden:

```
Option "backingstore" "true"
Option "UseInternalAGPGART" "no"
```

Abschließend ist der X-Server wie schon mehrfach beschrieben neu zu starten, nun aber am besten per Reboot, da eine Änderung in der Datei /etc/modules vorgenommen wurde.

Tipps

Im Falle der Radeon-Treiber führen folgende Optionen in der Device Sektion zu einer merklichen Beschleunigung der Grafikleistung:

```
Option          "EnablePageFlip"        "true"
Option          "DynamicClocks"         "true"
```

Mit dem letzten Befehl wird die dynamische Chiptaktung des Radeonchips aktiviert, was insbesondere bei Laptops eine deutliche Steigerung der Akkulaufzeit bringt.

Und Benutzer anderer Grafikhardware ...

Treiber für Matrox und Co. finden ausführliche Installationsanleitungen im Wiki von **www.ubuntuusers.de**.

4.3.3 Änderung der Auflösung

Unter dem X-Windows-System ist es stets möglich, mit mehreren Auflösungen parallel zu arbeiten und zwischen diesen per Hotkeykombination umzuschalten. Die möglichen Auflösungen sind in der Datei xorg.conf/Sektion *Screen* zu definieren. Ein Beispiel:

```
Section "Screen"
DefaultColorDepth 16
    ...
    Depth     16
    Modes "1024x768" "800x600" "640x480"
    ...
    EndSubSection
```

In diesem Fall wurde die Defaultfarbtiefe auf 16 Bit gesetzt; die für diese Farbtiefe verfügbaren Auflösungen umfassen 1024x768, 800x600 und 640x480 Pixel. Sie können im laufenden Betrieb zwischen diesen Auflösungen entweder mit der Tastaturkombination (Strg) + (Alt) + (+) bzw. (Strg) + (Alt) + (-) wechseln oder bequemer das GNOME Applet zur Einstellung der Auflösung über das Menü **System • Einstellungen • Bildschirmauflösung** verwenden.

KDE-Anwender finden ein ähnliches Applet in der rechten unteren Ecke des Panels.

4.4 Standardhardware anpassen

Dieser Abschnitt beschäftigt sich mit dem Feintuning der Hardware für den täglichen Betrieb: Tastatur, Maus, Drucker, Festplatte und CD-/DVD-Laufwerke können mit einigen Kniffen optimiert werden.

4.4.1 Eingabegeräte

Zur Konfiguration von Maus und Tastatur bietet Ubuntu die üblichen Werkzeuge im GNOME-Menü unter

System • Einstellungen • Tastatur bzw.
System • Einstellungen • Maus.

Mäuse

Besitzer von komplexen Mäusen mit mehreren Knöpfen haben die Möglichkeit, diese in der Datei xorg.conf explizit zu definieren. Sämtliche relevanten Einträge findet man in der Sektion Input Device. Ein Beispiel:

```
Section "InputDevice"
    Identifier    "Configured Mouse"
    Driver        "mouse"
    Option        "CorePointer"
    Option        "Device"        "/dev/input/mice"
    Option        "Protocol"      "ImPS/2"
    Option        "Emulate3Buttons"   "true"
    Option        "ZAxisMapping"      "4 5"
EndSection
```

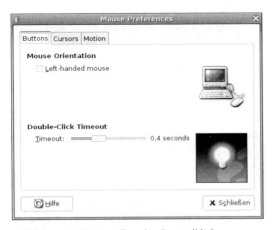

Abbildung 4.10 Einstellen des Doppelklicks

Bei der obigen Maus handelt es sich um eine zusätzlich angeschlossene USB-Maus an einem Laptop (ImPS/2). Das Scrollrad der Maus wurde aktiviert (ZAxisMapping 4 5). Das Drücken beider Maustasten interpretiert das System als eine virtuelle mittlere Maustaste.

Apropos Laptop: Auch die weit verbreiteten Synaptic-Touchpads werden mittlerweile ohne Probleme unterstützt, Ubuntu konfiguriert sogar das Softscrolling via Touchpad-Rand.

Multimediatastaturen nutzen

Für diesen Anwendungsfall gibt es das Programm *lineak*, welches für eine Vielzahl der handelsüblichen Tastaturen eingesetzt werden kann. Folgende Pakete müssen dazu aus der Universe Sektion installiert werden: lineak-defaultplugin, lineak-kdeplugins, lineak-xosdplugin, lineakd. Nach der Installation der Pakete muss *lineak* noch konfiguriert werden. Geben Sie zunächst folgenden Befehl in einem Terminal ein:

```
user$ lineakd -l
```

Tastatur konfigurieren Darauf erscheint eine Übersicht, in der sämtliche unterstützten Tastaturen aufgelistet sind. Wählen Sie aus der Liste Ihre spezielle Tastatur aus. Die Tastatur wird anschließend mit folgendem Befehl konfiguriert:

```
user$ lineakd -c <Tastaturtyp>
*** Creating fresh configuration in
/home/hatt/.lineak/lineakd.conf
     for keyboard type: <Tastaturtyp>
```

Damit wird eine Konfigurationsdatei namens `lineakd.conf` in Ihrem Heimverzeichnis im versteckten Verzeichnis `.lineak` erstellt.

Öffnen Sie mit einem Editor die soeben erstellte Datei `lineakd.conf`. In dieser lassen sich nun den Sondertasten selbstdefinierte Befehle zuordnen. Hier ein Beispiel für einen selbst definierten Eintrag:

```
Mail = firefox http://www.gmx.de
```

Damit wird bei Betätigen des E-Mail Knopfes der Tastatur automatisch eine Firefox-Instanz für die GMX-Startseite geöffnet. Möchten Sie hingegen *Evolution* starten, so lautet der Befehl:

```
Mail = evolution
```

Um einen Multimediaplayer wie *xmms* mit den Medientasten ansprechen zu können, erstellt man folgende Einträge:

```
PLAY = xmms --play
STOP = xmms --stop
PAUSE = xmms --pause
PLAYPAUSE = xmms --play-pause
NEXT = xmms --fwd
PREVIOUS = xmms --rew
```

Um nun die Multimediatastatur nutzen zu können, muss der lineak-Daemon im Hintergrund laufen. Das erreichen Sie mit folgendem Befehl:

```
user$ lineakd &
```

Natürlich können Sie das Programm auch beim Start der grafischen Oberfläche automatisch laden, mehr Informationen dazu finden Sie in Abschnitt 3.4. Damit sollten Sie die verschiedenen Tasten einer komplexen Tastatur mit Leben füllen können.

4.4.2 Drucker

Auch in den Zeiten des papierlosen Büros ist er noch längst nicht ausgestorben: Der gute alte Drucker. Spätestens dann, wenn es z.B. darum geht, Handouts auf Vorträgen zu verteilen, braucht man doch etwas »Handfestes«.

Eines sollte an dieser Stelle nicht verschwiegen werden: Es gibt einige Drucker, die trotz heftigster Bemühungen seitens des Anwenders unter Linux nicht zur Mitarbeit zu bewegen sind. Das sind meist die so genannten GDI-Drucker, für die ausschließlich Windowstreiber vorliegen. Sollten Sie planen, sich einen neuen Drucker zuzulegen, dann sehen Sie zunächst auf der Internetseite **www.linuxprinting.org** in der reichhaltigen Datenbank nach, welche Erfahrungen es mit dem avisierten Modell gibt. Eine weitere Anlaufstelle ist **www.turboprint.org**: Der dort angebotene kostenpflichtige Treiber genügt auch hohen Ansprüchen und unterstützt die Mehrzahl der auf dem Markt befindlichen Drucker.

Sowohl GNOME als auch KDE nutzen seit geraumer Zeit das CUPS-Drucksystem unter Linux. Der Begriff CUPS steht für *Common UNIX Printing System*. Dabei handelt es sich um eine unglaublich vielseitige Schnittstelle zur Einbindung von Druckern, die sogar die Bereitstellung von lokalen Druckern in einem Netzwerk ermöglicht. Das Einrichten eines handelsüblichen Druckers soll im Folgenden für beide Oberflächen beschrieben werden. Schließen Sie Ihren Drucker über eine entsprechende Schnittstelle (Parallel/USB) an Ihren PC an, schalten Sie den Drucker ein und folgen Sie der entsprechenden Anleitung.

CUPS – Das Drucksystem

Druckerkonfiguration unter GNOME

Starten Sie das Druckerkonfigurationswerkzeug über den Menüpunkt **System • Systemverwaltung • Drucker**. Es erscheint ein Fenster mit einem Icon **Neuer Drucker**. Führen Sie einen Doppelklick über dem Icon durch.

Die Druckerkonfiguration ist in zwei Schritten erledigt: Zunächst sollte der angeschlossene Drucker vom Programm erkannt werden (Abbildung 4.11). Sie haben an dieser Stelle aber auch die Möglichkeit, einen Netzwerkdrucker auszuwählen, der z.B. via CUPS von einem anderen Linuxrechner oder über eine Windows-Druckerfreigabe exportiert wurde.

Abbildung 4.11 Druckerkonfiguration unter GNOME

Im nächsten Schritt ist das spezielle Modell aus einer entsprechenden Liste auszuwählen. Sollte Ihr spezieller Drucker nicht aufgeführt sein, so wählen Sie dasjenige Modell mit dem ähnlichsten Namen. Zusätzlich haben Sie hier auch die Möglichkeit, externe Treiber des Herstellers, sofern vorhanden, zu installieren. Über *Anwenden* wird die Auswahl bestätigt, und ein neues Icon erscheint im Druckerfenster. Per rechtem Mausklick über dem Icon haben Sie die Möglichkeit, mit Hilfe des Menüs Eigenschaften eine Testseite auszudrucken. Wenn das geklappt hat, ist die Druckerkonfiguration abgeschlossen.

Druckerkonfiguration unter KDE

KDE bietet in Form von KPrint eine vielseitige Umgebung zur Druckereinbindung und -konfiguration an. Wir wollen uns im Folgenden dies etwas näher ansehen.

1. Starten Sie das KDE-Druckerkonfigurationswerkzeug KPrint über das **KDE Kontrollzentrum • Hardware • Drucker**.

    KPrint einsetzen

2. Wählen Sie das Menü **Hinzufügen • Drucker/Klasse hinzufügen**. Die folgenden Dialoge sind im Wesentlichen selbsterklärend, im Einzelnen müssen die folgenden Punkte abgearbeitet werden:

    ▶ Ein lokaler Drucker (parallel, seriell, USB) ist auszuwählen.

    ▶ Der lokale Anschluss (entweder Parallel oder USB) ist zu definieren.

    ▶ Sie müssen das Druckermodell aus der Liste auswählen, das Ihrem Typ am nähesten kommt.

    ▶ Ein spezieller Treiber im Treiberauswahlmenü ist zu selektieren: Hier ist ein wenig Testen und Fingerspitzengefühl angesagt. Zumeist wird aber ein Treiber als empfohlen markiert, manchmal ist auch das Probieren anderer Treiber notwendig, um erfolgreich drucken zu können.

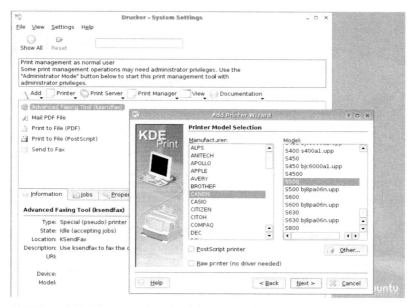

Abbildung 4.12 KPrint - ein komfortables Frontend

Standardhardware anpassen

3. Drucken Sie eine Testseite aus. Dadurch bringen Sie in Erfahrung, ob der ausgewählte Treiber mit Ihrem Modell harmoniert. Sollte der Drucker Unsinn von sich geben, so genügt es leider nicht, ihn auszuschalten. Linux speichert den Auftrag in einer so genannten Spoolquery. Mit den Befehlen `lpq` (Druckerquery anzeigen) und `lprm` (spezifizierten Druckjob löschen) schaffen Sie wieder Ordnung im Drucksystem.
4. Und schließlich: Testen Sie den Ausdruck aus einer beliebigen KDE-Anwendung. Der konfigurierte Drucker sollte nun im Druckermenü der Anwendung erscheinen.

Drucker über den Browser administrieren

Hat alles mit der Druckerkonfiguration geklappt, so können Sie das CUPS-Gerät künftig auch über ein Webinterface administrieren. Dazu geben Sie einfach die Adresse `localhost:631` in die Adresszeile eines beliebigen Browsers ein.

Abbildung 4.13 CUPS lässt sich mit beliebigen Browsern nutzen

Etwas knifflig ist die Einrichtung der Druckeradministration, die die Eingabe einer Login/Passwort-Kombination erfordert. Normalerweise kommt man mit dem Standardbenutzer und dessen Passwort nicht in das CUPS- Administrationsmodul. Die Lösung: Nehmen Sie den Benutzer cupsys in die Gruppe shadow auf. Das geht recht bequem über das Werkzeug **System • Systemverwaltung • Benutzer und Gruppen**.

Um die Gruppe shadow angezeigt zu bekommen, ist noch ein Klick auf **Alle Benutzer und Gruppen anzeigen** nötig. Konsolenfans erreichen dasselbe mit folgendem Befehl:

```
user$ sudo adduser cupsys shadow
```

Um die Änderungen wirksam zu machen, muss CUPS neu gestartet werden:

```
user$ sudo /etc/init.d/cupsys restart
```

Danach sollten Sie sich mit Ihrer Standardbenutzerkennung in CUPS per Browser einloggen können. Der Ubuntu-spezifische Hinweis im oberen Teil des Browserfenster, die Administration könne nur über das Systemwerkzeug vorgenommen werden, ist somit hinfällig.

Ein Drucker besonderer Art: Der PDF-Printer

Wenn Sie häufiger Dokumente mit Kollegen über das Internet austauschen, so bietet sich ein Export in das PDF-Format an. Im Universe-Repository finden Sie das Tool *cups-pdf*, welches einen direkten Export eines Dokuments über die CUPS-Schnittstelle in PDF ermöglicht.

Nach der Installation des Treibers erscheint beim Aufruf der GNOME bzw. KDE-Druckerkonfiguration ein neuer Drucker namens PDF. Die Einrichtung erfolgt wie in den vorangegangenen Abschnitten beschrieben: Als Drucker wird einfach ein Graustufenlaserdrucker aus der Druckerliste ausgewählt. Dieser Drucker steht nun als virtueller PDF-Drucker in jeder Anwendung zur Verfügung. Die Ausdrucke des PDF-Druckers landen im Verzeichnis `/var/spool/cups-pdf`.

Etwas komfortabler ist die Definition eines virtuellen PDF-Druckers aus dem Open Office Paket heraus möglich. Dort haben Sie insbesondere auch die Möglichkeit, die Qualität der PDF-Dokumente zu definieren. Eine hohe Qualität geht zwangsläufig mit einer gesteigerten Dateigröße einher.

4.4.3 Scanner

Mittlerweile darf auch dieses Gerät in keinem modernen Büro fehlen. Die Einsatzwecke reichen vom schnellen Einscannen einer Bildvorlage bis zur automatischen Texterfassung.

Hardware anschließen

USB-Scanner nutzen
Die meisten handelsüblichen Scanner werden heute über den USB-Bus an den Computer[2] angeschlossen. Schalten Sie zunächst den Scanner ein und testen Sie, ob dieser vom System erkannt wurde. Dazu gibt man den folgenden Befehl in einer Konsole ein:

```
user$ sudo tail -f /var/log/messages
libusbscanner: loaded successful
```

Im obigen Beispiel wurde ein Mustek USB Scanner an eine entsprechende Schnittstelle angeschlosssen. Genauere Informationen über das verwendete Modell liefert folgender Befehl:

```
user$ lsusb
Bus 002 Device 002: ID 055f:0001 Mustek Systems,
Inc. Scanexpress 1200 CU
```

SANE – Die Lösung zum Scannen
Die Linuxlösung zum Scannen nennt sich **SANE** (**S**canner **A**ccess **N**ow **E**asy) und ist heute zumeist hinter komfortablen Frontends versteckt. Um zu testen, ob der Scanner auch von SANE identifiziert wurde, geben Sie den folgenden Befehl ein:

```
user$ sudo sane-find-scanner -p
found USB scanner (vendor=0x055f, product=0x0001,
chip=MA-1017) at libusb:002:00
```

Scannen unter GNOME: XSane

XSane-Standard unter Ubuntu
Mit den obigen Vorarbeiten wären die Voraussetzungen geschaffen, den Scanner mit einem grafischen Frontend zu testen. Hier bietet sich unter GNOME das Scanprogramm XSane an, welches über **Anwendungen • Grafik • XSane Scanprogramm** gestartet wird.

Nach dem Programmstart öffnen sich mehrere Teilfenster, vgl. Abbildung 4.14. Im Vorschaufenster können Sie zunächst einen Vorschauscan durchführen, der Knopf Scannen im Hauptfenster startet den eigentlichen Scanvorgang. Zuvor kann der Bildausschnitt im Vorschaufenster eingeschränkt werden. Im Hauptfenster wählen Sie außerdem die gewünschte Farbtiefe aus.

---

2 Früher musste man zur Verwendung eines Scanners zumeist noch eine Extrakarte in den PC einbauen, um dem System eine SCSI Schnittstelle zur Verfügung zu stellen, welche die meisten damaligen Scanner benötigten.

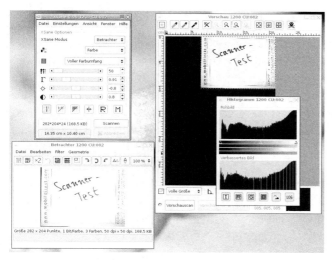

Abbildung 4.14 XSane – ein vielseitiges Scanprogramm

Kooka – die KDE-Lösung

Das KDE Programm Kooka befindet sich im KDE-Startmenü unter **Grafik • Kooka (Scan- und OCR-Programm)** bzw. wird über Eingabe des Befehls `kooka` in einer Konsole gestartet. Nach dem Programmstart sollte der angeschlossene Scanner erkannt werden. Die Programmbedienung entspricht in etwa der von XSane.

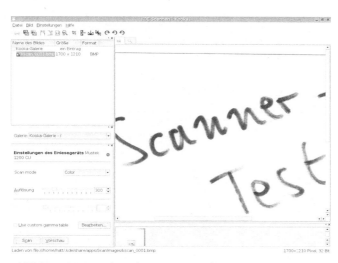

Abbildung 4.15 Kooka – die KDE Scannerlösung

Standardhardware anpassen **161**

4.4.4 CD-/DVD-Laufwerke

DMA aktivieren Eine wichtige Tuningmaßnahme für CD-/DVD-Brenner bzw. die Wiedergabe von Video-DVDs ist die Aktivierung des **DMA** (**D**irect **M**emory **A**ccesss) bei den entsprechenden Laufwerken. Aus Sicherheitsgründen erfolgt dies bei Ubuntu nicht automatisch. Die Maintainer wollen ganz einfach sicher gehen, dass das System auf jeglicher Hardware läuft. Fakt ist, dass sowohl das Brennen als auch das Schauen von DVDs ohne aktivierten DMA große Probleme bereiten kann, da in diesem Fall der Prozessor sämtliche Steueraufgaben für das Laufwerk übernehmen muss. Sehen Sie sich nun einmal die Situation auf Ihrem System an. Zunächst sollten Sie herausfinden, unter welcher Devicebezeichnung Ihr optisches Laufwerk eingebunden ist:

```
user$ dmesg | grep CD
hda: PLEXTOR DVD-ROM PX-130A, ATAPI CD/DVD-ROM drive
hdb: _NEC DVD_RW ND-3520A, ATAPI CD/DVD-ROM drive
```

Im vorliegenden Fall befindet sich ein DVD-Laufwerk unter /dev/hda, sowie ein DVD-Brenner unter /dev/hdb. Nun testen Sie mit dem Befehl `hdparm` (ausgeführt als Administrator), ob sich der DMA bei beiden Laufwerken aktivieren lässt:

```
user$ sudo hdparm -d1 /dev/hda
/dev/hda:
 setting using_dma to 1 (on)
 using_dma    =  1 (on)
```

Hat das geklappt, dann können die Einstellungen bereits während des Systemstarts vorgenommen werden. Zu diesem Zweck editieren Sie die Datei `/etc/hdparm.conf` folgendermaßen (in diesem Fall wurde bei den oben identifizierten Laufwerken der DMA aktiviert):

```
# Auszug aus /etc/hdparm.conf
/dev/hda {
    dma = on
}
/dev/hdb {
    dma = on
}
```

Sollte das System beim Start unerwartet hängen, so kann das daran liegen, dass das hdparm-Skript während des Bootens zu früh aktiviert wird.

Der Zeitpunkt der Aktivierung kann folgendermaßen hinausgeschoben werden:

```
user$ sudo mv /etc/rcS.d/S07hdparm \
/etc/rcS.d/S21hdparm
```

Bei manchen Systemen genügt auch diese Verzögerung nicht: Von Zeit zu Zeit hängt sich bei Aktivierung des DMA das System beim Booten auf. Die Lösung: Aktivieren Sie den DMA über ein Skript im Ordner /etc/autostart. Dazu müssen dann allerdings die Änderungen in /etc/hdparm.conf wieder rückgängig gemacht werden. Die Datei zur Aktivierung des DMA selbst sieht folgendermaßen aus:

```
# Datei /etc/autostart/hdparmstart
hdparm -d1 /dev/hda
hdparm -d1 /dev/hdb
```

Nach diesem Vorbild können im Übrigen beliebige Startdateien angelegt werden.

4.5 WLAN einrichten

Still und heimlich schickt sich der WLAN-Standard derzeit an, den momentan für Privatnutzer noch unrentablen UMTS-Netzen den Rang abzulaufen. WLAN-Hotspots schießen wie Pilze aus dem Boden. Ubuntu bringt zur Konfiguration und Nutzung der drahtlosen Netzwerke sämtliche erforderliche Software mit.

4.5.1 Ein wenig Theorie

Grundsätzlich unterscheidet man folgende Betriebsmodi bzw. Zugriffsarten im WLAN:

WLAN-Typen

- Im Ad-Hoc oder Peer-to-Peer Modus sind verschiedene Computer mit einer WLAN-Karte ausgestattet und verbinden sich ohne zentrale Anlaufstelle ad hoc miteinander.
- Im *Managed* oder *Infrastructure Modus* existiert ein WLAN-Router bzw. Switch im Netz, welcher die Datenpakete an die einzelnen Netzteilnehmer verteilt.

Wir werden uns im Folgenden mit der zweiten Variante beschäftigen, die vorgestellten Techniken sind aber leicht auf Ad-Hoc Netze zu übertragen.

In diesem Zusammenhang noch einige Worte zur Sicherheit von WLANs: Laut einer Studie der renommierten Computerzeitschrift c't steht jedes zweite WLAN in Deutschland offen wie ein Scheuentor. Die Besitzer von WLAN-Routern machen sich meist nicht die geringste Mühe, ihr Netz auch nur mit einfachsten Sicherheitsvorkehrungen abzusichern. Dazu gehören in jedem Fall die folgenden Punkte:

- Sicheres Konfigurationspasswort für den Router setzen: In den meisten Fällen machen sich die Anwender noch nicht einmal die Mühe, das Standardpasswort umzudefinieren.
- WLAN-Verschlüsselung mit WEP-Schlüssel: Es sollte ein 128-Bit Schlüssel für das Netzwerk definiert werden, um unliebsamen Gästen den Einstieg ins Netz so schwer wie möglich zu machen.
- Noch besser ist die Verschlüsselung über WPA (WiFi Protected Access). Die Verschlüsselung des drahtlosen Netzwerks wird hier durch einen dynamischen Schlüssel realisiert. WPA gilt im Vergleich zu WEP als relativ sicher.

4.5.2 Basiskonfiguration

Grundsätzlich sollte für den Betrieb einer WLAN-Karte das Paket **wireless-tools** installiert werden. Es enthält einige Werkzeuge, um die Einstellungen der Karte zu bearbeiten und sich Informationen über das WLAN anzeigen zu lassen. Falls Sie im Besitz einer PCMCIA-WLAN-Karte sind, muss zusätzlich das Paket **pcmcia-cs** installiert sein. In jedem Fall ist eine Freischaltung des Universe-Repositorybereichs erforderlich.

Optimale WLAN-Unterstützung
In Ubuntu 5.10 Breezy wurde die WLAN-Unterstützung weiter optimiert: Intels Centrino Hardware wird nun bereits während des Bootens erkannt, die komplexe Installation der Originaltreiber mit der *NdisWrapper* Software entfällt. Zur Einbindung der WLAN-Hardware ist folgendermaßen vorzugehen:

- Prüfen Sie zunächst, ob die WLAN-Hardware erkannt wurde. Dies geht am schnellsten über eine Konsole durch Eingabe des Befehls iwconfig:

```
user$ iwconfig
eth0      no wireless extensions.
eth1      unassociated  ESSID:off/any
          Mode:Managed  Channel=0
          Access Point: 00:00:00:00:00:00
...
```

Im vorliegenden Fall ist der Rechner mit einer Ethernetschnittstelle eth0 sowie einer WLAN-Schnittstelle eth1 ausgestattet.

▶ Nun können Sie das Netzwerkkonfigurationstool verwenden, um die WLAN-Schnittstelle einzurichten. Starten Sie dieses über das Menü **System • Systemverwaltung • Netzwerk** und wählen Sie dort den Verbindungstyp Funkverbindung. Die vorzunehmenden Einstellungen erledigen Sie über das Menü *Eigenschaften*. Hier ist dem Device gegebenenfalls eine IP-Adresse manuell zuzuordnen bzw. die IP-Adresse per DHCP zu holen (4.16).

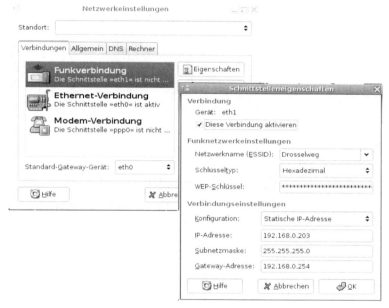

Abbildung 4.16 Konfiguration der WLAN-Schnittstelle

▶ Weiterhin ist der Name des verwendeten Funknetzes (die so genannte ESSID) sowie ein WEP-Schlüssel zu definieren. Letzterer bedingt die Eingabe eines Hexadezimalcodes. Ein gültiger Schlüssel wäre beispielsweise die Zeichenfolge 3d583028677e24495e2651782b.

ESSID definieren

▶ Definieren Sie nun gegebenenfalls noch einen Gateway und einen Nameserver (siehe dazu auch Abschnitt 4.2), verlassen Sie den Dialog und deaktivieren Sie für den WLAN-Test ihre Ethernetschnittstelle. Nach der Aktivierung der Funknetzverbindung sollte ein ping auf den Router bzw. einen anderen konfigurierten Rechner eine Antwort geben.

KDE-Tool: KWiFiManager

Unter KDE verwenden Sie zur Basiskonfiguration des WLAN das Tool *KWiFiManager*. Dieses Programm zeigt insbesondere auch die Stärke der zur Verfügung stehenden drahtlosen Netzwerke an. Wie alle Kubuntu-Programme lässt sich *KWiFiManager* selbstverständlich auch unter GNOME nutzen (Abbildung 4.82).

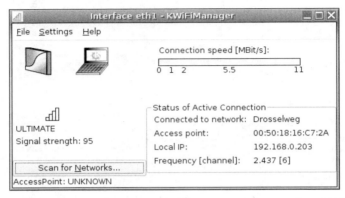

Abbildung 4.17 Aufspüren von drahtlosen Netzwerken mit dem KWiFiManager

4.5.3 WPA-Verschlüsselung einrichten

Sicher: WPA-Verschlüsselung

Während die oben beschriebene Verschlüsselungsvariante WEP mittlerweile von jedem halbwegs begabten Skript-Kiddie mit Werkzeugen wie z.B. *airsnort* geknackt werden kann, gilt die WPA-/PSK-Verschlüsselung derzeit noch als relativ sicher. WPA steht hierbei für WiFi Protected Access. Die Konfiguration ist allerdings nicht ganz trivial. Um die WPA-Verschlüsselung[3] nutzen zu können, muss erst das Paket **wpa_supplicant** installiert werden, welches in der Universe Sektion von Ubuntu enthalten ist: Das Paket unterstützt auch den neuen Standard WPA2:

```
user$ sudo apt-get install
```

Nach der Installation muss die Datei /etc/wpa_supplicant.conf von Hand angelegt bzw. die Musterdatei unter /usr/share/doc/wpasuppl icant/examples in das Verzeichnis /etc kopiert und angepasst werden.

---

3 Voraussetzung ist natürlich außerdem, dass der verwendete WLAN-Router diese Verschlüsselungsvariante unterstützt.

```
user$ sudo touch /etc/wpa_supplicant.conf
```

Der obige Befehl legt zunächst die leere Datei an. Nun wird mit dem Befehl

```
user$ sudo wpa_passphrase <ESSID des Netzes> \
<WPA Schlüssel>
```

ein verschlüsselter PSK (Pre Shared Key) erzeugt. Der WPA-Schlüssel kann ein beliebiger Klartextausdruck sein, der zwischen 8 und 63 Zeichen lang ist. Der durch den Befehl erzeugte Hexadezimalschlüssel wird nun in die Datei /etc/wpa_supplicant.conf eingetragen:

PSK erzeugen

```
# Auszug aus /etc/wpa_supplicant.conf
ctrl_interface=/var/run/wpa_supplicant
eapol_version=1
ap_scan=2
network={
      ssid=<ESSID des Netzes>
      proto=WPA
      key_mgmt=WPA-PSK
      pairwise=TKIP
      group=TKIP CCMP
      psk=<Verschlüsselter PSK, der via
           wpa_passphrase erzeugt wurde>
}
```

Routerseitig ist der PSK ebenfalls einzutragen. Nun müssen Sie noch die Datei /etc/default/wpasupplicant modifizieren:

```
# Auszug aus /etc/default/wpasupplicant
ENABLED=1
OPTIONS="-w -i eth1 -D ipw -B"
```

Hierbei sind eth1 und ipw durch die verwendete Schnittstelle und den verwendeten Treiber zu ersetzen. Durch den Parameter ENABLED=1 wird die WPA-Verschlüsselung aktiviert. Der eigentliche Verschlüsselungsdaemon kann nun über

```
user$ sudo /etc/init.d/wpa_supplicant start
```

gestartet und mit dem Parameter `stop` wieder angehalten werden. Soll das Ganze automatisch bei Aktivierung des Netzwerkinterfaces während der Bootzeit erfolgen, so trägt man den obigen Befehl bzw. dessen Parameter in die Datei /etc/network/interfaces ein.

4.6 Bluetooth einrichten

Bluetooth ist eine kurzreichweitige Funktechnik und dient zur Kommunikation zwischen verschiedenen Bluetooth-fähigen Geräten, wie z.B. PCs und Handys. Aber auch einige Peripheriegeräte wie z.B. Drucker, Tastaturen und Headsets lassen sich über den Kurzstreckenfunk ansprechen. Damit diese Geräte über Bluetooth miteinander kommunizieren können, müssen sie eine geeignete Schnittstelle bereitstellen. Bei einem PC wird meist ein USB-Stick (ein so genannter Bluetooth-Dongle) verwendet.

4.6.1 Installation

Folgende Pakete müssen zur Kommunikation eines PCs mit einem Bluetooth-fähigen Handy installiert sein:

```
bluez-utils
obexserver
```

Bei dem ersten Paket handelt es sich um eine Sammlung von Utilities, das zweite Paket integriert das OBEX Protokoll ins System, mit dessen Hilfe die Kommunikation von Mobiltelefonen mit dem PC stattfindet.

Sind die obigen Pakete installiert, so wird normalerweise beim Einstecken des USB Bluetooth-Dongles automatisch das HCID (Host Controller Interface Device) gestartet. Dieses dient als Schnittstelle zum Bluetooth-Gerät. Eine entsprechende Meldung findet man bei der Inspektion der Systemlogdatei `/var/log/messages`. Mit dem Befehl

```
user$ hcitool scan
```

sollten jetzt alle am PC angeschlossenen Bluetooth-Geräte gefunden werden. Erscheint an dieser Stelle eine Fehlermeldung, so kann man Bluetooth mit dem folgenden Befehl in einem Terminal neu starten:

```
user$ sudo /etc/init.d/bluez-utils restart
```

Damit wäre sichergestellt, dass das Bluetooth-Subsystem funktioniert. Nun können je nach Anwendung weitere Pakete installiert werden.

4.6.2 Dateiaustausch mit einem Mobiltelefon

Datenaustausch mit dem Handy

Zum Dateiaustausch empfehlen sich je nach verwendetem Desktop die Pakete *gnome-bluetooth* bzw. *kdebluetooth*. Beide sind seit Ubuntu Breezy Bestandteil des Universe-Zweigs. Die GNOME-Werkzeuge findet man nach der Installation unter **Anwendungen · Systemwerkzeuge**, die KDE-

Bluetooth-Tools sind im KDE-Startmenü im Bereich Internet untergebracht.

Mit den Anwendungen kann man nun in der Umgebung nach Bluetooth-fähigen Geräten suchen sowie über die entsprechenden Dateimanager auch Daten mit den Geräten austauschen.

4.6.3 Synchronisation mit Evolution

Ein häufiger Anwendungsfall ist der Datenabgleich mit dem PIM-Programm *Evolution*. Es können Kalendereinträge, Termine und Kontakte synchronisiert werden. Dazu wird das Programm *Multisync* benötigt. Folgende Pakete bzw. Plugins müssen je nach Partnergerät installiert werden:

Einsatz eines PDA

- **libmultisync-plugin-evolution** für alle Geräte
- **libmultisync-plugin-irmc-bluetooth** für neuere Handys, die diese Funktion unterstützen (siehe unten)
- **libmultisync-plugin-opie** für Zaurus und iPaq
- **libmultisync-plugin-palm** für Palm
- **libmultisync-plugin-syncml** für eine Vielzahl von Handys
- **synce-multisync-plugin** für WindowsCE-Geräte

Das Programm Multisync finden Sie nach der Installation im Gnome-Menü unter **Anwendungen • Zubehör • Multisync**. Nun kann man mit New Sync Pair ein neues Gerätepaar angeben, welches zu synchronisieren ist. Als Plugins müssen beide Geräte definiert werden, also z.B. *Evolution* und der PDA. Bei den Optionen des *Evolution*-Plugins müssen alle drei Einträge auf *Persönlich* eingestellt werden. Beim Plugin der Gegenstelle kann man nun nach dem mobilen Gerät suchen lassen. Wird dieses gefunden, dann sollte auch die Synchronisation durch Betätigen des Sync-Knopfes funktionieren.

4.7 Ubuntu und Multimediahardware

Dieser Abschnitt beschäftigt sich mit den Möglichkeiten, die dem Linuxanwender mittlerweile auch im Multimediabereich zur Verfügung stehen. Im Normalfall wird die gängige Hardware, wie z.B. Sound- oder TV-Karte, von Ubuntu ohne größere Anstrengungen unterstützt. Auch der Einsatz von externer Hardware wie Camcorder oder Digitalkamera ist problemlos möglich.

4.7.1 Das Soundsystem

ALSA – Das Soundsystem

Mittlerweile hat in nahezu allen Linuxdistributionen das Soundsystem **ALSA** Einzug gehalten. ALSA steht für **A**dvanced **L**inux **S**ound **A**rchitecture und bietet mehr als nur die Steuerung des Lautstärkevolumens der angeschlossenen Boxen. Werden Sie direkt nach dem Einloggen in die grafische Oberfläche von einem Startklang begrüßt, dann können Sie davon ausgehen, dass das Soundsystem korrekt eingerichtet wurde.

Zu Problemen mit dem Sound kann es unter Ubuntu dann kommen, wenn Applikationen noch das ältere **OSS**-System verwenden. Zu derartigen Programmen gehören das **Macromedia Flash Plugin**, sowie die *Skype* Voice over IP Software. Hier kann es passieren, dass mehrere Soundquellen zeitgleich den Soundserver beanspruchen und dieser nur eine Quelle zum Zuge kommen lässt. Abhilfe schafft Soundhardware, die über die Eigenschaft des Hardwaremixings verfügt, also sozusagen die Aufgabe des Soundservers übernimmt. Folgende Soundkarten zählen dazu:

```
Aureal Vortex2 (au8830)
Creative SoundBlaster Audigy2 ZS
EMU10K1 - Sound Blaster Live! (rev.7)
Terratec DMX Xfire 1024
```

Für die GNOME-Oberfläche wird ESD, der Enlightened Sound Daemon verwendet. Dieser wird über **System • Einstellungen • Audio** aktiviert bzw. deaktiviert. In dem Programmfenster ist auch ersichtlich, welcher Soundkartentreiber verwendet wird (Abbildung 4.18).

Abbildung 4.18 Aktivierung des ESD unter GNOME

Die entsprechende Lösung unter KDE heißt *aRts* (analog Real time synthesizer). Dieses Tool finden Sie im KDE-Kontrollzentrum unter dem Punkt **Sound & Multimedia**. Im Untermenü Hardware haben Sie die

Möglichkeit, entweder automatisch nach einem Treiber suchen zu lassen oder gezielt die verwendete Hardware direkt zu definieren.

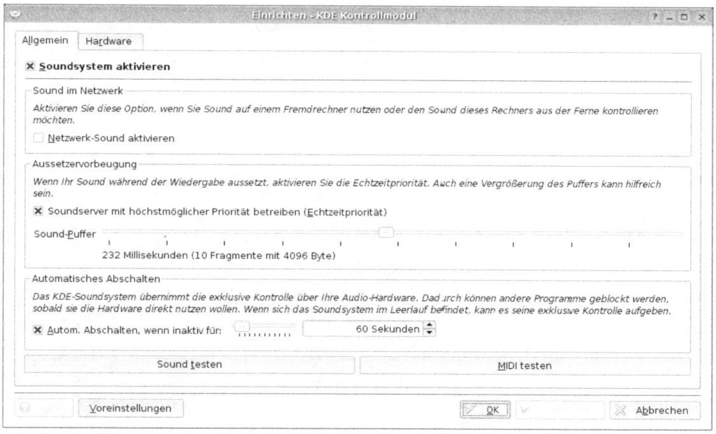

Abbildung 4.19 aRts – Das KDE-Soundsystem

Zur Justierung eines 5.1 Dolby Surround Soundsystems empfiehlt sich die Verwendung des *Alsamixers*. Dieser wird in einer Konsole mit dem Befehl `alsamixer` aufgerufen und bietet nach dem Start eine Vielzahl von Reglern, die es gestatten, sämtliche Varianten des 3D-Klangs mit einer mehrkanalfähigen Soundkarte zu produzieren (Abbildung 4.20).

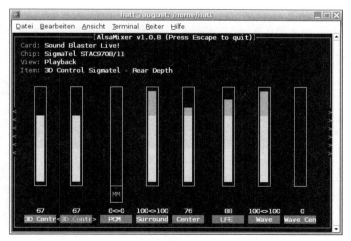

Abbildung 4.20 Dolby Surround Downmix mit dem Alsamixer

Unter KDE gelangt man zu einer grafisch schöner anzusehenden Mixervariante, indem man mit der rechten Maustaste auf das Lautsprecher-

Dolby 5.1 abmischen

symbol in der Taskleiste klickt und über das Kontextmenü das Mixerfenster öffnet. Anfänger verbringen oft Stunden mit der Konfiguration von 3D Sound bzw. AC3 (Dolby Digital 5.1) Sound mit dem *Alsamixer*. Die folgende Tabelle fasst die wichtigsten Kanäle für die weit verbreiteten Soundblaster Live Karten und deren Funktion zusammen, um den Einstieg zu erleichtern.

Reglername	Funktion
Tone	Bass-/Höhenregler
3D Control Switch	3D Kontrolle an/aus
3D Depth	Räumliche Tiefe des Klangs
3d Rear Depth	Hintergrundtiefe des Klangs
PCM	PCM-Volumen
Surround	5.1 Surroundeffekte
Center, LFE	Center und Subwooferregler
Wave	Wiedergabe von Wavedateien
SB Live Analog/Digital	Umschalter für externen Dolby Digital Ausgang S/PDIF

Tabelle 4.1 Wichtige Kanäle im Alsamixer für eine Soundblaster Live Soundkarte

4.7.2 TV-Hardware nutzen

Durch die Einführung der TV-Ergänzungskarte mutierte der PC vom braven Arbeitstier zur Multimediazentrale. Im Moment koexistieren in Deutschland das klassische analoge Fernsehen sowie die neue Digitaltechnik DVB (Digital Video Broadcasting). Beide Varianten lassen sich unter Ubuntu betreiben.

Analoge TV-Karten nutzen

Nach Einbau einer TV-Karte, die aber zumeist in den All-in-One PCs der großen Kaufhausketten schon enthalten ist, bootet man den Rechner neu. Die meisten handelsüblichen TV-Karten basieren auf der Chipserie BT8xx. Ob Ihre Karte erkannt wurde, finden Sie mit folgendem Befehl heraus:

```
user$ dmesg | grep bttv
bttv: driver version 0.9.15 loaded
bttv: using 8 buffers with 2080k (520 pages) each
for capture
bttv: Bt8xx card found (0).
```

```
bttv0: registered device video0
bttv0: registered device vbi0
```

Die identifizierte Karte wurde als Videodevice unter dem Devicenamen video0 registriert. Um die Karte nutzen zu können, verwendet man am besten das Standardprogramm *xawtv*:

```
user$ apt-get install xawtv
```

Nun können Sie das Programm mittels

```
user$ xawtv -c /dev/video0
```

starten. In diesem Fall wird das beim Booten erkannte Device über den Parameter -c als Videoquelle angegeben, eine Verfahrensweise, die insbesondere bei paralleler Verwendung einer WebCam erforderlich ist.

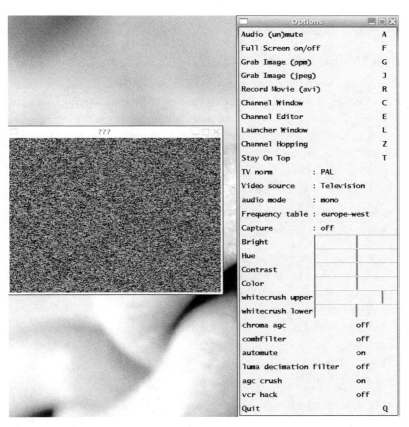

Abbildung 4.21 Erste Schritte mit xawtv

Sollten Sie nach dem Start des Programms kein Rauschen im xawtv-Hauptfenster sehen (vgl. Abbildung 4.21), so muss der Capturemodus auf `grabdisplay` umgestellt werden. Dieser Modus belastet die Ressourcen des PC allerdings stärker als der Overlay-Modus. Um letzteren zu aktivieren, ergänzen Sie folgenden Eintrag in Ihrer Datei /etc/X11/xorg.conf im Abschnitt Module:

```
Load     "v4l"
```

Um die Änderungen zu übernehmen, muss der X-Server mittels `Strg` + `Alt` + `Backspace` neu gestartet werden.

Die Einstellung der Kanäle erfolgt über das Kanaleditormenü (Channel Editor). Dabei ist zu bemerken, dass der Tunerchip von analogen TV-Karten zumeist nicht »das Gelbe vom Ei« ist. Günstiger ist in diesem Fall die Einkopplung des TV-Signals eines externen Tuners (z.B. eines Videorekorders) über den Composite-Eingang der Karte (Video Source: Composite).

Digital TV unter Ubuntu (DVB)

Hochwertige TV-Bilder erhält man mit Hilfe des DVB-Standards, welcher digitale TV-Streams auf den Rechner zaubert. Dieses Material kann mit geeigneten Tools auf die Festplatte zwischengespeichert und später auf einen DVD-Rohling gebrannt werden. Für den problemlosen Betrieb unter Linux haben sich so genannte Full Featured Karten bewährt, die über einen Hardware MPEG2 Decoder verfügen. Dadurch wird der Prozessor bei der Dekodierung des Streams spürbar entlastet.

Bauen Sie Ihre DVB-Karte in den PC ein und untersuchen Sie nach dem Neustart die Bootlogdatei nach entsprechenden Meldungen:

```
user$ dmesg | grep dvb
saa7146: register extension 'dvb'.
dvb-ttpci: could not load firmware, file not found:
dvb-ttpci-01.fw
dvb-ttpci: usually this should be in /usr/lib/hotplug
/firmware
dvb-ttpci: and can be downloaded here
http://www.linuxtv.org/download/dvb/firmware/
```

Die obige Meldung gibt an, was zur Nutzung der Karte zu tun ist: Für das entsprechende Modell (im vorliegenden Fall eine Hauppauge Nexus S) muss eine spezielle Firmware aus dem Internet geladen werden, und zwar von der Seite **http://www.linuxtv.org/download/dvb/firmware**. Diese wird mit den folgenden Befehlen zunächst umbenannt und anschließend in das Firmware-Verzeichnis des Hotplug-Daemons kopiert:

```
user$ mv dvb-ttpci-01.fw-261f dvb-ttpci-01.fw
user$ sudo cp dvb-ttpci-01.fw \
/usr/lib/hotplug/firmware
```

Nach einem Reboot des Rechners sollten folgende Bootmeldungen erscheinen:

```
user$ dmesg | grep dvb
saa7146: register extension 'dvb'.
dvb-ttpci: info @ card 0: firm f0240009,
rtsl b0250018,
vid 71010068, app 8000261f
dvb-ttpci: firmware @ card 0 supports CI link layer
interface
dvb-ttpci: adac type set to 0 @ card 0
dvb-ttpci: found av7110-0.
```

Damit wäre die Karte einsatzbereit. Zum Testen kann der Universalmediaplayer *xine* verwendet werden. Weiterhin ist die Installation der DVB-Utilities erforderlich:

```
user$ apt-get install xine-ui
user$ apt-get install dvb-utils
```

Das Programm *xine* benötigt eine Kanalkonfigurationsdatei. Hierfür kann man eines der Beispiele aus /usr/share/doc/dvb-utils/examples nutzen. Die entsprechende Datei ist zu entpacken und in das versteckte Verzeichnis .xine zu kopieren:

```
user$ cp /usr/share/doc/dvb-utils/examples/channels.\
conf-dvbs-astra.gz ~/.xine
user$ cd ~/.xine
user$ gunzip channnels.conf-dvbs-astra.gz
user$ mv channnels.conf-dvbs-astra channels.conf
```

Nun kann das Programm *xine* über **Anwendungen • Unterhaltungsmedien • xine** gestartet werden und mit der Schaltfläche *DVB* der DVB-Tuningmodus eingeschaltet werden. Daraufhin sollte das DVB-Bild im *xine*-Hauptfenster erscheinen. Durch Anklicken des Kanalsymbols können Sie die vordefinierten Kanäle durchschalten.

Abbildung 4.22 DVB-Streams mit xine wiedergeben

4.8 Externe Geräte nutzen

4.8.1 Webcams unter Ubuntu

Besonders in Verbindung mit Instant Messenger Programmen haben sich USB-Webcams durchgesetzt. Die Hardware wird von Ubuntu als Hotplug-Device nach dem Anstecken an einen freien USB-Port erkannt. Verfolgen Sie dazu parallel die Ausgaben der Systemlogdatei:

```
user$ sudo tail -f /var/log/messages
usb 1-1: new full speed USB device using uhci_hcd
 and address 2
Linux video capture interface: v1.00
pwc: loaded successfully
pwc Philips PCVC730K (ToUCam Fun)/PCVC830 (ToUCam II)
 USB webcam detected.
pwc Registered as /dev/video0
```

Die vorliegende USB-Kamera (eine Philips USB Webcam) wurde mit Hilfe des pwc-Kernelmoduls als Videodevice /dev/video0 in das System eingebunden. Die Funktionsfähigkeit der Kamera wird wieder mit dem Programm *xawtv* getestet:

```
user$ xawtv -c /dev/video0
```

Darauf sollte das Bild der Webcam im xawtv-Hauptfenster erscheinen. Wenn Sie vorhaben, in Zukunft Videokonferenzen mit Freunden im Internet abzuhalten, dann können Sie Ihre Webcam gleich in Verbindung mit *GnomeMeeting* testen, einer Software, die bereits auf dem frisch installierten Ubuntusystem vorhanden ist. Starten Sie das Programm zunächst über **Anwendungen** • **Internet** • **GnomeMeeting**.

Abbildung 4.23 Test der Webcam mit GnomeMeeting

Der so genannte Konfigurationsdruide führt Sie in zehn Schritten zu einem funktionsfähigen Videokonferenzsystem. Die angeschlossene Kamera wird dann über den Knopf Bilder von der eigenen Kamera anzeigen getestet.

4.8.2 Eine digitale Fotokamera anschließen

Sie möchten die Bilder Ihrer Digitalkamera gern unter Linux verwalten und bearbeiten? Kein Problem, Ubuntu eröffnet Ihnen auch hier eine Vielzahl von Möglichkeiten. Zunächst sollten Sie sicherstellen, dass Ihre Kamera vom System erkannt wird. Die Verbindung erfolgt in der Regel über USB. Nach dem Anschließen und Einschalten der Kamera wird diese automatisch vom System erkannt, und es erscheint ein Dialog, der anbietet, die Fotos vom Speicherchip auf die lokale Platte zu importieren. Im folgenden Dialog können Sie dann den Speicherordner angeben und die Fotos von der Kamera laden (Abbildung 4.24).

Abbildung 4.24 Fotos werden von einer Digitalkamera geladen

Sollte der Import der Fotos scheitern, was an einer Fehlermeldung zu erkennen ist, so sollte das Programm **gphoto2** und dessen grafisches Frontend *gtkam* installiert werden. Letzteres wird im oberen Panel über **Anwendungen • Grafik • gtkam** gestartet. Hier kann nun die Kamera über den Menüpunkt **Kamera • Wähle Kamera** im so genannten PTP-Modus betrieben werden. Damit sollte sich jede moderne Kamera ansprechen lassen.

Unter KDE lassen sich Digitalfotos übrigens relativ einfach in dem *Konqueror* begutachten. Zu diesem Zweck geben Sie einfach in der *Konqueror*-Adresszeile den Schlüsselbegriff `media:/camera` ein. Bei der neuesten KDE-Version erscheint bei Anschluss einer Digitalkamera automatisch ein Icon auf dem Bildschirm, welches nach Anklicken eine Browserinstanz zum Durchforsten der Speicherkarte öffnet. Als komfortables Frontend unter KDE bietet sich das Programm *digiKam* an (Abbildung 4.25).

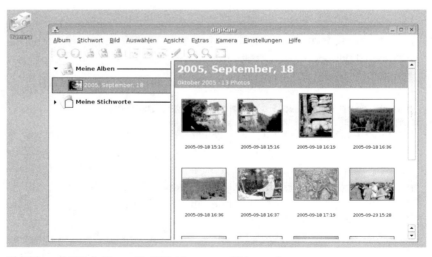

Abbildung 4.25 digiKam, die KDE-Lösung zur Bildverwaltung

4.8.3 Anschluss eines CamCorders

Moderne digitale CamCorder verfügen über eine IEEE1394-Schnittstelle, auch FireWire genannt. Ubuntu entdeckt derartige Geräte unmittelbar nach dem Anschließen und Einschalten. Folgende Meldungen erscheinen im Syslog:

```
user$ sudo tail -f /var/log/messages
ieee1394.agent[10196]:   raw1394: loaded successfully
ieee1394: raw1394:   /dev/raw1394 device initialized
ieee1394.agent[10196]:   dv1394: loaded successfully
```

Die Datenübertragung zwischen Kamera und PC kann mit dem Kommandozeilentool *dvgrab* getestet werden. Installieren Sie dieses zunächst mittels:

```
user$ sudo apt-get install dvgrab
```

Dadurch wird das zusätzliche Paket **libquicktime** installiert. Testen Sie den Transfer einer Videosequenz von der Kamera mit

```
user$ sudo dvgrab testfilm
```

Abbildung 4.26 Videos importieren und schneiden mit kino

Die Aufzeichnung wird durch Eingabe von `Strg` + `C` beendet. Nun sollte sich im aktuellen Verzeichnis ein Filmausschnitt mit dem Namen testfilm001.avi befinden. Dieser kann mit einem Standard-Videoplayer begutachtet werden, vorausgesetzt, dieser ist in der Lage, das Digitalvideoformat zu decodieren. Dies schaffen in jedem Fall Programme wie *xine* oder der *MPlayer*. Für den Schnitt von digitalem Video bietet sich das Programm *kino* an (Abbildung 4.26).

4.8.4 Datenaustausch mit dem PDA

Der moderne Datennomade geht heutzutage nicht mehr ohne den praktischen, elektronischen PDA (Personal Digital Assistant) aus dem Haus. Diese Geräte bieten Software für die private Organisation auf kleinstem Raum.

Um einen PDA in Verbindung mit Ubuntu nutzen zu können, benötigt man zumeist nur noch ein grafisches Frontend. Die Hardware wird in der Regel schon vom Kernel erkannt. Im Folgenden wird am Beispiel eines PalmOne-Handhelds gezeigt, wie der Datenaustausch unter Ubuntu abläuft. Installieren Sie für die folgenden Übungen das Paket **multisync** sowie die Plugins **libmultisync-plugin-evolution** und **libmultisync-plugin-palm**. Besitzer eines Windows CE-Handhelds ersetzen das letzte Paket durch **synce-multisync-plugin**.

Die Mehrzahl der heutigen PDAs wird über ein USB-Cradle synchronisiert. Nachdem man den PDA darin platziert hat, drückt man den HotSync-Knopf des Cradles und verfolgt die Meldungen des Syslogs:

```
user$ sudo tail -f /var/log/messages
kernel: usb 4-2: new full speed USB device
 using uhci_hcd and address 2
kernel: drivers/usb/serial/usb-serial.c: USB Serial
 support registered for Handspring V isor / Palm OS
kernel: usb 4-2: Handspring Visor / Palm OS converter
 now attached to ttyUSB0
kernel: usb 4-2: Handspring Visor / Palm OS converter
 now attached to ttyUSB1
kernel: drivers/usb/serial/visor.c: USB HandSpring
 Visor / Palm OS driver v2.1
```

Offenbar werden im vorliegenden Fall zwei USB-Schnittstellen angezeigt. Nun muss man lediglich herausfinden, mit welcher Schnittstelle das Gerät anzusprechen ist. Dazu installiert man das Paket **pilot-link**, drückt den HotSync-Knopf und testet die Verbindung wie folgt:

```
user$ pilot-xfer -p /dev/ttyUSB1 -l
Reading list of databases in RAM ...
```

Es folgt eine Liste der auf dem PDA befindlichen Dateien. Sollte das Gerät nicht reagieren, so ist das Programm zunächst via $\boxed{\texttt{Strg}}$ + $\boxed{\texttt{C}}$ zu unterbrechen und eine andere Schnittstelle (z.B. /dev/ttyUSB0) zu testen.

Das zentrale Informationswerkzeug unter Ubuntu ist *Evolution*, ein Mailprogramm mit integrierter Informationszentrale. Dort lässt sich Ihr PDA nahtlos integrieren, die entsprechenden Einstellungen sind nach dem Start von *Evolution* unter **Werkzeuge • Pilot-Einstellungen** vorzunehmen.

5 Installation weiterer Software

5.1	Vorwort: Software unter Linux/Ubuntu	185
5.2	Varianten der Softwareinstallation	186
5.3	Paketmanager unter Ubuntu	190
5.4	Quellenstudium und -pflege	196

1. Ubuntu Linux – Überblick
2. Installation
3. Der Ubuntu Desktop
4. Hardwarekonfiguration
5. **Installation weiterer Software**
6. Informationen und Hilfe
7. Anwendersoftware
8. Netzwerktechnik
9. Programmierung und Design
10. Systemverwaltung
11. Sicherheit
12. Kompilierung von Systemsoftware
13. Ubuntu und aktuelle Hardware
14. Übersicht: Software für (K)Ubuntu
15. Befehlsreferenz Ubuntu Linux

5 Installation weiterer Software

Ubuntu Linux basiert auf dem Debian GNU/Linux-System und bietet dem Anwender Tausende von Programmpaketen. Die unter Linux gefürchteten Paketabhängigkeiten werden von leistungsfähigen Installationswerkzeugen automatisch aufgelöst.

5.1 Vorwort: Software unter Linux/Ubuntu

Nun steigen Sie schon tiefer in Linux ein und kommen zum ersten Mal in Kontakt mit Paketen, Repositories, apt usw. Das sind alles böhmische Dörfer für Sie? Kein Problem, Sie werden in diesem Kapitel all diese Begriffe kennen lernen und natürlich auch den Umgang mit ihnen.

Die Installation von Programmen ist unter Linux nicht so einheitlich und einfach wie in der Windows-Welt. Unter Linux gibt es keine **.exe** Dateien, welche sich durch Doppelklick ausführen lassen (engl.: to execute = ausführen). Eine setup.exe sucht man hier meist vergebens. Unter Ubuntu/Linux gibt es vielfältige und auch zum Teil grundsätzlich verschiedene Möglichkeiten, neue Programme zu installieren bzw. schon vorhandene auf den aktuellen Stand zu bringen, neudeutsch: »upzudaten«.

Wie in allen übrigen Bereichen verfolgt Ubuntu auch bei der Installation von Software ein einfaches Konzept: Für Sie als eventuellem Umsteiger soll sich Linux nicht wie ein unverständliches technisches Machwerk darstellen, sondern so einfach wie möglich zu bedienen sein. Es gibt bei verschiedenen Distributionen ganz unterschiedliche Konzepte. So wird z.B. bei der Standardinstallation von Suse Linux eine riesige und unüberschaubare Anzahl von Programmen mitinstalliert. Für jeden Zweck und für jede Aufgabe gibt es mehrere Programme, mit denen Sie diese Aufgabe erledigen können. Dies ist gerade für Umsteiger sehr verwirrend. Dazu kommt noch, dass viele Programmnamen nicht gerade intuitiv gewählt sind.

Ubuntu verfolgt in diesem Punkt den Ansatz, dass bei der Standardinstallation für jeden Zweck nur ein Programm installiert wird. Sie sind mit diesen Programmen nicht zufrieden? Kein Problem. Mit dem fortschrittlichen Paketmanagementkonzept **APT** (dem **A**dvanced **P**ackage **T**ool) von Debian und der graphischen Benutzeroberfläche *Synaptic* verfügen Sie

Für jeden Zweck nur ein Programm

über mächtige Werkzeuge. Mit deren Hilfe können Sie aus einem riesigen Fundus von mehreren tausend Paketen auswählen.

Manche Begriffe, die im Folgenden behandelt werden, sind Ihnen vielleicht schon früher in diesem Buch begegnet. Hier wollen wir uns etwas mehr mit den Details beschäftigen.

5.2 Varianten der Softwareinstallation

Welche verschiedenen Möglichkeiten gibt es, Programme unter Linux im Allgemeinen und Ubuntu im Speziellen zu installieren? Die folgenden Teilabschnitte geben eine Übersicht.

5.2.1 Explizite Setup-Skripte

Wenn Sie Windows- oder Mac OS-Anwender sind, werden Sie es gewohnt sein, nach Programmen im Internet zu suchen, sie herunter zu laden und durch Anklicken einer Setup-Datei zu installieren. Sie sind sicher auch mit Software vertraut, die auf CDs oder DVDs verbreitet wird und über einen Autorun-Mechanismus verfügt, der Ihnen bei der Installation der Programme hilft.

Auch für freie und offene Systeme wie Ubuntu bzw. GNU/Linux existiert ein solcher Installationsmechanismus für Software. Dabei handelt es sich meist um proprietäre Programme mit geschlossenem Quelltext.

Beispiele wären

- die universelle Virtualisierungssoftware *VMware* (**www.vmware.com**)
- der **Turboprint** Druckertreiber (**www.turboprint.de**)
- der *Nvidia-* Grafikkartentreiber (**www.nvidia.com**)

Statt einer exe-Datei ist zumeist ein Shellskript zur Installation zu starten, im Falle der *Nvidia*-Treiber erreicht man das durch folgenden Befehl:

```
user$ sudo sh NVIDIA-Linux-x86-<Version>-pkg1.run
```

5.2.2 tarballs (Tar-Archive)

Software im Quelltext

In den unendlichen Weiten des Open Source-Universums sind Programme üblicherweise in einem typischen UNIX-Format verbreitet, den so genannten Tar-Archiven (tarballs). Diese tarballs sind gepackte Sammlungen von Dateien. Die Programme werden üblicherweise im Quelltext verbreitet und in diese Archive gepackt. Meist tragen die Dateien dann die Endung tar.gz oder tgz.

Um ein solches Programm zu installieren, muss auf dem System eine komplette Entwicklungsumgebung mit dem *GNU C-Compiler* sowie einige Utilities wie *automake* und *autoconf* installiert sein, da die Software vor der Installation erst noch für das entsprechende System übersetzt werden muss. Ubuntu stellt zu diesem Zweck übrigens das Metapaket build-essential zur Verfügung, in welchem sämtliche zum Kompilieren benötigten Werkzeuge enthalten sind.

Für Entwickler, die Programme häufig studieren oder abändern, ist diese Variante recht praktisch, nicht aber für die Anwender, die von einem Programm einfach nur wollen, dass es einfach zu installieren ist und gut funktioniert.

5.2.3 Der Debian/Ubuntu-Weg

Wenn Sie Ubuntu installiert haben und nun nach speziellen Programmen suchen, werden Sie früher oder später auf den Ausdruck Repository stoßen. Auch in dem vorliegenden Buch war davon bereits mehrfach die Rede. Aber was sind diese Repositories eigentlich?

Auf Systemen wie Ubuntu kommt freie und quelloffene Software (Open-Source-Software) sehr oft in vorgefertigten Paketen, den deb-Dateien daher. Eine andere Variante sind die rpm-Dateien, welche man auf SUSE und Red Hat Systemen findet. Solche Pakete enthalten alle benötigten Programme und Bibliotheken und sind leicht zu installieren. Sie finden die deb-Pakete in den verschiedenen Repositories. Das sind Server, die ganze Sammlungen von Paketen zum Download bereitstellen. Auf derartige Pakete kann man mit Verwaltungstools wie z.B. *apt-get* oder *Synaptic* zugreifen und sie auf den PC herunterladen und anschließend installieren. Ein manuelles Kompilieren und Installieren der Software ist somit nicht nötig.

deb-Pakete

Wenn Sie trotzdem einmal in die Verlegenheit kommen und Debian-Pakete manuell installieren möchten, dann ist dazu ein kurzer Ausflug auf die Konsole nötig. Mit

Manuelles Installieren von Debian-Paketen

```
user$ sudo dpkg -i 'Dateiname'
```

Dazu müssen Sie sich natürlich in dem entsprechenden Verzeichnis befinden, in welchem sich auch das .deb-Paket befindet. Mit `dpkg` rufen Sie das Programm ***debian package*** auf, die Option `-i` installiert dieses Paket dann.

Die Paket-Verwaltungstools listen alle installierten Pakete auf, angefangen vom verwendeten Kernel bis zu Ihren bevorzugten Anwendungen samt allen Bibliotheken. Zusätzlich kann man sich darüber informieren, welche Pakete in den verschiedenen Repositories zur Verfügung stehen, sofern Sie die entsprechenden Repositories dem Tool auch bekannt gemacht haben. Wie man das macht, wird weiter unten erklärt.

Durch den Einsatz solcher Tools lassen sich die zentralen Aufgaben des Paket-Managements zentral und einfach halten, als da wären:

- Installation von Programmen
- Restlose Deinstallation von Programmen
- Deinstallation von Programmen bei Erhalt von Konfigurationsdateien
- Suchen nach Programmen
- Updates von Programmen

Zugleich bieten die Paketmanager den Distributoren der Pakete eine einfache Möglichkeit, Sie mit Paket-Updates zu versorgen.

5.2.4 Repositories

Im Ubuntu-System brauchen Sie zumindest die Basis-Repositories von Ubuntu. Ein Teil davon befindet sich auf der Installations-CD/-DVD. Es ist nicht unüblich, auch weitere Repositories anderer Distributoren zu benutzen, wie zum Beispiel die der Debian GNU/Linux-Distribution. Bedenken Sie aber, dass ein Mischmasch von Debian- und Ubuntu-Paketen mitunter auch Probleme nach sich ziehen kann.

Repositories/ Components

Wie bereits in Kapitel 1 angesprochen, teilt Ubuntu alle Software, die Sie auf Ihrem installierten System verwenden können, in vier Repositories (so genannte components) ein:

- **Main:** Das main-Repository enthält Pakete, die den Ubuntu-Lizenzanforderungen entsprechen (das ist in erster Linie die GPL) und die vom Ubuntu-Team unterstützt werden.
- **Restricted:** Hier befinden sich Pakete, welche die Ubuntu-Entwickler zwar (mitunter nur eingeschränkt) unterstützen, die aber nicht unter einer geeigneten freien Lizenz stehen, um sie in main zu implementieren. Es handelt sich z.B. um binäre Pakete für Grafikkarten-Treiber. Der Grad an Unterstützung ist deshalb eingeschränkter als für main, weil die Entwickler keinen Zugriff auf den Quelltext der betreffenden Software haben.

- **Universe:** Pakete freier Software, die unabhängig von ihrer Lizenz vom Ubuntu-Team nicht supportet werden. Damit haben Benutzer die Möglichkeit, solche Programme innerhalb des Ubuntu- Paketverwaltungssystems zu installieren. Der Vorteil, dass sich diese Programme gut in das Ubuntu-System integrieren, bleibt gewahrt. Dennoch sind diese nicht unterstützten Pakete getrennt von den unterstützten Paketen in main und restricted. Diese Softwareprodukte werden vom Ubuntu-Team nicht gewartet, Bugs nicht gefixt. Die Verwendung obliegt der eigenen Verantwortung.

- **Multiverse:** Zu den Multiverse-Komponenten gehört ein noch breiteres Spektrum an Software, die das Ubuntu-Team unabhängig von ihrer Lizenz nicht unterstützt. Hier sind Pakete zu finden, die nicht den Lizenzbestimmungen freier Software unterliegen müssen und dennoch als Debianpakete vorhanden sind. Der Vorteil, dass sich diese Programme gut in das Ubuntu-System integrieren, bleibt also auch hier gewahrt. Diese Softwareprodukte werden vom Ubuntu-Team nicht gewartet, Bugs nicht gefixt. Die Verwendung obliegt der eigenen Verantwortung. Zu beachten ist, dass z.T. auch Pakete enthalten sind, deren rechtliche Grundlage in vielen Ländern nicht gegeben ist. Als Beispiel für Deutschland ist die berühmt-berüchtigte libdvdcss2 zu nennen, die das Betrachten verschlüsselter DVDs unter Linux ermöglicht.

Die Paketverwaltung in Ubuntu funktioniert nun ganz einfach: Die allermeisten Programme, die Sie in Ubuntu jemals benötigen werden, befinden sich bereits in einem der vier Ubuntu-Repositories und liegen damit als bequem zu handhabende deb-Dateien vor. Sie können im Internet prinzipiell auch nach weiteren Paketen verschiedener Programme suchen (tar-Archive, rpm-Pakete, deb-Pakete). Allerdings lassen sich diese Programme mitunter schwieriger installieren, und sie integrieren sich auch nicht so gut in Ihr Ubuntu-System.

Nachdem Ubuntu eine Variante von Debian ist, fragt man sich: Kann man einfach für Debian bestimmte deb Pakete in sein Ubuntu-System installieren? Obwohl Ubuntu und Debian weitgehend übereinstimmen und eine Menge an Paketen teilen, sind die Pakete für Ubuntu und Debian meist nicht identisch, weil sie unabhängig voneinander erzeugt werden. Die Verwendung von Debian-Paketen in Ubuntu hat problematische Auswirkungen für die Paketverwaltung in Ubuntu.

Ubuntu = Debian?

Zielführender ist die Verwendung von so genannten **Backports**. Das sind Repositories, die bestimmte Pakete, welche nicht in den oben genannten Zweigen erhältlich sind, nutzbar machen. Damit brauchen Sie prinzipiell auf kein Programm, das für Linux erhältlich ist, zu verzichten. Mehr zu Backports finden Sie in Abschnitt 5.4.

5.3 Paketmanager unter Ubuntu

5.3.1 APT

Das zentrale Programm, das man unter Ubuntu zum Aktualisieren und Installieren von Paketen benutzt, ist *apt-get*. Das APT (**A**dvanced **P**ackaging **T**ool) ist eine fortschrittliche Schnittstelle zum Ubuntu- bzw. Debian-Paketsystem `dpkg`. Als grafische Benutzeroberfläche für APT bietet sich *Synaptic* an (**System • Systemverwaltung • Synaptic-Paketverwaltung**). Wie bereits beschrieben arbeitet Ubuntu als Abkömmling von Debian mit `deb`-Paketen. Sie lassen sich über das Werkzeug apt-get von einer Kommandozeile aus folgendermaßen installieren:

```
user$ sudo apt-get update
user$ sudo apt-get install <Paketname>
```

Die erste Befehlszeile sorgt dafür, dass die Informationen für die Pakete, die man ja in der Regel von einem Internetserver lädt, vor der Installation auf den neuesten Stand gebracht werden. Da sich die Anzahl der Programme und die Version von manchem vorhandenen Programm fast täglich ändert, ist somit sichergestellt, dass stets die aktuellste Version eines Programms installiert wird. Die Quellen (d.h. Serveradressen) für die Pakete sind in der Datei `/etc/apt/sources.list` eingetragen. Hier können auch neue Quellen hinzugefügt werden.

Die zweite Zeile installiert das genannte Paket. Durch Leerzeichen getrennt können hier auch mehrere Pakete angegeben werden. Bei der Installation via apt-get kommt man in den Genuss eines entscheidenden Vorteils des APT-Systems: Oft benötigt ein Programm zur kompletten Funktion weitere Bibliotheken (engl.: libraries), die in anderen Paketen versteckt sind. Bei Verwendung des RPM-Paketsystems würde nun eine wilde Sucherei losgehen, in welchen Paketen die entsprechenden Bibliotheken zu finden sind.

Nicht so unter Ubuntu: Der Paketmanager sorgt automatisch dafür, dass die fehlenden Pakete mit installiert werden. Mitunter kann das natürlich bei der Installation aus dem Internet zu langwierigen Downloads führen. apt-get fragt daher nach, ob die entsprechende Installation auch wirklich vorgenommen werden soll und gibt hierbei alle benötigten Pakete an.

Die Installation des Kubuntu-Desktops aus einer GNOME-Ubuntu-Installation heraus wäre ein solches Beispiel:

```
user$ sudo apt-get install kubuntu-desktop
Reading package lists ...
Building dependency tree ...
Die folgenden zusätzlichen Pakete werden installiert:
adept akode akregator amarok amarok-gstreamer ark
arts debtags enscript gtk2-engines-gtk-qt gwenview
  ...
Die folgenden Pakete werden aktualisiert:
libartsc0 python2.4 python2.4-gdbm python2.4-minimal
python2.4-tk
5 aktualisiert, 146 neu installiert, 0 zu entfernen
und 303 nicht aktualisiert.
Es müssen noch 135MB von 135MB Archiven geholt
werden.
Nach dem Auspacken werden 388MB Plattenplatz
zusätzlich benutzt.
Möchten Sie fortfahren [J/n]?
```

Dadurch wird das komplette KDE-Framework inklusive der wichtigsten Programme mit einem einzigen Befehl installiert.

5.3.2 Synaptic

Die meisten Computeranwender schätzen heutzutage GUI-Programme, sprich: Klickbare, visuell ansprechende Oberflächen. Die GUI-Variante von apt-get heißt *Synaptic*.

Sie starten *Synaptic* über **System • Systemverwaltung • Synaptic- Paketverwaltung**. *Synaptic* ist sehr einfach zu bedienen. Wenn Sie auf Suche klicken, können Sie nach Programmen und Paketen suchen, die Sie dann durch Anklicken auswählen, herunterladen und gleichzeitig installieren.

Durch Rechtsklick auf ein Paket erhält man ein selbsterklärendes Auswahl-Menü. Nach Auswahl der zu installierenden Pakete beginnt man die Installation durch Betätigen des Knopfs Anwenden. Der Punkt Aktualisierungen vormerken merkt alle Pakete vor, von denen es in den aktiven Quellen der Datei sources.list neuere Versionen gibt. Selbstverständlich werden auch bei der Verwendung von *Synaptic* etwaige Paketabhängigkeiten automatisch aufgelöst.

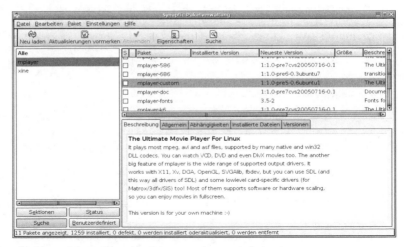

Abbildung 5.1 Komfortable Paketverwaltung mit Synaptic

Jedes Mal, wenn Sie *Synaptic* starten, sollten Sie auf **Neu laden** klicken, um Ihre Paketliste zu aktualisieren. Dies entspricht einem `apt-get update` auf der Konsole.

Abbildung 5.2 Definition zusätzlicher Repositories

Unter **Einstellungen • Paketquellen** können Sie zusätzliche Paketquellen, also Repositories, freischalten. Um sämtliche möglichen Quellen anzuzeigen, bedarf es einer kleinen Veränderung im Paketquellenmenü. Klicken Sie im Paketquellendialog auf Einstellungen und markieren Sie im folgenden Menü den Punkt **Benutzeroberfläche • deaktivierte Paketquellen anzeigen**. Jetzt erscheinen im Hauptmenü auch die sonst unsichtbaren Universe-Repositories. Um diese freizuschalten genügt es, den Haken vor dem Eintrag zu setzen. Zum Freischalten der Multiverse Sektion ist der Universe-Eintrag auszuwählen und die entsprechende Sektion über das Bearbeiten-Menü zu ergänzen (Abbildung 5.2). Die Bedeutung von Universe und Multiverse wurde ja bereits im Abschnitt 5.2.3 erläutert.

5.3.3 Lokales Repository mit Synaptic verwalten

Manchmal müssen Debian-Pakete heruntergeladen werden, sei es, weil es sich nicht lohnt, für ein einziges Programm ein neues Repository einzutragen (was außerdem das Neuladen der Paketliste verlangsamt), oder weil es gar kein Repository gibt. Die heruntergeladenen Pakete müssen dann über eine Kommandozeile mit `dpkg -i PAKET` installiert werden, was jedoch Abhängigkeiten nicht automatisch auflöst und außerdem ein Umweg ist.

Eine andere Möglichkeit besteht jedoch darin, ein lokales Repository zu führen, in das die Debian-Pakete heruntergeladen werden und das man wie jedes andere Repository über Synaptic verwalten kann. Die Vorteile liegen auf der Hand:

- Leichter zu verwalten
- Automatische Auflösung von Paketabhängigkeiten
- Kein Kommandozeilen-Wirrwarr (insbesondere für Neulinge interessant)

Um lokale Pakete zu verwalten, müssen Sie manuell ein Repository erstellen:

- Um das Repository zu erstellen, legt man zunächst einen neuen Ordner an (z.B.: /Downloads/Software), in den man dann die schon vorhandenen Pakete schiebt.
- Nun werden alle Pakete in eine Datei eingelesen (quasi eine Art Index). Man wechselt in einem Terminal zunächst in das Verzeichnis mit den Paketen und führt den folgenden Befehl aus:
  ```
  user$ sudo dpkg-scanpackages ./ /dev/null | \
  gzip > Packages.gz
  ```
- Fertig. Das Repository kann jetzt benutzt werden.

Nun müssen Sie das Repository in Synaptic einbinden. Dazu steuern Sie bitte in Synaptic **Einstellungen • Paketquellen** und klicken hier auf **Hinzufügen** und dann auf **Benutzerdefiniert**. Jetzt brauchen Sie das Formular nur noch auszufüllen.

Bitte achten Sie darauf, dass Sie die Angabe so vollständig schreiben, wie dort gefordert wird. Ansonsten wird das Repository nicht hinzugefügt. Dies muß nach folgendem Schema geschehen:

```
deb http://ftp.debian.org sarge main
```

Abbildung 5.3 Anlegen eines lokalen Repository

5.3.4 Die Ubuntu Aktualisierungsverwaltung

Sicher ist es ein mühsames Unterfangen, jeden Tag die installierten Pakete durchzugehen und zu prüfen, ob mittlerweile eine aktuelle Version vorliegt. Diese Arbeit können Sie sich mit der Ubuntu Aktualisierungsverwaltung sparen. Das Programm führt in regelmäßigen Abständen eine Aktualisierung der Paketliste durch und meldet, wenn neue Pakete vorliegen, via Panel-Icon.

Darüber hinaus haben Sie stets die Möglichkeit, das Programm über das Menü **System • Systemverwaltung • Aktualisierungsverwaltung** selbstständig zu starten. Die eigentliche Aktualisierung des Systems erfolgt dann per Knopfdruck durch Betätigen der Schaltfläche *Installieren* (Abbildung 5.4). Für Konsolenfans sei gesagt: Sie erreichen denselben Effekt durch Eingabe der folgenden beiden Befehle innerhalb einer Konsole:

```
user$ sudo apt-get update
user$ sudo apt-get dist-upgrade
```

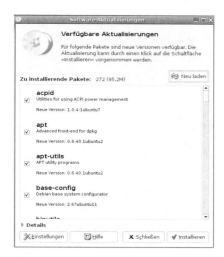

Abbildung 5.4 Die Ubuntu Aktualisierungsverwaltung

5.3.5 Die Ubuntu Anwendungsverwaltung

Besonders Einsteiger werden ein neues Werkzeug schätzen, welches seit Breezy Badger Einzug auf dem Ubuntu-Desktop gehalten hat: Die Ubuntu Anwendungsverwaltung.

Abbildung 5.5 Installation für Einsteiger: Der Applikationsmanager

Diese wird über **Anwendungen • Anwendungen installieren** gestartet. Im Hauptfenster finden Sie eine Vielzahl verfügbarer Programme übersichtlich in der gleichen Menüstruktur geordnet, die auch das GNOME Startmenü bietet. Zu jedem Untermenüpunkt findet man auch eine Schaltfläche *Mehr Anwendungen*. Dort sind dann insbesondere Anwendungen zu finden, die keinen Eingang in das Ubuntu-Basissystem gefunden haben.

5.3.6 Kynaptic – die KDE-Lösung

Auch unter Kubuntu/KDE gibt es ein grafisches Frontend für apt-get. Dieses heißt in Anlehnung an die gängige KDE-Nomenklatur *Kynaptic*. Gegebenenfalls muss das Programm mittels

```
user$ sudo apt-get install kynaptic
```

nachinstalliert werden. Sie finden *Kynaptic* im K-Menü unter System Paketverwalter (kynaptic). Das Programm bleibt derzeit noch ein wenig hinter der Funktionalität von *Synaptic* zurück, so dass an dieser Stelle die Empfehlung gegeben wird, auch unter KDE *Synaptic* zu benutzen.

5.4 Quellenstudium und -pflege

5.4.1 Manuelles Editieren der Datei sources.list

Wie bereits erwähnt, werden die Quellen für das Paketsystem in der Datei /etc/apt/sources.list definiert. Diese soll im Folgenden etwas näher inspiziert werden. Die Datei ist nur vom Administrator zu bearbeiten, der entsprechende Befehl zum Öffnen lautet also:

```
user$ sudo gedit /etc/apt/sources.list
#Auszug aus /etc/apt/sources.list
deb cdrom:[Ubuntu 5.10_Breezy Badger_ - i386 \
(20051013)]/ breezy main restricted
```

Hier wird zunächst die Installations-CD als Primärquelle definiert.

```
deb http://de.archive.ubuntu.com/ubuntu breezy \
main restricted
```

Dies sind die Main- und Restricted-Repositories der Ubuntu Distribution. Aufgrund der während der Installation vorgenommenen Lokalisierung wird hier bereits eine Einschränkung auf den deutschen Teil vorgenommen (Kürzel *de*).

```
deb http://de.archive.ubuntu.com/ubuntu \
breezy-updates main restricted
```

In diesen Zweigen sind Bugfixes und Updates untergebracht.

```
deb http://de.archive.ubuntu.com/ubuntu breezy \
universe multiverse
```

In der obigen Zeile wurden Universe- und Multiverse-Repository freigeschaltet.

```
# deb http://de.archive.ubuntu.com/ubuntu breezy- \
backports main restricted
```

Die Ubuntu-Backports wurden noch nicht freigeschaltet, was am vorangestellten Kommentarzeichen zu erkennen ist. Backports enthalten sehr aktuelle Programme oder auch Software, die keinen Eingang in das Ubuntusystem gefunden hat. Das Freischalten der Backports erfolgt durch einfaches Entfernen des Kommentarzeichens. Zu den oben explizit behandelten Binärquellen kommen gegebenenfalls noch Quellpaket-Repositories hinzu, die durch den Schlüsselbegriff *deb-src* gekennzeichnet sind. Die grundsätzliche Syntax für einen Eintrag in der Datei *sources.list* lautet also

```
deb URL DISTRI BEREICH
```

für Binärpakete bzw.

```
deb-src URL DISTRI BEREICH
```

für Quellpakete.

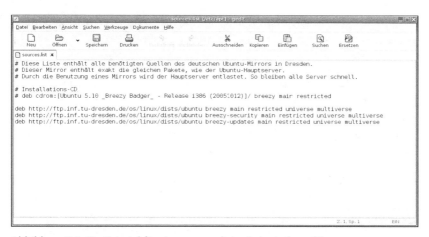

Abbildung 5.6 Ein Beispiel für eine sources.list mit deutschem Mirror

Welche Tuningmaßnahmen gibt es? Günstigerweise verwendet man für einen Repositoryserver einen Rechner im eigenen Land, um den Netzwerkverkehr in Grenzen zu halten.

In Deutschland gibt es z.B. einen Mirror an der TU Dresden (siehe Abbildung 5.6), ein entsprechender Eintrag, der auf diesen Mirror bezogen ist, sieht dann folgendermaßen aus:

```
deb http://ftp.inf.tu-dresden.de/os/linux/dists/ \
ubuntu hoary main restricted universe multiverse
```

Test mit Firefox
Es empfiehlt sich, die URL des Mirrors vorher mit einem gewöhnlichen Browser wie *Firefox* zu testen. Die Repository-Verzeichnisse können damit auf Vollständigkeit hin überprüft werden. Eine vollständige Übersicht aller Ubuntu-Mirrors finden Sie unter **https://wiki.ubuntu.com/Archive**. (Man beachte die Großschreibung von Archive).

Nachdem Sie eine Änderung an der Datei *sources.list* vorgenommen haben, ist es unbedingt notwendig, die Paketlisten von den Servern neu einzulesen:

```
user$ sudo apt-get update
```

5.4.2 Externe Quellen

Gelegentlich steht eine Software innerhalb des benutzten Ubuntu-Releases nicht oder nur in einer älteren Version zur Verfügung. Wenn diese Software aber in einer anderen Distribution wie Debian *testing* oder *unstable* oder einem neueren Ubuntu-Release enthalten ist, scheint es verlockend, sie einfach aus diesen Quellen zu installieren.

Das kann aber leicht zu Problemen führen, da die Ubuntu-Pakete zwar auf Debian basieren, aber nicht zwangsläufig mit diesen identisch sein müssen. Wie Sie wissen, setzt sich eine Linux-Distribution aus einer Vielzahl von Paketen zusammen, die Hand in Hand arbeiten, und dadurch voneinander abhängig sind. Diese Abhängigkeiten können bei verschiedenen Distributionen sehr unterschiedlich sein.

Durch die Installation von Paketen aus einer anderen Distribution, wie Debian *testing* oder *unstable* oder einem anderen Ubuntu-Release, kann es deshalb zu verschiedenen Problemen kommen: Möglicherweise harmoniert das installierte Paket nicht mit einem der anderen installierten Pakete. Wenn eine selten genutzte Software betroffen ist, fällt das vielleicht erst einmal gar nicht auf.

Außerdem ist es üblich, dass ein Paket die Installation anderer Pakete voraussetzt. Wenn nun eines dieser Pakete in der »fremden« Distribution in einer neueren Version vorhanden ist, kann es sein, dass die im Basissystem bereits installierte Version ersetzt wird. Besonders heimtückisch ist das bei Paketen aus Distributionen, die sich regelmäßig ändern, wie Debian testing und unstable oder die jeweilige Entwicklerversion von Ubuntu. Wo heute die Installation eines einzelnen Paketes noch keine Probleme bereitet, können morgen schon durch eine neue Version Dutzende weiterer Pakete benötigt werden. Ob diese mit dem Basissystem funktionieren, ist manchmal reine Glückssache.

Aus diesem Grund sollte man beim Eintragen von Quellen einer anderen Distribution sehr vorsichtig sein. Braucht man wirklich neuere Pakete, sollte man auf so genannte Backports zurückgreifen. Dies sind Pakete eines neueren Entwicklungsstandes, die gezielt für die ältere Distribution gebaut wurden. Sie verwenden also nur Abhängigkeiten, die entweder durch die Distribution selbst oder durch die eigenen Backports erfüllt werden können. Ein großes Backportarchiv für verschiedene Ubuntu-Versionen gibt es unter der Adresse **backports.ubuntuforums.org/**. Wir werden hierauf im folgenden Abschnitt noch etwas genauer eingehen.

Andere Quellen, wie z.B. **www.os-works.com/debian/**, führen oft den Namen Debian in ihrer Adresse und entwickeln ihre Pakete meist für Debian *testing*. Pakete für die verschiedenen Debian-Distributionen können gut unter Ubuntu funktionieren, jedoch sollte man sie nur dann verwenden, wenn es das Paket nicht in den Ubuntu-Quellen gibt und man dieses Programm unbedingt benötigt.

Manuelles Hinzufügen

Sowohl durch direktes Editieren der sources.list als auch mit Hilfe des *Synaptic* Pakettools ist es möglich, zusätzliche Repository-Quellen, die nicht aus der Ubuntu-Hierachie stammen, zu ergänzen. Ein beliebtes Repository ist beispielsweise *Nerim* von *Christian Marillat*. Dieses Repository wird durch folgenden Eintrag ergänzt:

```
deb ftp://ftp.nerim.net/debian-marillat unstable main
```

5.4.3 Ubuntu Backports

Auf der Webseite **backports.ubuntuforums.org/** hat sich eine Initiative aus der Gemeinschaft der Ubuntu-Nutzer heraus gebildet, die *Backports* für die aktuelle und stabile Version und die Entwicklerversion sowie

Die Hintertür für Software Updates

für ältere Ubuntu-Versionen liefert. Nun fragen Sie sich vielleicht: Um Himmels willen, was sind denn Backports? Nun, mit diesen »Hintertüren« wird die Möglichkeit geschaffen, quasi durch die Hintertür neue Versionen von Programmen in Ubuntu zu installieren.

Es geht hier nicht um das Installieren von zusätzlichen Programmen. Das ist problemlos z.B. über Synaptic/Kynaptic möglich. Wenn Sie aber neue Programmversionen (also z.B. Programm-Updates, die neue Funktionen beinhalten) installieren möchten, dann haben Sie direkt über die offiziellen Ubuntuquellen keinen Erfolg. Dies ist kein Versehen, sondern reine Absicht von Ubuntu. Ubuntu stellt für die jeweils laufende Ubuntu-Version ausschließlich Sicherheitsupdates zur Verfügung. Dies ist eigentlich auch ausreichend, da alle sechs Monate eine neue Ubuntu-Version erscheint und damit das System immer »up to date« ist.

Die Backport-Quellen sind wiederum in die von Ubuntu bekannten Bereiche (Repositories) main, universe, multiverse und restricted aufgeteilt. Dazu kommt noch der Bereich *bleeding*, welcher Pakete enthält, die nicht ganz ohne Risiko sind, wie zum Beispiel neue Kernel-Versionen. Sie brauchen sich nach obigem Schema bei Interesse nur den deutschen Mirror für die Backports in Ihre sources.list einzutragen, bzw. das Kommentarzeichen in dieser Datei vor den backports zu entfernen. Ein typischer Eintrag für die Backports sieht folgendermaßen aus:

```
deb http://de.archive.ubuntu.com/ubuntu \
breezy-backports main restricted universe \
multiverse
deb-src http://de.archive.ubuntu.com/ubuntu \
breezy-backports main restricted universe \
multiverse
```

5.4.4 GPG-Schlüssel importieren

Ein wesentliches Sicherheitsmerkmal der Ubuntu-Paketverwaltung ist die Möglichkeit, die Authentizität der Softwarepakete zu prüfen. Dadurch kann verhindert werden, dass so genannte Malware (schädliche Programme wie Viren, Trojaner etc.) ins System gelangt. Mit der Installation werden die GPG-Keys der offiziellen Ubuntu-Pakete im System integriert. Problematisch wird es dann, wenn Fremdrepositories wie das von Christian Marillat (s.o.) verwendet werden. In diesem Fall ist es erforderlich, auf der entsprechenden Internetseite nach Instruktionen zum Import des Schlüssels zu forschen. Im Falle des Nerim-Repositories importiert man den Schlüssel mit folgendem Befehl:

```
user$ gpg -keyserver wwwkeys.eu.pgp.net -recv-keys
\ 1F41B907
user$ gpg -armor -export 1F41B907 | \
sudo apt-key add -
```

5.4.5 Update auf CD

Wie Sie schon bemerkt haben, besitzt Ubuntu mit dem APT-Werkzeug eine universelle Schnittstelle zum Systemupdate. Eine Frage stellt sich dennoch: Wie kann man die ganzen heruntergeladenen deb-Pakete sichern und für spätere Installationen wieder zur Verfügung stellen? Folgende Vorgehensweise ist dazu erforderlich:

- Zunächst erstellt man einen Ordner, in den die ganzen Debian-Dateien vom Originalordner /var/cache/apt/archives kopiert werden (z.B. im eigenen /home-Verzeichnis):

  ```
  user$ mkdir /home/<Benutzername>/updates
  user$ cp /var/cache/apt/archives/* /home/ \
  <Benutzername>/updates
  ```

- In diesem Ordner wird nun eine Paketliste angelegt:

  ```
  user$ cd /home/<Benutzername>/updates
  user$ dpkg-scanpackages ./ /dev/null | gzip \
  > Packages.gz
  ```

- Im Ordner /updates wurde dadurch eine gezippte Datei Packages.gz angelegt, welche eine Liste aller deb-Dateien enthält. Man brennt sich nun einfach den Ordner /updates auf eine CD. Dabei müssen alle Dateien direkt ins Root-Verzeichnis der CD befördert werden. Wenn die CD gebrannt wurde, kann man diese mit dem Kommando

  ```
  user$ sudo apt-cdrom add -d <Mountpoint der CDROM>
  ```

  oder im Programm Synaptic über das Menü **Bearbeiten • CD hinzufügen** ergänzen.

Liste aller installierten Pakete erstellen

Um eine Liste zu erstellen, die alle installierten Pakete und deren Beschreibungen enthält, tun Sie bitte Folgendes:

```
user$ sudo dpkg-query -l > packages.list
```

Die alphabetisch sortierte Paketliste befindet sich danach in der Datei packages.list in dem Verzeichnis, in welchem Sie sich gerade befinden. Sie können sich diese Textdatei mit einem beliebigen Editor anzeigen lassen (siehe Abbildung 5.7), z.B. *gedit* oder *kate*:

```
user$ gedit packages.list
```

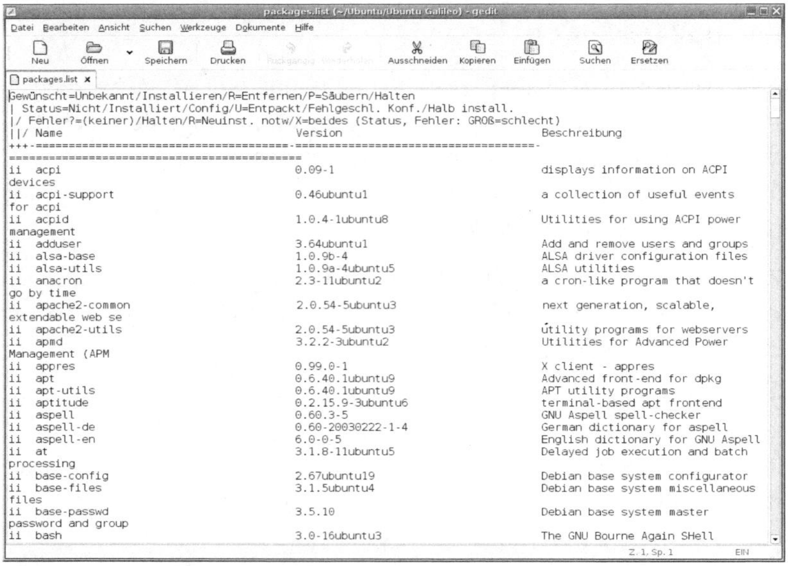

Abbildung 5.7 Eine alphabetisch sortierte Liste aller auf Ihrem System installierten Pakete/Programme

5.4.6 Das System aufräumen

Mit dem kleinen Programm *deborphan* kann man wunderbar sein System aufräumen und so Ubuntu in Schuss halten. Es ist ein Programm, welches auf einem Debian-System nach verwaisten Paketen sucht. Wird ein Paket gefunden, von dem keine anderen Pakete abhängig sind, so wird der Name ausgegeben. Dies ist hauptsächlich sinnvoll, um installierte Bibliotheken zu finden, die nicht mehr benötigt werden. Sie installieren *deborphan* ganz einfach im Terminal:

```
user$ sudo apt-get install deborphan
```

Nun können Sie sich nach einem einfachen Aufruf `deborphan` alle »verwaisten« Pakete anzeigen lassen. Mit dem Befehl

```
user$ sudo dpkg -r PAKET
```

können Sie nun Pakete löschen, die Sie nicht mehr brauchen. Gehen Sie hierbei behutsam vor und prüfen Sie gewissenhaft, ob Sie die angezeigten Pakete wirklich nicht mehr brauchen.

6 Informationen und Hilfe

6.1 Integrierte Hilfe 205

6.2 Informationen aus dem Internet 207

6.3 Bücher, eBooks, OpenBooks 210

1. **Ubuntu Linux – Überblick**
2. **Installation**
3. **Der Ubuntu Desktop**
4. **Hardwarekonfiguration**
5. **Installation weiterer Software**
6. **Informationen und Hilfe**
7. **Anwendersoftware**
8. **Netzwerktechnik**
9. **Programmierung und Design**
10. **Systemverwaltung**
11. **Sicherheit**
12. **Kompilierung von Systemsoftware**
13. **Ubuntu und aktuelle Hardware**
14. **Übersicht: Software für (K)Ubuntu**
15. **Befehlsreferenz Ubuntu Linux**

6 Informationen und Hilfe

Kein anderes Betriebssystem ist so gut dokumentiert wie GNU/Linux. Gerade Einsteiger fühlen sich durch die Vielzahl der Informationen jedoch oft überfordert. Das folgende Kapitel hilft, diese zu sortieren.

6.1 Integrierte Hilfe

Unter Ubuntu steht Ihnen ein reichhaltiges Spektrum von Informationswerkzeugen zur Verfügung. Unter Linux/UNIX greift man insbesondere auf die Manual- und Info-Seiten zurück, die mit fast jeder Software installiert werden. Zunächst ist darauf zu achten, dass die man-Pages in der richtigen Lokalisierung vorliegen. Das erreicht man durch folgenden Befehl:

```
user$ sudo apt-get install manpages-de
```

Dadurch werden Informationen zu den wichtigsten Systembefehlen in deutscher Sprache gegeben. Auf der Konsole ruft man die Hilfe folgendermaßen auf:

```
user$ man <Befehlsname>
...
```

Darauf wird die Syntax des Befehls nebst den möglichen Optionen erläutert. Etwas ausführlichere Informationen, die schon fast Handbuchcharakter haben, liefert der Befehl info auf der Kommandozeile:

```
user$ info <Befehlsname>
...
```

Wer nun lieber mit einer Browserumgebung arbeitet, findet eine Möglichkeit mit dem Hilfesystem yelp. Dieses verbirgt sich hinter dem Rettungsring-Icon bzw. dem Menübefehl **System • Hilfe**. Nach dem Anklicken des Icons wird eine Browserinstanz gestartet. Das Hilfesystem ist in folgende Bereiche unterteilt:

- **Desktop:** Fragestellungen rund um den GNOME-Standarddesktop.
- **Anwendungen:** Hilfetexte zu den installierten Anwendungen, geordnet nach Anwendungsbereich.
- **Sonstige Dokumentationen:** Einige spezielle Informationen, z.B. zu Synaptic oder dem Ubuntu Updatemanager.

- **Handbücher:** Hier sind die Man-Pages zu verschiedenen Befehlen oder auch Anleitungen zu Programmen zu finden.
- **Ubuntu Starter Guide:** Die wichtigsten Fragen zu Ubuntu, beantwortet auf der Basis von Wiki-Einträgen.

Fairerweise sollte man erwähnen, dass die Mehrzahl der Dokumentationen derzeit noch in englischer Sprache vorliegt. Etliche freiwillige Projekte arbeiten aber eifrig an der Übersetzung ins Deutsche.

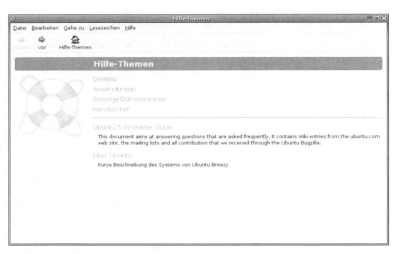

Abbildung 6.1 yelp - Das GNOME Hilfesystem

KDE- bzw. Kubuntu-Anwender haben eine einfache Möglichkeit, auf das Man- bzw. Infopagesystem zuzugreifen: Geben Sie dazu im Konqueror in der Browseradresszeile man:/<Befehlsname> bzw. info:/<Befehlsname> ein. Darauf erscheint die entsprechende Seite in Hyperlinkform im Browser.

Sollte Ihnen einmal der Name eines Befehls entfallen sein, so haben Sie die Möglichkeit, über den Befehl `apropos` ein entsprechendes Kommando zu finden. Beispiel: Sie möchten einen Überblick über alle Befehle im Zusammenhang mit dem Bootloader *GRUB*. Geben Sie dazu folgenden Befehl ein:

```
user$ apropos grub
```

Zugegeben, auch hier kann es nicht schaden, einige englische Vokabeln zu beherrschen.

6.2 Informationen aus dem Internet

Der Siegeszug von Linux in der Computerwelt basiert nicht zuletzt auf der Existenz des Internets: Viele begeisterte Entwickler und Anwender trugen durch ihre regen Diskussionen dazu bei, dass das System sich ständig verbessert hat.

Sie können im Internet zahlreiche Anlaufstellen finden, bei denen Sie passive oder aktive Hilfe finden. Mit den wichtigsten Anlaufstellen werden wir uns im Folgenden gesondert beschäftigen.

Passive Hilfe

Die folgende Tabelle fasst zunächst die wichtigsten Anlaufstellen für Ubuntuanwender zusammen, wobei der Fokus auf deutschsprachigen Bereichen liegt.

Bereich	URL (Adresse)	Inhalt
Ubuntu		
Homepage von Ubuntu	**www.ubuntulinux.org**	Die offizielle Ubuntu Homepage
Homepage von Kubuntu	**www.kubuntu.org**	Die offizielle Kubuntu Homepage
Ubuntuusers Forum	**www.ubuntuusers.de**	Das offizielles deutschsprachige Forum
Ubuntuusers Wiki	**www.ubuntuusers.de/wiki**	Das offizielle deutschsprachige Wiki
Kubuntu Wiki (engl.)	**https://wiki.ubuntu.com/Kubuntu**	Ein englisches Wiki zu Kubuntu
Forum engl.	**www.ubuntuforums.org**	Das offizielle englischsprachige Forum
Handbuch	**www.elyps.de**	Das Ubuntu Anwenderhandbuch
Mailingliste	**http://lists.ubuntu.com/mailman/listinfo/ubuntu-de**	Die Mailingliste zu Ubuntu
Forum	**www.ubuntu-forum.de**	Ein weiteres Forum zu Ubuntu
Guide engl.	**www.ubuntuguide.org**	Der Ubuntu-Guide (engl.)

Bereich	URL (Adresse)	Inhalt
Linux allgemein		
Debian Anwender-handbuch	www.debiananwenderhandbuch.de	Handbuch rund um Debian, dem Kern von Ubuntu
Die Linuxfibel	www.linuxfibel.de	Das Kompendium rund um Linux

Tabelle 6.1 Wichtige Anlaufstellen im Internet

Die meisten der oben angeführten Quellen bieten zumeist Suchfunktionen, mit deren Hilfe man spezielle Themen recherchieren kann. Sollte das nicht der Fall sein, so hilft ein kleiner Trick, die Suchmaschine Google zum Durchforsten der entsprechenden Domain zu missbrauchen. Dazu fügen Sie bei Ihrer Suchanfrage im normalen Googlefenster einfach das Schlüsselwort site:, gefolgt vom URL der entsprechenden Webpage an. Beispiel: Sie suchen Informationen zum Einsatz von ISDN-Adaptern der Firma AVM auf der Seite ubuntuusers.de. Dann ist folgender Suchstring einzugeben:

```
AVM isdn adapter site:ubuntuusers.de
```

Aktive Hilfe

Trotz der reichhaltigen Dokumentation zu Linux im Allgemeinen und Ubuntu im Speziellen gibt es natürlich immer wieder Situationen, in denen man den Rat von Experten benötigt. Beliebtester Anlaufpunkt ist das Usenet, die Nachrichtengruppen (Newsgroups) des Internet. Zwar gibt es derzeit im Usenet noch keine speziellen Ubuntu-Newsgroups, dennoch kann man folgende Linux-bezogene Gruppen uneingeschränkt zum Austausch mit Gleichgesinnten empfehlen:

- Allgemeine Gruppen zu Linux: `de.comp.os.unix.linux.*`. In diesem Gruppensegment plaudern deutschsprachige Linuxanwender über ihr Lieblingsbetriebssystem. Hier gibt es die Unterabteilungen misc, hardware, infos, isdn sowie moderated.
- Fragen zu Anwendungen unter Linux finden Sie in den Gruppen de.comp.os.unix.apps.* mit den Untergruppen kde, gnome und misc.
- Debian-spezifische Fragen (wir erinnern uns: Ubuntu ist ein Abkömmling von Debian) werden in den Debian-spezifischen Mailinglisten linux.debian.* beantwortet. Hier bietet sich insbesondere die deutschsprachige Untergruppe linux.debian.user.german an.

Achten Sie bei Fragen stets darauf, dass diese in die entsprechende Unterkategorie passen und nicht OT sind (»off topic«, d.h. nicht zum Gruppenthema passend). Darüber hinaus kann es nicht schaden zu prüfen, ob Ihr spezielles Problem nicht schon mehrfach diskutiert wurde. Hier bietet sich in jedem Fall eine vorherige Recherche mit Google bzw. dessen speziellem Suchbereich für Groups an.

Wer den direkten Draht zu den Ubuntu-Entwicklern oder -Anwendern wünscht, der begibt sich in die entsprechenden Kanäle des IRC (Internet Relay Chat). Für Ubuntu-Anwender existieren auf den FreeNode-Servern die Kanäle #ubuntu bzw. #ubuntu-de. Beachten Sie aber auch hier, dass man dumme Antworten »ernten« kann, wenn man sich nicht genügend in die Thematik eingearbeitet hat.

Forum

Wenn Ihnen eine Newsgroup zu unpersönlich erscheint, dann können Sie natürlich auch in einem Forum vorbeischauen. Eine sehr gute Adresse ist hier **www.ubuntuusers.de**. Dieses Forum wurde im Oktober 2004 gegründet und stützt sich auf das Engagement von Sascha Morr und Armin Ronacher sowie einem sehr aktiven Team im Hintergrund. Das wichtigste in einem Forum sind aber Sie, der Benutzer, der das Forum mit Leben erfüllt.

Abbildung 6.2 Eine nette deutsche Community – ubuntuusers.de

Wiki

Und schließlich noch ein letzter Hinweis: Sie können jederzeit auch selbst aktiv zur Dokumentation von Ubuntu beitragen, indem Sie Ihre eigenen Erkenntnisse der Allgemeinheit durch die aktive Benutzung des Wikis auf **wiki.ubuntuusers.de** zukommen lassen. Damit geben Sie der Ubuntugemeinschaft ein wenig von dem zurück, was Ihnen durch Ubuntu selbst zuteil wurde.

Abbildung 6.3 Das Wiki – Hilfe erwünscht

Sie finde das komplette Wiki übrigens auch auf der beiliegenden DVD. So können Sie sich das komplette Wissen der UbuntuUser auch ohne Internetanbindung durchlesen und vom gesammelten Wissen der Community profitieren.

6.3 Bücher, eBooks, OpenBooks

Kommen wir zu den portablen Informationsmedien. Das gute alte Buch hat noch längst nicht ausgedient (schließlich halten Sie ja gerade eins in der Hand). Daneben findet man aber auch zunehmend eBooks, Bücher in elektronischer Form, die gegen ein geringeres Entgelt als die gedruckten Exemplare aus dem Internet auf den heimischen Rechner heruntergeladen werden können. OpenBooks sind im Gegensatz zu eBooks frei erhältlich und quelloffen, Sie sind sozusagen die Open Source Variante der eBooks.

Die folgenden Werke möchten wir dem interessierten Leser zur Weiterbildung empfehlen, schließlich können wir mit dem vorliegenden Buch ja nur einen kleinen Teilausschnitt des Linuxuniversums wiedergeben.

- **Linux, allgemein**
    - Steffen Wendzel, Johannes Plöttner: **Einstieg in Linux**, Galileo Press 2005, Ein Must-Have-Buch für künftige Linuxadministratoren. Jenseits grafischer Oberfläche werden die Grundlagen des Linuxsystems verständlich und locker erläutert, so dass auch Einsteiger ihre Freude an dem Werk haben.
    - Ellen Siever, Stephen Spainhour, Stephen Figgins und Jessica P. Hekman: **Linux in a Nutshell**, 4. Auflage, O'Reilly 2005. Ein Referenz- und Nachschlagewerk, wenn man einfach mal schnell nachschauen möchte, welche Syntax ein bestimmter Befehl hat und dies auch anhand konkreter Beispiele nachvollziehen möchte.
    - Michael Kofler: **Linux**, 7. Auflage, Addison-Wesley 2005. Der »Kofler« darf bei einer Aufstellung guter Linuxbücher keinesfalls fehlen, gilt er doch seit Jahren als Referenzwerk nicht nur im deutschsprachigen Raum. Michael Kofler bringt auf ca. 1300 Seiten so ziemlich alles unter einen Hut, was mit Linux machbar ist.
- **Debian-spezifisch**
    - Frank Ronneburg: **Debian GNU/Linux Anwenderhandbuch**, Addison-Wesley 2005. Ein Standardwerk über das Debiansystem, welches Sie auch in elektronischer Form im Internet unter **http://debiananwenderhandbuch.de** finden. Das Buch eignet sich insbesondere für Einsteiger. Wer eine lokale Kopie auf seinem Rechner wünscht, der trage in der Datei /etc/apt/sources.list die folgende Zeile ein:

        ```
        deb http://debiananwenderhandbuch.de/debian/ \
        stable main
        ```

        Danach können Sie eine ältere HTML- bzw. PDF-Vesion des Buchs mit dem Befehl

        ```
        user$ sudo apt-get install dahb-html
        ```

        bzw.

        ```
        user$ sudo apt-get install dahb-pdf
        ```

        auf Ihren PC befördern. Die Dokumentation finden Sie dann im Verzeichnis /usr/share/doc/dahb-html bzw. dahb-pdf. Sollten Sie von einem gebooteten Livesystem aus operieren, so können Sie auch eine PDF-Version von **www.openoffice.de/linux/packages**

herunterladen. Bitte beachten Sie aber, dass die ganz aktuelle Version sich stets als HTML-Dokument auf der genannten Seite im Internet befindet bzw. als gedrucktes Buch zu erwerben ist.

- Martin F. Krafft: **The Debian System**, Open Source Press 2005. Das neue Referenzwerk für Fortgeschrittene und Freunde der englischen Sprache. Wer wirklichen Tiefgang sucht, ist mit der Lektüre dieses Werks gut beraten. Hier erfahren Sie alles über die Interna des Debian GNU/Linux Systems aus erster Hand.

- Office Software

    - Thomas Krumbein: **OpenOffice.org 2.0 – Einstieg und Umstieg**, 2. Auflage, Galileo Press 2006. Die Referenz unter den Open Office.org Büchern. Beim gleichen Verlag sind mittlerweile auch etliche Spezialbücher erschienen, die sich mit den Teilmodulen Calc, Writer sowie Impress/Draw beschäftigen.

    - Michael Kofler: **Linux im Büro**, Markt und Technik 2004. Für diejenigen Leser, die konkrete Probleme des Büroalltags lösen möchten, bietet dieses Buch eine Fülle von Anregungen.

ikhaya – Ein Ubuntu Magazin

Wir möchten zum Ende noch auf das jüngste »Kind« der Community eingehen: ikhaya. Es handelt sich hierbei um ein Magazin mit Themen rund um Ubuntu und wurde maßgeblich von Andreas Brunner entwickelt. Es entsteht online im Internet und steht jedem Interessierten offen. Sie können hierbei ähnlich wie im Wiki nicht nur lesen sondern auch selber zum Autor werden, vielleicht Ihr Einstieg in die Journalismus-Branche ;-) Sie finden dieses Magazin unter **ikhaya.ubuntuusers.de**

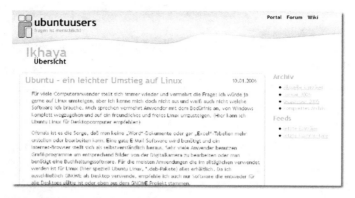

Abbildung 6.4 ikhaya – Werden Sie Autor

Teil 2
Ubuntu in der Praxis

7 Anwendersoftware

7.1	Internetsoftware	217
7.2	Büroanwendungen	231
7.3	Grafikprogramme	244
7.4	CDs und DVDs erstellen und brennen	252
7.5	Multimediaanwendungen	257
7.6	Fremdsoftware unter Ubuntu Linux	271

1 **Ubuntu Linux – Überblick**

2 **Installation**

3 **Der Ubuntu Desktop**

4 **Hardwarekonfiguration**

5 **Installation weiterer Software**

6 **Informationen und Hilfe**

7 **Anwendersoftware**

8 **Netzwerktechnik**

9 **Programmierung und Design**

10 **Systemverwaltung**

11 **Sicherheit**

12 **Kompilierung von Systemsoftware**

13 **Ubuntu und aktuelle Hardware**

14 **Übersicht: Software für (K)Ubuntu**

15 **Befehlsreferenz Ubuntu Linux**

7 Anwendersoftware

Eine Auswahl aus 10 000 Softwarepaketen treffen zu können – das kann Segen, aber auch Fluch sein. Das folgende Kapitel hilft Ihnen, die Orientierung nicht zu verlieren, und stellt die wichtigsten Anwendungen unter Ubuntu Linux vor.

Die Ubuntu Philosophie lautet: »*Für jede Aufgabe nur eine Anwendung*«. Das mag für Einsteiger sinnvoll sein, fortgeschrittene Anwender wünschen sich aber mehr Auswahl. Das folgende Kapitel stellt ein »Best of« aktueller Linux-Software dar, insbesondere wurde darauf geachtet, dass Windows-Umsteiger nichts missen müssen.

7.1 Internetsoftware

Als echtes Kind des Internets ist Ubuntu Linux natürlich bestens gerüstet für den Umgang mit der alles umspannenden Matrix des 21. Jahrhunderts. Der folgende Teilabschnitt stellt Lösungen im Bereich Browsing und allgemeine Kommunikation vor, wobei wiederum auf die zwei Standardumgebungen GNOME/Ubuntu und KDE/Kubuntu gesondert eingegangen wird. Dabei werden jeweils nur Spezialitäten und Besonderheiten der vorgestellten Browser vorgestellt sowie Tuningmöglichkeiten aufgezeigt; wir gehen davon aus, dass die Leserschaft die Basics der Browserbedienung beherrscht.

7.1.1 Browser

Den Siegeszug des Internets im häuslichen Bereich hat kein geringerer als Tim Berners-Lee vom renommierten CERN in Genf eingeleitet, als er quasi als Abfallprodukt für den Austausch wissenschaftlicher Erkenntnisse die Dokumentbeschreibungssprache HTML entwickelt hat, auf welche sämtliche aktuellen Browser eingeschworen sind. Beginnen wir bei der Browser-Parade mit dem in Ubuntu integrierten *Firefox*-Browser.

Firefox

Im Normalfall ist der *Firefox* bereits nach der Installation im System unter **Anwendungen** • **Internet** • **Firefox** zu finden. Außerdem wurde ein Icon in Form einer Weltkugel im Panel angelegt. Kubuntu-Anwender müssen den *Firefox* nachinstallieren, am besten gleich in Verbindung mit der deutschen Lokalisierung.

Firefox – der Standard

Folgende Pakete werden hierzu benötigt:

- firefox
- mozilla-firefox-locale-de-de

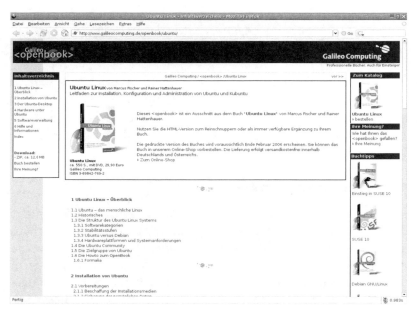

Abbildung 7.1 Der Firefox Webbrowser

Java von Sun

Die folgende Auflistung stellt einige Tuningtipps für Firefox zusammen:

- **Java-Unterstützung:** Um Java mit dem Mozilla Firefox nutzen zu können, benötigen Sie ein Java-Paket wie z.B. j2re1.4. Dadurch wird die komplette Blackdown-Java-Runtimeumgebung installiert. Alternativ können Sie natürlich auch das Original Javapaket von **java.sun.com** herunterladen. Sollte die Javaunterstützung nach der Installation noch nicht funktionieren, so müssen gegebenenfalls noch die Links zu den Libraries angepasst werden. Im Falle von Sun Java geht das wie folgt:

  ```
  user$ sudo ln -s /usr/lib/j2sdk1.5-sun/jre/plugin \
  /i386/ns7/libjavaplugin_oji.so \
  /usr/lib/mozilla-firefox/plugins/
  user$ sudo ln -s /usr/lib/j2sdk1.5-sun/jre/plugin
  /i386/ns7/ libjavaplugin_oji.so \
  /usr/lib/mozilla/plugins/
  ```

  Ob die Installation geklappt hat, erfährt man wie bei allen Plugins über die Eingabe von `about:plugins` im Adressfeld des Browsers.

- **Flash installieren:** Mittlerweile kann das Macromedia Flash-Plugin auch unter Linux über den üblichen Plugin-Mechanismus nachinstalliert werden. Alternativ installiert man das Paket flashplayer-mozilla. Auf manchen Systemen kann es vorkommen, dass Flashfilme stumm bleiben. Um die Tonausgabe zu ermöglichen, öffnen Sie ein Terminal und geben folgenden Befehl ein:

  ```
  sudo ln -s /usr/lib/libesd.so.0 \
    /usr/lib/libesd.so.1
  ```

  Sollte diese Lösung nicht funktionieren, dann ist die folgende Datei wie folgt zu editieren:

  ```
  #Auszug aus /etc/mozilla-firefox/mozilla-firefoxrc
  # Alter Wert: FIREFOX_DSP="auto"
  FIREFOX_DSP="none"
  ```

- **Multimediainhalte wiedergeben:** Zu diesem Zweck empfiehlt sich die Installation des Programms *MPlayer* sowie der entsprechenden Plugins für *Firefox*. Folgende Pakete werden benötigt:
  - mplayer-386 bzw. das für Ihre Rechnerarchitektur geeignete Paket
  - mozilla-mplayer
  - moz-plugger

  Nach der Installation versucht das Programm zumeist immer noch den Standardplayer *Totem* anzusprechen. Das kann verhindert werden, indem Sie sämtliche Bibliotheken, welche die Buchstabenfolge totem enthalten, aus dem Verzeichnis /usr/lib/mozilla/plugins löschen. Für die Darstellung von Realmedia-Streams empfiehlt sich zusätzlich das Paket `realplayer`. Wer Windows WMV-Streams wiedergeben möchte, der benötigt das Paket `avifile-win32-plugin`. Die entsprechenden Codecs können von einer parallelen Windowsinstallation in das Verzeichnis `/usr/lib/win32` kopiert werden.

  MPlayer

- **Allgemeine Konfiguration:** Ein Beispiel: Die mittlere Maustaste kann unter *Firefox* für verschiedene Aufgaben benutzt werden. Befindet sich ein Text in der Zwischenablage und drückt man die mittlere Maustaste, so öffnen Sie damit z.B. die Zwischenablage als URL. Um das Verhalten der mittleren Maustaste zu ändern, geben Sie den Befehl `about:config` in der Adresszeile ein. Anschließend definieren Sie in der Rubrik Filter das Wort middle und erhalten nun einige Optionen für die mittlere Maustaste, die Sie nach Ihren Wünschen anpassen können. Möchten Sie in *Firefox* z.B. schneller scrollen, so ändern Sie die folgenden Werte (Schlüsselwort: `mousewheel`):

```
mousewheel.withnokey.numlines
mousewheel.withnokey.sysnumlines
```

- **Firefox beschleunigen:** Man kann etliche Tuningoptionen in *Firefox* manuell durchführen oder sich das Firefoxplugin *Fasterfox* besorgen. Sie finden das Plugin auf **fasterfox.mozdev.org**. Nach der Installation lässt sich das Plugin nach dem Neustart des *Firefox* über **Bearbeiten • Einstellungen • Fasterfox** konfigurieren. *Fasterfox* lädt während des Browsens schon den Inhalt einiger Links im Hintergrund, so dass diese beim Anklicken durch den Benutzer schneller zur Verfügung stehen. Es sollte nicht unerwähnt bleiben, dass diese Verfahrensweise einen höheren Traffic produziert.

Der Konqueror

Unter KDE/Kubuntu hat sich der *Konqueror* als Universallösung zum Browsen etabliert. Starten Sie den *Konqueror* durch Anklicken des Weltkugelsymbols auf der Taskleiste. Eine Spezialität des *Konquerors* ist die Definition von Navigationskürzeln. Dies kann unter **Einstellungen • Konqueror einrichten • Web-Tastenkürzel** vorgenommen werden (Abbildung 3.17).

Abbildung 7.2 Definition von Web-Tastenkürzeln im Konqueror

Web-Tastenkürzel

Die Webkürzel lassen sich wie folgt einsetzten: Möchten Sie z.B. einen bestimmten Begriff oder Satz mit Hilfe von Google suchen, dann ist das Webkürzel gefolgt von einem Doppelpunkt sowie die Suchphrase in der Adresszeile des *Konquerors* einzugeben:

```
gg: <Hier steht meine Suchphrase>
```

Entsprechend ist mit den anderen über Kürzel definierten Suchbegriffen zu verfahren.

Unter dem Menüpunkt Extras sind einige interessante Ergänzungen zu finden. Recht witzig (im wahrsten Sinne des Wortes!) ist die Möglichkeit der automatischen Übersetzung einer im Browser angezeigten Seite mit Hilfe des Altavista Programms *Babelfish*. Obwohl manche Übersetzungen streckenweise haarsträubende Verballhornungen von Ausdrücken ergeben, erfasst man in jedem Fall den groben Sinn der Seite. Das ist insbesondere dann nützlich, wenn man sich im fernöstlichen Webspace bewegen muss.

Mit einem Problem haben viele Konqueroranwender zu kämpfen, die über einen Router ins Netz gehen: Der Aufruf von Internetseiten geschieht quälend langsam. Die Ursache dafür ist, dass der *Konqueror* versucht, die Verbindung generell zunächst über das IPv6-Protokoll herzustellen. Schalten Sie dieses am besten ab. Dazu erstellen Sie eine Datei namens bad_list im Verzeichnis /etc/modprobe.d mit folgendem Inhalt:

IPv6 abschalten

```
#Auszug aus /etc/modprobe.d/badlist
alias net-pf-10 off
```

Danach sollte sich das Problem erledigt haben.

7.1.2 E-Mail Clients

Eine weitere Segnung, die uns das Internetzeitalter beschert hat, ist die elektronische Kommunikation per E-Mail. Drei Lösungen wollen wir im Folgenden kurz vorstellen. Da sich die Konfiguration der Programme nur unwesentlich unterscheidet, soll diese nur an einem Beispiel ausführlich besprochen werden.

Evolution

Die Standardlösung für E-Mail unter Ubuntu ist das GNOME-Programm *Evolution*. Hierbei handelt es sich eigentlich um eine komplette Personal Information Management (PIM) Suite, die einen Terminplaner und ein Aufgabenwerkzeug mitbringt.

Nach der Standardinstallation von Ubuntu finden Sie im Panel ein E-Mail-Icon, mit dem *Evolution* gestartet wird. Im Anwendungsmenü finden Sie *Evolution* unter **Internet · Evolution · eMail**. Beim ersten Programmstart hilft Ihnen ein Assistent dabei, Ihr E-Mail Konto einzurichten.

Abbildung 7.3 Das E-Mail Programm Evolution

Dabei sind folgende Eingaben vorzunehmen:

- **Identität:** Hier ist der eigene Name sowie die eigene E-Mail Adresse einzugeben.

- **Abrufen von E-Mails:** Definieren Sie hier Ihren Maileingangsserver. Als Servertyp für den Abruf von Internetmails ist in der Regel POP zu wählen, *Evolution* bietet aber auch die Möglichkeit, über einen Exchange-Server abzugleichen. Im Fall eines T-Online-Accounts verwendet man den Server **pop.t-online.de** bzw. bei Nutzung von POP-Mail **popmail.t-online.de**. Der entsprechende GMX-Server wäre **pop.gmx.net**. Wer den Transfer über einen sicheren Mailserver bevorzugt, der erkundigt sich am besten bei seinem Provider nach einer derartigen Möglichkeit. T-Online bietet z.B. Verschlüsselung über **securepop.t-online.de** an. Überdies können Sie natürlich selber tätig werden und die Verschlüsselung der Mail über OpenPGP veranlassen, vgl. Kapitel 11.

- **Receiving Options:** Hier können einige Extras definiert werden, z.B., ob der Mailaccount regelmäßig überprüft werden soll oder ob die Mail nach dem Herunterladen auf dem Server belassen oder gelöscht werden soll.

- **Verschicken von E-Mails:** Hier wird schließlich der Postausgangsserver definiert. Bei einem T-Online-Account ist an der entsprechenden Stelle **mailto.t-online.de** bzw. bei Verwendung von POP-Mail **smtpmail.t-online.de** einzugeben. Bei GMX lautet der Servername **mail.gmx.net**. Ein sicherer Server bei T-Online wäre **securesmtp.t-online.de**.

- **Kontenverwaltung:** Abschließend muss das neu erstellte Mailkonto noch benannt werden. Selbstverständlich haben Sie die Möglichkeit, mehrere Konten für verschiedene Accounts (T-Online, GMX, ...) zu definieren. Das können Sie dann im Hauptprogramm über **Bearbeiten** • **Einstellungen** • **E-Mail Konten** durchführen.

Nach vollendeter Konfiguration kann der Mailversand durch Verschicken einer Mail an die eigene Adresse getestet werden (Abbildung 7.3).

Thunderbird

Der Mozilla *Thunderbird* Mailclient ist ebenso populär wie der *Firefox*-Browser aus dem gleichen Haus. *Thunderbird* liegt der Ubuntu Distribution bei, wird aber per default nicht installiert. Sie können das nachholen, indem Sie folgende Pakete installieren:

- mozilla-thunderbird
- mozilla-thunderbird-locale-de

Nach dem Programmstart über **Anwendungen** • **Internet** • **Thunderbird Mail Client** durchläuft man einen ähnlichen Konfigurationsassistenten wie bei *Evolution*, die Einstellungen sind analog zur im letzten Abschnitt beschriebenen Verfahrensweise vorzunehmen. Folgende Optimierungen können bei *Thunderbird* vorgenommen werden:

- *Thunderbird* verfügt über einen intelligenten Spam-Filter, der mittels **Extras** • **Junkfilter** • **Einstellungen** • **Lernfähiger Filter** aktiviert wird.
- Darüber hinaus sollten Sie das Wörterbuch von der deutschsprachigen Hilfeseite **www.thunderbird-mail.de** installieren. Laden Sie von dort das gewünschte Wörterbuch im .xpi- Format (dem Format für Mozilla-Erweiterungen) herunter und speichern Sie es in Ihrem Heimverzeichnis.

    Nach dem Starten von Thunderbird ruft man zunächst das Menü **Extras** • **Erweiterungen**, danach den Punkt **Installieren** auf. Navigieren Sie zur gespeicherten xpi-Datei, wählen Sie diese aus und klicken Sie danach auf Öffnen. Folgen Sie den Anweisungen; die Meldung, dass es sich um eine nicht authentifizierte Anwendung handelt, können Sie geflissentlich ignorieren. Beachten Sie, dass das installierte Wörterbuch nicht im Erweiterungsmanager angezeigt wird. Schlie-

Rechtschreibung

ßen Sie *Thunderbird* und starten Sie das Programm erneut. Nun kann das soeben installierte Wörterbuch ausgewählt werden. Dazu verfassen Sie eine neue E-Mail und rufen die Rechtschreibprüfung über **Einstellungen • Rechtschreibprüfung** auf. Im Dialogfeld der Rechtschreibprüfung wählen Sie das Wörterbuch aus. Dieses wird von nun an als Standard verwendet.

Mailordner teilen
- Viele Ubuntunutzer betreiben parallel zu Linux noch eine Windowsinstallation. Wenn *Thunderbird* auch unter Windows Ihr bevorzugtes Mailprogramm ist, so können Sie die Postfächer beider Installationen parallel nutzen. Dazu verwenden Sie eine FAT32-Tauschpartition, auf welche sowohl von Linux als auch von Windows schreibend zugegriffen werden kann. Im *Thunderbird* definieren Sie nun den neuen Speicherort Ihrer Korrespondenz über **Bearbeiten • Konten • Lokaler Ordner**.[1] In der Parallelinstallation sollte dann derselbe Speicherort definiert werden: **Bearbeiten • Konten • Lokale Ordner**. Danach werden die Mails zwischen der Windows- und Linuxinstallation stets synchron gehalten.

Mails verschlüsseln
- Verschlüsseln von Mails: Wer den Mailservern des Providers nicht traut, hat die Möglichkeit, *Thunderbird* in Verbindung mit GNU PGP (*Pretty Good Privacy*) zu benutzen. Dazu installiert man die folgenden Programme:
  - mozilla-thunderbird-enigmail
  - gnupg
  - gnupg-doc

  Nähere Informationen zu GNU PGP liefert die Dokumentation unter `/usr/share/doc/gnupg-doc`. Nach einem Neustart von *Thunderbird* ist ein neues Menü namens *Enigmail* vorhanden. Leider erscheint das Menü zunächst in englischer Sprache, die deutsche Lokalisierung in Form einer *.xpi-Datei findet man unter **http://enigmail.mozdev.org**. Zur Installation der Datei verfährt man wie weiter oben schon beschrieben wurde.

  Nun muss lediglich noch der Pfad zum gpg-Programm in *Enigmail* definiert werden. Das erledigt man im *Enigmail*-Menü unter **Einstellungen • Pfad zur GnuPG Anwendung**. Folgender Pfad ist einzutragen:

  `/usr/bin/gpg`

---

[1] Die wenigsten Probleme gibt es, wenn sowohl das Linux- als auch das Windowssystem auf einen neu erstellten Ordner zugreifen. Der Wechsel bei bestehenden Installationen ist meist etwas problematisch.

Nun kann *Enigmail* verwendet werden. Als erster Schritt sollte ein Schlüsselpaar erstellt und der öffentliche Schlüssel verschickt oder auf einen Schlüssel-Server wie z.B. `x-hkp://gpg-keyserver.de` geladen werden. Danach können Sie die Verschlüsselung wieder dadurch testen, dass Sie eine Mail an die eigene Adresse verschicken.

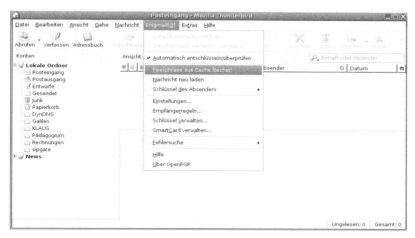

Abbildung 7.4 Das Enigmail GPG-Modul in Thunderbird

Kontact: E-Mail unter KDE/Kubuntu

Da wir in den letzten beiden Unterabschnitten relativ ausführlich auf die Einrichtung der Mailprogramme *Evolution* und *Thunderbird* eingegangen sind, genügt es, an dieser Stelle zu erwähnen, dass die entsprechende Maillösung unter KDE *KMail* heißt. Seit KDE Version 3.4 findet man *KMail* als Modul in der Universal-PIM-Suite *Kontact*. Einrichtung und Handhabung sind ähnlich zu dem bereits oben besprochenen Verfahren. Starten Sie zur Konfiguration des Mailclients einfach das Programm *Kontact* und wählen Sie den Punkt **Einstellung • Kontact einrichten • Identitäten**. Die Konfigurationsdialoge sind selbsterklärend.

7.1.3 Newsreader

Kein anderer Bereich des Internets bietet ein derart geballtes Fachwissen wie das Usenet: In diesem Bereich treffen sich Gleichgesinnte, die sich über alltägliche und nicht alltägliche Spezialthemen austauschen, wobei die Computer-relevanten Newsgroups den überwiegenden Anteil ausmachen. Die Einrichtung eines solchen Newsreaders erfolgt ähnlich den E-Mail Programmen nach einem festen Schema. Aus Gründen der

Newsreader – geballtes Fachwissen im Netz

Gerechtigkeit soll nachfolgend die Konfiguration der KDE-Lösung ausführlicher besprochen werden.

KNode

KNode ist der KDE-Newsreader und bietet einen Outlook-ähnlichen Standard. *KNode* muss zunächst über

```
user$ sudo apt-get install knode
```

installiert werden. Danach kann das Programm aus der Kontact-Oberfläche heraus aufgerufen werden. Nach dem Start des Programms muss zunächst die eigene Identität und E-Mail Adresse sowie ein öffentlicher Newsserver angegeben werden (**Einstellungen • News einrichten**). In Deutschland bietet sich hierfür der freie Server **news.online.de** an.

Abbildung 7.5 News lesen mit Kontact

Nach der Konfiguration des Programms kann der *Newsserver* im linken Teilfenster angeklickt werden. Das Programm lädt nach Bestätigung die Liste aller auf dem Server befindlichen Newsgroups herunter. Über **Zugang • Gruppen abonnieren** können nun interessante Newsgroups ins persönliche Portfolio übernommen werden. Klickt man eine abonnierte Gruppe an, dann werden die aktuellen Beiträge vom *Newsserver* abgeholt, und Sie können (selbstverständlich unter Beachtung der Netikette) munter mitmischen.

Netikette nicht vergessen!

Evolution und Thunderbird

Auch in *Evolution* und *Thunderbird* lassen sich *Newsserver*-Konten anlegen. Dazu verfahren Sie folgendermaßen:

- **Evolution:** Hier definieren Sie ein Newskonto über **Bearbeiten • Einstellungen • Konto hinzufügen**. An Stelle des Servertyps *POP* ist nun aber der Servertyp *USENET-News* einzutragen. Um Platz in der Anzeige der Gruppennamen zu sparen, kann diese in Kurznotation gewählt werden. Der Mailserver für die zu verschickenden Postings kann der gleiche sein wie beim normalen E-Mail Konto. Nach dem Einrichten des Kontos markiert man dieses und wählt im Hauptmenü den Punkt **Ordner • Abonnements**. Nun wird eine Liste der Newsgroups abgeholt, und man verfährt wie weiter oben beschrieben zum Abonnieren und Lesen der Foren.

- **Thunderbird:** Unter *Thunderbird* wechselt man zum Ergänzen eines News-Kontos in das Menü **Bearbeiten • Konten** und wählt den Punkt *Konto hinzufügen*. Auch hier wird nun als Kontotyp *News* hinzugefügt, der Rest der Eintragungen ist identisch mit dem weiter oben Geschriebenen.

Newsfeeds: Dynamische Nachrichten

Besonders populär sind in letzter Zeit Newsfeeds und Blogs geworden. In den gängigen Mailprogrammen gibt es mittlerweile auch die Möglichkeit, derartige Nachrichtenströme dynamisch abzurufen.

Abbildung 7.6 Thunderbird für RSS Feeds und Blogs

Newsfeeds in Thunderbird

Beispiel *Thunderbird*: Definieren Sie hier ein neues Konto vom Typ RSS-News/Blog. Anschließend wählen Sie das Konto an und klicken im Hauptmenü auf den Punkt Abonnements verwalten. Hier können Sie nun beispielsweise einen RSS-Feed definieren, bei heise.de wäre dies **http://www.heise.de/newsticker/heise.rdf**, vgl. Abbildung 7.6.

Auch Internetblogs können auf diese Weise direkt in das Programm intergriert werden. Bei neuen Ereignissen klickt man die entsprechende Überschrift auf der rechten Fensterhälfte an, alternativ lassen sich die News auch im Browser direkt öffnen, dazu ist der entsprechende Hyperlink anzuklicken. Das Aktualisierungsintervall der Feeds setzen Sie im Menü **Bearbeiten** • **Konten** • **News & Blogs**.

7.1.4 Chatprogramme

Manchmal wünscht man sich eine synchrone Kommunikation mit seinem Gegenüber. Insbesondere bei schmalbandigen Verbindungen haben sich die so genannten Chatprogramme bewährt, deren prominenteste Vertreter wir nachfolgend vorstellen werden. Aufwändigere Lösungen wie Voice over IP oder Videokonferenzsoftware werden später in Kapitel 8.6 besprochen werden.

XChat

Den Klassiker *XChat* finden Sie bei Ubuntu im Menü **Anwendungen** • **Internet** • **XChat IRC**.

Abbildung 7.7 XChat – Auf Du und Du im IRC

Nach dem Start des Programms sollte zunächst ein passender Nickname gewählt werden. Voreingestellt ist zunächst der definierte Loginname, sowie drei Alternativen. Es ist sinnvoll, hier einen prägnanten Namen nebst Zweitwahl- und Drittwahleinträgen selbst zu definieren. Anschließend kann ein IRC (*Internet Relay Chat*) Server aus der Liste ausgewählt werden. Im europäischen Bereich trifft man sich bevorzugt bei **freenode.net**. Wählen Sie dieses Netz aus und betätigen Sie den Knopf *Verbinde*. Nun muss noch der entsprechende Kanal angegeben werden. Das erfolgt über den Menüpunkt **Server • Betrete Channel** #<Kanalname>. Wer einen Überblick der auf dem Server gehosteten Kanäle haben möchte, der wählt den Menüpunkt **Fenster • Channelliste** und holt sich über *Liste aktualisieren* eine komplette Auflistung. Zur bequemen Offline-Analyse kann die entsprechende Liste auch gespeichert werden. Sie werden feststellen, dass es zu nahezu jedem Thema einen Kanal gibt, der mehr oder weniger intensiv frequentiert wird.

IRC

Im Kanal angekommen wird schließlich die Kommunikation durch Schreiben in der unteren Eingabezeile eröffnet. Besonders praktisch an *XChat* ist die Möglichkeit, dass man Links, die von freundlichen Channel-Usern angegeben wurden, direkt durch Anklicken im Systembrowser öffnen kann. Möchten Sie dazu einen speziellen Browser wie *Firefox* verwenden, so wählen Sie diesen zunächst über das Kontextmenü eines rechten Mausklicks über dem Link. Eine Übersicht von sämtlichen Ubuntu-IRC-Kanälen finden Sie unter **https://wiki.ubuntu.com/InternetRelayChat**.

Gaim

Das Streben nach universeller Erreichbarkeit ist mehr oder weniger eine Krankheit der »Generation @ «. Ihren vorläufigen Höhepunkt hat dieser Trend in der Entwicklung von so genannten Instant Messenger (IM) Programmen gefunden. Vorreiter war zunächst das *ICQ*-System, AOL hat wenig später seinen *AIM* (AOL Instant Messenger) unters Volk gebracht. Unter Ubuntu gibt es den Gaim Instant Messenger (kurz: *Gaim*), welcher sich im Menü **Anwendungen • Internet** befindet.

Gaim kann in Verbindung mit verschiedenen Instant Messenger Protokollen eingesetzt werden, am gebräuchlichsten ist wohl das AOL-Protokoll. Das Einrichten von Webnamen kann unter **www.aim.com** bzw. der jeweiligen regionalen Seite kostenlos vorgenommen werden. Dort muss dann lediglich ein so genannter Screeningname, ein Passwort und gege-

Internetsoftware **229**

benenfalls die E-Mail-Adresse[2] hinterlegt werden. Neuerdings muss am Ende der Anmeldungsprozedur ein Wort, welches als Grafik auf dem Bildschirm erscheint, als Bestätigung der Eingaben angegeben werden. Dies soll einen möglichen Missbrauch der Schnittstelle verhindern.

Nach der Einrichtung des Accounts starten Sie das Programm. Zur Nutzung des AOL-Systems muss zunächst im Kontofenster über Hinzufügen ein lokales Konto eingerichtet werden. An dieser Stelle wird auch ersichtlich, dass *Gaim* ein Universalkommunikationsprogramm ist: Nicht weniger als acht verschiedene Chatprotokolle werden derzeit unterstützt, darunter auch das Microsoftnetz MSN und der im letzten Abschnitt besprochene IRC. Nachdem das Konto durch Eingabe von Benutzer- bzw. Screeningname und Passwort konfiguriert wurde, können Sie durch Ankreuzen des Häkchens »Online« die Verbindung zum Messengerserver herstellen werden.

Buddies ergänzen Nun können Sie die Verbindung[3] zu einem weiteren Nutzer testen: Dazu benötigt man die Kenntnis des entsprechenden Screeningnamens. Über das Untermenü **Buddies • Buddy hinzufügen** wird der entsprechende Partner zunächst registriert, um zukünftig eine Meldung zu erhalten, wenn die Person Online ist. Erscheint der registrierte Freund (Buddy) im Kontaktfenster, so ist dieser Online und kann ausgewählt und »angefunkt« werden. Im unteren Bereich des Fensters wird der Text eingegeben, über den Knopf Abschicken wird er schließlich auf die Reise gebracht.

Abbildung 7.8 Dateien unter Gaim versenden

---

2 Bei der Angabe der E-Mail Adresse empfiehlt es sich, einen Zweit-Account bei einem Freemail-Provider einzurichten, um die zu erwartende Werbemailflut ins Leere laufen zu lassen.
3 Wer in der glücklichen Lage ist, zwei Computer zu besitzen (z.B. einen Desktoprechner und einen Laptop), der kann den Chat auch selbst zwischen beiden Rechnern testen.

Damit wären natürlich längst nicht alle Möglichkeiten beschrieben: Mit Hilfe des Instant Messenger Netzwerkes können Konferenzen bzw. Chats zwischen mehreren Personen unter Ausschluss der Öffentlichkeit abgehalten werden, und es können sogar Dateien an die Mitglieder des Chats versendet werden (Abbildung 7.8). Lediglich für die audiovisuelle Kommunikation gibt es bessere Lösungen, siehe dazu Abschnitt 8.6.

Dateien austauschen

Kopete – die KDE-IM-Lösung

Das Rundum-Sorglospaket zum Instant Messenging unter KDE heißt *Kopete* und befindet sich im Internetmenü. Nach dem Start des Programms können Sie mit Hilfe eines Zugangsassistenten den Zugang zu Ihrem IM-Provider einrichten. Die Einstellungen sind identisch mit den im letzten Abschnitt beschriebenen. Danach können Sie wie gewohnt mit *Kopete* chatten.

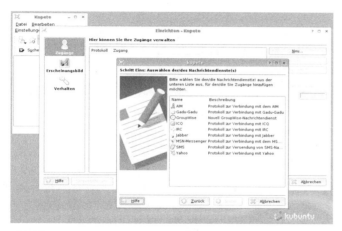

Abbildung 7.9 Instant Messenging unter KDE: Kopete

7.2 Büroanwendungen

Seinen Durchbruch im heimischen Bereich hat der PC in den 80er Jahren nicht zuletzt durch die Einführung von Textverarbeitung und Tabellenkalkulation erfahren. Mittlerweile tummeln sich die verschiedensten Lösungen rund um den Platzhirsch Microsoft Office auf dem Markt. Unter Linux haben sich die folgenden Officepakete durchgesetzt:

▶ Der GNOME-Anwender findet im Textverarbeitungsprogramm *Abiword* den Ersatz für MS Word; das Excel-Pendant heißt *Gnumeric*. Beide zusammen bilden mit einigen Zusatztools das GNOME-Office.

Die Kompatibilität in Verbindung mit den Microsoftprodukten ist mittelmäßig.

- Auf dem KDE Desktop wurde *KOffice* implementiert. Dieses Officepaket erledigt sämtliche wichtigen Büroaufgaben, die im Alltag anfallen. Die Kompatibilität zu Microsoft Office ist nur bei spärlich formatierten Dokumenten gewährleistet.

- Die Officelösung schlechthin findet der Linuxanwender mit dem Open Office Paket. Dieses gewährleistet derzeit eine maximale Kompatibilität zur Microsoft Produktlinie.

Aktuelle Version auf DVD

Unter (K)Ubuntu findet man als Standard das OpenOffice.org-Paket[4] vor. Bei Erscheinen von Breezy wurde der Release Kandidat 3 beigelegt, mittlerweile liegt das Paket in der finalen Version vor. Das aktuelle OpenOffice Paket finden Sie in Form von Update-Paketen auf der Begleit-DVD im Ordner /extras. Die dortige README-Datei beschreibt, wie zur Installation des Pakets vorzugehen ist.

Im Folgenden werden wir uns ausschließlich mit OpenOffice beschäftigen. Anhand einiger instruktiver Beispiele sollen die Möglichkeiten der einzelnen Module kurz aufgezeigt werden, so dass sich insbesondere Umsteiger vom Microsoft Office Paket schnell umgewöhnen. Für einen detaillierten Einblick in das OpenOffice Paket seien weiterführende Werke empfohlen.

7.2.1 OpenOffice Writer

Wir beginnen mit der Vorstellung der Textverarbeitung. Folgende Standardaufgabe soll gelöst werden:

Erstelle einen gegliederten Text mit Abbildungen und Tabellen, Inhaltsverzeichnis sowie einem Index. Eine Nummerierung der Seiten sowie eine Rechtschreibprüfung innerhalb des Textes sollte ebenfalls durchgeführt werden.

Erstellen eines gegliederten Dokuments

1. Nach dem Start des Programms über **Anwendungen · Büro · Open Office.org · Writer** sollte automatisch ein leeres Dokument geöffnet werden. Aus der Officeumgebung heraus kann das durch den Menüpunkt **Datei · Neu · Textdokument** geschehen. Legen Sie noch vor Eingabe des ersten Absatzes eine Gliederung über den Menü-

---

[4] Erstaunlicherweise muss KOffice unter Kubuntu mittels `sudo apt-get koffice` nachinstalliert werden.

punkt **Format** • **Nummerierung/Aufzählung** • **Gliederung** an (Abbildung 7.10).

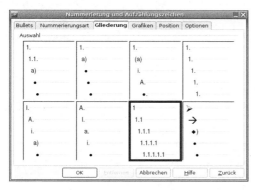

Abbildung 7.10 Erstellen einer Gliederung in OpenOffice Writer

2. Nun können Sie mit Hilfe der Formatvorlage die Gliederung des Dokuments erstellen. Achten Sie zunächst nicht auf die relative Größe der Überschriften. Die Gliederung lässt sich mit der Tabulatortaste (Tab) tieferstufen und mittels (Umschalt) + (Tab) höherstufen.

3. Die Formatierung der einzelnen Überschriften erledigen Sie mit dem Stylistfenster, welches (falls noch nicht vorhanden) mit der Taste (F11) zum Vorschein gebracht wird. Dieses Universalwerkzeug ermöglicht die direkte Zuweisung von Formatierungen durch einfaches Anklicken. Platzieren Sie den Cursor in dem zu formatierenden Absatz und wählen Sie das Format durch zweimaliges Anklicken im Stylist aus. Ein mögliches Ergebnis zeigt die Abbildung 7.11.

Der Stylist

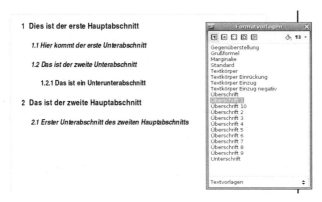

Abbildung 7.11 Formatierung mit Hilfe des Stylisten

Büroanwendungen **233**

4. Nun kann der eigentliche Text eingefügt werden. Begeben Sie sich zu diesem Zweck mit dem Cursor ans Ende der Gliederungsüberschriften und betätigen Sie die Eingabetaste. Schalten Sie die Nummerierung mit Hilfe der Schaltfläche auf der Iconleiste aus, wählen Sie als Formatvorlage **Textkörper • Einrückung** und lassen Sie Ihrer Fantasie freien Lauf.

Einfügen von Bildern und Tabellen

1. Zum Testen des Einfügens von Bildern können Sie einen Screenshot mit dem Grafikprogramm *The Gimp* erstellen. Starten Sie *Gimp* über **Anwendungen • Grafik • GIMP** und fertigen Sie einen Screenshot an (**Datei • Holen • Screen Shot**). Dieser sollte anschließend als `screenshot.bmp` im Heimverzeichnis gespeichert werden.

2. Die Grafik wird durch Auswahl von **Einfügen • Grafik • Aus Datei** an die gewünschte Stelle im Dokument eingebunden. Dazu ist gegebenenfalls mit Hilfe des Dateibrowsers an die entsprechende Stelle im Verzeichnisbaum zu navigieren. Achten Sie vor dem Einfügen der Grafik darauf, dass die Schaltfläche **Verknüpfen** markiert ist. In diesem Fall wird lediglich ein Link zum Bild definiert. Dadurch kann die Größe des Textdokuments klein gehalten werden. Möchten Sie das Dokument allerdings später verschicken, so ist es ratsam, die Grafik fest einzubinden.

3. Durch einen rechten Mausklick über dem eingefügten Bild haben Sie nun die Möglichkeit, die Grafik Ihrem Geschmack entsprechend zu formatieren. Der Gestaltungsmöglichkeit sind dabei keine Grenzen gesetzt; wer sich mit Microsoft Word auskennt, wird sich schnell heimisch fühlen. Die Größe der Grafik kann wie gewohnt mit der Maus geändert werden. Sollen dabei die Proportionen erhalten bleiben, so betätigen Sie während der Größenänderung die `Umschalt`-Taste. Für die Beschriftung der Grafik empfiehlt sich die automatische Beschriftungsfunktion von *OpenOffice Writer*. Dazu wählen Sie im Grafikkontextmenü den Punkt Beschriftung. Auf ganz ähnliche Weise können Sie andere Objekte wie Tabellen oder Diagramme einfügen. Im Menü **Einfügen** finden sich entsprechende Unterpunkte.

Feinarbeiten: Rechtschreibprüfung etc.

Rechtschreibprüfung

Jede gute Textverarbeitung bietet die Möglichkeit, erstellte Dokumente auf korrekte Rechtschreibung hin zu überprüfen. In der Standardeinstellung erfolgt dies bei *OpenOffice Writer* während der Eingabe; unbekannte oder falsch geschriebene Worte erscheinen rot unterkringelt. Möchte man ein eigenes Vokabularium verwenden, so hat man die Möglichkeit, entsprechende Wörter mit einem rechten Mausklick dem Standardwörterbuch hinzuzufügen.

Wer möchte, kann zur Erlangung eines harmonischen Textflusses die automatische Silbentrennung aktivieren. Dies erfolgt über **Format** • **Absatz** • **Textfluss/Silbentrennung** automatisch. Das Einfügen von Seitenzahlen ist leicht: Erstellen Sie je nachdem, ob die Seitenzahlen im Seitenkopf oder im Seitenfuß erscheinen sollen, eine Kopf- bzw. Fußzeile. Mittels **Einfügen** • **Feldbefehl** • **Seitennummer** wird die automatische Nummerierung in die entsprechende Sonderzeile eingefügt. Die Seitennummer kann schließlich mit der üblichen Schaltfläche für die Zentrierung in die Mitte der Seite gerückt werden. Damit haben Sie beste Voraussetzungen geschaffen, ein epochales Werk auf Ihrem Computer entstehen zu lassen.

Silbentrennung aktivieren

7.2.2 OpenOffice Calc

Tabellenkalkulationen empfehlen sich für den Normalanwender dort, wo man einfache mathematische Aufgabenstellungen nicht programmieren, sondern direkt lösen möchte. Zwei Standardbeispiele werden im Folgenden vorgestellt, die den Einstieg in die Tabellenkalkulation *Calc* erleichtern sollen.

Zinsberechnungen

Aufgabenstellung:

Ein Kapital K wird zu einem Zinssatz von p % jährlich verzinst. Es soll die Zeit berechnet werden, nach welcher sich das Kapital verdoppelt hat. Die Entwicklung des Kapitals sowie der Zinsen soll zusätzlich grafisch dargestellt werden.

Die Lösung des Problems gestaltet sich folgendermaßen (die Feldangaben beziehen sich auf die Abbildung 7.12):

1. Starten Sie *OpenOffice Calc* über den entsprechenden Menüpunkt im Startmenü. Wählen Sie im Officemenü den Punkt Neu • Tabellendokument.

2. Erstellen Sie eine Überschrift sowie zwei Felder für die Ausgangsgrößen »Kapital« und »Zinssatz«. Außerdem sollte eine Tabelle mit den Spalten »Zeit in Jahren«, »Kapital in Euro« und »Zinsen in Euro« erstellt werden.

3. Die Tabelle wird folgendermaßen ausgefüllt: Unter der Überschrift »Zeit« wird die Folge der Jahre ausgefüllt. Dies erreichen Sie am

schnellsten durch Eingabe der ersten Zahlen (0, 1, 2) untereinander und anschließendem Ausfüllen der Zahlenfolge mittels Markieren der bereits ausgefüllten Felder und Herunterziehen des quadratischen »Anfassers«. Im ersten Kapitalfeld (B7 im vorliegenden Fall) wird das Startkapital mit der Anweisung =B4 übernommen. Die Formel zur Berechnung der Zinsen im Feld C7 lautet =B7*B3. In Feld B8 wird schließlich das nach einem Jahr verzinste Gesamtkapital eingetragen: =B7+C7. Zum Schluss werden die Formeln der Felder B8 und C7 in die darunterliegenden Felder via Drag and Drop kopiert. Das Resultat zeigt erneut Abbildung 7.12.

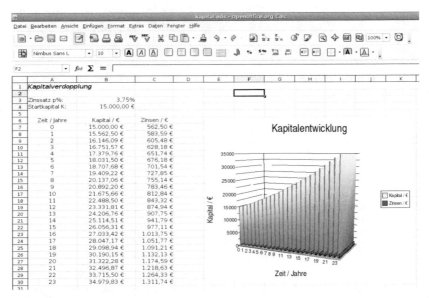

Abbildung 7.12 Berechnung einer Zinsentwicklung mit OpenOffice Calc

Diagramme erstellen

Der Tabelle entnimmt man, dass sich das Kapital zwischen dem 18. und 19. Jahr verdoppelt. Dies möchte man auch gerne grafisch darstellen. Zu diesem Zweck markieren Sie die komplette Tabelle und wählen aus dem Hauptmenü den Punkt **Einfügen • Diagramm**. Ein selbsterklärender Assistent führt den Benutzer über mehrere Schritte zur Erstellung eines einfachen Diagramms (Abbildung 7.12). Soll die x-Achse der Skalierung der Jahre entsprechend beschriftet werden, so wählt man als Diagrammtyp ein xy-Diagramm. Wem die »eingebauten« Diagrammtypen nicht ausreichen, der hat die Möglichkeit, markierte Daten zu exportieren und mit dem Universalwerkzeug *gnuplot* weiterzuverarbeiten.

Lösen eines linearen Gleichungssystems

Die heutigen Tabellenkalkulationen verfügen über mächtige mathematische Werkzeuge. So gelingt es im Handumdrehen, ein komplexes lineares Gleichungssystem[5] mit wenigen Mausklicks zu lösen, wie das folgende Beispiel zeigt.

Aufgabenstellung:

Lösen Sie das folgende lineare Gleichungssystem:

$2 x_1 + 6 x_2 - 3 x_3 + 12 x_4 = -6$

$4 x_1 + 3 x_2 + 3 x_3 + 15 x_4 = 6$

$4 x_1 - 3 x_2 + 6 x_3 + 6 x_4 = 6$

$-3 x_2 + 5 x_3 - 2 x_4 = 14$

Die Lösung des Problems zeigt Abbildung 7.13.

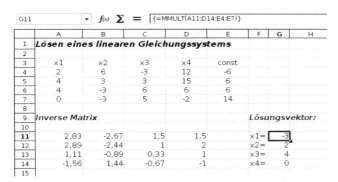

Abbildung 7.13 Lösen von komplexen Problemen mit Hilfe von Matrixfunktionen

Im Einzelnen wurde hierbei folgendermaßen vorgegangen:

Matrixfunktionen nutzen

1. Im Bereich A4:E7 wurde zunächst die Koeffizientenmatrix des linearen Gleichungssystems eingegeben.
2. Anschließend wurde die Zelle A11 ausgewählt und dort die inverse Matrix mit dem Befehl MINV(A4:D7) gebildet. Wichtig ist hierbei, dass Matrizenformeln mit der Tastenkombination (Umschalt) + (Strg) + (Enter) übergeben werden. Alternativ kann auch der Funktionsassistent durch Anklicken des Buttons f(x) gestartet werden.

---

5 Zugegeben: Dieses Beispiel soll in erster Linie die mathematisch Begeisterten unter den Lesern ansprechen. Der Rest der Leserschaft darf den Abschnitt getrost überspringen.

3. Die inverse Matrix aus dem Bereich A11:D14 wird nun mit dem Konstantenvektor aus dem Breich E4:E7 multipliziert. Der zugehörige Befehl dafür lautet MMULT(A11:D14;E4:E7). Das Ergebnis wird dann in der vorher markierten Zelle G11 ausgegeben.

7.2.3 OpenOffice Impress

HTML, PDF, Flash

OpenOffice Impress ist das Präsentationsprogramm der OpenOffice Suite und glänzt insbesondere durch die Unterstützung einer Vielzahl von Exportformaten. Sie haben die Möglichkeit, Ihren Vortrag in die drei bedeutenden Formate HTML, PDF oder Flash zu exportieren.

Die folgende Anleitung bezieht sich daher auch weniger auf das eigentliche Verfahren zur Erstellung einer Präsentation, sondern auf die reichhaltigen Möglichkeiten, diese zu verbreiten. Am schnellsten erstellen Sie eine Präsentation mit dem Autopiloten (**Datei • Neu • Autopilot • Präsentation**).

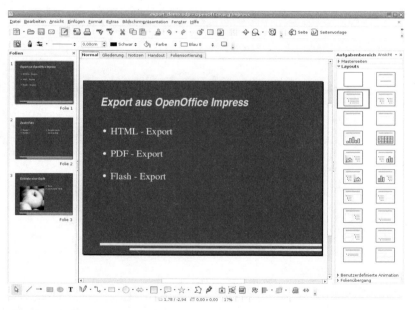

Abbildung 7.14 Präsentationen mit OpenOffice Impress erstellen

Zur Wiedergabe einzelner Absätze der Präsentation können Sie den Kernpunkten Animationseffekte über **Bildschirmpräsentation • Benutzerdefinierte Animation** zuweisen.

Nach Fertigstellung der Präsentation können Sie die verschiedenen Exportformate nacheinander testen. Dazu ist wie folgt vorzugehen: Zum Export der Datei als PDF-Dokument wählen Sie in *Impress* die Option **Datei • Exportieren als PDF**. Gegebenenfalls kann die Auflösung der Bilder verringert werden, um die Dateigröße klein zu halten. Sämtliche Folien werden in eine einzige PDF-Datei gepackt. Die Effekte der Bildschirmpräsentation gehen auf diese Weise zwar verloren, am Informationsgehalt ändert dies natürlich nichts.

Wer plant, seinen Vortrag im Internet zu veröffentlichen, ist mit dem Export in eine HTML-Datei[6] bestens bedient. Dazu wählen Sie **Datei • Exportieren** und als Ausgabeformat das HTML-Format. Im Verlauf des HTML-Exports haben Sie die Möglichkeit, verschiedene HTML-Layouts zu wählen. Im Normalfall wird der Export in eine HTML-Seite mit *Frameset* gewählt werden. *Impress* erstellt dann nach Abarbeiten des Assistenten eine voll navigierbare HTML-Präsentation.

Schließlich kann das Macromedia Flash Film Format zum Export vorgewählt werden, eine Möglichkeit, die man bei Powerpoint vergeblich sucht. Der Export erfolgt in ähnlicher Weise wie im Falle des HTML Dokuments, nur dass an der entsprechenden Stelle das Dateiformat *Macromedia Flash (SWF)* ausgewählt wird. Den fertigen Flashfilm können Sie anschließend direkt im *Firefox*-Browser begutachten, vorausgesetzt, Sie haben das Flash-Plugin installiert. Beeindruckend ist die geringe Dateigröße eines Flashfilms: Die drei Folien aus Abbildung 7.14 nehmen bescheidene 16 kByte ein.

Flash: Geringer Speicherbedarf

7.2.4 OpenOffice Base/Datenbanken

Seit OpenOffice Version 2.0 ist ein eigenes Datenbankfrontend namens *Base* Bestandteil des Pakets. Dabei handelt es sich um ein Frontend, welches die bislang schon bestehende Möglichkeit, eine externe Datenbank vom Typ mySQL zu nutzen, für Einsteiger vereinfacht. In Kapitel 8.5.3 werden Sie lernen, wie man den eigenen PC zu einem mySQL-Server ausbaut. Hier soll nur kurz skizziert werden, wie man mit Hilfe von OpenOffice *Base* auf eine derartige Datenbank zurückgreift.

Das folgende Beispiel geht davon aus, dass auf Ihrem System ein lokaler mySQL-Server läuft. Es soll auf dessen Testdatenbank namens `test` zugegriffen werden.

---

6 Darüber hinaus ist auch ein Export in XHTML möglich.

Der Zugriff auf die Datenbank soll über eine ODBC (*Open Data Base Connectivity*)-Schnittstelle erfolgen, so dass zunächst folgendes Paket installiert werden muss:

- libmyodbc

Nun sind zwei Dateien zu editieren, um auf die Testdatenbank des my-SQL-Servers zugreifen zu können. Ergänzen Sie Folgendes in die zuvor leeren Textdateien:

```
# Auszug aus /etc/odbc.ini
[MySQL-test]
Description = MySQL database test
Driver = MySQL
Server = localhost
Database = test
Port = 3306
```

Dadurch wird die Datenbank `test` unter dem Namen `MySQL-test` exportiert. Weiterhin muss der Pfad zur ODBC-Bibliothek gesetzt werden:

```
# Auszug aus /etc/odbc.ini
[MySQL]
Description = ODBS for MySQL
Driver = /usr/lib/odbc/libmyodbc.so
FileUsage = 1
```

Abbildung 7.15 Herstellen der Verbindung zur Datenbank

Damit wären alle Vorbereitungen getroffen. Nun starten Sie *OpenOffice Base* aus dem Menü über **Anwendungen · Büro · OpenOffice Base**. Im ersten Menü ist der Punkt *Verbindung zu bestehender Datenbank* auszuwählen. Achten Sie darauf, dass als Typ *ODBC* angegeben wird (Abbildung 7.15).

Im nächsten Untermenü können Sie nach bestehenden Datenbanken suchen lassen, hier sollte dann die oben definierte Datenbank `MySQL-test` erscheinen. Nach Auswahl der Datenbank muss ein Benutzer definiert werden, der auf die Datenbank zugreifen soll[7], und schließlich wird eine Base-Datei erstellt, die zu benennen ist. Von dieser Datei ausgehend haben Sie nun die Möglichkeit, auf die mySQL-Datenbank zuzugreifen (Abbildung 7.16).

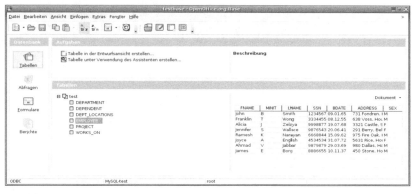

Abbildung 7.16 OpenOffice Base Frontend beim Zugriff auf eine mySQL-Datenbank

7.2.5 Organisationssoftware

Der moderne Mensch kommt heute nicht ohne eine integrierte Organisationsoberfläche aus, die einen Terminplaner, eine Aufgabenliste sowie eine Adressdatenbank umfasst. Je nachdem, ob GNOME oder KDE bevorzugt wird, nutzt man die folgenden zwei Lösungen:

Evolution

Dieser Groupware-Client hat derzeit den Ruf, unter Linux der beste Ersatz für Outlook zu sein. Das Programm startet man entweder durch Anklicken des *Evolution* Icons im GNOME-Panel oder aus dem GNOME-Menü durch Auswahl von **Anwendungen • Büro • Evolution**. Die Konfiguration von *Evolution* als E-Mail-Client wurde bereits in Abschnitt 7.1.2 besprochen. Die Organizermodule entsprechen den üblichen Anforderungen. Nützlich ist insbesondere die Möglichkeit, *Evolution* mit einem PDA abzugleichen. Dazu ist folgendes Paket zu installieren:

- multisync

---

7 Zu Testzwecken kann das zunächst einmal der Administrator Root sein.

Kontact – die KDE Lösung

Kontact integriert eine Aufgabenliste, eine Adressverwaltung (KAddress), eine Notizzettelapplikation (KNotes), ein E-Mail Programm (KMail) sowie einen Kalender (KOrganizer) und wird über **Büroprogramme • Kontact** gestartet. Das Programm ist weitestgehend selbsterklärend, eine Ähnlichkeit zu Microsoft Outlook ist ebenfalls nicht zu leugnen. Auch unter *Kontact* ist es möglich, Daten mit einem PDA abzugleichen.

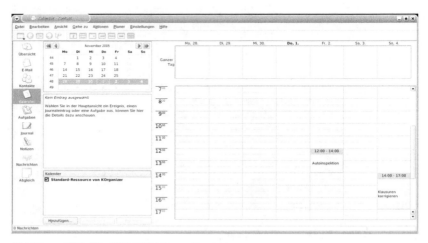

Abbildung 7.17 Die KDE PIM Lösung Kontact

7.2.6 Viewer und Wörterbücher

PDF und Postscript

Evince ist der Standard-Postscript bzw PDF-Betrachter unter GNOME. Sie sind sicher schon einmal mit dem Programm in Berührung gekommen, nachdem Sie ein PDF Dokument aus dem Internet auf Ihren Rechner geladen und dieses durch Anklicken im *Nautilus*-Browser angeschaut haben. Die entsprechende Lösung für KDE heißt KPDF und wird per default in der Kubuntu/KDE-Umgebung installiert.

Adobe Acrobat Reader — Möchte man proprietäre Software verwenden, so bedient man sich des *Acrobat-Reader* der Firma Adobe. Dieser ist recht voluminös, bietet jedoch einige Sonderfunktionen im Vergleich zu den obigen Lösungen. Das Programm findet man im Multiverse-Zweig von Ubuntu. Folgende Pakete sollten installiert werden, um den *Acrobat-Reader* auch innerhalb von *Firefox* nutzen zu können:

- acroread
- mozilla-acroread

Leider liegt die Linuxversion des Readers zumeist eine Releasenummer hinter der jeweils aktuellen Windowsversion zurück.

Wörterbücher und Thesauren

Das beliebteste Wörterbuch im Linuxumfeld nennt sich *ding*. Folgende Pakete müssen zur erfolgreichen Arbeit mit ding installiert werden:

- ding
- trans-de-en

Bei dem letzten Paket handelt es sich um ein sehr umfangreiches Wörterbuch, welches an der TU Chemnitz gepflegt wird. Interessant ist insbesondere die Eigenschaft des Programms, markierte Worte in einer parallel gestarteten Anwendung (z.B. einem Webbrowser) simultan zu übersetzen, wenn das unbekannte Wort markiert bzw. angeklickt wurde (Abbildung 7.18).

Abbildung 7.18 Das Wörterbuch ding übersetzt simultan

Viele OpenOffice Anwender wünschen sich einen ausführlicheren Thesaurus. Der normale Thesaurus des *OpenOffice* Pakets entstammt dem oben beschriebenen ding-Projekt. Um diesen zu installieren, lädt man die täglich neu generierte Datei von **www.openthesaurus.de** herunter. Die Installation innerhalb von OpenOffice geschieht folgendermaßen:

▶ Entpacken Sie das Paket und kopieren Sie die entpackten Dateien in das Verzeichnis /usr/share/myspell/dicts:

```
user$ unzip thes_de_DE_v2.zip
user$   cd OOo2-Thesaurus
user$   sudo cp * /usr/share/myspell/dicts
```

▶ Fügen Sie in die Datei dictionary.lst folgende Zeile ein:

```
#Auszug aus /usr/share/myspell/dicts/dictionary.lst
THES de DE th_de_DE_v2
```

Starten Sie abschließend *OpenOffice* neu. Zum Ausprobieren setzen Sie einfach den Cursor auf ein Wort und wählen aus dem Menü **Extras** den Punkt **Sprache • Thesaurus** bzw. alternativ die Hotkeysequenz `Strg` + `F7`. Sollten keine Synonyme angezeigt werden, können Sie es zunächst mit dem Wort »Test« versuchen. Es werden nur Grundformen gefunden, z.B. »groß« aber nicht »größer«, »laufen« aber nicht »lief«. Wer Fehler im Thesaurus findet oder Wörter vermisst, kann sich unter **http://www.openthesaurus.de** anmelden und dort Fehler beheben bzw. neue Wörter einfügen.

Online Thesaurus — Geradezu genial ist die Möglichkeit, das *OpenOffice* Programm mit dem Online-Thesaurus der Uni Leipzig zu verbinden. Dieser enthält mehr als 100 Millionen Beispieldatensätze. Bedingung ist die Installation der Original Sun Java Runtime, auf die wir später noch eingehen werden. Eine ausführliche Anleitung finden Sie im Wiki auf **www.ubuntuusers.de**.

7.3 Grafikprogramme

Auch für kreative Naturen unter den Anwendern ist bei Ubuntu gesorgt. Der aktuelle Abschnitt stellt einige der wichtigsten Lösungen im Bilderstellungs- und -bearbeitungsbereich vor, ohne dabei einen Anspruch auf Vollständigkeit zu erheben.

7.3.1 Vektorgrafik

Vektorgrafiken haben den Vorteil, beliebig skalierbar zu sein, da sie im Prinzip nur aus den Koordinatenangaben von Punkten bzw. Strecken bestehen. Eine Vergrößerung bzw. Verkleinerung der Grafik kann ohne Verlust an Bilddetails durch einfache Koordinatentransformation erfolgen.

OpenOffice Draw

OpenOffice Draw ist die integrierte Vektorgrafiklösung des *OpenOffice*-Pakets. Besonders praktisch ist die Möglichkeit, dass sämtliche Objekte und Grafikaktionen von *Draw* auch in den anderen Programmen der Officesuite eingesetzt werden können. Als einfaches Beispiel für die Handhabung eines derartigen Vektorgrafikprogramms soll im Folgenden ein Struktogramm mit *Draw* erstellt werden (Abbildung 7.19). Derartige Diagramme erstellt der gewissenhafte Programmierer, bevor er sich daran begibt, den Code eines neuen Projekts in den Rechner einzugeben.

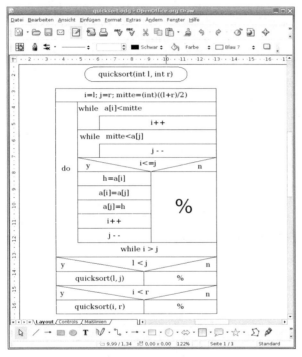

Abbildung 7.19 Struktogramm in OpenOffice Draw

Das Programm wird über **Anwendungen** • **Büro** • **OpenOffice Draw** gestartet. Legen Sie die Zeichnung großzügig an; am Ende kann das Resultat ohne Qualitätsverlust verkleinert oder vergrößert werden. Für geordnete Strichzeichnungen wie im Beispiel des Struktogramms empfiehlt es sich, den Rastermodus einzuschalten (**Ansicht** • **Raster** • **Raster sichtbar** sowie *Am Raster fangen*). Da im Laufe der Zeichnung aber nicht alle Objekte am Raster ausgerichtet werden sollen, bedienen wir uns der Schaltflächen in der Optionsleiste (**Ansicht** • **Symbolleisten** • **Optionen**),

Rastermodus einschalten

welche es gestatten, die Rastermodi ein- und auszuschalten. Zur Erstellung der eigentlichen Zeichnung geht man folgendermaßen vor:

1. Zeichnen Sie mit dem Rechteckwerkzeug einen groben Rahmen für das gesamte Struktogramm sowie eine erste Untergliederung von Teilrechtecken. Zwischenverbindungen, wie sie z.B. bei Bedingungs- oder Schleifenstrukturen erforderlich sind, werden mit dem Linienwerkzeug gezeichnet. Dieses wählen Sie per Doppelklick fest aus.

2. In die einzelnen Bereiche des Struktogramms wird nun der Text eingefügt. Dazu gibt es zwei Möglichkeiten: Normalerweise wird Text in einer eigenen Textbox platziert; innerhalb eines rechteckigen Bereichs bietet es sich aber an, die Textoption Text an Rahmen anpassen zu wählen (rechter Mausklick über dem Textobjekt).

3. Nachdem erste Textelemente erstellt wurden, können diese für andere Zwecke mittels Copy and Paste (Strg + C , Strg + V) an beliebigen Stellen der Zeichnung dupliziert werden, wodurch die Effektivität gesteigert wird. Sollen mehrere Objekte gleichzeitig ausgewählt und verbunden werden, so bedienen Sie sich der Umschalt -Taste.

4. Nach Fertigstellung kann schließlich die komplette Grafik auf die gewünschte Größe gebracht werden, indem Sie mit Hilfe des Auswahlwerkzeugs einen Rahmen um sämtliche Grafikobjekte ziehen und diese anschließend mit der Maus auf die gewünschte Größe ziehen. Drückt man beim Skalieren die Umschalt -Taste, so bleiben die Proportionen des ausgewählten Objekts beim Vergrößern bzw. Verkleinern erhalten. Das Ergebnis sollte dann in etwa wie in Abbildung 7.19 ausschauen.

Inkscape

Inkscape ist ein weiteres, auch hohen Ansprüchen genügendes Vektorgrafikprogramm. Installieren Sie das Programm über

```
user$ sudo apt-get install inkscape
```

Freie Cliparts Nach der Installation lässt sich *Inkscape* über **Anwendungen • Grafik • Inkscape** starten. Das Handling ähnelt dem von *OpenOffice Draw*, zur Übung kann die Grafik des letzten Abschnitts einmal testweise in der neuen Umgebung nachvollzogen werden.

Ein besonderer Vorteil von *Inkscape* ist dessen SVG-Format: Auf der Internetseite **www.openclipart.org** steht eine Vielzahl frei verwendbarer Cliparts im SVG-Format zum Download bereit, welche Sie für eigene Zwecke nutzen können.

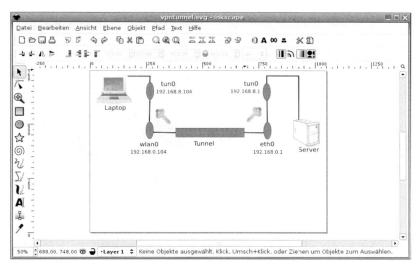

Abbildung 7.20 Professionelle Vektorgrafik mit Inkscape

7.3.2 Desktop Publishing (DTP)

Das Programm *Scribus* ist die Universallösung für Desktoppublishing unter Linux schlechthin. Folgende Pakete sollten installiert werden

- scribus
- scribus-template

Das letztere Paket enthält einige weitere Formatvorlagen. Unter GNOME muss *Scribus* entweder aus der Konsole gestartet oder nachträglich dem GNOME-Menu hinzugefügt werden. Nach dem Programmstart können Sie mit Hilfe des Assistenten über **Datei • Neu von Vorlage** erste Schritte in *Scribus* wagen. Als erste Übung empfiehlt sich die Erstellung eines Newsletters (Abbildung 7.21), eine entsprechende Vorlage ist im Programm bereits vorhanden.

Profis schätzen die Möglichkeit, das fertige Werk direkt in das PDF-Format[8] exportieren zu können. Der Datenaustausch mit *OpenOffice Draw* bzw. *Inkscape* klappt ebenfalls vorzüglich: Problemlos lassen sich *Draw*-Zeichnungen oder *Inkscape*-SVG-Dateien in das Programm importieren.

---

8 PDF ist das bevorzugte Format in der Druckvorstufe zur Weitergabe eigener Erzeugnisse an Druckereien.

Abbildung 7.21 Scribus – die DTP-Lösung

7.3.3 Bitmaps bearbeiten: The Gimp

Was kann man über ein Grafikprogramm schreiben, dessen Online-Handbücher mittlerweile über tausend Seiten umfassen und das nicht zu Unrecht als Photoshop-Äquivalent im Bereich der freien Software gilt? Das GNU Image Manipulation Programm (kurz *GIMP*) liegt mittlerweile in der Version 2.2 vor und erfreut sich großer Beliebtheit. *Gimp* ist fester Bestandteil der Ubuntu Standardinstallation.

Aufgrund der Komplexität des Programms erfolgt an dieser Stelle also lediglich ein kleines Anwendungsbeispiel, welches einen ersten Eindruck von der Handhabung des Programms vermittelt. Im folgenden Beispiel soll der berüchtigte Rote-Augen-Effekt auf einem Foto wegretuschiert werden.

Mit *Gimp* lässt sich ein solches Bildartefakt wie folgt beheben:

1. Vergrößern Sie mit dem Lupenwerkzeug den Bereich der Augenpartie derjenigen Person stark, deren Augen rot erscheinen. Öffnen Sie das Fenster Kanäle (**Dialoge • Kanäle** im Bildhauptfenster) und demarkieren Sie den grünen und blauen Kanal durch Anklicken. Dadurch erreicht man, dass sich die nun folgenden Aktionen nur auf den roten Kanal (sprich: Die roten Augen) auswirken.

2. Für die Anwendung des Retuschiereffekts muss noch das passende Werkzeug ausgewählt werden. Dies ist der Fuzzy Pinsel (**Dialoge • Pinsel**); wählen Sie für den Anfang die Größe 5 x 5.

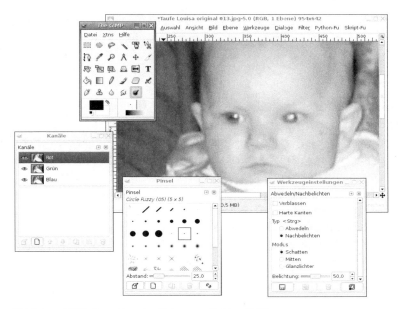

Abbildung 7.22 Korrektur des Rotaugeneffekts mit Gimp

3. Die roten Augen werden nun durch Abwedeln mit dem Nachbelichtungswerkzeug entfernt. Dieses starten Sie mittels (Umschalt) + (D) oder durch Auswahl der Puderquaste im *Gimp* Werkzeugfenster. Als Modus sollte Nachbelichten gewählt werden.
4. Nun »wedeln« Sie mit wechselnd gedrückter linker Maustaste über den Rotaugenbereich im Bild. Sie werden feststellen, dass sich das entsprechende Auge normalisiert (Abbildung 7.22).

Die vorgestellte Methode hat den Vorteil, dass im Gegensatz zum einfachen Übermalen der Augen mit einem grauen Kreis die Augen der gewählten Person nach wie vor natürlich erscheinen.

7.3.4 Verwaltung digitaler Fotos

ImgSeek

Nachdem Sie in Kapitel 4.8.2 gelernt haben, wie man Fotos aus einer Digitalkamera ausliest, soll im Folgenden eine Lösung zur Verwaltung derartigen Bildmaterials vorgestellt werden. Das Programm nennt sich

ImgSeek (Image Seek) und erleichtert insbesondere das Archivieren und Auffinden von Bildern. ImgSeek wird mittels

```
user$ sudo apt-get install imgseek
```

installiert. Achten Sie zuvor darauf, dass das Universe-Repository freigeschaltet wurde. Sie starten das Programm von einer Konsole aus mit dem Befehl

```
user$ imgSeek
```

(beachten Sie hier bitte die Groß-/Kleinschreibung). Alternativ können Sie das Programm auch wieder in das Startmenü Ihrer Desktopumgebung integrieren. Nach dem Programmstart sollten zunächst ein oder mehrere Verzeichnisse (so genannte Volumes) definiert werden, in denen Bilder enthalten sind. Im folgenden Beispiel ist dies z.B. eine CD-ROM, die Digitalfotos enthält. Über die Schaltfläche Add können Sie das Volume dem Suchpfad hinzufügen. Durch Anwahl des Schalters Recursively werden auch die Unterverzeichnisse indiziert. Bei einer späteren Suche verlangt *ImgSeek* nicht mehr nach dem Medium, vielmehr wird im Volumekatalog gesucht.

Abbildung 7.23 Bilder suchen mit ImgSeek

Suchen nach Bilddetails Ein herausragendes Feature des Programms ist die Bildersuche anhand von vorgegebenen Bildkriterien, die in Form von Piktogrammen oder auch Handskizzen vorliegen können. Dazu wählt man die Schaltfläche Search und gibt den Pfad zu dem Bild einer Clipart-Grafik an, die am ehesten der Form des gesuchten Objektes entspricht (Abbildung 7.23). Das Programm sucht nun nach dem Prinzip der Mustererkennung ähnliche Bilder heraus. Natürlich können die Ergebnisse auch schon mal grob von dem Suchziel abweichen, in der Regel ist aber das gesuchte Bild meist in der Suchauswahl enthalten.

Diashows

Hat man seine Bilder erst einmal sortiert, so möchte man diese meist einem Publikum in Form einer Diashow vorstellen. Unter GNOME/Ubuntu steht Ihnen mit dem Programm *gThumb* ein nützliches Werkzeug für derartige Unterfangen zur Verfügung. Sie starten das Tool über **Anwendungen • gThumb**. Mit Hilfe des Programms lassen sich auch Bilder katalogisieren, allerdings gestaltet sich die Suche im Archiv nicht ganz so bequem wie bei *ImgSeek*. Die Bildwechselgeschwindigkeit in *gThumb* können Sie übrigens mittels **Bearbeiten • Einstellungen • Diashow** variieren. Wer gerne selbst den Bildwechsel bestimmen möchte, wählt das Startbild aus, wechselt mit (F) in den Vollbildmodus und gelangt mit (N) zum jeweils nächsten Bild bzw. mit (P) zurück. Im Diashowmodus können Sie jederzeit die Maussteuerung durch Anklicken des Bildes aktivieren.

gThumb

Abbildung 7.24 Urlaubsbilder sichten und vorführen mit gThumb

Unter KDE lassen sich Diashows mit dem Programm *Kuickshow* durchführen. In der normalen Kubuntu-Installation ist das Paket nicht enthalten, es lässt sich jedoch leicht über

Kuickshow

```
user$ sudo apt-get install kuickshow
```

nachinstallieren. Die Handhabung entspricht in etwa der GNOME-Lösung *gThumb*.

7.4 CDs und DVDs erstellen und brennen

Der folgende Abschnitt beschäftigt sich damit, selbst erstelltes multimediales Material auf CD- bzw. DVD-Rohlinge zu befördern. Wir gehen davon aus, dass bei die Hardware gemäß Abschnitt 4.4.4 der DMA aktiviert wurde.

7.4.1 Brennen von der Kommandozeile

Sämtliche Programme mit grafischen Frontends basieren auf einer Hand voll Kommandozeilenprogrammen, die man auf die Schnelle auch einmal in einer Konsole testen kann. Basis ist zunächst das Programm *cdrecord*. Das Programm muss innerhalb einer Shell mit Root-Rechten gestartet werden.

Ein Beispiel: Um eine Sicherung von Ihrem Heimverzeichnis zu starten, verwenden Sie zuvor das Programm `mkisofs`:

```
user$ mkisofs -o /tmp/sicherung.iso -r -T -V \
Sicherung_<Datum> /home/<Benutzer>
user$ sudo cdrecord dev=/dev/cdrom1 speed=48 \
/tmp/sicherung.iso
```

Geschwindigkeit und Devicebezeichnung sind natürlich Ihrer Hardware entsprechend zu wählen. Auf diese Weise wird zunächst eine Abbilddatei erstellt (ein so genanntes ISO-Image), welches anschließend mit `cdrecord` auf einen Rohling geschrieben wird.

Eine komplette CD kann mit folgenden Befehlen 1:1 kopiert werden:

```
user$ dd if=/dev/cdrom of=/tmp/copyiso.img
user$ sudo cdrecord dev=/dev/cdrom1 speed=48 \
/tmp/copyiso.iso
```

DVDs brennen

DVD Formate — An die Stelle von cdrecord treten beim Brennen von DVDs die dvd+rw-tools. Der Name +RW ist ein wenig irreführend, da die Tools mittlerweile sämtliche Spielarten von Rohlingen (+/–R(W)) beschreiben können. Ein größeres Verzeichnis wird mit folgendem Befehl auf DVD gesichert:

```
user$ sudo growisofs -R -J -Z /dev/cdrom1 \
/home/<Benutzername>
```

Haben Sie ein DVD-ISO auf Ihren Rechner aus dem Internet heruntergeladen, so können Sie dieses mittels

```
user$ sudo growisofs -dvd-compat \
-Z /dev/cdrom1=<ISO-Name>
```

auf den Rohling bringen. Der Parameter `dvd-compat` sorgt für eine maximale Kompatibilität mit handelsüblichen DVD-ROM Laufwerken.

7.4.2 Eingebaute Brennprogramme

Wahrscheinlich haben Sie schon bemerkt, dass sich unmittelbar nach dem Einlegen eines CD- bzw. DVD-Rohlings ein Fenster öffnet, welches nachfragt, ob Daten auf eine CD/DVD gebrannt werden sollen. Wird die Nachfrage bestätigt, so öffnet sich ein Nautilusfenster. Damit haben Sie die Möglichkeit, einzelne Dateien oder auch Verzeichnisse per Drag and Drop aus einer anderen Nautilusinstanz in das Brennerfenster zu schieben. Die Daten werden auf den Rohling gebrannt, wenn Sie die Schaltfläche **Auf CD/DVD schreiben** anklicken. Im nächsten Dialog (Abbildung 7.25) können dann noch einige Parameter wie z.B. die Brenngeschwindigkeit angegeben werden und schon beginnt der Brennvorgang.

Abbildung 7.25 Nautilus als Brennprogramm

Das Brennen von ISO-Abbildern ist in Verbindung mit *Nautilus* ebenfalls ohne Umweg möglich, dazu navigieren Sie im *Nautilus* zu einem ISO-Abbild und wählen per rechtem Mausklick den Kontextmenüpunkt *Auf CD/DVD schreiben*.

Achten Sie hierbei darauf, dass zuvor das Paket

- cdrdao

Disk at Once Modus für den *Disk at Once* Brennmodus installiert wurde, da sonst das Brennen unweigerlich scheitert.

Das Brennen mit dem *Nautilus* Brennmodul ist natürlich bei weitem nicht so komfortabel, wie man dies von den gängigen Lösungen unter Windows kennt. Es gibt zwar mittlerweile eine echte GNOME Brennapplikation namens GNOMEBaker, diese erscheint allerdings bei weitem nicht so ausgereift wie die beiden im nächsten Abschnitt vorgestellten Pakete.

7.4.3 Komfortable Brennprogramme

K3b

Den Reigen professioneller Brennprogramme unter Linux führt ein KDE-Programm an: *K3b* ist unter Linux die Alternative zu Nero, WinOnCD und Co. Der riesige Funktionsumfang des Programms reicht sogar bis zum Encodieren von Video-CDs und -DVDs.

Leider findet man *K3b* nicht in der Ubuntu-Standardinstallation. Installieren Sie daher die folgenden Pakete nach:

- k3b
- k3b-i18n
- kde-i18n-de
- cdrdao

Dadurch werden zusätzlich einige KDE-Bibliotheken, die für das Funktionieren des Programms erforderlich sind, sowie die Lokalisierungsdateien installiert. Wünschen Sie Unterstützung für das Brennen von MP3-Dateien, dann sollte das Paket k3b-mp3 ebenfalls installiert werden. GNOME-Anwender sollten nach der Installation kontrollieren, ob im Hauptmenü **Anwendungen • Unterhaltungsmedien** ein neuer Eintrag *K3b* zu finden ist und diesen ggegebenfalls ergänzen.

Beim ersten Programmstart wird die erkannte Brennhardware angezeigt. Dies kann auch jederzeit im Menü **Einstellungen • K3b einrichten • Geräte** nachgeprüft werden. Dort sollte weiterhin kontrolliert werden, ob sämtliche zum Brennen benötigten Kommandozeilenprogramme im System zu finden sind. Dies geschieht im Untermenü **Einstellungen • K3b einrichten • Programme** (Abbildung 7.26). Beachten Sie, dass nicht un-

bedingt sämtliche aufgelisteten Programme installiert sein müssen, einige
Tools beziehen sich z.B. auf die Erstellung von Video-CDs bzw. -DVDs.

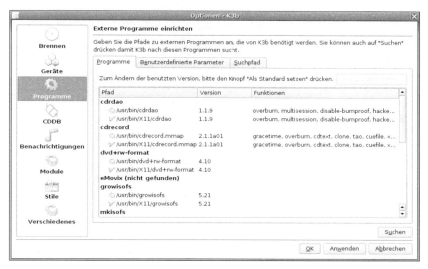

Abbildung 7.26 Konfiguration von K3b

Nun können Sie einmal die Funktion des Programms testen. Die goldene Regel lautet: Wählen Sie zunächst in der unteren Fensterhälfte einen Projekttyp aus. Am einfachsten gestalten sich Daten-CD-Projekte, aber auch Audio-CDs lassen sich mit *K3b* einfach zusammenstellen. Ziehen Sie dazu jeweils die gewünschten Dateien bzw. Tracks aus dem Browser im oberen Fensterteil nach unten in das Projektfenster.

Audio-CDs

Möchten Sie bei Audio-CDs die Titel der Tracks angezeigt bekommen, so ist sicherzustellen, dass Ihr Computer mit dem Internet verbunden ist, da hierfür ein Zugriff auf die CDDB-Datenbank für Musiktitel erforderlich ist (Abbildung 7.27). Zusätzlich muss im Konfigurationsmenü unter *CDDB* der Zugriff auf einen Server konfiguriert werden.

Der eigentliche Brennvorgang wird dann über **Projekt • Brennen** angeworfen. Im Falle von Daten-CDs haben Sie im Brenndialog/Untermenü *Einstellungen* auch die Möglichkeit, eine Multisession-CD bzw. -DVD zu beginnen.

Möchten Sie ein ISO-Image mit *K3b* brennen, so wählen Sie im Hauptmenü den Punkt Extras • ISO Abbilddatei brennen (es existieren dort zwei Einträge: jeweils einer für ein CD- bzw. DVD-ISO). Das Programm berechnet nach Anwahl der Abbilddatei sofort die MD5-Prüfsumme der Datei, um Fehlbrände schon im Vorfeld zu vermeiden.

ISOs brennen

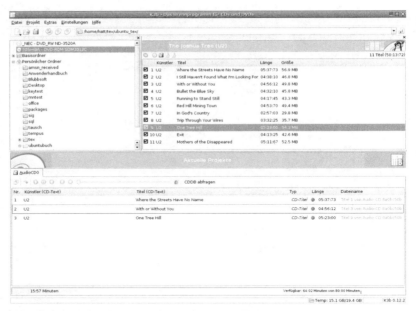

Abbildung 7.27 Eine Audio-CD mit K3b zusammenstellen

xcdroast

Bereits vor *K3b* wurde *xcdroast* entwickelt, welches sich auch heute noch ungebrochener Beliebtheit erfreut. Nach der Installation des Programms mittels

```
user$ sudo apt-get install xcdroast
```

muss das Programm zunächst einmal als Superuser gestartet werden, um den Hardwarezugriff zu konfigurieren. Danach sollte im erscheinenden Popup-Fenster der Non-Root-Modus gewählt werden, der es auch normalen Nutzern gestattet, Brennprojekte durchzuführen. In der Programmrubrik Einstellungen • Benutzer können Sie nun entweder allen Benutzern den Zugriff erlauben oder eine Selektion erstellen.

Außerdem sollte unter Platteneinstellungen ein Temporärverzeichnis zum Erstellen von Imagedateien definiert werden. Nach dem Bestätigen der Konfigurationsänderungen können Sie über den Menüpunkt Tracks mastern die Zusammenstellung der Dateien beginnen. Die CD selbst wird schließlich über Tracks schreiben erstellt.

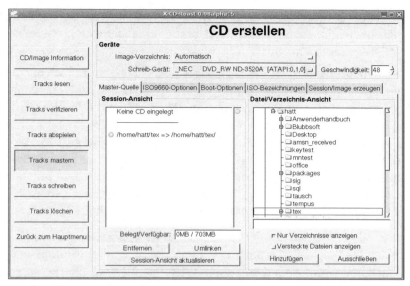

Abbildung 7.28 xcdroast – eine Alternative zu K3b

7.5 Multimediaanwendungen

So richtig Spaß macht ein Computer dann, wenn man ihm Töne und bewegte Bilder entlocken kann. Der folgende Abschnitt stellt die entsprechende Software vor, die bei Ubuntu zum Einsatz kommt. Zu Beginn darf hier aber auch der erhobene Zeigefinger nicht fehlen, denn leider sind bei freier Software einige Dinge zu beachten, wenn man sich nicht am Rand der Legalität bewegen möchte.

7.5.1 Codecs und rechtliche Aspekte

Zur Darstellung von Audio- bzw. Videodaten greift man auf so genannte Codecs zurück. Das sind Bibliotheken, die in der Lage sind, Bild- und Tonmaterial zu **co**dieren und zu **dec**odieren. Die folgenden wichtigen Formate sind derzeit unter Linux einsetzbar:

▶ Im **Audiobereich** unterscheidet man Audiorohdateien, die zumeist in Form von *.wav Dateien vorliegen, von Dateien, die mit Hilfe eines psychoakustischen Verfahrens wie z.B. der MP3 oder *Ogg Vorbis* Kompressionsroutine auf einen geringen Teil ihrer Größe »eingedampft« wurden. Während das MP3-Verfahren patentrechtlich geschützt ist, ist *Ogg Vorbis* freie Software, die sich gerade unter Linux größter Beliebtheit erfreut. Aufgrund der derzeit noch liberalen Patentlage findet man bei einigen europäischen Linux Distributionen die MP3-Encoder Software in Form des LAME-Pakets vor, während die für den amerikanischen Markt bestimmten Derivate meist keine MP3-Wiedergabemöglichkeit besitzen.

▶ Im **Videobereich** sieht die Lage sogar noch trauriger aus: Streng genommen dürfen Sie unter Linux lediglich selbsterstelltes oder im Internet freigegebenes Videomaterial abspielen. Zur Wiedergabe einer handelsüblichen, kommerziellen DVD ist es notwendig, die auf der Mehrzahl dieser DVDs befindliche Content Scrambling System (CSS) Verschlüsselungsroutine zu umgehen. Freilich sind derartige Entschlüsselungsroutinen (DeCSS) schon längst entwickelt worden und im Umlauf. Nach einer Novelle des Kopierschutzgesetzes ist aber bereits das alleinige Umgehen eines (Zitat) »wirksamen Kopierschutzes« strafbar.

Fakt ist also, dass wir an dieser Stelle keine Tipps geben dürfen, wie man handelsübliche DVDs unter Linux wiedergibt. Findige Naturen werden sich aber wohl nach dem Studium der einschlägigen Internetseiten recht schnell einen Reim darauf machen, wie für den Privatgebrauch zu verfahren ist.

7.5.2 Wiedergeben von Audio-CDs

»Normale« Audio-CDs lassen sich ohne Probleme[9] mit dem integrierten CD-Abspieler wiedergeben. Legen Sie dazu einfach die CD in Ihr CD-/DVD-Laufwerk.

Abbildung 7.29 CDs anhören und Rippen mit dem Soundjuicer

---

9 Voraussetzung hierfür ist, dass die Audio-CD nicht mit einem Kopierschutz versehen ist. Eine Liste derartiger »Un-CDs« finden Sie auf **www.heise.de**.

Unter Ubuntu/GNOME startet kurze Zeit nach dem Einlegen der CD das für die Wiedergabe von CDs verantwortliche Standardprogramm, im vorliegenden Fall der *Soundjuicer* (Abbildung 7.29), der mittlerweile das Standard-Wiedergabeprogramm *gnome-cd* abgelöst hat. Besteht eine Verbindung zum Internet, so holt sich das Programm die Titelliste aus der CDDB-Datenbank.

Über die Schaltfläche *Auslesen* werden die vorgewählten Titel in das Heimverzeichnis als *Ogg Vorbis*-Dateien transkodiert und können danach auf einen gängigen USB Ogg Vorbis-Player[10] befördert werden. Unter KDE ist der KsCD-Player für die Wiedergabe von Audio-CDs zuständig. Nachdem man die CD eingelegt hat, öffnet sich ein Fenster, das zunächst den Inhalt der CD in Dateibrowserform anzeigt. Ähnlich zur Verfahrensweise unter Windows fragt ein weiterer Dialog nach, wie mit der CD zu verfahren ist. Zur Auswahl stehen die einfache Wiedergabe, aber auch das Auslesen und Encodieren.

KDE – KsCD

7.5.3 Encodieren von Audiomaterial

Immer beliebter werden die kleinen praktischen USB-Memorysticks, die über integrierte Encodierroutinen für MP3 bzw. *Ogg Vorbis* Dateien verfügen. Die folgende Kurzanleitung zeigt Ihnen, wie Sie von einer Kommandozeile ausgehend Stücke von einer CD in die entsprechenden Formate umwandeln. Stellen Sie sicher, dass folgende Pakete bzw. Programme auf Ihrem PC installiert wurden:

- cdparanoia
- vorbis-tools
- lame (für MP3-Unterstützung)

Einige der Pakete befinden sich im Universe- bzw. Multiverse Repository.

1. Legen Sie die CD Ihrer Wahl in ein freies Laufwerk ein. Ein bestimmter Titel wird zunächst mit dem Befehl

    ```
    user$ cdparanoia <Titelnummer> titel_nr.wav
    ```

    auf die Platte befördert. `<Titelnummer>` ist hierbei eine ganze Zahl, welche die Nummer des Tracks angibt, den man auf den PC befördern (rippen) möchte. Das Rip-Programm *cdparanoia* erwartet dabei, dass das Audiomedium über den Standardlink `/dev/cdrom` angesprochen

---

[10] Immer mehr Memorystickplayer beherrschen mittlerweile auch die Decodierung von Ogg Vorbis-Dateien.

werden kann; dieser ist gegebenenfalls an das System anzupassen. Ein Fortschrittsbalken zeigt den aktuellen Transferstatus an.

2. Nun kann man zunächst den Platzbedarf der auf den Rechner übertragenen Datei inspizieren:

```
user$ ls -lah titel_nr.wav
33M titel_nr.wav
```

Ein durchschnittliches Stück nimmt zwischen 30 MB und 50 MB Datenvolumen ein.

3. Die wav-Datei soll schließlich komprimiert werden. Dazu verwenden wir den Befehl oggenc des *Ogg Vorbis* Pakets. Ein Komprimierungsbefehl könnte z.B. wie folgt aussehen:

```
user$ oggenc titel_nr.wav -q 6 -o titel_nr.ogg
```

MP3-Encodierung Wenn das Musikstück in das MP3-Format encodiert werden soll, so geschieht dies mit folgendem Encodierbefehl:

```
user$ lame -h -V 6 titel_nr.wav titel_nr.mp3
```

Dabei wurde jeweils die Qualitätsstufe 6 gewählt, das Maximum an Qualität liegt bei 10. Ein erneuter Blick auf die Größe der erzeugten Dateien zeigt den Erfolg der Kompression:

```
user$ ls -lah
2,8M 2005-12-05 20:22 titel_nr.mp3
4,2M 2005-12-05 20:16 titel_nr.ogg
33M  2005-12-05 20:11 titel_nr.wav
```

Die durchschnittliche Kompressionsrate liegt je nach gewählter Qualitätsstufe bei ca. einem Zehntel der Originaldateigröße.

7.5.4 Bearbeitung von Audiodateien

Nachdem nun einige Musikstücke ihren Weg auf den Rechner gefunden haben, wünscht man sich oft, diese neu abzumischen oder auch einfach nur zu schneiden. Dazu bietet sich der Soundeditor *Audacity* an, welcher sogar als professionelles Mehrkanaltonstudio eingesetzt werden kann. Installieren Sie die Software mittels

```
user$ sudo apt-get install audacity
```

Nach der Installation befindet sich das Programm über **Anwendungen • Unterhaltungsmedien • Audacity**. Nach dem Start müssen Sie zunächst die Menüsprache auswählen, danach kann über **Datei • Öffnen** ein Audiosample in den Editor geladen werden, z.B. einer der im letzten Abschnitt gerippten CD-Tracks. Als kleines Projekt soll im Folgenden der

Mittelteil eines importierten Stücks isoliert werden sowie mit einer Ein- und Ausblendung und einem Effekt versehen werden.

1. Markieren Sie mit der Maus einen Bereich vom Beginn des Stücks sowie einen Bereich am Ende des Stücks und löschen Sie diesen entweder mit der Taste (Entf) oder durch Anklicken des Scherensymbols in der Iconleiste. Zur besseren Orientierung lässt sich das Musikstück mit den üblichen Kontrollknöpfen im Editor[11] wiedergeben.

2. Für die Einblendung des Anfangsteils markieren Sie eine etwa 10sekündige Sequenz mit der Maus und wählen im Menü *Effekt* den Punkt Einblenden. Verfahren Sie analog zum Ausblenden des Stücks.

3. Nun sollten Sie einen weiteren Effekt testen. Spaßeshalber möchten wir das geschnittene Stück rückwärts abspielen. Dazu wählt man zunächst das komplette Stück mittels (Strg) + (A) aus und wählt den Punkt **Effekt • Reverse** im Hauptmenü. Eine erneute Wiedergabe des Stücks mit der Playtaste zeigt, ob die obigen Schritte erfolgreich waren.

Material schneiden

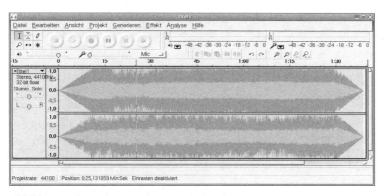

Abbildung 7.30 Audacity – das Linux Tonstudio

Selbstverständlich können Sie auch »ernsthaft« mit *Audacity* arbeiten. Über dem Punkt **Projekt • Neue Tonspur** können beliebig viele Tracks zum Projekt hinzugefügt und abgemischt werden, so dass Ihrer Kreativität keine Grenzen gesetzt sind. Nach vollendeter Arbeit kann das Ergebnis dann je nach Anzahl und Art der installierten Audioencoderbibliotheken in das WAV, Ogg Vorbis oder MP3-Format exportiert werden (**Datei • Exportieren als . . .**).

---

11 Anmerkung: Das Löschen funktioniert nur dann, wenn Sie sich nicht im Wiedergabemodus befinden.

Wer sich ein professionelles Tonstudio unter Ubuntu aufbauen möchte, findet in einem Artikel des Ubuntu Wikis (Rubrik **Multmedia**) wertvolle Anregungen. Dort wird unter anderem beschrieben, wie man das Jack Soundsystem einrichtet und einen Kernel installiert, der die Problematik hoher Latenzen umgeht.

7.5.5 Videomaterial wiedergeben

Auch für die Freunde der bewegten Bilder ist gesorgt: Unter Ubuntu lässt sich eine Vielzahl von Multimediaplayern installieren, die fast alle gängigen Videoformate wiedergeben können. Ein wenig problematisch ist die Unterstützung so genannter proprietärer Formate wie z.B. Windows Media oder Apple Quicktime. Aber auch hier finden sich Mittel und Wege.

Totem

Der Videoplayer *Totem* ist die eingebaute Lösung unter GNOME zur Wiedergabe einer Vielzahl multimedialer Materialien. *Totem* greift auf die gstreamer-Engine zurück. Es bietet sich die Installation folgender Pakete an:

- totem-gstreamer
- gstreamer0.8-plugins

Plugins installieren Mit Hilfe des letzten Metapaketes wird eine Vielzahl von Plugins automatisch installiert. Speziell für den Audiobereich empfiehlt sich die Installation folgender zusätzlicher Plugins:

- gstreamer0.8-faac und
- gstreamer0.8-faad für MP4 (AAC)-Audio Dateien
- gstreamer0.8-lame für MP3-Encoding

Für die Video-Wiedergabe sollten folgende Pakete installiert werden:

- gstreamer0.8-ffmpeg Plugins für über 40 Formate wie z.B. MPEG, DivX, MPEG4, AC3, DV usw.
- gstreamer0.8-xvid für DivX 5-Video Dateien
- libquicktime1 für Quicktime Dateien (MOV u.a.)

Nach der Installation von neuen Codecs ist der folgende Befehl auszuführen:

```
user$ gst-register-0.8
```

Sollte es auf Ihrem System Probleme mit der gstreamer-Engine geben, so haben Sie die Möglichkeit, das `totem-xine` Modul einzusetzen. Dieses integriert die Funktionalität des im nächsten Abschnitt vorgestellten xine-Videoplayers in die *Totem*-Oberfläche.

xine

Der *xine*-Videoplayer ist neben dem *MPlayer* die Standardvideolösung unter Linux. *xine* ähnelt in gewisser Weise den Programmen, die man von Windows her kennt, also z.B. PowerDVD. Sie installieren xine über die folgenden Pakete:

▶ xine-ui
▶ gxine

Das letzte Paket bietet eine schöne Integration in die GNOME-Oberfläche. Experten bevorzugen aber nach wie vor die Original-*Xine* Oberfläche, die Sie ebenso wie *gxine* im Menü **Anwendungen • Unterhaltungsmedien** finden. *xine* integriert sich ebenfalls gut in die KDE-Oberfläche.

Für einen ersten Test besorgen Sie sich am besten einmal einen freien MPEG2-Trailer aus dem Internet, z.B. über Google mit dem Suchstring `mpeg2 sample clip`. Dieser kann nach dem Herunterladen dann mit

`user$ xine <Trailername>.mpg`

gestartet werden, die Erweiterung und der Trailername sind gegebenenfalls anzupassen. Alternativ können Sie natürlich auch eigene Clips, die zuvor von Ihrer Digitalkamera auf den PC befördert wurden (vgl. Abschnitt 7.3.4), wiedergeben (Abbildung 7.31).

Abbildung 7.31 Der Multiformatplayer xine

Einzelne Segmente von MPEG2-Videos können übrigens recht einfach auf der Kommandozeile über

```
user$ cat film1.mpg film2.mpg ... > film.mpg
```

DivX – XviD zusammengefügt werden. Für die Wiedergabe von DivX-Material müssen die kommerziellen Bibliotheken von **www.divx.com** installiert werden. Andererseits gibt es auch eine Open Source Alternative in Form des XviD[12]-Codecs, welcher DivX in Punkto Qualität und Leistungsfähigkeit in nichts nachsteht.

Den Original-DivX Codec für Linux können Sie von **www.divx.com/divx/linux** herunterladen. Das Paket muss entpackt werden, anschließend wechseln Sie in das entpackte Verzeichnis und führen den Installer via

```
user$ sudo ./install.sh
```

aus. Dadurch werden die DivX-Bibliotheken in das System integriert. Für eine reversible Installation empfiehlt sich das Paket checkinstall.

Für die Wiedergabe und Erzeugung von XviD-Material benötigen Sie das folgende Paket:

▶ libxvidcore4

DVD Wiedergabe

CSS Problematik Bei der Wiedergabe von DVDs besteht das Problem darin, dass lediglich das Abspielen von unverschlüsselten[13] DVDs erlaubt ist. Das selbstgedrehte Urlaubsvideo, welches von der Digitalkamera auf den DVD-Datenträger befördert wurde, entspricht aber allemal den rechtlichen Anforderungen. Und: Es gibt teilweise auch unverschlüsselte DVDs im Handel, eine Liste derartiger Medien wird mehr oder weniger sporadisch unter **www.videolan.org/freedvd.html** geführt.

Gehen wir also davon aus, dass Sie über eine unverschlüsselte DVD verfügen. Legen Sie diese in das DVD-Laufwerk ein und starten Sie *xine* über **Multimedia** • **xine**. Durch Anklicken der Schaltfläche *DVD* wird der DVD-Navigator gestartet, mit welchem Sie durch das Menü der eingelegten DVD navigieren können.

---

12 Man beachte das Wortspiel DivX ↔ XviD.
13 Es sollte erwähnt werden, dass es technisch nicht unmöglich ist, verschlüsselte DVDs unter Linux wiederzugeben. Aufgrund der Rechtslage dürfen der Verlag und die Autoren aber keine Hinweise geben, wie hier vorzugehen ist.

Sollte beim Betätigen des DVD-Knopfs nichts passieren, so ist zu untersuchen, ob der Pfad zum Wiedergabegerät korrekt definiert wurde. *xine* verfügt über ein breites Spektrum von Konfigurationsmöglichkeiten, welche man durch Anklicken des Schraubenschlüsselsymbols in der linken unteren Fensterhälfte erreicht. Im Untermenü *gui* muss zunächst der Erfahrungslevel eingestellt werden. Wer vollen Zugriff auf sämtliche Optionen haben möchte, wählt an dieser Stelle den Modus Expert bzw. Master of the known universe aus und bestätigt die Auswahl mittels Anwenden. Im Untermenü *media* kann dann schließlich der Pfad auf das korrekte Device gesetzt werden, z.B. /dev/dvd (Abbildung 7.32).

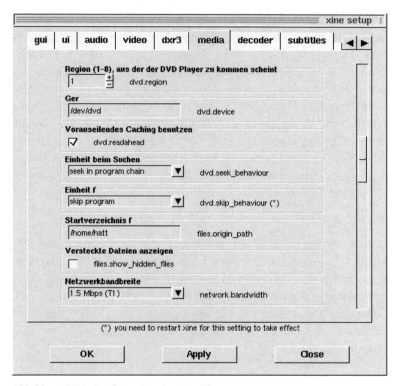

Abbildung 7.32 Konfiguration des xine-Players

MPlayer

Ein weiterer universeller Player ist die Software *MPlayer*, die sich insbesondere in Form eines Plugins auch sehr gut in Verbindung mit der Wiedergabe von Videos in einem Browser nutzen lässt. Zur Installation des *MPlayers* wählen Sie folgende Pakete aus:

- mplayer-586 bzw. das Ihrer Rechnerarchitektur entsprechende Paket
- mozilla-mplayer das Plugin für den Firefox-Browser

Encodieren von Videomaterial

Wenn Sie einen Videoencoder benötigen, so können Sie auch noch das folgende Paket installieren:

- mencoder

Ob der Player korrekt als Plugin in den Browser integriert wurde, erfahren Sie durch die Eingabe von `about:plugins` in der Eingabezeile des Browsers.

Wiedergabe von Livestreams

Vielbeschäftigte Menschen, die den ganzen Tag vor dem Computer verbringen und keinen Fernseher in der Nähe vorfinden, schätzen die Möglichkeit, aktuelle Nachrichtensendungen aus dem Internet in Form von Videolivestreams auf dem lokalen Rechner wiedergeben lasen zu können. Die Major Players in Deutschland, **tagesschau.de** und **heute.de**, bieten derartige Streams in den Formaten Windows Media bzw. Real Media an. Dank des Engagements der Firma Real Media, die den bekannten Real Video Player auch als Linux Version kostenlos weitergibt, bleiben in diesem Fall auch Linux Anwender nicht außen vor. Im Multiverse Zweig finden Sie einen Realplayer-Installer namens

Realplayer...

- realplayer,

der das entsprechende Paket von **www.real.com** aus dem Internet lädt und installiert[14]. Dabei handelt es sich um den veralteten Realplayer 8. Wer die neue Version benötigt, kommt nicht umhin, das aktuelle Paket direkt von **www.real.com/linux** zu laden und per Hand zu installieren. Dazu definieren Sie zunächst das Paket als ausführbar und führen den Installer aus.

```
user$ chmod a+x RealPlayer10GOLD.bin
user$ ./RealPlayer10GOLD.bin
```

Eine Alternative zum Realplayer ist der freie Helixplayer, welcher allerdings meist nicht mit den kommerziellen Livestreams wie dem von **tagesschau.de** klarkommt.

---

14 Da es sich um kommerzielle Software handelt, darf diese nicht der Ubuntu Distribution beigefügt werden.

Eine andere Variante besteht darin, den *MPlayer* zur Wiedergabe von RealMedia Streams zu verwenden. Dies erreichen Sie durch die Installation des Pakets **mozilla-mplayer**.

... versus MPlayer

Als abschließender Tipp zur Wiedergabe von Videostreams sollte das VideoLAN Projekt (**www.videolan.org**) nicht unerwähnt bleiben. Dabei handelt es sich um eine komplette Videostreaminglösung für Linux, aber auch andere Plattformen, die es gestattet, selber »auf Sendung« zu gehen. Sie können den Player sowie den Streamingserver mit Hilfe der Pakete

- vlc
- vls

installieren. vls stellt dabei ein besonders einfach zu konfigurierendes Videoserverpaket dar.

7.5.6 Videoschnitt

Neben dem kommerziellen Programm *MainActor* stellt das Programm *kino* derzeit die beliebteste (weil freie) Lösung für Videoschnitt unter Linux dar. Folgende Pakete werden für eine Komplettinstallation benötigt:

- kino
- kino-dvtitler
- kinoplus
- kino-timefx

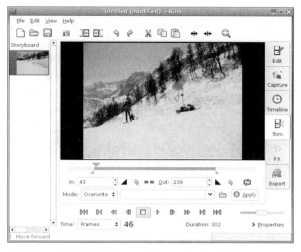

Abbildung 7.33 Schnitt von Videomaterial mit kino

Kino wurde optimiert für den Schnitt von digitalem Videomaterial im DV-Format. Der Import des Materials erfolgt zumeist über eine FireWire-Schnittstelle.

Nach dem Start des Programms über **Anwendungen • Unterhaltungsmedien • Kino** sollte zunächst eine Filmsequenz von der digitalen Kamera importiert werden. Das geschieht über den Menüpunkt *Capture* bzw. alternativ über das Kommandozeilentool `dvgrab`. Danach haben Sie diverse Möglichkeiten, das Material zu schneiden und mit digitalen Effekten zu versehen. Mehr Informationen über das Programm *kino* finden Sie unter **www.kinodv.org**.

7.5.7 VDR – ein digitaler Videorekorder

Zur wahren Killerapplikation unter Linux hat sich der digitale Videorekorder *VDR* von Klaus Schmiedinger entwickelt (**www.cadsoft.de/vdr**). Zum erfolgreichen Einsatz der Software ist eine DVB-Karte erforderlich, und nach Möglichkeit ein so genanntes Full Featured Modell mit integriertem MPEG2-Dekoder. Nach dem Einbau und der Konfiguration der Karte sollten folgende Pakete installiert werden:

- vdr
- kvdr
- vdradmin

Das Paket *kvdr* ist ein komfortables Frontend für *VDR*, welches auch unter GNOME verwendet werden kann. *Vdradmin* bietet eine Browser-gestützte Administration des digitalen Rekorders. Die Konfiguration gestaltet sich folgendermaßen:

1. Nach der Installation der Pakete wird die vdr-Konfigurationsroutine vom Installationsprogramm durchlaufen. Dabei kann ein Aufnahmeverzeichnis `/var/lib/video.00` erstellt werden. Dies kann später auch noch umdefiniert werden, wenn man die Videoaufnahmen auf einer anderen Partition unterbringen möchte. Danach wird der Typ der Satellitenkarte ausgewählt. Das wird in der Regel die Option Satellit sein, Alternativen wären Kabel bzw. terrestrisch.

2. Aktivieren Sie nun das Init-Skript des *VDR* für den nächsten Reboot. Dazu ist folgende Datei zu editieren:

```
#Auszug aus /etc/default/vdr
# Change to 1 to enable vdr's init-script
ENABLED=1
```

Ohne die Manipulation des obigen Parameters lässt sich der *VDR* nicht über das nachfolgend beschriebene Startskript aktivieren.

3. Möglicherweise sollte ein spezielles Aufnahmeverzeichnis definiert werden, welches über ausreichend Platz verfügt. Im nachfolgenden Fall ist dies das Verzeichnis /video. Dieses kann ebenfalls in der VDR-Konfigurationsdatei definiert werden:

```
#Auszug aus /etc/default/vdr
# Video-Directory
VIDEO_DIR="/video"
```

4. Wird vdradmin verwendet, muss dessen Init-Skript ebenfalls editieren:

```
#Auszug aus /etc/default/vdradmin
ENABLED=1
```

5. Führen Sie ein Reboot des Systems durch, dadurch sollten die beiden Daemonen vdr und vdradmin gestartet werden. Alternativ können Sie das später auch manuell mit Hilfe der Init-Skripte durchführen:

```
user$ sudo /etc/init.d/vdr start
user$ sudo /etc/init.d/vdradmin start
```

Aufschluss darüber, ob beide Daemonen laufen, bringt der folgende Befehl:

```
user$ ps ax | grep vdr
```

Abbildung 7.34 Der digitale Videorekorder VDR mit Frontend kvdr

Nun können Sie die Funktion von *VDR* z.B. durch den Start des Frontends kvdr überprüfen. Nach der Eingabe von `kvdr` auf einer Kommandozeile gelangt man per (M) in das Menü von *VDR* (Abbildung 7.34). Die Taste (C) ermöglicht die Konfiguration des kvdr-Frontends.

Steuerung per Browser Interessant ist nun die Möglichkeit, VDR über den Systembrowser zu administrieren. Starten Sie zunächst ein Kontrollprogramm für das Videobild, z.B. *xawtv*. Sollte das Programm noch nicht auf Ihrem System installiert worden sein, so holen Sie das über

```
user$ sudo apt-get install xawtv
```

nach. Um das erste Videodevice wiederzugeben, ist folgender Befehl notwendig:

```
user$ xawtv -c /dev/video0
```

Stellen Sie sicher, das *vdradmin* gestartet ist (`ps ax | vdradmin`) und geben Sie folgende Adresse in Ihrem Browser ein:

```
localhost:8001
```

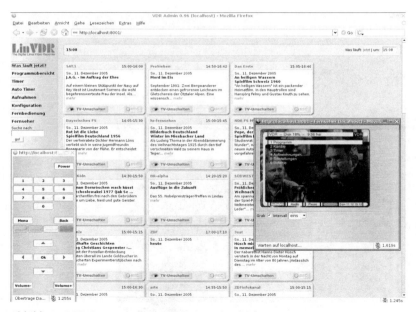

Abbildung 7.35 Programmieren per Browser: Vdradmin

Vdradmin lauscht in der Grundeinstellung auf dem Port 8001. Nach Aufruf der Adresse werden Sie nach einer Login-/Passwortkombination gefragt; hier muss die Kombination `linvdr` / `linvdr` eingegeben werden.

Nun sollten Sie sich auf der Administrationsoberfläche von *vdradmin* befinden. Hier können Sie zunächst testen, ob VDR ansprechbar ist. Dazu wählen Sie den Punkt *Remote Control* und testen die Reaktion im Videofenster[15] von *xawtv*. Klappt das, können Sie nun vdr bzw. *vdradmin* Ihren Anforderungen entsprechend anpassen und Sendungen einfach durch Anklicken des Programmeintrags unter *Programmübersicht* bzw. *Was läuft jetzt?* programmieren. In Verbindung mit dem DynDNS-Service ist es nun möglich, Ihren persönlichen Videorekorder über das Internet zu programmieren, eine Eigenschaft, die im Vergleich zu handelsüblichen Festplattenrekordern wohl einmalig ist.

Programmierung über Internet

7.6 Fremdsoftware unter Ubuntu Linux

Damit ist die Möglichkeit gemeint, einerseits Windows-Programme mit Hilfe des Wine-Pakets und andererseits plattformübergreifende Applikationen auf Java-Basis auszuführen. Dadurch erhält der Windowsumsteiger die Möglichkeit zur »sanften Umgewöhnung«.

7.6.1 Windowsprogramme unter Linux

Folgende Möglichkeiten gibt es, Windowssoftware unter Linux zum Laufen zu bringen:

Wine

- **Wine:** Hierbei handelt es sich um eine Umgebung, die es aufgrund von angepassten Bibliotheken gestattet, Windowsprogramme auch unter Linux ablaufen zu lassen. Das Kürzel *Wine* steht dabei für »Wine is not an emulator« und deutet an, das *Wine* kein echter Emulator ist, der eine eigene Hardwarestruktur abbildet, sondern lediglich das Betriebssystem simuliert. Der Kompatibilitätsgrad ist dabei mittelmäßig, einfache Anwendungen arbeiten aber meist brauchbar unter Wine.

- **Crossover Office:** Diese kommerzielle Variante von *Wine* wurde insbesondere auf die Microsoft Office Produktlinie angepasst und arbeitet daher auch recht gut mit der Originalsoftware zusammen. Das Programm ist allerdings kostenpflichtig, für die Standardversion fallen ca. 50 EURO an.

- **Cedega:** Das *Cedega*-Projekt (vormals WineX) gibt dem spielbegeisterten Anwender die Möglichkeit, Windows DirectX Spiele unter Linux zu betreiben. Die Software ist in Form eines Abonnements erhältlich.

---

15 Alternativ gibt es auch ein Fernsehfenster im vdradmin-Menü. Dieses liefert allerdings keine Echtzeitbilder, sondern erfasst Standbilder in vorgegebenen Intervallen.

- **VMware:** Wenn alle Stricke reißen: Mit Hilfe der kommerziellen *VMware*-Software simulieren Sie einen eigenständigen PC unter Linux, auf welchem ein vollwertiges Windowssystem installiert werden kann. Damit können Sie nahezu sämtliche Originalsoftware zum Laufen bringen. Die Ausnahme sind Spiele, die DirectX erfordern.

Nachfolgend soll ein einfaches Winesystem konfiguriert werden, Details zu den anderen oben genannten Projekten entnehmen Sie bitte den Internetseiten der Hersteller bzw. Vertreiber.

Installation von Wine

Es gibt zwei Möglichkeiten, unter Ubuntu zu einer lauffähigen Wineinstallation zu gelangen. Die einfachste: Installieren Sie das folgende Paket aus dem Universe-Repository:

- wine

Wer stets die aktuelle Version von *Wine* installiert wissen möchte, der definiert folgende Quelle in der Datei `sources.list`:

```
deb http://wine.sourceforge.net/apt/ binary/
```

Diese Quelle enthält zusätzlich die `winetools`, welche die Konfiguration der Software erleichtern. Allerdings müssen Sie zur Verwendung der winetools über eine Windowslizenz verfügen. Nach der Installation von *Wine* kann die Funktionsfähigkeit des Programms durch Aufruf des Programms winemine getestet werden. Dabei handelt es sich um einen Minesweeper-Clone, der regen Gebrauch von den Windowsbibliotheken macht. Der nächste Test könnte darin bestehen, das bekannte Solitärspiel aus einer parallelen Windowsinstallation in Ihr Linuxsystem zu kopieren. Dieses kann danach mit

```
user$ wine sol.exe
```

getestet werden (Abbildung 7.36).

Nun kann man ein fremdes Programm testen. Suchen Sie einfach eines der im Internet reichlich vorhandenen Freewareprogramme und starten Sie nach dem Download die Installation mittels

```
user$ wine setup.exe
```

bzw. mit dem jeweiligen Befehl zur Installation der Software. Sämtliche installierten Programme befinden sich in einem versteckten Verzeichnis namens `.wine` in Ihrem Homeverzeichnis im Unterpfad `drive_c`. Sollte etwas schief laufen, so löschen Sie einfach dieses versteckte Verzeichnis und beginnen von vorn.

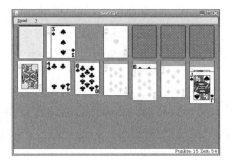

Abbildung 7.36 Windows Solitär unter Linux

Als Faustregel für *Wine* gilt: Je älter die Anwendungen sind, desto größer ist die Wahrscheinlichkeit, die Windowssoftware angemessen zum Laufen zu bringen. Seien Sie vor allem nicht enttäuscht, wenn das eine oder andere Programm nicht wunschgemäß funktioniert: *Wine* ist nach wie vor eher als Notlösung zu sehen.

7.6.2 Javaprogramme unter Linux

Eine wesentlich bessere, auch rechtlich sauberere Lösung als das im letzten Abschnitt beschriebene Vorgehen mit *Wine* stellt der Einsatz von Java-Software unter Linux dar. Dies soll nachfolgend an drei Beispielen gezeigt werden. Voraussetzung ist die Installation einer Java-Runtime-Umgebung. Diese kann entweder aus dem Ubuntu Repository stammen, dann ist das folgende Paket zu installieren:

- j2re-14

Optimal ist allerdings die Installation des Original-Java-Runtime-Pakets von **java.sun.com**. Dazu ist folgendermaßen vorzugehen: *Java von Sun*

Stellen Sie zunächst sicher, dass die folgenden Ubuntu-Pakete installiert sind:

- build-essential
- java-package
- fakeroot

Laden Sie das Java-Paket von **java.sun.com/j2se/1.5.0/download.jsp** herunter. Wer später Java-Programme selbst kompilieren möchte, wählt das JDK (*Java Development Kit*), dem Normalanwender genügt die JRE (*Java*

Runtime Environment). Wählen Sie in jedem Fall das Paket mit der Endung *.bin.

Nach dem Download wechseln Sie in das Verzeichnis der Datei und geben die folgenden Befehle ein:

```
user$ fakeroot make-jpkg jdk-1_5_0_06-linux-i586.bin
user$ sudo dpkg -i sun-j2sdk1.5_1.5.0
+update06_i386.deb
```

Gegebenenfalls ist die Versionsnummer des Java-Pakets anzupassen. Ob Java korrekt installiert wurde, zeigt folgender Befehl:

```
user$ java -version
java version "1.5.0_06"
Java(TM) 2 Runtime Environment, Standard Edition
(build 1.5.0_06-b05)
Java HotSpot(TM) Client VM (build 1.5.0_06-b05,
mixed mode, sharing)
```

Sollte hier nicht die Variante von Sun gelistet sein, so liegt das daran, dass Sie gegebenenfalls noch eine weitere Java-Umgebung auf Ihrem Rechner installiert haben. Die korrekte Version wählen Sie mit folgendem Befehl:

```
user$ sudo update-alternatives --config java
```

Der Sun-Java Compiler wird über

```
user$ sudo update-alternatives --config javac
```

ausgewählt. Damit wären sämtliche Voraussetzungen für einen ersten Test gegeben.

ProjectX: Videoaufnahmen konvertieren

VDR-Aufnahmen demuxen

Zum Umwandeln der Aufnahmen des digitalen Videorekorders VDR bietet sich die Software *ProjectX* an **www.lucike.info**. Das Java-Programm zum Demultiplexen von Videostreams wird nach dem Download und dem Entpacken der ZIP-Datei folgendermaßen gestartet:

```
user$ java -jar ProjektX<Version>.jar
```

Das Kürzel *.jar steht hierbei für ein Java-Archiv. Nach dem Start des Programms können Sie zunächst über das Menü Sprache die Menüsprache Deutsch wählen. Anschließend kann über das Menü **Datei • Hinzufügen** ein mit VDR aufgenommener Videostream geladen und bearbeitet werden, so dass das Material schließlich auf eine DVD gemastert werden kann.

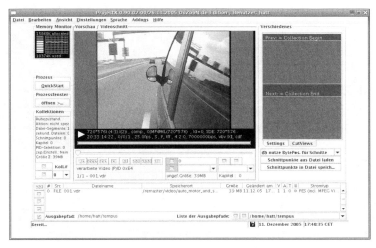

Abbildung 7.37 ProjectX – Java-Programm zum Demuxen von VDR-Streams

GEONExT: Geometrie auf Java-Basis

Das Programm *GEONExT* ist eine javabasierte Anwendung für den Mathematikunterricht, die das Zeichnen von geometrischen Figuren sowie Funktionsgraphen ermöglicht.

Interaktive Geometrie

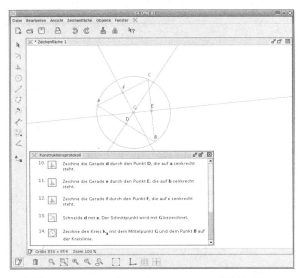

Abbildung 7.38 Interaktive Geometrie mit GEONexT

Die Graphen und Zeichnungen können nach Bearbeitung als PNG- oder SVG-Dateien exportiert werden. Nach dem Download der Datei ist eine Installation erforderlich:

```
user$   chmod a+x geonext_linux.bin
user$   ./geonext_linux.bin
```

Das Programm wird im Normalfall in das Heimverzeichnis des Benutzers installiert. Dort wird auch ein Link namens runGEONExT erstellt. Durch Anklicken des Links in einem Browser wird das Programm schließlich gestartet. Das interaktive Geometriesystem kann eine Vielzahl von Zusammenhängen und geometrischen Sätzen veranschaulichen (Abbildung 7.38).

Kommerzielle Software: Klaus

Als letztes Beispiel für ein gelungenes kommerzielles Javaprojekt, welches exzellent unter Linux läuft, soll noch kurz die Korrektursoftware *Klaus* vorgestellt werden. Dieses junge Projekt erleichtert jedem Lehrenden lästige Korrekturarbeit bei Klausuren und Tests: Mit Hilfe des Programms lassen sich Klausurformulare in Multiple Choice Form, aber auch freie Fragen gestalten. Nach Durchführung des Tests bzw. der Klausur werden die Formulare später eingescannt und vom Programm automatisch ausgewertet.

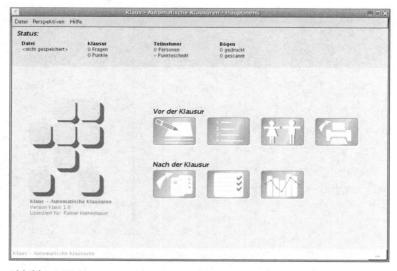

Abbildung 7.39 Automatische Klausurenkorrektur mit Klaus

8 Netzwerktechnik

8.1 Grundlagen 279

8.2 Datentransfer in Linux/UNIX-Netzen 285

8.3 Datentransfer in heterogenen Netzen 294

8.4 Remoteadministration 301

8.5 Serveranwendungen 310

8.6 Echtzeit-Kommunikation 322

1. **Ubuntu Linux – Überblick**
2. **Installation**
3. **Der Ubuntu Desktop**
4. **Hardwarekonfiguration**
5. **Installation weiterer Software**
6. **Informationen und Hilfe**
7. **Anwendersoftware**
8. **Netzwerktechnik**
9. **Programmierung und Design**
10. **Systemverwaltung**
11. **Sicherheit**
12. **Kompilierung von Systemsoftware**
13. **Ubuntu und aktuelle Hardware**
14. **Übersicht: Software für (K)Ubuntu**
15. **Befehlsreferenz Ubuntu Linux**

8 Netzwerktechnik

Als Sprössling des Internets hält Ubuntu Linux sämtliche Werkzeuge bereit, die für den Datentransfer in homogenen und heterogenen Netzen erforderlich sind. Darüber hinaus lassen sich Server aller Arten im Handumdrehen aufsetzen.

8.1 Grundlagen

Nachdem Sie in den Einstiegskapiteln die Netzhardware physikalisch in Betrieb genommen haben, wollen wir im Folgenden einen kleinen Blick hinter die Kulissen werfen und Fragen, die bei der bisherigen Konfiguration aufgetaucht sind, beantworten.

Linux verwendet standardmäßig das TCP/IP-Protokoll zur Übertragung von Informationen. Dieses Protokoll hat sich gegenüber den zunächst von Microsoft favorisierten Netzwerkprotokollen NetBEUI oder IPX/SPX auf breiter Front durchgesetzt. Folgende Parameter sind bei der Konfiguration eines (Ether-)Netzwerkdevices von Interesse:

TCP/IP

- **Die IP-Adresse:** Nach dem derzeitigen Standard IPv4[1] benötigt jeder Rechner eine eindeutige 32-Bit-Adresse. Diese besteht aus vier aufeinanderfolgenden Zahlen im Bereich von 0 bis 255. Da dieser Zahlenbereich längst nicht ausreicht, um die mittlerweile existenten Rechner zu katalogisieren, wurden verschiedene Netzwerktypen definiert, siehe Tabelle 8.1. Im Heimnetzbereich haben sich Adressen aus dem Bereich 192.168.0.x durchgesetzt, also z.B. die vielfach bemühte Adresse 192.168.0.1.

- **Die Subnetzmaske:** Diese gibt an, welcher Teil der Adresse eines Rechners zur Rechneridentifikationsnummer zählt und welcher Teil das Netzwerk selbst klassifiziert. Für die oben definierte Netzwerkadresse 192.168.0.1 würde eine Netzwerkmaske von 255.255.255.0 bedeuten, dass sämtliche Rechner des Netzes in den ersten drei Bytes übereinstimmen. Hat man mehr als 256 Rechner, so empfiehlt es sich, auf ein höherwertiges Netz mit der Netzmaske 255.255.0.0 zu migrieren, um die Kombinationsmöglichkeiten des dritten Bytes hinzuzufügen.

---

1 In den Startlöchern steht derweil schon der neue Standard IPv6, welcher ein größeres Pool von Netzwerkadressen bietet und vom Linux-Kernel bereits voll unterstützt wird.

▶ **Die Routing-Tabelle** gibt an, welche Netzwerke vom Rechner aus »betreten« werden dürfen bzw. aus welchen Netzen der Rechner Anfragen beantworten soll. Routing ist insbesondere dann von Interesse, wenn ein Rechner in einem heimischen Netzwerk als Internetgateway fungieren soll.

Die folgende Tabelle 8.1 gibt einen Überblick der derzeit definierten Netzwerkklassen des Standards IPv4.

	Klasse A	Klasse B	Klasse C
Adressbereich	10.0.0.0 - 10.255.255.255	172.16.0.0 - 172.31.255.255	192.168.0.0 - 192.168.255.255
Rechneranzahl pro Netzwerk	16,7 Millionen	65536	256
Subnetz	255.0.0.0	255.255.0.0	255.255.255.0

Tabelle 8.1 Übersicht der privaten Netzwerkklassen unter IPv4

8.1.1 Netzwerktest

Prüfen der eigenen Netzwerkschnittstellen

ifconfig Bereits im Abschnitt 4.2.1. wurde der Befehl `ifconfig` zum Testen der erfolgreich konfigurierten Netzwerkschnittstelle vorgestellt. Eine Alternative dazu ist das universelle Kommando `ip`, mit welchem sämtliche oben beschriebenen Parameter konfiguriert und geprüft werden können:

```
user$ ip addr
1: lo: <LOOPBACK,UP> mtu 16436 qdisc noqueue
...
2: eth0: <BROADCAST,MULTICAST,UP> mtu 1500 qdisc
...
    inet 192.168.0.1/24 brd 192.168.0.255 scope eth0
    inet6 fe80::20e:a6ff:fe86:3cf/64 scope link
       valid_lft forever preferred_lft forever
```

Im vorliegenden Fall wurden das Loopbackdevice lo sowie eine Netzwerkkarte unter der Adresse 192.168.0.1 erkannt. Die Netzmaske wurde im Fall der eth0-Schnittstelle in der Kurzform /24 angegeben.

Kontaktaufnahme im LAN

Nun kann man versuchen, einen weiteren Rechner im gleichen Netzwerk mit dem Befehl `ping` zu kontaktieren:

```
user$ ping -c 5 192.168.0.103
64 bytes from 192.168.0.103: icmp_seq=1 ttl=128
time=0.154 ms
...
5 packets transmitted, 5 received, 0% packet loss,
time 4000 ms
```

Interessant ist hier zum Abschätzen der Netzwerkperformance die Angabe der Antwortzeit (in diesem Fall 0.154 ms) sowie der Anteil der verlorenen Pakete (in diesem Fall 0%). Das vorliegende Netzwerk zeigt somit eine gute Performance.

8.1.2 Routing

Rechner in anderem Subnetz erreichen

Nun kann es ja vorkommen, dass Sie an ein Netzwerk angeschlossen sind, welches das Subnetz 192.168.0.x verwendet, Sie aber Ihren persönlichen Rechner lieber mit der IP 192.168.1.1 versehen[2] möchten. In diesem Fall müssen die beiden Subnetze miteinander verbunden werden. Das geschieht am einfachsten über die Erweiterung der Subnetzmaske in der Gestalt, dass beide Netzwerke erreicht werden können. Eine manuelle Konfiguration kann auf der Kommandozeile mittels `ifconfig` vorgenommen werden. Anschließend muss das Netzwerk neu gestartet werden:

```
user$ sudo ifconfig eth0 192.168.1.1 \
netmask 255.255.0.0
user$ sudo /etc/init.d/networking restart
```

Selbstverständlich können Sie die obige Einstellung auch mit dem grafischen Netzkonfigurationswerkzeug vornehmen. Um den Linuxrechner von einem anderen Netzwerkteilnehmer aus erreichen zu können, muss dort die Subnetzmaske entsprechend gesetzt werden.

Eine Brücke zwischen zwei Netzen aufbauen

Meist verwendet man die oben beschriebene Lösung aus Sicherheitsgründen nicht, da man zwei Netzwerke logisch und physikalisch trennen möchte. Ein mögliches Beispiel wäre ein aus zwei Segmenten bestehendes Verwaltungsnetzwerk einer öffentlichen Institution. Beide Segmente

Eine Brücke schafft Sicherheit

---

[2] Ein eher künstliches Beispiel, um Ihnen die Technik des Routings zu verdeutlichen.

sollen zwar miteinander kommunizieren, aber ansonsten logisch voneinander getrennt sein. In diesem Fall setzt man einen Rechner als Bridge (Brücke) ein, der über zwei Netzwerkkarten verfügt, die mit den beiden einzelnen Netzwerken verbunden sind.

Für das folgende Beispiel nehmen wir an, dass den beiden Karten im Bridge-Rechner die Netzwerkadressen 192.168.1.9 sowie 192.168.0.9 zugewiesen wurden. Die Subnetze liegen entsprechend auf 192.168.1.0 und 192.168.0.0.

IP-Forwarding

Zunächst ist es notwendig, für derartige Experimente das IP-Forwarding auf dem Bridge-Rechner zu aktivieren. Dies geschieht idealerweise in einer Root-Konsole mit dem folgenden Befehl:

```
user$ sudo -s
root# sudo echo 1 > /proc/sys/net/ipv4/ip_forward
```

Ob der Befehl erfolgreich war, zeigt ein

```
root# cat /proc/sys/net/ipv4/ip_forward
```

Hier sollte nun eine »1« ausgegeben werden. Nun muss die Routingtabelle auf der Bridge wie folgt ergänzt werden:

```
root# route add -net 192.168.1.0 netmask \
255.255.255.0 gw 192.168.1.9
root# route add -net 192.168.0.0 netmask \
255.255.255.0 gw 192.168.0.9
```

Der Bridge-Rechner fungiert in diesem Fall als Gateway (gw) zwischen den beiden Subnetzen. Mit dem Befehl `route` überprüft man, ob die Routingtabelle erfolgreich geändert wurde. Schließlich können Sie abschließend testen, ob sich die Rechner gegenseitig anpingen lassen.

8.1.3 Netzwerküberwachung

Ist die Netzwerkschnittstelle einmal eingerichtet, dann ist es oftmals nützlich, den Datentransfer zu überwachen. Seit Ubuntu Breezy finden Sie ein kleines Netzwerkicon im oberen Bereich der Taskleiste. Dieses blinkt bei jeglichen Netzwerkaktivitäten auf. Wer die Netzwerkaktivitäten etwas anschaulicher dargestellt haben möchte, der kann das Werkzeug *EtherApe* einsetzen (Abbildung 8.1).

Sie starten *EtherApe* als Root mittels `sudo etherape` bzw. aus dem GNOME-Menü über **Anwendungen • Internet • EtherApe as root**. Führen Sie anschließend einmal ein ping auf einen bekannten Internetrechner durch und verfolgen Sie den Weg der Grafikpakete in der grafischen Darstellung.

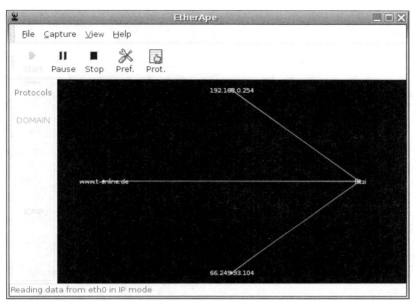

Abbildung 8.1 Der Netzwerkmonitor EtherApe

Um sich den Netzwerkverkehr explizit anzuschauen, bedient man sich des Werkzeugs tcpdump. Öffnen Sie dazu eine Konsole und geben Sie den gleichnamigen Befehl ein. Starten Sie nun z.B. den Webbrowser *Firefox* und rufen Sie eine Internetseite auf. Sollten Sie via DSL über eine Netzwerkkarte an das Internet angebunden sein, so protokolliert das Programm *tcpdump* alle Pakete, die über die Leitung gehen.

Paketsniffer

```
user$ sudo tcpdump
tcpdump: verbose output suppressed
listening on eth0, link-type EN10MB (Ethernet)
15:31:40.526335 arp who-has 192.168.0.254 tell august
...
15:31:45.632652 IP august.46492 > 66.249.93.99.www: S
```

Im vorliegenden Fall wurde mit dem Browser die Seite **www.google.de** aufgerufen. Der PC richtet seine Anfrage betreffs der IP der Webseite zunächst an den Router und erhält kurze Zeit später die Antwort (66.249.93.99). Das Werkzeug ist insbesondere dann nützlich, wenn es darum geht, Störungen im DSL-Betrieb auf den Grund zu gehen.

Wer genau protokollieren möchte, was für Daten über die Ethernetschnittstelle gehen, der bedient sich des Tools *Ethereal*. Das Programm finden Sie nach der Installation über `sudo apt-get install ethereal` im Internetmenü. Nachdem das Programm im root-Modus gestartet wird, muss zunächst über **Capture • Interfaces** das Device ausgewählt werden, welches belauscht werden soll.

Durch Betätigen des Knopfes *Capture* wird der Mitschnitt gestartet. Sollte Ihr E-Mail Verkehr über das entsprechende Interface laufen (dies ist beispielsweise bei Verwendung von DSL der Fall), so können Sie ja mal spaßeshalber eine E-Mail an sich selbst schicken und nachschauen, ob die Informationen vielleicht sogar im Klartext lesbar sind. Dies ist ein deutliches Indiz dafür, dass Sie sich Gedanken über den Wechsel des Mailservers/Providers machen sollten (Abbildung 8.2, markierte Stelle).

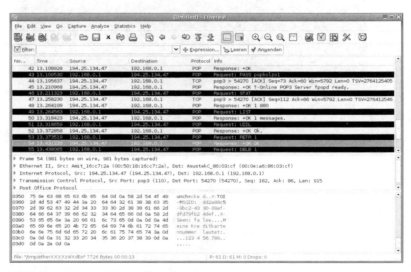

Abbildung 8.2 Der Paketsniffer Ethereal

8.1.4 Probleme mit der Namensauflösung

Ein häufiges Problem, dass beim Einrichten des Internetzugangs unter Ubuntu auftritt, ist die gestörte Namensauflösung von Internetseiten. Der so genannte DNS (*Domain Name Server*) wird dem Anwender in der Regel dynamisch zugewiesen. Oft kommt es jedoch vor, dass derartige Nameserver überlastet sind. Dann tut man gut daran, einen weniger frequentierten Server zu definieren. Das kann entweder mit dem Netzwerkkonfigurationswerkzeug oder durch direkte Bearbeitung der Datei

`/etc/dhcp3/dhclient.conf` erfolgen. Der notwendige Eintrag hat folgende Gestalt:

```
prepend domain-name-servers 62.72.64.237
```

In der Datei ist bereits ein entsprechender Eintrag vorhanden, dort muss das Kommentarzeichen # entfernt und die IP-Adresse geändert werden. Um die Änderungen ohne Neustart des Systems zu übernehmen, ist noch folgender Befehl erforderlich:

```
user$   sudo /etc/init.d/networking restart
```

Welcher DNS-Server gerade genutzt wird, erfährt man durch folgenden Befehl:

```
user$   grep nameserver /etc/resolv.conf
```

Der Befehl `dig` schließlich testet, ob ein gegebener Nameserver (im folgenden Beispiel 194.25.2.129) eine Anfrage umsetzt:

DNS abfragen

```
user$   dig @194.25.2.129 www.ubuntulinux.org a
;  (1 server found)
;; Query time: 51 msec
;; SERVER: 194.25.2.129#53(194.25.2.129)
```

Wie man sieht, kann man auf diese Weise auch die Reaktionszeit des Nameservers abschätzen.

8.2 Datentransfer in Linux/UNIX-Netzen

Im Folgenden wird gezeigt, wie Sie zwischen zwei Linux-Rechnern Daten austauschen können. Das wäre beispielsweise Ihr Laptop, welches mit dem häuslichen Desktop-PC synchronisiert werden soll. Andererseits können Sie mit den gezeigten Verfahren auch Daten über das Internet austauschen, vorausgesetzt, Sie sind im Besitz der entsprechenden Zugangsdaten.

8.2.1 Basiskommunikation mit SSH

Bevor man sich anschickt, Daten zwischen zwei Rechnern auszutauschen, sollte man versuchen, den einen Rechner über den zweiten von der Kommandozeile aus »fernzusteuern«. Das veraltete (und unsichere, weil abhörbare) Telnet-Verfahren wurde in der Vergangenheit durch die SSH (die *Secure Shell*) abgelöst. Um einen SSH-Server auf einem Rechner so aufzusetzen, dass sich die Benutzer auf diesem aus der Ferne (neudeutsch:

Remote) einloggen können, muss zunächst das `openssh-server` Paket auf dem Rechner installiert werden, welcher als Server[3] fungieren soll:

```
user$ sudo apt-get install openssh-server
```

Nach der Installation des Pakets wird auf dem entsprechenden Rechner der SSH-Server gestartet, dies ersieht man z.B. mit folgendem Kommando:

```
user$ ps ax | grep sshd
15009  Ss   0:00 /usr/sbin/sshd
```

Nun können Sie versuchen, sich von einem im gleichen Netz befindlichen Client auf dem SSH-Server einzuloggen. Dazu öffnen Sie eine Konsole und geben das Kommando `ssh <Rechnername/IP>` ein. Wenn Sie das erste Mal versuchen, mit dem Server Kontakt aufzunehmen, müssen Sie die Verbindungsaufnahme explizit bestätigen:

```
user$ ssh flitzi
The authenticity of host 'flitzi (192.168.0.103)'
can't be established. RSA key fingerprint is
02:28:76:ef:ab:43:2a:60:91:78:d9:51:16:a6:27:ef.
Are you sure you want to continue connecting
(yes/no)? yes
```

Schließlich müssen Sie das Passwort Ihres Accounts auf dem Server eingeben. Dazu sollten Sie auf dem Rechner eingeloggt sein. Das Ganze setzt natürlich voraus, dass ein entsprechender Account auf dem Server existiert. Wer sich unter einem anderen Loginnamen einloggen möchte, gibt folgenden Befehl ein:

```
user$ ssh <Benutzername>@<Host>
```

wobei die Platzhalter entsprechend zu ersetzen sind. Nun können Sie sich auf dem entsprechenden Rechner bewegen, als würden Sie direkt davor sitzen. Sie können sogar Programme starten. Aber halt, werden Sie sagen, wie steht es mit grafischer Software, ich kann ja nicht sehen, was in den entsprechenden Fenstern ausgegeben wird... In diesem Fall bietet sich ein X-Tunnel an. Sie verlassen die SSH-Shell übrigens mit der Tastenkombination `Strg` + `D`.

---

[3] Das `openssh-client` Paket wurde per Default installiert.

Dateien kopieren via scp

SSH kann noch viel mehr: Es ist sogar möglich, Dateien zwischen zwei Rechnern zu kopieren. Dazu ein Beispiel:
Mit dem Befehl

```
user$ scp test1.txt hatt@192.168.0.1:~
```

wird die Datei `test1.txt` in das Heimverzeichnis (gekennzeichnet durch die Tilde »~«) des Benutzers `hatt` auf dem SSH-Server (IP: 192.168.0.1) kopiert. Die Syntax für den Pfad lautet dabei Benutzer@Server:<Pfad>.

Den umgekehrten Weg demonstriert der folgende Befehl:

```
user$ scp hatt@192.168.0.1:~/test.txt .
```

Hier wird eine Datei `test2.txt` vom Server in das aktuelle Verzeichnis kopiert (erkennbar an dem nachfolgenden Punkt ».«). Die obige IP-Adresse ist natürlich den entsprechenden Gegebenheiten anzupassen, in jedem Fall muss vor dem Kopiervorgang das für den Benutzer definierte Passwort eingegeben werden.

Nun ist das Kopieren auf der Kommandozeile nicht jedermanns Sache, schöner wäre es, wenn man hierzu einen Dateimanager verwenden könnte. Kein Problem: Starten Sie unter GNOME den Remotezugriff auf einen SSH-Server über **Orte • Verbindung zu Server**. In dem folgenden Menü (Abbildung 8.3) definieren Sie die IP oder den Namen des Servers (letzteres bietet sich an, wenn dieser in Ihrer Datei `/etc/hosts` verzeichnet ist). Als Dienst wird SSH angegeben. Darüber hinaus können Sie außerdem ein Startverzeichnis angeben, in welches direkt nach dem Einloggen gewechselt wird.

Abbildung 8.3 Mit dem Server verbinden

Durch die obigen Schritte wird auf dem Desktop ein kleines Icon erzeugt, welches die Verbindung repräsentiert. Wenn Sie das Icon durch Anklicken öffnen, werden Sie nach Ihrem Serverpasswort gefragt, und schließlich zeigt *Nautilus* die entsprechenden Inhalte auf dem Server an. Nun können Sie in gewohnter Weise Daten zwischen Client und Server kopieren.

KDE KDE-Nutzer können den Universalbrowser *Konqueror* in ähnlicher Weise einsetzen. Dazu starten Sie eine Konquerorinstanz und geben in der Adresszeile den Servernamen bzw. dessen IP wie folgt ein:

```
fish://192.168.0.103
```

Das Kopieren funktioniert dann wie oben beschrieben in Verbindung mit einem weiteren Konquerorfenster.

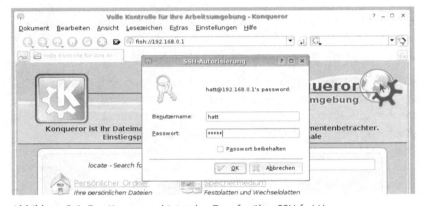

Abbildung 8.4 Der Konqueror bietet den Transfer über SSH frei Haus

8.2.2 NFS einsetzen

Bequemer als die im letzten Abschnitt beschriebene Methode via `scp` ist der Aufbau eines dedizierten Fileservers unter UNIX/Linux. Dies erfolgt unter Benutzung des NFS (*Network File Systems*).

Stellen Sie zunächst sicher, dass folgende Pakete auf Ihrem System installiert sind:

- nfs-common
- nfs-kernel-server
- portmap

Im folgenden Beispiel soll auf einem Server mit der IP 192.168.0.1 ein explizites Tauschverzeichnis namens tausch unter /media angelegt werden, auf das ein Client mit der IP 192.168.0.103 zugreifen soll. Der Client soll in dem entsprechenden Verzeichnis Lese- und Schreibrecht besitzen.

Wir legen zunächst das entsprechende Verzeichnis an und setzen die Rechte:

```
user$ sudo mkdir /media/tausch
user$ sudo chmod ugo+rw /media/tausch
```

Nun ist es erforderlich, dass das neu erstellte Verzeichnis zum Export via NFS freigegeben wird. Dazu ist die Datei /etc/exports[4] folgendermaßen zu editieren:

```
user$ sudo nano /etc/exports
# Auszug aus /etc/exports
/media/tausch    192.168.0.103/255.255.255.0(rw)
```

Der Parameter rw steht hierbei für Lese-/Schreibberechtigung. Zusätzlich zur IP des Rechners muss noch die Subnetzmaske definiert werden. Weiterhin muss der entsprechende Rechner in der Datei /etc/hosts.allow eingetragen werden:

```
user$ sudo nano /etc/hosts.allow
# Auszug aus /etc/hosts.allow
192.168.0.103
```

Abschließend wird der NFS-Server mit dem folgendem Befehl neu gestartet:

```
user$ sudo /etc/init.d/nfs-kernel-server restart
```

Portmapper installieren

Nun können Sie versuchen, das Exportverzeichnis des Servers vom Client aus einzubinden. Dazu sollte auf dem Client sowohl das nfs-common-Paket als auch der Portmapper installiert sein. Das erledigen Sie bequem mittels sudo apt-get install nfs-common. Gehen Sie dann zum Einbinden des Verzeichnisses folgendermaßen vor:

```
user$ sudo mkdir /media/server
user$ sudo mount -t nfs 192.168.0.1:/media/tausch \
  /media/server/
```

Nun können Sie beliebig Dateien mit dem Server über das Tauschverzeichnis tauschen.

---

[4] Mehr zum Aufbau dieser Datei erfahren Sie durch Eingabe von man exports.

Wem die Einrichtung über die Kommandozeile zu kompliziert ist, der kann den Austausch von Ordnern auch über das Menü **System • Systemverwaltung • Gemeinsame Ordner** einrichten. Hierbei handelt es sich um ein bequemes Frontend für den Export von NFS-Shares (Abbildung 8.5).

Abbildung 8.5 Grafisches Frontend zum Export von NFS-Shares unter GNOME

Möchten Sie das NFS-Verzeichnis dauerhaft auf dem Client importieren, so ist ein Eintrag in die Datei /etc/fstab in der folgenden Gestalt vorzunehmen (bitte in eine Zeile schreiben):

```
user$ sudo nano /etc/fstab
# Auszug aus /etc/fstab
192.168.0.1:/media/tausch /media/server
          nfs rw,rsize=8192,wsize=8192 0 0
```

Zugriff tunen — Dabei wurde über die Parameter rsize und wsize ein kleines Tuning vorgenommen, welches den Datentransfer beschleunigen soll.

8.2.3 FTP-Server nutzen

Der Vollständigkeit halber soll an dieser Stelle noch kurz der Zugriff auf FTP-Server beschrieben werden. Damit ist nicht etwa der (triviale) Download von Inhalten wie z.B. Ubuntu-ISOs über einen Browser durch Angabe einer URL der Form **ftp://** von einem öffentlichen Server gemeint, sondern das Login auf einem nicht-öffentlichen Server, um beispielsweise HTML-Content abzulegen.

Die beschriebene Aufgabe lässt sich sowohl unter KDE als auch unter GNOME mit dem jeweiligen Systembrowser erledigen, also dem *Konqueror* bzw. *Nautilus*. Geben Sie die Adresse des Servers, mit welchem Sie per FTP Daten austauschen möchten, auf der Adresszeile des Browsers ein. Diese ist im Nautilus per Default nicht sichtbar, Sie erreichen die Adresszeile durch Eingabe von `Strg` + `L`. Im Falle eines nicht-öffentlichen Servers wird nun der Loginname sowie das Passwort abgefragt – fertig (Abbildung 8.6).

Abbildung 8.6 FTP-Server nutzen mit Nautilus

Das Hin- und Herkopieren erfolgt dann mit den browsereigenen Mitteln per Drag and Drop. Hardcore-Konsolenfreaks schätzen an dieser Stelle die Möglichkeit, das File Transfer Protocol mit dem Befehl `ftp` auch von der Kommandozeile aus zu bedienen. Dazu öffnet man mittels

```
user$ ftp <Servername / IP>
```

eine FTP-Verbindung zum entsprechenden Server. Mittels `get` können nun einzelne Dateien vom Server heruntergeladen, mittels `put` hochgeladen werden. Die restlichen Befehle ähneln dem alltäglichen Umgang innerhalb einer UNIX-Shell. Der FTP-Konsolenclient kann schließlich mittels `quit` wieder verlassen werden.

FTP auf der Konsole

Wesentlich bequemer loggt man sich aber über den Menüpunkt **Orte • Verbindung zu Server** im GNOME Standardmenü auf einem FTP-Server ein, dieses Tool wurde ja bereits in Abschnitt 8.2.1 vorgestellt. Es muss hier lediglich der Dienstetyp *FTP mit Zugangsbeschränkung* ausgewählt werden.

8.2.4 Datenaustausch über Peer-to-Peer-Netze

Es ist schon ärgerlich: Jedesmal, wenn ein neues Ubuntu-Release in Form eines ISOs auf dem offiziellen Server oder auch einem Mirror abgelegt wird, glühen die Leitungen, und man kann froh sein, ein wenig Bandbreite zugeteilt zu bekommen. Ein weiteres Problem stellt sich dann, wenn man eines der riesigen DVD-ISOs auf den heimischen PC befördern möchte: Hier kann es vorkommen, dass der Download mittendrin abbricht.

BitTorrent: Spart Bandbreite

Für die oben genannten Anwendungsbereiche bietet sich die Methode des Peer-to-Peer Downloads über das BitTorrent Netzwerk an. Vorbildlicherweise ist in Ubuntu ein BitTorrent-Client integriert. Wenn Sie damit die neueste Ubuntu-Version downloaden möchten, ist folgendermaßen zu verfahren:

Navigieren Sie mit dem Standardsystembrowser zum Downloadverzeichnis des Ubuntu-Servers **www.ubuntu.com/download** und wählen Sie dort einen deutschen Mirror aus. Als Beispiel wollen wir im Folgenden ein DVD-ISO herunterladen. Dazu folgen Sie dem Link im oberen Seitenbereich, welcher Sie zu **http://cdimage.ubuntu.com/releases/breezy/release** führt. Klicken Sie hier die entsprechende Datei mit der Endung .torrent an, und der BitTorrent-Downloadmanager wird nach Bestätigung des folgenden Dialogs automatisch gestartet (Abbildung 8.7). Nun müssen Sie lediglich den Speicherort der Datei angeben, und die Datei wird häppchenweise auf Ihren Rechner befördert. Sollten Sie den entsprechenden Download schon einmal gestartet haben, so kann dieser fortgesetzt werden – ein probates Mittel bei Verbindungsstörungen bzw. -abbrüchen.

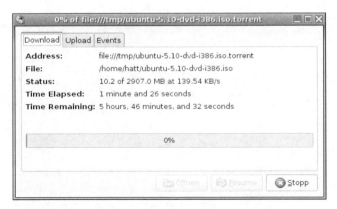

Abbildung 8.7 Der GNOME BitTorrent-Client in Aktion

aMule

Jeder kennt *eMule*. Die beliebte Tauschbörse ist natürlich auch unter Linux verfügbar, das entsprechende Paket nennt sich hier aMule (*another eMule file-sharing program*). Seit neuestem liegt *aMule* im Ubuntu-Repository in der aktuellsten Version 2.0.3 vor und benutzt die Library `wxgtk2.6`. Damit entfällt die bislang übliche Eigeninstallation von der Entwicklerseite. Nach der Installation des Paketes mittels `sudo apt-get install amule` erscheint das Programm im GNOME-Menü unter **Anwendungen • Internet**.

Ähnlich wie *BitTorrent* verwendet man *aMule* im Ubuntu-Umfeld als Peer-to-Peer-System zur Verbreitung von ISO-Images auch oder gerade bei Verwendung von schmalbandigen Internetanschlüssen.

Abbildung 8.8 Filesharing mit aMule

Nehmen wie einmal an, Sie suchen eine alte Ubuntu-Version, welche Sie auf einem betagten Rechner installieren möchten. Nach dem Programmstart wird zunächst eine Serverliste aus dem Internet geholt. Wählen Sie einen der angezeigten Server aus und verbinden Sie sich mit einem rechten Mausklick. Nun wechseln Sie in das Untermenü *Suchen*, geben einen Suchbegriff ein und harren der Ergebnisse (Abbildung 8.8). Der Download wird schließlich per Doppelklick über dem entsprechenden Objekt gestartet. Überflüssig an dieser Stelle zu erwähnen, dass Sie besonderes Augenmerk auf die rechtlich einwandfreie Herkunft der Dateien legen sollten.

Download alter Ubuntu Versionen

8.3 Datentransfer in heterogenen Netzen

Nun wollen wir einen Blick über den Tellerrand werfen und das wohl am weitesten verbreitete Szenario betrachten, in dem ein Ubuntu-Rechner mit dem Rest der LAN-Welt, bei dem es sich zumeist um Windows-Boxen handelt, verbunden werden soll.

Das Zauberwort heißt in diesem Fall *Samba* und bezeichnet nicht den bekannten lateinamerikanischen Tanz, sondern vielmehr ein geniales Stück Software von dem australischen Programmierer Andrew Tridgell.[5] Durch so genanntes Reverse Engineering konnte damit ein Windows Netzwerkprotokoll entschlüsselt und somit auch in Folge von *Samba* Clients und Servern in UNIX-Umgebungen genutzt werden.

Jeder, der schon einmal versucht hat, einen Sambaserver unter Linux »von Hand« aufzusetzen wird im Folgenden überrascht sein, wie problemlos dies bei Ubuntu möglich ist.

8.3.1 Zugriff auf Windows-Freigaben

Mit einfachen Bordmitteln gelingt es jedem Laien im Handumdrehen, auf eine Windowsfreigabe (das wäre z.B. der Ordner *Gemeinsame Dateien*) zuzugreifen. Unter GNOME verwenden Sie hierzu den Netzwerkbrowser über das Menü **Orte • Netzwerkserver**.

Abbildung 8.9 Browsen von Windowsfreigaben

Nautilus als Netzwerkbrowser

Sollte sich nun im lokalen Netzwerk ein Windowsrechner befinden, so erscheint im Nautilusbrowser ein Icon *Windowsnetzwerk*. Per Doppelklick auf das Icon lassen sich nun die Rechner anzeigen, die zur entsprechen-

---

5 Interessanterweise findet man bei einer Google-Recherche zum Begriff »Samba« erst unter ferner liefen einen Hinweis zu einer Samba-Tanzgruppe ;-)

den Windowsarbeitsgruppe gehören. Besitzen diese Rechner freigegebene Verzeichnisse (Abbildung 8.9), so können Sie nun in diese navigieren und Dateien zwischen diesen Verzeichnissen und einer anderen Nautilusinstanz hin und her kopieren.

Klappt das nicht auf Anhieb, so starten Sie *Nautilus* und wählen im Menü den Punkt **Datei • Mit Server verbinden**. Alternativ können Sie auch das bekannte Menü **Orte • Verbindung zu Server** wählen. Hier geben Sie die IP des gewünschten Windowsservers sowie als Dienstetyp *Windowsfreigabe* an. Nun sollte der entsprechende Rechner als Icon auf dem Desktop erscheinen. Durch Anklicken des Icons können Sie die Remoteverzeichnisse durchsuchen. Beachten Sie bitte: Manche Verzeichnisse benötigen eine Login-Kennung sowie ein Passwort, um auf nicht-öffentliche Ordner zugreifen zu können. In diesem Fall müssen Sie auf der Windowsmaschine über einen entsprechenden Account verfügen. In der Regel sollte man aber in jedem Fall Zugriff auf das Verzeichnis *Gemeinsame Dateien* (unter Linux sichtbar als *Shared Docs*) erhalten.

Browsen von Freigaben unter KDE

Auch unter KDE lässt sich mit Hilfe des *Konquerors* leicht ein Netz nach Windowsfreigaben durchforsten. Starten Sie den *Konqueror* und geben Sie in der Adresszeile `smb:/` ein. Dadurch wird das angeschlossene Netz nach Windowsrechnern durchsucht. Nun können Sie per Mausklick auf die Rechner bzw die freigegebenen Ressourcen zugreifen. Das Hin- und Herkopieren erfolgt einfach durch Drag and Drop zwischen zwei Konquerorfenstern.

Konqueror als Netzwerkbrowser

8.3.2 Manuelles Einbinden einer Windows-Freigabe

Freunde der Konsole installieren das Paket `smbfs` und binden eine Windowsfreigabe (auch *Share* genannt) relativ schnell mit folgenden Befehlen ein:

```
user$ mkdir tausch
user$ sudo mount -t smbfs -o username=<Name>, \
password= <Passwort> //192.168.0.103/tausch tausch
```

Zu den einzelnen Parametern: Über `-t` wird dem Mountbefehl mitgeteilt, dass das einzubindende System ein Sambadateisystem ist. Des Weiteren werden Benutzername sowie Passwort übergeben, dies kann bei öffentlichen Shares entfallen. Der Rechner selbst sowie der Share werden in der Konvention `//<Rechnername>/<Share>` angegeben. Das Verfahren bedingt natürlich die Kenntnis sowohl des Rechner- als auch des

Sharenamens. Kennt man nur den Rechnernamen bzw. dessen IP, so kann man sich die freigegebenen Ressourcen über den Befehl `smb client` wie folgt anzeigen lassen:

```
user$ smbclient -U <Benutzer> -L 192.168.0.103
Password:
    Sharename       Type        Comment
    IPC$            IPC         Remote-IPC
    Shared Docs     Disk
    tausch          Disk
```

In diesem Fall findet man den allgemein zugänglichen Ordner *Shared Docs* sowie ein manuell freigegebenes Verzeichnis namens *tausch* auf dem Windowsrechner.

Soll ein freigegebenes Verzeichnis von jedem beliebigen Benutzer eingebunden werden können, so ist ein entsprechender Eintrag in der Systemdatei `/etc/fstab` erforderlich. Ein Beispiel:

```
#Auszug aus /etc/fstab
//<Rechnername>/<Freigabename> /media/<Freigabename>
smbfs auto,username=user,password=pass 0 0
```

In diesem Fall kann jeder Benutzer die entsprechende Freigabe auf ein (zuvor noch zu generierendes) Verzeichnis `/media/<Freigabename>` einbinden.

8.3.3 Linux als Windowsserver (Samba)

Ihren großen Siegeszug hat die Sambasoftware als Server für Windowsclients erfahren. Um einen eigenen Datei- oder Druckerserver aufzusetzen, benötigen Sie die folgenden Pakete:

- samba
- smbfs

Zunächst sollte ein Verzeichnis zum Tauschen explizit erstellt und freigegeben werden. Im folgenden Beispiel ist dies der Ordner `/media/server`:

```
user$ sudo mkdir /media/server
user$ sudo chmod ugo+rw /media/server
```

Durch den letzten Befehl wurde das Verzeichnis `/media/server` weltles-/schreibbar definiert. Für komplexere Rechtevergaben konsultieren Sie bitte die Befehlsreferenz.

Nun gilt es, das neu erstellte Verzeichnis via *Samba* ins Windowsnetz zu exportieren. Dazu muss die Datei /etc/samba/smb.conf wie folgt geändert bzw. ergänzt werden:

```
user$ sudo gedit /etc/samba/smb.conf
# Auszug aus /etc/samba/smb.conf #
[server]
   comment = Ubuntu Server Verzeichnis
   public = yes
   browseable = yes
   path = /media/server
   writeable = yes
   guest ok = yes
```

Weiterhin muss der Sicherheitsmodus angepasst werden. Suchen Sie in der Datei folgende Zeilen und entfernen Sie ggf. die vorangestellten Kommentarzeichen:

security = share

```
security = share
...
guest account = nobody
```

Sollten Sie auf Ihrem Windowsrechner nicht die Standardarbeitsgruppe *Workgroup* definiert haben, dann ist eine weitere Änderung in dieser Datei erforderlich:

```
# Change this to the workgroup/NT-domain name your
# Samba server will part of
   workgroup = <Name Ihrer Arbeitsgruppe>
```

Nach der Änderung der Datei muss der *Samba* Serverdienst neu gestartet werden:

```
user$ sudo /etc/init.d/samba restart
*  Stopping Samba daemons..       [ ok ]
*  Starting Samba daemons..       [ ok ]
```

Kommt es wie im obigen Beispiel zu keinerlei Fehlermeldungen, dann sollte Ihr Sambaserver laufen. Dies lässt sich im Übrigen auch mit

```
user$ ps ax | grep smbd
```

feststellen. Nun können Sie versuchen, den Sambaserver von einem Windowsrechner aus zu erreichen (Abbildung 8.10). Zu diesem Zweck durchsuchen Sie einfach das Netzwerk (**Windowsmenü** • **Netzwerkumgebung** •

Arbeitsgruppencomputer anzeigen).[6] Das Anklicken des entsprechenden Computericons gibt nun den Blick auf den soeben erstellten Share frei. Testweise kann darin ein Verzeichnis angelegt werden.

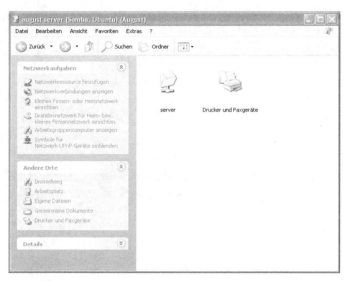

Abbildung 8.10 Samba Share unter Windows

Aufsetzen eines Printservers

Auch Drucker können mit *Samba* vom Ubunturechner exportiert werden. Dazu ist die *Samba* Konfigurationsdatei folgendermaßen zu editieren:

```
# Auszug aus /etc/samba/smb.conf #
        printcap name = cups
        load printers = yes
        printing = cups
        printer admin = @users
        use client driver = yes
...
[printers]
        comment = All Printers
        path = /var/tmp
        create mask = 0600
        printable = Yes
        guest ok = yes
```

---

6 Alternativ können Sie auch mit dem Windowsexplorer nach dem Ubuntu-Server suchen, dabei muss Ihnen aber dessen IP-Adresse bekannt sein.

```
browseable = No
print command = lpr-cups -P %p -o raw %s -r
```

Starten Sie *Samba* neu und prüfen Sie im *Windows Explorer*, ob der Drucker als Freigabe angezeigt wird. Nun muss der Netzwerkdrucker unter Windows noch integriert werden. Wählen Sie dazu in der Systemsteuerung das Druckermenü/Punkt **Drucker hinzufügen**. In dem Assistenten wählt man dann die Option *Netzwerkdrucker* aus. Hier kann der freigegebene Drucker gesucht und ausgewählt werden (Abbildung 8.11). Bei der oben vorgenommenen Konfiguration müssen schließlich auf dem Windowsrechner noch die Druckertreiber des exportierten Druckers installiert werden, danach kann vom Client aus gedruckt werden.

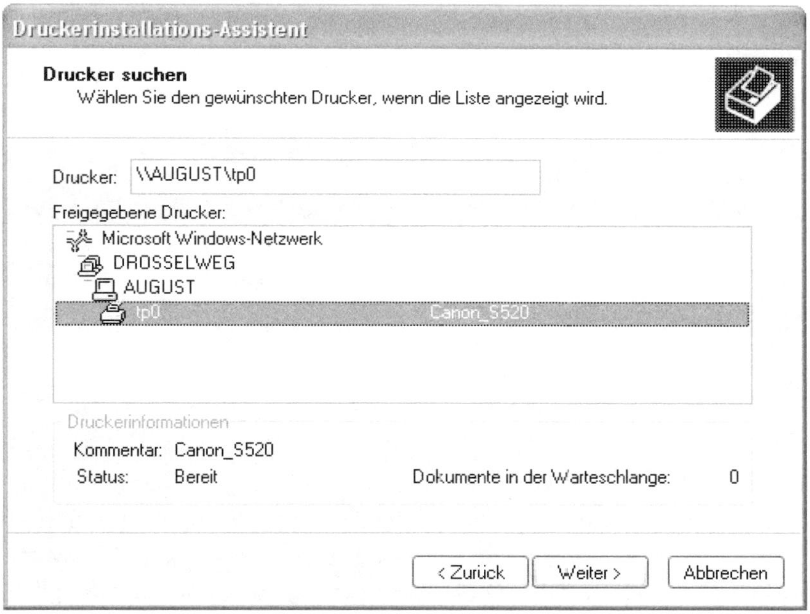

Abbildung 8.11 Einen Samba Drucker unter Windows nutzen

Administration über SWAT

Wer es Leid ist, *Samba* mühsam im Editor zu konfigurieren, installiert am besten das Browserfrontend SWAT, das *Samba Web Administration Tool*. Um SWAT nutzen zu können, werden die folgenden Pakete benötigt:

- swat
- xinetd

Zunächst muss dem Internet-Superserver *xinetd* der Zugriff auf SWAT ermöglicht werden. Dies erreicht man durch Ergänzen des folgenden Eintrags in der Konfigurationsdatei `/etc/xinetd.conf`:

```
user$ sudo gedit /etc/xinetd.conf
# Auszug aus /etc/xinetd.conf #
service swat
{
port = 901
socket_type = stream
wait = no
only_from = 127.0.0.1
user = root
server = /usr/sbin/swat
log_on_failure += USERID
disable = no
}
```

Im obigen Beispiel wurde der Zugriff auf SWAT auf den lokalen PC beschränkt. Wünschen Sie einen Remotezugriff, so ist der Punkt `only_from` entsprechend zu modifizieren. 901/tcp open samba-swat. Danach kann mit Hilfe des Programms nmap[7] zunächst getestet werden, ob der Dienst swat gestartet wurde.

```
user$ nmap localhost
...
901/tcp   open   samba-swat
```

Root-Account freischalten Hat das geklappt, dann können Sie in einem beliebigen Browser die Zeile `localhost:901` eingeben und sollten dann im SWAT-Konfigurationsmenü nach dem Einloggen mit der Standardbenutzer Account / Passwortkombination landen. Für Standardbenutzer ist es jedoch nur möglich, sich den Samba-Status sowie die Freigaben anzuschauen. Zur echten Adminstration muss der Root-Account mittels `sudo passwd root`[8] freigeschaltet werden. Dann kann man sich mit der Login/Passwortkombination des Benutzers Root einloggen und die Shares entsprechend verwalten (Abbildung 8.12).

---

7 nmap muss zunächst via `sudo apt-get install nmap` installiert werden.
8 Beachten Sie, dass dies nur derjenige tun sollte, der weiß, was er damit anrichten kann. Das komplette Ubuntu-System ist, wie in der Einleitung bereits erwähnt, auf die Verwendung des sudo-Befehls für Root-Aufgaben eingerichtet.

Abbildung 8.12 Samba Administration mit SWAT

8.4 Remoteadministration

Rechner fernsteuern - das weiß nicht nur der Administrator zu schätzen, der seinen im Keller befindlichen Server warten muss. Außendienstmitarbeiter wünschen sich einen sicheren Zugriff auf das Firmennetzwerk, Anfänger lassen sich gerne von Experten über einen Remotedesktop helfen. Heutzutage gibt es unter Linux eine Vielzahl von Programmen, die den Zugriff auf einen entfernten Rechner vereinfachen.

8.4.1 Einen SSH-Tunnel aufbauen

Nachdem Sie in Abschnitt 8.2.1 gelernt haben, wie man mit Hilfe der Secure Shell SSH auf einen weiteren Rechner per Konsole zugreifen kann, soll im Folgenden gezeigt werden, wie man auf diese Weise auch grafische Programme über das Netzwerk nutzen kann. Dazu wird ein so genannter X-Tunnel via SSH aufgebaut.

Starten Sie den SSH-Server auf dem Zielrechner (das kann über eine Konsolenverbindung erfolgen) und loggen Sie sich von dem Clientrechner aus mittels

X-Tunneling

```
user$ ssh -X <Benutzername>@<Rechnername>
```

ein. Das Passwort des Benutzers ist bei der Nachfrage einzugeben. Durch den Parameter `-X` wird das so genannte X-Tunneling aktiviert. Dadurch werden grafische Anwendungen (also: X-Anwendungen) auch auf dem Client korrekt dargestellt. Sie können nun einmal testweise ein grafisches Terminal wie z.B. das `gnome-terminal` durch Eingabe des gleichnamigen Befehls nach dem Einloggen starten. Das neu gestartete Programm sollte dann auf dem Display des Clients erscheinen. Anschließend können komplexere Programme wie *Firefox* oder *OpenOffice* getestet werden. Beachten Sie, dass für den Start von KDE-Programmen auf dem Client-PC die entsprechenden KDE-Bibliotheken installiert sein müssen.

Voraussetzung für derartige Experimente ist eine ausreichend schnelle Netzwerkanbindung beider PCs. Was im LAN flüssig abläuft, kann sich bei einer Modem- oder ISDN-Verbindung als viel zu träge zum produktiven Arbeiten erweisen. Hier schlägt die große Stunde des im nächsten Abschnitt vorgestellten NX-Servers bzw. Clients.

8.4.2 Den Ubuntu-Desktop exportieren

GNOME-Desktop Export

Im GNOME Systemmenü finden Sie über **Einstellungen • Entfernter Desktop**. Nach dem Starten des Tools (Abbildung 8.13) haben Sie die Möglichkeit, anderen Benutzern im Netz Ihren Desktop zur Verfügung zu stellen. Das ist z.B. in solchen Fällen interessant, wenn Sie Hilfe von einem Experten benötigen.

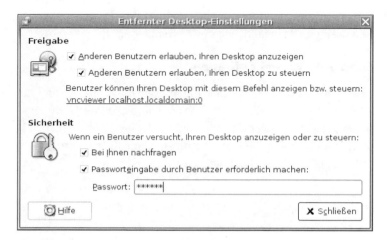

Abbildung 8.13 Export des GNOME-Desktops mit VNC

Aus Sicherheitsgründen empfiehlt es sich, die Nachfrage sowie das Passwort für den Client zu aktivieren. Auf der Clientseite muss nun in einer Konsole lediglich der folgende Befehl eingegeben werden:

```
user$ vncviewer <Rechnername bzw. IP>:0
```

Nun ist ggf. das oben definierte Passwort einzugeben und abzuwarten, ob der Desktopeigner den Zutritt gewährt.

Der Export des Desktops basiert auf der Software *VNC* (Virtual Network Computing) und eignet sich hervorragend in pädagogischen Umgebungen, um Schülern, die Probleme mit der Software haben, sprichwörtlich unter die Arme zu greifen. Es gibt übrigens auch einen *VNC*-Viewer für Windows, mit dem auf einen laufenden Linuxserver zugegriffen werden kann. Sie finden das Programm unter **www.realvnc.com/download.html**. Dadurch sparen Sie sich teure Zusatzsoftware, die Windows mit einem X-Server ausstattet, um per SSH-X-Tunneling auf einen Linux-Client zuzugreifen. Der umgekehrte Weg funktioniert übrigens auch ganz hervorragend (Abbildung 8.14).

VNC

Abbildung 8.14 Ubuntu von Windows aus fernsteuern

Desktopexport mit KDE

Auch KDE bringt einen entsprechenden Server mit, um per *VNC* die Oberfläche zu exportieren. Sie finden das entsprechende Programm unter **System • Verbindung zu Fremdrechner • Arbeitsfläche freigeben**. Das Frontend heißt `krfb`.

FreeNX

FreeNX ist der neue Shooting Star in der Szene, wenn es darum geht, grafische Benutzeroberflächen auf einem Client-PC auch über eine relativ schmalbandige Anbindung (z.B. Modem oder ISDN) zu nutzen. Wer jemals probiert hat, KDE über das im vorigen Abschnitt beschriebene VNC-Interface per Modem fernzusteuern, weiß, wovon die Rede ist. Der quälend langsame Aufbau der Fenster sowie die kaugummizähen Reaktionen der Maus lassen hier keine wirkliche Freude bei der Remotedesktopnutzung aufkommen.

NX von Nomachine

NX wurde von der Firma Nomachine entwickelt. Der Client zur Verbindung mit einem NX-Server ist kostenlos, die Serversoftware selbst ist kostenpflichtig. Der Knoppix Entwickler Fabian Franz hat zusammen mit Kurt Pfeifle den quelloffenen, freien FreeNX-Server programmiert, welcher mittlerweile auch für Ubuntu erhältlich ist. Der unglaublich schnelle Aufbau des Desktops sowie die unmittelbare Reaktionsfähigkeit beruht auf den folgenden technischen Kniffen:

- ▶ Die Übertragung der grafischen Daten mit dem X-Protokoll erfolgt in Verbindung mit einer ausgeklügelten Datenkompression.
- ▶ Häufig benutzte grafische Elemente des Desktops werden lokal gespeichert (gecachet).
- ▶ Im Gegensatz zu *VNC* wird nicht der gesamte Desktop übertragen, sondern immer nur kleine Änderungen. Das Verfahren ist im weitesten Sinne vergleichbar mit dem MPEG-Kompressionsverfahren im Videobereich.

Externes Repository verwenden

Die genannten Eigenschaften führen zu einer wesentlich geringeren CPU-Belastung auf der Serverseite. Unter Ubuntu wird *FreeNX* folgendermaßen konfiguriert. Zunächst ist es notwendig, ein externes Repository in die Paketverwaltung einzubinden. Dazu ergänzen Sie die folgende Zeile in der Datei /etc/apt/sources.list:

```
# Auszug aus /etc/apt/sources.list #
deb http://seveas.ubuntulinux.nl/ breezy-seveas all
```

Um das Repository nutzen zu können, muss noch dessen gpg-Schlüssel importiert werden:

```
user$ sudo gpg --keyserver subkeys.pgp.net \
--recv-keys 1135D466
user$ sudo gpg --export --armor 1135D466 | \
sudo apt-key add -
```

Nun können Sie mit Hilfe von Synaptic oder auf der Kommandozeile via `sudo apt-get freenx` das Paket freenx installieren. Nach der Installation meldet sich sofort die Konfigurationsroutine des Programms. Als Schlüsseltyp empfiehlt sich die Verwendung des Nomachine-Keys. Nun sollte ein bestehender Systembenutzer dem NX-Server bekannt gemacht und dessen Passwort gesetzt werden:

```
user$ sudo nxserver --adduser <Benutzername>
user$ sudo nxserver --passwd <Benutzername>
NX> 100 NXSERVER - Version 1.4.0-45-SVN OS (GPL)
New password:
Password changed.
NX> 999 Bye
```

Jetzt können Sie sich bereits mit Hilfe eines NX-Clients auf dem Rechner einloggen. Für Ubuntu-Clients installieren Sie hierfür das Paket `nxclient` aus dem oben definierten Repository. Das Programm wird nach der Installation folgendermaßen gestartet:

```
user$ /usr/NX/bin/nxclient
```

Danach startet eine Setup-Routine, die im Wesentlichen selbsterklärend ist. Als Desktopsystem sollte in der Regel GNOME definiert werden. Im Verlauf der Installationsroutine wird ein Icon auf dem Desktop erzeugt, welches später genutzt werden kann. Nun können Sie sich auf der Remotemaschine mit Ihrer Kennung anmelden (Abbildung 8.15).

Abbildung 8.15 Ubuntu Remotedesktop via NX

Windowsanwender laden sich bitte den freien Client von der Seite **www.nomachine.com** herunter und installieren diesen. Die Konfiguration der Clients ist selbsterklärend, es muss zur Aufnahme der Verbindung die oben gesetzte Login-/Passwortkombination eingegeben werden. Als Desktopsystem wird GNOME definiert (Abbildung 8.16). Danach können Sie sich auch unter Windows an der äußerst flotten Remoteverbindung erfreuen.

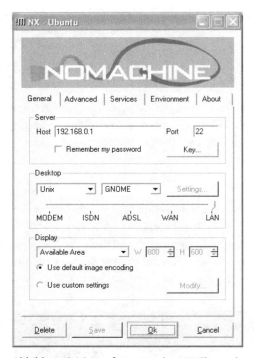

Abbildung 8.16 Konfiguration des NX-Clients, hier die Windowsvariante

8.4.3 Virtual Private Networking (VPN)

Das Konzept des Virtual Private Networking gibt (*VPN* dem Benutzer die Möglichkeit, vertrauliche Daten gesichert über ein per se unsicheres Netzwerk zu transportieren. Durch die Einrichtung eines so genannten VPN-Tunnels gelangen die Daten (abhör)sicher vom Sender zum Empfänger und zurück. Unter Ubuntu lässt sich *VPN* leicht mit folgendem Paket realisieren:

▶ openvpn

OpenVPN ist Bestandteil des Universe Repositories. Seit der Version 2.0 kann das Programm auch als Server z.B. innerhalb eines Firmennetzes betrieben werden. Für den Privatanwender bietet sich der Einsatz in Verbindung mit den üblicherweise schwach abgesicherten WLAN-Netzen an. Im Folgenden sollen zwei prominente Beispiele vorgestellt werden.

WLAN per VPN-Tunnel

Zunächst soll das für Heimanwender interessante Beispiel besprochen werden, ein WLAN mit VPN-Tunnel abzusichern. Um Komplikationen bei der Konfiguration zu vermeiden, empfiehlt es sich, zunächst die WLAN-Verschlüsselung zu deaktivieren und nach dem erfolgreichen Einrichten des V*VPN* wieder zu aktivieren. Das folgende Planspiel geht von der folgenden Infrastruktur aus:

- Ein Laptop, das mit einem WLAN-Device wlan0 (IP: 192.168.0.104) ausgestattet ist.
- Das VPN-Device auf der Seite des Laptops wird mit der IP-Adresse 192.168.8.104 definiert.
- Im Netz befindet sich ein Server, der über einen Ethernetadapter (IP: 192.168.0.1) an den zentralen Router angeschlossen ist.
- Die IP des VPN-Devices auf der Serverseite wird zu 192.168.8.1 definiert.

Zunächst muss auf dem Server ein Schlüssel erzeugt werden. *VPN* arbeitet zwar auch mit dem Konzept des privaten und öffentlichen Schlüssels, in privaten Netzen ist es jedoch am einfachsten, wenn Client und Server mit dem gleichen Schlüssel agieren. Mit folgendem Befehl wird der Schlüssel zunächst auf dem Server server$ erzeugt:

Schlüssel erzeugen

```
server$ sudo openvpn --genkey --secret \
/etc/openvpn/secret.key
```

Dieser Schlüssel muss nun auf sicherem Weg auf den Server befördert werden. Dazu bedient man sich des Werkzeugs scp. Zu beachten ist, dass bei der ganzen Aktion mehrfach die Rechte der Datei umdefiniert werden müssen. Das Ganze geschieht unter Zuhilfenahme der jeweiligen Homeverzeichnisse. Auf dem Server ist folgendermaßen zu verfahren:

```
server$ sudo cp /etc/openvpn/secret.key ~
server$ cd
server$ sudo chmod a+r secret.key
server$ sudo scp secret.key <Benutzer>@client:~
```

Auf dem Client wird der importierte Schlüssel in das Verzeichnis /etc/openvpn befördert

```
client$ cd
client$ sudo cp secret.key /etc/openvpn
```

Damit wären die Schlüssel abgeglichen. Nun wird der VPN-Tunnel »gebohrt«. Auf der Serverseite ist folgender Befehl einzugeben:

```
server$ sudo openvpn --daemon --dev tun0 \
--remote 192.168.0.104 \
--ifconfig 192.168.8.1 192.168.8.104 \
--secret /etc/openvpn/secret.key
```

Auf der Clientseite sind die IP-Adressen entsprechend anzupassen:

```
server$ sudo openvpn --daemon --dev tun0 \
--remote 192.168.0.1 /
--ifconfig 192.168.8.104 192.168.8.1 \
--redirect-gateway \
--secret /etc/openvpn/secret.key
```

Routing setzen Der zusätzliche Parameter redirect-gateway sorgt dafür, dass auf dem Client jeglicher Datentransfer per Routing über den Tunnel geleitet wird. Auf beiden Rechnern sollte in jedem Fall ein neues Netzwerkdevice zu finden sein:

```
server$ ifconfig
...
tun0      Protokoll:UNSPEC  Hardware Adresse
00-00-00-00-00-00-00-00-00-00-00-00-00-00-00-00
inet Adresse:192.168.8.1  P-z-P:192.168.8.104
```

Nachdem Sie per ping getestet haben, ob die Verbindung steht, können die üblichen WLAN-Schutzmechanismen (WEP-Key etc.) wieder aktiviert werden. Die beschriebene Situation ist noch einmal in Abbildung 8.17 dargestellt.

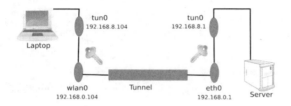

Abbildung 8.17 Topologie eines VPN

Per Internet auf den Heim-PC

Eine weitere Anwendungsmöglichkeit von *VPN* ist die sichere Verbindung aus dem Internet auf den heimischen Rechner. Da ein solcher Rechner vom Provider zumeist eine dynamische IP zugewiesen bekommt, kann man einen Dienst wie z.B. *DynDNS* (**www.dyndns.org**) in Anspruch nehmen.

DynDNS

Auf dem Server soll nun der VPN-Dienst gestartet werden. Da dieser aber zunächst nicht die IP-Adresse des Clients kennt, fehlt bei der Konfiguration der Parameter `remote`:

```
server$ sudo openvpn --daemon --dev tun0 \
--ifconfig 192.168.8.1 192.168.8.104 \
--secret /etc/openvpn/secret.key
```

Nun wartet der Server darauf, dass sich der Client bei ihm meldet. Der VPN-Befehl auf dem Client sieht folgendermaßen aus:

```
server$ sudo openvpn --daemon --dev tun0 \
--remote server.dyndns.org \
--ifconfig 192.168.8.104 192.168.8.1 \
--redirect-gateway \
--secret /etc/openvpn/secret.key
```

In diesem Fall wurde also die bislang als bekannt vorausgesetzte IP des Servers durch dessen DynDNS-Hostadresse `server.dyndns.org` ersetzt.

Eine Firewall durchtunneln

Mit der oben beschriebenen Methode zur Einrichtung eines *VPN* werden Sie in den meisten Firmennetzwerken und Internetcafés wenig Glück haben. Dort läuft der Netzwerkverkehr zumeist über eine Firewall, welche für die UDP-Pakete, die *VPN* standardmäßig verwendet, undurchlässig ist.

Durch einen kleinen Trick lassen sich aber auch derartige Firewalls aushebeln: Fügen Sie einfach auf der Clientseite den Parameter

```
--proto tcp-client
```

und auf der Serverseite den

```
--proto tcp-server
```

beim Aufruf von openvpn hinzu. Dadurch wird eine normale, Browser-konforme TCP-Verbindung aufgebaut, die durch jegliche Firewall ungehindert durchkommt. Müßig zu erwähnen, dass derartige Möglichkeiten den Administratoren schlaflose Nächte bereiten.

8.5 Serveranwendungen

In diesem Abschnitt sollen einige spezielle Serveranwendungen besprochen werden, die vielleicht nicht ganz alltäglich sind. Dazu gehört z.B. der Apache Webserver und der SQL-Server. Beginnen wollen wir allerdings mit einigen nützlichen Standard-Serverdiensten.

8.5.1 Einen Nameserver einrichten

Wer etwas größere lokale Netzwerke zu administrieren hat, der wird den Einsatz eines Nameservers schätzen. Dieser sorgt dafür, dass die Clients des Netzwerks nicht mühsam von Hand mit IP-Adressen versehen werden müssen. Das Standardpaket unter Linux ist `dhpd`, einfacher geht die Einrichtung des Nameserverdienstes aber mit dem Paket `dnsmasq`, welches im Universe-Repository zu finden ist. Sie installieren dnsmasq über

```
sudo apt-get install dnsmasq
```

dnsmasq Das Programmpaket beinhaltet unter anderem auch einen Nameserver-Forwarder, so dass sämtliche lokalen Rechner auch noch mit dem richtigen Nameserver versorgt werden. Dnsmasq leitet Anfragen nach externen Adressen an den Nameserver, der in der Datei `/etc/resolv.conf` definiert wurde, weiter. Wir unterscheiden im Folgenden zwei verschiedene Konfigurationsszenarien.

Konfiguration als einfacher DNS-Server

Dnsmasq greift zur lokalen Namensauflösung auf `/etc/hosts` zurück. Darin sind die im Netzwerk befindlichen Rechner einzutragen:

```
# Auszug aus /etc/hosts auf Server
192.168.0.1     server.heimnetz.de      server   # Server
192.168.0.2     desktop.heimnetz.de     desktop  # Desktop-PC
192.168.0.3     laptop.heimnetz.de      laptop   # Laptop
```

Soll dnsmasq nur als DNS arbeiten, ist die Konfiguration auf dem Server damit beendet. Auf der Clientseite ist in der Datei `/etc/resolv.conf` der Server als DNS einzutragen:

```
# Auszug aus /etc/resolv.conf auf Client
search heimnetz.de
nameserver 192.168.0.1
```

Dadurch wird dann insbesondere auch der auf dem Server befindliche DNS-Eintrag des Providers weitergereicht.

Konfiguration als DHCP-Server

Spätestens dann, wenn die Anzahl der Rechner im lokalen Netz zweistellig wird, fährt man mit einem DHCP-Server besser. Dieser verteilt dynamische IP-Adressen an die im Netz befindlichen PCs, ungefähr so, wie das bei der Einwahl zu Ihrem Internetprovider auch geschieht. Die Konfiguration ist ein wenig aufwändiger. Zunächst wird die Datei /etc/dnsmasq.conf bearbeitet:

```
# Auszug aus /etc/dnsmasq.conf
# Bereich, aus dem dnsmasq die IP-Adressen verteilt
dhcp-range=192.168.0.41,192.168.0.50,12h
# 12h ist die Lease-Time
```

Wenn man möchte, dass einzelne Clients immer die gleiche IP-Adresse bekommen sollen, so lässt sich das über folgenden Eintrag mit Hilfe der MAC-Hardwareadressen realisieren:

MAC-Adressen nutzen

```
dhcp-host=00:0E:A6:86:03:CF,
laptop,192.168.0.3,infinite
```

In diesem Fall wird die Hardwareadresse der Netzwerkhardware fest mit der obigen IP verknüpft. Erstere erfährt man durch den Befehl `ifconfig` auf dem entsprechenden Rechner:

```
user$ ifconfig
eth0   Hardware Adresse 00:0E:A6:86:03:CF
```

Wer im Besitz eines Laptops ist, welches wechselweise per Ethernet-Kabel oder WLAN mit dem Netz zu verbinden ist, kann folgende Einstellung vornehmen:

```
dhcp-host=00:00:F0:71:EE:74,link,infinite
dhcp-host=00:0E:35:22:9D:1B,link,infinite
```

So werden demselben physikalischen Gerät in Abhängigkeit von dem genutzten Device unterschiedliche Adressen zugeteilt. Der DHCP-Server kann seinen Clients weitere Informationen übermitteln, beispielsweise die Adresse eines weiteren Rechners, welcher als Internetgateway agiert:

```
# Syntax: Optionsnummer, Adresse
dhcp-option=3,192.168.1.1
```

Mehr zu der Zuordnung der Optionsnummern entnehmen Sie den Kommentaren in der Datei `/etc/dnsmasq.conf`. Ein Zeitserver zum Abgleich der lokalen Zeit wird schließlich folgendermaßen eingetragen:

```
dhcp-option=42,192.53.103.103
# Timeserver ptbtime1.ptb.de
```

In diesem Fall wurde der Stratum1-Server der Physikalisch-Technischen Bundesanstalt Braunschweig zum Zeitabgleich definiert. Apropos Zeitserver: In der »normalen« Ubuntu-Installation wird automatisch der Abgleich der lokalen Zeit mit dem Ubuntu-Zeitserver ntp.ubuntulinux.org eingestellt. Dieser Server wird in der Datei `/etc/default/ntpdate` definiert. Hier ist es sicherlich ratsam, einen lokalen Server wie z.B. den oben angegebenen zu definieren. Nach der Änderung des Zeitservers kann dieser über

```
user$ sudo /etc/init.d/ntpdate restart
```

getestet werden.

8.5.2 Einen Webserver aufsetzen

Webdesigner und Blogger schätzen die Möglichkeit, unter Ubuntu Linux in kurzer Zeit einen voll funktionsfähigen *Apache* Webserver aufsetzen zu können, um ihre Webinhalte im lokalen Netz zu testen, bevor diese auf den Internetserver hochgeladen werden.

Apache Webserver   Folgende Pakete sind zunächst für die aktuelle *Apache* Serverbasis zu installieren:

- apache2
- apache2-common
- apache2-doc

Damit wird das neue Apache2-Release installiert. Wer ein schlankes, bewährtes System bevorzugt, der kann auch getrost auf die ältere Version 1.3.x zurückgreifen und folgende Pakete installieren:

- apache
- apache-common
- apache-doc

Zusätzlich können nun noch einige Module installiert werden, um den *Apache* z.B. um die PHP- sowie Python-Funktionalität zu erweitern:

Zur Integration von PHP sind dies:

- libapache2-mod-php5
- php5
- PHP-Module wie pear, mysql, pgsql, ...

Python wird mit folgenden Paketen nachgerüstet:

- libapache2-mod-python
- python

Nach der Installation der obigen Pakete via `apt-get` bzw. Synaptic lässt sich der Apacheserver mit folgenden Kommandos kontrollieren:

```
user$ sudo /etc/init.d/apache <start|stop|restart>
```

Dabei ist jeweils einer der Parameter `start`, `stop` bzw. `restart` zu verwenden. Ob der Server läuft, erfahren Sie am einfachsten durch den Aufruf der lokalen IP bzw. durch Eingabe des Schlüsselworts `localhost` in einem Browser Ihrer Wahl. Dort wird dann zunächst ein Verzeichnis `apache2-default` angezeigt. Klickt man dieses an, dann landet man auf der Default-Startseite des Webservers (Abbildung 8.18).

Test per Browser

Abbildung 8.18 Die Startseite des Apache Webservers

Das Verzeichnis des Webservers befindet sich in der Standardeinstellung unter `/var/www` und ist nur für den Administrator beschreibbar.

Sämtliche nachinstallierten Module legen dort ebenfalls ihre Dateien ab. Möchten Sie als normaler Nutzer Webinhalte testen, so empfiehlt es sich, das Verzeichnis entweder weltles-/schreibbar zu machen oder es einfach mit Hilfe eines symbolischen Links umzusiedeln. Die folgenden Befehle verschieben das Verzeichnis in ein privates /home-Verzeichnis:

```
user$ sudo cd /home/<Benutzer>
user$ sudo mv /var/www .
user$ sudo chown -R <Benutzer> www
user$ sudo ln -s /home/<Benutzer>/www /var/www
```

Nun kann in dem entsprechenden Verzeichnis ohne Root-Rechte gearbeitet werden.[9] Testweise kann dort beispielsweise eine Seite `index.html` erstellt werden, die dann automatisch bei Aufruf der entsprechenden IP-Adresse dargestellt wird.

Startdienste definieren In der Standardkonfiguration wird der Apache-Server bei jedem Booten des Systems gestartet. Wenn Sie das nicht wünschen, so können Sie den Apachedienst folgendermaßen aus dem Bootprozess entfernen:

```
user$ sudo update-rc.d -f apache2 remove
```

Soll der Dienst wieder automatisch beim Booten gestartet werden, so kann er erneut über den Befehl

```
user$ sudo update-rc.d apache2 defaults
```

aktiviert werden. Dadurch wird das Startskript in die entsprechenden Runlevel-Vezeichnisse geschrieben, mehr zum Thema Runlevel finden Sie in Abschnitt 10.2.2.

 Interessant ist noch die Möglichkeit, den Apache-Server mit Modulen aufzurüsten. So liefert beispielsweise das Paket `phpsysinfo` in Verbindung mit dem PHP-Modul Informationen über den Status des Systems, z.B. die Festplattenkapazitäten, den Prozessortyp und dessen Temperatur.

8.5.3 Installation von MySQL

In Verbindung mit dem *Apache* Webserver bietet die Verwendung der Datenbank *MySQL* ein professionelles Webserverumfeld. Die gesamte Technik fand man bis vor kurzem noch unter der Sammelbezeichnung LAMP (*Linux-Apache-MySQL-PHP*), mittlerweile ist man zur Bezeichnung

---

9 Auch in diesem Zusammenhang wieder die Mahnung, dass man lediglich auf Testsystemen so verfahren sollte.

XAMP übergegangen. Das X soll signalisieren, dass man die gleiche Softwarekombination auch unter Windows realisieren kann, dort fand man früher die Bezeichnung WAMP vor.

Für den Einsatz in Verbindung mit der Datenbank MySQL benötigt man folgende Pakete:

- mysqlserver
- php5-mysql
- phpmyadmin

Durch Auswahl des Pakets `phpmyadmin` wird das gesamte Spektrum der LAMP-Software installiert. Zusätzlich steht Ihnen mit dem Tool ein exzellentes Konfigurationswerkzeug zur Hand. Während der Installation wird ggf. die Konfiguration des zusätzlich benötigten postfix-Pakets angefordert, hier wählt man einfach `no configuration`.

phpmyadmin

Nach der Installation geben Sie im Server die lokale IP bzw. das Schlüsselwort `localhost` an und wechseln innerhalb des Browserfensters in den Ordner `phpmyadmin`. Es öffnet sich die Administrationsstartseite, und man muss sich in das System einloggen. Als Loginnamen verwenden Sie `root`, das Passwort bleibt für das erste Login leer. Darauf sollte sich die Administrationsoberfläche von phpmyadmin öffnen (Abbildung 8.19).

Abbildung 8.19 Administration des LAMP-Systems mit phpmyadmin

Wenn Sie planen sollten, das System in einen produktiven Server zu überführen, dann sollte als erstes das Administratorpasswort gesetzt werden. Dies erledigen Sie über den Menüpunkt **Kennwort ändern**. Anschließend können Sie (entsprechende Kenntnisse vorausgesetzt) bestehende

Datenbanken verändern, neue Datenbanken anlegen und diese administrieren (Abbildung 8.20).

8.5.4 Ein einfacher FTP-Server

Zur unkomplizierten Einrichtung eines einfachen FTP-Servers gibt es unter Ubuntu Linux das Paket ProFTP. Sie installieren dies schnell mittels

```
user$ sudo apt-get install proftpd
```

ProFTP   Während der Installation wird man noch gefragt, ob das Programm als eigenständige Anwendung oder in Verbindung mit dem (x)inetd-Internetdaemon gestartet werden soll. Befindet sich das letztgenannte Programm sowieso schon auf Ihrem System, dann sollten Sie ProFTP mit (x)inetd verknüpfen. Ansonsten wählen Sie den Punkt *Daemon*.

Abbildung 8.20 Bearbeiten einer bestehenden Datenbank unter phpmyadmin

Ob der ProFTP-Deamon läuft, erfahren Sie über das Kommando

```
user$ ps ax | grep ftp
   proftpd: (accepting connections)
```

Nun gilt es, den Zugang beispielsweise für den anonymen FTP-Zugang freizuschalten. Dazu ist die Konfigurationsdatei /etc/proftpd.conf anzupassen.

Im folgenden Beispiel soll das Verzeichnis /home/ftp, welches während der Installation erstellt wurde, per Anonymous FTP exportiert werden. Die Benutzer sollen Leserechte, aber keine Schreibrechte für das Verzeichnis erhalten. Zunächst sind also die Rechte für das Verzeichnis zu setzen:

```
user$ sudo chmod 775 -R /home/ftp/
```

Nun muss die Konfigurationsdatei angepasst werden, was im Wesentlichen auf ein Entfernen einiger Kommentarzeichen in der Standardkonfiguration hinausläuft:

```
user$ sudo gedit /etc/proftpd.conf
# Auszug aus /etc/proftpd.conf
<Anonymous ~ftp>
    User ftp
    Group nogroup
    UserAlias anonymous ftp
    DirFakeUser on ftp
    DirFakeGroup on ftp
    RequireValidShell off
    MaxClients 10
    DisplayLogin welcome.msg
    DisplayFirstChdir message
    <Directory *>
      <Limit WRITE>
        DenyAll
      </Limit>
    </Directory>
</Anonymous>
```

Abschließend muss der Daemon neu gestartet werden, damit die neue Konfiguration übernommen wird:

```
user$ sudo /etc/init.d/proftpd restart
Restarting ProFTPD ftp daemon.proftpd.
```

Manueller Verbindungstest

Für einen einfachen Test des Servers kann man nun versuchen, sich von einer Kommandozeile aus mit dem FTP-Protokoll als Benutzer anonymous einzuloggen. Die Passwortabfrage kann einfach durch Eingabe der Returntaste übersprungen werden. Das folgende Beispiel zeigt ein Login

FTP per Shell

auf einen Server mit der IP 192.168.0.1 mit anschließendem Download einer Datei test.txt:

```
user$ ftp 192.168.0.1
Connected to 192.168.0.1.
220 ProFTPD 1.2.10 Server (Debian) [192.168.0.1]
Name (192.168.0.1:hatt): anonymous
Remote system type is UNIX.
Using binary mode to transfer files.
ftp> dir
200 PORT command successful
150 Opening ASCII mode data connection for file list
-rw-r--r-- 1 ftp ftp 37 Nov 18 11:30 test.txt
-rwxrwxr-x 1 ftp ftp 166 Sep  5 17:17 welcome.msg
226 Transfer complete.
ftp> get test.txt
local: test.txt remote: test.txt
200 PORT command successful
150 Opening BINARY mode data connection for
test.txt (37 bytes)
226 Transfer complete.
37 bytes received in 0.00 secs (81.2 kB/s)
ftp> quit
221 Goodbye.
```

Die vom Benutzer eingegebenen Befehle sind im obigen Listing jeweils fett dargestellt.

Zugriff per Browser Nachdem auf diese Weise die Grundfunktionalität des Servers sichergestellt wurde, kann man unter Ubuntu auch mit jedem beliebigen Browser auf das freigegebene FTP-Verzeichnis zugreifen. Der Vorteil an dem Datentransfer via FTP ist die Möglichkeit, unterbrochene Downloads in Verbindung mit einem Downloadmanager fortzusetzen. Selbstverständlich kann auch das Programm **Orte • Verbindung zu Server** eingesetzt werden, hier ist der Dienste-Typ *Öffentlicher FTP* auszuwählen.

8.5.5 Der Squid Proxyserver

Mit Hilfe des Webproxys *Squid* lässt sich der Internetzugang für mehrere PCs in einem lokalen Netz dadurch beschleunigen, dass man die aufgerufenen Seiten temporär in einem so genannten Cache abspeichert. Wird von einem Client-PC eine Seite aufgerufen, so geht die Anfrage bei Nutzung von *Squid* zunächst an den Proxy. Dieser schaut nach, ob er die gewünschte Seite bereits in seinem Cache zur Verfügung stehen hat und ob deren Inhalt noch aktuell ist. Auf diese Weise lassen sich Internetinhalte effektiver in einem LAN verteilen.

Sie installieren den Webproxy *Squid* unter Ubuntu mit Hilfe des folgenden Pakets:

▶ squid

Folgende Konfigurationsschritte sind durchzuführen, um *Squid* von jedem PC im angeschlossenen LAN nutzen zu können:

Bearbeiten Sie zunächst auf dem Server, auf welchem der Proxy installiert ist, die Datei /etc/squid/squid.conf:

```
# Auszug aus /etc/squid/squid.conf
# Privates Netzwerk den Zugriff gestatten
acl mein_netzwerk src 192.168.0.0/24
http_access allow mein_netzwerk
# Der Rest der Welt bleibt draußen
http_access deny all
```

Im vorliegenden Fall wird dem kompletten Netzwerk 192.168.0.x erlaubt, auf den Proxy zuzugreifen. Mit dem Parameter `acl` wird dabei die Zugriffsregel gesetzt. Nach jeder Änderung an der Konfigurationsdatei ist der *Squid*-Proxy neu zu starten:

```
user$ sudo /etc/init.d/squid restart
Restarting proxy server: squid.
```

Die Konfiguration der Clients geschieht innerhalb des jeweils verwendeten Browsers. Suchen Sie zu diesem Zweck in Ihrem Browser ein Untermenü, in welchem der Zugang per Proxy definiert werden kann. Im *Firefox* ist dies unter **Bearbeiten • Einstellungen • Allgemein • Verbindung** zu finden. Im *Konqueror* finden Sie die Proxy-Einstellungen unter **Einstellungen • Konqueror einrichten • Proxy Einstellungen manuell vornehmen**. Die Nutzer des Internetexplorers auf im Netz befindlichen Windows-PCs stellen den Proxy unter **Extras • Internetoptionen • Verbindungen • LAN-Einstellungen** ein.

Konfiguration der Clients

Zur Nutzung des *Squid*-Proxies tragen Sie dann einfach an den oben beschriebenen Stellen die IP des Servers sowie die Portnummer 3128 ein (Abbildung 8.21).

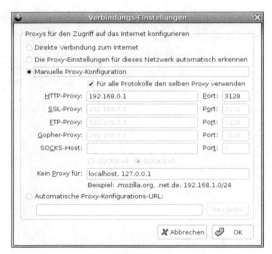

Abbildung 8.21 Definition eines Proxies in Firefox

Sind Sie gar Administrator eines Internetservers innerhalb einer öffentlichen Institution, so ist das Filtern von Webinhalten eine weitere, vordringliche Aufgabe. Zu diesem Zweck lassen sich innerhalb der Squidkonfigurationsdatei reguläre Ausdrücke oder ganze Domänen definieren, bei deren Aufruf entsprechende Seiten gesperrt werden. Besonders einfach lässt sich die aktive Filtering von Webinhalten mit Hilfe des Pakets `dansguardian` realisieren.

8.5.6 CUPS für Administratoren

Generell ist der Zugriff auf das Druckersystem unter Ubuntu durch den GNOME-CUPS-Manager geregelt. Dieser befindet sich im Menü **System • Systemverwaltung • Drucker**.

Möchte man aber den Drucker im gesamten Netz freigeben, so nutzt man am besten die Browser-gestützte Verwaltung des CUPS-Druckersystems. Die benötigte CUPS-Software ist schon in der Ubuntu Standardinstallation enthalten. Allerdings sind unter Ubuntu einige Klimmzüge erforderlich, um den vollen Administratorzugriff auf das CUPS-System zu bekommen.

Zunächst muss das CUPS-System der Gruppe `shadow` zugeordnet werden:

```
user$ sudo adduser cupsys shadow
Füge Benutzer cupsys in Gruppe shadow hinzu...
```

Anschließend sollte noch ein Passwort für den CUPS-Administrator festgelegt werden, um ggf. auch einen Remote-Zugriff zu gewährleisten.

Das folgende Beispiel setzt voraus, dass auf dem entsprechenden System der Root-Account aktiviert wurde. Das Passwort sollte eine Länge von mindestens sechs Zeichen haben und mindestens eine Ziffer enthalten:

```
sudo lppasswd -g sys -a root
```

Damit die Änderungen übernommen werden, muss CUPS neu gestartet werden:

```
user$ sudo /etc/init.d/cupsys restart
 * Restarting Common UNIX Printing System: cupsd
```

Geben Sie nun folgende Adresse in eine Zeile Ihres Browsers ein:

```
http://localhost:631/admin
```

Schließlich können Sie sich nun auf dem CUPS-Rechner lokal mit Ihrem normalen Accountnamen und Ihrem normalen Passwort im Administrationsbereich einloggen. Hier können Sie auch Druckaufträge von anderen Benutzern löschen sowie neue Drucker und Klassen hinzufügen (Abbildung 8.22).

Abbildung 8.22 Administration von CUPS über den Browser

Zugriff per Netzwerk

Um die Verwaltung von CUPS über das Netzwerk freizugeben, muss die Datei /etc/cups/cupsd.conf angepasst werden. Zunächst muss CUPS sämtlichen Netzwerkzugriffen auf Port 631 lauschen. Dazu ist folgende Zeile in der Konfigurationsdatei zu ersetzen:

```
# Auszug aus /etc/cups/cupsd.conf
# Listen 127.0.0.1:631
Port 631
```

Nun muss noch die Erlaubnis erteilt werden, aus dem angeschlossenen LAN auf CUPS zuzugreifen:

```
# Auszug aus /etc/cups/cupsd.conf
<Location /admin>
# Restrict access to local domain
Deny From All
Allow From 127.0.0.1
Allow From 192.168.0.0/24
</Location>
```

Im obigen Fall wurde erneut der Zugriff innerhalb eines lokalen Netzes 192.168.0.x sowie vom lokalen PC gestattet. Nach der Änderung muss der CUPS-Daemon erneut gestartet werden.

Für den administrativen Zugriff von einem entfernten PC aus wird nun die Login/Passwortkombination des CUPS-Rootaccounts verwendet. CUPS lässt sich übrigens auch hervorragend in Verbindung mit dem Sambasystem in einem heterogenen Netzwerk mit Windows-PCs nutzen.

8.6 Echtzeit-Kommunikation

Die Voice over IP Technik (kurz: *VOIP*) schickt sich derzeit an, den Kommunikationsmarkt ordentlich aufzumischen. Aber nicht nur die Telefonie über Internet, sondern auch das Durchführen von Videokonferenzen ist unter Ubuntu Linux leicht realisierbar. Der folgende Abschnitt stellt die bekanntesten Lösungen vor.

8.6.1 Internettelefonie

Linphone

SIP   Beginnen wir mit einer freien Telefoniesoftware. Die Software *Linphone* arbeitet mit dem verbreiteten SIP-Protokoll (*Session Initiation Protocol*). Dieses übernimmt lediglich die Koordination und signalisiert im Prinzip nur das Hereinkommen eines Gespräches. Die eigentliche Datenübertragung erfolgt über das *Realtime Transport Protocol* (RTP). Die Teilnehmer besitzen SIP-Adressen der Form `sip:Benutzername@Host`. Wer Internettelefonie ernsthaft betreiben möchte, der kommt um einen Account bei den gängigen Providern nicht herum. Ein erster Test kann zunächst im heimischen Netz zwischen zwei PCs (z.B. Desktop oder Laptop) erfolgen. Installieren Sie das Programm aus dem Universe-Repository mittels

```
user$ sudo apt-get install linphone
```

Dadurch werden noch einige weitere Pakete installiert, auf denen *Linphone* aufsetzt. Für das folgende Beispiel werden wir einen PC mit der IP 192.168.0.1 mit einem Laptop (IP: 192.168.0.103) verbinden. Dazu sollte auf beiden Rechnern *Linphone* installiert sowie die Soundhardware (Lautsprecher/Kopfhörer, Mikrofon) konfiguriert worden sein. Ideal ist hierbei die Verwendung eines USB-Headsets,[10] dessen Einrichtung im Folgenden noch einmal kurz besprochen werden soll. Alternativ können Sie aber mittlerweile auch Bluetooth-Headsets verwenden, mehr zu deren Nutzung finden Sie im Wiki auf **www.ubuntuusers.de**.

Konfiguration der Hardware

Schließen Sie das Headset an einen freien USB-Port Ihres Rechners an, warten Sie einen Augenblick und öffnen Sie das GNOME-Audiokonfigurationsapplet (**System • Einstellungen • Audio**). Wählen Sie hier unter der Rubrik *Default Sound Card* das hoffentlich erkannte Headset aus.

Abbildung 8.23 Einstellung der Pegel des Headsets

Nun müssen noch Wiedergabe- und Aufnahmepegel eingestellt und getestet werden. Öffnen Sie dazu das Mixerapplet (Rechtsklick über dem Lautsprechersymbol im Panel bzw. **Anwendungen • Unterhaltungsmedien • Lautstärkeregler**). Hiermit können Sie über **Datei • Gerät wechseln** zunächst das Headset auswählen und schließlich die Aussteuerung für Mikrofon und Kopfhörer justieren (Abbildung 8.23). Zur Kontrolle des Mikrofonpegels hilft das Programm **Anwendungen • Unterhaltungsmedien • Aufnahmepegelanzeige**.

Pegel kontrollieren

---

10 USB-Soundhardware hat den Vorteil, digitale Signale direkt ohne Umweg über die Soundkarte zu liefern.

Echtzeit-Kommunikation **323**

Einrichtung der Software

Starten Sie nun das Programm *Linphone* auf beiden Rechnern (**Anwendungen • Internet • Linphone** bzw. durch Eingabe von `linphone` in einer Shell). Zunächst sollte getestet werden, ob die Soundhardware innerhalb des Programms korrekt erkannt wurde. Wechseln Sie zu diesem Zweck zum Menü **Start • Einstellungen**, dort zum Untermenü **Soundtreiber** und wählen Sie dort Ihr Headset aus. Nun kann getestet werden, ob der Kommunikationspartner im LAN erreichbar ist. Geben Sie im Eingabefeld die SIP-Adresse des Gegenübers ein und betätigen Sie den Knopf *Anrufen* (Abbildung 8.24). Der Partner muss nun den Anruf mit dem entsprechenden Knopf bestätigen und das Gespräch kann beginnen.

Abbildung 8.24 Die VOIP-Software Linphone

Probleme durch Firewall Probleme können ggf. auftreten, wenn die Kommunikation durch eine Firewall läuft. Hierbei ist darauf zu achten, dass die Firewall auf den Ports 7078/udp und 5060/udp geöffnet wird. Sollten Sie einen Router verwenden, so müssen diese beiden Ports auf die interne IP-Adresse des entsprechenden PCs weitergeleitet werden. Eine andere Alternative, die auch bei geschlossenen Firewalls funktioniert, ist die Verwendung des Zusatzprotokolls STUN (*Simple Traversal of UDP via NATs*). Leider wird dieses Zusatzprotokoll derzeit von *Linphone* noch nicht unterstützt.

Gespräch über das Internet führen

Wer international per VOIP telefonieren möchte, der sollte sich einen Account bei einem der gängigen Anbieter beschaffen. Eine Marktübersicht finden Sie unter **http://www.onlinekosten.de/voip/anbieter**.

Generell gilt: Anrufe vom PC zum PC sind innerhalb des gleichen Netzes kostenlos; möchte man auch in das Festnetz telefonieren, so fallen Gebühren von ca. 1,0 ct/min an, Gespräche in die Mobilfunknetze kosten ca. 20 ct/min. Für Einsteiger eignen sich insbesondere die Anbieter sipgate (**www.sipgate.de**), Freenet (**www.freenet.de**) und web.de (**www.web.de**).

Abbildung 8.25 Konfiguration des Sipgate-Anschlusses

Möchte man ins Festnetz telefonieren, so ist lediglich der Proxyserver des SIP-Providers im Menü unter **Einstellungen • SIP** zu definieren. Zudem muss die eigene, vom Provider zugewiesene SIP-Adresse angegeben werden (Abbildung 8.25). Die Verbindung selbst erfolgt dann analog zur im letzten Abschnitt beschriebenen Verfahrensweise. Für Festnetzverbindungen ist das Nummernwahlpad zu verwenden, welches sich hinter der Schaltfläche **Mehr anzeigen • DTMF verbirgt**. Um einen Festnetzteilnehmer anzurufen, wählt man am besten im Format `<Länderkennung><Ortsnetzvorwahl ohne Null><Rufnummer>`.

Das Festnetz erreichen

KPhone

Nicht nur KDE-Anwender sind von der Software *KPhone* angetan. Im Gegensatz zu *Linphone* funktioniert hier auch das STUN-Verfahren. Sie installieren *KPhone* durch das gleichnamige Paket, unter GNOME sind einige zusätzliche KDE-Bibliotheken erforderlich, was aber bei Verwendung von *Synaptic* bzw. apt-get automatisch berücksichtigt wird. Die Konfiguration des Programms ähnelt der Verfahrensweise bei *Linphone*. Zusätzlich haben Sie die Möglichkeit, eine Webcam für Videokonferenzen zu integrieren.

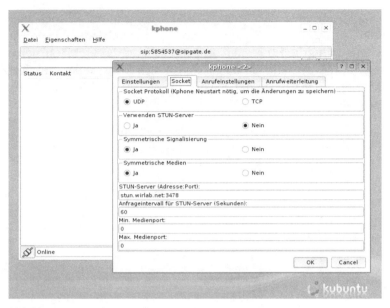

Abbildung 8.26 KPhone – Voice over IP unter KDE

Möchten Sie die Nutzung eines Providers umgehen, so bietet sich an, einen Account bei **dyndns.org** zu reservieren und Ihren Kommunikationspartnern die URL zukommen zu lassen. Auf diese Weise können Sie ein komplett freies Kommunikationsnetz einrichten.

Ein paar Worte zu Skype . . .

Sicherlich wird sich der eine oder andere Leser fragen, warum die *Skype* Software an dieser Stelle nur peripher erwähnt wird. Der Grund: *Skype* verwendet zum Datentransfer ein proprietäres Protokoll, welches in keinster Weise mit dem SIP-Protokoll in Einklang zu bringen ist. Darüber hinaus ist das Programmpaket nicht Bestandteil der Ubunturepositories. Es bleibt abzuwarten, ob *Skype* sich dem Open Source Markt öffnet.

8.6.2 Videokonferenzen

GnomeMeeting

Der nächste Schritt besteht darin, den Kommunikationspartner nicht nur zu hören, sondern auch zu sehen. Das entsprechende Werkzeug für diesen Zweck heißt *GnomeMeeting* und befindet sich bei Ubuntu im Anwendungsmenü unter **Internet • GnomeMeeting**. Nachdem im letzten Abschnitt bereits das Mikrofon zur Übertragung von Audiosignalen justiert wurde, muss nun noch die Webcam angeschlossen werden. Die Verfahrensweise dazu wurde bereits in Abschnitt 4.8.1 beschrieben, so dass wir bei der folgenden Beschreibung von einer komplett vorkonfigurierten Hardwareinfrastruktur ausgehen.

Beim ersten Start von *GnomeMeeting* durchlaufen Sie den Konfigurationsdruiden. In den einzelnen Phasen ist folgendermaßen vorzugehen:

- Nach Bestätigung des Begrüßungstextes geben Sie zunächst Ihren Namen sowie Ihre E-Mail Adresse an. Letztere ist insbesondere wichtig, um sich beim *GnomeMeeting* Benutzerverzeichnis anzumelden. Mit der damit erzeugten »callto«-Adresse sind Sie künftig im GnomeMeeting-Netz erreichbar. Um sich in dem Verzeichnis anzumelden, entfernen Sie bitte den Haken im unteren Fensterbereich.

- In den nächsten Schritten werden der Verbindungstyp sowie der NAT-Router definiert. Klicken Sie im entsprechenden Menü auf *Nat-Typ erkennen*. Ggf. empfiehlt das Programm, das STUN-Protokoll bzw. einen STUN-Server zu verwenden, was bestätigt werden sollte.

- Nun beginnt die Hardware-Einrichtung. Für Ihre Audio-Hardware sollte die ALSA-Schnittstelle verwendet werden. Als Gerät für Aufnahme und Wiedergabe wählen Sie Ihr Headset aus. Zudem haben Sie hier die Möglichkeit, die Funktion des Systems zu testen (Abbildung 8.27).

Abbildung 8.27 Der GnomeMeeting Konfigurationsdruide

- Als Videomanager sollte *V4L* (Video for Linux) verwendet werden. Auch bei der Videohardware empfiehlt es sich, den angebotenen Test durchzuführen.

- Im letzten Schritt werden die Einstellungen noch einmal aufgelistet. Wichtig ist dabei die generierte callto-Adresse der Form `call-`

`to:ils. seconixcom/<E-Mail-Adresse>`. Unter dieser Adresse sind Sie nun für Ihre Gesprächspartner weltweit erreichbar.

Damit wäre die Konfiguration abgeschlossen und das *GnomeMeeting* Hauptprogramm öffnet sich. Zunächst sollten Sie durch Betätigen des Webcam-Symbols Ihr eigenes Kamerabild testen. Anschließend können Sie durch Eingeben einer callto-Adresse die eigentliche Videokonferenz starten. Sollten Sie niemanden kennen, mit dem Sie in Verbindung treten können, so können Sie das Benutzerverzeichnis aus der Symbolleiste aufrufen und sich jemanden aussuchen, der Kontakte akzeptiert (siehe Kommentarzeile im Benutzerverzeichnis). Dadurch lassen sich Videokonferenzen rund um den Globus abhalten.

Abbildung 8.28 GnomeMeeting in Aktion

Parallelwelten erreichen: Amsn

Obwohl *GnomeMeeting* auch mit einigen Tricks Verbindungen zu Netmeeting-Clients aus der Windowswelt aufnehmen kann, bietet sich hier ein anderes Programm an: Mit dem Microsoft Messenger harmoniert am besten das Linux-Paket `amsn` (*Alvaro's MSN Messenger*). Installieren Sie den Messenger über

```
user$ sudo apt-get install amsn
```

und starten Sie das Programm durch Eingabe von `amsn` in einer Konsole. Die Konfiguration ähnelt der des Microsoft-Programms. Sie haben die Gelegenheit, sich über das Programm beim MSN-System anzumelden und dort ein Konto zu erstellen.

9 Programmierung und Design

9.1 Programmiersprachen 331

9.2 Integrierte Entwicklungsumgebungen 338

9.3 Webdesign 344

9.4 Professioneller Satz mit LaTeX 348

1. Ubuntu Linux – Überblick
2. Installation
3. Der Ubuntu Desktop
4. Hardwarekonfiguration
5. Installation weiterer Software
6. Informationen und Hilfe
7. Anwendersoftware
8. Netzwerktechnik
9. **Programmierung und Design**
10. Systemverwaltung
11. Sicherheit
12. Kompilierung von Systemsoftware
13. Ubuntu und aktuelle Hardware
14. Übersicht: Software für (K)Ubuntu
15. Befehlsreferenz Ubuntu Linux

9   Programmierung und Design

Ein eigenes Betriebssystem programmieren – das ist mit Linux nicht unmöglich. Die notwendigen Werkzeuge für jegliche Programmierprojekte sind bei Ubuntu schnell installiert.

Im vorliegenden Kapitel wollen wir Ihnen einen Überblick geben, wie man die wichtigsten Programmiersprachen und Entwicklerwerkzeuge installiert. Anhand eines durchgängigen Beispiels wird die Funktion der Werkzeuge demonstriert. Im letzten Abschnitt kommen auch Webentwickler und Layouter nicht zu kurz: Hier werden Werkzeuge zur Erstellung von Internetcontent und druckreifem Material vorgestellt.

9.1   Programmiersprachen

9.1.1   Interpretersprachen

Bei der Verwendung von Interpretersprachen wird der Programmcode zur Laufzeit in maschinennahe Befehle übersetzt. Dieses Vorgehen eignet sich dann, wenn »mal eben schnell« ein kleines Programm erstellt werden soll, welches nicht unbedingt auf komplexe Systemfunktionen zugreifen soll.

Shellskripte

Wir beginnen unseren Ausflug in die Welt der Programmierung mit Shellskripten. Diese dienen nicht nur der weitgehenden Automatisierung von Standardaufgaben, vielmehr sorgt auch das Abarbeiten von Skripten beim Starten des Systems für die automatische Konfiguration von Diensten. Derartige Skripte finden Sie z.B. im Verzeichnis /etc/init.d/.

Als Beispiel wollen wir selbst eine kleines Shellskript schreiben, welches die so genannte Fakultät einer natürlichen Zahl berechnet. Dabei wird die Zahl solange mit einer jeweils um 1 reduzierten Zahl multipliziert, bis man 1 erreicht hat. Kompliziert? Hier ein Zahlenbeispiel:

5! = 5 x 4 x 3 x 2 x 1 = 120

Das Shellskript, welches erst eine Zahl einliest, dann deren Fakultät berechnet und diese schließlich ausgibt, hat folgende Gestalt:

```
#!/bin/bash
declare -i zahl=$1
declare -i fakultaet=1
while [ $zahl -gt 1 ]; do
   fakultaet=$fakultaet*$zahl
   zahl=$zahl-1
done
echo "Fakultät = " $fakultaet
```

- In der ersten Zeile wird zunächst der typische Header von Bash-Shellskripten definiert (`#!/bin/bash`).
- In Zeile 2 und 3 werden die Variablen für das Programm definiert. Die Variable `zahl` wird direkt als Konsolenparameter eingelesen, daher `zahl=$1`.
- Die eigentliche Berechnung erfolgt in den Zeilen 5 bis 8 innerhalb einer while-Schleife. Dabei wird der Inhalt der Variablen `zahl` pro Schleifendurchlauf immer um eine Einheit reduziert, bis man schließlich bei der Zahl 1 angelangt ist.
- Nach Beendigung der Schleife wird der Inhalt der Variablen `fakultaet` schließlich auf der Konsole ausgegeben.

Das Skript selbst wird als `fakultaet.sh` abgespeichert und wie folgt ausgeführt:

```
user$ sh fakultaet.sh 5
Fakultät = 120
```

Alternativ hätte man das Skript auch nur `fakultaet` nennen und mittels `chmod+x fakultaet` ausführbar machen können, dies erspart den expliziten Aufruf des bash-Interpreters via `sh`.

Shellskripte sind insbesondere dann recht nützlich, wenn man komplizierte Programmaufrufe nicht mehrfach eingeben möchte, z.B. beim Mastern von bootfähigen CDs oder Transcodieren von Videomaterial.

Perl

Die nächste häufig auftretende, interpretierbare Programmiersprache unter Linux ist Perl. Diese Sprache wurde von Larry Wall mit dem Ziel entwickelt, sich möglichst nahe an menschlichen Sprachgewohnheiten zu orientieren. Perl erfordert für Einsteiger geringe programmiertechnische Vorbildung und zeichnet sich durch eine starke Kombinierbarkeit der Sprachelemente und einen reichen Wortschatz aus. Für eingefleischte Programmierer stellt Perl eine Art Schweizer Taschenmesser unter UNIX/Linux dar.

Möchten Sie Perl unter Ubuntu verwenden, so sollten folgende Pakete installiert sein:

- perl
- perl-base

Das obige Fakultätsprogramm hätte unter Perl folgende Gestalt:

```
#!/usr/bin/perl
sub fac {
  $_[0]>1?$_[0]*fac($_[0]-1):1;
}
print fac(5);
```

Das Programm wird von einer Kommandozeile aus über

```
user$ perl fakultaet.pl
```

gestartet, wenn es unter dem Namen `fakultaet.pl` abgespeichert wurde. Komplizierter Code? Nun, auf den ersten Blick sicher. Der Algorithmus reduziert sich hier in genialer Weise auf eine einzige Zeile, in welcher die Fakultätsfunktion rekursiv berechnet wird. Die Möglichkeiten von Perl veranlassen viele der so genannten Geeks zu Wettbewerben wie *Obfuscation* (das Verschlüsseln von Programmen bis zur Unkenntlichkeit des Sinns) und *Golf* (ein Programm für einen bestimmten Zweck in möglichst wenig Codezeilen erstellen).

Python

Python ist eine objektorientierte Programmiersprache, die sich durch einen klaren Aufbau auszeichnet. Unter Ubuntu wird Python über das Paket

- python

installiert. Besonders interessant ist die Ausnahmebehandlung unter Python, die eine Syntaxüberprüfung von Programmstrukturen während der Laufzeit gestattet. Betrachten wir als Beispiel einmal folgenden Codeabschnitt:

```
#!/usr/bin/env python
while True:
  try:
```

```
    num = raw_input("Eine Zahl eingeben: ")
    num = int(num)
    break
except ValueError:
    print "Eine _Zahl_, bitte!"
```

Dieser Code wird den Benutzer so lange nach einer Nummer fragen, bis dieser einen String eingibt, der sich per `int()` in eine Ganzzahl konvertieren lässt, ohne dass ein Fehler auftritt.

Erwähnenswert ist, dass sowohl das BitTorrent Filesharing Protokoll als auch das MoinMoin-Wiki-System in Python implementiert wurden.

9.1.2 Compilersprachen

Darunter fällt der Großteil der Programmiersprachen, die zur Umsetzung groß angelegter Softwareprojekte eingesetzt werden. Abbildung 9.1 zeigt das prinzipielle Vorgehen zur Erstellung eines Programms mit Hilfe eines Compilers.

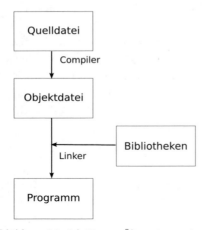

Abbildung 9.1 Schritte zur Übersetzung eines Programms

Der Programmierer muss sich meist »nur« um das Erstellen von einem korrekten Code kümmern, das Kompilieren und Linken der Programme erledigt ein einfacher Kommandozeilenbefehl.

C/C++

Das gesamte Betriebssystem Linux wurde in der Programmiersprache C erstellt. Möchte man selbst Programme aus Quellen übersetzen, so ist mindestens der C-Compiler erforderlich. Unter Ubuntu installieren Sie sämtliche zum Erstellen von C-Programmen benötigten Pakete über das Metapaket

- build-essential

Dadurch werden sowohl der C- als auch der C++-Compiler sowie die make-Utilities installiert. Sie können die Funktionsweise des Compilers erneut mit Hilfe unseres Standardprogramms testen. Erstellen Sie eine Datei `fakultaet.cpp` mit folgendem Inhalt:

```
#include <iostream>
using namespace std;
int fak(int n);
int main(void)
{
  int n;
  cout << "Fakultät: " << fak(5) << endl;
}
int fak(int n) {
  if (n==0) return 1;
  else return n*fak(n-1);
  }
```

Im vorliegenden Fall wurde die Fakultätsberechnung als eigenständige, rekursive Funktion `fak` implementiert. Nach der Eingabe wird das Programm zunächst über

```
user$ g++ -o fakultaet fakultaet.cpp
```

kompiliert und anschließend mittels

```
user$ ./fakultaet
```

gestartet. Mit Hilfe des C-Compilers können Sie aber nicht nur kleine Programmierprojekte selbst realisieren; vielmehr sind Sie in der Lage, durch Kompilieren von Quellen Linux Anwenderprogramme ganz Ihren Anforderungen bzw. Ihrer Hardware anzupassen.

Anwenderprogramme selbst kompilieren

Java

Ubuntu bietet Ihnen in der Multiverse Sektion die Java-Implementierung *Blackdown Java*. Möchten Sie damit Java-Projekte realisieren, so benötigen Sie in jedem Fall das Paket

- j2sdk1.4

Sun JDK verwenden

Wie aber bereits in Kapitel 7 ausgeführt, gilt das Java Entwicklungspaket JDK der Firma Sun als Standard. Dessen Installation ist ein wenig komplexer, die einzelnen Schritte wurden bereits in Abschnitt 7.6.2 beschrieben. Im Folgenden soll mit Hilfe des JDK ein kleines Applet erstellt werden, welches in einem Standardbrowser läuft.

Um die Grafikfähigkeiten von Java zu demonstrieren, erstellen wir ein Programm, welches eine Treppe aus Rechtecken erstellt, deren Höhe quadratisch zunimmt. Erstellen Sie eine Datei `treppe.java` mit folgendem Inhalt:

```java
import java.applet.*;
import java.awt.*;
public class treppe extends Applet{
  int x=1; int y;
  public void paint (Graphics pen) {
    while (y<100) {
       y=x*x;
       pen.fillRect(x*10, 100-y, 10, y);
       x++;
     }
   }
}
```

Das Programm wird mit dem folgenden Befehl übersetzt:

```
user$ javac treppe.java
```

Dadurch wird eine Java-Klassendatei `treppe.class` generiert, die allerdings nicht eigenständig lauffähig ist. Binden Sie die Klasse folgendermaßen in eine HTML-Datei namens `treppe.html` ein:

```html
<HTML>
<BODY>
  <APPLET code="treppe.class" width=200 height=200>
  </Applet>
</BODY>
</HTML>
```

Nun können Sie das Applet im Appletviewer, der zum Sun-Java-Paket gehört, folgendermaßen testen (Abbildung 9.2):

```
user$ appletviewer treppe.html
```

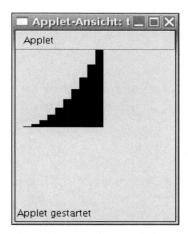

Abbildung 9.2 Der Appletviewer

Wenn das klappt, dann lässt sich das Applet auch in jedem beliebigen Browser darstellen. Selbstverständlich haben Sie auch die Möglichkeit, Browser-unabhängige Java-Applikationen zu erstellen. Das folgende Beispiel wurde dem beliebten Java-Buch »Java ist auch eine Insel« von Christian Ullenboom, welches als Openbook unter **www.galileocomputing.de** für jedermann frei verfügbar ist, entnommen:

```
import java.math.*;
class Fakultaet
{
  static BigInteger fakultät( int n )
  {
    BigInteger big = BigInteger.ONE;
    if ( n == 0 || n == 1 )
      return big;
    if ( n > 1 )
      for ( int i = 1; i <= n; i++ )
        big = big.multiply( BigInteger.valueOf(i) );
    return big;
  }
  static public void main( String args[] )
  {
    System.out.println( fakultät(100) );
  }
}
```

Kompiliert wird die Applikation wieder mittels `javac`, anschließend können Sie das Programm über

```
user$ java Fakultaet
```

starten. Im vorliegenden Fall wird die Java-Mathematikbibliothek dazu verwendet, die Fakultäten möglichst großer Zahlen n in ganzzahliger Darstellung zu berechnen.

Mono

.NET unter Linux   Als Open Source Alternative zu Microsofts .NET-Framework ist Mono in aller Munde. Skeptiker bescheinigen dem Projekt keine große Zukunft, falls sich Softwarepatente auf breiter Basis durchsetzen. Unter Ubuntu sind einige (wenn auch veraltete) Monopakete integriert. Eine brauchbare Entwicklungsumgebung lässt sich durch die Installation folgender Pakete installieren:

- mono
- mono-devel
- gtk-sharp

Das letzte Paket stellt Bibliotheken zur Erstellung von GTK-Programmen in Verbindung mit dem C#-Compiler des Monopakets zur Verfügung.

9.2 Integrierte Entwicklungsumgebungen

Wesentlich bequemer als über die im letzten Abschnitt vorgestellte Kompilierung per Kommandozeile arbeitet es sich mit so genannten integrierten Entwicklungsumgebungen (*Integrated Development Environment* = IDE). Damit lassen sich Programme erstellen und testen, ohne die zentrale Programmierumgebung verlassen zu müssen. Mit entsprechenden Plugins ist es sogar möglich, grafische Frontends »zusammenzuklicken«.

9.2.1 Anjuta

Die integrierte Entwicklungsumgebung für C/C++-Projekte, die in Verbindung mit dem GTK+-Toolkit realisiert werden sollen, heißt *Anjuta*. Für das Erstellen grafischer Applikationen unter GNOME müssen die IDE selbst sowie folgende Pakete installiert werden:

- anjuta
- automake
- glade-2

- libglib2.0-dev
- libgnomeui-dev

Das Paket `glade-2` stellt dabei einen Editor für die grafische Oberfläche zur Verfügung.

Nach der Installation befindet sich das Programm im GNOME-Startmenü unter **Entwicklung** • **Anjuta IDE**. Beim ersten Programmstart öffnet sich ein Disclaimer sowie ein Projektfenster, in welchem Sie die Möglichkeit haben, ein Standardprojekt mit Hilfe eines Anwendungsdruiden anzulegen.

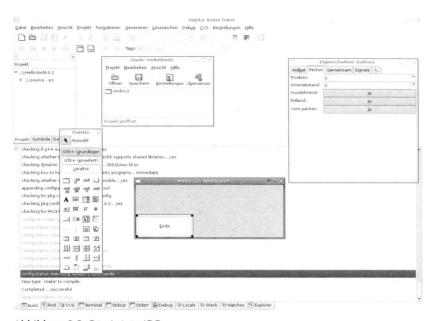

Abbildung 9.3 Die Anjuta-IDE

Es würde an dieser Stelle zu weit führen, die Erstellung eines kompletten Projekts mit *Anjuta* vorzuführen, interessierte Leser seien auf das hervorragende *Anjuta*-Tutorial verwiesen, welches Sie im Menü **Hilfe** • **Anjuta Tutorial** finden.

9.2.2 KDevelop

Das KDE-Gegenstück zu Anjuta heißt *KDevelop* und eignet sich insbesondere dazu, KDE/Qt-Anwendungen zu programmieren. Installiert wird *KDevelop* über folgende Pakete:

- kdevelop3
- kdevelop3-doc
- kdevelop3-data
- kdevelop3-plugins

Dabei werden auch weitere notwendige Pakete wie z.B. `automake` installiert. Nach der Installation finden Sie das Programm im KDE-Startmenü unter **Entwicklung** • **KDevelop**.

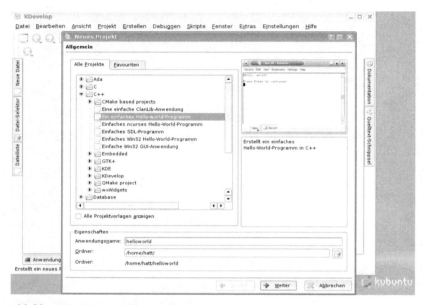

Abbildung 9.4 KDE Applikationen entwickeln mit KDevelop

KDevelop bietet wie *Anjuta* einen Assistenten zur automatischen Erstellung von Standardanwendungen. Diesen starten Sie über **Projekt** • **Neues Projekt** (Abbildung 9.4).

9.2.3 Eclipse

Javaentwickler schätzen die *Eclipse* IDE. Durch die Installation entsprechender Plugins lassen sich aber auch C/C++-Projekte realisieren. Die folgenden Ausführungen setzen voraus, dass Sie ein Java SDK, beispielsweise das Sun Java SDK, installiert haben. Unter Ubuntu wird Eclipse über das folgende Metapaket installiert:

- eclipse-sdk

Dadurch wird eine Vielzahl von Plugins zusätzlich installiert. Nach der Installation finden Sie *Eclipse* im Menü **Anwendungen • Entwicklung • Eclipse**. Beim ersten Programmstart wird der Benutzer zunächst aufgefordert, ein Verzeichnis für den *Eclipse* Workspace anzugeben. Per Voreinstellung wird der Workspace im aktuellen Benutzerverzeichnis angelegt. Möchte man das Verzeichnis als Standard beibehalten, so ist die entsprechende Option zu markieren.

Nachdem der erste Start erfolgreich war, kann man sich daran begeben, einige Optimierungen vorzunehmen. Dies erfolgt unter anderem durch die Installation von Plugins. Eine Vielzahl davon finden Sie auf der *Eclipse* Homepage auf **www.eclipse.org**. Zur Installation der deutschen Sprachunterstützung laden Sie beispielsweise die folgenden Pakete herunter:

- NLpack1-eclipse-SDK-3.1.1a-gtk.zip
- NLpack1_FeatureOverlay-eclipse-SDK-3.1.1.zip

Die Versionsnummer sollte dabei mit der des Ubuntu-Eclipse-Pakets übereinstimmen. Die Pakete werden mit folgendem Befehl entpackt:

```
user$ unzip NLpack1-eclipse-SDK-3.1.1a-gtk.zip
user$ unzip NLpack1_FeatureOverlay-eclipse-SDK-\
       3.1.1.zip
```

Dadurch wird ein Ordner namens `eclipse` im aktuellen Verzeichnis erzeugt. Die Datenstruktur innerhalb des Ordners wird nun einfach in die bestehende *Eclipse*-Installation hineinkopiert:

```
user$ sudo cp -a eclipse/* /usr/share/eclipse
```

Nach dem Neustart steht Ihnen die IDE in deutscher Sprache zur Verfügung. Achten Sie darauf, dass bei Verwendung von mehr als einer Java JRE die richtige ausgewählt wird (**Fenster • Benutzervorgaben • Java**).

Von der Eclipsestartseite aus kann man nun eines der vielen Lernprogramme zu *Eclipse* starten und sich spielerisch in die Benutzeroberfläche einarbeiten (Abbildung 9.5).

Kompilierung von C-Programmen

Die Erweiterung CDT zur Kompilierung von C/C++ Programmen unter *Eclipse* findet man ebenfalls auf **www.eclipse.org**. Die Installation erfolgt analog zu dem oben beschriebenen Sprachpaket. Achten Sie darauf, dass die Version des CDT zu Ihrer speziellen *Eclipse*-Version passt. Einige weitere, ausgewählte Plugins zu *Eclipse* finden Sie übrigens auf **www.java-tutor.com**.

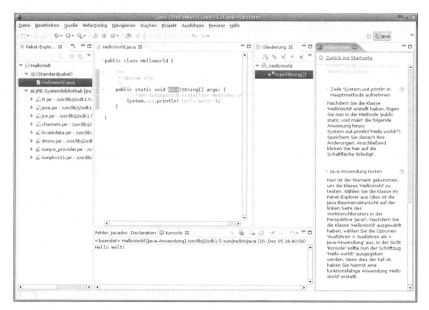

Abbildung 9.5 Die IDE Eclipse im Lernmodus

9.2.4 Lazarus

Delphi Klon

Lazarus ist eine PASCAL-Programmierumgebung unter Linux, die stark an Borlands Delphi erinnert. Momentan wurde *Lazarus* noch nicht in die Ubuntu Standardrepositories übernommen, so dass ein wenig Handarbeit zur Installation angesagt ist. Am schnellsten installieren Sie *Lazarus* mit Hilfe des Pakets `alien` und den entsprechenden RPMs. Stellen Sie hierfür sicher, dass die folgenden Pakete installiert sind:

▶ libgtk2.0

▶ libgdk-pixbuf2

▶ alien

Laden Sie nun die Lazarus-RPM-Pakete von **sourceforge.net/projects/lazarus** herunter. Sie benötigen zwei RPMs:

▶ fpc-2.0.1-050923.i386.rpm

▶ lazarus-0.9.10-0.i386.rpm

Auch hier können die Bezeichnungen bei aktuelleren Versionen von den obigen Versionsnummern abweichen. Installieren Sie die beiden RPMs via alien:

```
user$ sudo alien -i fpc-2.0.1-050923.i386.rpm
user$ sudo alien -i lazarus-0.9.10-0.i386.rpm
```

Nach der Installation befindet sich das Programm im Menü **Anwendungen • Entwicklung**. Nach dem Programmstart öffnen sich mehrere Teilfenster. Die Bedienung des Programms ist stark an die Delphi- bzw. Kylix Oberfläche angelehnt (Abbildung 9.6).

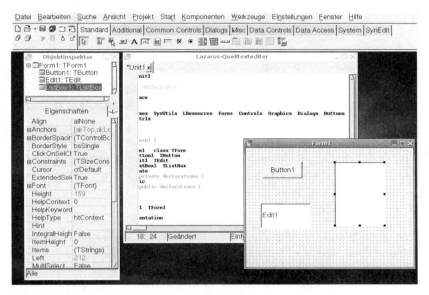

Abbildung 9.6 Delphi/Kylix zum Nulltarif: Lazarus

9.2.5 Gambas

Den Abschluss der Parade von Programmierwerkzeugen bildet die *Gambas* IDE. Umsteiger von Microsoft Visual Basic werden sich sofort heimisch fühlen, es ist sogar möglich, Visual Basic-Programme mit einigen wenige Anpassungen unter *Gambas* zum Laufen zu bringen.

Visual Basic-Ersatz

Sie installieren *Gambas* über das Metapaket

▶ gambas

Wie alle bisher vorgestellten Entwicklungswerkzeuge findet man nach der Installation einen entsprechenden Eintrag unter **Anwendungen • Entwicklung**. Alternativ kann man *Gambas* auch über die Konsole durch Eingabe von `gambas` starten. Auch unter *Gambas* hilft ein Projektwizzard bei den ersten Gehversuchen bei der Erstellung von Projekten.

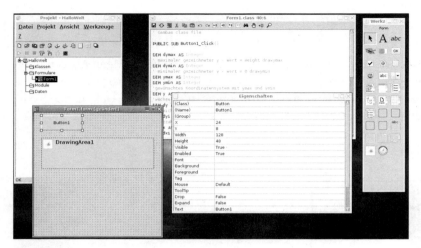

Abbildung 9.7 Der Visual Basic Clone Gambas

Eine hervorragende Dokumentation zu *Gambas* in Form eines Wikis finden Sie unter **de.wikibooks.org/wiki/Gambas**.

9.3 Webdesign

Eine ganz andere Art der Programmierung ist die Erstellung von Internetseiten auf Basis der HTML-Sprache. Auch wenn die eingefleischten Webdesigner nicht müde werden zu erwähnen, dass das beste Werkzeug für diesen Zweck ein einfacher Texteditor ist, wünscht sich der durchschnittliche Computeranwender doch eine komfortable WYSIWYG (*What you see is what you get*) Oberfläche. Der folgende Teilabschnitt stellt die gebräuchlichsten Lösungen unter Ubuntu Linux vor.

9.3.1 Mozilla Composer

Der *Mozilla Composer* genügt den meisten Ansprüchen und wird unter Ubuntu durch folgende Pakete installiert:

- mozilla-browser
- mozilla-locale-de-at

Das letzte Paket enthält die deutsche Lokalisierung, das erste Paket installiert den *Mozilla Browser* nebst *Composer*. Um nun eine Webseite zu erstellen, kann der *Composer* direkt aus dem Menü **Anwendungen • Internet • Mozilla Composer** gestartet werden. Im *Composer* haben Sie die Möglichkeit, in vier verschiedenen Darstellungsformen zu arbeiten (Abbildung 9.8):

- **Normal:** Dieser Modus eignet sich für Gelegenheitsdesigner, die mit der HTML-Beschreibungssprache nicht in Berührung kommen wollen. Der Editor verhält sich hier wie eine »normale« Textverarbeitung.
- **HTML-Tags:** Hier sind die wichtigsten HTML-Strukturen eingeblendet, vgl. Abbildung 9.8.
- **Quelle:** Hier haben fortgeschrittene Anwender die Möglichkeit, HTML-Code direkt einzugeben.
- **Vorschau:** . . . und so sieht die Welt Ihre Seite.

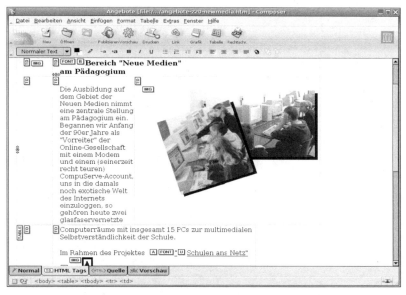

Abbildung 9.8 Der *Mozilla Composer*, ein komfortabler HTML-Editor

Einige nützliche Features sind im *Composer* eingebaut: Mit Hilfe der Rechtschreibprüfung (**Bearbeiten • Rechtschreibprüfung**) können Sie Ihre Dokumente vor dem Upload auf Rechtschreibfehler hin überprüfen. Wer sauberen HTML-Code produzieren will, validiert sein Material vor der Veröffentlichung (**Extras • HTML validieren**). Voraussetzung hierfür ist eine bestehende Internetverbindung.

Schließlich können Sie eine geänderte Seite per Knopfdruck publizieren (**Datei • Publizieren**). Wer die Serverdaten nicht stets von Neuem eingeben möchte, der definiert diese zuvor über (**Bearbeiten • Publizierungssite**).

9.3.2 Nvu

Dreamweaver Ersatz

Nvu – ausgesprochen »N view« – ist eine Weiterentwicklung des *Mozilla Composers*. Mit diesem Editor arbeitet es sich ähnlich komfortabel wie mit dem bekannten Macromedia Editor *Dreamweaver* bzw. Microsofts *Frontpage*. Die Entwickler heben die folgenden Vorzüge hervor:

- Volle WYSIWYG Funktionalität beim Bearbeiten von Webseiten.
- Integriertes FTP-Dateimanagement: Sie loggen sich auf Ihrem FTP-Server ein, navigieren durch die dortige Dateistruktur und ändern Ihre Webseiten online.
- Zuverlässige HTML-Code-Erstellung, der von den heute beliebtesten Browsern korrekt interpretiert wird. Zwischen der WYSIWYG-Ansicht und der Code-Ansicht kann bequem gewechselt werden.
- Leistungsfähige Unterstützung für Formulare, Tabellen und Vorlagen.

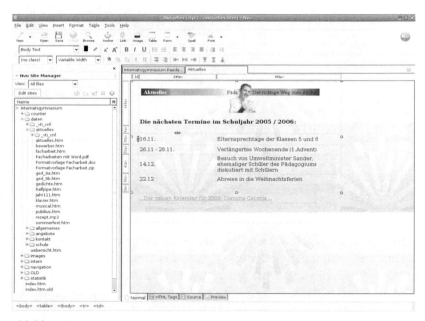

Abbildung 9.9 Websiteverwaltung mit Nvu

Nvu ist im Universe-Repository enthalten und wird über folgendes Paket installiert:

- nvu

Sie starten das Programm nach der Installation über **Anwendungen • Internet • Nvu**. Die derzeit im Ubuntu-Repository enthaltene Version beinhaltet noch keine deutsche Lokalisierung,[1] daher beziehen sich die folgenden Ausführungen auf die englische Version.

Besonders interessant ist der Livebearbeitungsmodus innerhalb von *Nvu*. Definieren Sie im linken Teilfenster eine neue Site über den Knopf **Edit Sites**. Im linken Fensterbereich können Sie nun durch die Dateistruktur auf dem Server navigieren und per Doppelklick Dateien zum Bearbeiten auswählen.

Seiten online bearbeiten

Nach Fertigstellen der Änderungen werden die Dateien einfach durch Betätigen des Knopfes **Upload** auf den Server geladen. Ggf. ist hier noch der absolute Pfad anzupassen.

9.3.3 Weitere Lösungen

Der Vollständigkeit halber sollen noch folgende weitere Lösungen erwähnt werden, die allerdings eine tiefere Einarbeitung in die Materie voraussetzen:

Bluefish

Dieser HTML-Editor ist eher für Experten gedacht, da er das Beherrschen von HTML voraussetzt. *Bluefish* lässt sich unter Ubuntu mit dem Paket

▶ bluefish

installieren, dazu muss das Universe Repository freigeschaltet sein. Zur Unterstützung für den Webdesigner bietet *Bluefish* eine Toolbar mit den gebräuchlichsten HTML-Tags.

Quanta Plus

Quanta Plus ist die erste Wahl für KDE Anwender, lässt sich aber natürlich auch in der GNOME-Umgebung einsetzen. Der Editor bietet umfangreiche Funktionen wie komplexes Projektmanagment und unterstützt unter anderem HTML, XHTML, XML, Java, PHP und JavaScript. Sie installieren *Quanta* entweder über das gleichnamige Paket oder verwenden unter Kubuntu gleich das Metapaket

▶ kdewebdev

Dadurch wird die komplette Entwicklungsumgebung mit vielen zusätzlichen Plugins installiert.

---

[1] Eine deutsche Version von *Nvu* finden Sie auf **http://www.nvu-composer.de**, diese ist allerdings manuell zu installieren.

... und Flash?

Erste zarte Ansätze, Flashanimationen auch unter Linux zu erstellen, zeigen Projekte wie *KToon* (**ktoon.toonka.com**, Abbildung 9.10). Zwar bleibt der Funktionsumfang des Programms weit hinter den Möglichkeiten des Macromedia Werkzeugs zurück, dafür geht *KToon* beim Preis-/Leistungsvergleich als klarer Sieger hervor. Das Programm können Sie von der obigen Website entweder als ausführbares Binärprogramm oder als Quellcode herunterladen. Das Binärprogramm `ktoon` kann direkt ausgeführt werden.

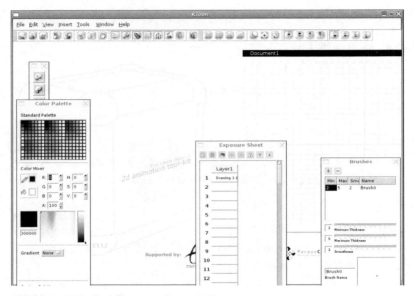

Abbildung 9.10 Flashfilme erstellen mit KToon

9.4 Professioneller Satz mit LaTeX

Mit Hilfe des professionellen Drucksatzsystems TeX von Donald Knuth bzw. dessen Weiterentwicklung durch Makros LaTeXgelingt es auch designtechnisch weniger begabten Anwendern, ansprechende Druckwerke zu erstellen.

Robustes System

Das vorliegende Buch etwa wurde mit LaTeXgesetzt. Folgende Vorteile bietet diese Beschreibungssprache:

▶ LaTeX-Dateien liegen stets im ASCII-Format vor und nehmen daher einen sehr geringen Platz im Vergleich zu proprietären Formaten wie z.B. Microsoft Word ein.

- Das Format ist relativ »absturzsicher«: Da es sich um reine Textdateien handelt, ist das Material recht unanfällig gegenüber Abstürzen des Hauptprogramms. So mancher Wordanwender hatte schon ein böses Erwachen, wenn sich das Großprojekt vom Kaliber Dissertation oder Diplomarbeit kurz vor Fertigstellung nicht mehr vom Programm öffnen ließ.

9.4.1 Installation

Unter Ubuntu wird LaTeX über die folgenden Pakete installiert:

- tetex-base
- tetex-extra
- xdvi

Das letzte Paket ist ein Viewer für die vom LaTeX-Compiler übersetzten DVI-Dateien. Möchten Sie darüber hinaus noch Unterstützung für UTF8-codierte Textdateien haben, dann ist das Paket `latex-ucs` zu ergänzen.

9.4.2 Beispiele

Erste Schritte unternimmt man am besten mit einem Standardeditor. Erstellen Sie folgende Datei unter dem Namen `beispiel.tex`:

```
% Festlegen des Papierformates
documentclass[a4paper, 11pt, oneside]{article}
% Hier beginnt das Dokument:
\begin{document}
Dies ist ein Beispieltext.
% Das Ende des Dokuments:
\end{document}
```

Die %-Zeichen markieren Kommentare, welche Sie beim Eintippen getrost weglassen können. Die obige Datei wird nun folgendermaßen übersetzt:

```
user$ latex beispiel.tex
```

Dadurch wird eine so genannte `dvi`-Datei erzeugt, dvi steht hierbei für *Device Independent*. Diese können mit Hilfe des Programms *xdvi* dargestellt werden:

```
user$ xdvi beispiel.dvi
```

Strukturierung Möchten Sie einen Eindruck über die automatische Strukturierung von Dokumenten mit Hilfe von LaTeX erhalten, so können Sie einmal das folgende Beispiel eingeben:

```
\documentclass[a4paper, 11pt, oneside]{article}
% Deutsche Sonderzeichen benutzen
\usepackage{ngerman}
% Umlaute unter UTF8 nutzen
\usepackage[utf8]{inputenc}
\begin{document}
% Ein Inhaltsverzeichnis anzeigen:
\tableofcontents
% Einen Seitenumbruch erzeugen
\newpage
% Erstes Kapitel
\section{Einleitung}
% Ueberschrift eines Abschnittes
\subsection{Motivation}
Warum sollte man \LaTeX benutzen?
% Ueberschrift eines Abschnittes
\subsection{Zielsetzung}
Mit \LaTeX konzentriert man sich auf das Wesentliche:
Den Text.
% Einen Seitenumbruch erzeugen
\newpage
% Zweites Kapitel
\section{Erste Schritte}
Ein bekannter Stolperstein bei \LaTeX sind die
deutschen Umlaute wie: ä, ö, ü, Ä, Ö, Ü und
natürlich auch das ß.
\end{document}
```

UTF8-Codierung Das obige Beispiel ist auf die Kompilierung innerhalb von UTF8-Systemen angepasst (\usepackage[utf8]inputenc), dieser Zeichensatz ist unter Ubuntu standardmäßig vorgewählt. Dazu ist, wie oben bereits erwähnt, das Paket latex-ucs zu installieren. Die Übersetzung des obigen Dokuments liefert bereits ein komplexeres Ergebnis, das schon eine gewisse Vorstellung von der Leistungsfähigkeit von LaTeX zu vermitteln vermag.

9.4.3 Integrierte Umgebungen

Natürlich gibt es auch bequemere Möglichkeiten als einen einfachen Texteditor, um LaTeX-Dateien zu erstellen. Nachfolgend werden zwei populäre Lösungen vorgestellt.

XEmacs

Die Meinungen zu *Emacs* bzw. *XEmacs* sind durchaus zwiespältig: Ein Teil der Linuxnutzer kann sich ein Leben ohne diesen Editor kaum mehr vorstellen, ein anderer Teil findet Ihn grässlich. Fakt ist, dass *XEmacs* unglaublich vielseitig ist, er stellt quasi eine Art »Betriebssystem im Betriebssystem« dar. Installieren Sie das *XEmacs* Paket fogendermaßen:

```
user$ sudo apt-get install xemacs21
```

Die Zahl hinter *xemacs* kann je nach Release differieren. Anschließend rufen Sie den Editor durch die Eingabe von `xemacs` innerhalb einer Shell auf. Die Bedienung ist recht gewöhnungsbedürftig, Einsteiger sollten sich lieber das nachfolgend beschriebene Programm anschauen.

Kile

Kile kommt den Anforderungen an eine intergrierte *LaTeX*-Umgebung für Einsteiger sehr nahe. Aus der selben Umgebung heraus wird editiert, kompiliert und gesichtet.

Obwohl das Programm primär für die KDE-Umgebung konzipiert wurde, verrichtet es auch unter GNOME klaglos seinen Dienst. Um in den Genuss von zu kommen, ist das folgende Paket zu installieren:

▶ kile

Nach der Installation finden Sie das Programm im Menü **Anwendungen • Büro**. Umittelbar nach dem Programmstart finden Sie auf der linken Seite des Fensters einen Dateibrowser, in welchem existierende *TeX* bzw. *LaTeX*-Dateien zum Bearbeiten ausgewählt werden können, aber auch neue Dateien erstellt werden können.

Zum Zeitpunkt der Drucklegung gab es noch keine deutsche Lokalisierung von *Kile*, so dass der folgende Screenshot noch die englischen Menüs zeigt (Abbildung 9.11).

Abbildung 9.11 Kile - die LaTeX-Umgebung

Teil 3
Ubuntu für Administratoren

10 Systemverwaltung

10.1　Ein Blick ins System 357

10.2　Ubuntu und die Dienste 366

10.3　Arbeiten mit der Konsole 368

10.4　Hardwareinformationen ausgeben 373

1. **Ubuntu Linux – Überblick**
2. **Installation**
3. **Der Ubuntu Desktop**
4. **Hardwarekonfiguration**
5. **Installation weiterer Software**
6. **Informationen und Hilfe**
7. **Anwendersoftware**
8. **Netzwerktechnik**
9. **Programmierung und Design**
10. **Systemverwaltung**
11. **Sicherheit**
12. **Kompilierung von Systemsoftware**
13. **Ubuntu und aktuelle Hardware**
14. **Übersicht: Software für (K)Ubuntu**
15. **Befehlsreferenz Ubuntu Linux**

10 Systemverwaltung

Man sollte auch mal einen Blick unter die hübsche kaffeebraune Schale von Ubuntu wagen ...

10.1 Ein Blick ins System

Wir möchten in diesem Abschnitt ein bisschen auf die Besonderheiten eingehen, die Ihnen wahrscheinlich auffallen werden, wenn Sie sich das erste Mal mit Linux beschäftigen. Ein besonderes Anliegen soll hier sein, Ihnen die Verunsicherung zu nehmen, wenn Sie sich das erste Mal mit Linux auseinandersetzen. Hierzu gehören allerdings einige theoretische Grundlagen, die Ihnen den Unterschied zwischen den beiden Betriebssystem-Welten deutlich machen sollen. Hiermit werden wir uns nun etwas detaillierter beschäftigen.

Für eine erfolgreiche Installation und »Erkundung« Ihres neuen Linux-Systems sind diese Grundlagen nicht essentiell, wenngleich sie auch zum Verständnis unverzichtbar sind.

10.1.1 Schicht für Schicht

Sie haben während des Bootvorgangs schon Bekanntschaft mit den einzelnen Schichten des Softwaregesamtkunstwerks Linux gemacht. Wird ein Programm im System gestartet, so kommuniziert es über einige Ebenen hinweg mit der Hardware. Die Abbildung 10.1 zeigt den prinzipiellen Aufbau moderner Softwarestrukturen am Beispiel des Betriebssystems Linux.

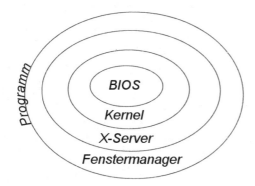

Abbildung 10.1 Softwareschichten des Linux-Systems

Möchte man verstehen, an welcher Stelle es bei einem bestimmten Programm liegt, wenn es nicht so möchte, wie Sie wollen, dann muss zuerst festgestellt werden, welche der obigen Schichten für die Fehlfunktion verantwortlich ist. Ein Beispiel: In den Internet-Newsgroups liest man oft von Linuxeinsteigern, die es geschafft haben, ihr System zum Absturz zu bringen. In 99,9 % aller Fälle ist das System aber gar nicht abgestürzt: Lediglich ein Glied der Kette funktioniert nicht mehr, z.B. hat ein Grafikprogramm den Fenstermanager zum Abstürzen gebracht.

10.1.2 Datenträger und Dateisystem

Wenn Sie sich auf eine Entdeckungsreise durch Ihr neues System machen, werden Sie ziemlich schnell feststellen, dass es unter Linux keine Laufwerksbuchstaben wie z.B. C:\ gibt. Umsteiger von Windows auf Linux fragen sich oft, wo die gewohnten Laufwerksbuchstaben zu finden sind. Die Antwort ist einfach: es gibt sie nicht. Dateisysteme werden unter Linux ganz anders und wesentlich flexibler gehandhabt. Man spricht bei Linux von einem »Verzeichnisbaum«. Wir werden diesen im Folgenden genauer betrachten, sozusagen erklettern.

Skalierbarkeit Die Datenträger befinden sich physisch an einem bestimmten Ort. Man bezeichnet mit Datenträger z.B. die Partition einer Festplatte oder ein CD-ROM-Laufwerk. Im System werden diese Datenträger an einer bestimmten Stelle verwendet (`/home`, `/media/cdrom`, ...). An der Schreibweise dieser »Stellen« können Sie schon erkennen, dass es sich um Verzeichnisse handelt und sogar um beliebige Verzeichnisse. Unter Linux läßt sich der Ort, an dem Sie auf einen Datenträger zugreifen können, beliebig festlegen. An der Stelle des Verzeichnisses `/home/benutzer/test` könnte sich technisch gesehen eine Festplattenpartition befinden oder eine CD-ROM oder etwas ganz anderes.

Dies kann mehrere Vorteile haben, z.B. bei der Datensicherung. Wir möchten Ihnen ein kurzes Beispiel geben. Bei der Installation des Betriebssystems haben Sie alles auf eine einzige Partition gespeichert, das System wie auch die Dateien der einzelnen Benutzer selbst. Nun haben Sie eine zusätzliche Festplatte oder Partition in Ihrem Computer und möchten diese Dateien auf die neue Partition verschieben. Unter Windows wären die Daten dann unter einem anderen Laufwerksbuchstaben erreichbar. Bei Linux nicht, `/home` bleibt `/home`, ob darunter nun die einzige Partition der einzigen Festplatte liegt, die dritte Partition auf der externen Festplatte oder eine Netzwerkfreigabe auf irgendeinem Server oder sonst irgendetwas. Man spricht hier von Skalierbarkeit.

Jeder Datenträger kann jederzeit an einer beliebigen Stelle in den Verzeichnisbaum eingehängt werden. Dieser Vorgang wird auch als einbinden oder »mounten« bezeichnet. Zwischen dem physischen Ort und dem Zugriffsort besteht kein erzwungener und oft störender Zusammenhang.

10.1.3 Die fstab

Jedes Dateisystem kann einem Mountpunkt zugewiesen werden. So weiß das System beim Start, welcher Datenträger z.B. das Verzeichnis /home enthält oder wo das CD-ROM-Laufwerk einzuhängen ist. Diese Zuordnungen sind in einer Datei namens *fstab* (FileSystemTABle) gespeichert, die sich im Verzeichnis mit den allgemeinen Systemkonfigurationen /etc befindet. In dieser /etc/fstab werden die physischen Datenträger gemeinsam mit ihren Einhängepunkten aufgelistet.

Wenn Sie die fstab bearbeiten möchten, dann rufen Sie sie einfach folgendermaßen auf:

```
user$ sudo gedit /etc/fstab
```

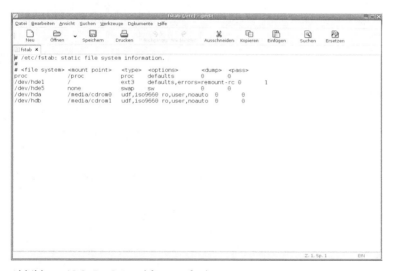

Abbildung 10.2 Ein Beispiel für eine fstab

Die fstab besteht aus mehreren Einträgen:

▶ **Geräte:** Im Verzeichnis /dev befinden sich alle Gerätedateien, mit deren Hilfe lässt sich die Hardware, also das physikalische Gerät (z.B. Partition auf einer Festplatte oder ein CD-Rom-Laufwerk) ansprechen. Wenn Sie nun aber mal in dieses Verzeichnis reinschauen, werden Sie den Nautilus wahrscheinlich gleich wieder erschrocken schließen. Eine unüberschaubare Anzahl an Gerätetreibern erwartet Sie dort. Aber keine Angst, auch wenn es nicht so aussehen mag, die Bezeichnung dieser Geräte folgt einem einfachen Schema, welches wir nun kennen lernen werden.

An erster Stelle steht die Art des Gerätes:

- IDE-Festplatten (also fast alle normalen, internen Festplatten) beginnen mit den Buchstaben hd.
- Normale CD-/DVD-Laufwerke (ATAPI) beginnen ebenfalls mit hd, denn sie werden ebenso wie IDE-Festplatten angeschlossen.
- SCSI-Festplatten (dazu zählen auch Festplatten, die über USB oder Firewire angeschlossen sind) beginnen mit sd.
- Externe oder SCSI-CD-/DVD-Laufwerke beginnen mit scd.

Nun kann es ja in einem Computer mehrere IDE-Anschlüsse geben, d.h. die bisherige Benennung reicht dann nicht aus. Deswegen folgt als nächster Buchstabe die Art des Anschlusses. Bei IDE-Geräten (interne Festplatten und CD-ROM-Laufwerke) ist es wichtig, mit welchem IDE-Anschluss das Gerät verbunden ist. Jeder Anschluss kann zwei Geräte aufnehmen (sogenannte Master und Slave):

- Das Master-Gerät am ersten IDE-Anschluss bekommt den Buchstaben a (/dev/hda).
- das Slave-Gerät am ersten IDE-Anschluss bekommt den Buchstaben b (/dev/hdb).
- das Master-Gerät am zweiten IDE-Anschluss bekommt den Buchstaben c (/dev/hdc).
- das Slave-Gerät am zweiten IDE-Anschluss bekommt den Buchstaben d (/dev/hdd).
- bei SCSI-Festplatten werden die Buchstaben der Reihe nach verwendet (/dev/sda, /dev/sdb, /dev/sdc, ...),
- SCSI- oder externe CD-ROMS werden mit Zahlen bei 0 beginnend nummeriert (/dev/scd0, /dev/scd1, ...).

Das ist »leider« noch nicht alles. Festplatten können darüber hinaus in mehrere Partitionen unterteilt sein. Es gibt zwei Arten von Partitionen:

- Die klassischen primären Partitionen werden von 1 bis 4 nummeriert (/dev/hda1, /dev/sdb3, ...).
- Eine der primären Partitionen kann als erweiterte Partition weitere Partitionen, die sogenannten logischen Laufwerke, enthalten. De-

ren Benennung beginnt in jedem Fall bei der Ziffer 5 (/dev/hdb5, /dev/sda12, ...).

- RAID-Geräte beginnen mit md und werden dann mit 0 beginnend hochgezählt (dev/md0, /dev/md1, ...).

Logische Volumes, wie sie von LVM oder EVMS erzeugt werden, finden sich an gesonderter Stelle. Hierzu empfiehlt sich die Lektüre der jeweiligen Anleitung.

- **Dateisystem:** Das Dateisystem ist der dritte Eintrag in der fstab. Die Daten auf einem Datenträger sind dort nicht willkürlich verteilt oder einfach aneinander gehängt, sondern so organisiert, dass man auf einzelne Dateien und Verzeichnisse zugreifen, diese verschieben und bearbeiten, sowie Berechtigungen zuweisen kann. Die Organisationsprinzipien, die dem zugrunde liegen oder die dieses erst ermöglichen, werden als Dateisysteme bezeichnet. Es gibt verschiedene Typen, von denen die folgenden für Sie von Interesse sein könnten:

  - ext3 ist das Standard-Dateisystem für Festplatten unter Linux.
  - iso9660 und udf werden auf CD-ROMS und DVDs verwendet. Sie kennen keine Berechtigungen. udf wird für DVD-RAMs verwendet.
  - NTFS ist das Dateisystem neuerer Windows-Versionen wie 2000 oder XP. Da die Spezifikation von NFTS geheim ist und freie Treiber den Interessen von Microsoft zuwiderlaufen, müssen die NTFS-Treiber in Linux mit großem Aufwand per Reverse-Engineering geschrieben werden. NTFS läßt sich von Linux daher zwar lesen, aber nicht sicher beschreiben.
  - FAT ist das Dateisystem der Windows-Versionen bis Win98/ME. Es ist ziemlich primitiv, neigt zur Fragmentierung und unterstützt keine Berechtigungen. Allerdings kann Linux FAT beschreiben, so dass sich eine mit FAT formatierte Partition zum Datenaustausch mit Windows anbietet.

  Es gibt bei Linux noch andere Dateisysteme für Festplatten, z.B. ReiserFS oder XFS, die je nach Einsatz in manchen Punkten gegenüber ext3 Vorteile haben können.

- **Mountoptionen:** Die fstab hat noch mehr Informationen zu bieten. Es folgen verschiedene Optionen, die festlegen, auf welche Weise das betreffende Dateisystem eingehängt werden soll. Beispielsweise führt die Option ro (readonly) dazu, dass auf dem Dateisystem nichts geschrieben werden kann, noexec (no execution) verbietet das Ausführen von Dateien.

Eine ausführliche Auflistung aller Optionen gibt es in der Anleitung zum Befehl mount, die im Terminal mit

```
user$ man mount
```

aufgerufen werden kann.

▶ **Was bedeuten diese zwei Zahlen?** Am Ende der fstab-Zeile stehen zwei merkwürdige Zahlen. Die erste Zahl bezieht sich auf das Programm *dumpfs*[1] und wird im Moment ignoriert. Sie ist sozusagen prophylaktisch eingebaut, falls sie später gebraucht wird. Die zweite Zahl gibt an, ob und in welcher Reihenfolge das Dateisystem beim Systemstart in die regelmäßigen Fehlerüberprüfungen einbezogen werden soll. Meistens ist an dieser Stelle für die Root-Partition (die Wurzel des Dateisystems, /) 1 eingetragen, für alle anderen Partitionen 2 (danach prüfen) oder 0 (keine Überprüfung).

Welches ist die gesuchte Partition?

Es kann vorkommen, dass man sich mal schnell einen Überblick über die Partitionen auf einer Festplatte verschaffen will. Damit man nicht erst einen Texteditor bemühen muss (oder wenn man gar keine grafische Benutzeroberfläche zur Verfügung hat), kann man sich die grundlegenden Informationen auch in einem Terminal anschauen:

```
user$ sudo fdisk -l
```

Anhand des Partitionstyps und der relativen Größen lässt sich dann die gesuchte Partition meist leicht erraten.

Manuelles Mounten

Der Befehl mount wird verwendet, um ein Dateisystem einzuhängen. Ein typischer Befehl sieht zum Beispiel so aus:

```
user$ mount -t ext3 -o ro,noexec \
/dev/hda5 /media/data
```

Die Option -t gibt den Dateisystemtyp an und kann meist entfallen, da das Dateisystem normalerweise automatisch erkannt wird. Die Option -o wird von den Mountoptionen gefolgt, sie entfällt, wenn keine Optionen anzugeben sind. Entweder die Angabe des Gerätes oder die des Mountpunktes kann entfallen, wenn ein Dateisystem genau so eingehängt werden soll wie es in der fstab eingetragen ist.

---

[1] Das Programm dumpfs gibt Informationen über den Superblock und die Blockgruppen eines entsprechenden Gerätes heraus.

Zum Aushängen dient der Befehl umount (unmount), gefolgt von der Angabe des Gerätes oder des Mountpunktes.

10.1.4 Der Verzeichnisbaum

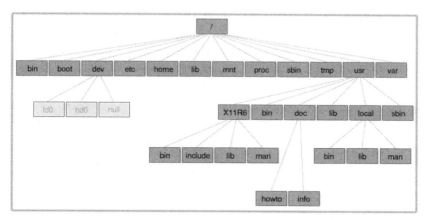

Abbildung 10.3 Verzeichnishierarchie unter Linux (Bildquelle: www.linuxfibel.de)

Im Dateisystembaum von Linux gibt es drei wichtige Verzeichnisse, die Sie auf jeden Fall kennen sollten:

- /home enthält die persönlichen Verzeichnisse der Benutzer.
- In /media erscheinen Wechseldatenträger wie CD-ROMs oder USB-Sticks (natürlich erscheint alles auch auf dem Desktop, so dass Sie nur draufklicken brauchen).
- /mnt kann wie /media zum Einbinden zusätzlicher Datenträger verwendet werden.

Solange ein Datenträger eingehängt (gemountet) ist, darf man ihn nicht entfernen. Bei CDs wird einfach die Schublade verriegelt, bei USB-Sticks muss man allerdings selbst aufpassen: Klicken Sie vor dem Abziehen des Sticks immer auf das passende Symbol auf dem Desktop und bestätigen Sie dann *Datenträger aushängen*. Wenn Sie ein Gerät nicht ordentlich wieder aus dem Dateibaum aushängen, können Daten verloren gehen.

Dies ist im Prinzip bei Windows nicht anders, nur wissen Sie jetzt durch Linux, warum dies so ist. Die Verzeichnisse eines Linux-Systems folgen bis auf wenige Ausnahmen den Regeln, die der so genannte *Filesystem Hierarchy Standard* festlegt. Dies ist ein Standard, auf den sich die Linux-Distributoren geeinigt haben. Das hat den enormen Vorteil, dass bei allen Linux-Distributionen das Dateisystem gleich aufgebaut ist und weitgehend dieselben Verzeichnisse enthält. Welche Verzeichnisse dies sind, werden wir uns im folgenden erarbeiten:

- **/** – Das ist das Haupt-, Root- oder Wurzelverzeichnis, der Beginn des Verzeichnisbaums. Hier sollten möglichst keine Dateien liegen, nur Verzeichnisse.
- **/bin** – Hier befinden sich wichtige Programme (binaries) zur Systemverwaltung, die immer verfügbar sein müssen, wie z.B. echo oder kill. Anwendungsprogramme wie z.B. OpenOffice befinden sich nicht in diesem Verzeichnis.
- **/boot** – Dieses Verzeichnis beinhaltet das Herz des Betriebssystems, den Kernel. Außerdem enthält es den Bootloader.
- **/cdrom** – Dieses Verzeichnis gehört nicht zum Standard-Verzeichnisbaum. Es ist unter Ubuntu lediglich eine Verknüpfung mit dem Verzeichnis `/media/cdrom0`, dem eigentlichen Einhängepunkt einer CD-ROM.
- **/dev** – Dieses Verzeichnis enthält ausschließlich Gerätedateien für die gesamte Peripherie (devices). Diese Gerätedateien dienen als Schnittstellen für die eingesetzte Hardware. Zum Beispiel ist `/dev/fd0` für die Kommunikation mit dem (ersten) Diskettenlaufwerk (floppy disk 0) zuständig.
- **/etc** – Hier befinden sich die globalen Konfigurationsdateien des Systems. Dies sind in der Regel einfache Textdateien, die mit einem beliebigen Editor verändert werden können. Die Filesystem-Tabelle (fstab) befindet sich z.B. in diesem Verzeichnis.
- **/floppy** – Dieses Verzeichnis ist eigentlich gar keines, sondern eine Verknüpfung zu dem Ordner, der die Dateien des Diskettenlaufwerks enthält. Dieser Ordner kann an verschiedenen Stellen im Dateisystem liegen, meist jedoch entweder unter `/mnt/floppy` oder bei manchen neueren Distributionen wie z.B. Ubuntu unter `/media/floppy`
- **/home** – Das Home-Verzeichnis ist wohl eines der meistgenutzten Verzeichnisse. Die Heimatverzeichnisse der angelegten Benutzer werden hier als Unterverzeichnisse angelegt. Nur in seinem Home-Verzeichnis kann ein Benutzer Dateien und Verzeichnisse anlegen, ändern oder löschen.
- **/initrd** – Hierbei handelt es sich meist um eine Verknüpfung zu der *initial ramdisk* des neuesten (üblicherweise) installierten Kernels. Bei Ubuntu ist das Verzeichnis leer.

- **/lib** – Hier liegen die Programmbibliotheken (libraries). Diese Bibliotheken enthalten Funktionen, die von mehreren Programmen (gleichzeitig) genutzt werden. Das spart jede Menge Systemresourcen. Von diesem Verzeichnis sollte man am besten die Finger lassen!
- **/lost+found** – Auch dieses Verzeichnis gehört nicht zum Standard-Verzeichnisbaum. Es wird nur angelegt, wenn man das Dateisystem ext3 verwendet und ist normalerweise leer. Bei einem Systemabsturz (z.B. durch Blitzschlag) werden gerettete Daten beim nächsten Systemstart hierher verschoben.
- **/media** – In diesem Verzeichnis werden - allerdings nicht bei allen Distributionen - die Mountpunkte für Wechseldatenträger (CD-Rom Laufwerk, Diskettenlaufwerk) als Unterverzeichnisse angelegt. Andere Distributionen nutzen dafür das Verzeichnis `/mnt`.
- **/mnt** – Das Standard-Mountverzeichnis unter Linux heißt `/mnt` (mount = einhängen). Es wird allerdings unter Ubuntu standardmäßig nicht benutzt, ist aber vorhanden. Stattdessen wird das Verzeichnis `/media` verwendet. Festplatten-Partitionen anderer Betriebssysteme sollte man aber der Ordnung halber hier einhängen.
- **/opt** – Gehört nicht zum Standard und ist auch nicht bei jeder Distribution im Dateisystem vorhanden. In `/opt` können vom Benutzer selbst installierte Programme, die nicht als Pakete vorliegen, (optional) installiert werden.
- **/proc** – Ist ein (virtuelles) Dateisystem, in dem Informationen über aktuell laufende Prozesse (process) in Unterverzeichnissen gespeichert werden.
- **/root** – Das Heimatverzeichnis des Superusers Root. Es liegt traditionell im Wurzelverzeichnis, damit der Systemverwalter auch bei Wartungsarbeiten darauf Zugriff hat.
- **/sbin** – Hierin befinden sich, ähnlich wie in /bin, wichtige Programme, die nur mit Systemverwaltungsrechten ausgeführt werden dürfen.
- **/srv** – Gehört nicht zum Standard. Dieses Verzeichnis soll Beispielumgebungen für Web- und FTP-Server enthalten. Unter Ubuntu ist es in der Regel leer.
- **/sys** – Systeminformationen des Kernels
- **/tmp** – Dieses Verzeichnis kann jederzeit von Benutzern und Programmen als Ablage für temporäre Dateien verwendet werden. Daher hat auch jeder Benutzer in diesem Verzeichnis Schreibrechte.

- **/usr** – Das bedeutet nicht, wie vielfach angenommen User, sondern **Unix System Resources**. Das Verzeichnis /usr hat die umfangreichste Struktur des Linux-Systems. Hier liegt ein Großteil der (als Pakete) installierten Programme, die meisten davon im Unterverzeichnis /usr/bin. Auch die Dateien der grafischen Oberfläche (X-Window System) werden hier gespeichert.

- **/var** – Hier werden, ähnlich wie in /tmp, Daten gespeichert, die sich ständig verändern, so z.B. die Zwischenablage, die Druckerwarteschlange oder (noch) ungesendete E-Mails.

10.2 Ubuntu und die Dienste

10.2.1 Multitasking und Multiuser

Multiuser Ein Diener vieler Herrn – diese Aussage gilt für unixoide Betriebssysteme in mehrerlei Hinsicht. Der wesentlich Punkt: In einer Standardinstallation können viele verschiedene Benutzer zur gleichen Zeit mit dem System arbeiten.

Multitasking Multitasking bedeutet, dass das System mehrere Aufgaben scheinbar gleichzeitig erledigt. Scheinbar deswegen, weil es dem Benutzer nur so erscheint: In der Realität teilen sich mehrere Anwendungen denselben Prozessor, welcher jeder Applikation ein Portiönchen seiner wertvollen Zeit zubilligt. Die anstehenden Aufgaben werden nacheinander abgearbeitet, infolge der sehr kurzen Zeitfenster entsteht beim Anwender allerdings der Eindruck der Gleichzeitigkeit.

In puncto Multitasking ist Linux perfekt und stellt Windows in den Schatten. Sie wollen einen Beweis? Dann starten Sie mal unter einer aktuellen Windowsoberfläche wie z.B. XP ein Browserfenster, rufen eine grafiklastige Seite im Internet auf und drucken diese aus. Während des Drucks versuchen Sie nun, Ihre E-Mail zu checken. Resultat: Das System wird durch den Ausdruck komplett überfordert und hat keine Zeit mehr, sich um andere Aufgaben zu kümmern. Unter Linux gibt es derartige Probleme nicht, da das Multitaskingkonzept dort konsequenter umgesetzt wurde.

10.2.2 Runlevel

Runlevel Und dann wären da noch die Runlevel: Während des Systemstarts werden verschiedene Stufen durchlaufen, für die jeweils Skripte abgearbeitet werden. Diese befinden sich im Systemverzeichnis /etc/init.d. Die Reihenfolge, in der die Skripte in den einzelnen Stufen (Runleveln) durchlaufen werden, sind in Unterverzeichnissen /etc/rc.Xd abgelegt. Im Einzelnen unterscheidet man bei Debian-basierten Systemen die folgenden besonderen Runlevel:

- **Runlevel 0:** Anhalten des Systems bzw. kontrolliertes Herunterfahren in den Systemhalt.
- **Runlevel 1:** Hierbei handelt es sich um den Einzelbenutzermodus, d.h. es kann maximal ein Benutzer mit dem System arbeiten.
- **Runlevel 3:** Multiusermodus mit Netzwerkfunktionalität.
- **Runlevel 5:** Voller grafischer Runlevel mit Multiuser- sowie Netzwerkfähigkeiten.
- **Runlevel 6:** Reboot des Systems.

Der Übergang in die einzelnen Runlevel kann vom Superuser unter Verwendung des Kommandos init herbeigeführt werden. Loggen Sie sich zu diesem Zweck einmal als Root ein und versuchen Sie, das System von der Konsole aus neu zu starten:

```
user$ sudo init 6
```

Nun können Sie auch einmal versuchen, in den Singleusermodus via init 2 zu wechseln: Dabei öffnet sich eine Linuxkonsole. Apropos Kommandozeile: Im Multiusermodus können Sie jederzeit mittels (Strg) + (Alt) + (Fx) auf eine Konsole Ihrer Wahl im textbasierten Modus wechseln. (F1), (F2) und (F3) sind Standardkonsolen, (F5) ist die Grafikkonsole. Das ersetzt quasi mehrere Fenster, falls Sie sich im Runlevel 1 oder 3 befinden.

10.2.3 Deaktivieren von Diensten

Das Aktivieren/Deaktivieren von Diensten geht sehr bequem mit dem Befehl update-rc.d.

Der folgende Befehl aktiviert z.B. den Dienst postfix:

```
user$ sudo update-rc.d postfix defaults
```

Entfernen lässt sich der Dienst nun mit:

```
user$ sudo update-rc.d postfix remove
```

Den Dienst sollte man jetzt von Hand stoppen:

```
user$ sudo /etc/init.d/postfix stop
```

da er sonst beim nächsten Herunterfahren des Systems nicht sauber beendet wird. Die Links zur Skriptdatei von Postfix werden nun beim Starten und Herunterfahren des Systems nicht mehr benutzt.

GUIs zum Deaktivieren von Diensten

Es gibt auch grafische Benutzeroberflächen (GUI – Graphical User Interface) zum Deaktivieren von Diensten. Eine Konsolen-GUI ist *rcconf*. Sie bekommen *rcconf* aus den Ubuntu-Quellen mittels:

```
user$ sudo apt-get install rcconf
```

10.3 Arbeiten mit der Konsole

Wir wenden uns im Folgenden der Konsole zu, da diese in der Welt von Linux und damit auch in der Welt von Ubuntu unverzichtbar ist. Sie werden die Vorzüge der Konsole schnell zu schätzen wissen. Es gibt eine Menge Tricks, die Ihnen das Leben mit der Konsole vereinfachen. Mit diesen Tricks werden wir uns beschäftigen, nachdem wir die Grundfunktionen der Konsole kennengelernt haben.

10.3.1 Grundlagen zur Befehlseingabe

Die Eingabe von Befehlen in der Shell erfolgt nach dem Muster

```
user$ <Befehl> -<Parameter> <Objekt>
```

Ein Beispiel: Sie möchten sich den Inhalt des Verzeichnisses /etc in »menschenlesbarer Form« (Parameter -h für human) sowie in Langform (Parameter -l für long) unter Berücksichtigung aller versteckten Dateien (Parameter -a für all) anzeigen lassen:

```
user$ ls -lah /etc
```

Nun müssten viele, viele Verzeichnisse und Einträge über Ihren Bildschirm huschen. Das ging Ihnen zu schnell? Dann haben Sie zwei Möglichkeiten: Verwenden Sie zur Ausgabe einen so genannten Pager wie *less* oder *more*. Damit wird die Ausgabe größerer Textmengen bequem steuerbar: Der Text füllt immer nur eine Bildschirmseite und kann durch Betätigen der Leertaste jederzeit weiterbewegt werden. Möchten Sie die Textausgabe ganz abbrechen, so unterbrechen Sie die Pagerausgabe mittels (Strg) + (C). Zur Anwendung des less/more-Befehls muss eine so genannte Pipeline gesetzt werden:

```
user$ ls -lah /etc | less
```

In diesem Fall wird die Ausführung des Befehls ls an den Pager *less* durch das Pipelinekommando | weitergeleitet. So eine Umleitung ist äußerst praktisch und kann auch auf andere Weise vorgenommen werden, wie die folgende Variante zeigt.

Das Ergebnis, welches nach der Ausführung eines Befehls ausgegeben wird, kann auch in eine Datei umgeleitet werden. Möchten Sie sich z.B. einen Überblick über die Dateigrößen in Ihrem Heimverzeichnis verschaffen, so kann dazu der Befehl *du* (Diskusage) in folgender Form eingesetzt werden:

```
user$ du -h /home/'user' > status.txt
```

Damit wird die Ausgabe des Befehls du in die Datei status.txt umgeleitet. Letztere kann dann wieder mit dem less-Pager angezeigt oder mit einem Editor Ihrer Wahl bearbeitet werden. Wozu so etwas nützlich ist? Nun, wenn Sie z.B. ein Problem in Ihrem System haben und dieses mit Hilfe der Internetcommunity, hier insbesondere der Newsgroups im Usenet lösen möchten, sind aussagekräftige Listings von Programmausgaben unabdingbar. Aber dazu später mehr.

10.3.2 Eingabehilfen und Tricks

Viele Linuxneulinge sind erstaunt, wenn sie einen »Profi« bei der Arbeit beobachten: Mit einer minimalen Anzahl von Tastenbetätigungen kommt dieser schnell zum Ziel. Dies ist keine Hexerei. Die »Profis« bedienen sich nur einiger Tricks, die wir Ihnen im Folgenden etwas näher bringen möchten.

10.3.3 Copy and Paste leicht gemacht

Jeder Linux-Nutzer mag eine technische Errungenschaft, die unter Windows ihresgleichen sucht, mit Sicherheit nicht mehr missen: Das Copy & Paste mittels zwei Mausklicks.

Öffnen Sie zu diesem Zweck einmal zwei beliebige Fenster bzw. Anwendungen und schreiben Sie einen willkürlichen Text in eines der beiden Fenster. Markieren Sie nun den Text unter Benutzung der linken Maustaste. Wechseln Sie in das zweite Fenster, klicken Sie mit der linken Taste an eine Stelle und betätigen Sie anschließend die mittlere Maustaste: Der Text wurde nun automatisch an der Stelle des Cursors eingefügt.

Letzte Befehle

Die Konsole besitzt eine History, also einen Speicher, der die letzten eingegebenen Befehle abspeichert und bei Bedarf wieder zur Verfügung stellt. Dies ist sehr nützlich, wenn ein längerer Befehl mehrmals eingegeben werden soll. Als Standardwert werden die letzten 500 Befehle gespeichert. Sie können die Anzahl der zu speichernden Befehle in der Datei /.bashrc ändern. So wird zum Beispiel mit dem Eintrag export HISTSIZE=200 die History auf 200 Befehle reduziert. Die Speicherung der Befehle geschieht übrigens einzeln für jeden Benutzer. Es steht also für jeden Benutzer jeweils ein eigener Speicher zur Verfügung.

Autocomplete

Der Umgang mit der Konsole erfordert eine Menge »Schreibarbeit«. Da wir alle von Natur aus faul und vergesslich sind, hilft uns Linux hier aus der Patsche. Wenn Sie z.B. nur noch den ersten Buchstaben eines Befehls wissen, dann brauchen Sie diesen nur in die Konsole zu tippen und zweimal auf die Tabulator-Taste (oben links auf der Tastatur, unter der 1) zu tippen. Die Konsole listet Ihnen daraufhin alle Befehle auf, die mit diesem Buchstaben beginnen. Wenn Sie die ersten zwei Buchstaben eintippen und danach zweimal die Tabulatortaste, dann listet sie halt alle auf, die mit diesen beiden Buchstaben anfangen usw.

Wenn Sie immer nur die ersten Buchstaben eines Befehls eintippen und diese Buchstabenkombination schon eindeutig ist (d.h. es nur einen einzigen Befehl gibt, der darauf passt), dann reicht ein einmaliges Drücken der Tabulatortaste, um diesen Befehl zu vervollständigen. Wenn Sie sich hiermit ein bisschen vertraut gemacht haben, werden Sie durch diese Methode der Schreibersparnis viel schneller durch die Konsole huschen können. Im Übrigen gilt dies auch für Pfadangaben. Probieren Sie es einfach mal aus!

Joker oder Wildcards

Wenn Sie sich z.B. in Ihrem /home-Verzeichnis befinden und sich alle Dateien mit einer bestimmten Endung anschauen wollen, also z.B. alle Bilder, die die Endung .png besitzen, dann können Sie so genannte Joker oder Wildcards benutzen. Zum Beispiel kann man mit ls *.png alle gesuchten Dateien mit der Endung .png anzeigen. Es gilt:

- * ersetzt beliebig viele Zeichen
- ? ersetzt genau ein Zeichen

Multitasking

Es gibt einige Tipps, die die Arbeit mit der Konsole deutlich erleichtern. So muss man z.B. nicht die Konsole wechseln (oder eine neue öffnen), wenn man einen Prozess startet. Man erreicht dies durch ein an den Befehl angehängtes &. Durch ein doppeltes & werden zwei Befehle nacheinander ausgeführt, z.B.

```
user$ (Befehl) && (Befehl)
```

Die Tastenkombination Strg + C bricht den aktuellen Vorgang in der Konsole ab. Mit `jobs` erhalten Sie eine Anzeige der momentan in dieser Konsole laufenden Jobs (Tasks/Prozesse/Befehle/Programme). Jeder Job hat eine Nummer und einen Status (z.B. running), mit Hilfe der zugeordneten Nummer kann der Job auch beendet werden. Dies geschieht mittels `kill %1`. Wenn Sie sich abmelden oder die Konsole schließen, werden alle Jobs beendet.

10.3.4 Administration leicht gemacht

Unter Ubuntu respektive Linux wird Ihnen die Administration mit Hilfe einiger Kniffe und Programme erheblich vereinfacht. Wir wollen uns diese komfortablen Funktionen auf den folgenden Seiten etwas genauer ansehen.

Konfiguration mit Hilfe einer Benutzeroberfläche

Webmin ist ein Browser-basiertes Tool zum Verwalten eines Linuxsystems. Es wird gerne und oft genutzt, um Systeme ohne GUI zu administrieren (z.B. Serversysteme). Es kann aber auch gut genutzt werden, um z.B. Dienste wie Samba oder die Benutzerverwaltung (eigentlich alles mögliche) zu bearbeiten. Die Ubuntu-Version von Webmin liegt im Universe-Repository und kann entweder z. B. via

```
user$ apt-get install webmin
```

installiert werden. Es gilt bei der Installation von Webmin ein kleines Problem zu umschiffen: Standardmäßig wird für Webmin der Benutzer Root mit seinem Passwort verwendet und auch so beim Installieren konfiguriert. Da Ubuntu nicht mit dem Root-Prinzip arbeitet, sperren wir uns also sofort aus unserem Webmin aus! Abhilfe schafft die Eingabe von

```
user$ /usr/share/webmin/changepass.pl \
/etc/webmin root ''passwort''
```

in der Kommandozeile. Somit setzen wir ein Passwort, mit dem man sich als Root in Webmin anmelden kann. Der Nachteil der Installation von Webmin über Synaptic oder apt-get besteht darin, dass es noch viel mehr Pakete für das Webminprojekt gibt, als in Ubuntu angeboten werden. Zur Zeit ist in den Ubuntu-Quellen die Version 1.230-1 verfügbar. Es gibt aber schon Webmin 1.240. Mit der älteren Version können wir dann leider nicht updaten oder aktuellere Module über Webmin einbinden. Abhilfe schafft dann das selbst Installieren. Dazu muss man als erstes ein Webmin-Verzeichnis anlegen. Dazu wechseln wir in die Kommandozeile und geben

```
user$ sudo mkdir /opt/webmin
```

ein (/opt ist extra für optionale Pakete gedacht). Anschließend wechseln wir mit

```
user$ cd /opt/webmin
```

in das Verzeichnis. Auf **www.webmin.com** kann man sich ganz einfach die neueste Version als tar.gz herunterladen und im Webmin-Verzeichnis speichern. Danach das Paket entpacken:

```
user$ tar xzvf  webmin-1.240.tar.gz
```

Als letztes nur noch

```
user$ sudo ./setup.sh
```

ausführen und die Defaulteinstellungen beibehalten. Geschafft! Der Vorteil dieser Installationsweise liegt darin, dass Webmin so von der Paketverwaltung unberührt bleibt und man Webmin eigenständig updaten und erweitern kann, wie und wann man möchte. Das geht ganz einfach in Webmin unter Webmin-Konfiguration.

Webmin nutzen

Um Webmin zu nutzen, muss man den Browser öffnen und in der Adresszeile **https://127.0.0.1:10000** eintippen. Es folgt eine Abfrage zum Zertifikat, nach der Annahme können Sie sich dann einloggen. Es ist möglich, noch weitere Webmin-User anzulegen. Der Grund ist, dass man Webmin nicht nur vom eigenen, sondern auch von anderen Rechnern aus verwalten kann. In der Webmin-Konfiguration kann man unter IP-Zugriffskontrolle andere Rechner zulassen oder sperren. So könnten wir z.B. mit

```
user$ https://192.168.0.100:10000
```

unseren Fileserver von einen Windowsrechner im selben lokalen Netz aus administrieren.

10.4 Hardwareinformationen ausgeben

Manchmal würde man sich gerne die im Computer eingebauten Geräte anzeigen lassen. Linux stellt für diesen Zweck das `/proc`-Verzeichnis zur Verfügung. Darin werden einige virtuelle Ordner und Dateien abgelegt, die Informationen über die aktuellen Prozesse und angeschlossenen Geräte enthalten. Der Inhalt einer Datei lässt sich mit *cat* ausgeben, bzw. mit einem ähnlichen Befehl in der gewünschten Programmiersprache

10.4.1 IDE-Geräte

Informationen über die angeschlossenen IDE-Geräte finden sich im Ordner `/proc/ide`. Für jedes IDE-Gerät wird ein Ordner ideX erstellt, der einige Informationen enthält. In der Praxis wird man aber nicht den ideX-Ordner verwenden, sondern den symlink mit dem Linux Gerätenamen (z.B.: hda). Das kann dann etwa so aussehen:

Gerätetyp /proc/ide/hdX/media (cdrom, disk)
Bezeichnung /proc/ide/hdX/model
Die Gerätenummer (z.B.: MATSUSHITADVD-RAM UJ-820S)
Geräteeinstellungen /proc/ide/hdX/settings
Die Einstellungen als ASCII Table
Mediumgröße1 /proc/ide/hdX/capacity
Die Größe des Mediums in Bytes (z.B.: 946032)

10.4.2 SCSI-/USB-Geräte

Auch hier liegen alle Einstellungen in Ordnern vor. Für die SCSI-Geräte ist dies `/proc/scsi`. Mit

```
user$ /proc/scsi/scsi
```

kann man sich alle angeschlossenen SCSI-Geräte anzeigen lassen. Zusätzlich gibt es den Ordner `/proc/bus/usb` für USB-Geräte. Angeschlossene USB-Geräte und Hubs lässt man sich entsprechend mit

```
user$ /proc/bus/usb/devices
```

anzeigen.

10.4.3 Eingabegeräte

Für Tastaturen und Mäuse gibt es den Ordner `/proc/bus/input`. Analog zu oben Ausgeführten gibt der Befehl `user$ /proc/bus/input/devices` alle angeschlossenen Eingabegeräte aus.

10.4.4 Soundkarten

Für Soundkarten gibt es einen Ordner `/proc/asound`. Alle Soundeinstellungen können hier abgerufen werden. Für jede Soundkarte wird ein Ordner `/proc/asound/cardX` angelegt. Der Befehl

`user$ /proc/asound/cards`

listet alle gefundenen Soundkarten auf. Mit

`user$ /proc/asound/cardX/id`

kann man sich die Gerätebezeichnung der Soundkarte X ausgeben lassen. Zusätzlich wird für jeden Mixer ein Verzeichnis mit dem Namen `/proc/asound/cardX/pcmXc` angelegt.

10.4.5 Netzwerkgeräte

Für sämtliche Netzwerkkarten (auch Wireless LAN) gibt es den Ordner `/proc/net`. Mit

`user$ /proc/net/arp`

lassen Sie sich IP-Adresse, Mac-Adresse und Hardwarename (eth1, wlan0) der aktiven Karten ausgeben. Die IPV6-Adressen der Netzwerkgeräte erhalten Sie mit

`user$ /proc/net/if_inet6`

10.4.6 ACPI-Informationen ausgeben

Um Informationen über das Linux ACPI-System[2] zu erhalten (z.B. Batteriestand) kann man sich eines einfachen Mittels bedienen. Die Informationen zu ACPI liegen im Ordner `/proc/acpi/` und lassen sich mit einem Programm wie *cat* oder auch mit *gedit* anzeigen. Zum Beispiel befinden sich die Informationen über die Prozessortaktreduzierung (z.B. in Centrino-Notebooks) in der Datei

`/proc/acpi/processor/CPU1/throttling`.

---

2 ACPI – Avanced Computer Power Interface: ein System zur Verwaltung der Energieeinstellungen.

11 Sicherheit

11.1 Grundlagen der Sicherung 377

11.2 Datensicherung 383

11.3 Ist Linux sicherer als Windows? 385

11.4 Virenscanner und Firewall 391

11.5 Informationen über Ihr System 395

11.6 Verschlüsselung 396

11.7 Verschlüsseln mit GPG 401

11.8 Systemreparatur 405

1. **Ubuntu Linux – Überblick**
2. **Installation**
3. **Der Ubuntu Desktop**
4. **Hardwarekonfiguration**
5. **Installation weiterer Software**
6. **Informationen und Hilfe**
7. **Anwendersoftware**
8. **Netzwerktechnik**
9. **Programmierung und Design**
10. **Systemverwaltung**
11. **Sicherheit**
12. **Kompilierung von Systemsoftware**
13. **Ubuntu und aktuelle Hardware**
14. **Übersicht: Software für (K)Ubuntu**
15. **Befehlsreferenz Ubuntu Linux**

11 Sicherheit

»Real men don't make backups. They upload it via FTP and let the world mirror it.«
(Linus Torvalds)
Auch eine Technik der Datensicherung...

Jetzt kommen wir zu einem besonders heiklen Thema, dem Thema *Sicherheit*. Wir wollen uns diesem Thema so langsam wie möglich annähern, da man hierbei nicht sensibel genug vorgehen kann. Mit einer einfachen Aussage wie »Mit Linux sind Sie sicher« oder »Unter Linux brauchen Sie vor nichts Angst zu haben« wollen wir es hier nicht bewenden lassen.

Wir werden im Folgenden untersuchen, ob Linux wirklich sicherer ist oder sein kann als Windows. Die Idee scheint verlockend, dass Sie bei der Verwendung von Linux auf Virenscanner, Firewalls, Anti-Spyware und was es sonst noch alles gibt wirklich verzichten können. Aber ist diese Vorstellung auch realistisch? Ein Fakt ist, dass es sich bei 99 % aller Gemeinheiten, die im Internet auf Sie warten, um Schädlinge handelt, die nur Windows-Systeme befallen können. Wir möchten Ihnen hier aber kein falsches Bild suggerieren. Auch Windows kann sehr sicher sein, wenn man den nötigen Aufwand betreibt.

Wir werden zu Beginn auf das Thema Datensicherung eingehen. Auch das sicherste System kann Sie z.B. nicht vor einer kaputten Festplatte beschützen. Die kleinen Gemeinheiten des Tages können Sie nicht verhindern, aber glücklich ist derjenige, der immer ein aktuelles Backup seiner Daten besitzt.

11.1 Grundlagen der Sicherung

Ein häufiger Dialog in Internetforen verläuft ungefähr folgendermaßen: **Frage**: »Ich habe eine wichtige Datei gelöscht. Gibt es eine Möglichkeit, diese unter dem Betriebssystem XY wieder herzustellen?« **Antwort**: »Ja. Mit dem Backup des gestrigen Tages.« Damit derartige Antworten Ihrer Psyche nichts anhaben können, beschäftigen wir uns im vorliegenden Kapitel mit dem Thema Datensicherung.

Grundsätzlich unterscheiden wir zwei Varianten des Backups im privaten Bereich:

- Die regelmäßige Sicherung persönlicher Daten wie der täglichen Korrespondenz und der aktuellen Arbeit. Diese Sicherung sollte so oft wie möglich durchgeführt werden. Vorsichtige und/oder fleißige Naturen machen dies einmal täglich.

- Die sporadische Sicherung des gesamten Systems in Form einer Platten- bzw. Partitionsspiegelung. Diese Variante ist natürlich aufwändiger und wird entsprechend seltener durchgeführt. Nichtsdestotrotz kann man durch Zurückspielen eines Komplettbackups ein System innerhalb kürzester Zeit wieder aufsetzen.

11.1.1 Medien für die Sicherung

Bevor wir mit der Sicherung beginnen, stellt sich natürlich unmittelbar die Frage »Wohin damit?«. Sie müssen nicht wie Linus Torvalds die Möglichkeit besitzen, Ihre wichtigen Daten auf einen FTP-Server hochzuladen (s. o.), meist reicht ein »klassisches« Speichermedium für die beiden oben genannten Sicherungsfälle aus.

Üblicherweise verläuft eine Datensicherung derart, Daten zunächst auf ein schnell handhabbares Medium wie eine Festplattenpartition abzulegen und anschließend in Ruhe auf optische Datenträger wie CD bzw. DVD zu brennen. Diese Vorgehensweise hat den Vorteil, dass vor dem Transfer auf das finale Medium eine Komprimierung der Daten vorgenommen und somit der Speicherplatz der optischen Medien besser genutzt werden kann.

Original und Backup trennen

Ganz schlecht ist in diesem Zusammenhang die Idee, eine Festplattenpartition auf eine andere Partition innerhalb desselben Datenträgers zu sichern. Fällt eine Platte aus (z.B. durch einen Hardwaredefekt), so sind meist sämtliche darauf enthaltenen Partitionen betroffen. Die Grundregel lautet: Physikalische Trennung von Original und Backup. Diese ist in jedem Fall gewahrt, wenn man zur Sicherung eine Zweitplatte verwendet.

Welche Medien nun für welche Zwecke der Datensicherung[1] geeignet sind, zeigt Tabelle 11.1.

Einige der genannten Medien, wie z.B. USB-Sticks, sind hotplugfähig, was soviel heißt wie »dranstecken und benutzen«. Andere Medien, wie z.B. Festplatten, müssen vor der Benutzung entsprechend vorbereitet, sprich partitioniert werden.

---

[1] Die möglichen Kapazitäten beziehen sich auf die im Februar 2006 verfügbaren Daten.

Medium	max. Kapazität
Komplettsicherung	
Festplattenpartition	bis 500 GB
Weitere Festplatte	bis 500 GB
Externe USB-Festplatte	bis 300 GB
NFS-Server	Festplattengröße des Servers
Komplettsicherung, komprimiert	
DVD+R/DVD-R/RW	4,4 – 9 GB
Microdisk	bis 4 GB
Persönliche Daten/Heimverzeichnis	
USB-Stick	1 GB
CD-R/RW	700 MB
FTP-Server	je nach Provider

Tabelle 11.1 Medien für die Datensicherung

11.1.2 Neue Festplatten hinzufügen

Der Einbau einer zusätzlichen internen Festplatte in ein stationäres System ist heutzutage ein Kinderspiel. Bei modernen Gehäusen kommen Sie dabei sogar meist ohne Schraubendreher klar, die Laufwerke (Festplatten, Wechsellaufwerke) werden dort einfach in Slots geschoben. Befindet sich am gleichen Kabel (dem Busstrang) schon eine IDE-Platte, so ist darauf zu achten, dass eine Platte als **Master** und die andere Platte als **Slave** konfiguriert wird. Bei modernen *S-ATA*-Platten sind derartige Feinheiten nicht mehr zu beachten, da deren Konfiguration vollautomatisch abläuft.

Wer vor derartigen Arbeiten zurückschreckt, der kann den Erwerb einer externen Festplatte ins Auge fassen, die über den USB-Bus bzw. FireWire an den PC angeschlossen wird.

11.1.3 Partitionierung

Bevor Sie sich nun an die Einrichtung von Sicherungs- oder Systempartitionen begeben, müssen einige mahnende Worte gesprochen werden. Bei einer falsch durchgeführten Partitionierung haben Sie gute Chancen, Ihr System softwareseitig in die ewigen Jagdgründe zu befördern. Ängstlichen Naturen sei deshalb Folgendes empfohlen:

Verwenden Sie in jedem Fall eine Zweitplatte für Ihre Experimente! Klemmen Sie zur Partitionierung dieser Platte einfach die bereits im System befindliche andere Platte zeitweilig ab. Dies geschieht durch das Entfernen sowohl der Spannungsversorgung als auch des entsprechenden Datenkabels. Nach erfolgter Arbeit kann das andere Gerät wieder angeschlossen werden.

11.1.4 Partitionstabelle und Bootsektor sichern

Arbeitet man mit nur einer Platte, so sollte man in jedem Fall vor Partitionierungsarbeiten ein Backup des Bootsektors vornehmen. Dann besteht eine gute Chance, dass man bei eventuellen Problemen die alte Partitionstabelle wieder herstellen kann. Sichern Sie dazu den so genannten Master Bootrecord (MBR) mit dem folgenden Befehl:

```
user$ sudo dd if=/dev/hda of=mbr_backup \
bs=512 count=1
```

Jetzt befindet sich in dem aktuellen Verzeichnis eine 512 Byte große Datei, die exakt den MBR der entsprechenden Platte enthält. Es wird dringend empfohlen, diese Datei auf einem nicht flüchtigen Datenträger wie z.B. einer Diskette oder einem Memorystick zu sichern.

Die so gesicherte Bytesequenz enthält sowohl die Partitionstabelle als auch den Bootcode. Möchten Sie auf eine Sicherung der Partitionstabelle verzichten, so sind bei der Sicherung statt 512 nur 446 zu übertragen, d.h der Befehl lautet in diesem Fall:

```
user$ dd if=/dev/hda of=bootcode_backup \
bs=446 count=1
```

Es ist sinnvoll, stets beide Varianten zu sichern. Die Rücksicherung z.B. des kompletten MBR erfolgt dann über den Befehl:

```
user$ dd if=mbr_backup of=/dev/hda bs=512 count=1
```

Achten Sie dabei unbedingt auf die korrekte Schreibweise der Befehle beim Sichern/Rücksichern, ein Zahlendreher bei der Größenangabe der zu sichernden Bytesequenz kann fatale Folgen haben.

11.1.5 Partitionierung der Zweitplatte

Wenn Sie noch eine alte und angestaubte Festplatte irgendwo herumliegen haben, dann können Sie relativ leicht sofort loslegen und Ihre ersten Experimente auf diesem Gebiet vollführen. Klemmen Sie doch einfach mal ein solches Gerät an Ihren Festplattenbus und starten Sie das universelle Werkzeug gparted durch Eingabe des gleichnamigen Befehls aus einer Konsole heraus:

```
user$ sudo gparted
```

Hierbei können Sie einen ersten Überblick über die angeschlossene Festplattenlandschaft zu gewinnen.

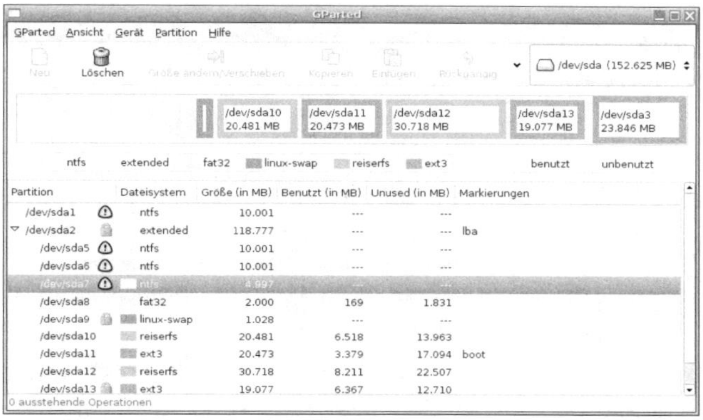

Abbildung 11.1 Überblick über die vorhandenen Festplattenpartitionen mit gparted

Sie können sich in gparted die jeweilige Festplatte mit den dazugehörigen Partitionen anzeigen lassen, wenn Sie oben rechts Ihre Festplatte auswählen (siehe Abbildung 11.1). Sollte Ihre eingebaute zweite Festplatte randvoll sein, so können Sie die darauf angelegten Partitionen durch Anklicken zunächst markieren und durch Auswahl des Mülleimersymbols oder durch **Partition • Löschen** schließlich löschen. In dieser Weise ist so lange zu verfahren, bis man genügend freien Speicherbereich erzeugt hat.

In dem freien Bereich, den Sie gerade erzeugt haben, können Sie nun leicht eine neue Partition, die allein Sicherungszwecken dient, erstellen. Dazu wählen Sie bitte den freien Bereich aus und klicken auf das Symbol zum Erstellen einer neuen Partition an (**Partition • Erstellen**). In dem nun erscheinenden Untermenü geben Sie nun bitte die Größe, den Typ und gegebenenfalls den Namen der zu erstellenden Partition an. Ein Klick auf (OK) bestätigt schließlich die vorzunehmenden Arbeiten.

11.1.6 Verkleinerung von bestehenden Partitionen

Nun wollen wir einmal genauer betrachten, wie man freien Platz für den Fall schafft, dass man nur über eine einzige Festplatte verfügt und diese komplett partitioniert ist, also über keinen unzugeordneten Speicherbereich verfügt. Bei der nachfolgenden Aktion ist allerdings Vorsicht geboten. Machen Sie auf jeden Fall eine vorherige Datensicherung Ihrer persönlichen Daten auf einem Wechselmedium. Die Verkleinerung einer Partition ist z.B. dann interessant, wenn man ein weiteres Betriebssystem auf eine (volle) Platte befördern möchte.

Vorher defragmentieren

Die Verkleinerung von UNIX-Partitionen gestaltet sich in aller Regel einfach und ist mit *gparted* selbsterklärend. Es ist schon weitaus komplizierter, wenn es sich bei der zu verkleinernden Partition um eine Windows-Partition (FAT32 oder NTFS) handelt. Hierbei sind mehrere Schritte nötig:

▶ Bevor man diese Partitionen verkleinern kann, müssen diese zunächst mit den Windowsbordmitteln defragmentiert werden. Die Fragmentierung (zu deutsch: Zerstückelung) der Daten tritt dadurch auf, dass das Betriebssystem die Partition nicht von vorn bis hinten auffüllt, sondern Daten-»Häppchen« über die ganze Festplatte verteilt.

Die Defragmentierung unter Windows 2000 und Windows XP findet man z.B. mit einem rechten Mausklick über dem Symbol Arbeitsplatz im Startmenü/Punkt **Verwalten**, dort im Untermenü **Datenspeicher** · **Defragmentierung** (Abbildung 11.2).

Abbildung 11.2 Beispiel einer stark fragmentierten Partition

▶ Die virtuelle Windows-Auslagerungsdatei *pagefile.sys* sollte für die Defragmentierung kurzfristig ausgeschaltet werden (**Systemsteuerung** · **System** · **Leistungsmerkmale** · **virtueller Arbeitsspeicher**, dort den Punkt **keine Auslagerungsdatei** markieren bzw. den Wert der Auslagerungsdatei auf Null setzen). Vergessen Sie nach der Defragmentierung nicht, den virtuellen Speicher wieder einzuschalten, um Systeminstabilitäten zu vermeiden.

Die frisch defragmentierte Partition kann nun mit *gparted* verkleinert werden. Hier wählt man die entsprechende Partition aus und wählt den Menüpunkt **Partition • Größe ändern/verschieben**. Mit Hilfe eines Schiebers kann man der Speicherbereich dann auf die gewünschte Größe verkleinern.

11.1.7 Partitionierung einer externen Festplatte

Dieser Fall ist sogar noch einfacher zu handhaben als die angesprochene Variante des Einbaus einer weiteren internen Festplatte. Schließen Sie die externe USB-/FireWire-Platte am entsprechenden Bus an. Starten Sie anschließend *gparted*, und Sie werden feststellen, dass ein neuer Datenträger vom System erkannt wurde. Dieser kann nun wie oben beschrieben aufgeteilt und mit den Dateisystemen Ihrer Wahl versehen werden. Zum so genannten Direkten der Platte, dem Einbinden ins System, sollte diese vor dem nächsten Bootvorgang angeschlossen werden. Damit wären Sie schließlich der Mehrzahl der auftretenden Partitionierungsproblemen gewachsen.

11.2 Datensicherung

Nachdem die Vorarbeiten erledigt wurden und gemäß dem vorangegangenen Abschnitt temporäre Sicherungspartitionen erstellt wurden, wenden wir uns im vorliegenden Abschnitt der eigentlichen Sicherungstechnik zu. Wir wollen uns hierbei auf eine besonders schöne und einfache Sicherungstechnik beschränken, dem inkrementellen Backup.

11.2.1 Inkrementelles Backup

Mit *rsnapshot* ist es möglich, so genannte Snapshot-Ordner zu erstellen (z.B. auf einer externen USB- Festplatte). *rsnapshot* überprüft dabei selbstständig, welche Dateien neu hinzu gekommen sind oder entfernt wurden. Dies nennt man ein inkrementelles Backup. Dies hat den Vorteil, dass die Sicherung wesentlich schneller verläuft, als wenn man jedes Mal wieder alles aufs Neue sichern muss. Hierbei wird kein (Komplett-)Image angelegt, sondern es werden nur explizit die Ordner gesichert, die in der Datei /etc/rsnapshot.conf eingetragen werden.

Intelligentes Backup

Nach der Installation über *Synaptic* oder per

```
user$ apt-get install rsnapshot
```

muss nur noch die Datei /etc/rsnapshot.conf angepasst werden.

Das Editieren dieser Datei ist ganz einfach, rufen Sie die Datei auf:

```
user$ sudo gedit /etc/rsnapshot.conf
```

Erschrecken Sie nicht vor der Größe der Datei. Sie müssen dem Programm jetzt durch das Verändern dieser Datei mitteilen, wann und wie Ihre Backups gemacht werden sollen. Suchen Sie einfach nach dem entsprechenden Abschnitt in dieser Datei. Folgendes muss editiert werden:

- **Backup-Intervall (interval hourly, daily usw.):** Hier können Sie dem Programm mitteilen, ob Sie regelmäßige Sicherungen wünschen. Bei Bedarf einfach bei der entsprechenden Zeile die Raute davor entfernen.
- **Name des Backup-Verzeichnisses (snapshot_root):** (kann auch auf externen Medien wie /media/usb/snapshot/ liegen).

Vergessen Sie das Speichern nicht. Aufgerufen werden kann das Programm dann über die Konsole mittels

```
user$ sudo rsnapshot hourly
```

(oder *daily*, so wie Sie es eingestellt haben)

11.2.2 Direktes Klonen via dd

Backup Bit für Bit

Eine elegante Möglichkeit für eine Gesamtsicherung bietet das Kommandozeilenwerkzeug *dd* (Disk Dump). Dieses Tool ist in der Lage, ein 1:1 Abbild von beliebigen Partitionen herzustellen. Dabei wird die komplette Festplattenstruktur von einer Festplatte **bitweise** auf eine andere Festplatte übertragen. Dieses Verfahren bietet sich insbesondere dann an, wenn man eine Installation auf identische Hardware übertragen möchte.

Es ist wichtig, dass die Original- und die Spiegelpartition **exakt** in der Größe übereinstimmen. Wenn sich die beiden Festplatten in demselben PC befinden, so lautet der Befehl für die Spiegelung der Partition /dev/hda1 auf /dev/hdb1:

```
user$ sudo dd if=/dev/hda1 of=/dev/hdb1
```

Dieser Befehl ist mit äußerster Vorsicht anzuwenden: Die Verwechselung der Argumente `if` (Input File) und `of` (Output File) kann hier fatale Folgen haben. Außerdem bleibt das Programm sofort stehen, wenn es defekte Sektoren auf einer Platte entdeckt.

11.3 Ist Linux sicherer als Windows?

Linux und Windows unterscheiden sich in ein paar Ansätzen grundsätzlich. Oft wird behauptet, Linux sei eigentlich konzeptionell gar nicht sicherer als Windows. Sobald sich dieses System weiter verbreiten würde, müssten die Anwender mit einer wahren Flut von Linuxviren rechnen, so wie man es unter Windows schon kennt.

Dies ist leider nur die halbe Wahrheit. Es stimmt zum Teil, dass die Verbreitung von Viren bei Monokulturen wie Windows wesentlich einfacher ist. Es wird bei dieser Betrachtungsweise aber vergessen, dass Windows und Linux sich schon vom Ansatz her teilweise deutlich unterscheiden. Gut, kein Mensch kann in die Zukunft sehen. Dennoch: Die Art, wie heutzutage Viren in Windows-Rechner eindringen und dort Schaden anrichten, kann so unter Linux nicht passieren.

Wir werden uns im Folgenden zuerst einmal die verschiedenen Konzepte etwas genauer ansehen und uns unsere Gedanken über ein sicheres Betriebssystem machen. Im Zuge dessen werfen wir einen Blick unter die Haube von Ubuntu und widmen uns den Möglichkeiten, die wir haben, um uns von der Sicherheit zu überzeugen oder diese sogar noch auszubauen. Im letzten Kapitel widmen wir uns der Verschlüsselung von E-Mails.

11.3.1 Verschiedene Konzepte

Sehen wir uns nun die beiden grundlegenden Unterschiede zwischen Linux und Windows einmal genauer an:

- Bei beiden Systemen ist ein wesentlicher Teil des Konzeptes, dass es Benutzer mit unterschiedlichen Privilegien gibt. Bei Linux hat ein Benutzer tatsächlich nur Zugriff auf seine persönlichen Daten. Somit kann der Benutzer auch nur seine eigenen Daten verändern oder löschen. Unter Windows xp zum Beispiel ist nun der Benutzer standardmäßig ein Administrator, also ein Benutzer, der uneingeschränkten Zugriff auf das gesamte System hat. Jeder Virus, der in ein solches System eindringt, hat dann die gleichen Rechte wie der Benutzer, der gerade im Internet war. Und wenn der Benutzer ein Administrator ist, dann hat auch der Virus Zugriff zum gesamten System.

  Viren als Administratoren

- Nun weiß der Windows-Benutzer ja, dass man unter Windows nicht unbedingt ein Administrator sein muss. Man kann sich auch die Rechte entziehen und als eingeschränkter Benutzer durch das System navigieren. Aber jetzt mal im Ernst, haben Sie dies schon einmal probiert?

Wir können Ihnen sagen, dass dies mit solchen Hürden verbunden ist, dass Sie ganz schnell die Nase voll davon haben werden und sich – trotz der Gefahr – lieber wieder einen Administrator-Status zulegen werden.

- Es kann bestimmt nicht Teil des Sicherheitskonzeptes von Windows sein, unsichere Dienste standardmäßig im Internet anzubieten, trotzdem geschieht dies. Geht Windows dieses Risiko aus Bequemlichkeit ein oder damit z.B. der Benutzer noch eine Animation mehr beim Surfen hat? Wir möchten hier nicht näher auf dieses Thema eingehen, im Internet finden Sie bei Bedarf sehr viele Informationen hierzu.
- Aber es geht auch anders. Bei Linux sind solch unsichere Dienste abgeschaltet. Dies mag zwar manchmal etwas unbequemer für den Benutzers sein, ist aber wesentlich sicherer.

Damit haben wir gerade die wichtigsten Gründe kennengelernt, warum Windows-Systeme so anfällig für Schädlinge sind: Es liegt gar nicht am Konzept selbst, sondern an der mangelhaften oder fehlenden Umsetzung bzw. Umsetzbarkeit. Daraus ergibt sich dann die Notwendigkeit von Virenscannern und Firewalls. Wir möchten noch einmal betonen, dass man Windows prinzipiell schon sehr sicher machen kann, nur ist dafür eine Menge Handarbeit nötig, die gerade den PC-Anfänger überfordert.

11.3.2 Root versus sudo

Ein wichtiger Grund für die hohe Sicherheit von Linux-Systemen gegenüber Windows ist die strikte Beschränkung bei den Zugriffsrechten. Vergleichbar ist dies überhaupt nur mit den NT-basierten Systemen von Windows, also NT, 2000 und XP. Die Windows 9.x Reihe hat keine (ausreichende) Rechteverwaltung. Wir haben bereits in Abschnitt 3.3 einige Grundlagen über die Verwendung von Root bzw. sudo kennengelernt, in diesem Abschnitt wollen wir diese Kenntnisse noch einmal vertiefen und weiter ausbauen.

Root ist der Superuser unter Linux, vergleichbar mit dem Administrator unter Windows, er darf quasi alles. Ihm gehören fast alle Dateien des Systems und er kann alle Dateien bearbeiten. Ähnliches gilt für den Admin-Account bei Windows-Systemen. Daher ist es aus oben genannten Gründen sehr gefährlich, ständig mit Root-Rechten unterwegs zu sein.

Auch unter Windows 2000 und XP Professional ist es möglich, aus dem laufenden System heraus (vorübergehend) Systemverwaltungsrechte zu erlangen, um z.B. ein Programm zu installieren. Man muss dafür die

Shift-Taste gedrückt halten, einen Rechtsklick auf eine ausführbare Datei (z.B. Installationsprogramm, die Systemsteuerung ist leider nur über Umwege erreichbar) machen, und dort »Ausführen als« wählen. Dort gibt man dann den Benutzer Administrator und das zugehörige Passwort an. Schon startet das gewünschte Programm mit Administratorrechten. Trotz dieser Möglichkeiten melden sich Windows-Benutzer in den meisten Fällen gleich als Administrator an, da auf diese Weise die Bedienung des Systems sehr bequem und einfach ist.

Als Administrator oder Root zu arbeiten hat aber entscheidende Nachteile, besonders dann, wenn der Rechner mit dem Internet verbunden ist. Gelingt es einem Angreifer, in das System einzudringen (eventuell mit einem Virus), so besitzt er ebenfalls sofort Administratorrechte und kann tun, was immer er will. Bei Linux-Systemen hingegen ist es sehr einfach, während des Betriebs kurzzeitig Root-Rechte zu erlangen. Hat man dann die Aufgabe erledigt, meldet man sich als Root ab und ist wieder normaler Benutzer.

Dieses Prinzip macht das System sehr sicher. Denn sollte es trotzdem einmal einem Angreifer gelingen, sich in das System einzuklinken, hat er nur normale Benutzerrechte, d.h. er darf ausschließlich die Dateien im Home-Verzeichnis des Benutzers bearbeiten. Auf den Großteil des Computers, vor allem auf die sensiblen Bereiche, hat er keinerlei Zugriff.

Root – der Standard bei Linux

Bei jedem Linux-System muss man, meist bei der Installation, einen Benutzer **Root** und ein Passwort für diesen Benutzer angeben. Darüber hinaus können noch weitere Benutzer angelegt werden. Will man nun im laufenden Betrieb eine Aktion durchführen, die Systemverwaltungsrechte erfordert, wird man von Linux zur Eingabe des Root-Passworts aufgefordert. Im Terminal kann man mit `su` und dem Root-Passwort zu Root werden. Nach Beendigung der Aufgabe verlässt man das entsprechende Programm und ist wieder der normale Benutzer.

Diese Methode hat sich über einen langen Zeitraum bewährt, sie hat jedoch auch einige Nachteile:

Nachteile von Root

1. Es kann nur einen Superuser Root geben.
2. Vergisst man, sich als Root abzumelden, bleibt das System gefährdet.
3. Man muss sich mindestens zwei (unterschiedliche) Passwörter merken.
4. Es verleitet zur ständigen Arbeit als Root.

sudo – der Standard unter Ubuntu

Gerade den Umsteigern von einer anderen Linux Distribution dürfte während der Installation aufgefallen sein, dass man nirgendwo ein Root-Passwort festlegen musste. Der Grund ist ein ganz einfacher: Ubuntu verwendet sudo. Aber was ist das eigentlich genau?

Nun, in der »normalen« Linux-Welt gibt es, stark vereinfacht gesagt, Roots und User. Die Roots dürfen alles (Administration, Installationen etc.), die User dürfen das System lediglich »benutzen«. Sudo (**S**ubstitute **U**ser **DO**) ist lediglich ein Paket, welches einem normalen User zeitweise (d.h. für den Befehl, vor dem ein sudo steht) die privilegierten Rechte eines Roots einräumt. Hierzu muss er dann bei jeder Benutzung von sudo sein normales Benutzerkennwort als Authentifizierung einsetzen. Es ist sozusagen eine Vereinfachung für den User, damit er sich nicht für jede Kleinigkeit als Root »umloggen« muss. Wer in letzter Zeit einen Mac sein eigen nannte, kann sich vielleicht an diese Art des Root-Umgangs erinnern. Der Ansatz ist dort der gleiche.

Natürlich hat nicht jeder Nutzer diese Möglichkeit: Administrative Befehle mit sudo kann im Normalfall nur der bei der Installation von Ubuntu angelegte Benutzer (Uid=1000) durchführen. Um zusätzlichen Benutzern die Möglichkeit zu geben, auch mit sudo zu arbeiten, müssen diese Benutzer zu der Linux-Gruppe admin hinzugefügt werden.

Ein Nachteil dieses Verfahrens ist, dass man bei längerer Tätigkeit als Root eventuell das Passwort mehrmals eingeben muss. Außerdem verleitet es dazu, ein recht einfaches Passwort zu wählen. Ansonsten bietet dieser Ansatz aber einige Vorteile:

Vorteile von sudo
1. Es kann mehrere Superuser mit unterschiedlichen Rechten geben.
2. Das Passwort bleibt 15 Minuten lang aktiv, danach wird es automatisch deaktiviert.
3. Man muss sich meist nur ein Passwort merken.
4. Es schult im Umgang mit Root-Rechten, da man es (in einer Root-Shell) immer wieder eingeben muss.

Den Nachteil, dass man es vor jedem Befehl schreiben muss, kann man einfach ändern. Einfach in der Datei /.bashrc mit einem Texteditor Folgendes in die letzte Zeile hinzufügen:

```
alias su=''sudo -s''
```

Dann kann man von nun an mit `su` in ein simuliertes Root-Terminal umschalten.

Root-Passwort wieder deaktivieren

Da bei Ubuntu das ganze System auf sudo ausgerichtet ist, kann es zu großen Problemen führen, wenn man nachträglich den Benutzer Root aktiviert. Alle Werkzeuge unter dem Menüpunkt **System • Systemverwaltung** greifen z.B. auf das Programm *gksudo* zurück, welches wiederum auf sudo basiert und nicht auf su.

Wenn jetzt aber der Benutzer Root freigeschaltet wurde, funktioniert die Anmeldung über sudo nicht mehr und die Menüpunkte (und auch einige andere Sachen) lassen sich nicht mehr aufrufen. Wenn Sie jetzt aber schon einen Root-Account angelegt haben, dann können Sie ihn folgendermaßen wieder deaktivieren:

```
user$ sudo passwd -l root
```

11.3.3 Allgemeine Bemerkungen

Auch in Linux gibt es immer mal wieder Sicherheitslücken, manche davon werden sogar als schwerwiegend bezeichnet. Kein Betriebssystem ist vor solchen Gefahren gefeit, auch Linux nicht. Diesen Eindruck möchten wir auch nicht hinterlassen, allerdings weist Linux im Gegensatz zu Windows ein paar Unterschiede im Umgang mit diesen Sicherheitslücken auf.

Durch den großen Kreis an freiwilligen Entwicklern und die Möglichkeit, dass jeder das Betriebssystem verbessern kann (Sie wissen schon – Open Source), werden Sicherheitslücken sehr schnell erkannt und dadurch auch wesentlich schneller geschlossen als bei der »Konkurrenz«.

Sicherheit – eine Stärke von Open Source

Außerdem sind die möglichen praktischen Auswirkungen von Sicherheitslücken aufgrund des konsequent eingehaltenen Sicherheitskonzeptes vergleichsweise gering, dies hatten wir ja bereits besprochen.

Die größte Gefahr geht tatsächlich vom Benutzer, also von uns allen, aus: Auch das beste Betriebssystem kann nicht verhindern, dass ein unvorsichtiger Anwender seine Bankdaten per unverschlüsselter E-Mail oder durch ein ungesichertes Programm versendet.

Deswegen ein paar eindringliche Worte zum Thema Sicherheit:

- Seien Sie **stets wachsam**, wenn Sie sich mit dem Internet auseinandersetzen, besonders, wenn es um das Thema Geld geht!
- Antworten Sie auf keinen Fall auf sogenannte **Phishing-Mails**[2], benutzen Sie keine Links, die Ihnen per E-Mail zugesandt werden!
- **Ignorieren** Sie E-Mails von Ihrer oder von anderen Banken! Noch nie hat sich eine Bank per E-Mail an Ihre Kunden gewandt.
- Benutzen Sie nur **verschlüsselte Verbindungen**, wenn Sie Online-Banking betreiben (SSL). Sie erkennen eine solche Verbindung daran, dass in der Adressleiste Ihres Browsers nicht mehr http://..., sondern http**s**://... steht.

Sicheres Online-Banking

11.3.4 SELinux

SELinux (**S**ecurity **E**nhanced **Linux**) ist eine spezielle Erweiterung des Linux-Kernels. Es implementiert die Zugriffskontrollen auf Ressourcen im Sinne von Mandatory Access Control.[3]

SELinux wurde maßgeblich von der NSA entwickelt. Für Kernel 2.4.x gibt es einen Patch, in Kernel 2.6.x ist SELinux direkt integriert. Die Linux-Distribution Fedora Core (Community-Version von RedHat) ist die erste Distribution, die von Haus aus SELinux-Unterstützung mitliefert. Fedora Core 3 und Red Hat Enterprise Linux 4 haben erstmals SELinux standardmäßig dabei und die Unterstützung ist ebenfalls standardmäßig aktiviert. Die Integration von SELinux in Ubuntu ist geplant und soll in einer der folgenden Veröffentlichungen vorhanden sein.

---

2 Phishing beschreibt die Tatsache, dass einige finstere Gestalten im Internet versuchen, an Ihre Bankdaten heranzukommen, um den großen Reibach zu machen. Zu diesem Zweck werden E-Mails verschickt, die täuschend echt das Layout Ihrer Bank imitieren. In diesen Mails werden Sie auf irgendeine Art aufgefordert, einen Link in dieser Mail anzuklicken. Dadurch kommen Sie dann auf eine speziell eingerichtete Internetseite, die wiederum genauso aussieht wie die von Ihrer Bank. Wenn Sie nun auf dieser Seite irgendwo Ihre geheimen Daten eintippen, hat der Verbrecher sein Ziel erreicht. Er besitzt nun Ihre Daten und kann Ihr Konto leerräumen. Deshalb: Ignorieren Sie vermeintliche E-Mails von Ihrer Bank!

3 Mandatory Access Control ist ein Konzept für die Kontrolle und Durchsetzung von Zugriffsrechten auf Computern, bei der die Entscheidung über Zugriffsberechtigungen nicht auf der Basis Identität des Akteurs (Benutzers, Prozesses) und des Objektes (Datei, Gerät) gefällt wird, sondern aufgrund allgemeiner Regeln und Eigenschaften des Akteurs und Objektes. Auch erhalten häufig Programme eigene Rechte, die die Rechte des ausführenden Benutzers weiter einschränken.

11.4 Virenscanner und Firewall

Sicherheitsprogramme unter Windows sind dort zwar unverzichtbar, betreiben aber zu einem sehr großen Teil auch nur Augenwischerei. Anti-Viren-Programme und Firewalls versuchen durch Icons oder Meldungsfenster auf sich aufmerksam zu machen, damit der Anwender sich rundum geschützt fühlt. Dummerweise kann ein Virus den Virenscanner oder die Firewall leicht deaktivieren oder verändern, wenn es einmal im System angekommen ist. Schließlich hat ein Administrator (und das ist ein Virus unter Windows ja) jedes Recht dazu.

Virenscanner ausgetrickst

Unter Linux ist ein Virenscanner mangels Viren überflüssig. Es gibt zwar auch Virenscanner für Linux, aber die dienen in erster Linie dazu, Dateien oder Mails auf Windowsviren hin zu untersuchen.

11.4.1 Überprüfung des Systems

Natürlich kann man mit einigem Glück und Können auch in ein Linux-System einbrechen, wobei der Aufwand bei einem Desktopsystem in keinem vernünftigen Verhältnis zum zu erwartenden Ertrag steht. Eine Überprüfung ist selbstverständlich trotzdem möglich. Am besten ist es natürlich, wenn Sie Ihr System von außen überprüfen, sprich z.B. von einer separaten CD (z.B. Knoppix) aus. Alle anderen Möglichkeiten wie Virenscanner und Firewalls, die beide nur intern im System laufen, sind eher als Vorbeugung zu sehen. Unter Windows ist das im Prinzip natürlich nicht anders.

Hilfe durch Live-System

Virenscanner

ClamAV ist ein Open-Source-Virenscanner, den Sie ganz einfach über *Synaptic* bekommen. Die jeweils neue Version von *ClamAV* befindet sich in der Universe-Sektion. Das zu installierende Paket lautet clamav. Sie können *ClamAV* natürlich auch über

```
user$ apt-get install clamav
```

installieren. Bitte achten Sie darauf, dass Sie dies per sudo, nicht als Root, tun.

Clamav wird als Benutzer im Terminal mit dem Kommando

```
user$ clamscan
```

gestartet. Dabei werden die gescannten Verzeichnisse/Dateien angezeigt. Zunächst können folgende einfache Scan-Befehle verwendet werden (alle als normaler User ohne Root-Rechte):

- **clamscan hallo.pdf** scannt die Datei `hallo.pdf` im aktuellen Verzeichnis.
- **clamscan /etc** scannt das Verzeichnis `/etc` ohne die Unterverzeichnisse.
- **clamscan -r /etc** rekursiver Scan des Verzeichnisses `/etc` und aller Unterverzeichnisse.
- **sudo freshclam** führt ein Update der Virendefinitionen aus.

Dieser Befehl:

```
user$ clamscan -ril /home/user/Desktop/clamscan.txt \
--bell --remove --unrar=/usr/bin/unrar \
--tgz=/bin/tar /home
```

scannt das Homeverzeichnis inklusive Unterverzeichnisse, schreibt eine Logdatei (clamscan.txt) nach `/home/user/Desktop`, piepst bei Virenfund, löscht das Virus, benutzt unrar (für *.zip) und benutzt tar (für *.tar.gz).

Für weitere Informationen lesen Sie bitte die Hilfe:

```
user$ clamscan -h
```

Grafisches Scannen

Für weniger versierte Benutzer steht in der Universe-Sektion auch das Paket clamtk bereit, welches eine grafische Benutzeroberfläche für *ClamAV* installiert. Sie können den Virenscanner nun mit dem Befehl

```
user$ clamtk
```

aufrufen. Um die Virendefinitionen auf den neuesten Stand zu bringen, muss *ClamTK* mit Root- Privilegien gestartet werden, dies passiert mittels:

```
user$ gksudo clamtk
```

Abbildung 11.3 Mit ClamAV (ClamTK) scannen Sie bequem Ihr Ubuntu

Firewall

Auch eine Personal Firewall ist bei Ubuntu eigentlich überflüssig. Eine Personal Firewall hat unter Windows zwei Aufgaben:

- Eine Firewall blockiert Zugriffe aus dem Internet auf Dienste, die aus irgendwelchen Gründen auf dem Rechner laufen. Die Ubuntu-Standardinstallation bietet im Internet erst gar keine Dienste an, also gibt es auch nichts, was man blockieren könnte.
- Sie blockiert ebenfalls ungewünschte Zugriffe vom Computer auf das Internet für Programme, die man absichtlich oder unabsichtlich (Viren, Trojaner, versteckte Spionageprogramme) auf seinem Computer installiert hat. Unter der Software, die über die offiziellen Ubuntu-Quellen installiert werden kann, gibt es keine solchen Spionageprogramme.

Eine sehr gute und bequem zu konfigurierende Firewall stellt *Firestarter* dar. Das Paket firestarter befindet sich in der Sektion universe und ist einfach über *Synaptic* zu installieren. Das Programm läßt sich starten durch:

```
user$ firestarter
```

Beim ersten Start werden Ihnen einige Fragen gestellt, die aber selbsterklärend sind, wie z.B. »Bitte wählen Sie das mit dem Internet verbundene Netzwerkgerät aus der Liste der verfügbaren Geräte.« etc. Nach Beendigung des Assistenten werden alle wichtigen Firewallregeln automatisch angelegt. Auf den zu schützenden Rechner darf erstmal keiner zugreifen (»DROP all«) und der Rechner gibt keine Antwort auf Fragen wie z.B. Ping. Grundlegende Einstellungen wie z.B. Antwort auf Pingabfragen können dann unter **Bearbeiten • Einstellungen** vorgenommen werden. Sinnvoll ist es hier, unter dem Punkt Benutzeroberfläche die beiden Häkchen zu setzen. Damit minimiert sich das Fenster beim Schließen in der Taskleiste und man kann Zugriffe direkt durch ein rotes Icon erkennen. Diese werden im Reiter Ereignisse im Hauptfenster protokolliert und angezeigt.

Im Reiter Richtlinie kann man dann entsprechende Richtlinien wie z.B. Zugriffe aus dem Intranet zulassen anlegen, indem man mit der rechten Maustaste in die entsprechende Kategorie klickt und dann auf Regel hinzufügen.

Das System startet beim nächsten Booten automatisch.

Abbildung 11.4 Firestarter – Eine einfach zu konfigurierende Firewall

11.4.2 Sicherheits-Updates

Sicherheitslücken können, wie bereits gesagt, auf jedem Computersystem vorkommen. Unter Ubuntu ist der Umgang damit besonders bequem gelöst:

- Einmal täglich wird automatisch in der Datenbank der verfügbaren Programme nach Sicherheits-Updates gesucht. Das betrifft nicht nur das Grundsystem, sondern normalerweise alle installierten Programme. Bei den Programmen, die in der Paketverwaltung *Synaptic* mit einem Ubuntu-Symbol gekennzeichnet sind, werden schnelle Sicherheitsupdates sogar garantiert.

Sicher up to date

- Wenn Sicherheitsupdates vorliegen, erscheint im oberen Panel ein kleines Symbol, dies ist der Update-Notifier. Sie brauchen nur auf dieses Symbol klicken und Ihr Passwort eingeben. Ihnen werden dann die verfügbaren Updates angezeigt und Sie können diese installieren. So bleiben Sie einfach und zuverlässig auf dem neuesten Stand.

- Bei Verwendung der original Ubuntu-Repositories kann ausgeschlossen werden, dass sich Viren auf diesem Weg in Ihrem Rechner einnisten. Die Pakete sind hier von den Ubuntu Entwicklern geprüft und mit einem zusätzlichen Schlüssel gekennzeichnet, der vor jeder Installation geprüft wird.

11.5 Informationen über Ihr System

Wie schon erwähnt, brauchen Sie nicht unbedingt eine der genannten Lösungen zu installieren. Eventuell reicht es schon, wenn Sie ab und zu mal nach dem Rechten sehen. Ubuntu möchte keine Geheimnisse vor Ihnen haben und wenn Sie die richtigen Befehle kennen, dann erzählt Ihnen Ubuntu alles, was Sie wissen möchten.

Wir möchten hier nicht allzu sehr ins Detail gehen. Mit diesem Thema kann man ein gesondertes Buch füllen, aber wir möchten Ihnen doch erst einmal grundsätzlich die Prinzipien zeigen, mit welchen Sie an die Informationen Ihres Systems herankommen. Für weitere Informationen benutzen Sie bitte die manpages oder schauen einfach mal in der (un)sicheren Welt des Internets nach.

11.5.1 Prozesse anzeigen

Um zu sehen, welche Prozesse gerade auf dem System laufen, benutzt man am besten die Befehle:

```
user$ pstree
```

oder

```
user$ ps -A
```

Die ausführlichsten Angaben mit CPU-Auslastung, Zeit des gestarteten Prozesses usw. erhalten Sie mit

```
user$ ps aux
```

11.5.2 Offene Ports anzeigen

Wenn man wissen will, welche Ports (sozusagen die Türen nach draußen) offen sind, ist der Befehl `nmap` genau richtig. Sie müssen dieses Programm erst mit dem Befehl

```
user$ apt-get install nmap
```

installieren. Danach reicht ein einfaches

```
user$ nmap localhost
```

Der eben genannte Befehl verschafft uns schon einen recht guten Überblick über die Außentüren, die derzeit offen stehen.

```
Starting nmap 3.81 (http://www.insecure.org/nmap/)
at 2006-01-05 21:29 CET
Interesting ports on localhost.localdomain:
(The 1660 ports scanned but not shown below are in
state: closed)
PORT       STATE SERVICE
631/tcp    open  ipp
32770/tcp  open  sometimes-rpc3
32771/tcp  open  sometimes-rpc5
Nmap finished: 1 IP address (1 host up) scanned in
0.430 seconds
```

Wenn Sie aber einen detaillierteren Überblick haben möchten, dann reicht dieser Befehl nicht mehr aus. Für solche Einsätze brauchen wir `netstat`. Nicht jeder offene Port ist ein Einfallstor für Schädlinge. Einen Dienst mit dem Status *unbekannt* sollten Sie sich aber immer genauer anschauen.

11.6 Verschlüsselung

Wenn auf der Festplatte des Rechners sensible Daten liegen, bietet es sich an, diese zu verschlüsseln. Prinzipiell lassen sich einzelne Dateien verschlüsseln; wirkliche Sicherheit bietet aber nur die Verschlüsselung des Systems. Weitgehende Sicherheit ist nur erreichbar, wenn man alle Stellen bedenkt, an denen die zu schützenden Daten auftauchen können, und sei dies auch nur vorübergehend. »Gelöschte« Daten lassen sich nämlich mit entsprechendem Aufwand durchaus auslesen. Traditionell verhindert man dies, indem man die Daten beim Löschen mehrfach überschreibt. Dies ist bei modernen Dateisystemen jedoch nicht möglich.

Gelöschte Dateien richtig löschen

Folgende Bereiche müssen deshalb verschlüsselt werden:

▶ die Daten selber, z.B. die Partition mit den persönlichen Ordnern (`/home`)

▶ die Auslagerungspartition (`swap`)

▶ die temporären Dateien (`/tmp`)

▶ die Dateien in `/var`, in welcher z.B. Druckaufträge zwischengespeichert sind

11.6.1 Einrichtung des Systems

Um die oben genannten Partitionen zu verschlüsseln, brauchen wir das Programm *cryptsetup*.

Sie installieren dies bequem über

```
user$ apt-get install cryptsetup
```

Um einerseits unnötig viele Passworteingaben beim Systemstart zu vermeiden, andererseits aber die Datensicherung nicht zu erschweren, verwenden wir eine Partition für /home und eine weitere gemeinsame für /tmp und /var. Sie brauchen dementsprechend beim Systemstart nur zwei zusätzliche Passwörter.

Besteht für /home noch keine eigene Partition, muss dies geändert werden. Für /tmp und /var muss ebenfalls eine Partition angelegt werden. Wie Sie dies am einfachsten bewerkstelligen, erläutern wir im Folgenden.

Anlegen der Partitionen für /home, /tmp und /var

Diese Schritte müssen von einer Live-CD aus erledigt werden, da die Systempartition betroffen ist. Sie werden mit dem grafischen Partitionierungsprogramm *GParted* vorgenommen, welches wir schon in einem vorigen Kapitel kennen gelernt haben.

- **Beim Start** mit der Live-CD muss ein Parameter eingegeben werden:

    ```
    live noswap
    ```

    verhindert die Nutzung von Swap-Partitionen, denn dies könnte die Bearbeitung der Partitionstabelle stören.

- **Verkleinerung der Systempartition:** Zuerst muss die Systempartition verkleinert werden. Fünf GB sind meist angemessen, sofern nicht bereits mehr Platz auf dem Gerät belegt ist.

- **Verschieben der Swappartition:** Die Leistung leidet, wenn die Swap-Partition zu weit hinten auf der Festplatte liegt. Sie ist also direkt an das Ende der Systempartition zu verschieben.

- **Anlage der neuen Partitionen:** Zwei Partitionen sind nun anzulegen:
    - Für die gemeinsame Partition für /tmp und /var genügen etwa ein bis zwei GB. Diese Partition sollte möglichst nach dem Swapbereich liegen.
    - Für die spätere /home-Partition kann man den restlichen verfügbaren Platz verwenden.

    Normalerweise wird man für beide Partitionen das ext3-Dateiystem wählen. Die Bezeichnungen der System- und der neuen Partitionen sollte man sich notieren. Auch die nächsten Schritte werden mit der Live-CD erledigt, also noch nicht neustarten.

- **Daten umverteilen** Die Daten, die derzeit noch auf der alten Partition liegen, müssen jetzt an den richtigen Ort verschoben werden. Diese Schritte finden von einer Live-CD aus und im Terminal statt.
- **Partitionen einbinden:** /dev/hda1 sei die Systempartition, /dev/hda5 die Partition für /tmp und /var, /dev/hda6 sei die neue /home-Partition. Die Verzeichnisse zum Einbinden werden im Terminal erzeugt mit

  ```
  user$ sudo mkdir /mnt/root,crypt,home
  ```

  Die Partitionen werden eingehängt mit

  ```
  user$ sudo mount /dev/hda1 /mnt/root
  user$ sudo mount /dev/hda5 /mnt/crypt
  user$ sudo mount /dev/hda6 /mnt/home
  ```
- **Daten verschieben:** Falls sich das /home-Verzeichnis noch nicht auf der separaten Partition befindet, wird sein Inhalt so kopiert:

  ```
  user$ sudo cp -a /mnt/root/home/* /mnt/home/
  ```

  Die Verzeichnisse /tmp und /var werden so kopiert bzw. angelegt:

  ```
  user$ sudo mkdir /mnt/crypt/tmp
  user$ sudo chmod 1777 /mnt/crypt/tmp
  user$ sudo cp -a /mnt/root/var /mnt/crypt/
  ```

  /tmp wird nicht kopiert, sondern neu angelegt, weil der Inhalt beim Systemstart ohnehin automatisch gelöscht wird. Den Inhalt der Partitionen kann man sich so anzeigen lassen:

  ```
  user$ ls /mnt/crypt
  user$ ls /mnt/home
  ```

  Dort sollten sich die Verzeichnisse /tmp und /var bzw. alle persönlichen Ordner der Benutzer befinden. Damit ist dieser Schritt erledigt. Nun sollte wieder das normale System gestartet werden. Loggen Sie sich bitte nicht in der grafischen Oberfläche ein, sondern wechseln Sie mit `Strg` + `Alt` + `F1` auf eine Konsole und melden Sie sich dort an.

11.6.2 Konfiguration der Cryptopartitionen

Die zu verschlüsselnden Partitionen sind in der Datei /etc/crypttab gelistet, die in einem Editor mit Root-Rechten bearbeitet werden kann. Die SWAP-Partition wird hier ebenfalls angezeigt.

```
# <target device><source device><key file><options>
crypt  /dev/hda5
home   /dev/hda6
swap0  /dev/hda2 /dev/urandom swap
```

An erster Stelle wird der gewünschte Name des verschlüsselten Gerätes eingetragen, an zweiter Stelle die zu verschlüsselnde Partition bzw. das zu verschlüsselnde Volume, falls man EVMS verwendet. Die zusätzlichen Optionen für den Swap geben an, dass als Schlüssel eine Zufallszahl verwendet und das verschlüsselte Gerät nach Einrichtung als Swap formatiert werden soll.

11.6.3 Umwandlung der unverschlüsselten Partitionen

Beim ersten Mal legen wir das Cryptogerät noch von Hand an, um eine doppelte Passwortabfrage zu erhalten. Später beim automatischen Start der Verschlüsselung wird das Passwort natürlich nur einmal pro Partition abgefragt. Das wäre jetzt im Fall eines Vertippers fatal, also:

```
user$ sudo cryptsetup create -y crypt /dev/hda5
user$ sudo cryptsetup create -y home /dev/hda6
```

Jetzt kommt der abenteuerliche Teil: Die folgenden Befehle wandeln die bestehenden Partitionen um. Sie dürfen dabei **nicht** eingebunden sein. Die enthaltenen Dateisysteme samt Inhalt sind danach über das verschlüsselte Gerät unversehrt zugänglich.

```
user$ sudo dd if=/dev/hda5 of=/dev/mapper/crypt
user$ sudo dd if=/dev/hda6 of=/dev/mapper/home
```

Nun sollte bei Zugriff auf die »originale« Partition nur noch Datenmüll zu sehen sein, die alten Inhalte sind über /dev/mapper/home zugänglich. Wir testen nun die Korrektheit der umgewandelten Partition mit

```
user$ sudo fsck /dev/mapper/crypt
user$ sudo fsck /dev/mapper/home
```

Zur Sicherheit können wir die Partition auch schon einmal einbinden, um ihre Inhalte zu betrachten:

```
user$ sudo mount /dev/mapper/crypt /mnt
user$ sudo mount /dev/mapper/home /home
```

Eintrag der neuen Dateisysteme

In der fstab (zu bearbeiten via `sudo gedit /etc/fstab` sollten nun noch Einträge für die neuen oder geänderten Partitionen wie folgt erstellt bzw. angepasst werden:

```
/dev/mapper/swap    none     swap   sw         0   0
/dev/mapper/crypt   /crypt   ext3   defaults   0   2
/dev/mapper/home    /home    ext3   defaults   0   2
```

Das Verzeichnis /crypt existiert noch nicht, wir müssen es anlegen:

```
user$ sudo mkdir /crypt
```

Alte Daten zur Seite räumen

Nun müssen die alten Daten aus dem Weg geräumt werden, damit auf die neuen, verschlüsselten Daten zugegriffen werden kann. Hierzu starten wir noch einmal eine Live-CD und binden die Systempartition ein:

```
mount /dev/hda1 /mnt
```

Zur Sicherheit benennen Sie die alten, unverschlüsselten Daten erst mal um, statt sie gleich zu löschen. Sollte irgend etwas doch nicht funktionieren, ist der Weg zurück so besonders einfach. Lediglich das beim Systemstart ohnehin leere /tmp wird sogleich gelöscht. Dann werden leere Verzeichnisse bzw. Links auf die verschlüsselten Daten erstellt.

```
user$ sudo mv /mnt/home /mnt/noenc-home
user$ sudo mkdir /mnt/home
user$ sudo rm -rf /mnt/tmp
user$ sudo ln -s /crypt/tmp /mnt/tmp
user$ sudo mv /mnt/var /mnt/noenc-var
user$ sudo ln -s /crypt/var /mnt/var
```

11.6.4 Der erste verschlüsselte Start

Beim nächsten Start des installierten Systems wird nach dem Passwort für die verschlüsselten Partitionen gefragt. Wenn man sich vertippt, hat man Pech gehabt und landet auf einer Konsole. Wenn man hier `/etc/init.d/cryptdisks restart` eingibt, kann man die Passworteingaben wiederholen. Nach Druck auf (Strg) + (D) wird der Systemstart dann fortgesetzt. Funktioniert alles, müssen die zuvor umbenannten Daten noch gelöscht werden:

```
user$ sudo rm -rf /noenc*
```

11.6.5 Datenspuren vernichten

Im Prinzip könnten nun auf der Systempartition noch die Daten aus den verschobenen Verzeichnissen zu finden sein. Diese überschreiben wir, indem wir den gesamten leeren Platz auf der Partition mit Zufallszahlen auffüllen. Dies funktioniert mit Hilfe einer Live-CD. Die Systempartition binden wir mit

```
user$ sudo mount /dev/hda1 /mnt
```

ein. Danach schreiben Sie mit dem Befehl

```
user$ sudo dd if=/dev/urandom of=/mnt/zufall && \
sudo rm /mnt/zufall
```

Zufallszahlen in eine Datei und zwar so lange, bis der Platz erschöpft ist. Danach löschen Sie diese Datei wieder. Nun befinden sich alle sensiblen Daten ausschließlich auf verschlüsselten Partitionen.

11.7 Verschlüsseln mit GPG

GnuPG oder GPG (Gnu Privacy Guard, englisch für GNU-Wächter der Privatsphäre) ist ein freies Kryptographie-System, d.h. es dient zum Ver- und Entschlüsseln von Daten sowie zum Erzeugen und Prüfen elektronischer Signaturen.

GnuPG hat sich zum Ziel gesetzt, einer möglichst großen Benutzergruppe die Verwendung von kryptografischen Methoden zur vertraulichen Übermittlung von elektronischen Daten zu ermöglichen. GnuPG unterstützt dazu folgende Funktionen:

- Verschlüsselung von Daten (z.B. E-Mails), um vertrauliche Informationen an einen oder mehrere Empfänger zu übermitteln, die nur von den Empfängern wieder entschlüsselt werden können.
- Erzeugung einer Signatur über die versendeten Daten, um deren Authentizität und Integrität zu gewährleisten.

Beide Funktionen können kombiniert werden. In der Regel wird dabei zuerst die Signatur gebildet und an die Daten angehängt. Dieses Paket wiederum wird dann an die Empfänger verschlüsselt.

Wir werden im Folgenden lernen, wie wir mit einfachen Mitteln beliebige Dateien und E-Mails ver- und entschlüsseln können.

11.7.1 Verschlüsselung einzelner Dateien

Um einzelne Dateien zu verschlüsseln, genügt die Installation von GnuPG. Sie benötigen hierzu die Pakete

- gnupg
- gnupg-doc (optional, enthält die Dokumentation)

Wenn Sie die Dokumentation mitinstallieren, können Sie diese mit dem Browser unter der Adresse

```
file:///usr/share/doc/gnupg-doc/ \
GNU_Privacy_Handbook/de/html/book1.htm
```

lesen.

Die Verschlüsselung selbst findet im Terminal statt. Ein einfaches Kommando wie

```
user$ gpg -c DATEINAME
```

genügt, um die Datei DATEINAME zu verschlüsseln. Hierbei werden Sie nach einem Passwort gefragt. Dieses Passwort können Sie nun beliebig wählen. Die Hauptsache ist, dass Sie es nicht vergessen. Zur Vermeidung von Tippfehlern müssen Sie das Passwort zweimal eingeben. Mit

```
user$ gpg  --decrypt DATEINAME.gpg > Datei
```

oder

```
user$ gpg  -d DATEINAME.gpg > Datei
```

packt man die Datei wieder aus. Sie können hierbei einen beliebigen Dateinamen generieren (> Datei). Auf die eben beschriebene Weise lassen sich mit vertretbarem Aufwand einzelne Dateien ver- und entschlüsseln. Alles, was Sie hierzu brauchen, ist ein persönliches Passwort. Das Verschlüsseln von E-Mails ist im Vergleich dazu schon ein wenig komplizierter, aber auch dies ist mit Hilfe von geeigneten Programmen leicht zu bewerkstelligen. Wir werden uns damit im nächsten Abschnitt beschäftigen.

11.7.2 E-Mails verschlüsseln mit GnuPG

GPG im Detail — Wir haben bereits in Abschnitt 7.1.2 die Verschlüsselung von E-Mails mit Programmen wie dem *Mozilla Thunderbird* kennen gelernt. Leider haben die grafischen Programme den Nachteil, dass sie teilweise Informationen vor dem Benutzer, also vor Ihnen, verstecken. Wir werden nun etwas tiefer in die Materie einsteigen und mächtig Gebrauch von der Konsole machen.

Schlüsselpaar erzeugen

Damit Sie Ihre Mails signieren/verschlüsseln können, benötigen Sie zunächst ein eigenes Schlüsselpaar. Ein Schlüsselpaar besteht aus einem privaten und einem öffentlichen Schlüssel. Der private ist nur für Sie und der öffentliche ist, wie der Name bereits vermuten lässt, zum Veröffentlichen gedacht.

▶ Mit Ihrem privatem Schlüssel können Sie Ihre Mails signieren.
▶ Besitzt der Empfänger der signierten Mail Ihren öffentlichen Schlüssel, kann er diese Signatur verifizieren und somit die Echtheit des Absenders sicherstellen.
▶ Um eine Mail verschlüsseln zu können, benötigen Sie den öffentlichen Schlüssel des Empfängers. Mit diesem wird die Mail verschlüsselt und kann dann nur vom Empfänger mit Hilfe seines privaten Schlüssels und der dazugehörigen Passphrase entschlüsselt werden.

Den Schlüssel werden wir im Terminal mit dem Befehl

```
user$ gpg --gen-key
```

erzeugen. Sie werden nun gefragt, welche Art von Schlüssel Sie generieren möchten:

```
Please select what kind of key you want:
   (1) DSA and ElGamal (default)
   (2) DSA (sign only)
   (4) RSA (sign only)
Your selection?
```

Wählen Sie hier bitte die (1).

```
About to generate a new ELG-E keypair.
   minimum keysize is  768 bits
   default keysize is 1024 bits
   highest suggested keysize is 2048 bits
   What keysize do you want? (1024) 1024
Requested keysize is 1024 bits
```

Bestimmen Sie Ihre Schlüsselstärke

Daraufhin werden Sie nach der Schlüsselstärke gefragt. Hier sollten 1024 bit ausreichend sein. Anschließend muss man auswählen, wie lange der Schlüssel gültig sein soll:

```
Please specify how long the key should be valid.
   0 = key does not expire
   <n>  = key expires in n days
   <n>w = key expires in n weeks
   <n>m = key expires in n months
   <n>y = key expires in n years
Key is valid for? (0)
```

Nun brauchen Sie nur Ihren Namen und Ihre E-Mail Adresse anzugeben, für die Ihr Schlüsselpaar gelten soll:

```
You need a User-ID to identify your key; the software
constructs the user id from Real Name, Comment and
Email Address in this form:
    "Heinrich Heine (Der Dichter)
 <heinrichh@duesseldorf.de>"
Real name: Vorname Nachname
Email address:  <IhreMailAdresse@domain>
Comment: optional
```

Zu guter Letzt werden Sie noch einmal gefragt, ob Ihre Angaben okay sind und Sie werden um ein Passwort gebeten. Dieses Passwort können Sie beliebig wählen, nur vergessen dürfen Sie es nicht. Dieses Passwort brauchen Sie später, um Mails signieren und entschlüsseln zu können. Das Passwort sollte nicht leicht zu erraten sein und mindestens acht Stellen besitzen.

Nun liegt Ihr Schlüssel im Verzeichnis `/.gnupg` als `secring.gpg`. Der Befehl

```
user$ gpg --list-secret-keys
```

zeigt Ihnen Informationen des Schlüssels in der Konsole an. Wichtig ist hierbei Ihre Key-ID, welche sich hinter der »Schlüsselstärke« befindet. Es ist ein achtstelliger Hex-Code.

11.7.3 Wichtige GPG Befehle

Wir wollen im Folgenden eine kurze Übersicht über die elementaren Befehle rund um GPG geben.

Befehl	Was es bewirkt
gpg –search-keys »Vorname Nachname«	Die Suche nach Schlüsseln
gpg –keyserver subkeys.pgp.net –send-key	Der Schlüssel wird zum Server geschickt
gpg –refresh-keys pgp.mit.edu ********	Man hat an einer Keysigningparty teilgenommen und hat den Fingerprint untereinander ausgetauscht und der Schlüssel wurde von jemandem signiert. Nun muss der eigene Schlüssel wieder heruntergeladen werden
gpg –recv-keys subkeys.gpg.net –recv-keys ********	Einen fremden Schlüssel herunterladen
gpg –list-sigs DDE93F54	Anzeige der Signatur eines Keys
gpg –clearsign -a test.txt	Signieren eines Textes

Tabelle 11.2 Wichtige GPG-Befehle

11.8 Systemreparatur

Eine vorhandene Systemkomplettsicherung ist ungemein beruhigend. Dennoch kann das Rückspielen des Backups nur den Systemzustand zum Zeitpunkt der Datensicherung wieder herstellen. Daten, die in der Zwischenzeit auf dem Computer gelandet sind, verliert man unwillkürlich.

Daher ist es immer sinnvoll, vor einer eventuellen Rücksicherung zu versuchen, ein »zerschossenes« System zu reanimieren. Der folgende Abschnitt gibt hierzu einige Tipps.

11.8.1 GRUB installieren/reparieren

Beginnen wir mit dem Notwendigsten: Dem Bootloader, welcher dafür sorgt, dass das Betriebssystem Ihrer Wahl überhaupt startet. Im Fall von Ubuntu heißt der Bootloader *GRUB*. In Abschnitt 11.1.4 haben Sie bereits gelernt, wie man mit Hilfe des Werkzeugs *dd* den Bootsektor einer Festplatte sichert. Da man aber in 99% aller Fälle gerade keine Sicherung des aktuellen Bootsektors greifbar hat, soll an dieser Stelle ein kleiner Exkurs erfolgen, wie man einen Bootsektor wiederbelebt, bei dem der Bootcode beschädigt wurde.

GRUB – Ihr Bootloader

Eine Neuinstallation von *GRUB* erreichen Sie folgendermaßen:

```
user$ sudo grub-install /dev/hda
```

Das Kommando `grub-install` greift dabei auf die *GRUB*-Konfigurationsdatei namens `menu.lst` in `/boot/grub` der entsprechenden Partition zurück. Diese Datei kann beispielsweise wie folgt aussehen:

```
title Linux
  root (hd1,2)
  kernel /boot/vmlinuz root=/dev/hdc3
  initrd /boot/initrd
```

Beachten Sie, dass *GRUB* bei der Angabe der Root-Partition von Null an zu zählen beginnt. Das Device /dev/hda1 wäre dann z.B. (hd0,0) usw. Meist kann keine eindeutige Aussage getroffen werden, welche Bezeichnung eine bootbare Partition unter *GRUB* hat. Dann schlägt die große Stunde der *GRUB*- Kommandozeile: Begeben Sie sich bei einem angezeigten Fehler während des Bootens mittels (E) in den Editiermodus oder geben Sie die obigen Befehle in der *GRUB*-Shell nach dem Prompt > ein. Nun können verschiedene Root-Partitionen getestet werden, bis der Bootvorgang schließlich ordnungsgemäß startet.

11.8.2 Passwörter zurücksetzen

Haben Sie sich schon einmal gefragt, warum jeder Administrator einer größeren Ansammlung von Computern peinlich darauf bedacht ist, das Disketten- und CD-ROM-Laufwerk von der Liste der bootbaren Medien im BIOS zu entfernen? Nun, jeder halbwegs computerkundige Mensch könnte durch Booten einer Live-CD die Kontrolle über die entsprechenden Rechner erhalten, indem er einfach die Administrator- oder Benutzerkennwörter ändert. Gehen wir im Folgenden einmal davon aus, dass Sie nicht vorhaben, irgendeinen armen Administrator ins Unglück zu stürzen, sondern einfach das Administrator- oder Benutzerkennwort in der Linuxinstallation auf dem heimischen Rechner vergessen oder verlegt haben. Dann brauchen Sie nur eine Live-CD und gehen wie folgt vor:

▶ Booten Sie zunächst das Livesystem und starten Sie eine Konsole. Mounten Sie nun die Partition les- und schreibbar, auf welcher sich Ihre Linuxinstallation befindet:

```
user$ sudo mount -o rw /dev/hda9 /mnt/hda9
```

▶ Wechseln Sie wie oben beschrieben mit dem Befehl `chroot` in die externe Linuxinstallation:

```
user$ chroot /mnt/hda9
```

▶ Sie sind nun als Root in der Installation eingeloggt. Möchten Sie das root-Passwort ändern, so genügt die Eingabe des Befehls `passwd` in der Shell:

```
user$ passwd
Enter new UNIX password:
Retype new UNIX password:
passwd: password updated successfully
```

Soll hingegen nur das Passwort eines »normalen« Benutzers geändert werden, so ist dem Kommando `passwd` noch der Name des entsprechenden Benutzers als Argument zu übergeben, beispielsweise: passwd marcus. Das klingt erschreckend einfach, ist es auch. Aber keine Angst, das sieht bei Windows nicht anders aus...

11.8.3 Beschädigte Dateisysteme reparieren

Das kommt in den besten Familien vor: Ein Mitbewohner steckt den Staubsauger in die Steckdose, die Sicherung fliegt raus und das gerade hochgefahrene Linuxsystem wird in einer Nanosekunde von 100 auf Null gefahren. Linuxveteranen der ersten Stunde wissen, was in früheren Zeiten damit verbunden war: Eine mühsame Überprüfung des Dateisystems, die einige Zeit in Anspruch nahm.

Grund für diese Verhaltensweise ist der linuxtypische Umgang mit Schreib-/Lesevorgängen im System: Das System puffert diese im RAM und führt den Befehl dann aus, wenn wenig zu tun ist. Hier wirkt sich ein Crash natürlich tödlich aus: Stürzt das System ab, wenn noch nicht alle Schreib-/Lesevorgänge abgeschlossen sind, so kann es unweigerlich zu Datenverlusten kommen. Nach dem erneuten Hochfahren des Computers muss dann in jedem Fall das Dateisystem überprüft werden, was je nach Größe der Partition recht langwierig sein kann.

Heute verwendet man unter Linux so genannte Journaling Dateisysteme. Diese führen genau Protokoll über alle anstehenden und abgeschlossenen Dateioperationen, so dass ein Dateisystemcheck relativ schnell erfolgen kann.

Für den Zweck der Überprüfung dieser Dateisysteme bieten sich mehrere Tools an. Die Kommandos beginnen allesamt mit `fsck`. Bei Ubuntu werden eine Vielzahl von Dateisystemen unterstützt:

```
user$ fsck <Tabulatortaste><Tabulatortaste>
fsck           fsck.ext3      fsck.msdos     fsck.reiserfs
fsck.cramfs    fsck.jfs       fsck.nfs       fsck.vfat
fsck.ext2      fsck.minix     fsck.reiser4   fsck.xfs
```

Bevor Sie aber eines Ihrer installierten Systeme auf Herz und Nieren prüfen, beachten Sie folgenden wichtigen Hinweis: Ein Dateisystem, das überprüft werden soll, muss ausgebunden sein! Anderenfalls bestehen gute Chancen, durch die Reparatur den Zustand des Systems zu »verschlimmbessern«.

Ein ext2- bzw. ext3-Dateisystem wird folgendermaßen überprüft: Geben Sie direkt auf einer Kommandozeile den Befehl

```
user$ sudo fsck /dev/hda9
fsck 1.35
e2fsck 1.35
/dev/hda9: i.O., 154647/738432 Dateien
```

ein. Wer zu dieser langwierigen Aktion einen Fortschrittsbalken sehen möchte, verwendet den Parameter -C. Sollte die Routine nun auf Fehler stoßen, so wird versucht, diese zu reparieren. Bestätigen Sie in diesem Fall sämtliche Nachfragen mit (Y). Zur Überprüfung des Reiserdateisystems verwendet man den folgenden Befehl:

```
user$ sudo reiserfsck --check /dev/hda10
```

Weitere Parameter und deren Wirkungsweise entnehmen Sie bitte den manpages von fsck und reiserfsck.

Teil 4
Ubuntu optimieren

12 Kompilierung von Systemsoftware

12.1 Sekundärsoftware aus Quellen 413

12.2 Einen eigenen Kernel bauen 424

1. **Ubuntu Linux – Überblick**
2. **Installation**
3. **Der Ubuntu Desktop**
4. **Hardwarekonfiguration**
5. **Installation weiterer Software**
6. **Informationen und Hilfe**
7. **Anwendersoftware**
8. **Netzwerktechnik**
9. **Programmierung und Design**
10. **Systemverwaltung**
11. **Sicherheit**
12. **Kompilierung von Systemsoftware**
13. **Ubuntu und aktuelle Hardware**
14. **Übersicht: Software für (K)Ubuntu**
15. **Befehlsreferenz Ubuntu Linux**

12 Kompilierung von Systemsoftware

Einen »Software-Maßanzug« für Ihre aktuelle Hardware herzustellen, das ist das Ziel des vorliegenden Kapitels.

Würden Sie einen Porschemotor in einen Smart einbauen? Oder umgekehrt einen Porsche mit einem Smartmotor versehen? Genau dies geschieht im übertragenen Sinne bei der Verwendung gängiger Betriebssysteme. Die Entwickler versuchen stets, Diener vieler Herren zu sein, ohne dabei auf die Stärken und Schwächen der Hardware, auf der das System eingesetzt werden soll, einzugehen.

Linux besitzt die einzigartige Möglichkeit, voll konfigurierbar und skalierbar zu sein. Das System macht in der Armbanduhr als Embedded System eine ebenso gute Figur wie als Clusterbetriebssystem des Rechnerparks einer Universität. Das Geheimnis besteht darin, dass das System quelloffen ist und daher (einen entsprechenden Compiler vorausgesetzt) auf viele Systeme portiert und angepasst werden kann. Der folgende Abschnitt zeigt, wie man selbst eine optimale Anpassung der Software an den heimischen PC erreicht. Der Ubuntu-relevante Part stammt z.T. aus einigen lesenswerten Artikeln des Ubuntuusers-Wiki, dessen Autoren wir an dieser Stelle für die geleistete Arbeit danken.

12.1 Sekundärsoftware aus Quellen

Bei jedem Programm für Linux hat man die Möglichkeit, selbst Hand anzulegen und die Quellpakete selbst zu kompilieren und zu installieren. Dies funktioniert jedoch nicht immer auf Anhieb, da hierbei die Abhängigkeiten nicht automatisch aufgelöst werden. Die allermeisten Entwickler von Programmen stellen auf ihrer Homepage die Quellpakete der Programme zur Verfügung. Diese sind meist im `tar.gz` oder einem anderen Format gepackt und müssen mit einem Packprogramm wie z.B. *guitar* oder *Ark* (KDE) entpackt werden.

12.1.1 Der Linux-Dreisprung

Um die entpackten Dateien weiter bearbeiten zu können, muss man der Besitzer sein oder Root-Rechte haben. Meist werden die Dateien nach dem Muster des folgenden Dreisprungs (dem Linux-Dreisprung) kompiliert und installiert (Abbildung 12.1).

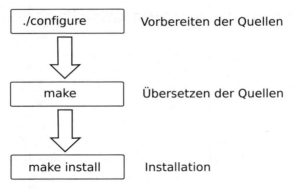

Abbildung 12.1 Der »Linux-Dreisprung«

Linux Dreisprung Zunächst wird über das Konfigurationsskript `configure`[1] die eigentliche Kompilierumgebung angepasst und geprüft, ob sämtliche für den Übersetzungsprozess notwendigen Pakete auf dem System zur Verfügung stehen. Bei etwaigen Fehlermeldungen müssen dann meist die so genannten Developer-Pakete, welche die fehlenden Bibliotheken oder Header enthalten, nachinstalliert werden.

Beim Kompilieren über `make` wird der Quellcode des Programms in eine ausführbare Datei umgewandelt. Danach wird diese über

```
user$ sudo make install
```

installiert, d.h. sie wird in den Programmordner verschoben, mit anderen Dateien und Bibliotheken verknüpft und evtl. wird ein Eintrag im GNOME- bzw. KDE-Menü erstellt. Dazu sind meist Root-Rechte erforderlich, daher die Verbindung mit `sudo`.

 Bei vielen Programmen liegt den gepackten Dateien eine Anleitung namens `README` oder `INSTALL` bei, die man unbedingt beachten sollte!

Die obige Vorgehensweise lässt sich bei nahezu allen Linuxdistributionen durchführen. Einen Schönheitsfehler gibt es hier dennoch: Das durch `make install` (mit Root-Rechten!) aufgerufene Skript packt die ausführbaren Dateien zumeist in Pfade, die nach der Installation nicht mehr so einfach nachvollziehbar sind. Möchte man die Software bei Nichtgefallen wieder entfernen, so weiß man zumeist nicht mehr, wo sich die einzelnen installierten Dateien befinden.

---

1 Das vorangestellte Kürzel `./` bedeutet, dass die Konfigurationsroutine aus dem aktuellen Verzeichnis aufgerufen wird.

12.1.2 Reversible Installation

Anwenderfreundliche Programmierer haben für diesen Zweck meist das Target `uninstall` vorgesehen. Dieses setzt allerdings voraus, dass Sie das Entpack-und Arbeitsverzeichnis der Software noch nicht gelöscht haben. Wechseln Sie in dieses Verzeichnis und führen Sie zur Deinstallation folgenden Befehl aus:

```
user$ sudo make uninstall
```

Sollte der Programmierer kein `uninstall` vorgesehen haben, so gibt es zwei Möglichkeiten:

- Protokollieren Sie die bei der Installation durchgeführten Kopiervorgänge in einer Logdatei (z.B. `softinst.log`):

  ```
  user$ sudo make install > softinst.log
  ```

- Verwenden Sie zur reversiblen Installation von Software das Paket `checkinstall`: Dieses Programm erzeugt ein rudimentäres Debian-Paket aus Ihren übersetzten Binärdateien, das mit dem gewöhnlichen Debian Paketmanager ohne Spuren wieder entfernt werden kann.

checkinstall: reversible Installation

12.1.3 Installation unter Ubuntu

Im Folgenden finden Sie eine kurze Übersicht darüber, was beim Kompilieren von Sekundärsoftware speziell unter Ubuntu-/Debian-Systemen zu beachten ist. Stellen Sie zunächst sicher, dass die folgenden Pakete auf Ihrem System installiert sind:

- build-essential
- checkinstall

Sämtliche der folgenden Schritte finden innerhalb einer Konsole statt. Zunächst besorgt man sich die Quelltext-Dateien des gewünschten Programms aus dem Internet. Handelt es sich um ein Ubuntu Standard/Universe/Multiverse-Paket, dann haben Sie es besonders einfach: Die Quellen können Sie sich auch aus dem Repository beschaffen, lesen Sie dazu einfach in Abschnitt 12.1.5 weiter. Im anderen Fall ist folgendermaßen zu verfahren:

Entpacken der Quellen

Die Quelltext-Dateien, die das Programm ausmachen, sind stets gepackt und komprimiert. Normalerweise werden dabei Verzeichnisse mit dem

Archivierungsprogramm `tar` (vgl. die Referenz in Kapitel 15) in einer Datei mit der Endung `.tar` zusammengefasst. Um Bandbreite zu sparen, werden diese `tar`-Archive dann auch noch mit `gzip` komprimiert, so dass letztlich Dateien der Form `<progname>.tgz` oder `<progname>.tar.gz` zur Verfügung stehen. Manchmal wird auch nicht mit `gzip`, sondern mit dem Programm `bzip2` komprimiert. Das Archiv hat dann einen Namen der Form `<progname>.tar.bz2`.

Zunächst sollte man ein Verzeichnis anlegen, in dem das heruntergeladene Archiv gespeichert wird. Das kann z.B. der Ordner `packages` im Heimverzeichnis sein. Dort kann man das Archiv nach dem Download entpacken. Für Archive mit der Endung `*.tgz` oder `*.tar.gz` geht das folgendermaßen:

```
user$ tar -xzf Dateiname
```

Für Archive mit der Endung `.tar.bz2` verwendet man:

```
user$ tar -xjf Dateiname
```

Beachten Sie, dass zum Entpacken und Kompilieren der Software noch keine Root-Rechte erforderlich sind.

Normalerweise entsteht beim Entpacken ein neues Verzeichnis mit dem Namen des Pakets, in das man nun wechselt:

```
user$ cd Verzeichnisname
```

Installationsanweisung lesen

Zugegeben, fast alle Installationen laufen nach dem gleichen Verfahren ab. Aber manchmal gibt es eben doch Abweichungen. Deshalb lohnt es sich, in Dateien wie `INSTALL` und `README` nach Hinweisen auf benötigte Programme bzw. Bibliotheken oder mögliche Probleme samt Lösungen zu suchen. Auch eventuell abweichende Installationsverfahren sind hier erklärt. Diese Dateien können bequem mit einem Editor Ihrer Wahl gelesen werden, notfalls tut es auch der Pager `less` auf der Kommandozeile.

Konfigurieren

Der folgende Befehl startet die Erstellung einer Konfiguration, die später zur eigentlichen Übersetzung des Quellcodes und zur Installation benötigt wird:

```
user$ ./configure --prefix=/usr/local
```

Das geänderte Prefix trägt der speziellen Ubuntu-Verzeichnisstruktur Rechnung, in den meisten Fällen können Sie aber das Prefix auf der Voreinstellung belassen. Optionale Features des Programms kann man mit Optionen wie `--enable-xyz` ein- und mit `--disable-xyz` ausschalten. Die vollständige Auflistung aller möglichen Optionen bringt

```
user$ ./configure --help
```

Wenn man Glück hat, läuft der Konfigurationsprozess ohne Fehlermeldungen durch. Meist endet die Ausgabe mit einer ausdrücklichen Erfolgsmeldung und der Aufforderung, jetzt `make` zu starten.

Was tun bei Fehlern?

Mit weniger Glück fehlt die eine oder andere Komponente, und man bekommt eine Fehlermeldung, die z.B. so aussehen kann:

```
checking for XML::Parser... configure:
error: XML::Parser perl module
is required for intltool
```

Was kann man mit dieser Meldung anfangen? Alle benötigten Informationen stecken in der Fehlermeldung: Es wird etwas benötigt, das mit »xml«, »parser« und »perl« zu tun hat. Also sucht man nach einem Paket, das all diese Bestandteile im Namen enthält. Dazu verwendet man das Tool `aptitude`:

```
user$ aptitude search ~nxml~nparser~nperl
p   libxml-parser-perl -
Perl module for parsing XML files
```

`~n` leitet dabei ein Wort ein, das als Teil eines Paketnamens gesucht werden soll.

Hilft das noch nicht? Dann könnte `~d` helfen, dieser Parameter durchsucht statt des Paketnamens gleich den gesamten Beschreibungstext. In diesem Fall war der erste Befehl allerdings schon erfolgreich: er führte zum Paket `libxml-parser-perl`. Installieren Sie das benötigte Paket über

```
user$ sudo apt-get install libxml-parser-perl
```

und starten Sie die Konfiguration erneut.

Benötigte Pakete beginnen meist mit `lib`. Stehen mehrere Pakete zur Auswahl, dann ist dasjenige richtig, das auf `-dev` endet.

Übersetzen

Der nächste Schritt ist meist einfach:

```
user$ make
```

Währenddessen kann man je nach Programmgröße und Rechenleistung eine Tasse Kaffee holen und/oder an etwas anderem arbeiten.

Was tun bei Fehlern?

Auch bei `make` kann im Prinzip mal etwas schiefgehen. Der erste Schritt ist wieder die Untersuchung der Ausgabe. Dabei kommt es diesmal nicht auf die letzten Zeilen an, die meist nur Folgefehler enthalten, sondern auf eine Zeile, die, wenn man Glück hat, auf eine fehlende Datei mit der Endung `.h` verweist. Hat man diese Datei gefunden, ist das Problem schon so gut wie gelöst, und der größte Aufwand ist die Erstellung einer Fehlermeldung an den Programmautor wegen eines unvollständigen `configure`-Scriptes, das die fehlende Komponente nicht bemerkte.

Wir müssen nun herausbekommen, welches Paket die fehlende Datei enthält. Dazu muss das Paket `apt-file` aus dem Universe-Repository installiert sein. Dei folgende Befehlsfolge aktualisiert zunächst die Datenbank von `apt-file`:

```
user$ sudo apt-file update
```

Da Sie auf das Debian-Paketsystem zugreifen, sind hierzu root-Rechte erforderlich (`sudo`). Nun können Sie nach der fehlenden Datei suchen:

```
user$ sudo apt-file search Dateiname
```

Das fehlende Paket ist nun zu installieren, danach kann `make` erneut gestartet werden. Glücklicherweise arbeitet es beim letzten Arbeitsstand weiter und fängt nicht wie `configure` ganz von vorne an.

Installieren

Der folgende Befehl startet die Verwandlung des Programms in ein simples `.deb`-Paket und startet dessen Installation:

```
user$ sudo checkinstall
```

Dabei werden einige Fragen gestellt, die man meist mit der Eingabetaste bestätigen kann.

Schlägt die Installation fehl, finden sich Informationen in der Ausgabe von `dpkg`, die man sich anzeigen lassen sollte. Wird dabei gemeldet, dass Dateien aus anderen Paketen überschrieben werden müssten, sollte man dies sehr gründlich abwägen. Eine Installation ließe sich in solchen Fällen zwar mit

```
user$ sudo dpkg --force-overwrite -i Paketname
```

erzwingen, von dieser Vorgehensweise ist jedoch abzuraten, da man dadurch meist ein inkonsistentes System riskiert.

Abweichende Installationsverfahren

Manche Programme verzichten auf ein `configure`-Script und werden nur mit `make` gebaut, andere verwenden ganz andere Systeme wie SCONS. Für all diese Verfahren gilt: Die eigentliche Installation sollte man durch Einsatz von `checkinstall` abfangen, da nur so das Paketsystem über die neuen Programme Bescheid weiß und das ungewollte Überschreiben von Dateien verhindert werden kann. Vor dem eigentlichen Installationsbefehl muss daher `checkinstall` eingefügt werden – aus `sudo ./install.sh` oder `sudo scons install` wird

```
user$ sudo checkinstall ./install.sh
```

oder

```
user$ sudo checkinstall scons install
```

In den meisten Installationsanleitungen, die nicht für Ubuntu geschrieben sind, fehlt `sudo` oder ist durch `su` ersetzt. Bei Ubuntu muss stets `sudo` verwendet werden.

12.1.4 Alternativen: dh_make und fakeroot

Als Alternative zu `checkinstall` und dem Vorspiel mit `configure` und `make` bietet sich die Kompilierung mittels `dh_make` und die Erstellung des Paketes über `fakeroot` an. Der Vorteil ist, dass weniger Befehle ausgeführt werden müssen, und dass `fakeroot` das `*.deb` Paket ohne Nachfragen erstellt. Zusätzlich müssen hierfür die folgenden Pakete installiert sein:

- dh-make
- fakeroot

Die Schritte sind bis zur Stelle, an der `./configure` auszuführen ist, dieselben. Entpacken Sie also das Quelltext-Archiv und wechseln Sie in das entpackte Verzeichnis.

Anstatt `./configure` führt man nun aber

```
user$ dh_make
```

aus. Die Frage nach dem Pakettyp bitte immer mit »Single Binary« also »s« beantworten. Dies erstellt die Regeln für `fakeroot`, führt das `configure`-Skript aus und erzeugt eine Sicherheitskopie des Ordners mit dem Quelltext. Anschließend wird das Programm mit

```
user$ fakeroot debian/rules binary
```

kompiliert und sofort danach das `.deb` Paket im Unterordner erstellt. Dieses lässt sich dann wie gewohnt mit `dpkg` installieren, wozu wieder Root-Rechte benötigt werden.

KDE Programme kompilieren

Für sämtliche KDE Programme gilt, dass bei `configure` das Prefix auf `/usr` festgelegt werden muss:

```
user$ ./configure --prefix=/usr
```

12.1.5 Zwei Beispiele zur Installation

Ein einfaches Beispiel

Das folgende Beispiel zeigt die Kompilierung und Installation des klassischen Videoplayers MPlayer aus Quellen.

1. Laden Sie von der Seite des Projekts MPlayer (**www.mplayerhq. hu**) eine aktuelle Version des Programms herunter und entpacken Sie diese wie folgt in Ihrem Heimverzeichnis:
   ```
   user$ tar -xjf MPlayer-<Version>.tar.bz2
   ```
2. Begeben Sie sich nun in das entpackte Quellverzeichnis, bereiten Sie die Quellen vor und kompilieren Sie diese:
   ```
   user$ cd MPlayer-<Version>
   user$ ./configure
   Detected operating system: Linux
   Detected host architecture: i386
   Checking for cc version ... 4.0.2, bad
   Checking for gcc version ... 4.0.2, bad
   Checking for gcc-3.4 version ... 3.4.5, ok
   Checking for host cc ... gcc-3.4
   ...
   user$ make
   ```

Im vorliegenden Fall wurde übrigens der bei Ubuntu als Standard installierte C-Compiler gcc-4 als schlecht eingestuft, auf dem vorliegenden System ist allerdings noch parallel der gcc-3.4 installiert, mit dem sich die Software problemlos installieren lässt.

3. Bevor die Software installiert wird, empfiehlt es sich, diese zunächst lokal (d.h. in dem Verzeichnis, indem sie kompiliert wurde), zu testen.

   ```
   user$ ./mplayer <Testfilm>
   ```

4. Verläuft der Test erfolgreich, so kann das Programm schließlich installiert werden per `sudo checkinstall`

Die Verwendung von `checkinstall` bei der MPlayer-Installation ist eigentlich nicht notwendig: Freundlicherweise stellen die Maintainer der Software dem Anwender die Möglichkeit zur Verfügung, die Software bei Nichtgefallen per `make uninstall` zu deinstallieren. Mehr noch: In einem Unterordner `debian` finden Sie einige Informationen darüber, wie sich leicht ein Debianpaket erstellen lässt.

Ein komplexes Beispiel

Schwieriger wird die Kompilierung, wenn das Quellpaket auf anderen Paketen aufbaut und insbesondere so genannte Header-Dateien benötigt. Ein prominentes Beispiel findet man mit dem beliebten Videoumwandlungsprogramm `transcode`. Gerade wenn es um die Umwandlung von Videomaterial geht, macht sich eine perfekte Optimierung der Software bemerkbar.

Sie finden den Quellcode von `transcode` unter **www.transcoding.org**. Natürlich gibt es auch ein fertiges Debianpaket, welches mittels `apt-get install transcode` in kürzester Zeit auf Ihren Rechner befördert werden kann. Hierzu muss das Nerim/Marillat-Repository freigeschaltet werden. Dieses Binärpaket ist allerdings nur wenig optimiert. Gehen Sie zum Kompilieren von `transcode` folgendermaßen vor:

1. Entpacken Sie zunächst die Quellen mittels

   ```
   user$ tar xvfz transcode-<Version>.tar.gz
   ```

2. Wechseln Sie nun in das Quellverzeichnis und versuchen Sie, die Quellen mit einigen komplexen Optionen zu konfigurieren[2] (mehr zu diesen Optionen erfahren Sie über `./configure --help`):

---

[2] Im Normalfall wird man zunächst einmal versuchen, das Paket ohne Sonderoptionen zu kompilieren, die beschriebene Vorgehensweise dient ausschließlich Demonstrationszwecken.

```
user$ cd transcode-<Version>
user$ ./configure --prefix=/usr/local \
--enable-avifile --enable-ogg --enable-libdv \
--enable-mjpegtools --enable-a52
```

Nun sollten Sie mit einigen Fehlermeldungen erschlagen werden, die darauf beruhen, dass etliche `dev`-Dateien (also im Wesentlichen Header) für die vorgewählten Optionen nicht zur Verfügung stehen:

```
...
ERROR: option '--enable-mjpegtools' failed:
cannot compile mjpegtools/yuv4mpeg.h
mjpegtools/yuv4mpeg.h can be found
in the following packages:
mjpegtools   http://mjpeg.sourceforge.net/
...
```

Die obige Meldung resultiert also von der Option `--enable-mjpegtools`. Sie können nun entweder auf die Option verzichten oder die fehlende Headerdatei ausfindig machen. Wir wählen letzteren Weg.

3. Wir verwenden das Werkzeug `apt-file`, um das zur fehlenden Datei gehörende Paket zu finden:

```
user$ apt-file search yuv4mpeg.h
libmjpegtools-dev:usr/include/mjpegtools/yuv4mpeg.h
...
```

Die Datei befindet sich also im Paket `libmjpegtools-dev`, welches sogleich nachinstalliert werden soll:

```
user$ sudo apt-get install libmjpegtools-dev
```

4. Danach wird die Konfigurationsroutine zumindest nicht mehr an der Prüfung der MJPEG-Header scheitern. Auf diese Weise installieren Sie sämtliche benötigten Header, bis die Konfiguration glatt durchläuft.

5. Schließlich ist das Programm mittels `make` und `checkinstall` zu kompilieren und zu installieren.

Leider kann es wie oben bereits erwähnt auch vorkommen, dass der Kompiliervorgang mit `make` in Folge eines Fehlers im Konfigurationsskript stecken bleibt. Auch in diesem Fall ist zu 99% eine fehlende Headerdatei der Übeltäter, es ist also mitunter Detektivarbeit angesagt, um derart komplexe Programme zu kompilieren.

Der einfache Weg

Sicher werden Sie sich fragen, ob die Sache mit dem Kompilieren von Programmen aus Quellen nicht auch einfacher zu realisieren ist. Dazu muss man ein klein wenig tiefer ins System eindringen. Zu fast jedem Ubuntupaket findet man stets ein gleichnamiges Quellpaket, vorausgesetzt, diese so genannten Sourcen werden in der Datei /etc/apt/sources.list durch das Schlüsselwort deb-src definiert. Im Falle der Ubuntu Standard/Universe/Multiversepakete muss man lediglich das Kommentarzeichen »#« vor den Quellverzeichnissen löschen, um diese zu aktivieren.

```
# Auszug aus /etc/apt/sources.list
# Binärpakete
deb http://de.archive.ubuntu.com/ubuntu breezy
universe multiverse main restricted
# Quellpakete
deb-src http://de.archive.ubuntu.com/ubuntu breezy
universe multiverse main restricted
```

Die Auswahl der Sourcen lässt sich natürlich auch einfach über Synaptic erledigen. Um nun für unser spezielles Beispiel transcode die Quellen freizuschalten, ist folgender Eintrag in der Datei sources.list vorzunehmen:

```
## Videorepository Marillat
deb ftp://ftp.nerim.net/debian-marillat/
    sarge main
deb-src ftp://ftp.nerim.net/debian-marillat/
    sarge main
```

Danach ist wie üblich ein sudo apt-get update vorzunehmen. Möchte man nun die Quellen eines Pakets wie z.B. transcode auf den Rechner befördern, so muss der folgende Befehl verwendet werden:

```
user$ sudo apt-get source <Paketname>
```

Die Quellen landen dabei im aktuellen Verzeichnis. Sollen diese gleich nach dem Herunterladen kompiliert werden, so ergänzt man den Befehl um den Parameter -b. Da bei einer derart komplexen Software wie transcode aber mit Sicherheit einige unaufgelöste Abhängigkeiten auftreten, verwendet man stattdessen den folgenden Befehl:

```
user$ sudo apt-get build-dep transcode
```

In diesem Fall werden sämtliche Programme und Bibliotheken, die für eine erfolgreiche Kompilierung des Programms erforderlich sind, auf dem Rechner installiert.³ Damit hätten Sie einen einfachen Weg aus dem Abhängigkeitsdschungel beim Kompilieren gefunden.

12.2 Einen eigenen Kernel bauen

12.2.1 Vorbemerkungen

Die Anleitung richtet sich an fortgeschrittene Anwender. Dies bedeutet, dass Sie im Normalfall schon über einige Erfahrung verfügen sollten, bevor Sie sich an das Kernel-bauen trauen sollten. Sie machen hierbei eine Operation »am offenen Herzen« Ihres Systems. Nun, der erfahrene Anwender wird einwerfen, dass man doch trotzdem noch den alten Kernel starten kann, falls der neue nicht funktionieren sollte. Dies stimmt zwar, aber in Grub den alten Kernel auszuwählen ist auch das geringste Problem bei der ganzen Sache ;-).

Zuerst sollten Sie ein paar grundsätzliche Dinge beachten:

- Behalten Sie stets eine Sicherungskopie Ihres alten und funktionierenden Kernels. Falls etwas schief geht, kann man das System immer noch benutzen und muss nicht mit einer Rettungs-CDs arbeiten.
- Man sollte, bevor man überhaupt an das Kernelselbstbacken herangeht, herausfinden, welche Hardware im Rechner verbaut ist.
- Lesen Sie bitte die Hilfebeschreibungen zu den Kerneloptionen durch. Wenn Sie bei irgendeiner Option unsicher sind, was Sie tun sollten, dann geben Sie dies auch offen zu und tippen bei der entsprechenden Abfrage **Yes**.
- Alle Module und Optionen, die man nicht unbedingt benötigt, kann man abwählen. Wer z.B. keinen SCSI-Adapter hat, braucht auch keine Module dafür einzubinden.
- Alles was Sie nicht oft benötigen werden, sollte als Modul eingebunden werden, z.B. USB-Geräte. Möchten Sie allerdings das System später von einem USB-Stick booten, so kann hier das feste Einbinden in den Kernel notwendig sein.
- Das Dateisystem für die Root-Partition ist fest in den Kernel einzubinden. Alle anderen Dateisysteme, welche man sonst noch benötigt, können als Modul eingebunden werden. Das erspart einem das Erstel-

---

3 Im Falle von transcode wird das Programm mit sämtlichen denkbaren Optionen kompiliert, wenn man von der Default-Konfiguration der Quellen ausgeht.

len einer »Initial Ramdisk«. Die zugehörige Option können Sie dann getrost abwählen.
- Wer eine USB-Tastatur und/oder Maus besitzt, sollte den Treiber für das USB-Subsystem, den Treiber für seinen USB-Baustein und die Treiber für HID-Geräte fest einbinden. Evtl. können Sie dann die Treiber für den PS/2-Anschluss weglassen. Dies hätte den Vorteil, dass ein solch getunter Kernel viel weniger Platz benötigt und Hotplug viel weniger Zeit beim Starten braucht.

Wozu das Ganze?

Manchmal benötigt man einen angepassten Kernel mit zusätzlichen Featur oder ein bestimmter Treiber soll fest eingebaut werden. In diesen Fällen müssen Sie sich einen eigenen Kernel aus den Quellen kompilieren. Wir werden im Folgenden den typischen Weg zum Kernelbauen unter Ubuntu für den Kernel 2.6.x beschreiten. Hierzu sind mehrere Schritte nötig, die wir nachfolgend einzeln abhaken werden.

Einen Kernel zu bauen ist nicht gerade trivial. Wenn Sie neu bei Linux sind, dann sollten Sie dies nicht in einer produktiven Umgebung tun, es können leicht Daten verloren gehen, wenn irgendetwas schiefgeht.

12.2.2 Vorbereitungen

Kontrollieren Sie bitte zuerst, ob folgende Pakete installiert sind:

- build-essential
- kernel-package

Je nachdem, in welcher Umgebung Sie die Kernelkonfiguration vornehmen möchten, sollten die folgenden Pakete installiert werden:

- **libncurses5-dev** für eine ncurses-basierte Oberfläche zur Konfiguration innerhalb einer Konsole.
- **libgtk2.0-dev, libglib2.0-dev und libglade2-dev** falls Sie eine GTK-Oberfläche zur Kernelkonfiguration bevorzugen.
- **libqt3-mt-dev** sollten KDE-Anwender bevorzugen. Dadurch lässt sich der Kernel in einer Qt-Oberfläche anpassen.

Wenn Ihnen eines der obigen Pakete fehlen sollte, dann installieren Sie dieses bitte per `apt-get` nach.

Als nächstes werden die Quellen des Ubuntu-Kernels benötigt. Diese Quellen sind als Paket erhältlich und können mit `apt-get` oder Synaptic installiert werden. Sie erkennen dieses Paket an der Bezeichnung »**linux-source-x.x.x**«. Die beste Basis ist das Quellpaket, dessen Versionsnummer dem derzeit benutzten Kernel entspricht. Sie erhalten die aktuelle Versionsnummer, wenn Sie im Terminal

```
user$ uname -r
2.6.12-9-k7-smp
```

eingeben. Was zählt, sind die ersten drei Zahlen, also im obigen Fall 2.6.12. Die Quellen dieses Kernels würden bei der aktuellen Version in jedem Fall installiert, wenn Sie folgendes in einer Konsole eingeben:

```
user$ sudo apt-get install linux-source-2.6.12
```

In den Ubuntu Quellen sind auch etliche Ubuntu-spezifische Patches enthalten. Es steht Ihnen natürlich frei, sich einen Original-(Vanilla-)Kernel von www.kernel.org zu beschaffen.

Optional: Kernelpatches herunterladen

Meist werden Sie den Kernel patchen wollen, um gewisse Funktionalitäten in den Kernel zu integrieren, die im Standardkernel (noch) nicht enthalten sind. In diesem Fall wissen Sie wahrscheinlich, welchen Patch Sie benötigen. Besonders komfortabel ist es natürlich, wenn der benötigte Patch in einem Repository zu bekommen ist. Einige Patches finden sich beispielsweise im Universe-Repository. Achten Sie hierbei wie bei allen Patches auf die richtige Versionsnummer. Für jeden Kernel gibt es einen passenden Patch.

Kernelquellen auspacken

Die Kernelquellen befinden sich nach der Installation als `tar.bz2`-Archiv im Verzeichnis `/usr/src`. Mit

```
user$ cd /usr/src
user$ sudo tar -xjf linux-source-<Versionsnummer>
```

und

```
user$ cd linux-source-<Versionsnummer>
```

entpacken Sie die Kernelquellen und wechseln ins Quellverzeichnis.

Optional: Kernel patchen

Patches, die über das Paketmanagement installiert wurden, befinden sich in einem Unterverzeichnis von `/usr/src/kernel-patches/diffs`.

Sie liegen üblicherweise als `gz`- oder `bz2`-komprimierte Diff-Datei vor (`*.diff.gz` oder `*.diff.bz2`). Sie lassen sich mit folgendem Befehl einbauen:

```
user$ gunzip -c /usr/src/kernel-patches/diffs/\
<Patchverzeichnis>/<Patchdatei> | \
sudo patch -p1
```

Bei `bz2`-Kompression ist `gunzip` durch `bunzip2` zu ersetzen.

12.2.3 Kernel konfigurieren

Die Konfiguration des Kernels wird im aktuellen Kernelquellverzeichnis in der Datei `.config` gespeichert. Es ist stets ratsam, von der aktuellen Kernelkonfiguration auszugehen. Diese findet man im Verzeichnis `/boot/config`. Sie wird folgendermaßen kopiert:

```
user$ sudo cp /boot/config-<Kernelversion> .config
```

Alternativ kann die Konfiguration des laufenden Kernels meist auch aus einer komprimierten Datei in `/proc` gelesen werden. Dies ist im Standard Kernel von Ubuntu nicht aktiviert, bei einem selbstkompilierten kann man dieses Feature aber aktivieren:

```
user$ sudo zcat /proc/config.gz > .config
```

Auf der Basis dieser Konfiguration kann man nun eigene Einstellungen vornehmen. Je nach den am Anfang installierten Bibliotheken geht das z.B. für die GTK-Umgebung mit

```
user$ sudo make gconfig
```

Die entsprechenden Aufrufe für die Konsole bzw. die QT-Oberfläche lauten:

```
user$ sudo make menuconfig
```

bzw.

```
user$ sudo make xconfig
```

Wer eine minimale Standardkonfiguration erzeugen möchte, der wählt einfach

```
user$ sudo make defconfig
```

Beim Wechsel auf eine neue Kernelversion kann die Datei `.config` aus dem alten Kernel-Verzeichnis in das neue kopiert werden. Nach dem Wechsel in dieses neue Verzeichnis kann dann

```
user$ sudo make oldconfig
```

aufgerufen werden, wobei dann nur die Einstellungen für die neuen Kernel-Features abgefragt werden.

Die Konfiguration des Kernels innerhalb der grafische Oberfläche (Abbildung 12.2) erfolgt nun durch einfaches (`xconfig`) bzw. doppeltes (`gconfig`) Anklicken der entsprechenden Optionen. Nach dem Fertigstellen der Konfiguration vergessen Sie bitte nicht, die Änderungen zu sichern (*Save* in Abbildung 12.2).

Abbildung 12.2 Konfiguration des Kernels mit `gconfig`

12.2.4 Kernel kompilieren

Nach Abschluss der obigen Konfiguration muss der Kernel kompiliert werden. Mit dem folgenden Befehl erzeugen Sie auch gleich einfach installierbare `.deb`-Pakete für das Kernelimage, die Kernelheader, das Kernel-Doc und die Kernel-Source:

```
user$ sudo make-kpkg ---initrd \
---revision <meineVersion> binary
```

Der Parameter `binary` sorgt für die Erstellung der genannten `*.deb`-Pakete. Wenn Sie nur ein Kernelimage-Paket benötigen, können Sie `binary` durch `kernel_image` ersetzen. Bei Angabe des optionalen Parameters `revision` ist darauf zu achten, dass die Bezeichnung sich nicht mit einem im System vorhandenen Kernel überschneidet. Weitere Möglichkeiten sind in der Manpage von `make-kpkg` aufgeführt.

Sollte es während des Laufs von `make-kpkg` zu einer Fehlermeldung kommen, so können Sie versuchen, den Kernel in folgenden einzelnen Schritten zu übersetzen, um den Fehler genauer zu lokalisieren:

```
user$ sudo make clean bzImage
user$ sudo make-kpkg --initrd kernel_image
user$ sudo make
user$ sudo make-kpkg --initrd binary
```

Einige Anmerkungen

Eine Initial Ramdisk ist nicht notwendig, wenn man seine Hardware kennt (das sollte man tun, wenn man seinen eigenen Kernel kompiliert!). In diesem Falle deaktiviert man in der Konfigurationsphase die Unterstützung für `initrd` und bindet die Treiber für das Root-Laufwerk (das sind meist die ATAPI/IDE Treiber für die Festplatte) fest und nicht als Modul ein. Hilfreich ist auch das feste Einbinden von USB, wenn man eine USB Tastatur und/oder Maus benutzt. Möchte man eine externe Firewire Festplatte schon beim Booten einbinden, so müssen auch die Firewire Treiber fest in den Kernel kompiliert werden. Danach startet man das Kompilieren mit

```
user$ sudo make-kpkg binary
```

Nach einer Änderung der Konfiguration kann es nötig sein, vor einem erneuten `make-kpkg` einmal

```
user$ sudo make
```

auszuführen.

Wird der Kernel nochmals gepatcht, so sollten bereits übersetzte Teile aufgeräumt werden. Nur dadurch wird beim nächsten Mal alles neu kompiliert:

```
user$ sudo make clean
```

Wurde der Kernel mittels `make-kpkg` kompiliert, so ist es auch empfehlenswert, alle Teile mit

```
user$ sudo make-kpkg clean
```

aufzuräumen. Dadurch werden zum Beispiel auch die Stamp-Dateien gelöscht.

12.2.5 Kernel installieren und booten

Das erzeugte Kernelpaket können Sie nun ganz einfach mit dem Befehl

```
user$ sudo dpkg -i ../kernel-image-<neueVersion>.deb
```

installieren. Nach einem Neustart des Systems lässt sich der neue Kernel im Bootmenü auswählen.

Sollte sich der neue Kernel nach einer Erprobungsphase bewährt haben, können Sie den alten Kernel mit folgendem Befehl aus dem System entfernen:

```
user$ sudo dpkg -r kernel-image-<alteVersion>
```

Für den Anfang empfiehlt es sich jedoch, den alten Kernel parallel zum neuen beizubehalten, um sich nicht einer wichtigen Rettungsmöglichkeit zu berauben.

13 Ubuntu und aktuelle Hardware

13.1 Hardwaretests 433

13.2 Ubuntu auf Laptops 437

13.3 Ubuntu auf 64-Bit Systemen 444

1. Ubuntu Linux – Überblick
2. Installation
3. Der Ubuntu Desktop
4. Hardwarekonfiguration
5. Installation weiterer Software
6. Informationen und Hilfe
7. Anwendersoftware
8. Netzwerktechnik
9. Programmierung und Design
10. Systemverwaltung
11. Sicherheit
12. Kompilierung von Systemsoftware
13. **Ubuntu und aktuelle Hardware**
14. Übersicht: Software für (K)Ubuntu
15. Befehlsreferenz Ubuntu Linux

13 Ubuntu und aktuelle Hardware

Entgegen den bei Linux üblichen Empfehlungen lässt sich Ubuntu auch auf aktueller Hardware erfolgreich einsetzen, wenn einige Dinge im Vorfeld beachtet werden. Nach wie vor gilt aber: Erst testen, dann kaufen.

13.1 Hardwaretests

Sie planen den Erwerb eines neuen PCs oder Laptops? Dann sollten Sie sich mit der dem Buch beiliegenden DVD im Handgepäck in den Fachhandel begeben und diese für die im Folgenden beschriebenen Tests verwenden.[1]

13.1.1 Etikettenschwindel

So manches Schnäppchen beim Discounter entpuppt sich beim näheren Hinsehen als Mogelpackung. Leider kann man sich in den seltensten Fällen vor Ort per Schraubendreher Einblick in das Innere eines PCs verschaffen. Zunächst sind der verbaute Prozessortyp sowie dessen Taktfrequenz von Interesse.

Booten Sie zum Zweck der Analyse die Begleit-DVD im Live-Modus[2] und verfolgen Sie die Meldungen auf dem Bildschirm. Während des Bootvorgangs können Sie diesen mit der Tastenkombination `Strg` + `S` unterbrechen und sich so in aller Ruhe die entsprechenden Hardwaremeldungen anschauen, insbesondere Prozessortyp und Taktfrequenz werden dort ausgegeben. Dadurch lässt sich leicht feststellen, ob der verwendete Prozessor ggf. übertaktet wurde, um ein Quäntchen Mehrleistung auf Kosten der Lebensdauer zu erhalten. Der Bootvorgang lässt sich nach der Unterbrechung mit der Tastenkombination `Strg` + `Q` wieder fortsetzen.

Bootvorgang anhalten und fortsetzen

13.1.2 Mehr Informationen

Nach dem Systemstart können Sie die Bootmeldungen auch noch einmal in Ruhe durch Eingabe des Kommandos `dmesg` einsehen. Von besonderem Interesse ist für Laptopbenutzer die Frage, ob das ACPI-System, wel-

ACPI bei Laptops

---

[1] Ein kleiner Tipp: Wesentlich schneller als die Ubuntu-DVD im Livemodus booten extra für diesen Zweck gebaute Livesysteme im Stile von Knoppix.
[2] Dies sollte automatisch erfolgen, sofern Sie nicht `install` am Bootprompt eingeben.

ches unter anderem für das Energiemanagement verantwortlich zeichnet, korrekt erkannt und eingebunden wurde. Halten Sie daher insbesondere nach ACPI-Meldungen Ausschau:

```
user$ dmesg | grep ACPI
...
ACPI: Fan [FAN0] (on)
ACPI: CPU0 (power states: C1[C1] C2[C2] C3[C3])
ACPI: Processor [CPU0] (supports 4 throttling states)
ACPI: Thermal Zone [THRM] (30 C)
...
ACPI: AC Adapter [ADP1] (on-line)
ACPI: Battery Slot [BAT1] (battery present)
ACPI: Power Button (FF) [PWRF]
ACPI: Lid Switch [LID0]
ACPI: Sleep Button (CM) [SLPB]
ACPI: Power Button (CM) [PWRB]
```

Die obigen Meldungen stimmen schon recht optimistisch: Das gebootete Laptopsystem wurde als ACPI-tauglich eingestuft, und es werden sämtliche erkannten Sensoren aufgelistet. Insbesondere wurde auch der Temperatursensor ausgelesen: Die aktuelle Temperatur während des Bootens betrug im vorliegenden Fall 30 Grad Celsius.

Beachten Sie aber, dass die obigen Meldungen noch kein Garant für die Funktionsfähigkeit des ACPI-Systems sind. Entscheidend ist eine korrekte DSDT-Tabelle. Generell wurde Ubuntu aber mit der Breezy Badger Version für den Einsatz auf Laptops derart optimiert, dass in der Regel schon die Standardinstallation eine hervorragende Unterstützung des Energiemanagements bietet.

13.1.3 Speichertest

Das nächste wichtige Element des Systems nach dem Prozessor stellt der Hauptspeicher dar. Zunächst können Sie durch Eingabe des Befehls `free` feststellen, ob der physikalische Speicher vollständig erkannt wurde:

```
user$ free -m
       total       used       free     shared    buffers     cached
Mem:    1010        548        461          0         89        315
```

Die Angabe des Parameters `-m` bewirkt eine Anzeige des freien Speichers in Megabyte. Sollten Sie Besitzer eines AMD 64-Bit Systems sein, so wird der komplette Speicher erst bei Verwendung des SMP-Kernels genutzt bzw. angezeigt.

Wer sich vom Zustand seines verbauten RAM ein genaues Bild machen möchte, der sollte einen ausführlichen Speichertest durchführen. Booten Sie zu diesem Zweck die Ubuntu Installations-DVD und starten Sie den Speichertest memtest86+ durch Eingabe von

Speichertest

```
boot: memtest
```

am Bootprompt. Auch aus einer bestehenden Installation heraus kann *memtest* gestartet werden, zumeist wird für den Speichertest während der Installation ein Extra-Boottarget angelegt. *Memtest86+* ist mittlerweile auch für Centrino-Laptops geeignet. Lassen Sie den Test ruhig einmal 24 Stunden laufen, um völlig sicherzugehen, dass der Speicher keine Fehler besitzt.

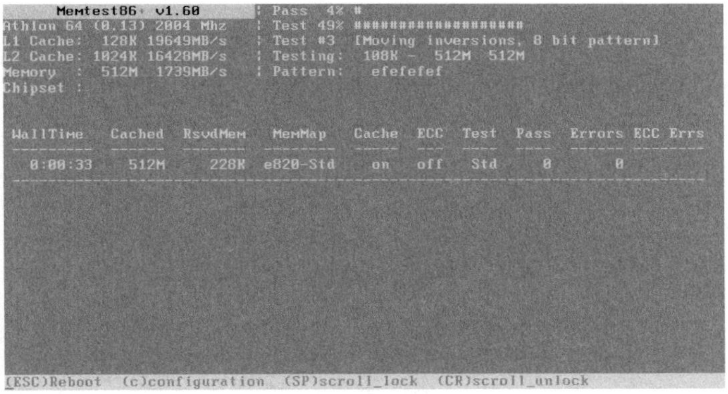

Abbildung 13.1 Der Speichertest memtest86+

13.1.4 Festplattentest

Nach der Installation von Ubuntu erfahren Sie durch folgende Befehle, ob Ihre Festplatte einen optimalen Durchsatz hat:

```
user$ sudo hdparm -t /dev/hdc
/dev/hdc: Timing buffered disk reads:
158 MB in  3.02 seconds =  52.33 MB/sec
```

Hier sollten Werte oberhalb von 30 MB/sec erzielt werden.

```
user$ sudo hdparm -T /dev/hdc
/dev/hdc: Timing cached reads:
2156 MB in  2.00 seconds = 1077.62 MB/sec
```

Im Falle des gecacheten Lesens von der Platte sollte ein deutlich höherer Durchsatz erzielt werden. Nähere Informationen über den Befehl entnehmen Sie `man hdparm`.

13.1.5 Weitere Hardwarekomponenten

Die folgende Checkliste stellt noch einmal, geordnet nach Relevanz, die vor einem eventuellen Kauf zu prüfenden Hardwarekomponenten nebst exemplarischer Ausgabe des Tools `dmesg` zusammen.

- **Grafikkarte:** Normalerweise sollte die Grafikhardware »aus dem Stand heraus« laufen. Klappt das erst nach Eingabe des FrameBuffer Kernelparameters, so sollte vom Kauf der entsprechenden Hardware Abstand genommen werden.

  Wer die Grafikfähigkeit komplett ausreizen möchte, muss sicherstellen, dass die entsprechenden 3D-Module geladen werden. Dies erfolgt zumeist durch das Einbinden proprietärer Treiber, die auf den Homepages der Hersteller über das Internet heruntergeladen werden können. Ein guter Test ist der Aufruf des Werkzeugs glxgears mit folgendem Parameter:

  ```
  user$ glxgears \
  -iacknowledgethatthistoolisnotabenchmark
  15979 frames in 5.0 seconds = 3195.632 FPS
  16859 frames in 5.0 seconds = 3371.716 FPS
  16981 frames in 5.0 seconds = 3396.104 FPS
  ```

  Moderne Grafikchips sollten hier eine Renderleistung von mehreren tausend Frames pro Sekunde erbringen.

- **Netzwerkhardware:** Eine funktionierende Netzwerkschnittstelle ist in unserer heutigen vernetzten Welt unabdingbar. Wer plant, sich einen Laptop mit WLAN-Schnittstelle zuzulegen, bootet testweise die Installations-DVD im Livemodus, um zu sehen, ob auch die WLAN-Hardware korrekt erkannt wird. Dies lässt sich nach dem Booten mit dem Befehl `dmesg` prüfen oder noch einfacher über **System • Systemverwaltung • Netzwerk**: Dort sollten sämtliche Netzwerkadapter des Systems gelistet sein. Im Falle eines Intel Centrino WLAN Chipsatzes sollte folgende Meldung im Syslog erscheinen:

  ```
  ipw2200: Intel(R) PRO/Wireless 2200/2915
  Network Driver, 1.0.6
  ipw2200: Copyright(c) 2003-2004 Intel Corporation
  ```

- **Eingabegeräte:** Ohne Frage von großer Bedeutung ist die Funktion von Tastatur und Maus bzw. Touchpad. Testen Sie bei Laptops insbesondere auch, ob sich beim Touchpad ein Klick bzw. Doppelklick durch Antippen des Pads realisieren lässt. Die Identifikation eines Touchpads beim Booten sieht in etwa folgendermaßen aus:

```
Synaptics Touchpad, model: 1, fw: 6.1,
id: 0x2580b1, caps: 0xa04713/0x200000
[4294849.525000] input: SynPS/2 Synaptics TouchPad
on isa0060/serio4
```

- **Soundsystem:** Untrügliches Kennzeichen für ein funktionsfähiges Soundsystem ist die Wiedergabe des Ubuntusounds beim Desktopstart.
- **PCI-Bus:** Weitere aufschlussreiche Informationen liefert ein Scan des PCI-Busses mit dem Befehl `lspci`:

```
user$ lspci
...
FireWire (IEEE 1394): VIA Technologies,
Inc. IEEE 1394 Host Controller (rev 80)
Ethernet controller: Marvell Technology Group Ltd.
Yukon Gigabit Ethernet 10/100/1000Base-T Adapter
Multimedia audio controller:
Creative Labs SB Live! EMU10k1
Multimedia controller:
Philips Semiconductors SAA7146
```

Im vorliegenden Fall wurde ein FireWire-Controller, ein Ethernet-Controller, eine Creative Labs Soundkarte sowie eine DVB-Karte mit Philips Chipsatz identifiziert. Sie können davon ausgehen, dass Geräte, die ohne Fehlermeldungen angegeben werden, auch funktionsbereit sind.

13.2 Ubuntu auf Laptops

13.2.1 Vorbemerkung

Vor einigen Jahren galt »Linux auf Laptops« noch als gewagtes Unterfangen. Aufgrund der mangelnden Offenlegung von Hardwarespezifikationen seitens der Hersteller gelang es oft nicht, das gerade im Laptopbereich wichtige Energiemanagement in den Griff zu bekommen, und man wurde als Linuxnutzer mit indiskutablen Akkulaufzeiten bestraft. Mittlerweile hat sich Linux auch auf portablen Computern etabliert. Ubuntu setzt derzeit vorbildlich um, was mit Linux auf Laptops »machbar« ist. Es empfiehlt sich dennoch, vor dem Erwerb eines neuen Notebooks

Energiemanagement

einige Informationen bezüglich der Eignung für Linux im Allgemeinen einzuholen. Zentrale Anlaufstellen diesbezüglich sind die folgenden Internetseiten:

Auf welchen Laptops läuft Linux?

- **Linux on Laptops:** Auf der Seite **www.linux-laptop.net** finden Sie nach Hersteller und Typ geordnet Informationen, ob sich jemand schon einmal näher mit Linux auf dem Gerät Ihrer Wahl beschäftigt hat. Sie haben auch die Möglichkeit, eigene Informationen auf der Seite abzulegen. Wurde Ihr gewünschtes Modell dort nicht beschrieben, so heißt das noch lange nicht, dass die entsprechende Hardware nicht Linux-geeignet ist.

- **TuxMobil:** Unter **http://tuxmobil.org** findet man die zweite große Seite, die sich mit Linux auf mobilen Geräten beschäftigt. Zum Teil findet man dort auch Geräte, die auf linux-laptop.net nicht besprochen werden.

- **UbuntuUsers:** Last but not Least findet man im Wiki auf **www.ubuntuusers.de** etliche Erfahrungsberichte und Tipps zu Ubuntu auf aktuellen Laptops.

13.2.2 Der Installationsvorgang

Der eigentliche Installationsvorgang unterscheidet sich nicht von dem auf einem Desktop-PC. Lediglich die Systempartition sollte in Anbetracht der beengten Platzverhältnisse auf einer Laptopfestplatte vielleicht nicht ganz so großzügig ausfallen. 5 GByte sind allerdings die Mindestvoraussetzung für ein passabel arbeitendes System. Installieren Sie das Ubuntusystem wie in Kapitel 2 beschrieben. Gerade bei einem Laptop ist die Sicherung der persönlichen Daten und ggf. des bislang installierten Betriebssystems von größter Wichtigkeit, da man in der Regel eine Umpartitionierung vornehmen muss.[3] Nach Abschluss der Installation und einem Reboot folgen einige Laptop-spezifische Feinarbeiten.

13.2.3 Powermanagement und ACPI

Ein vordringliches Problem ist die Sicherstellung der korrekten Funktionsweise des Energiemanagements Ihres Laptops. Unglücklicherweise befindet sich eine Vielzahl von Geräten auf dem Markt, deren ACPI (*Advanced Configuration and Power Interface*) im BIOS mangelhaft implemen-

---

3 Das zumeist vorinstallierte Windows Betriebssystem breitet sich in der Regel auf der ganzen Festplatte aus. Oft wurde auch noch eine Rettungspartition erstellt, die ein Abbild des Windowssystems enthält.

tiert wurde. Während Windows über derlei Unzulänglichkeiten großzügig hinweg sieht, ist Linux diesbezüglich wesentlich kritischer.

Kernstück des ACPI-Systems ist die DSDT (*Differentiated System Description Table*). In dieser Tabelle befinden sich oft Fehler, die man bei Centrino Laptops mit Hilfe des Intel Compilers aufspüren und beseitigen kann. Die neu erstellte Tabelle kann dann dem Linuxsystem bei Systemstart übergeben werden. Wer das Patchen der DSDT scheut: Eine Anlaufstelle für gepatchte Tabellen, sortiert nach Hardwaretypen, ist im Internet auf **acpi.sourceforge.net** zu finden. Im Folgenden wird allerdings der Do-it-yourself-Weg für Centrino-Systeme beschrieben, da auf diese Weise auch neuere Geräte angepasst werden können.[4]

Intel Compiler

Die DSDT patchen

Zunächst ist sicherzustellen, dass folgende Pakete installiert sind:

- build-essential
- bison
- fakeroot
- flex-old

Sie benötigen außerdem den Intel IASL Compiler, den Sie von **www.intel.com/technology/IAPC/acpi/downloads.htm** herunterladen können.[5] Laden Sie das Unix/Linux-Paket herunter. Entpacken Sie das gezippte IASL-Paket in einem Verzeichnis Ihrer Wahl. Wechseln Sie in das Compilerverzeichnis und erstellen Sie die Compiler-Binärdatei `iasl`:

```
user$ tar xfz acpica-unix-VERSION.tar.gz
user$ cd acpica-unix-VERSION/compiler
user$ make
```

Um den Aufruf des Compilers im Folgenden etwas bequemer zu gestalten, empfiehlt sich die Erstellung eines symbolischen Links:

```
user$ sudo ln -s /$PFAD_ZU_IASL /usr/bin/iasl
```

Der Pfad zur `iasl`-Binärdatei ist hier natürlich entsprechend zu setzen.

---

[4] Beachten Sie bitte, dass die Anleitung für erfahrene Anwender geschrieben wurde.
[5] Sollte sich die Adresse geändert haben: Suchen Sie auf **www.intel.com** nach `ACPI Compiler`.

Kopieren Sie zum Zweck des Patchens zunächst die DSDT-Tabelle in Ihr aktuelles Arbeitsverzeichnis:

```
user$ sudo cat /proc/acpi/dsdt > DSDT.dat
```

Im nächsten Schritt muss die DSDT mit Hilfe des Intel-Compilers disassembliert werden:

```
user$ iasl -d DSDT.dat
```

DSDT patchen Dadurch wird eine Datei `dsdt.dsl` erzeugt. Nun versuchen Sie, diese Datei erneut zu kompilieren. Dabei werden im Falle einer mangelhaft implementierten Tabelle einige Fehler auftreten:

```
user$ iasl -sa DSDT.dsl
Intel ACPI Component Architecture
DSDT.dsl   358:   Method (_WAK, 1, NotSerialized)
Warning   2078 -
 ^ Reserved method must return a value (_WAK)
DSDT.dsl   2903:   Field (ECR, DWordAcc,Lock,Preserve)
Error     1073 -      ^ Host Operation Region
requires ByteAcc access
DSDT.dsl   2949:   Method (_GLK, 1, NotSerialized)
Warning   2074 -      ^ Reserved method has too
many arguments (_GLK requires 0)
ASL Input:  DSDT.dsl - 4162 lines,
149648 bytes, 1827 keywords
Compilation complete.
1 Errors, 2 Warnings, 0 Remarks, 432 Optimizations
```

Im vorliegenden Fall tritt ein Fehler, sowie zwei Warnungen auf. Ziel ist es, diese zu beseitigen. Die genaue Verfahrensweise hierzu findet man in der ACPI-Howto unter **www.cpqlinux.com/acpi-howto.html**. Mögliche Fehler und deren Behebung sind dort gelistet.

Laden Sie also die Datei `DSDT.dsl` in einen Editor Ihrer Wahl und korrigieren Sie die auftretenden Fehler. Die vom Compiler angegebenen Zeilennummern erleichtern die Orientierung.

Ein Beispiel dazu: Im obigen Listing muss zur Beseitigung des Fehlers in Zeile 2903 (im Listing fett markiert) der Variablentyp `DWordAcc` durch `ByteAcc` ersetzt werden. Nachdem die Fehler- und Warnmeldungen verschwunden sind, muss noch einmal ein letzter Compilerdurchlauf mit den Parametern `-sa` erfolgen:

```
user$ iasl -sa DSDT.dsl
...
Compilation complete.
0 Errors, 0 Warnings, 0 Remarks, 426 Optimizations
```

Eine neue RAM-Disk erstellen

Durch den Compilerlauf mit der korrigierten DSDT wird die Datei `DSDT.aml` erzeugt, welche in eine neue Initial RAM-Disk zu integrieren ist. Zuvor sichert man die bisherigen Startdateien.

```
user$ sudo cp DSDT.aml /etc/mkinitramfs/DSDT.aml
user$ cd /boot
user$ sudo cp vmlinuz-$(uname -r) \
vmlinuz-$(uname -r).orig
user$ sudo cp initrd.img-$(uname -r) \
initrd.img-$(uname -r).orig
user$ sudo dpkg-reconfigure linux-image-$(uname -r)
```

Beim Neustart des Systems sollte die korrigierte Tabelle schließlich eingelesen werden. Ob die Operation erfolgreich war, erfahren Sie durch eine Untersuchung der Datei `/var/log/messages`, dort sollte folgende Meldung zu finden sein:

```
...
ACPI: Using customized DSDT
ACPI-0306: *** Info: Table [DSDT] replaced by host OS
```

Test des Energiemanagements

Nach dem Einbinden der gepatchten DSDT sollten Sie das Energiemanagement des PCs testen. Hier ist insbesondere das Speedstepping von Interesse: Wird der Prozessor wenig in Anspruch genommen, so wird er mit einer niedrigeren Frequenz als unter Volllast getaktet. Fahren Sie den Computer hoch und geben Sie folgendes Kommando ein:

```
user$ cat /proc/cpuinfo
processor       : 0
vendor_id       : GenuineIntel
cpu family      : 6
model           : 13
model name      : Intel(R) Pentium(R) M processor 1.50GHz
stepping        : 6
cpu MHz         : 598.455
```

```
cache size      : 2048 KB
bogomips        : 1186.20
...
```

Interessant ist die Information zur momentanen CPU-Frequenz: Im obigen Fall beträgt diese im Ruhezustand ca. 600 MHz. Nun geben Sie dem Prozessor einmal etwas Arbeit, z.B. durch Eingabe des folgenden Befehls:

```
user$ md5sum /dev/urandom
```

Jetzt sollte sich die Prozessorfrequenz sowie die Prozessorleistung (gemessen in Bogomips) deutlich erhöht haben:

```
...
cpu MHz         : 1496.030
bogomips        : 2965.50
```

Parallel dazu können Sie auch die Temperatur des Prozessors verfolgen, welche unter Last deutlich steigt:

```
user$ cat /proc/acpi/thermal_zone/THRM/temperature
temperature:           52 C
```

Abbildung 13.2 Laptops unter KDE überwachen

KLaptop Wer unter der KDE-Desktopoberfläche das Energiemanagement moderner Prozessoren optimal ausnutzen möchte, der bedient sich des KLaptop-Applets, welches in der rechten unteren Ecke der Kontrollleiste zu finden ist. Per rechtem Mausklick über dem Icon gelangen Sie in den Konfigurationsmodus zur Einrichtung des Energiemanagements (Abbildung 13.2). Die erweiterte Konfiguration (Suspend to Disk, Suspend to RAM) erfolgt im Untermenü *ACPI-Einrichtung* und erfordert die Eingabe des root-Passworts.

13.2.4 Das Grafiksystem anpassen

Beschaffen Sie sich ggf. die proprietären Treiber für Ihre Grafikkarte aus dem Internet und installieren Sie diese. Bei Laptops gibt es dann Schwierigkeiten, wenn diese über außergewöhnliche Displayabmaße verfügen. Ein Beispiel wäre ein Breitbild-Laptop mit einer nativen Auflösung von 1440x900 Pixeln. Hier forscht man entweder im Internet nach, ob jemand für die entsprechende Auflösung bereits einen Modelineeintrag für die XFree-Konfigurationsdatei generiert hat, oder man erzeugt diesen rasch selbst mit Hilfe von Internetseiten wie z.B. **xtiming.sourceforge.net**.

Breitbild Laptops

Ein typischer Konfigurationseintrag für ein Breitbilddisplay der oben genannten Dimension könnte wie folgt aussehen:[6]

```
Section "Monitor"
Identifier    "Monitor0"
Option    "DPMS"    "true"
HorizSync    30.0 - 64.0
VertRefresh    50.0 - 100.0
# in eine Zeile schreiben:
ModeLine  "1440x900" 97.54 1440 1472 1840
    1872 900 919 927 946
EndSection
...
Section "Screen"
SubSection "Display"
Depth    24
Modes "1440x900" "1024x768" "800x600" "640x480"
EndSubSection
EndSection
```

Testen Sie außerdem, ob sich das Grafiksystem nun »flimmerfrei« in den Konsolenmodus via (Strg) + (Alt) + (F1) schalten lässt.

Damit hätten Sie die wesentlichen Komponenten Ihres Laptops konfiguriert. Zum Einbinden der restlichen Peripherie (Ethernet, WLAN, Modem...) verfahren Sie wie in den entsprechenden Abschnitten des Buchs beschrieben wurde.

---

[6] Bitte beachten Sie, dass dieser Eintrag ausschließlich für ein bestimmtes Display (im vorliegenden Fall mit der Auflösung 1440×900) gültig ist.

13.3 Ubuntu auf 64-Bit Systemen

13.3.1 64-Bit Architekturen – eine kurze Einführung

Mittlerweile haben sich 64-Bit Architekturen auch im heimischen Bereich etabliert. Während auf dem mobilen Sektor Intel mit der Centrino-Technik die Nase vorn hat, bietet der Konkurrent AMD die ausgereiftere 64-Bit Desktopplattform in Form des Athlon 64.[7]

Aufheben des 4 GB Limits

Welchen Vorteil bieten 64-Bit Systeme? Zunächst einmal fällt unter der 64-Bit Architektur die Limitierung des Hauptspeichers auf eine Gesamtgröße von 4 GByte weg, ein Feature, dass sicherlich nur im Serverbereich von Bedeutung ist. Für den Endanwender sind Anwendungen im Bereich der Audio- und Videoencodierung interessanter, die speziell für die entsprechende Plattform kompiliert wurden und daher deutlich schneller als auf 32-Bit Systemen laufen.

Einfach ausgedrückt: Sie fahren sicherlich auch lieber auf einer 4-spurigen als auf einer 2-spurigen Autobahn. Pro Rechnertakt können doppelt so viele Daten im Prozessor verarbeitet und weitergeleitet werden. Voraussetzung ist allerdings, wie oben bereits erwähnt, dass die Programmierer ihre Programme auf die spezielle Prozessorarchitektur anpassen bzw. vom Compiler entsprechend optimieren lassen. Der Schlüssel zur optimalen Ausnutzung der 64-Bit-Architektur ist also erst in zweiter Linie das Betriebssystem, in erster Linie müssen die interessanten Anwendungen des Userspace auf die 64-Bit Plattformen portiert werden. Und gerade in diesem Bereich bietet die quelloffene Struktur von Linux immense Vorteile im Vergleich zu beispielsweise den gängigen Windows Systemen.

13.3.2 Installation von Ubuntu 64

Auf der beiliegenden DVD befindet sich im Ordner `isos` ein CD ISO-Image von Ubuntu Breezy 64. Dieses muss zunächst auf einen handelsüblichen CD-Rohling befördert werden. Kopieren Sie dazu das Abbild in ein Verzeichnis Ihres Rechners. Wenn Sie prüfen möchten, ob das Abbild Bit-genau kopiert wurde, sollten Sie dessen MD5-Summe prüfen:

Abbild prüfen

```
user$ cp /cdrom/isos/ubuntu-5.10-install-amd64.iso ~/
user$ cp MD5SUMS_ubuntu ~/
user$ md5sum -c MD5SUMS_ubuntu
ubuntu-5.10-install-amd64.iso: Ok
```

---

7 Laptops mit 64-Bit Technik erobern ebenfalls den Consumermarkt, im Fall von AMD ist das die *Turion* Reihe.

Nachfolgende Fehlermeldungen, die darauf beruhen, dass nicht alle in der MD5-Datei aufgeführten Ubuntu ISOs auf der DVD enthalten sind, können Sie getrost ignorieren.

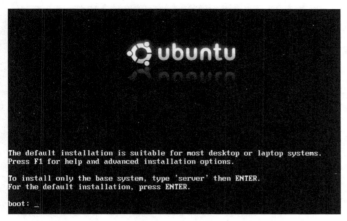

Abbildung 13.3 Kein Unterschied zur 32-Bit-Installation: Ubuntu 64

Nun brennen Sie das ISO-Abbild auf einen CD-Rohling. Das geht am schnellsten per Kommandozeile:

ISO brennen

```
user$ sudo cdrecord -dao dev=/dev/cdrom1 \
ubuntu-5.10-install-amd64.iso
```

Selbstverständlich können Sie auch das grafische Frontend *K3b* verwenden. Hier wählen Sie zum Brennen des Abbilds den Menüpunkt **Extras • CD-Abbilddatei brennen** und navigieren im folgenden Menü zur ISO-Datei. Nach Auswahl der Datei berechnet K3b automatisch die Prüfsumme. Windowsanwender können das Abbild mit einem der Standardbrennprogramme wie z.B. Nero auf den Rohling befördern. Näheres entnehmen Sie bitte der entsprechenden Programmdokumentation. Die eigentliche Installation des 64-Bit Systems unterscheidet sich in keiner Weise von der im Kapitel 2 beschriebenen Verfahrensweise. Am Bootprompt ist im Gegensatz zur Installation von der DVD kein Schlüsselwort einzugeben, sondern lediglich die Eingabetaste zu betätigen (Abbildung 13.3). Nach der Installation sollten dann die üblichen Nacharbeiten vorgenommen werden (Aktualisierung des Systems, Grafiktreiber, ...), und schon können Sie sich an einem leistungsfähigen 64-Bit-System erfreuen.

13.3.3 Paralleles Arbeiten mit 32-Bit Software

chroot Obwohl schon sehr viele Anwendungen auf Ubuntu Linux 64 Bit portiert wurden, sind einige Programme noch nicht vollends angepasst. Prominente Beispiele sind der *Macromedia Flashplayer*, sowie einige Videoapplikationen und Codecs. Es gibt prinzipiell zwei Workarounds:

- **Das linux32-Pakets:** Dadurch können 32-Bit Anwendungen direkt innerhalb einer 64-Bit Umgebung genutzt werden.
- **Die chroot-Umgebung:** Diese etwas schwieriger zu konfigurierende Variante versagt auch nicht bei »kritischen Fällen«.

Flashplayer unter Ubuntu 64 nutzen

Am Beispiel der Kombination *Firefox/Flashplayer* soll gezeigt werden, wie man mit Hilfe des `linux32`-Pakets 32-Bit-Programme in einer Ubuntu 64 Umgebung nutzen kann.

1. Installieren Sie die Pakete für die linux32-Umgebung:
   ```
   user$ sudo apt-get install ia32-libs \
   ia32-libs-gtk linux32
   ```
2. Laden Sie sich die 32-Bit-Firefox-Binärdateien von

   www.firefox-browser.de

   herunter und entpacken Sie die Datei z.B. in Ihrem Heimverzeichnis:
   ```
   user$ tar xfz firefox-1.5.tar.gz
   ```
3. Erzeugen Sie eine Datei /etc/pango32/pangorc mit folgendem Inhalt:
   ```
   user$ sudo gedit /etc/pango32/pangorc
   # /etc/pango32/pangorc
   [Pango] ModuleFiles=/etc/pango32/pango.modules
   [PangoX]
   AliasFiles=/etc/pango/pangox.aliases
   ```
   Dadurch wird die Umsetzung der Fonts in der 32-Bit-Umgebung sichergestellt.
4. Nun muss ein Shellskript, welches die Firefox32-Binärdatei aufruft, erstellt werden:
   ```
   user$ sudo gedit /usr/local/bin/firefox32
   #!/bin/sh export GTK_PATH=/usr/lib32/gtk-2.0 export
   # In eine Zeile schreiben:
   PANGO_RC_FILE=/etc/pango32/pangorc
   ```

```
linux32 /media/ubuntu32/usr/bin/firefox $
```
Das Skript muss schließlich ausführbar gemacht werden:
```
user$ sudo chmod a+x /usr/local/bin/firefox32
```

Damit hätten Sie die *Firefox*-32-Bit-Variante in Ihrem 64-Bit-System installiert. Das Programm kann mit dem Befehl

```
user$ firefox32
```

ausgeführt werden. Auftretende Fehlermeldungen in der Konsole können ignoriert werden. Zur Installation des *Flashplayer*-Plugins begeben Sie sich nun einfach auf eine Seite, die Gebrauch von *Flash* macht, und klicken den Punkt *Plugin installieren* an. Damit verfügen Sie auch innerhalb der 64-Bit-Umgebung über *Macromedia Flash*.

chroot einsetzen

Wenn Sie viel native 32-Bit Anwendungen nutzen möchten, empfiehlt sich der Einsatz einer chroot-Umgebung. Dazu wird ein eigenes Verzeichnis /chroot erstellt, welches als Heimat für die 32-Bit-Umgebung dienen soll. Zunächst müssen die folgenden Pakete installiert werden:

- dchroot
- debootstrap

Erstellen Sie nun das Verzeichnis /chroot via `sudo mkdir /chroot`. Die Konfigurationsdatei /etc/dchroot.conf muss folgendermaßen editiert werden:

```
# Auszug aus /etc/dchroot.conf
breezy /chroot
```

Führen Sie anschließend folgenden Befehl aus:

32-Bit-chroot-System

```
user$ sudo debootstrap --arch i386 breezy /chroot/
I: Retrieving Release
I: Retrieving Packages
I: Validating Packages
I: Checking component main on archive.ubuntu.com
I: Extracting base-files...
I: Extracting base-passwd...
I: Extracting bash...
...
```

Auf diese Weise wird ein 32-Bit-System im Verzeichnis /chroot installiert. Nun sind die lokalen Einstellungen anzupassen:

```
user$ sudo chroot /chroot
root# dpkg-reconfigure locales
```

Wählen Sie hier den Punkt de_DE.UTF-8 UTF-8. Außerdem sind die Quellen des Paketsystems anzupassen. Legen Sie dazu die folgende Datei aus einer neuen Konsole[8] an und ergänzen Sie die folgenden Zeilen (die deb-Einträge sind jeweils in eine Zeile zu schreiben:

```
user$ sudo gedit /chroot/etc/apt/sources.list
# Auszug aus /chroot/etc/apt/sources.list
deb http://archive.ubuntu.com/ubuntu breezy
main restricted universe multiverse
deb http://security.ubuntu.com/ubuntu breezy-security
main restricted universe multiverse
```

Es können natürlich auch lokale Mirror verwendet werden. Zur Aktualisierung Ihres chroot-Systems geben Sie folgendes innerhalb der chroot-Umgebung ein:

```
root# apt-get update
root# apt-get upgrade
```

Damit wäre Ihr chroot-System aktualisiert. Nun müssen noch die Benutzerstrukturen beider Umgebungen angepasst werden, was wieder außerhalb der chroot-Umgebung erfolgen muss. Öffnen Sie ggf. eine neue Konsole und geben Sie die folgenden Befehle ein:

```
user$ sudo cp /etc/passwd /chroot/etc/
user$ sudo cp /etc/shadow /chroot/etc/
user$ sudo cp /etc/group /chroot/etc/
user$ sudo cp /etc/sudoers /chroot/etc/
user$ sudo cp /etc/hosts /chroot/etc/
```

fstab anpassen Die Datei /etc/fstab des 64-Bit-Hostsystems muss folgendermaßen angepasst werden:

```
user$ sudo gedit /etc/fstab
/home /chroot/home none bind 0 0
/tmp /chroot/tmp none bind 0 0
/dev /chroot/dev none bind 0 0
```

---

8 Zu diesem Zeitpunkt ist der Editor *gedit* noch nicht in der chroot-Umgebung installiert.

```
/proc /chroot/proc proc defaults 0 0
/media/cdrom0 /chroot/media/cdrom0 none bind 0 0
# In einer Zeile:
/usr/share/fonts /chroot/usr/share/fonts
 none bind 0 0
```

Danach werden zwei Mountpoints für das CD-ROM-Laufwerk und das Fontverzeichnis in der chroot-Umgebung angelegt:

```
user$ sudo mkdir /chroot/media/cdrom0
user$ sudo mkdir /chroot/usr/share/fonts
```

Verlassen Sie die chroot-Umgebung via (Strg) + (D) und mounten Sie gemäß der Vorgaben in der geänderten Datei /etc/fstab neu:

```
user$ sudo mount -a
```

Um 32-Bit Anwendungen in einfacher Weise aus der 64-Bit-Umgebung ausführen zu können, ist es nützlich, das folgende Skript do_dchroot zu erstellen:

```
user$ sudo gedit /usr/local/bin/do_dchroot
# Auszug aus /usr/local/bin/do_dchroot
#!/bin/bash
/usr/bin/dchroot -d "`echo $0 | sed 's|^.*/||'` $*"
```

Das Skript muss anschließend ausführbar gemacht werden:

```
user$ sudo chmod 755 /usr/local/bin/do_dchroot
```

Schließlich sollte das Programm *Synaptic* für die 32-Bit-Umgebung installiert werden. Öffnen Sie zu diesem Zweck eine neue Konsole und geben Sie folgendes ein:

```
user$ sudo dchroot -d
user$ sudo apt-get synaptic
user$ sudo ln -s /usr/sbin/synaptic \
/usr/sbin/synaptic32
user$ exit
user$ sudo ln -s /usr/local/bin/do_dchroot \
/usr/local/bin/synaptic32
user$ sudo synaptic32
```

An diesem Punkt haben Sie eine funktionsfähige 32-Bit-Umgebung mit der Möglichkeit, über *synaptic32* weitere Programme innnerhalb der chroot-Umgebung zu installieren. Derartige Programme werden dann aus der 64-Bit-Umgebung mit dem `do_dchroot` Wrapperskript ausgeführt. Es empfiehlt sich, die Programme ähnlich wie oben für *Synaptic* beschrieben im 64-Bit-System zu verlinken.

Auf die Schnelle können Sie stets folgendermaßen in die chroot-Umgebung wechseln und ein Programm ausführen:

```
user$ dchroot -d
user$ <Programmname>
```

Vergessen Sie anschließend aber nicht, die Umgebung über den Befehl `exit` zu verlassen.

13.3.4 Benchmarking

Eine kleine Geschwindigkeitsdemonstration gefällig?

Schnelle Encodierung

Momentan sind 64-Bit Systeme insbesondere auf dem Gebiet der Audio- und Videoencodierung unschlagbar schnell, wenn Programme verwendet werden, die für die Architektur angepasst wurden. Das ist bei den Programmen des Ubuntu 64 Repositories der Fall.

Legen Sie eine Audio-CD Ihrer Wahl in Ihr CD-/DVD- Laufwerk ein und rippen Sie einen Titel gemäß der Anleitung aus Kapitel 7.5.3:

```
user$ cdparanoia <Titelnummer> titel_nr.wav
```

Folgende Zeiten liefert ein Vergleich der Encodierung des gleichen 5-minütigen Titels auf einem 32-Bit- bzw. einem 64-Bit-Ubuntusystem unter Verwendung identischer Hardware (AMD Athlon64/3200+):[9]

32-Bit-System

```
user$ oggenc titel_nr.wav -q 6 -o titel_nr.ogg
...
Done encoding file "titel_nr.ogg"
        File length:  5m 03,0s
        Elapsed time: 0m 22,5s
        Rate:         13,4611
        Average bitrate: 184,1 kb/s
```

---

9 Das Beispiel bedingt die Installation des Pakets `vorbis-tools`.

64-Bit-System

```
...
Done encoding file "titel_nr.ogg"
        File length:    5m 03,0s
        Elapsed time:   0m 15,5s
        Rate:           19,6033
        Average bitrate: 184,1 kb/s
```

Beachten Sie in beiden Fällen den Punkt *elapsed time*: Die Encodierung auf dem 64-Bit System läuft um ca. 30 Prozent schneller ab als auf einem 32-Bit-System.

Teil 5
Referenz

14 Übersicht: Software für (K)Ubuntu

14.1 GNOME-Programme 457

14.2 KDE-Programme 460

14.3 Vergleich: Windows- und Linuxprogramme 463

1. Ubuntu Linux – Überblick
2. Installation
3. Der Ubuntu Desktop
4. Hardwarekonfiguration
5. Installation weiterer Software
6. Informationen und Hilfe
7. Anwendersoftware
8. Netzwerktechnik
9. Programmierung und Design
10. Systemverwaltung
11. Sicherheit
12. Kompilierung von Systemsoftware
13. Ubuntu und aktuelle Hardware
14. Übersicht: Software für (K)Ubuntu
15. Befehlsreferenz Ubuntu Linux

14 Übersicht: Software für (K)Ubuntu

Welche Software für welchen Zweck? Welches Programm unter Linux ersetzt mein Lieblingsprogramm unter Windows? Schlagen Sie nach im Ubuntu Software Almanach ...

Die folgende Zusammenstellung von Anwenderprogrammen entstammt dem Wiki von **ubuntuusers.de**. Sollten Sie weitere Informationen zu einem bestimmten Programm benötigen, so recherchieren Sie im Internet via Google nach dem entsprechenden Programmnamen. Wer bevorzugt deutsche Seiten zum Thema finden möchte, kann dies über die erweiterten Sucheinstellungen von Google erreichen.

14.1 GNOME-Programme

Ubuntu Linux verwendet GNOME als Standard-Desktop Umgebung. Daher finden Sie in dieser Rubrik hauptsächlich Programme, die auf dem GTK+ Toolkit basieren. Darüber hinaus wurde vermerkt, ob das betreffende Paket Bestandteil der Standardinstallation ist.

14.1.1 Internet/E-Mail/Netzwerk

Beschreibung	Name	Paket	Sektion	Standard?
Webbrowser	Firefox	mozilla-firefox	main	ja
E-Mail-Client	Evolution	evolution	main	ja
PIM (Personal Information Management)	Evolution	evolution	main	ja
Newsreader	Pan en	pan	main	nein
Datei-Download	Firefox	mozilla-firefox	main	ja
Download-Manager	gwget	gwget	universe	nein
Download von HTML-Seiten	HTTrack	httrack	universe	nein
FTP-Client	gFTP	gftp-gtk	main	nein
IRC-Client	XChat	xchat	main	ja
Instant Messaging Client	Gaim	gaim	main	ja
Jabber Client	Gaim	gaim	main	ja

Beschreibung	Name	Paket	Sektion	Standard?
Video-Konferenz	Gnome-Meeting	gnomemeeting	main	ja
WYSIWYG-HTML-Editor	Nvu	nvu	universe	nein
HTML-Editor	Bluefish	bluefish	universe	nein
Internet-Telefonie (VoIP)	Skype	–	–	nein
Personal Firewall	Firestarter	firestarter	universe	nein
Anti-Virenprogramm	ClamAV	clamav	universe	nein
Webserver	Apache	apache2	main	nein
Content Filter	Privoxy	privoxy	universe	nein
Fax-Programm	Hyla-Fax	hylafax-server	universe	nein
Einwahlprogramm	Gnome-PPP	gnome-ppp	universe	nein
SSH/Telnet Client	Putty	putty	universe	nein
Netzwerk-Analyse/Sniffer	Ethereal	ethereal	universe	nein
Dateifreigabe im Linux-Netz	NFS	nfs-common	main	nein
Dateifreigabe im Windows-Netz	Samba	samba-common	main	ja

Tabelle 14.1 GNOME- Programme Internet/E-Mail/Netzwerk

14.1.2 Multimedia/Grafik

Beschreibung	Name	Paket	Sektion	Standard?
Audio-Player	Rhythmbox	rhythmbox	main	ja
Video-Player	Totem	totem	main	ja
Brennprogramm	Gnomebaker	gnomebaker	universe	nein
CD-Player	Gnome-CD	gnome-media	main	ja
CDs rippen	Sound Juicer	sound-juicer	main	nein
MP3-Encoder	Lame	lame	multiverse	nein
Ogg-Vorbis Encoder	Oggenc	vorbis-tools	main	nein
Realplayer	Realplayer	–	–	nein

Beschreibung	Name	Paket	Sektion	Standard?
FM-Radio (über Kabel/Antenne)	Gnome-Radio	–	–	nein
Internet-Radio	Streamtuner	streamtuner	universe	nein
Streams mitschneiden	Streamripper	streamripper	universe	nein
Audio-Editor	Audacity	audacity	universe	nein
ID3 Tag-Editor	Easytag	easytag	universe	nein
DVD-Player	Totem	totem	main	ja
Video-Konvertierung	Transcode	transcode	multiverse	nein
DVDs rippen	dvd::rip	dvdrip	multiverse	nein
Bildbetrachter	gThumb	gthumb	main	ja
Bildbearbeitung	The Gimp	gimp	main	ja
Videobearbeitung	Avidemux	–	–	nein

Tabelle 14.2 GNOME-Programme Multimedia/Grafik

14.1.3 Datei-, Office- und Systemsoftware

Beschreibung	Name	Paket	Sektion	Standard?
Office-Paket	OpenOffice	openoffice	main	ja
Textverarbeitung	Abiword	abiword	universe	nein
TabellenKalkulation	Gnumeric	gnumeric	universe	nein
Desktop Publishing	Passepartout	passepartout	universe	nein
Charts/Diagramme	Dia	dia-gnome	main	nein
Lokale Datenbank	Gnome-DB	gnome-db	universe	nein
Finanzverwaltung	Gnu-Cash	gnucash	universe	nein
Onlinebanking	Gnu-Cash	gnucash	universe	nein
Packer/Entpacker	File-Roller	file-roller	main	ja
Texteditor	GEdit	gedit	main	ja
PDF/PS Anzeige	Evince	evince	main	ja
Terminverwaltung/Kalender	Evolution	evolution	main	ja

Beschreibung	Name	Paket	Sektion	Standard?
Wörterbuch (deutsch/englisch)	Ding	ding	universe	nein
Scan-Software	XSane	xsane	main	ja
Partitionierung	GParted	gparted	main	nein
Bibel-Software	Gnomesword	gnomesword	universe	nein

Tabelle 14.3 GNOME-Programme Datei-, Office- und Systemsoftware

14.2 KDE-Programme

Kubuntu Linux verwendet KDE als Standard-Desktop Umgebung. Daher werden in diesem Abschnitt in der Hauptsache Programme empfohlen, die auf dem QT-Toolkit basieren.

14.2.1 Internet/E-Mail/Netzwerk

Beschreibung	Name	Paket	Sektion	Standard?
Webbrowser	Konqueror	konqueror	main	ja
E-Mail Client	KMail	kmail	main	ja
PIM (Personal Information Management)	Kontact	kontact	main	ja
RSS-Feedreader	Akregator	akregator	main	ja
Datei-Download	Konqueror	konqueror	main	ja
Download-Manager	KGet	kget	universe	nein
Download von HTML/CSS-Seiten	HTTrack	httrack	universe	nein
FTP-Client	Konqueror	konqueror	main	ja
IRC-Client	Konversation	konversation	main	ja
Instant Messaging Client	Kopete	kopete	main	ja
Jabber Client	Kopete	kopete	main	ja
WYSIWYG-HTML-Editor	Nvu	nvu	universe	nein
HTML-Editor	Quanta+	quanta	main	nein
XML-Editor	Quanta+	quanta	main	nein

Beschreibung	Name	Paket	Sektion	Standard?
Internet-Telefonie (VoIP)	KPhone	kphone	universe	nein
Personal Firewall	Guarddog	guarddog	universe	nein
Anti-Virenprogramm	ClamAV	clamav	universe	nein
Webserver	Apache	apache2	main	nein
Content Filter	Privoxy	privoxy	universe	nein
Filesharing	KMLDonkey	kmldonkey	universe	nein
Fax-Programm	KdeprintFax	kdeprint	main	ja
Einwahlprogramm	Kppp	kppp	main	nein
Remote-Zugriff	Krdc	krdc	main	ja
SSH/Telnet Client	Putty	putty	universe	nein
Netzwerk-Analyse/Sniffer	Ethereal	ethereal	universe	nein
Dateifreigabe Linux-Netz	NFS	nfs-common	main	nein
Dateifreigabe Windows-Netz	Samba	samba-common	main	ja

Tabelle 14.4 KDE-Programme Internet/E-Mail/Netzwerk

14.2.2 Multimedia/Grafik

Beschreibung	Name	Paket	Sektion	Standard?
Audio-Player	amaroK	amarok	main	ja
Video-Player	Kaffeine	kaffeine	main	ja
Brennprogramm	K3b	k3b	main	ja
CD-Player	KsCD	kscd	main	ja
CDs rippen	KAudioCreator	kaudiocreator	main	ja
MP3-Encoder	Lame	lame	multiverse	nein
Ogg-Vorbis Encoder	Oggenc	vorbis-tools	main	nein
Realplayer	Realplayer	–	–	nein
Internet-Radio	Streamtuner	streamtuner	universe	nein

Beschreibung	Name	Paket	Sektion	Standard?
Streams mitschneiden	KStreamripper	kstreamripper	universe	nein
Audio-Editor	Audacity	audacity	universe	nein
ID3 Tag-Editor	Kid3	kid3	universe	nein
DVD-Player	Kaffeine	kaffeine	main	ja
Video-Konvertierung	Transcode	transcode	multiverse	nein
DVDs rippen	dvd::rip	dvdrip	multiverse	nein
Video-CD erstellen	K3b	k3b	main	ja
Bildbetrachter	Gwenview	gwenview	main	ja
Bildbearbeitung	Krita	krita	main	ja

Tabelle 14.5 KDE-Programme Multimedia/Grafik

14.2.3 Datei-, Office- und Systemsoftware

Beschreibung	Name	Paket	Sektion	Standard?
Office-Paket	OpenOffice	OpenOffice	main	ja
Office-Paket	KOffice	koffice	main	nein
Desktop Publishing	Scribus	scribus	main	nein
Charts/Diagramme	KTechlab	–	–	nein
Finanzverwaltung	KmyMoney	kmymoney2	universe	nein
Onlinebanking	KmyMoney	kmymoney2	universe	nein
Packer/Entpacker	Ark	ark	main	ja
Texteditor	Kate	kate	main	ja
PDF/PS Anzeige	KPDF	kpdf	main	ja
Terminverwaltung/ Kalender	Kontact	kontact	main	ja
Wörterbuch	KDing	kding	–	nein
Scan-Software	Kooka	Kooka	main	ja
Partitionierung	QtParted	qtparted	universe	nein
Bibel-Software	Bibletime	bibletime	universe	nein

Tabelle 14.6 KDE-Programme Datei-, Office- und Systemsoftware

14.3 Vergleich: Windows- und Linuxprogramme

Gerade Umsteiger tun sich oftmals schwer bei der Suche nach Alternativen für ihr Lieblingsprogramm unter Windows. Eine exzellente Übersicht, die sporadisch weitergepflegt wird, findet man auf **www.angelfire.com/linux/liste/start.html** (Abbildung 14.1).

Abbildung 14.1 Vergleich von Windows- und Linuxprogrammen

15 Befehlsreferenz Ubuntu Linux

15.1   Überblick 467

15.2   Die Befehle im Detail 474

1. **Ubuntu Linux – Überblick**
2. **Installation**
3. **Der Ubuntu Desktop**
4. **Hardwarekonfiguration**
5. **Installation weiterer Software**
6. **Informationen und Hilfe**
7. **Anwendersoftware**
8. **Netzwerktechnik**
9. **Programmierung und Design**
10. **Systemverwaltung**
11. **Sicherheit**
12. **Kompilierung von Systemsoftware**
13. **Ubuntu und aktuelle Hardware**
14. **Übersicht: Software für (K)Ubuntu**
15. **Befehlsreferenz Ubuntu Linux**

15 Befehlsreferenz Ubuntu Linux

Manchmal kommt man mit ein paar Befehlen schneller zum Ziel. Nachfolgend erhalten Sie in diesem Kapitel einen Überblick der wichtigsten Shellbefehle zum Selbststudium oder einfach nur zum Nachschlagen.

15.1 Überblick

Die vorliegende Übersicht wurde dem Buch »Shell-Programmierung« von Jürgen Wolf, erschienen bei Galileo Press, entnommen, dem wir an dieser Stelle herzlich für das zur Verfügung gestellte Material danken. Wer sich tiefer in die Materie einarbeiten möchte, dem sei die Literatur des genannten Buchs ans Herz gelegt. Zunächst erfolgt eine Übersicht aller Kommandos in alphabetischer Reihenfolge, die in diesem Kapitel beschrieben werden. Dabei handelt es sich im Allgemeinen um Befehle, die in einem Ubuntu Standardsystem zur Verfügung stehen. Sollte der eine oder andere Befehl auf Ihrem System nicht zu finden sein, so suchen Sie am besten über Synaptic das Paket, welches die entsprechende Funkton zur Verfügung stellt, und installieren dieses.

Kommando	Bedeutung
accept	Druckerwarteschlange auf »empfangsbereit« setzen
alias	Kurznamen für Kommandos vergeben
apropos	Nach Schlüsselwörtern in man-Seiten suchen
arp	Ausgeben von MAC-Adressen
at	Kommando zu einem bestimmten Zeitpunkt ausführen lassen
badblocks	Überprüft, ob ein Datenträger defekte Sektoren beinhaltet
basename	Gibt den Dateianteil eines Pfadnamens zurück
batch	Kommando irgendwann später ausführen lassen
bc	Taschenrechner
bg	Einen angehaltenen Prozess im Hintergrund fortsetzen
bzcat	Ausgabe von bzip2-komprimierten Dateien
bzip2, bunzip2	(De-)Komprimieren von Dateien
cal	Zeigt einen Kalender an
cancel	Druckaufträge stornieren

Kommando	Bedeutung
cat	Datei(en) nacheinander ausgeben
cdrecord	Daten auf eine CD brennen
cd	Verzeichnis wechseln
cfdisk	Partitionieren von Festplatten
chgrp	Gruppe von Dateien oder Verzeichnissen ändern
cksum, sum	Eine Prüfsumme für eine Datei ermitteln
chmod	Zugriffsrechte von Dateien oder Verzeichnissen ändern
chown	Eigentümer von Dateien oder Verzeichnissen ändern
clear	Löschen des Bildschirms
cmp	Dateien miteinander vergleichen
comm	Zwei sortierte Textdateien miteinander vergleichen
(un)compress	(De-)Komprimieren von Dateien
cp	Dateien kopieren
cpio	Dateien und Verzeichnisse archivieren
cron, crontab	Programme in bestimmten Zeitintervallen ausführen lassen
csplit	Zerteilen von Dateien (kontextabhängig)
cut	Zeichen oder Felder aus Dateien herausschneiden
date	Datum und Uhrzeit
dd	Datenblöcke zwischen Devices kopieren (Low Level)
df	Erfragen, wie viel Speicherplatz die Filesysteme benötigen
diff	Vergleicht zwei Dateien
diff3	Vergleicht drei Dateien
dig	DNS-Server abfragen
dirname	Verzeichnisanteil eines Pfadnamens zurückgeben
disable	Drucker deaktivieren
dos2unix	Dateien vom DOS ins UNIX-Format umwandeln
du	Größe eines Verzeichnisbaums ermitteln
dumpe2fs	Zeigt Informationen über ein ext2/ext3-Dateisystem an
dvips	DVI-Dateien umwandeln nach Postscript
e2fsck	Repariert ein ext2/ext3-Dateisystem
enable	Drucker aktivieren
enscript	Textdatei umwandeln nach Postscript

Kommando	Bedeutung
exit	Eine Session (Sitzung) beenden
expand	Tabulatoren in Leerzeichen umwandeln
fdformat	Formatiert eine Diskette
fdisk	Partitionieren von Festplatten
fg	Einen angehaltenen Prozess im Vordergrund fortsetzen
file	Den Dateityp ermitteln
find	Suchen nach Dateien und Verzeichnissen
finger	Informationen zu anderen Benutzern abfragen
fold	Einfaches Formatieren von Dateien
free	Verfügbaren Speicherplatz (RAM und Swap) anzeigen
fsck	Reparieren und Überprüfen von Dateisystemen
ftp	Dateien von und zu einem anderen Rechner übertragen
groupadd	Eine neue Gruppe anlegen
groupdel	Löschen einer Gruppe
groupmod	Group-ID und/oder Name ändern
groups	Gruppenzugehörigkeit ausgeben
growisofs	Frontend für mkisofs zum Brennen von DVDs
gs	PostScript- und PDF-Dateien konvertieren
gzip, gunzip	(De-)Komprimieren von Dateien
halt	Alle laufenden Prozesse beenden
hd	Datei hexadezimal bzw. oktal ausgeben
head	Anfang einer Datei ausgeben
hostname	Name des Rechners ausgeben
id	Eigene Benutzer- und Gruppen-ID ermitteln
ifconfig	Netzwerkzugang konfigurieren
info	GNU-Online-Manual
jobs	Anzeigen angehaltener bzw. im Hintergrund laufender Prozesse
killall	Signale an Prozesse mit einem Prozessnamen senden
kill	Signale an Prozesse mit einer Prozessnummer senden
last	An- und Abmeldezeit eines Benutzers ermitteln
less	Datei(en) seitenweise ausgeben

Kommando	Bedeutung
`line`	Eine Zeile von der Standardeingabe einlesen
`ln`	Links auf eine Datei erzeugen
`logname`	Name des aktuellen Benutzers anzeigen
`logout`	Beenden einer Session (Sitzung)
`lpadmin`	Verwaltungsprogramm für das CUPS-Print-Spooler-System
`lp`	Ausgabe auf dem Drucker mit dem Print-Spooler
`lpc`	Steuerung von Druckern
`lphelp`	Optionen eines Druckers ausgeben
`lpmove`	Druckerauftrag zu einem anderen Drucker verschieben
`lpq`	Druckerwarteschlange anzeigen
`lpr`	Dateien auf den Drucker ausgeben
`lprm`	Druckaufträge in der Warteschlange stornieren
`lpstat`	Status der Aufträge anzeigen
`ls`	Verzeichnisinhalt auflisten
`mail`	E-Mails schreiben und empfangen
`man`	Die traditionelle Online-Hilfe für Linux
`md5sum`	Eine Prüfsumme für eine Datei ermitteln
`mesg`	Nachrichten auf die Dialogstation zulassen oder unterbinden
`mkdir`	Ein Verzeichnis anlegen
`mkfs`	Dateisystem einrichten
`mkisofs`	Erzeugt ein ISO9660/JOLIET/HFS-Dateisystem
`mkreiserfs, mkreiser4`	Ein ReiserFS(4)-Dateisystem anlegen
`mkswap`	Eine Swap-Partition einrichten
`more`	Datei(en) seitenweise ausgeben
`mount`	Einbinden eines Dateisystems
`mt`	Streamer steuern
`mv`	Datei(en) und Verzeichnisse verschieben oder umbenennen
`netstat`	Statusinformationen über das Netzwerk
`newgrp`	Gruppenzugehörigkeit kurzzeitig wechseln
`nice`	Prozesse mit anderer Priorität ausführen lassen
`nl`	Datei mit Zeilennummer ausgeben

Kommando	Bedeutung
nohup	Prozesse beim Beenden einer Sitzung weiterlaufen lassen
nslookup	DNS-Server abfragen (künftig ist dig zu verwenden)
od	Datei(en) hexadezimal bzw. oktal ausgeben
parted	Partitionen anlegen, verschieben, vergrößern oder verkleinern
passwd	Passwort ändern bzw. vergeben
paste	Dateien spaltenweise verknüpfen
patch	Pakete upgraden
pdf2ps	Umwandeln von PDF nach PostScript
ping	Verbindung zu anderem Rechner testen
printenv	Umgebungsvariablen anzeigen
ps2ascii	Umwandeln von PostScript nach ASCII
ps2pdf	Umwandeln von PostScript nach PDF
ps	Prozessinformationen anzeigen
pstree	Prozesshierachie in Baumform ausgeben
pwd	Ausgeben des aktuellen Arbeitsverzeichnisses
rcp	Dateien im Netz kopieren
rdev	Kernel-Datei verändern
reboot	Alle laufenden Prozesse beenden und System neu starten
reiserfsck	Reparieren und Überprüfen von Dateisystemen
reject	Warteschlange für weitere Aufträge sperren
renice	Priorität laufender Prozesse verändern
reset	Zeichensatz für ein Terminal wiederherstellen
rlogin	Auf anderem Netzrechner einloggen
rm	Dateien und Verzeichnisse löschen
rmdir	Ein leeres Verzeichnis löschen
rsh	Programme auf entferntem Rechner ausführen
rsync	Replizieren von Dateien und Verzeichnissen
init	Runlevel wechseln
setterm	Terminal-Einstellung verändern
shutdown	System herunterfahren
sleep	Prozesse suspendieren (schlafen legen)
sort	Dateien sortieren

Kommando	Bedeutung
`split`	Dateien in mehrere Teile zerlegen
`ssh`	Sichere Shell auf anderem Rechner starten
`stty`	Terminal-Einstellung abfragen oder setzen
`su`	Ändern der Benutzerkennung (ohne Neuanmeldung)
`sudo`	Ein Programm als anderer Benutzer ausführen
`swapoff`	Swap-Datei oder Partition deaktivieren
`swapon`	Swap-Datei oder Partition aktivieren
`swap`	Swap-Space anzeigen
`sync`	Alle gepufferten Schreiboperationen ausführen
`tac`	Dateien rückwärts ausgeben
`tail`	Ende einer Datei ausgeben
`tar`	Dateien und Verzeichnisse archivieren
`tee`	Ausgabe duplizieren
`time`	Zeitmessung für Prozesse
`top`	Prozesse nach CPU-Auslastung anzeigen
`touch`	Anlegen von Dateien oder Zeitstempel verändern
`tput`	Terminal- und Cursorsteuerung
`traceroute`	Route zu einem Rechner verfolgen
`tr`	Zeichen ersetzen bzw. Umformen von Dateien
`tsort`	Dateien topologisch sortieren
`tty`	Terminal-Name erfragen
`type`	Kommandos bzw. Dateien klassifizieren
`umask`	Dateierstellungsmaske ändern bzw. ausgeben
`umount`	Ausbinden eines Dateisystems
`unalias`	Einen Kurznamen löschen
`uname`	Rechnername, Architektur und OS ausgeben
`uniq`	Doppelte Zeilen nur ein Mal ausgeben
`unix2dos`	Dateien vom UNIX- ins DOS-Format umwandeln
`uptime`	Laufzeit des Rechners
`useradd, adduser`	Einen neuen Benutzer anlegen
`userdel`	Einen Benutzer löschen
`usermod`	Eigenschaften eines Benutzers ändern

Kommando	Bedeutung
wall	Nachrichten an alle Benutzer verschicken
wc	Zeichen, Wörter und Zeichen einer Datei zählen
whatis	Kurzbeschreibung zu einem Kommando
whereis	Suchen nach Dateien innerhalb von PATH
whoami	Name des aktuellen Benutzers anzeigen
who	Eingeloggte Benutzer anzeigen
write	Nachrichten an andere Benutzer verschicken
zcat	Ausgabe von gunzip-komprimierten Dateien
zip, unzip	(De-) Komprimieren von Dateien
zless	gunzip-komprimierte Dateien seitenweise ausgeben
zmore	gunzip-komprimierte Dateien seitenweise ausgeben

Die Befehle werden nach folgenden Themenschwerpunkten geordnet besprochen:

- Dateiorientierte Kommandos
- Verzeichnisorientierte Kommandos
- Verwaltung von Benutzern und Gruppen
- Programm- und Prozessverwaltung
- Speicherplatzinformationen
- Dateisystem-Kommandos
- Archivierung und Backup
- Systeminformationen
- System-Kommandos
- Druckeradministration
- Netzwerkbefehle
- Benutzerkommunikation
- Bildschirm- und Terminal-Kommandos
- Online-Hilfen
- Alles rund um PostScript-Kommandos

15.2 Die Befehle im Detail

15.2.1 Dateiorientierte Kommandos

bzcat – Ausgabe von bzip2-komprimierten Dateien

Mit bzcat können Sie die Inhalte von `bzip2`-komprimierten Dateien ausgeben, ohne dass Sie hierbei die komprimierte Datei dekomprimieren müssen. Dies ist z.B. auch ein Grund, warum Sie mit einem Dateibrowser wie z.B. Nautilus den Inhalt einer komprimierten Datei sehen und sogar lesen können, obwohl Sie diese noch gar nicht dekomprimiert haben. Ansonsten funktioniert `bzcat` wie `cat`.

cat – Datei(en) nacheinander ausgeben

Mit diesem Kommando werden gewöhnlich Dateien ausgegeben. Geben Sie `cat` beim Aufruf keine Dateien zum Lesen als Argument mit, liest `cat` so lange aus der Standardeingabe, bis [STRG] + [D] (End of File) betätigt wurde.

Verwendung	Bedeutung
`cat file`	Gibt den Inhalt von file aus
`cat file	kommando`	Gibt den Inhalt von file via Pipe an die Standardeingabe von kommando weiter
`cat file1 file2 > file_all`	Dateien aneinander hängen
`cat > file`	Schreibt alle Zeilen, die von der Tastatur eingegeben wurden, in die Datei file, bis [STRG] + [D] betätigt wurde

chgrp – Gruppe ändern

Mit `chgrp` ändern Sie die Gruppenzugehörigkeit einer Datei oder eines Verzeichnisses. Dieses Kommando bleibt somit nur dem Eigentümer einer Datei / eines Verzeichnisses oder dem Superuser vorbehalten. Als Eigentümer können Sie außerdem nur diejenigen Dateien oder Verzeichnisse einer bestimmten Gruppe zuordnen, der Sie selbst auch angehören.

Wollen Sie die Gruppenzugehörigkeit aller Dateien in einem Verzeichnis mit allen Unterverzeichnissen ändern, dann bietet sich hierzu die Option -R (für rekursiv) an.

cksum/md5sum/sum – Prüfsummen ermitteln

Mit diesen Funktionen errechnet man die CRC-(*cyclic redundancy check*) Prüfsumme und die Anzahl Bytes (Anzahl Bytes gilt nur für `cksum`) für eine Datei). Wird keine Datei angegeben, liest `cksum` diejenige aus der Standardeingabe, bis STRG + D betätigt wurde, und berechnet hieraus die Prüfsumme.

Diese Kommandos werden häufig eingesetzt um festzustellen, ob zwei Dateien identisch sind. So kann z.B. überprüft werden, ob eine Datei, die Sie aus dem Internet geladen haben, auch korrekt übertragen wurde. Voraussetzung hierfür ist natürlich, dass Sie die Prüfsumme der Quelle kennen. Häufig findet man die Anwendung einer MD5-Prüfsumme beim Herunterladen von Ubuntu-ISO-Abbildern. Ein anderer Anwendungsfall wäre das Überprüfen auf Virenbefall. Hiermit kann ermittelt werden, ob sich jemand an einer Datei zu schaffen gemacht hat, beispielsweise:

```
user$ cksum data.conf
2935371588 51 data.conf
user$ cksum data.conf
2935371588 51 data.conf
user$ echo Hallo >> data.conf
user$ cksum data.conf
966396470 57 data.conf
```

Im obigen Beispiel sieht man eine Konfigurationsdatei `data.conf`, bei der zweimal mit `cksum` derselbe Wert (nur zur Demonstration) berechnet wurde. Kurz darauf wurde am Ende dieser Datei ein Text angehängt und erneut `cksum` ausgeführt. Jetzt erhalten Sie eine andere Prüfsumme. Voraussetzung, dass dieses Prinzip funktioniert, ist natürlich auch eine Datei oder Datenbank, die solche Prüfsummen zu den entsprechenden Dateien speichert. Dabei können Sie auch zwei Dateien auf einmal eingeben, um die Prüfsummen zu vergleichen:

```
user$ cksum data.conf data.conf~bak
966396470 57 data.conf
2131264154 10240 data.conf~bak
```

`cksum` ist gegenüber `sum` zu bevorzugen, da diese Version neuer ist und auch dem POSIX.2-Standard entspricht. Beachten Sie allerdings, dass alle drei Versionen zum Berechnen von Prüfsummen (`sum`, `cksum` und `md5sum`) untereinander inkompatibel sind und andere Prüfsummen als Ergebnis berechnen:

```
user$ sum data.conf
20121    1
user$ cksum data.conf
966396470 57 data.conf
user$ md5sum data.conf
5a04a9d083bc0b0982002a2c8894e406  data.conf
```

Noch ein beliebter Anwendungsfall von md5sum:

```
user$ cd /bin; md5 'ls -R /bin' | md5
```

Wenn sich jetzt jemand am Verzeichnis /bin zu schaffen gemacht hat, merkt man dies relativ schnell. Am besten lässt man hierbei einen cron-Job laufen und sich gegebenenfalls täglich per E-Mail benachrichtigen.

chmod – Zugriffsrechte ändern

Mit chmod setzen oder verändern Sie die Zugriffsrechte auf Dateien oder Verzeichnisse. Die Benutzung von chmod ist selbstverständlich nur dem Dateieigentümer und dem Superuser gestattet. Die Bedienung von chmod dürfte jedem Systemadministrator geläufig sein, weil es ein sehr häufig verwendetes Kommando ist. chmod kann sehr flexibel eingesetzt werden. Man kann z. B. einen numerischen Wert verwenden[1]:

```
user$ chmod 755 file
```

oder

```
user$ chmod 0755 file
```

Einfacher anzuwenden ist chmod über eine symbolische Angabe wie:

```
user$ chmode u+x file
```

Hier bekommt der User (u; Eigentümer) der Datei file das Ausführrecht (+x) erteilt.

```
user$ chmod g-x file
```

Damit wurde der Gruppe (g) das Ausführrecht entzogen (-x). Wollen Sie hingegen allen Teilnehmern (a) ein Ausführrecht erteilen, dann geht dies so:

```
user$ chmod a+x file
```

---

1 Ggf. ist dem jeweiligen Befehl ein sudo voranzustellen, da man für die Veränderung von Systemdateirechten als Administrator operieren muss.

Mit chmod können Sie auch die Spezialbits setzen (SUID, SGUID oder Sticky). Wollen Sie z.B. für eine Datei das setuid-(*Set-User-ID*)-Bit setzen, funktioniert dies folgendermaßen:

```
user$ chmod 4744 file
```

Das setgid-(*Set Group ID*)Bit hingegen setzen Sie mit »2xxx«. Zu erwähnen ist auch die Option -R, mit der Sie ein Verzeichnis rekursiv durchlaufen und alle Dateien, die sich darin befinden, entsprechend den neu angegebenen Rechten ändern.

chown – Eigentümer ändern

Mit chown können Sie den Eigentümer von Dateien oder Verzeichnissen ändern. Als neuen Eigentümer kann man entweder den Login-Namen oder die User-ID angeben. Name oder Zahl müssen selbstverständlich in der Datei /etc/passwd vorhanden sein. Dieses Kommando kann wiederum nur vom Eigentümer selbst oder dem Superuser aufgerufen und auf Dateien bzw. Verzeichnisse angewendet werden.

```
user$ chown john file1 file2
```

Hier wird der User »john« Eigentümer der Datei file1 und file2. Wollen Sie auch hier ein komplettes Verzeichnis mitsamt den Unterverzeichnissen erfassen, so kann auch hierbei die Option -R verwendet werden. Wollen Sie sowohl den Eigentümer als auch die Gruppe einer Datei ändern, nutzen Sie folgende Syntax:

```
user$ chown john:user file1 file2
```

cmp – Dateien miteinander vergleichen

Mit der Funktion cmp vergleichen Sie zwei Dateien Byte für Byte miteinander und erhalten die dezimale Position und Zeilennummer vom ersten Byte zurück, bei dem sich beide Dateien unterscheiden. cmp vergleicht auch Binärdateien. Sind beide Dateien identisch, erfolgt keine Ausgabe.

```
user$ cmp out.txt textfile.txt
out.txt textfile.txt differieren: Byte 52, Zeile 3.
```

comm – Zwei sortierte Textdateien vergleichen

Mit comm vergleichen Sie zwei sortierte Dateien und geben die gemeinsamen und die unterschiedlichen Zeilen jeweils in Spalten aus, indem die zweite und dritte Spalte von einem bzw. zwei Tabulatorenvorschüben angeführt werden.

```
user$ comm [-123] file1 file2
```

Die erste Spalte enthält die Zeilen, die nur in der Datei `file1` enthalten sind. Die zweite Spalte hingegen beinhaltet die Zeilen, die in der zweiten Datei `file2` enthalten sind, und die dritte Spalte die Zeilen, die in beiden Dateien enthalten sind.

```
user$ cat file1.txt
# wichtige Initialisierungsdatei
# noch eine Zeile
Hallo
user$ cat file2.txt
# wichtige Initialisierungsdatei
# noch eine Zeile
Hallo
user$ comm file1.txt file2.txt
            # wichtige Initialisierungsdatei
            # noch eine Zeile
            Hallo
user$ echo "Neue Zeile" >> file2.txt
user$ comm file1.txt file2.txt
            # wichtige Initialisierungsdatei
            # noch eine Zeile
            Hallo
      Neue Zeile
user$ comm -3 file1.txt file2.txt
      Neue Zeile
```

In der letzten Zeile ist außerdem zu sehen, wie Sie mit dem Schalter `-3` die Ausgabe der dritten Spalte ganz abschalten, um nur die Differenzen beider Dateien zu erkennen. `comm` arbeitet zeilenweise, weshalb hier keine Vergleiche mit binären Dateien möglich sind. Weitere Schalterstellungen und ihre Bedeutung sind:

Verwendung	Bedeutung
`-23 file1 file2`	Es werden nur Zeilen ausgegeben, die in `file1` vorkommen.
`-123 file1 file2`	Es wird keine Ausgabe erzeugt.

cp – Dateien kopieren

Den Befehl cp zum Kopieren von Dateien und Verzeichnissen haben Sie schon des Öfteren verwendet, daher hier nur noch eine Auflistung der gängigsten Verwendungen.

Verwendung	Bedeutung
`cp file newfile`	Es wird mit `newfile` eine Kopie von `file` erzeugt.
`cp -p file newfile`	`newfile` erhält dieselben Zugriffsrechte, Eigentümer und Zeitstempel.
`cp -r dir newdir`	Es wird ein komplettes Verzeichnis rekursiv (`-r`) kopiert.
`cp file1 file2 file3 dir`	Es werden mehrere Dateien in ein Verzeichnis `dir` kopiert.

csplit – Zerteilen von Dateien

Mit `csplit` können Sie eine Datei in mehrere Teile aufteilen. Als Trennstelle kann hierbei ein Suchmuster, also auch ein regulärer Ausdruck angegeben werden. Dabei werden aus einer Eingabedatei mehrere Ausgabedateien erzeugt, deren Inhalt vom Suchmuster abhängig gemacht werden kann. Ein Beispiel:

```
user$ csplit Kapitel20.txt /Abschnitt 1/ \
/Abschnitt 2/ /Abschnitt 3/
```

Hier wird das `Kapitel20.txt` in vier Teile aufgeteilt. Zunächst vom Anfang bis zum »Abschnitt 1«, als Nächstes von »Abschnitt 1« bis »Abschnitt 2«, dann »Abschnitt 2« bis »Abschnitt 3« und zu guter Letzt »Abschnitt 3« bis »Abschnitt4«. Hier können Sie allerdings auch einzelne Zeilen angeben, ab denen Sie eine Datei teilen wollen:

```
user$ csplit -f Abschnitt Kapitel20.txt 20 40
```

Hier haben Sie mit der Option `-f` veranlasst, dass statt eines Dateinamens wie »xx01«, »xx02« ... »xx99« dem darauf folgenden Namen eine Datei wie »Abschnitt01«, »Abschnitt02« usw. erzeugt wird. Hier zerteilen Sie die Datei `Kapitel20.txt` in drei Dateien: »Abschnitt01« (Zeile 1-20), »Abschnitt02« (Zeile 21-40) und »Abschnitt03« (Zeile 41 bis zum Ende). Sie können mit {n} am Ende auch angeben, dass ein bestimmter Ausdruck n-mal angewendet werden soll. Beispiel:

```
user$ csplit -k /var/spool/mail/$LOGNAME /^From / 100
```

Hier zerteilen Sie in Ihrer Mailbox die einzelnen E-Mails in die einzelnen Dateien »xx01«, »xx02« ...»xx99«. Jeder Brief einer E-Mail im mbox-Format beginnt mit »From«, weshalb dies als Trennzeichen für die einzelnen Dateien dient. Weil Sie wahrscheinlich nicht genau wissen, wie viele Mails in Ihrer Mailbox liegen, können Sie durch die Angabe einer relativ hohen Zahl zusammen mit der Option -k erreichen, dass alle Mails getrennt und nach einem eventuell vorzeitigen Scheitern die bereits erzeugten Dateien nicht wieder gelöscht werden.

cut – Zeichen oder Felder aus Dateien schneiden

Mit cut schneiden Sie bestimmte Teile aus einer Datei heraus. Dabei liest cut von der angegebenen Datei und gibt die Teile auf dem Bildschirm aus, die Sie als gewählte Option und per Wahl des Bereichs verwendet haben. Ein Bereich ist eine durch ein Komma getrennte Liste von einzelnen Zahlen bzw. Zahlenbereichen. Diese Zahlenbereiche werden in der Form »a–z« angegeben. Wird a oder z weggelassen, so wird hierzu der Anfang bzw. das Ende einer Zeile verwendet.

diff – Vergleichen zweier Dateien

diff vergleicht den Inhalt von zwei Dateien. Da diff zeilenweise vergleicht, sind keine binären Dateien erlaubt. Ein Beispiel:

```
user$ diff file1.txt file2.txt
2a3
> neueZeile
```

Hier wurden die Dateien file1.txt und file2.txt miteinander verglichen. Die Ausgabe »2a3« besagt lediglich, dass Sie in der Datei file1.txt zwischen der Zeile 2 und 3 die Zeile »neueZeile« einfügen (a = append) müssten, damit die Datei exakt mit der Datei file2.txt übereinstimmt. Ein weiteres Beispiel:

```
user$ diff file1.txt file2.txt
2c2
< zeile2
---
> zeile2 wurde verändert
```

Hier bekommen Sie mit »2c2« die Meldung, dass die zweite Zeile unterschiedlich (c = change) ist. Die darauf folgende Ausgabe zeigt auch den Unterschied dieser Zeile an. Eine sich öffnende spitze Klammer (<) zeigt file1.txt und die sich schließende spitze Klammer bezieht sich auf file2.txt. Und eine dritte Möglichkeit, die Ihnen diff meldet, wäre:

```
user$ diff file1.txt file2.txt
2d1
< zeile2
```

Hier will Ihnen diff sagen, dass die zweite Zeile in file2.txt fehlt (d = delete) bzw. gelöscht wurde. Daraufhin wird die entsprechende Zeile auch ausgegeben. Natürlich beschränkt sich die Verwendung von diff nicht ausschließlich auf Dateien. Mit der Option -r können Sie ganze Verzeichnisse miteinander vergleichen:

```
user$ diff -r dir1 dir2
```

diff3 – Vergleich von drei Dateien

Die Funktion entspricht etwa der von diff, nur dass Sie hierbei drei Dateien Zeile für Zeile miteinander vergleichen können. Folgendes besagt die Ausgabe von diff3:

```
user$ diff3 file1 file2 file3
```

Ausgabe	Bedeutung
====	Alle drei Dateien sind unterschiedlich.
====1	file1 ist unterschiedlich.
====2	file2 ist unterschiedlich.
====3	file3 ist unterschiedlich.

dos2unix – Dateien umwandeln

Mit dos2unix können Sie Textdateien vom DOS- in das UNIX-Format umwandeln. Alternativ gibt es außerdem noch den Befehl mac2unix, mit dem Sie Textdateien vom MAC- in das UNIX-Format konvertieren können.

```
user$ dos2unix file1.txt file2.txt
dos2unix: converting file file1.txt to UNIX format...
dos2unix: converting file file2.txt to UNIX format...
```

expand – Tabulatoren in Leerzeichen umwandeln

expand ersetzt alle Tabulatoren einer Datei durch eine Folge von Leerzeichen. Standardmäßig sind dies acht Leerzeichen, allerdings kann dieser Wert explizit mit einem Schalter verändert werden. Wollen Sie z.B., dass alle Tabulatorzeichen mit nur drei Leerzeichen ersetzt werden, erreichen Sie dies folgendermaßen:

```
user$ expand -3 file
```

Allerdings erlaubt `expand` nicht das vollständige Entfernen von Tabulatorenzeichen – sprich ein Schalter mit -0 gibt eine Fehlermeldung zurück. Hierzu können Sie alternativ z.B. das Kommando `tr` verwenden.

file – den Inhalt von Dateien analysieren

Das Kommando `file` versucht, die Art oder den Typ einer von Ihnen angegebenen Datei zu ermitteln. Hierzu führt `file` einen Dateisystemtest, einen Kennzahlentest und einen Sprachtest durch. Je nach Erfolg wird eine entsprechende Ausgabe des Tests vorgenommen. Der Dateisystemtest wird mithilfe des Systemaufrufes `stat(2)` ausgeführt. Dieser Aufruf erkennt viele Arten von Dateien. Der Kennzahlentest wird anhand von festgelegten Kennzahlen (meist enthalten in der Datei /etc/magic) durchgeführt. In dieser Datei steht beispielsweise geschrieben, welche Bytes einer Datei zu untersuchen sind und auf welches Muster man dann den Inhalt dieser Datei zurückführen kann. Am Ende erfolgt noch ein Sprachtest. Hier versucht `file`, eine Programmiersprache anhand von Schlüsselwörtern zu erkennen.

```
user$ cat > hallo.c
#include <stdio.h>
int main(void) {
   printf("Hallo Welt\n");
   return 0;
}
STRG + D
user$ file hallo.c
hallo.c: ASCII C program text
user$ gcc -o hallo hallo.c
user$ ./hallo
Hallo Welt
user$ file hallo
hallo: ELF 32-bit LSB executable, Intel 80386,
version 1 (SYSV), for GNU/Linux 2.2.0, dynamically
linked (uses shared libs), not stripped
```

find – Suchen nach Dateien

Zum Suchen nach Dateien wird häufig auf das Kommando `find` zurückgegriffen. `find` durchsucht eine oder mehrere Verzeichnisebenen nach Dateien mit einer bestimmten vorgegebenen Eigenschaft. Die Syntax zu `find`:

```
find [Verzeichnis] [-Option ...] [-Test ...] \
[-Aktion ...]
```

Die Optionen, Tests und Aktionen können Sie mit Operatoren zusammenfassen. Dabei wertet `find` jede Datei in den Verzeichnissen hinsichtlich der Optionen, Tests und Aktionen von links nach rechts aus, bis ein Wert unwahr ist oder die Kommandozeilenargumente zu Ende sind. Wenn kein Verzeichnis angegeben wird, wird das aktuelle Verzeichnis verwendet. Wenn keine Aktion angegeben ist, wird meistens `-print` (abhängig von einer eventuell angegebene Option) für die Ausgabe auf dem Bildschirm verwendet. Hierzu einige Beispiele.

Alle Verzeichnisse und Unterverzeichnisse ab dem Heimverzeichnis ausgeben:

```
user$ find $HOME
```

Gibt alle Dateien mit dem Namen »kapitel« aus dem Verzeichnis (und dessen Unterverzeichnisse) /dokus aus:

```
user$ find /dokus -name kapitel
```

Gibt alle Dateien aus dem Verzeichnis (und dessen Unterverzeichnisse) dokus mit dem Namen »kap...«, bei denen »you« der Eigentümer ist, aus:

```
user$ find /dokus /usr -name 'kap*' -user you
```

Damit durchsuchen Sie ab dem Wurzelverzeichnis nach einem Verzeichnis (`-type d` = directory) mit dem Namen »dok...« und geben dies auf dem Bildschirm aus:

```
user$ find / -type d -name 'dok*'
```

Sucht leere Dateien (`size = 0`) und löscht diese nach einer Rückfrage (`-ok`):

```
user$ find / -size 0 -ok rm  \;
```

Gibt alle Dateien ab dem Wurzelverzeichnis aus, die in den letzten sieben Tagen verändert wurden:

```
user$ find / -mtime -7
```

fold – einfaches Formatieren von Dateien

Mit `fold` können Sie Textdateien ab einer bestimmten Zeilenlänge umbrechen. Standardmäßig sind hierbei 80 Zeichen pro Zeile eingestellt. Da `fold` die Bildschirmspalten und nicht die Zeichen zählt, werden auch Tabulatorzeichen korrekt behandelt. Wollen Sie etwa eine Textdatei nach 50 Zeichen umbrechen, gehen Sie folgendermaßen vor:

```
user$ fold -50 Kap003.txt
...
Sicherlich erscheint Ihnen das Ganze nicht sonderl
ich elegant oder sinnvoll, aber bspw. in Schleifen
eingesetzt, können Sie hierbei hervorragend alle A
rgumente der Kommandozeile zur Verarbeitung von Op
tionen heranziehen. Als Beispiel ein kurzer theoreti
scher Code-Ausschnitt, wie so etwas in der Praxis
realisiert werden kann.
```

Allerdings kann man an der Ausgabe erkennen, dass einfach die Wörter abgeschnitten und in der nächsten Zeile fortgeführt werden. Wollen Sie dies unterbinden, können Sie die Option `-s` verwenden. Damit findet der Zeilenumbruch beim letzten Leerzeichen der Zeile statt, wenn in der Zeile ein Leerzeichen vorhanden ist.

```
user$ fold -s -50 Kap003.txt
...
Sicherlich erscheint Ihnen das Ganze nicht
sonderlich elegant oder sinnvoll, aber bspw. in
Schleifen eingesetzt, können Sie hierbei
hervorragend alle Argumente der Kommandozeile zur
Verarbeitung von Optionen heranziehen. Als Beispiel
ein kurzer theoretischer Code-Ausschnitt, wie so
etwas in der Praxis realisiert werden kann.
```

Ein recht typischer Anwendungsfall ist es, Text für eine E-Mail zu formatieren:

```
user$ fold -s -72 text.txt | \
mail -s "Betreff" name@host.de
```

head – Anfang einer Datei ausgeben

Mit der Funktion `head` geben Sie immer die ersten Zeilen einer Datei auf dem Bildschirm aus. Standardmäßig werden dabei die ersten zehn Zeilen ausgegeben. Wollen Sie selbst bestimmen, wie viele Zeilen vom Anfang der Datei ausgegeben werden sollen, können Sie dies explizit mit -n angeben:

```
user$ head -5 file
```

ES erscheinen die ersten fünf Zeilen von `file` auf dem Bildschirm.

less – Datei(en) seitenweise ausgeben

Mit `less` geben Sie eine Datei seitenweise auf dem Bildschirm aus. Der Vorteil von `less` gegenüber `more` ist, dass Sie mit `less` auch zurückblättern können. Da `less` von der Standardeingabe liest, ist so auch eine Umleitung eines anderen Kommandos mit einer Pipe möglich. Mit der Leertaste blättern Sie eine Seite weiter und mit (B) können Sie jeweils eine Seite zurückblättern. Die meisten less-Versionen bieten außerdem das Scrollen nach unten bzw. oben mit den Pfeiltasten an. Mit (Q) wird `less` beendet. `less` bietet außerdem eine Unmenge von Optionen und weiterer Features an, über die Sie sich durch Drücken von (H) informieren können.

ln – Links auf eine Datei erzeugen

Wenn eine Datei erzeugt wird, werden im Verzeichnis der Name, ein Verweis auf eine Inode, die Zugriffsrechte, der Dateityp und gegebenenfalls die Anzahl der belegten Blöcke eingetragen. Mit `ln` wiederum wird ein neuer Eintrag im Verzeichnis abgelegt, der auf die Inode einer existierenden Datei zeigt. Man spricht dabei von einem Hardlink. Er wird standardmäßig ohne weitere Angaben angelegt. Es ist allerdings nicht möglich, diese Hardlinks über Dateisystemgrenzen hinweg anzulegen. Hierzu müssen Sie einen symbolischen Link mit der Option -s erzeugen:

```
user$ ln -s filea fileb
```

Damit haben Sie einen symbolischen Link auf die bestehende Datei `filea` mit dem Namen `fileb` angelegt. Wollen Sie hingegen einen Hardlink auf die bestehende Datei `filea` mit dem Namen `fileb` anlegen, so gehen Sie wie folgt vor:

```
user$ ln filea fileb
```

ls – Verzeichnisinhalt auflisten

Mit `ls` wird der Inhalt eines Verzeichnisses auf dem Dateisystem angezeigt. Wer sich den Inhalt eines Verzeichnisses inklusive versteckter Dateien anzeigen lassen möchte, verwendet folgende Optionen:

```
user$ ls -lah <Verzeichnisname>
```

more – Datei(en) seitenweise ausgeben

`more` wird genauso eingesetzt wie `less`, und zwar zum seitenweisen Lesen von Dateien. Allerdings bietet `less` gegenüber `more` erheblich mehr Features und Funktionalitäten an.

mv – Datei(en) verschieben oder umbenennen

Mit mv können Sie eine oder mehrere Dateien bzw. Verzeichnisse verschieben oder umbenennen.

Verwendung	Bedeutung
`mv file filenew`	Eine Datei umbenennen
`mv file dir`	Eine Datei in ein Verzeichnis verschieben
`mv dir dirnew`	Ein Verzeichnis in ein anderes Verzeichnis verschieben

nl – Datei mit Zeilennummer ausgeben

Mit `nl` geben Sie die Zeilen einer Datei mit deren Nummer auf dem Bildschirm aus. Dabei ist nl nicht nur ein »dummer« Zeilenzähler, sondern kann die Zeilen einer Seite auch in einen Header, Body und einen Footer unterteilen und in unterschiedlichen Stilen nummerieren, zum Beispiel:

```
user$ ls | nl -w3 -s') '
  1) abc
  2) bin
  3) cxoffice
  4) Desktop
  5) Documents
  6) file1.txt
...
```

Wenn Sie mehrere Dateien verwenden, beginnt die Nummerierung allerdings nicht mehr neu, dann werden mehrere Dateien wie eine behandelt. Die Zeilennummer wird nicht zurückgesetzt. Ein weiteres Beispiel:

```
user$ nl hallo.c -s' : ' > hallo_line
user$ cat hallo_line
     1 : #include <stdio.h>

     2 : int main(void) {
     3 :     printf("Hallo Welt\n");
     4 :     return 0;
     5 : }
```

Mit der Option -s (optional) geben Sie das Zeichen an, das zwischen der Zeilennummer und der eigentlichen Zeile stehen soll.

od – Datei(en) hexadezimal bzw. oktal ausgeben

od liest von der Standardeingabe eine Datei ein und gibt diese – Byte für Byte – formatiert und kodiert auf dem Bildschirm aus. Standardmäßig wird dabei die siebenstellige Oktalzahl in je acht Spalten zu zwei Bytes verwendet[2]:

```
user$ od file1.txt
0000000 064546 062554 035061 062572 066151 030545
0000020 030545 075072 064545 062554 005062 064546
0000040 062572 066151 031545 000012
0000047
```

Jede Zeile enthält in der ersten Spalte die Positionsnummer in Bytes vom Dateianfang an. Mit der Option -h erfolgt die Ausgabe in hexadezimaler und mit -c in ASCII-Form.

rm – Dateien und Verzeichnisse löschen

Mit dem Kommando rm können Sie Dateien und Verzeichnisse löschen. Die folgende Tabelle listet einige Möglichkeiten auf.

Verwendung	Bedeutung
rm datei	Löscht eine Datei
rm dir	Löscht ein leeres Verzeichnis
rm -r dir	Löscht ein Verzeichnis rekursiv
rm -rf dir	Erzwingt rekursives Löschen (ohne Warnung)

---

2 Aus Gründen der Darstellung wurde eine Spalte im Listing weggelassen.

sort – Dateien sortieren

Gewöhnlich wird `sort` zum Sortieren einzelner Zeilen einer Datei oder der Standardeingabe verwendet. `sort` kann aber auch Dateien überprüfen, ob diese sortiert sind und mehrere sortierte oder auch unsortierte Dateien zu einer sortierten zusammenfügen. Ohne Angabe einer Option sortiert `sort` eine Datei zeilenweise in alphabetischer Reihenfolge:

```
user$ sort kommandos.txt
a2ps - Textdatei umwandeln nach Postscript
accept - Druckerwarteschlange empfangsbereit setzen
afio - Ein cpio mit zusätzlicher Komprimierung
alias - Kurznamen für Kommandos vergeben
...
user$ ls | sort
abc
bin
cxoffice
Desktop
Documents
...
```

Häufig verwendete Optionen zum Sortieren, die mit `sort` benutzt werden:

Option	Bedeutung
-n	Sortiert eine Datei numerisch
-f	Unterscheidet nicht zwischen Klein- und Großbuchstaben
-r	Sortiert nach Alphabet in umgekehrter Reihenfolge
-n -r	Sortiert numerisch in umgekehrter Reihenfolge
-c	Überprüft, ob die Dateien bereits sortiert sind. Wenn nicht, wird mit einer Fehlermeldung und dem Rückgabewert 1 abgebrochen.
-u	Gibt keine doppelt vorkommenden Zeilen aus

Alternativ gibt es hierzu noch das Kommando `tsort`, welches Dateien topologisch sortiert.

split – Dateien in mehrere Teile zerlegen

Mit `split` teilen Sie eine Datei in mehrere Teile auf. Ohne Angabe einer Option wird eine Datei in je 1000 Zeilen aufgeteilt. Die Ausgabe erfolgt in Dateien mit »x...« oder einem entsprechenden Präfix, wenn eines angegeben wurde:

```
user$ split -50 kommandos.txt
user$ ls x*
xaa    xab    xac    xad    xae
```

Die Datei können Sie folgendermaßen wieder zusammensetzen:

```
user$ for file in `ls x* | sort`; do cat $file >> \
new.txt; done
```

Hier wurde z.B. die Textdatei kommandos.txt in je 50-zeilige Häppchen aufgeteilt. Wollen Sie den Namen der neu erzeugten Datei verändern, gehen Sie wie folgt vor:

```
user$ split -50 kommandos.txt kommandos
user$ ls komm*
kommandosaa    kommandosab    kommandosac
kommandosad    kommandosae    kommandos.txt
```

Das Kommando split wird häufig eingesetzt, um große Dateien zu splitten, die nicht auf ein einzelnes Speichermedium passen.

tac – Dateien rückwärts ausgeben

Vereinfacht ausgedrückt ist tac wie cat (daher auch der rückwärts geschriebene Kommandoname), nur dass tac die einzelnen Zeilen rückwärts ausgibt. Es wird somit zuerst die letzte Zeile ausgegeben, dann die vorletzte usw. bis zur ersten Zeile.

```
user$ cat file1.txt
file1:zeile1
file1:zeile2
file2:zeile3
user$ tac file1.txt
file2:zeile3
file1:zeile2
file1:zeile1
```

tail – Ende einer Datei ausgeben

tail gibt die letzten Zeilen (standardmäßig, ohne spezielle Angaben die letzten zehn) einer Datei aus.

```
user$ tail -3 kommandos.txt
write - Nachrichten an andere Benutzer verschicken
zcat - Ausgabe von gunzip-komprimierten Dateien
zip/unzip - (De-) Komprimieren von Dateien
```

Hier gibt `tail` die letzten drei Zeilen der Datei `kommandos.txt` aus. Wollen Sie eine Datei ab einer bestimmten Zeile ausgeben lassen, gehen Sie wie folgt vor:

```
user$ tail +100 kommandos.txt
```

Hier werden alle Zeilen ab Zeile 100 ausgegeben. Wollen Sie `tail` wie `tac` verwenden, können Sie die Option `-r` verwenden:

```
user$ tail -r kommandos.txt
```

Hiermit wird die komplette Datei zeilenweise rückwärts, von der letzten zur ersten Zeile ausgegeben. Häufig verwendet wird auch die Option `-f` (follow), die immer wieder das Dateiende ausgibt. Dadurch kann man eine Datei beim Wachsen beobachten, da jede neu hinzugekommene Zeile angezeigt wird. Natürlich lässt sich diese Option nur auf eine Datei gleichzeitig anwenden. Eine beliebte Anwendung in diesem Zusammenhang ist das Beobachten der Syslog-Datei `/var/log/messages`:

```
user$ sudo tail -f /ver/log/messages
```

tee – Ausgabe duplizieren

Mit `tee` lesen Sie von der Standardeingabe und verzweigen die Ausgabe auf die Standardausgabe und Datei.

touch – Zeitstempel verändern

Mit `touch` verändern Sie die Zugriffs- und Änderungszeit einer Datei auf die aktuelle Zeit. Existiert eine solche Datei nicht, wird diese angelegt. Einige Optionen zu `touch` und ihre jeweilige Bedeutung:

Option	Bedeutung
-a	Damit ändern Sie nur die Zugriffszeit.
-c	Falls eine Datei nicht existiert, wird diese trotzdem nicht erzeugt.
-m	Ändert nur die Änderungszeit

tr – Zeichen ersetzen

Mit `tr` können Zeichen durch andere Zeichen ersetzt werden. Dies gilt auch für nicht druckbare Zeichen.

```
user$ tr str1 str2 file
```

Wird in der Datei file ein Zeichen aus »str1« gefunden, wird es durch das entsprechende Zeichen in »str2« ersetzt.

type – Kommandos klassifizieren

Mit `type` können Sie klassifizieren, wie die Shell den angegebenen Namen interpretieren würde, wenn Sie diesen in der Kommandozeile verwenden. `type` unterscheidet hierbei zwischen einem Alias, einem Builtin (Shellfunktion), einer Datei oder einer Scriptfunktion. Kann `type` nichts mit dem Namen anfangen, wird auch nichts ausgegeben.

```
user$ type ls echo ./hallo
ls is aliased to '/bin/ls $LS_OPTIONS'
echo is a shell builtin
./hallo is ./hallo
```

umask – Dateierstellungsmaske ändern

Mit der Shell-Funktion `umask` setzen Sie eine Maske, mit der die Zugriffsrechte auf eine Datei bzw. auf Verzeichnisse direkt nach der Erzeugung durch einen von der Shell kontrollierten Prozess bestimmt wird. Die in der Maske gesetzten Bits werden bei den Zugriffsrechten für die neue Datei bzw. das Verzeichnis gelöscht (man spricht auch von: Sie werden maskiert).

uniq – doppelte Zeilen nur einmal ausgeben

Mit `uniq` können Sie doppelt vorhandene Zeilen löschen. Voraussetzung ist allerdings, dass die Datei sortiert ist und die doppelten Zeilen direkt hintereinander folgen. Beispielsweise:

```
user$ cat file1.txt
file1:zeile1
file1:zeile2
file1:zeile2
file2:zeile3
user$ uniq file1.txt
file1:zeile1
```

```
file1:zeile2
file2:zeile3
```

wc – Zeilen, Wörter und Zeichen zählen

Mit `wc` können Sie die Zeichen, Wörter und/oder Zeilen einer Datei zählen. Ohne spezielle Optionen wird eine Zeile mit den folgenden Zahlen ausgegeben:

```
user$ wc file1.txt
 4  4 52 file1.txt
```

Die erste Spalte enthält die Anzahl der Zeilen, gefolgt von der Anzahl der Worte und am Ende die Anzahl der Zeichen. Einzeln können Sie dies mit der Option `-l` (lines = Zeilen), `-w` (words = Wörter) und `-c` (characters = Zeichen) ermitteln.

whereis – Suche nach Dateien

Mit dem Kommando `whereis` wird vorwiegend in wichtigen Pfaden (meistens allen Einträge in PATH) nach Binärdateien oder man-Dateien gesucht. `whereis` ist nicht so flexibel wie `find`, aber dafür erheblich schneller.

```
user$ whereis ls
/bin/ls /usr/share/man/man1/ls.1.gz
/usr/share/man/man1p/ls.1p.gz
user$ whereis -b ls
/bin/ls
user$ whereis -m ls
/usr/share/man/man1/ls.1.gz
/usr/share/man/man1p/ls.1p.gz
```

Zuerst wurde der Pfad zum Programm `ls` ermittelt. Hierbei werden allerdings auch gleich die Pfade zu den man-Seiten mit ausgegeben. Wollen Sie nur den Pfad zum Binärprogramm erhalten, müssen Sie die Option `-b` verwenden. Wünschen Sie nur den Pfad zu den man-Seiten, so verwenden Sie die Option `-m`, wie im Beispiel gesehen.

zcat, zless, zmore – Ausgabe von zip-Dateien

Alle drei Funktionen haben dieselbe Funktionsweise wie Ihre Gegenstücke ohne »z«, nur dass hiermit gzip- bzw. gunzip-komprimierte Dateien gelesen und ausgegeben werden können, ohne dass diese dekomprimiert werden müssen. Auf manchen Systemen gibt es mit `zgrep` auch noch eine entsprechende `grep`-Version.

15.2.2 Verzeichnisorientierte Kommandos

basename – Dateianteil eines Pfadnamens

`basename` liefert den Dateiname ohne den Pfadnamen zurück, indem dieser abgeschnitten wird. Geben Sie ein Suffix an, wird auch die Dateiendung abgeschnitten.

cd – Verzeichnis wechseln

Das Shellkommando `cd` wird zum Wechseln des aktuellen Verzeichnisses verwendet. Wird kein Verzeichnis angegeben, wird in das Heimverzeichnis gewechselt.

dirname – Verzeichnisanteil eines Pfadnamens

`dirname` ist das Gegenstück zu `basename` und gibt den Verzeichnisanteil zurück. Es wird hierbei also der Dateiname aus der absoluten Pfadangabe »ausgeschnitten«.

mkdir – ein Verzeichnis anlegen

Mit `mkdir` legen Sie ein leeres Verzeichnis an. Wollen Sie gleich beim Anlegen die Zugriffsrechte erteilen, können Sie dies mit der Option `-m` vornehmen:

```
user$ mkdir -m 600 mydir
```

Wollen Sie ein neues Verzeichnis mitsamt Elternverzeichnissen anlegen, können Sie die Option `-p` verwenden:

```
user$ mkdir doku/neu/buch
mkdir: kann Verzeichnis doku/neu/buch nicht anlegen:
      Datei oder Verzeichnis nicht gefunden
user$ mkdir -p doku/neu/buch
```

pwd – Aktuelles Arbeitsverzeichnis ausgeben

Mit `pwd` lassen Sie das aktuelle Arbeitsverzeichnis ausgeben, in dem Sie sich gerade befinden.

rmdir – ein leeres Verzeichnis löschen

Mit der Funktion `rmdir` können Sie ein leeres Verzeichnis löschen. Nicht leere Verzeichnisse können Sie mit `rm -r` rekursiv löschen. Etwas, was `rm -r` allerdings nicht kann, ist Verzeichnisse zu löschen, für die kein Ausführrecht vorhanden ist. Irgendwie ist dies auch logisch, weil ja `rm` mit der Option `-r` im Verzeichnis enthalten sein muss. `rmdir` hingegen verrichtet hierbei seine Arbeit klaglos:

```
user$ mkdir -m 600 mydir
user$ rm -r mydir
rm: kann nicht aus Verzeichnis . in mydir wechseln:
  Keine Berechtigung
user$ rmdir mydir
```

15.2.3 Verwaltung von Benutzern und Gruppe

exit, logout – eine Session (Sitzung) beenden

Mit beiden Befehlen beenden Sie eine Shellsitzung (eine Textkonsole bzw. ein Shell-Fenster). Gleiches würde man auch mit [Strg] + [D] erreichen.

finger – Informationen zu Benutzern abfragen

Mit `finger` können Sie detaillierte Informationen zu momentan angemeldeten Benutzern abfragen (ähnlich wie mit `who`, nur dass die Terminals nicht einzeln aufgelistet werden):

```
user$ finger
Login        Name          Tty         Idle  Login Time
hatt         Rainer Hattenhauer  *:0         Jan  2 10:42
hatt         Rainer Hattenhauer  pts/1       Jan  2 11:19
```

Ohne irgendwelche Optionen gibt `finger` zu allen aktiven Benutzern eine Informationszeile aus. Geben Sie einen Benutzernamen ein, bekommen Sie eine detailliertere Auskunft (im Langformat):

```
user$ finger hatt
Login: hatt         Name: Rainer Hattenhauer
Directory: /home/hatt    Shell: /bin/bash
On since Mon Jan  2 10:42 (CET) on :0 (messages off)
On since Mon Jan  2 11:19 (CET) on pts/1 from :0.0
No mail.
No Plan.
```

Natürlich können Sie auch zu allen anderen aktiven Benutzern dieses Langformat mit der Option -l ausgeben lassen. Wollen Sie einen Benutzer auf einem entfernten System suchen, müssen Sie »benutzername@hostname« für den Benutzer angeben.

groupadd etc. – Gruppenverwaltung

Eine neue Gruppe können Sie mit `groupadd` anlegen:

`user$ sudo groupadd [-g GID] gruppenname`

Die ID einer Gruppe (gid) können Sie mit `groupmod` verändern:

`user$ sudo groupmod [-g neueGID] gruppenname`

Eine Gruppe wieder löschen können Sie mit `groupdel`:

`user$ sudo groupdel gruppenname`

groups – Gruppenzugehörigkeit ausgeben

Um alle Gruppen eines Benutzers zu ermitteln, wird `groups` verwendet. Wird `groups` ohne Angabe eines bestimmten Benutzers ausgeführt, werden alle Gruppen des aktuellen Benutzers ausgegeben.

id – eigene Benutzer- und Gruppen-ID ermitteln

Mit `id` können Sie die User- und Gruppen-ID eines Benutzers ermitteln. Geben Sie keinen bestimmten Benutzer an, so wird die UID und GID des aktuellen Benutzers ermittelt und ausgegeben.

last – An- und Abmeldezeit eines Benutzers

Einen Überblick zu den letzten An- und Abmeldezeiten von Benutzern können Sie mit `last` erhalten:

```
user$ last
hatt pts/1    :0.0    Mon Jan   2 11:19    still logged in
hatt pts/1    :0.0    Mon Jan   2 10:51 - 11:11  (00:20)
wtmp begins Mon Jan   2 10:51:44 2006
```

Wollen Sie nur die Login-Zeiten eines einzelnen Users ermitteln, so müssen Sie diesen als Argument angeben.

logname – Name des aktuellen Benutzers

Mit `logname` erhalten Sie den Benutzernamen, der von getty in der Datei /var/run/utmp gespeichert wird.

newgrp – Gruppenzugehörigkeit wechseln

Mit `newgrp` kann ein Benutzer während einer Sitzung in eine andere Gruppe wechseln (in der er ebenfalls Mitglied ist). Wird keine Gruppe als Argument verwendet, wird in eine Standardgruppe von `/etc/passwd` gewechselt. Als Argument wird der Gruppenname – wie dieser in `/etc/group` eingetragen ist – erwartet, nicht die Gruppen-ID.

passwd – Passwort ändern bzw. vergeben

Mit dem Kommando `passwd` können Sie die Passwörter aller Benutzer in der Datei `/etc/passwd` ändern. Damit hierbei wenigstens der Benutzer selbst (nicht root) die Möglichkeit hat, sein eigenes Passwort zu ändern, läuft `passwd` als SUID root. Damit hat der Anwender für kurze Zeit root-Rechte und kann somit sein Passwort ändern und darf in die Datei schreiben. Alle Passwörter darf nur root verändern, unter Ubuntu ist also die Voranstellung von sudo erforderlich:

```
user$ sudo passwd hatt
Changing password for hatt.
New password:********
Re-enter new password:********
Password changed
```

Wenn Sie mit root-Rechten arbeiten, haben Sie noch folgende Optionen, einen Benutzer mit den Passworteinstellungen zu verwalten:

Verwendung	Bedeutung
`passwd -l benutzername`	Den Benutzer sperren (-l = lock)
`passwd -f benutzername`	Den Benutzer dazu zwingen, beim nächsten Anmelden das Passwort zu verändern
`passwd -d benutzername`	Passwort des Benutzers löschen. Danach kann sich der Benutzer ohne Passwort anmelden.

useradd/adduser etc. – Benutzerverwaltung

Einen neuen Benutzer anlegen können Sie mit `useradd` bzw. `adduser`:

```
user$ sudo useradd testuser
user$ sudo passwd testuser
Changing password for testuser.
New password:********
Re-enter new password:********
Password changed
```

Die Eigenschaften eines Users können Sie mit `usermod` modifizieren.

```
user$ sudo usermod -u 1235 -c "Test User" \
 -s /bin/bash -d /home/testdir testuser
```

Hier haben Sie z.B. einem User die ID 1235, den Kommentar bzw. Namen »Test User«, die Bash als Shell und als Verzeichnis `/home/testdir` zugewiesen. Hierzu gibt es noch eine Menge Optionen mehr, die Sie mit `usermod` einstellen können (siehe auch man-Seite zu `usermod`). Wollen Sie einen Benutzer wieder entfernen, können Sie dies mit `userdel` erreichen:

```
user$ sudo userdel testuser
```

Beim Löschen wird eventuell noch überprüft, ob sich in `crontab` ein Eintrag für diesen User befindet. Dies ist sinnvoll, da der `cron`-Daemon sonst unnötig ins Leere laufen würde.

who – eingeloggte Benutzer anzeigen

Mit dem Kommando `who` werden alle angemeldeten Benutzer mitsamt dem Namen, der Login-Zeit und dem Terminal ausgegeben.

```
user$ who
hatt     :0           Jan  2 10:42
hatt     pts/1        Jan  2 11:19 (:0.0)
```

whoami – Name des aktuellen Benutzers anzeigen

Mit `whoami` können Sie ermitteln, unter welchem Namen Sie gerade arbeiten. Dies wird oft verwendet, um zu überprüfen, ob man als root oder »normaler« User arbeitet. Unter Ubuntu ist das Kommando freilich obsolet, da die Arbeit als Benutzer root eigentlich nicht vorgesehen ist.

```
user$ sudo whoami
Password:
root
```

15.2.4 Programm- und Prozessverwaltung

at – Zeitpunkt für Kommando festlegen

Mit dem Kommando `at` können Sie ein Kommando zum angegebenen Zeitpunkt ausführen lassen, auch wenn der Benutzer zu diesem Zeitpunkt nicht angemeldet ist. Beispielsweise können Sie mit

```
user$ at 2130 -f myscript
```

das Script »myscript« um 21:30 Uhr ausführen lassen. Natürlich lassen sich mehrere solcher zeitgesteuerten Kommandos einrichten. Jeder dieser `at`-Aufrufe wird an die `at`-Queue (`atq`) angehängt. Natürlich funktioniert dies auch mit Datum:

```
user$ at 2200 apr 21 -f myscript
```

So würde das Script »myscript« am 2. April um 22 Uhr ausgeführt. Wollen Sie sich alle Aufträge der `atq` auflisten lassen, müssen Sie die Option -l verwenden:

```
user$ at -l
```

Wollen Sie den Status des Auftrags mit der Nummer 33 anzeigen lassen, geben Sie Folgendes ein:

```
user$ at -l 33
```

Soll dieser Auftrag gelöscht werden, so kann die Option -d verwendet werden:

```
user$ at -d 33
```

batch – Kommando später ausführen lassen

Mit `batch` lesen Sie Kommandos von der Kommandozeile, welche zu einem späteren Zeitpunkt ausgeführt werden, sobald das System Zeit hat. Dies wird bei extrem belasteten Rechnern gern verwendet, wenn man das Kommando bzw. Script zu einer Zeit ausführen lassen will, in der die Systemlast definitiv niedrig ist, und dies nicht nur zu vermuten ist. Die angegebenen Kommandos werden auch dann ausgeführt, wenn der Benutzer nicht angemeldet ist. Um `batch` auszuführen, muss auch hier der `at`-Daemon, der auch für das Kommando `at` verantwortlich ist, laufen.

```
user$ batch
warning: commands will be executed using /bin/sh
at> ls -l
at> ./myscript
at> sleep 1
at> (Strg) + (D)
job 1 at 2005-12-21 23:30
```

Das Ende der Kommandozeileneingabe von batch müssen Sie mit `Strg` + `D` angeben.

bg – Prozess im Hintergrund fortsetzen

Mit dem Kommando `bg` können Sie einen (z.B. mit `Strg` + `Z`) angehaltenen Prozess im Hintergrund fortsetzen.

cron/crontab – Programme zeitgesteuert ausführen

Mit `cron` können Sie beliebig viele Kommandos automatisch in bestimmten Zeitintervallen ausführen lassen. Einmal pro Minute sieht dieser Dämon in einen Terminkalender (`crontab`) nach und führt gegebenenfalls darin enthaltene Kommandos aus.

fg – Prozess im Vordergrund fortsetzen

Mit dem Kommando `fg` können Sie einen (z.B. mit `Strg` + `Z`) angehaltenen Prozess im Vordergrund fortsetzen.

jobs – Anzeigen im Hintergrund laufender Prozesse

Mit `jobs` bekommen Sie eine Liste mit den aktuellen Jobs zurückgegeben. Neben der Jobnummer steht bei jedem Job der Kommandoname, der Status und eine Markierung. Die Markierung »+« steht für den aktuellen Job, »-« für den vorhergehenden Job.

kill – Signale an Prozesse mit Nummer senden

Mit `kill` senden Sie den Prozessen durch Angabe der Prozessnummer ein Signal. Standardmäßig wird das Signal SIGTERM zum Beenden des Prozesses gesendet. Es lassen sich aber auch beliebige andere Signale senden. Das Signal wird dabei als Nummer oder als Name übermittelt. Einen Überblick zu den möglichen Signalnamen finden Sie mit der Option -l.

killall – Signale an Prozesse mit Namen senden

Der Name `killall` führt schnell in die Irre. Damit lassen sich nicht etwa alle Prozesse »killen«, sondern `killall` stellt eher eine Erleichterung für `kill` dar. Anstatt wie mit `kill` einen Prozess mit der Prozessnummer zu beenden bzw. ein Signal zu senden, kann mit `killall` der Prozessname verwendet werden. Was gerade bei unzählig vielen gleichzeitig laufenden Prozessen eine erhebliche Erleichterung darstellt, weil man hier nicht mühsam erst nach der Prozessnummer (z.B. mit dem Kommando `ps`) suchen muss. Ansonsten lässt sich `killall` ähnlich wie `kill` verwenden, nur dass der Signalname ohne das vorangestellte `SIG` angegeben wird. Eine Liste aller Signale erhalten Sie auch hier mit der Option `-l`.

```
user$ sleep 60 &
[1] 5286
user$ killall sleep
[1]+  Beendet          sleep 60
```

nice – Prozesse mit anderer Priorität ausführen

Mit `nice` können Sie veranlassen, dass ein Kommando mit einer niedrigeren Priorität ausgeführt wird. Die Syntax ist:

```
nice [-n] kommando [argumente]
```

Für n können Sie dabei eine Ziffer angeben, um wie viel die Priorität verändert werden soll. Der Standardwert, falls keine Angabe erfolgt, lautet 10 (-20 ist die höchste und 19 die niedrigste Priorität). Prioritäten höher als 0 darf ohnehin nur root starten. Häufig wird man das Kommando mit `nice` im Hintergrund starten wollen:

```
user$ nice find / -name document -print > \
/home/tmp/find.txt &
```

Hier wird mit `find` nach einer Datei »document« gesucht und die Ausgabe in die Datei *find.txt* geschrieben. Der Hintergrundprozess `find` wird dabei von nice mit einer niedrigen (10) Priorität gestartet. Dies stellt eine gängige Verwendung von nice dar.

nohup – Prozesse nach Abmelden fortsetzen

Mit `nohup` schützen Sie Prozesse vor dem `HANGUP`-Signal. Dadurch ist es möglich, dass ein Prozess im Hintergrund weiterlaufen kann, auch wenn sich ein Benutzer abmeldet. Ohne `nohup` würden sonst alle Prozesse einer Login-Shell des Anwenders durch das Signal `SIGHUP` beendet.

ps – Prozessinformationen anzeigen

`ps` ist wohl das wichtigste Kommando für Systemadministratoren, um an Informationen zu aktiven Prozessen zu gelangen (neben `top`). Rufen Sie `ps` ohne irgendwelche Argumente auf, werden Ihnen die zum jeweiligen Terminal gestarteten Prozesse aufgelistet. Zu jedem Prozess erhalten Sie die Prozessnummer (`PID`), den Terminal-Namen (`TTY`), die verbrauchte Rechenzeit (`TIME`) und den Kommandonamen (`COMMAND`). Aber neben diesen Informationen lassen sich über Optionen noch viele weitere Informationen entlocken. Häufig verwendet wird dabei der Schalter -e, womit Informationen zu allen Prozessen zu gewinnen sind (also nicht nur zum jeweiligen Terminal), und ebenso der Schalter -f, womit Sie noch vollständigere Informationen bekommen:

```
user$ ps -ef
UID       PID   PPID   C STIME TTY      TIME CMD
root        1      0   0 10:41 ?    00:00:00 init [2]
root        2      1   0 10:41 ?    00:00:00 [migration/0]
root        3      1   0 10:41 ?    00:00:00 [ksoftirqd/0]
root        4      1   0 10:41 ?    00:00:00 [events/0]
...
hatt    19380  13264   0 15:15 pts/1 00:00:00 ps -ef
```

Mittlerweile beinhaltet das Kommando ps unglaublich viele Optionen, näheres liefert die man-Seite von ps. Häufig sucht man in der Liste von Prozessen nach einem bestimmten. Diesen können Sie folgendermaßen »herauspicken«:

```
user$ ps -ax | grep apache
12444 ?       SNs    0:00 /usr/sbin/apache2 -k start -DSSL
...
```

Durch Verwendung der obigen Parameter bekommen Sie zugleich auch die Prozessnummer geliefert. Dieselbe Funktion hat pgrep:

pgrep – Prozesse über ihren Namen finden

Sofern Sie die Prozessnummer eines Prozessnamens benötigen, ist pgrep das Kommando der Wahl.

```
user$ pgrep kamix
3171
```

pgrep liefert zu jedem Prozessnamen die Prozessnummer, sofern ein entsprechender Prozess gerade aktiv ist und in der Prozessliste (ps) auftaucht.

pstree – Prozesshierachie in Baumform ausgeben

Mit pstree können Sie die aktuelle Prozesshierachie in Baumform ausgeben lassen. Ohne Angabe von Argumenten zeigt pstree alle Prozesse an, angefangen vom ersten Prozess init (PID=1). Geben Sie hingegen eine PID oder einen Loginnamen an, so werden nur die Prozesse des Benutzers oder der Prozessnummer hierarchisch angezeigt.

renice – Priorität laufender Prozesse verändern

Mit dem Kommando `renice` können Sie im Gegensatz zu nice die Priorität von bereits laufenden Prozessen verändern. Ansonsten gilt auch hier alles schon beim Kommando `nice` Gesagte. Komfortabler können Sie die Priorität laufender Prozesse übrigens mit dem Kommando `top` verändern. Ein Tastendruck R fragt Sie nach der Prozessnummer und dem nice-Wert, von welchem Prozess Sie die Priorität verändern wollen.

sleep – Prozesse schlafen legen

Mit `sleep` legen Sie einen Prozess für n Sekunden schlafen. Voreingestellt sind zwar Sekunden, aber über Optionen können Sie hierbei auch Minuten, Stunden oder gar Tage verwenden.

su – Ändern der Benutzerkennung

Dieses Kommando bedeutet *SwitchUser*. Durch die Angabe ohne Argumente wird hierbei gewöhnlich nach dem Passwort des Superusers gefragt. Unter Ubuntu erfordert das Nutzen des `su`-Befehls die Einrichtung und Freischaltung des root-Accounts:

```
user$ sudo passwd
Password: <Hauptbenutzerpasswort eingeben>
Enter new UNIX password: <Rootpasswort definieren>
Retype new UNIX password: <Rootpasswort bestätigen>
passwd: password updated successfully
user$ whoami
hatt
user$ su
Password:
root# whoami
root
root# exit
user$ whoami
hatt
```

Wie bereits mehrfach erwähnt, sollte der root-Account nach Möglichkeit deaktiviert bleiben.

Sie können den root-Account nach Freischaltung über

```
user$ sudo passwd -l root
```

wieder zurücksetzen.

`su` startet immer eine neue Shell mit der neuen Benutzer-(UID) und Gruppenkennung (GID). Wie bei einem neuen Login wird nach einem Passwort gefragt. Geben Sie keinen Benutzernamen an, versucht `su` zu UID 0 zu wechseln, was ja der Superuser ist. Sofern Sie »Superuser« sind, können Sie auch die Identität eines jeden Benutzers annehmen, ohne ein entsprechendes Passwort zu kennen.

sudo – Programm als anderer Benutzer ausführen

`sudo` ist ein Kommando, womit ein bestimmter Benutzer ein Kommando ausführen kann, wozu er normalerweise nicht die Rechte hat (bspw. für administrative Aufgaben). Dazu legt root gewöhnlich in der Datei /etc/sudoers folgenden Eintrag ab:

```
# Auszug aus /etc/sudoers
john ALL=/usr/bin/kommando
```

Jetzt kann der User »john« das Kommando mit folgendem Aufruf starten:

```
user$ sudo /usr/bin/kommando
Passwort: *********
```

Nachdem »john« sein Passwort eingegeben hat, wird das entsprechende Kommando ausgeführt, wozu er normalerweise ohne den Eintrag in /etc/sudoers nicht im Stande wäre. Der Eintrag wird gewöhnlich mit dem Editor `vi` über den Aufruf `visudo` vorgenommen.

Unter Ubuntu wurde der während der Installation angelegte Standardbenutzer automatisch der Gruppe `admin` zugeordnet, so dass er sämtliche administrativen Aufgaben »aus dem Stand« erledigen kann:

```
# Auszug aus /etc/sudoers / Ubuntu
# User privilege specification
root ALL=(ALL) ALL
# Members of the admin group may gain root privileges
%admin ALL=(ALL) ALL
```

Soll ein weiterer Benutzer auf Ihrem System über root-Rechte und somit die Fähigkeit, via `sudo` root-Kommandos auszuführen verfügen, so ordnen Sie diesen Benutzer am Besten über `addgroup` der Gruppe `admin` zu.

time – Zeitmessung für Prozesse

Mit `time` führen Sie das in der Kommandozeile angegebene Kommando bzw. Script aus und bekommen die Zeit, die dafür benötigt wurde zurück. Diese Zeit wird dabei aufgeteilt in die tatsächlich benötigte Zeit (`real`), die Rechenzeit im Usermodus (`user`) und diejenige im Kernelmodus (`sys`).

```
user$ time find . -name *.tex
...
real    0m0.657s
user    0m0.104s
sys     0m0.127s
```

top – Prozesse nach CPU-Auslastung anzeigen

Mit `top` bekommen Sie eine Liste der gerade aktiven Prozesse angezeigt. Die Liste wird nach CPU-Belastung sortiert. Standardmäßig wird `top` alle fünf Sekunden aktualisiert; beendet wird `top` mit q. `top` kann aber noch mehr, als die Auslastung der einzelnen Prozesse anzuzeigen, beispielsweise können Sie mit dem Tastendruck k (kill) einem bestimmten Prozess ein Signal senden oder mit r (renice) die Priorität eines laufenden Prozesses verändern. Ein Blick auf die man-Seite von `top` bringt außerdem noch einen gewaltigen Überblick zu diesem auf den ersten Blick einfachen Kommando zum Vorschein.

15.2.5 Speicherplatzinformationen

df – Abfrage des Speicherplatzes für Dateisysteme

`df` zeigt Ihnen den freien Festplattenplatz für das Dateisystem an, wenn Sie einen Pfad als Verzeichnis angegeben haben. Wird kein Verzeichnis angegeben, dann wird der freie Plattenplatz für alle montierten Dateisysteme angezeigt. Der zusätzliche Parameter h listet den Speicherplatz in menschenlesbarer Form (h=human), sprich in Giga- bzw. Megabyte auf:

```
user$ df -h
Dateisystem        Größe  Benut   Verf  Ben%  Eingehängt auf
/dev/sda11          20G   4,7G    14G   26%   /
...
/dev/sda3           23G   7,3G    15G   34%   /daten
/dev/sdb5           29G    19G   8,4G   70%   /remaster
/dev/hdc1           47G   3,2G    44G    7%   /video
/dev/hdc3           51G    13G    36G   26%   /vmware
```

Die erste Spalte stellt hierbei die Gerätedatei dar, gefolgt von der Größe der Partition (hier in GByte), dann wie viel Speicherplatz benutzt wird und anschließend, wie viel noch verfügbar ist. Die Prozentangabe gibt den prozentualen Wert der Plattennutzung an. Am Ende finden Sie noch den Mountpoint im Dateisystem.

du – Größe eines Verzeichnisbaums ermitteln

`du` zeigt die Belegung (Anzahl von KByte-Blöcken) durch die Dateien an. In Verzeichnissen wird dabei die Belegung der darin enthaltenen Dateibäume ausgegeben. Um den Wert der Ausgabe zu steuern, können folgende Optionen verwendet werden:

Option	Bedeutung
-b	Ausgabe in Bytes
-k	Ausgabe in Kilobytes
-m	Ausgabe in Megabytes
-h	(human-readable) vernünftige Ausgabe in Byte, KB, MB oder GB

Häufig will man nicht, dass bei umfangreichen Verzeichnissen jede Datei einzeln ausgegeben wird, sondern nur die Gesamtzahl der Blöcke. Dann verwendet man den Schalter -s (man nutzt diesen praktisch immer).

```
user$ du -s /home
582585    /home
user$ du -sh /home
569M      /home
```

Wollen Sie nicht der kompletten Tiefe eines Verzeichnisses folgen, so können Sie sie auch mittels `-max-depth=n` festlegen:

```
user$ du --max-depth=1 -m /home
519      /home/tot
25       /home/you
26       /home/john
569      /home
```

free – verfügbaren Speicherplatz anzeigen

Den verfügbaren Speicherplatz (RAM und Swap-Speicher, also Arbeitsspeicher und Auslagerungsspeicher auf der Festplatte) können Sie sich mit `free` anzeigen lassen:

```
user$ free
         total     used      free    shared buffers cached
Mem:   1035300   695424    339876       0    57032  381024
-/+ buffers/cache:         257368            777932
Swap:          1052216          0   1052216
```

15.2.6 Dateisystem-Kommandos

Bei den Kommandos zu den Dateisystemen handelt es sich häufig um Kommandos, welche zumeist auch nur als root ausführbar sind. Aus Erfahrung wissen wir, dass man schnell gern mit root-Rechten spielt, um mit solchen Kommandos zu experimentieren. Hiervor möchten wir Sie aber warnen, sofern Sie nicht sicher sind, was Sie da tun. Mit zahlreichen dieser Kommandos verlieren Sie häufig nicht nur ein paar Daten, sondern können z. T. ein ganzes Dateisystem korrumpieren – was sich so weit auswirken kann, dass Ihr Betriebssystem nicht mehr startet.

badblocks – überprüft defekte Sektoren

Mit dem Kommando `badblocks` testen Sie den physischen Zustand eines Datenträgers. Dabei sucht `badblocks` auf einer Diskette oder Festplatte nach defekten Blöcken.

```
user$ sudo badblocks -s -o block.log /dev/fd0 1440
```

Hier wird z.B. bei einer Diskette (1,44 MB) nach defekten Blöcken gesucht. Das Fortschreiten der Überprüfung wird durch die Option `-s` simuliert. Mit `-o` schreiben Sie das Ergebnis defekter Blöcke in die Datei `block.log`, welche wiederum von anderen Programmen verwendet werden kann, damit diese beschädigten Blöcke nicht mehr genutzt werden. Die Syntax sieht somit wie folgt aus:

```
user$ badblocks [-optionen] Gerätedatei [startblock]
```

Die »Gerätedatei« ist der Pfad zum entsprechenden Speichermedium (bspw. `/dev/hda1` = erste Festplatte). Es kann außerdem auch optional der »startblock« festgelegt werden, von dem mit dem Testen angefangen werden soll. Die Ausführung dieses Kommandos bleibt selbstverständlich nur dem Superuser überlassen.

cfdisk – Partitionieren von Festplatten

Mit `cfdisk` teilen Sie eine formatierte Festplatte in verschiedene Partitionen ein. Natürlich kann man auch eine bestehende Partition löschen oder eine vorhandene verändern (bspw. eine andere Systemkennung geben). Man kann mit `cfdisk` allerdings auch eine »rohe«, ganze Festplatte bearbeiten (nicht nur einzelne Partitionen). Die Gerätedatei ist also `/dev/hda` für die erste IDE-Festplatte, `/dev/hdb` für die zweite Festplatte, `/dev/sda` für die erste SCSI- bzw. S-ATA-Festplatte, `/dev/sdb` für die zweite SCSI- bzw. S-ATA- Festplatte usw.

Starten Sie `cfdisk`, werden alle gefundene Partitionen mitsamt deren Größe angezeigt. Mit den Pfeiltasten »nach oben« und »nach-unten« können Sie sich hierbei eine Partition auswählen und mit den Pfeiltasten »nach-rechts« bzw. »nach-links« ein Kommando. Mit `q` können Sie `cfdisk` beenden.

Selbstverständlich ist `cfdisk` nur als root ausführbar. Sollten Sie solche Rechte haben und ohne Vorwissen mit `cfdisk` herumspielen, ist Ihnen mindestens ein Datenverlust sicher.

Wenn Sie Ihre Festplatte wirklich »zerschneiden« wollen, so sollten Sie vor dem Partitionieren die alte Partitionstabelle sichern. Im Fall eines Missgeschicks kann so die alte Partitionstabelle wieder hergestellt werden, wodurch auf die Daten dann noch zugegriffen werden kann.

dd – Datenblöcke zwischen Devices kopieren

Mit `dd` können Sie eine Datei lesen und den Inhalt in einer bestimmten Blockgröße mit verschiedenen Konvertierungen zwischen verschiedenen Speichermedien (Festplatte, Diskette usw.) übertragen.

Damit lassen sich neben einfachen Dateien auch ganze Festplattenpartitionen kopieren. Ein komplettes Backup kann mit diesem Kommando realisiert werden. Ein Beispiel:

```
user$ sudo dd if=/dev/hda bs=512 count=1
```

Damit geben Sie den Bootsektor (nur als root möglich) auf dem Bildschirm aus. Wollen Sie jetzt auch noch ein Backup des Bootsektors auf einer Diskette sichern, dann gehen Sie folgendermaßen vor:

```
user$ sudo dd if=/dev/hda of=/dev/fd0 bs=512 count=1
```

Bevor Sie jetzt noch weitere Beispiele zum mächtigen Werkzeug `dd` sehen werden, müssen Sie sich zunächst mit den Optionen vertraut machen – im Beispiel mit `if`, `of`, `bs` und `count` verwendet.

Option	Bedeutung
if=Datei	(input file) Hier gibt man den Namen der Eingabedatei (Quelldatei) an – ohne Angaben wird die Standardeingabe verwendet.
of=Datei	(output file) Hier kommt der Name der Ausgabedatei (Zieldatei) hin – ohne Angabe wird hier die Standardausgabe verwendet.
ibs=Schritt	(input block size) Hier wird die Blockgröße der Eingabedatei angegeben.
obs=Schritt	(output block size) Hier wird die Blockgröße der Ausgabedatei angegeben.
bs=Schritt	(block size) Hier legt man die Blockgröße für Ein- und Ausgabedatei fest.
cbs=Schritt	(conversion block size) Die Blockgröße für die Konvertierung wird bestimmt.
skip=Blocks	Hier können Sie eine Anzahl Blocks angeben, die von der Eingabe zu Beginn ignoriert werden sollen.
seek=Blocks	Hier können Sie eine Anzahl Blocks angeben, die von der Ausgabe am Anfang ignoriert werden sollen; unterdrückt am Anfang die Ausgabe der angegebenen Anzahl Blocks.
count=Blocks	Hier wird angegeben, wie viele Blöcke kopiert werden sollen.

Eine spezielle Option steht Ihnen mit conv-Konvertierung zur Verfügung. Folgende Konvertierungen sind dabei möglich:

Option	Konvertierung
conv=ascii	EBCDIC nach ASCII
conv=ebcdic	ASCII nach EBCDIC
conv=ibm	ASCII nach big blue special EBCDIC
conv=block	Es werden Zeilen in Felder mit der Größe cbs geschrieben und das Zeilenende wird durch Leerzeichen ersetzt. Der Rest des Feldes wird mit Leerzeichen aufgefüllt.
conv=unblock	Abschließende Leerzeichen eines Blocks der Größe cbs werden durch ein Zeilenende ersetzt.
conv=lcase	Großbuchstaben in Kleinbuchstaben
conv=ucase	Kleinbuchstaben in Großbuchstaben
conv=swab	Vertauscht je zwei Bytes der Eingabe. Ist die Anzahl der gelesenen Bytes ungerade, wird das letzte Byte einfach kopiert.
conv=noerror	Lesefehler werden ignoriert.
conv=sync	Füllt Eingabeblöcke bis zur Größe von ibs mit Nullen

Jetzt noch einige interessante Beispiel zu dd:

```
user$ sudo dd if=/vmlinuz of=/dev/fd0
```

Damit kopieren Sie den Kernel (hier in »vmlinuz« – bitte anpassen) in den ersten Sektor der Diskette, welche als Bootdiskette verwendet werden kann.

```
user$ sudo dd if=/dev/hda of=/dev/hdc
```

Mächtig, hiermit klonen Sie praktisch in einem Schritt die erste Festplatte am Master IDE-Kontroller auf die Festplatte am zweiten Master-Anschluss. Somit haben Sie auf /dev/hdc denselben Inhalt wie auf /dev/hda. Natürlich kann die Ausgabedatei auch ganz woanders hingeschrieben werden, z.B. auf einen DVD-Brenner, eine Festplatte am USB-Anschluss oder in eine Datei.

Zwar ist dd ein mächtigeres Werkzeug, als es hier vielleicht den Anschein hat, doch trotzdem sollten Sie gewarnt sein vor wirren dd-Aufrufen. Der Datensalat ist auch hier schneller entstanden als sonstwo. Daher benötigt man wieder die allmächtigen root-Rechte. Falls Sie größere Datenmengen mit dd kopieren, können Sie dem Programm von einer anderen Konsole aus mittels kill das Signal SIGUSR1 senden, um dd zu veranlassen, den aktuellen Fortschritt auszugeben.

dd_rescue – fehlertolerantes Kopieren

Falls Sie z.B. eine defekte Festplatte – oder eine Partition auf derselben – kopieren wollen, stößt dd schnell an seine Grenzen. Zudem ist beim Retten von Daten eines defekten Speichermediums die Geschwindigkeit wichtig, da das Medium weitere Fehler verursachen kann und somit weitere Dateien korrumpiert werden können. Ein Fehlversuch mit dd kann hier also fatale Folgen haben.

An dieser Stelle bietet sich das Werkzeug dd_rescue an, welches bei Ubuntu mit Hilfe des gleichnamigen Pakets nachinstalliert wird. Sie können damit – ähnlich wie mit dd – Dateiblöcke auf Low-Level-Basis auf ein anderes Medium kopieren. Als Zielort ist eine Datei auf einem anderen Speichermedium sinnvoll. Von diesem Abbild der defekten Festplatte können Sie eine Kopie erstellen, um das ursprüngliche Abbild nicht zu verändern, und in einem der Abbilder versuchen, das Dateisystem mittels fsck wieder zu reparieren. Ist dies gelungen, können Sie das Abbild wieder mit dd_rescue auf eine neue Festplatte kopieren. Ein Beispiel:

```
user$ sudo dd_rescue -v /dev/hda1 \
/mnt/rescue/hda1.img
```

In dem Beispiel wird die Partition `/dev/hda1` in die Abbilddatei `/mnt/rescue/hda1.img` kopiert.

dumpe2fs – Analyse von ext2/ext3-Systemen

`dumpe2fs` gibt eine Menge interne Informationen zum Superblock und anderen Block-Gruppen zu einem ext2/ext3-Dateisystem aus (vorausgesetzt, dieses Dateisystem wird auch verwendet), zum Beispiel:

```
user$ sudo dumpe2fs -b /dev/hda6
```

Mit der Option `-b` werden alle Blöcke von `/dev/hda6` auf die Konsole ausgegeben, die als »schlecht« markiert wurden.

e2fsck – repariert ein ext2/ext3-Dateisystem

`e2fsck` überprüft ein ext2/ext3 Dateisystem und repariert den Fehler. Damit `e2fsck` verwendet werden kann, muss `fsck.ext2` installiert sein, welches das eigentliche Programm ist. `e2fsck` ist nur ein »Frontend« dafür. Die Befehlssyntax lautet:

```
user$ sudo e2fsck Gerätedatei
```

Mit der »Gerätedatei« geben Sie die Partition an, auf der das Dateisystem überprüft werden soll (was selbstverständlich wieder ein ext2/ext3-Dateisystem sein muss). Bei den Dateien, bei denen die Inodes in keinem Verzeichnis notiert sind, werden sie von `e2fsck` im Verzeichnis `lost+found` eingetragen und können so repariert werden. `e2fsck` gibt beim Überprüfen einen Exit-Code zurück, den Sie mit `echo $?` abfragen können. Folgende wichtigen Exit-Codes und deren Bedeutung können dabei zurückgegeben werden:

Exit-Code	Bedeutung
0	Kein Fehler im Dateisystem
1	Einen Fehler im Dateisystem gefunden und repariert
2	Schweren Fehler im Dateisystem gefunden und korrigiert. Allerdings sollte das System neu gestartet werden.
4	Fehler im Dateisystem gefunden, aber nicht korrigiert
8	Fehler bei der Kommandoausführung von `e2fsck`
16	Falsche Verwendung von `e2fsck`
128	Fehler in den Shared-Libraries

Wichtige Optionen, die Sie mit `e2fsck` angeben können, sind:

Option	Bedeutung
-p	Alle Fehler automatisch reparieren ohne Rückfragen
-c	Durchsucht das Dateisystem nach schlechten Blöcken
-f	Erzwingt eine Überprüfung des Dateisystems, auch wenn der Kernel das System für OK befunden hat (valid-Flag gesetzt)

`fsck` fragt meist nach, ob das Kommando wirklich ausgeführt werden soll. Bei der Antwort genügt der Anfangsbuchstabe »j« oder »y« als Antwort nicht, sondern es muss »yes« oder »ja« (je nach Fragestellung) eingegeben werden. Ansonsten bricht `fsck` an dieser Stelle kommentarlos ab.

fdformat – formatiert eine Diskette

Auch wenn viele Rechner mittlerweile ohne Diskettenlaufwerk ausgeliefert werden, wird das Diskettenlaufwerk immer wieder einmal benötigt (z.B. für eine Rettungsdiskette mit einem Mini-Linux). Mit dem Kommando `fdformat` formatieren Sie eine Diskette. Das Format wird dabei anhand vom Kernel gespeicherten Parametern erzeugt. Beachten Sie allerdings, dass die Diskette nur mit leeren Blöcken beschrieben wird und nicht mit einem Dateisystem. Zum Erstellen von Dateisystemen stehen Ihnen die Kommandos `mkfs`, `mk2fs` oder `mkreiserfs` zur Verfügung. Die Syntax des Befehls lautet:

`fdformat Gerätedatei`

fdisk – Partitionieren von Speichermedien

`fdisk` ist die etwas unkomfortablere Alternative gegenüber `cfdisk`, eine Festplatte in verschiedene Partitionen aufzuteilen, zu löschen oder gegebenenfalls zu ändern. Im Gegensatz zu `cfisk` können Sie hier nicht mit den Pfeiltasten navigieren und müssen einzelne Tastenkürzel verwenden. Allerdings hat `fdisk` den Vorteil, fast überall und immer präsent zu sein.

Noch ein Vorzug ist, dass `fdisk` nicht interaktiv läuft. Man kann es z.B. benutzen, um einen ganzen Schlag Festplatten automatisch zu formatieren. Das ist ganz praktisch, wenn man ein System identisch auf einer ganzen Anzahl Rechner installieren muss. Man installiert nur auf einem, erzeugt mit dd ein Image, erstellt sich ein kleines Script, bootet die anderen Rechner z.B. von »damnsmall-Linux« (einer speziellen Mini-Distribution z.B. für den USB-Stick) und führt das Script aus, das dann per `fdisk` formatiert und per `dd` das Image des Prototypen installiert. Danach muss man nur noch die IP-Adresse und den Hostname anpassen, was Sie auch scriptgesteuert vornehmen können. Einen komfortablen Überblick zu allen Partitionen auf allen Festplatten können Sie sich mit der Option -l anzeigen lassen:

```
user$ sudo fdisk -l
Platte /dev/hdc: 120.0 GByte, 120034123776 Byte
255 Köpfe, 63 Sektoren/Spuren, 14593 Zylinder
Einheiten = Zylinder von 16065 × 512 = 8225280 Bytes
Gerät       Anfang      Ende        Blöcke      Id  System
/dev/hdc1   1           6079        48829536    83  Linux
/dev/hdc2   6080        7903        14651280    83  Linux
/dev/hdc3   7904        14593       53737425    83  Linux
```

Zum Partitionieren starten müssen Sie fdisk mit der Angabe der Gerätedatei:

```
user$ sudo fdisk /dev/hda
```

Die wichtigsten Tastenkürzel zur Partitionierung selbst sind:

Taste	Bedeutung
b	»bsd disklabel« bearbeiten
d	Eine Partition löschen
l	Die bekannten Dateisystemtypen anzeigen (Sie benötigen die Nummer)
m	Ein Menü mit allen Befehlen anzeigen
n	Eine neue Partition anlegen
p	Die Partitionstabelle anzeigen
q	Ende ohne Speichern der Änderungen
s	Einen neuen leeren »Sun disklabel« anlegen
t	Den Dateisystemtyp einer Partition ändern
u	Die Einheit für die Anzeige/Eingabe ändern
v	Die Partitionstabelle überprüfen
w	Die Tabelle auf die Festplatte schreiben und das Programm beenden
x	Zusätzliche Funktionen (nur für Experten)

fsck – Reparieren und Überprüfen

fsck ist ein unabhängiges Frontend zum Prüfen und Reparieren der Dateisystem-Struktur. fsck ruft gewöhnlich je nach Dateisystem das entsprechende Programm auf. Bei ext2/ext3 ist dies bspw. fsck.ext2, bei einem Minix-System fsck.minix, bei ReiserFS reiserfsck usw. Die Zuordnung des entsprechenden Dateisystems nimmt fsck anhand der Partitionstabelle oder durch eine Kommandozeilenoption vor. Die meisten dieser Programme unterstützen die Optionen -a, -A, -l, -r, -s und -v. Meistens wird hierbei die Option -a -A verwendet. Mit -a veranlassen Sie eine automatische Reparatur, sofern dies möglich ist, und mit -A geben Sie an, alle Dateisysteme zu testen, die in /etc/fstab eingetragen sind. fsck gibt beim Überprüfen einen Exit-Code zurück, den Sie mit echo $? abfragen können. Folgende wichtigen Exit-Codes und deren Bedeutung können dabei zurückgegeben werden:

Exit-Code	Bedeutung
0	Kein Fehler im Dateisystem
1	Einen Fehler im Dateisystem gefunden und repariert
2	Schweren Fehler im Dateisystem gefunden und korrigiert. Allerdings sollte das System neu gestartet werden.
4	Fehler im Dateisystem gefunden, aber nicht korrigiert
8	Fehler bei der Kommandoausführung von fsck
16	Falsche Verwendung von fsck
128	Fehler in den Shared-Libraries

Ganz wichtig ist es auch, fsck immer auf nicht eingebundene bzw. nur im readonly-Modus eingebundene Dateisysteme anzuwenden. Denn fsck kann sonst eventuell ein Dateisystem verändern (reparieren), ohne dass das System dies zu realisieren vermag. Ein Systemabsturz ist dann vorprogrammiert. Gewöhnlich wird fsck bzw. fsck.ext3 beim Systemstart automatisch ausgeführt, wenn eine Partition nicht sauber ausgebunden wurde oder nach jedem 30-ten booten bei Ubuntu in der Standardeinstellung.

mkfs – Dateisystem einrichten

Mit mkfs können Sie auf einer zuvor formatierten Festplatte bzw. Diskette ein Dateisystem anlegen. Wie schon fsck ist mkfs ein unabhängiges Frontend, das die Erzeugung des Dateisystems nicht selbst übernimmt, sondern auch hier das spezifische Programm zur Erzeugung des entsprechenden Dateisystems verwendet. Auch hierbei richtet sich mkfs wieder nach den Dateisystemen, die in der Partitionstabelle aufgelistet sind, oder gegebenenfalls nach der Kommandozeilenoption. Abhängig vom Dateisystemtyp ruft `mkfs` dann das Kommando `mkfs.minix` (für Minix), `mk2fs` (für ext2/ext3), `mkreiserfs` (für ReiserFS) usw. auf. Die Syntax lautet:

```
user$ mkfs [option] Gerätedatei [blöcke]
```

Für die »Gerätedatei« müssen Sie den entsprechenden Pfad angeben (z.B. `/dev/hda1`). Es kann außerdem auch die Anzahl von Blöcken angegeben werden, die das Dateisystem belegen soll. Auch `mkfs` gibt einen Exit-Code über den Verlauf der Kommandoausführung zurück, den Sie mit `echo $?` auswerten können.

Exit-Code	Bedeutung
0	Alles erfolgreich durchgeführt
8	Fehler bei der Programmausführung
16	Ein Fehler in der Kommandozeile

Interessant ist auch noch die Option `-t`, womit Sie den Dateisystemtyp des zu erzeugenden Dateisystems selbst festlegen können. Ohne `-t` würde hier wieder versucht, das Dateisystem anhand der Partitionstabelle zu bestimmen. So erzeugen Sie z.B. mit

```
user$ sudo mkfs -f xfs /dev/hda7
```

auf der Partition `/dev/hda7` ein Dateisystem xfs (alternativ zu ext2).

mkswap – eine Swap-Partition einrichten

Mit `mkswap` legen Sie eine Swap-Partition an. Diese können Sie z.B. dazu verwenden, schlafende Prozesse, die auf das Ende von anderen Prozessen warten, in die Swap-Partition der Festplatte auszulagern. So halten Sie Platz im Arbeitsspeicher für andere laufende Prozesse frei. Sofern Sie nicht schon bei der Installation von Ubuntu die (gewöhnlich) vorgeschlagene Swap-Partiton eingerichtet haben, können Sie dies nachträglich mit dem Kommando `mkswap` vornehmen. Zum Aktivieren einer Swap-Partition müssen Sie das Kommando `swapon` aufrufen. Ist Ihr Arbeitsspeicher ausgelastet, können Sie auch kurzfristig solch einen Swap-Speicher einrichten. Ein Beispiel:

```
user$ sudo dd bs=1024 if=/dev/zero \
of=/tmp/myswap count=4096
4096+0 Datensätze ein
```

```
4096+0 Datensätze aus
user$ sudo mkswap -c /tmp/myswap 4096
Swapbereich Version 1 wird angelegt,
Größe 4190 KBytes
user$ sudo sync
user$ sudo swapon /tmp/myswap
```

Zuerst legen Sie mit `dd` einen leere Swapdatei mit 4 Megabytes Größe mit Null-Bytes an. Anschließend verwenden Sie diesen Bereich als Swap-Datei. Nach einem Aufruf von `sync` müssen Sie nur noch den Swap-Speicher aktivieren. Wie dieser Swap-Bereich allerdings verwendet wird, haben Sie nicht in der Hand, sondern wird vom Kernel mit dem »Paging« gesteuert.

Eine Datei, die als Swap-Bereich eingebunden wird, sollte nur genutzt werden, wenn keine Partition dafür zur Verfügung steht, da die Methode erheblich langsamer ist als eine Swap-Partition.

mount, umount – Dateisysteme an- bzw. abhängen

`mount` hängt einzelne Dateisysteme mit den verschiedensten Medien (Festplatte, CD-ROM, Diskette, ...) an einen einzigen Dateisystembaum an. Die einzelnen Partitionen werden dabei als Gerätedateien im Ordner `/dev` angezeigt. Rufen Sie `mount` ohne irgendwelche Argumente auf, werden alle »gemounteten« Dateisysteme aus `/etc/mtab` aufgelistet. Auch hier bleibt es wieder root überlassen, ob ein Benutzer ein bestimmtes Dateisystem einbinden kann oder nicht. Hierzu muss nur ein entsprechender Eintrag in `/etc/fstab` vorgenommen werden. Einige Beispiele, wie verschiedene Dateisysteme eingehängt werden können:

Verwendung	Bedeutung
`mount /dev/fd0`	Hängt das Diskettenlaufwerk ein
`mount /dev/hda9 /home/you`	Hier wird das Dateisystem `/dev/hda9` an der Verzeichnis `/home/you` gemountet.
`mount goliath:/progs \` `/home/progs`	Mountet ein Dateisystem per NFS von einem Rechner namens »goliath« und hängt diesen an das lokale Verzeichnis `/home/progs`

Wollen Sie ein Dateisystem wieder aushängen, egal ob jetzt lokale oder entfernte Partitionen, dann nehmen Sie dies mit `umount` vor:

```
user$ umount /dev/fd0
```

Hier wird das Diskettenlaufwerk aus dem Dateisystem ausgehängt. Wenn ein Eintrag für ein Dateisystem in der /etc/fstab besteht, reicht es aus, mount mit dem Device oder dem Mountpoint als Argument aufzurufen: »mount /dev/fd0«.

parted – Partitionen anlegen etc.

Mit parted können Sie nicht nur – wie mit fdisk bzw. cfdisk – Partitionen anlegen oder löschen, sondern auch vergrößern, verkleinern, kopieren und verschieben. parted wird gern verwendet, wenn man Platz auf der Festplatte schaffen will für ein neues Betriebssystem oder alle Daten einer Festplatte auf eine neue kopieren will. Mehr hierzu entnehmen Sie bitte der Manual-Seite von parted.

swapon, swapoff – Swap-Speicher (de)aktivieren

Wenn Sie auf dem System eine Swap-Partition eingerichtet haben (siehe mkswap), existiert diese zwar, muss aber noch mit dem Kommando swapon aktiviert werden. Den so aktivierten Bereich können Sie jederzeit mit swapoff wieder aus dem laufenden System deaktivieren.

sync – Gepufferte Schreiboperationen ausführen

Normalerweise verwendet Linux einen Puffer (Cache) im Arbeitsspeicher, worin sich ganze Datenblöcke eines Massenspeichers befinden. So werden Daten häufig temporär erst im Arbeitsspeicher verwaltet, da sich ein dauernd schreibender Prozess äußerst negativ auf die Performance des Systems auswirken würde. Stellen Sie sich das einmal bei 100 Prozessen vor! Gewöhnlich übernimmt ein Daemon die Arbeit und entscheidet, wann die veränderten Datenblöcke auf die Festplatte geschrieben werden.

Mit dem Kommando sync können Sie nun veranlassen, dass veränderte Daten sofort auf die Festplatte (oder auch jeden anderen Massenspeicher) geschrieben werden. Dies kann häufig der letzte Rettungsanker sein, wenn das System sich nicht mehr richtig beenden lässt. Können Sie hierbei noch schnell ein sync ausführen, werden alle Daten zuvor nochmals gesichert und der Datenverlust kann eventuell ganz verhindert werden.

15.2.7 Archivierung und Backup

bzip2/bunzip2 – (De-)Komprimieren von Dateien

bzip2 ist dem Kommando gzip nicht unähnlich, nur dass bzip2 einen besseren Komprimierungsgrad als gzip erreicht. bzip arbeitet mit dem Burrows-Wheeler Block-Sorting-Algorithmus, der den Text zwar nicht komprimiert, aber leichter komprimierbar macht, sowie mit der Huffman-Kodierung. Allerdings ist die Kompression mit bzip2 erheblich besser, aber dafür auch erheblich langsamer, sofern die Geschwindigkeit eine Rolle spielen sollte. Alle Dateien, die mit bzip2 komprimiert werden, bekommen automatisch die Dateiendung ».bz2«. TAR-Dateien, die mit bzip2 komprimiert werden, erhalten üblicherweise die Endung ».tbz«. Die »2« hinter bzip2 bzw. bunzip2 kam dadurch, dass der Vorgänger bzip lautete, der allerdings aus patentrechtlichen Gründen nicht mehr weiterentwickelt wurde. Komprimieren können Sie Dateien mit bzip2 folgendermaßen:

```
user$ bzip2 file.txt
```

Entpacken können Sie die komprimierte Datei wieder mit der Option -d und bzip2 oder mit bunzip2.

```
user$ bzip2 -d file.txt.bz2
```

oder

```
user$ bunzip2 file.txt.bz2
```

Sie können gern bzip2 mit der Option -d bevorzugen, weil bunzip2 nichts anderes ist als ein Link auf bzip2, wobei allerdings automatisch die Option -d verwendet wird. Interessant in diesem Zusammenhang ist auch das Kommando bzcat, womit Sie bzip2-komprimierte Dateien lesen können, ohne diese vorher zu dekomprimieren.

```
user$ bzcat file.txt.bz2
...
```

cpio, afio – Dateien archivieren

cpio *(copy in and out)* eignet sich hervorragend, um ganze Verzeichnisbäume zu archivieren. Etwas ungewöhnlich auf den ersten Blick ist, dass cpio die zu archivierenden Dateien nicht von der Kommandozeile, sondern von der Standardeingabe liest. Häufig wird daher cpio in Verbindung mit den Kommandos ls oder find und einer Pipe verwendet. Damit ist es möglich, ein spezielles Archiv zu erzeugen, das den

Eigentümer, die Zugriffsrechte, die Erzeugungszeit, die Dateigröße usw. berücksichtigt. Gewöhnlich wird `cpio` in drei verschiedenen Arten aufgerufen.

copy out

Diese Art wird mit der Option `-o` bzw. `--create` verwendet. So werden die Pfadnamen der zu kopierenden Dateien von der Standardeingabe eingelesen und auf die Standardausgabe kopiert. Dabei können Dinge, wie etwa der Eigentümer, die Zugriffsrechte, die Dateigröße etc., berücksichtigt bzw. ausgegeben werden. Gewöhnlich verwendet man copy out mit einer Pipe und einer Umlenkung:

```
user$ cd meinbuch
user$ ls
Kap001.txt   Kap002.txt
...
user$ ls *.txt | cpio -o > meinbuch.cpio
1243 blocks
```

Hier wurden z.B. alle Textdateien im Verzeichnis `meinbuch` zu einem `cpio`-Archiv (`meinbuch.cpio`) gepackt. Allerdings konnten hier nur bestimmte Dateien erfasst werden. Wollen Sie ganze Verzeichnisbäume archivieren, dann verwenden Sie das Kommando `find`:

```
user$ find $HOME/meinbuch -print | cpio -o > \
meinbuch.cpio
```

Natürlich können Sie hierbei mit `find`-üblichen Anweisungen nur bestimmte Dateien archivieren. Ebenso lassen sich Dateien auch auf ein anderes Laufwerk archivieren:

```
user$ ls -a | cpio -o > /dev/fd0
```

Hier wurden beispielsweise alle Dateien des aktuellen Verzeichnisses auf die Diskette kopiert. Dabei können Sie genauso gut einen Streamer, eine andere Festplatte oder gar einen anderen Rechner verwenden.

copy in

Wollen Sie das mit `cpio -o` erzeugte Archiv wieder entpacken bzw. zurückspielen, so wird `cpio` mit dem Schalter `-i` bzw. `--extract` verwendet. Damit liest `cpio` die archivierten Dateien von der Standardeingabe ein. Es ist sogar möglich, hierbei reguläre Ausdrücke zu verwenden. Mit folgender Befehlsausführung entpacken Sie das Archiv wieder:

```
user$ cpio -i < meinbuch.cpio
```

Wollen Sie nicht das komplette Archiv entpacken, sondern nur bestimmte Dateien, können Sie dies mit einem regulären Ausdruck wie folgt angeben:

```
user$ cpio -i "*.txt" < meinbuch.cpio
```

Hier entpacken Sie nur Textdateien mit der Endung ».txt«. Natürlich funktioniert das Ganze auch mit den verschiedensten Speichermedien:

```
user$ cpio -i "*.txt" < /dev/fd0
```

Hier werden alle Textdateien von einer Diskette entpackt. Allerdings werden die Dateien immer ins aktuelle Arbeitsverzeichnis zurückgespielt, sodass Sie den Zielort schon zuvor angeben müssen, zum Beispiel:

```
user$ cd $HOME/meinbuch/testdir ; \
> cpio -i < /archive/meinbuch.cpio
```

Hier wechseln Sie zunächst in entsprechendes Verzeichnis, wo Sie anschließend das Archiv entpacken wollen. Wollen Sie außerdem erst wissen, was Sie entpacken, also was sich in einem `cpio`-Archiv für Dateien befinden, müssen Sie `cpio` nur mit der Option `-t` verwenden:

```
user$ cpio -t < meinbuch.cpio
...
```

copy pass

Mit `copy pass` werden die Dateien von der Standardeingabe gelesen und in ein entsprechendes Verzeichnis kopiert, ohne dass ein Archiv erzeugt wird. Hierzu wird die Option `-p` eingesetzt. Voraussetzung ist natürlich, dass ein entsprechendes Verzeichnis existiert. Wenn nicht, können Sie zusätzlich die Option `-d` verwenden, womit dann ein solches Verzeichnis erzeugt wird.

```
user$ ls *.txt | cpio -pd /archive/testdir2
```

Hiermit werden aus dem aktuellen Verzeichnis alle Textdateien in das Verzeichnis `testdir2` kopiert. Der Aufruf entspricht demselben wie:

```
user$ cp *.txt /archive/testdir2
```

Einen ganzen Verzeichnisbaum des aktuellen Arbeitsverzeichnisses könnten Sie somit mit folgendem Aufruf kopieren:

```
user$ find . -print | cpio -pd /archiv/testdir3
```

afio

afio bietet im Gegensatz zu cpio die Möglichkeit, die einzelnen Dateien zu komprimieren. Somit stellt afio eine interessante tar-Alternative dar (für jeden, der tar mit seinen typischen Optionsparametern nicht mag). afio komprimiert die einzelnen Dateien noch, bevor Sie in ein Archiv zusammengefasst werden. Unter Ubuntu muss afio allerdings zunächst mit dem gleichnamigen Paket nachinstalliert werden. Ein einfaches Beispiel zur Anwendung von afio:

```
user$ ls *.txt | afio -o -Z meinbuch.afio
```

Sie komprimieren zunächst alle Textdateien im aktuellen Verzeichnis und fassen dies dann in das Archiv meinbuch.afio zusammen. Die Platzeinsparung im Vergleich zu cpio ist beachtlich:

```
user$ ls -l Shellbook*
-rw-------  1 tot users 209920 meinbuch.afio
-rw-------  1 tot users 640512 meinbuch.cpio
```

Entpacken können Sie das Archiv wieder wie bei cpio mit dem Schalter -i:

```
user$ afio -i -Z Shellbook.afio
```

ccrypt – Dateien verschlüsseln

Mit dem Kommando ccrypt wird ein ver-/entschlüsselnder Text von der Standardeingabe gelesen, um diesen wieder ver-/entschlüsselnd auf die Standardausgabe auszugeben. ccrypt wird unter Ubuntu mit Hilfe des gleichnamigen Pakets installiert. Ein Anwendungsbeispiel:

```
user$ ccrypt file.txt
Enter encryption key:
Enter encryption key: (repeat)
```

Wie oben zu sehen, ist die Eingabe eines Schlüssels erforderlich, der zusätzlich zu bestätigen ist. Es wird eine Binärdatei file.txt.cpt erzeugt. Diese lässt sich mit der Option -d dechiffrieren:

```
user$ ccrypt -d file.txt.cpt
Enter encryption key:
```

Beachten Sie bitte die Gesetzeslage zur Verschlüsselung in Ihrem Heimatland. Kryptographie ist inzwischen in einigen Ländern verboten. So darf man in Frankreich zum Beispiel kein PGP einsetzen.

gzip/gunzip – (De-)Komprimieren von Dateien

`gzip` komprimiert Dateien und fügt am Ende des Dateinamen die Endung ».gz« an. Die Originaldatei wird hierbei durch die komprimierte Datei ersetzt. `gzip` basiert auf dem deflate-Algorithmus, der eine Kombination aus LZ77 und Huffman-Kodierung ist. Der Zeitstempel einer Datei und auch die Zugriffsrechte bleiben beim Komprimieren und auch beim Entpacken mit `gunzip` erhalten.

Sofern Sie Software-Entwickler in bspw. C sind und Datenkompression verwenden wollen, sollten Sie sich die Bibliothek `zlib` ansehen. Diese Bibliothek unterstützt das `gzip`-Dateiformat.

Komprimieren können Sie eine oder mehrere Datei(en) ganz einfach mit:

```
user$ gzip file1.txt
```

Und Dekomprimieren geht entweder mit `gzip` und der Option `-d`

```
user$ gzip -d file1.txt.gz
```

oder mit gunzip:

```
user$ gunzip file1.txt.gz
```

Wobei `gunzip` hier kein symbolischer Link ist, sondern ein echtes Kommando. `gunzip` kann neben `gzip`-Dateien auch Dateien dekomprimieren, die mit `zip`, `compress` oder `pack` komprimiert wurden.

Wollen Sie, dass beim (De-)Komprimieren nicht die Originaldatei berührt wird, so müssen Sie die Option `-c` verwenden:

```
user$ gzip -c file1.txt > file1.txt.gz
```

Dies können Sie ebenso mit `gunzip` anwenden:

```
user$ gunzip -c file1.txt.gz > file1_neu.txt
```

Damit lassen Sie die `gzip`-komprimierte Datei `file1.txt.gz` unberührt und erzeugen eine neue dekomprimierte Datei `file1_neu.txt`. Selbiges können Sie auch mit `zcat` erledigen:

```
user$ zcat file1.txt.gz > file1_neu.txt
```

mt – Streamer steuern

Mit `mt` können Magnetbänder vor- oder zurückgespult, positioniert und gelöscht werden. `mt` wird häufig in Shellscripts in Verbindung mit `tar`, `cpio` oder `afio` verwendet, weil jedes der Kommandos zwar auf Magnetbänder schreiben kann, aber diese nicht steuern können. So wird mt wie folgt in der Praxis verwendet:

```
mt -f Tape Befehl [Nummer]
```

Mit »Tape« geben Sie den Pfad zu Ihrem Bandlaufwerk an und mit »Nummer«, wie oft »Befehl« ausgeführt werden soll. Hierzu die gängigsten Befehle, die dabei eingesetzt werden:

Befehl	Bedeutung
eom	Band bis zum Ende der letzten Datei spulen. Ab hier kann mit tar, cpio und afio ein Backup aufgespielt werden.
fsf Anzahl	Das Band um »Anzahl« Archive (Dateiendemarken) vorspulen. Nicht gleichzusetzen mit der letzten Datei (eom).
nbsf Anzahl	Das Band um »Anzahl« Archive (Dateiendemarken) zurückspulen
rewind	Das Band an den Anfang zurückspulen
status	Statusinformationen vom Magnetlaufwerk ermitteln und ausgeben (bspw. ist ein Band eingelegt oder nicht)
erase	Das Band löschen und initialisieren
retension	Das Band einmal ans Ende spulen und wieder zum Anfang zurück, um es neu zu ßpannen"
offline	Band zum Anfang zurückspulen und auswerfen

tar – Dateien und Verzeichnisse archivieren

tar (tape archiver) wurde ursprünglich zur Verwaltung von Bandarchiven verwendet. Mittlerweile wird tar aber auch auf Disketten oder für normale Dateien oder Verzeichnisse angewendet. Das Kommando wird zur Erstellung von Sicherungen bzw. Archiven sowie zu ihrem Zurückladen genutzt. Die Syntax lautet:

```
tar Funktion [Optionen] [Datei(en)]
```

Mit »Funktion« geben Sie an, wie die Erstellung bzw. das Zurückladen von Archiven erfolgen soll. Mit »Datei(en)« bestimmen Sie, welche Dateien oder Dateibäume herausgeschrieben oder wieder eingelesen werden sollen. Gibt man hierbei ein Verzeichnis an, so wird der gesamte darin enthaltene Dateibaum verwendet. Gewöhnlich werden Archive mittels tar nicht komprimiert, aber auch hier kann man mit tar die Ein- und Ausgabe durch einen Kompressor leiten. Neuere Versionen unterstützen sowohl compress als auch gzip und bzip2, das inzwischen einen recht hohen Stellenwert hat. Das gilt auch nicht nur für GNU-tar.

`tar` (besonders GNU-`tar`) ist gewaltig, was die Anzahl von Funktionen und Optionen betrifft. Da `tar` eigentlich zu einem sehr beliebten Archivierungswerkzeug gehört, sollen hierbei auch mehrere Optionen und Funktionen erwähnt werden. Nachfolgend die Optionen, womit Sie die Funktion von `tar` festlegen (es darf bei den 1-Zeichen-Funktionen auch das führende - weggelassen werden):

Option	Bedeutung
-A	Hängt ein komplettes Archiv an ein zweites vorhandenes Archiv an (oder fügt es auf dem Band hinten an)
-c	Erzeugt ein neues Archiv
-d	Vergleicht die im Archiv abgelegten Dateien mit den angegebenen Dateien
--delete Datei(en)	Löscht die angegebenen »Datei(en)« aus dem Archiv (nicht für Magnetbänder)
-r	Erwähnte Dateien werden ans Ende von einem bereits existierenden Archiv angehängt (nicht für Magnetbänder)
-t	Zeigt den Inhalt eines Archivs an
-u	Benannte Dateien werden nur dann ins Archiv aufgenommen, wenn diese neuer als die bereits archivierten Versionen oder noch überhaupt nicht im Archiv vorhanden sind (nicht für Magnetbänder).
-x	Bestimmte Dateien sollen aus einem Archiv gelesen werden; werden keine Dateien erwähnt, werden alle Dateien aus dem Archiv extrahiert.

Darüber hinaus gibt es noch einige Zusatzoptionen. Die Gängigsten sind:

Option	Bedeutung
-f Datei	Benutzt »Datei« oder das damit verbundenen Gerät als Archiv; die Datei darf auch Teil von einem anderen Rechner sein.
-l	Geht beim Archivieren nicht über die Dateisystemgrenze hinaus
-v	tar gibt gewöhnlich keine speziellen Meldungen aus; mit dieser Option wird jede Aktion von `tar` gemeldet.
-w	Schaltet `tar` in einen interaktiven Modus, wo zu jeder Aktion eine Bestätigung erfolgen muss
-y	Komprimiert oder dekomprimiert die Dateien bei einer `tar`-Operation mit `bzip2`
-z	Komprimiert oder dekomprimiert die Dateien bei einer `tar`-Operation mit `gzip` bzw. `gunzip`
-Z	Komprimiert oder dekomprimiert die Dateien bei einer `tar`-Operation mit `compress` bzw. `uncompress`

Neben diesen zusätzlichen Optionen bietet `tar` noch eine Menge Schalter mehr an. Weitere Informationen entnehmen Sie bei Bedarf der man-Seite zu `tar`. Allerdings dürften Sie mit den hier genannten Optionen recht weit kommen. Daher hierzu einige Beispiele. Am häufigsten wird `tar` wohl in folgender Grundform verwendet:

```
user$ tar cf Archiv_Name Verzeichnis
```

Damit wird aus dem Verzeichniszweig Verzeichnis ein Archiv mit dem Namen `Archiv_Name` erstellt. In der Praxis:

```
user$ tar cf home_jan06 $HOME
```

Aus dem kompletten Heimverzeichnis des Benutzers wird das Archiv `home_jan06` erstellt. Damit Sie beim Zurückspielen der Daten flexibler sind, sollten Sie einen relativen Verzeichnispfad angeben:

```
cd Verzeichnis ; tar cf Archiv_Name .
```

Im Beispiel:

```
user$ cd ; tar cf home_jan06 .
```

Hierfür steht Ihnen für das relative Verzeichnis auch die Option `-C` Verzeichnis zur Verfügung:

```
tar cf Archiv_Name -C Verzeichnis .
```

Wollen Sie die Dateien und Verzeichnisse des Archivs wiederherstellen, lautet der gängige Befehl hierzu wie folgt:

```
tar xf Archiv_Name
```

Um auf unser Beispiel zurückzukommen:

```
user$ tar xf home_jan06
```

Wollen Sie einzelne Dateien aus einem Archiv wiederherstellen, so ist dies auch kein allzu großer Aufwand:

```
user$ tar xf home_jan06 datei1 datei2 ...
```

Beachten Sie allerdings, wie Sie die Datei ins Archiv gesichert haben (relativer oder absoluter Pfad). Wollen Sie bspw. die Datei `meinbuch.cpio` mit dem relativen Pfad wiederherstellen, so können Sie dies wie folgt tun:

```
user$ tar xf meinbuch_jan06 ./meinbuch.cpio
```

Ein häufiger Fehler, wenn etwas mit `tar` nicht klappt, ist eine falsche Pfadangabe. Man sollte daher immer überlegen, wo liegt das Archiv, wo soll rückgesichert werden und wie wurden die Dateien ins Archiv aufgenommen (absoluter oder relativer Pfad).

Wollen Sie außerdem mitverfolgen, was beim Erstellen oder Auspacken eines Archivs alles passiert, sollten Sie die Option v verwenden. Hierbei können Sie außerdem gleich erkennen, ob Sie die Dateien mit dem absoluten oder relativen Pfad gesichert haben.

```
# neues Archiv erzeugen, mit Ausgabe aller Aktionen
tar cvf Archiv_Name Verzeichnis

# Archiv zurückspielen, mit Ausgabe aller Aktionen
tar xvf Archiv_Name
```

Den Inhalt eines Archivs können Sie mit der Option t ansehen:

```
tar tf Archiv_Name
```

In unserem Beispiel:

```
user$ tar tf home_jan06
./
./Ubuntubuch
./Ubuntubuch/kapitel_1.tex
...
```

Hier wurde also der relative Pfadname verwendet. Wollen Sie ein ganzes Verzeichnis auf Diskette sichern, erledigen Sie dies folgendermaßen:

```
user$ tar cf /dev/fd0 Ubuntubuch
```

Hier kopieren Sie das ganze Verzeichnis auf eine Diskette. Zurückspielen können Sie das Ganze wieder wie folgt:

```
user$ tar xvf /dev/fd0 Ubuntubuch
```

Wollen Sie einen kompletten Verzeichnisbaum mit Kompression archivieren (bspw. mit `gzip`), gehen Sie so vor:

```
user$ tar czvf Ubuntubuch_jan06.tgz Ubuntubuch
```

Dank der Option z wird jetzt das ganze Archiv auch noch komprimiert.

Ansehen können Sie sich das komprimierte Archiv weiterhin mit der Option t:

```
user$ tar tzf Ubuntubuch_jan06.tgz Ubuntubuch
Ubuntuch/
Ubuntubuch/kapitel_1.tex
...
```

Hier wurde also der absolute Pfadname verwendet. Entpacken und wieder einspielen können Sie das komprimierte Archiv wieder mit (mit Meldungen):

```
user$ tar xzvf Ubuntubuch_jan06.tgz Ubuntubuch
```

Wollen Sie allerdings nur Dateien mit der Endung ».tex« aus dem Archiv extrahieren, können Sie dies so vornehmen:

```
user$ tar xzf Ubuntubuch_jan06.tgz '*.tex'
```

zip/unzip – (De-)Komprimieren von Dateien

Mit zip können Sie einzelne Dateien bis hin zu ganzen Verzeichnissen komprimieren und archivieren. Besonders gern werden zip und unzip allerdings verwendet, weil diese gänzlich mit den Versionen von Windows und DOS kompatibel sind. Wer sich also immer schon geärgert hat, dass sein Mail-Anhang wieder einmal etwas im ZIP-Format enthält, kann hier auf unzip zurückgreifen. Ein ZIP-Archiv aus mehreren Dateien können Sie so erstellen:

```
user$ zip files.zip file1.txt file2.txt file3.txt
  adding: file1.txt (deflated 56%)
  adding: file2.txt (deflated 46%)
  adding: file3.txt (deflated 24%)
```

Hier packen und komprimieren Sie die Dateien zu einem Archiv namens files.zip. Wollen Sie eine neue Datei zum Archiv hinzufügen, nichts einfacher als das:

```
user$ zip files.zip hallo.c
  adding: hallo.c (deflated 3%)
```

Möchten Sie alle Dateien des Archivs in das aktuelle Arbeitsverzeichnis entpacken, dann tun Sie dies so:

```
user$ unzip files.zip
Archive:  files.zip
  inflating: file1.txt
```

```
  inflating: file2.txt
  inflating: file3.txt
  inflating: hallo.c
```

Wenn Sie eine ganze Verzeichnishierarchie packen und komprimieren wollen, so müssen Sie die Option `-r` (rekursive) verwenden:

```
user$ zip -r Ubuntubuch.zip $HOME/Ubuntubuch
...
```

Entpacken können Sie das Archiv wieder wie gewohnt mittels `unzip`.

Übersicht zu den Pack-Programmen

In der folgenden Tabelle wird eine kurze Übersicht zu den Dateiendungen und den zugehörigen (De-)Komprimierungsprogrammen gegeben.

Endung	gepackt mit	entpackt mit
*.bz und *.bz2	bzip2	bzip2
*.gz	gzip	gzip, gunzip oder zcat
*.zip	Info-Zip, PKZip, zip	Info-Unzip, PKUnzip, unzip, gunzip (eineDatei)
*.tar	tar	tar
*.tbz	tar und bzip2	tar und bzip2
*.tgz; *.tar.gz	tar und gzip	tar und g(un)zip
*.Z	compress	uncompress; gunzip
*.tar.Z	tar und compress	tar und uncompress
*.pak	pack	unpack, gunzip

15.2.8 Systeminformationen

cal – zeigt einen Kalender an

Das Kommando `cal` zeigt Ihnen einen Kalender wie folgt an:

```
user$ cal
   Januar 2006
So Mo Di Mi Do Fr Sa
 1  2  3  4  5  6  7
 8  9 10 11 12 13 14
15 16 17 18 19 20 21
22 23 24 25 26 27 28
29 30 31
```

Ohne Angaben wird immer der aktuelle Monat aufgeführt. Wünschen Sie einen Kalender zu einem bestimmten Monat und Jahr, müssen Sie nur diese Syntax verwenden:

```
cal Monat Jahr
```

Wobei »Monat« und »Jahr« jeweils numerisch angegeben werden müssen. Den Kalender für April 2023 erhalten Sie so:

```
user$ cal 4 2023
      April 2023
So Mo Di Mi Do Fr Sa
                   1
 2  3  4  5  6  7  8
 9 10 11 12 13 14 15
16 17 18 19 20 21 22
23 24 25 26 27 28 29
30
```

date – Datum und Uhrzeit

Mit `date` lesen bzw. setzen Sie die Linux Systemzeit. `date` wird weniger in der Kommandozeile als vielmehr in Shellscripts eingesetzt. `date` ist im Grunde »nur« ein Frontend für die C-Bibliotheksfunktion `strftime(3)`. Dabei leitet man durch ein Pluszeichen einen Formatstring ein, welcher durch entsprechende Datumsangaben ergänzt wird. Die Ausgabe erfolgt anschließend auf die Standardausgabe. Ein Beispiel:

```
user$ date +'%Y-%m-%d'
2006-01-04
```

uname – Rechnername, Architektur und OS

Mit `uname` können Sie das Betriebssystem, den Rechnernamen, OS-Release und Version, Plattform, Prozessortyp und Hardwareklasse des Rechners anzeigen lassen. Hierzu ruft man `uname` mit der Option `-a` auf:

```
user$ uname -a
Linux august 2.6.12-9-k7-smp #1 SMP Mon Oct 10
13:58:43 BST 2005 i686 GNU/Linux
```

uptime – Laufzeit des Rechners

Das Kommando uptime zeigt die Zeit an, wie lange der Rechner bereits läuft.

```
user$ uptime
15:07:38 up  3:36, 2 users, load average: ...
```

15.2.9 System-Kommandos

dmesg – letzte Kernel-Boot-Meldungen

Wollen Sie sich die Kernel-Meldungen des letzten Bootvorgangs ansehen, können Sie sich dies mit dem Kommando `dmesg` anzeigen lassen. Dabei können Sie feststellen, welche Hardware beim Booten erkannt und initialisiert wurde. `dmesg` wird gern zur Diagnose verwendet, ob eine interne bzw. externe Hardware auch vom Betriebssystem korrekt erkannt wurde. Natürlich setzt dies auch entsprechende Kenntnisse zur Hardware auf dem Computer und ihrer Bezeichnungen voraus.

halt – alle laufenden Prozesse beenden

Mit dem Kommando `halt` beenden Sie alle laufenden Prozesse. Damit wird das System komplett angehalten und reagiert auf keine Eingabe mehr. Selbstverständlich ist solch ein Befehl nur vom root ausführbar. Meistens ist `halt` ein Verweis auf `shutdown`.

reboot – System neu starten

Mit `reboot` werden alle noch laufenden Prozess auf dem System unverzüglich beendet und das System neu gestartet. Bei einem System im Runlevel 1 bis 5 wird hierzu ein `shutdown` aufgerufen. Selbstverständlich bleibt auch dieses Kommando dem root vorbehalten.

shutdown – System herunterfahren

Mit `shutdown` können Sie (root-Rechte vorausgesetzt) das System herunterfahren. Mit den Optionen `-r` und `-h` kann man dabei zwischen einem »Halt« des Systems und einem »Reboot« auswählen. Damit das System auch ordentlich gestoppt wird, wird jedem Prozess zunächst das Signal `SIGTERM` gesendet, womit sich ein Prozess noch ordentlich beenden kann. Nach einer bestimmten Zeit (Standard ist zwei Sekunden oder einstellbar mit `-t <SEKUNDEN>`) wird das Signal `SIGKILL` an die Prozesse gesendet. Natürlich werden auch die Dateisysteme ordentlich abgehängt (`umount`), `sync` ausgeführt und in einen anderen Runlevel gewechselt. Die Syntax zu shutdown lautet:

```
shutdown [Optionen] Zeitpunkt [Nachricht]
```

Den Zeitpunkt zum Ausführen des shutdown-Kommandos können Sie entweder im Format `hh:mm` als Uhrzeit übergeben (bspw. 23:30) oder alternativ können Sie auch eine Angabe wie +m vornehmen, womit Sie die noch verbleibenden Minuten angeben (bspw. mit +5 wird in 5 Minuten der shutdown-Befehl ausgeführt). Ein sofortiger `shutdown` kann auch mit `now` bewirkt werden. Das Kommando `shutdown` benachrichtigt außerdem alle Benutzer, dass das System bald heruntergefahren wird, und lässt somit auch keine Neuanmeldungen zu. Hier können Sie gegebenenfalls auch eine eigene Nachricht an die Benutzer senden. Folgende Optionen stehen Ihnen bei shutdown unter Linux zur Verfügung:

Option	Bedeutung
`-t Sekunden`	Zeit in »Sekunden«, die zwischen den SIGTERM- und SIGKILL-Signalen zum Beenden von Prozessen gewartet wird
`-k`	Hier wird kein Shutdown ausgeführt, sondern es werden nur Meldungen an alle anderen Benutzer gesendet.
`-r`	(reboot) Neustart nach dem Herunterfahren
`-h`	System anhalten nach dem Herunterfahren
`-f`	Beim nächsten Systemstart keinen Dateisystem-Check ausführen
`-F`	Beim nächsten Systemstart Dateisystem-Check ausführen
`-c`	Wenn möglich, wird der laufende Shutdown abgebrochen.

15.2.10 Druckeradministration

Die Druckerbefehle werden aus Platzgründen nur mit Kommando und der jeweiligen Bedeutung beschrieben. Näheres müssen Sie hierbei den entsprechenden man-Seiten entnehmen.

Kommando	Bedeutung
`accept`	Druckerwarteschlange auf empfangsbereit setzen
`cancel`	Druckaufträge stornieren
`disable`	Drucker deaktivieren
`enable`	Drucker aktivieren
`lp`	Ausgabe auf dem Drucker mit dem Print-Spooler
`lpadmin`	Verwaltungsprogramm für das CUPS-Print-Spooler-System
`lpc`	Steuerung von Druckern
`lphelp`	Optionen eines Druckers ausgeben

Kommando	Bedeutung
lpmove	Druckerauftrag zu einem anderen Drucker verschieben
lpq	Druckerwarteschlange anzeigen
lpr	Dateien auf den Drucker ausgeben
lprm	Druckaufträge in der Warteschlange stornieren
lpstat	Status der Aufträge anzeigen
reject	Warteschlange für weitere Aufträge sperren

15.2.11 Netzwerkbefehle

Netzwerkbefehle erfordern ein tieferes Verständnis. Wenn Sie als Administrator mit Begriffen wie IP-Adresse, MAC-Adresse, DNS, FTP, SSH usw. nichts anfangen können, wäre eine fortführende Lektüre wichtig.

arp – Ausgeben von MAC-Adressen

Wenn Sie die Tabelle mit den MAC-Adressen der kontaktierten Rechner benötigen, können Sie das Kommandos `arp` verwenden. Ein Beispiel:

```
user$ arp -a
fritz.box (192.168.0.254) auf 00:04:0E:A5:F5:4E
[ether] auf eth0
```

Im obigen Fall ist der Rechner über eine DSL-Modem / Routerkombination an das Internet angeschlossen, eine so genannte FritzBox. Die MAC-Adresse ist hierbei die sechsstellige Hexadezimalzahl »00:04:0E:A5:F5:4E«. Benötigen Sie hingegen die MAC-Nummer Ihrer eigenen Netzwerkkarte, so können Sie diese mit ifconfig ermitteln:

```
user$ ifconfig -a
eth0      Protokoll:Ethernet
Hardware Adresse 00:0E:A6:86:03:CF
...
```

In der Zeile »eth0« finden Sie hierbei die entsprechende MAC-Adresse unter »Hardware Adresse«.

ftp – Dateien übertragen

Mit Hilfe von `ftp` (*File Transfer Protocol*) können Sie Dateien innerhalb eines Netzwerks (bspw. Internet) zwischen verschiedenen Rechnern transportieren.

Da `ftp` über eine Menge Features und Funktionen verfügt, soll hier nur auf den Hausgebrauch eingegangen werden, und zwar wie man Daten von einem entfernten Rechner abholt und hinbringt. Zunächst müssen Sie sich auf dem Server einloggen. Dies geschieht üblicherweise mit

```
ftp Server_Name
```

Nachdem `ftp` eine Verbindung mit dem Server aufgenommen hat, werden Sie aufgefordert, Ihren Benutzernamen und anschließend das Passwort einzugeben. Wenn alles korrekt war, befindet sich vor dem Prompt `ftp>` und wartet auf weitere Anweisungen. Jetzt können Sie im Eingabeprompt Folgendes machen:

- Gewünschtes Verzeichnis durchsuchen: `cd`, `dir`, `lcd` (lokales Verzeichnis)
- FTP-Parameter einstellen: `type binary`, `hash`, `prompt`
- Datei(en) abholen: `get`, `mget`
- Datei(en) hinbringen: `put`, `mput`
- Abmelden: `bye` oder `exit`

Natürlich bietet `ftp` weitaus mehr Befehle als diese an, aber alles andere würde hier über den Rahmen des Buchs hinausgehen. Im folgenden soll der Umgang mit FTP anhand eines Beispiels erläutert werden. Zunächst loggen wir uns per FTP auf einen Server ein:

```
user$ ftp upload.meinserver.de
Connected to upload.meinserver.de.
220 Welcome to FTP service.
Name (upload.meinserver.de:hatt): <Mein Login>
331 Please specify the password.
Password:
230 Login successful. Have fun.
Remote system type is UNIX.
Using binary mode to transfer files.
ftp>
```

Zunächst werden Sie sich wohl das Inhaltverzeichnis ansehen wollen. Hierzu können Sie den Befehl dir (welcher auf Linux Systemen meistens dem Aufruf von ls -l entspricht) zum Auflisten verwenden:

```
user$ ftp> dir
200 PORT command successful. Consider using PASV.
150 Here comes the directory listing.
```

```
drwxr-xr-x   9 1092    1091    4096 Dec 17 15:31 .
drwxr-xr-x   8 0       0       4096 Mar 07 2005  ..
drwxr-xr-x   5 1092    1091    4096 Sep 04 2001  OLD
drwxr-xr-x   3 1092    1091    4096 Sep 03 2001  counter
drwxr-xr-x   8 1092    1091    4096 Sep 02 2001  daten
...
```

Wollen Sie nun in ein Verzeichnis wechseln, können Sie auch hier das schon bekannte Kommando `cd` verwenden. Ebenso sieht es aus, wenn Sie das aktuelle Arbeitsverzeichnis wissen wollen, in dem Sie sich gerade befinden. Hier leistet das bekannte `pwd` seine Dienste. Das aktuelle Verzeichnis auf dem lokalen Rechner können Sie mit dem Kommando `lcd` wechseln. Sie können übrigens auch die Befehle auf Ihrem lokalen Rechner verwenden, wenn Sie ein `!`-Zeichen davor setzen. Hierzu ein Beispiel, welches die Befehle nochmals demonstriert.

```
ftp> pwd
257 "/htdocs"
ftp> cd daten
250 Directory successfully changed.
ftp> pwd
257 "/htdocs/daten"
ftp> !pwd
/home/hatt
ftp> lcd text
Local directory now /home/hatt/text
ftp>
```

Hier befinden wir uns auf dem Remoterechner im Verzeichnis `daten`, lokal sind wir mittels `lcd` in das Verzeichnis `text` gewechselt. Im entfernten Verzeichnis soll sich die Datei `server.txt` befinden, die wir auf den Server befördern wollen. Das geschieht mit dem Kommando `get`:

```
user$ ftp> get server.txt
local: server.txt remote: server.txt
200 PORT command successful
150 Opening BINARY mode data connection
server.txt (3231 bytes)
226 Transfer complete.
```

Und schon haben wir die Datei `server.txt` auf den lokalen Rechner ins Verzeichnis `text` kopiert. Wollen Sie mehrere Dateien oder gar ganze Verzeichnisse holen, müssen Sie `mget` verwenden. Hierbei stehen Ihnen auch die Wildcard-Zeichen * und ? zur Verfügung. Da `mget` Sie nicht jedes Mal bei mehreren Dateien fragt, ob Sie diese wirklich holen wollen, können Sie den interaktiven Modus mit `prompt` abstellen.

Haben Sie jetzt die Datei `server.txt` bearbeitet und wollen diese wieder hochladen, verwenden Sie `put` (oder bei mehreren Dateien `mput`).

```
ftp> put server.txt
local: server.txt remote: server.txt
200 PORT command successful
150 Opening BINARY mode data connection
for server.txt
226 Transfer complete.
3231 bytes sent in 0.000106 secs
```

Damit sollten Sie erfolgreich Dateien ein- und auschecken können. Sie verlassen das System wieder mittels `quit`, `bye` oder `exit`.

Bitte bedenken Sie, dass `ftp` nicht ganz sicher ist, da Sie bei der Authentifizierung das Passwort unverschlüsselt übertragen.

hostname – Rechnername ermitteln

Das Kommando `hostname` können Sie verwenden, um den Namen des lokalen Rechners anzuzeigen bzw. zu setzen oder zu verändern. So ein Name hat eigentlich erst im Netzwerkbetrieb seine echte Bedeutung. Im Netz besteht ein vollständiger Rechnername (*Fully Qualified Domain Name*) aus einem Eigennamen und einem Domainnamen. Der (DNS-)Domainname bezeichnet das lokale Netz, an dem der Rechner hängt.

```
user$ hostname
ripley.nostromo.com
user$ hostname -s
ripley
user$ hostname -d
nostromo.com
```

Ohne Angabe einer Option wird der vollständige Rechnername ausgegeben. Mit der Option `-s` geben Sie nur den Eigennamen des Rechners aus und mit `-d` nur den (DNS-)Domainnamen des lokalen Netzes.

ifconfig – Netzwerkzugang konfigurieren

Mit dem Kommando `ifconfig` kann man die Einstellungen einer Netzwerk-Schnittstelle abfragen oder setzen. Alle Einstellungen können Sie sich mit der Option -a anzeigen lassen, dabei werden auch die inaktiven Schnittstellen aufgelistet. Die Syntax zu `ifconfig`:

`ifconfig Schnittstelle [Addresse [Parameter]]`

Dabei geben Sie den Namen der zu konfigurierenden Schnittstelle an. Befindet sich bspw. auf Ihrem Rechner eine Netzwerkkarte, so lautet unter Linux die Schnittstelle hierzu »eth0«, die zweite Netzwerkkarte im Rechner (sofern eine vorhanden ist) wird mit »eth1« angesprochen. Die »Adresse« ist die IP-Adresse, die der Schnittstelle zugewiesen werden soll. Hierbei kann man die Dezimalnotation (xxx.xxx.xxx.xxx) verwenden oder einen Namen, den `ifconfig` in `/etc/host` nachschlägt.

Verwenden Sie `ifconfig` ohne die Option -a, um sich einen Überblick zu verschaffen, dann werden die inaktiven Schnittstellen nicht mit angezeigt. Der Aufruf für die Schnittstelle zu Ethernetkarte »eth0« sieht beispielsweise wie folgt aus:

```
user$ ifconfig
eth0
Link encap:Ethernet  HWaddr 00:02:2A:D4:2C:EB
inet addr:192.168.1.1
Bcast:192.168.1.255  Mask:255.255.255.0
UP BROADCAST RUNNING MULTICAST  MTU:1500  Metric:1
RX packets:80 errors:0 dropped:0 overruns:0 frame:0
TX packets:59 errors:0 dropped:0 overruns:0 carrier:0
collisions:0 txqueuelen:100
RX bytes:8656 (8.4 KiB)  TX bytes:8409 (8.2 KiB)
Interrupt:11 Base address:0xa000

lo
Link encap:Local Loopback
inet addr:127.0.0.1  Mask:255.0.0.0
UP LOOPBACK RUNNING  MTU:16436  Metric:1
RX packets:8 errors:0 dropped:0 overruns:0 frame:0
TX packets:8 errors:0 dropped:0 overruns:0 carrier:0
collisions:0 txqueuelen:0
RX bytes:560 (560.0 b)  TX bytes:560 (560.0 b)
...
```

Wenn IPv6 konfiguriert ist, kommt noch die IPv6-Adresse dazu.

Aus der Ausgabe kann man entnehmen, dass auf dieser Netzwerkkarte 59 Pakete gesendet (TX) und 80 empfangen (RX) wurden. Die maximale

Größe einzelner Pakete beträgt 1500 bytes (MTU). Die MAC-Adresse (Hardware-Adresse), welche unsere Netzwerkkarte eindeutig identifiziert (außer diese wird manipuliert) lautet »00:02:2A:D4:2C:EB«.

Wollen Sie eine Schnittstelle ein- bzw. ausschalten, können Sie dies mit den zusätzlichen Parametern `up` (für Einschalten) und `down` (für Abschalten) vornehmen. Als Beispiel wieder die Netzwerkkarte mit dem Namen »eth0« als Schnittstelle:

```
user$ sudo ifconfig eth0 down
```

Hier haben Sie die Netzwerkkarte »eth0« abgeschaltet. Einschalten können Sie diese folgendermaßen:

```
user$ sudo ifconfig eth0 up
```

Eine IP-Adresse stellen Sie ein oder verändern Sie ebenfalls mit `ifconfig`:

```
user$ sudo ifconfig eth0 192.18.19.91
```

Wollen Sie bei der Schnittstelle die Netzmaske und Broadcast verändern, so ist dies mit `ifconfig` wenig Arbeit (unterlassen Sie es, wenn Sie nicht genau wissen, was die Netzmaske und Broadcast ist):

```
user$ sudo ifconfig eth0 10.25.38.41 netmask \
    255.255.255.0 broadcast 10.25.38.255
```

Damit weisen Sie der Netzwerkkarte die IP-Adresse 10.25.38.41 aus dem Netz 10.25.38.xxx zu. Mit »netmask« geben Sie an, wie groß das Netz ist (hier ein Netzwerk der Klasse C).

mail/mailx – E-Mails schreiben und empfangen

Mit dem Kommando `mail` können Sie aus einem Shellscript heraus E-Mails versenden. Zuvor muss für Ubuntu allerdings noch die Postfix-Konfiguration angepasst werden, Näheres entnehmen Sie bitte der Dokumentation zu Postfix. Mithilfe der Option `-s` können Sie dann eine einfache Textmail mit Betreff (`-s` = Subject) an eine Adresse schicken, beispielsweise:

```
user$ echo "Hallo" | mail -s "Betreff" rhatt@gmx.de
```

Da nicht alle mail-Kommandos die Option `-s` für einen Betreff haben, können Sie gegebenenfalls auch auf mailx oder Mail (mit großen »M«) zurückgreifen, die auf einigen Systemen vorhanden sind. Mit `cat` können Sie natürlich auch den Inhalt einer ganzen Datei an die Mailadresse senden:

```
user$ cat datei.txt | mail -s "Ein Textdatei" \
rhatt@gmx.de
```

Dabei kann man auch die Ausgaben eines Kommandos per mail an eine Adresse versenden:

```
user$ ps -ef | mail -s "Prozesse 12Uhr" \
rhatt@gmx.de
```

Sinnvoll kann dies z.B. sein, wenn auf einem System ein bestimmtes Limit überschritten wurde. Dann können Sie sich (oder einem anderen Benutzer) eine Nachricht zukommen lassen. Ebenso kann überprüft werden, ob ein Server dauerhaft verfügbar ist. Testen Sie etwa stündlich (bspw. mit `cron`) mittels `nmap` (hier kann man nicht nur nachsehen, ob die Netzwerkkarte das UDP-Paket zurückschickt, sondern kann direkt nachschauen, ob der Port des betreffenden Dienstes noch offen ist), ob der Server erreichbar ist, und ist er es einmal nicht, können Sie sich hierbei eine Nachricht zukommen lassen.

Zusätzliche Optionen, die Sie mit `mail` bzw. `mailx` verwenden können, sind:

Option	Bedeutung
-s Betreff	Hier können Sie den Betreff (Subject) der E-Mail angeben.
-c adresse	Diese Adresse bekommt eine Kopie der Mail.
-b adresse	Diese Adresse bekommt eine blind carbon copy der Mail.

netstat – Statusinformationen über das Netzwerk

Für die Anwendung von `netstat` gibt es viele Möglichkeiten. Mit einem einfachen Aufruf von `netstat` zeigen Sie den Zustand einer bestehenden Netzwerkverbindung an. Neben der Überprüfung von Netzwerkverbindungen können Sie mit `netstat` Routentabellen, Statistiken zu Schnittstellen, maskierte Verbindungen und noch vieles mehr anzeigen lassen. In der Praxis lässt sich somit ohne Problem die IP oder der Port eines ICQ-Users (Opfer) ermitteln oder ob ein Rechner mit einen Trojaner infiziert ist. Hier einige Beispiele:

```
user$ netstat -nr
```

Hiermit lassen Sie die Routingtabelle (-r) des Kernels ausgeben.

```
user$ netstat -i
```

Mit der Option -i erhalten Sie die Schnittstellenstatistik.

```
user$ netstat -ta
```

Mit -ta erhalten Sie die Anzeige aller Verbindungen. Die Option -t steht dabei für TCP. Mit -u, -w bzw. -x zeigen Sie die UDP-, RAW bzw. UNIX-Sockets an. Mit -a werden dabei auch die Sockets angezeigt, die noch auf eine Verbindung warten.

nslookup (host/dig) – DNS-Server abfragen

Mit nslookup können Sie aus dem Domainnamen eine IP-Adresse bzw. die IP-Adresse zu einem Domainnamen ermitteln. Zur Auflösung des Namens wird gewöhnlich der DNS-Server verwendet.

Bei der Verwendung von nslookup werden Sie lesen, dass nslookup künftig von den Kommandos host oder dig abgelöst wird.

Hier nslookup und host bei der Ausführung über einen vorgeschalteten Router (IP: 192.168.0.254):

```
user$ nslookup www.google.de
Server:         192.168.0.254
Address:        192.168.0.254#53
Non-authoritative answer:
...
Name:   www.1.google.com
Address: 66.249.93.104
Name:   www.1.google.com
Address: 66.249.93.99
user$ host www.google.de
www.google.de is an alias for www.google.com.
www.google.com is an alias for www.1.google.com.
www.1.google.com has address 64.233.183.104
```

ping – Verbindung zu anderem Rechner testen

Wollen Sie die Netzwerkverbindung zu einem anderen Rechner testen oder einfach nur den lokalen TCP/IP-Stack überprüfen, können Sie das Kommando ping (Paket Internet Groper) verwenden. Die Syntax lautet:

```
ping Host
```

`ping` überprüft dabei, ob »Host« (IP-Adresse oder Domainname) antwortet. `ping` bietet noch eine Menge Optionen an, die noch mehr Infos liefern, die allerdings hier nicht genauer erläutert werden. Zur Überprüfung sendet `ping` ein ICMP-Paket vom Type ICMP Echo Request an die Netzwerkstation. Hat die Netzwerkstation das Paket empfangen, sendet es ebenfalls ein ICMP-Paket, allerdings vom Typ ICMP Echo Reply zurück.

```
user$ ping -c3 www.google.de
PING www.1.google.com (66.249.93.104) 56(84) bytes
64 bytes from 66.249.93.104: icmp_seq=1 time=74.8 ms
64 bytes from 66.249.93.104: icmp_seq=2 time=75.3 ms
64 bytes from 66.249.93.104: icmp_seq=3 time=75.5 ms

--- www.1.google.com ping statistics ---
3 packets transmitted, 3 received, 0% packet loss,
time 2002ms
rtt min/avg/max/mdev = 74.831/75.249/75.575/0.443 ms
```

Hier wurden 3 Pakete (mit der Option `-c` kann die Anzahl der Pakete angegeben werden) an **www.google.de** gesendet und wieder erfolgreich empfangen, wie aus der Zusammenfassung am Ende zu entnehmen ist. Rufen Sie ping hingegen ohne eine Option auf

```
user$ ping www.google.de
```

so müssen Sie selbst für eine Beendigung des Datenaustausches zwischen den Rechnern sorgen. Ein einfaches (Strg) + (C) tut da seinen Dienst und man erhält ebenfalls wieder eine Zusammenfassung. Neben der Möglichkeit, auf die Verfügbarkeit eines Rechners und des lokalen TCP/IP-Stacks zu prüfen (`ping localhost`), können Sie außerdem auch die Laufzeit von Paketen vom Sender zum Empfänger ermitteln. Hierzu wird die Zeit halbiert, bis das »Reply« eintrifft.

Die r-Kommandos (rcp, rlogin, rsh)

Aus Sicherheitsgründen sei empfohlen, diese Tools nicht mehr einzusetzen und stattdessen auf die mittlerweile sichereren Alternativen `ssh` und `scp` zu setzen. Es fängt schon damit an, dass hier das Passwort beim Einloggen im Klartext, ohne jede Verschlüsselung übertragen wird. Bedenken Sie, dass ein unverschlüsseltes Passwort, das zwischen zwei Rechnern im Internet übertragen wird, jederzeit (bspw. mit einem »Sniffer«) abgefangen und mitgelesen werden kann. Für Passwörter gilt im Allgemeinen, dass man diese niemals im Netz unverschlüsselt übertragen sollte. Da es mittlerweile zur Passwortübertragung mit der Secure Shell (`ssh`) gibt, haben die r-Kommandos eigentlich keine Berechtigung mehr.

Schlimmer noch, für die Befehle rsh und rcp war auf den Zielrechnern nicht einmal ein Passwort nötig. Eine Authentifizierung erfolgte hierbei über die Datei `/etc/hosts.equiv` und `/.rhosts`. Darin wurden einzelne Rechner eingetragen, die als vertrauenswürdig empfunden wurden und so die Passwort-Authentifizierung umgehen konnten.

ssh – sichere Shell auf anderem Rechner starten

`ssh` (*Secure Shell*) zählt mittlerweile zu einem der wichtigsten Dienste überhaupt. Mit diesem Dienst ist es möglich, eine verschlüsselte Verbindung zwischen zwei Rechnern aufzubauen. `ssh` wurde aus der Motivation heraus entwickelt, sichere Alternativen zu `telnet` und den r-Kommandos zu schaffen.

Wenn Sie zum ersten Mal eine Verbindung zu einem anderen Rechner herstellen, bekommen Sie gewöhnlich eine Warnung, in der `ssh` nachfragt, ob Sie dem anderen Rechner vertrauen wollen. Wenn Sie mit »yes« antworten, speichert `ssh` den Namen und den RSA-Fingerprint (dies ist ein Code zur eindeutigen Identifizierung des anderen Rechners) in der Datei `/.ssh/known_hosts`. Beim nächsten Starten von `ssh` erfolgt diese Abfrage dann nicht mehr.

Im nächsten Schritt erfolgt die Passwortabfrage, welche verschlüsselt übertragen wird. Bei korrekter Eingabe des Passworts beginnt die Sitzung am anderen Rechner (als würde man diesen Rechner vor sich haben). Die Syntax:

```
ssh -l Loginname Rechnername
```

Noch ein paar Zeilen für die ganz Ängstlichen. Für jede Verbindung über `ssh` wird zwischen den Rechnern immer ein neuer Sitzungsschlüssel ausgehandelt. Will man einen solchen Schlüssel knacken, benötigt der Angreifer unglaublich viel Zeit. Sobald Sie sich ausloggen, müsste der Angreifer erneut versuchen, den Schlüssel zu knacken. Dies natürlich nur rein theoretisch, denn hierbei handelt es sich immerhin um Schlüssel wie RSA, BLOWFISH, IDEA und TRIPLEDES, zwischen denen man hier wählen kann. Alle diese Schlüssel gelten als sehr sicher.

scp – Dateien per ssh kopieren

Das Kommando `scp` ist Teil einer `ssh`-Installation, womit man Dateien sicher zwischen unterschiedlichen Rechnern kopieren kann. `scp` funktioniert genauso wie das lokale `cp`. Der einzige Unterschied ist natürlich die Angabe der Pfade auf den entfernten Rechnern. Dabei sieht die Verwendung des Rechnernamens wie folgt aus:

```
benutzer@rechner:/verzeichnis/zum/ziel
```

Um auf einen Account `meinserver.de` zu gelangen, dessen Benutzername »meinlogin« lautet, ist folgendermaßen zu verfahren:

```
user$ scp datei.txt meinlogin@meinserver.de:~
meinlogin@meinserver.de's password:********
datei.txt          100% 3231
    3.2KB/s   00:00
user$ scp meinlogin@meinserver.de:~/bilder/bild.gif \
$HOME
meinlogin@meinserver.de's password:********
baum.gif           100%
8583
    8.4KB/s   00:00
```

Zuerst wurde die Datei `datei.txt` aus dem aktuellen lokalen Verzeichnis ins Heimverzeichnis von `meinserver.de` kopiert (`/home/meinlogin`). Anschließend wurde aus dem Verzeichnis `/home/meinlogin/bilder` die GIF-Datei `bild.gif` auf meinen lokalen Rechner kopiert. `scp` ist in der Tat eine interessante Lösung, um Dateien auf mehreren Rechnern mit einem Script zu kopieren.

Was allerdings bei der Scriptausführung stören dürfte (besonders wenn es automatisch geschehen sollte), ist die Passwortabfrage (hierbei würde der Prozess angehalten). Hierzu bietet es sich an, sich mithilfe eines asymmetrischen Verschlüsselungsverfahrens ein Login ohne Passwort zu verschaffen. Dazu stellt man am besten auf dem Clientrechner mit dem Programm `ssh-keygen` ein entsprechendes Schlüsselpaar (hier mit einem RSA-Schlüssel) bereit:

```
user$ ssh-keygen -t rsa
Generating public/private rsa key pair.
Enter file in which to save the key
(/home/hatt/.ssh/id_rsa): (Enter)
Enter passphrase (empty for no passphrase): (Enter)
```

```
Enter same passphrase again: (Enter)
Your identification has been saved
in /home/hatt/.ssh/id_rsa.
Your public key has been saved
in /home/hatt/.ssh/id_rsa.pub.
The key fingerprint is:
46:85:12:80:9d:a7:62:01:18:0f:1c:a0:27:61:a2:94
hatt@august
```

Hier wurden zwei RSA-Schlüssel ohne Passphrase erstellt. Jetzt haben Sie zwei Schlüssel, eine privaten (`id_rsa`.) und einen öffentlichen (`id_rsa.pub`). Damit Sie jetzt alle ssh-Aktionen ohne Passwort durchführen können, müssen Sie den öffentlichen Schlüssel nur noch auf den Benutzeraccount des Servers hochladen.

```
user$ scp .ssh/id_rsa.pub \
meinlogin@meinserver.de:~/.ssh/
meinlogin@meinserver.de.de's password:********
id_rsa.pub              100%   219
    0.2KB/s    00:00
```

Jetzt nochmals einloggen und die Datei `id_rsa.pub` an die Datei `/.ssh/authorized_keys` hängen:

```
user$ ssh meinlogin@meinserver.de
meinlogin@meinserver.de's password:********
...
user$ cd ~/.ssh
user$ ls
id_rsa.pub   known_hosts
user$ cat id_rsa.pub >> authorized_keys
```

Nach erneutem Einloggen über `ssh` oder dem Kopieren mit `scp` sollte die Passwortabfrage der Vergangenheit angehören. rsync - Replizieren von Dateien und Verzeichnissen rsync wird verwendet, um Dateien bzw. ganze Verzeichnis(bäume) zu synchronisieren. Hierbei kann sowohl eine lokale als auch eine entfernte Synchronisation vorgenommen werden.

Der Ausdruck »synchronisieren« ist eigentlich rein syntaktisch nicht richtig. Man kann zwar bei einem Verzeichnisbaum »X« Daten hinzufügen, so dass dieser exakt denselben Inhalt erhält wie der Verzeichnisbaum »Y«. Dies funktioniert allerdings umgekehrt gleichzeitig nicht. Man spricht hierbei vom Replizieren. Die Syntax zu `rsync` lautet:

```
rsync [Optionen] Ziel Quelle
```

Einige Beispiele:

```
user$ rsync -avzb -e ssh meinserver.de:/ \
/home/hatt/backups/
```

Damit wird die Webseite im Internet `meinserver.de` mit dem lokalen Verzeichnis `/home/hatt/backups` synchronisiert. Mit `a` verwenden Sie den archive-Modus, mit `b` werden Backups erstellt und mit `v` (für verbose) wird `rsync` etwas gesprächiger. Durch die Option `z` werden die Daten komprimiert übertragen. Außerdem wird mit der Option `-e` und `ssh` eine verschlüsselte Datenübertragung verwendet.

Geben Sie bei der Quelle als letztes Zeichen einen Slash (/) an, wird dieses Verzeichnis nicht mitkopiert, sondern nur der darin enthaltene Inhalt, beispielsweise:

```
user$ rsync -av /home/hatt/ubuntubuch/ \
/home/hatt/backups
```

Hier wird der Inhalt von `/home/hatt/ubuntubuch` nach `/home/hatt/backups` kopiert. Würden Sie hingegen Folgendes schreiben

```
user$ rsync -av /home/hatt/ubuntubuch \
/home/hatt/backups
```

so würde in `/home/hatt/backups` das Verzeichnis `ubuntubuch` angelegt (`/home/hatt/backups/ubuntubuch/`) und alles dorthin kopiert. Das hat schon vielen einige Nerven gekostet.

Es folgt nun ein Überblick zu einigen Optionen von `rsync`.

Option	Bedeutung
-a	(archive mode): Kopiert alle Unterverzeichnisse, mitsamt Attributen (Symlinks, Rechte, Dateidatum, Gruppe, Devices) und (wenn man root ist) den Eigentümer der Datei(en)
-v	(verbose): Gibt während der Übertragung eine Liste der übertragenen Dateien aus
-n	(dry-run): Nichts schreiben, sondern den Vorgang nur simulieren – ideal zum Testen
-e Programm	Wenn in der Quelle oder dem Ziel ein Doppelpunkt enthalten ist, interpretiert `rsync` den Teil vor dem Doppelpunkt als Hostnamen und kommuniziert über das mit -e spezifizierte Programm. Gewöhnlich wird hierbei als Programm `ssh` verwendet. Weitere Parameter können Sie diesem Programm in Anführungszeichen gesetzt übergeben.

Option	Bedeutung
-z	Der Parameter -z bewirkt, dass rsync die Daten komprimiert überträgt.
-delete -force, -delete-excluded	Damit werden alle Einträge im Zielverzeichnis gelöscht, die im Quellverzeichnis nicht (mehr) vorhanden sind.
-partial	Wurde die Verbindung zwischen zwei Rechnern getrennt, wird die nicht vollständig empfangene Datei nicht gelöscht. So kann bei einem erneuten rsync die Datenübertragung fortgesetzt werden.
-exclude=Pattern	Hier kann man Dateien (mit Pattern) angeben, die man ignorieren möchte. Selbstverständlich sind hierbei reguläre Ausdrücke möglich.
-x	Damit werden alle Dateien auf einem Filesystem ausgeschlossen, die in ein Quellverzeichnis hineingemountet sind.

Noch mehr Informationen zu rsync finden Sie auf der entsprechenden Webseite von rsync (**http://rsync.samba.org**) oder wie üblich auf der Manual-Seite.

traceroute – Route zu einem Rechner verfolgen

traceroute ist ein TCP/IP-Tool, mit dem Informationen darüber ermittelt werden können, welche Computer ein Datenpaket über ein Netzwerk passiert, bis es bei einem bestimmten Host ankommt, z. B.:

```
user$ traceroute www.heise.de
traceroute to www.heise.de (193.99.144.85),
30 hops max, 38 byte packets
1   fritz.box (192.168.0.254)   0.660 ms   6.143 ms
2   217.0.116.165 (217.0.116.165)  32.240 ms 32.623 ms
3   217.0.71.242 (217.0.71.242)  32.934 ms 33.571 ms
4   m-ec1.M.DE.net.DTAG.DE (62.154.28.26)  46.186 ms
...
```

15.2.12 Benutzerkommunikation

wall – Nachrichten an alle Benutzer verschicken

Mit dem Kommando wall senden Sie eine Nachricht an alle aktiven Benutzer auf dem Rechner. Damit ein Benutzer auch Nachrichten empfangen kann, muss dieser mit mesg yes diese Option einschalten. Natürlich kann ein Benutzer das Empfangen von Nachrichten auch mit mesg no abschalten. Nachrichten werden nach einem Aufruf von wall von der

Standardeingabe eingelesen und mit der Tastenkombination (Strg) + (D) abgeschlossen und versendet. Gewöhnlich wird `wall` vom Systemadministrator verwendet, um den Benutzer auf bestimmte Ereignisse, wie etwa das Neustarten des Systems hinzuweisen.

write – Nachrichten an Benutzer verschicken

Ähnlich wie mit `wall` können Sie mit `write` eine Nachricht versenden, allerdings an einen bestimmten oder mehrere Benutzer.

```
user$ wall Benutzer1 ...
```

Ansonsten gilt bei der Verwendung von `write` das Gleiche wie für `wall`. Auch hier wird die von der Standardeingabe eingelesene Nachricht mit (Strg)+(D) beendet und auf der Gegenstelle muss auch hier `mesg yes` gelten, damit der Benutzer die Nachricht empfangen kann. Natürlich ist es dem Benutzer root gestattet, jedem Benutzer eine Nachricht zu senden, auch wenn dieser das Empfangen von Nachrichten mit `mesg no` abgeschaltet hat.

mesg – Nachrichten zulassen oder unterbinden

Mit dem Kommando `mesg` können Sie einem anderen Benutzer erlauben, auf das Terminal (bspw. mittels `write` oder `wall`) zu schreiben oder eben dies zu sperren. Rufen Sie `mesg` ohne Optionen auf, wird so ausgegeben, wie die Zugriffsrechte gesetzt sind - y (für yes) und n (für no). Wollen Sie dem Benutzer explizit erlauben, dass er auf Ihre Dialogstation schreiben darf, können Sie dies mit mesg folgendermaßen erreichen:

```
user$ mesg yes
```

oder

```
user$ mesg -y
```

Wollen Sie hingegeben unterbinden, dass jemand Nachrichten auf Ihre Dialogstation ausgibt, wird `mesg` so verwendet:

```
user$ mesg no
```

oder

```
user$ mesg -n
```

Beispielsweise:

```
user$ mesg
is n
user$ mesg yes
user$ mesg
ist y
```

15.2.13 Bildschirm- und Terminalkommandos

clear – Löschen des Bildschirms

Mit dem Kommando `clear` löschen Sie den Bildschirm, sofern dies möglich ist. Das Kommando sucht in der Umgebung nach dem Terminaltyp und dann in der `terminfo`-Datenbank, um herauszufinden, wie der Bildschirm für das entsprechende Terminal gelöscht wird.

reset – Zeichensatz wiederherstellen

Mit dem Kommando `reset` können Sie jedes virtuelle Terminal wieder in einen definierten Zustand (zurück) setzen.

setterm – Terminal-Einstellung verändern

Mit `setterm` können die Terminal-Einstellungen wie bspw. die Hintergrund- bzw. Vordergrundfarbe verändert werden. Ruft man `setterm` ohne Optionen auf, erhält man einen Überblick zu allen möglichen Optionen von `setterm`. Sie können `setterm` entweder interaktiv verwenden

```
user$ setterm -bold on
```

(hier schalten Sie bspw. die Fettschrift an) oder aber Sie sichern die Einstellungen dauerhaft in der Datei ˜/.profile. Einige wichtige Einstellungen von `setterm` sind:

Verwendung	Bedeutung
setterm -clear	Löscht den Bildschirm
setterm -reset	Terminal wieder in einen defnierten Zustand zurückbringen
setterm -blank n	Bildschirm nach n Minuten Untätigkeit abschalten

stty – Terminal-Einstellung abfragen oder setzen

Mit `stty` können Sie die Terminal-Einstellung abfragen oder verändern. Rufen Sie `stty` ohne Argumente auf, wird die Leitungsgeschwindigkeit des aktuellen Terminals ausgegeben. Wenn Sie `stty` mit der Option `-a` aufrufen, erhalten Sie die aktuelle Terminal-Einstellung.

```
user$ stty -a
speed 38400 baud; rows 24; columns 80; line = 0;
intr = ^C; quit = ^\; erase = ^?; kill = ^U;
eof = ^D; eol = M-^?; eol2 =M-^?; start = ^Q;
stop = ^S; susp = ^Z; rprnt =^R; werase = ^W;
lnext = ^V; flush = ^O; min = 1; time = 0;
-parenb -parodd cs8 hupcl -cstopb cread -clocal
-crtscts -ignbrk brkint -ignpar -parmrk -inpck
-istrip -inlcr -igncr icrnl ixon -ixoff -iuclc
ixany imaxbel opost -olcuc -ocrnl onlcr -onocr
-onlret -ofill -ofdel nl0 cr0 tab0 bs0 vt0 ff0
isig icanon iexten echo echoe echok -echonl
-noflsh -xcase -tostop -echoprt echoctl echoke
```

Die Einstellungen lassen sich häufig schwer beschreiben. Hierzu bedarf es schon einer intensiveren Befassung mit der Funktionsweise zeichenorientierter Gerätetreiber im Kernel und der seriellen Schnittstelle – was hier allerdings nicht zur Diskussion steht.

Alle Flags, die sich mit `stty` verändern lassen, können Sie sich mit `stty -help` auflisten lassen. Viele dieser Flags lassen sich mit einem vorangestellten Minus abschalten und ohne ein Minus (wieder) aktivieren. Wenn Sie beim Probieren der verschiedenen Flags das Terminal nicht mehr vernünftig steuern können, hilft Ihnen das Kommando `reset` oder `setterm -reset`, um das Terminal wiederherzustellen. Über

```
user$ stty -echo
```

beispielsweise schalten Sie die Ausgabe des Terminals ab und mit

```
user$ stty echo
```

stellen Sie die Ausgabe auf dem Bildschirm wieder her. Allerdings müssen Sie hier recht sicher im Umgang mit der Tastatur sein, weil Sie ja zuvor die Ausgabe deaktiviert haben.

tty – Terminal-Name erfragen

Mit tty können Sie den Terminal-Namen inklusive Pfad erfragen, der die Standardeingabe entgegennimmt.

```
user$ tty
/dev/pts/1
```

Verwenden Sie die Option `-s`, erfolgt keine Ausgabe, vielmehr wird nur der Status gesetzt. Dabei haben diese Werte folgende Bedeutung:

Status	Bedeutung
0	Standardeingabe ist ein Terminal
1	Standardeingabe ist kein Terminal
2	Unbekannter Fehler ist aufgetreten

Ein Beispiel:

```
user$ tty -s
user$ echo $?
0
```

15.2.14 Online-Hilfen

apropos – nach Schlüsselwörtern suchen

Die Syntax für apropos lautet:

```
apropos Schlüsselwort
```

Mit `apropos` werden alle man-Seiten aufgelistet, in denen sich das Wort »Schlüsselwort« befindet. Selbiges kann auch mit dem Kommando `man` und der Option `-k` erreicht werden. Ein Beispiel:

```
user$ apropos bluetooth
/etc/bluetooth/hcid.conf (5) [hcid.conf] -
Configuration file for the hcid
Bluetooth HCI daemon
avctrl (8)       - Bluetooth Audio/Video control utility
bluepin (1)      - bluetooth PIN helper
ciptool (1)      - Bluetooth Common ISDN Access Profile
...
```

info – GNU-Online-Manual

`info` ist das Hilfe-System für die bei Linux mitgelieferte GNU-Software. Die Syntax:

```
user$ info Kommando
```

Die wichtigsten Tasten zum Verwenden der Info-Seiten sind:

Taste	Bedeutung
`Leertaste`	Eine Seite nach unten blättern
`Backspace`	Eine Seite nach oben blättern
`B`	Anfang des info-Textes
`E`	Ende des info-Textes
`Tab`	Zum nächsten Querverweis springen
`Eingabe`	Querverweis folgen
`H`	Anleitung zur Bedienung von info
`?`	Kommandoübersicht von info
`Q`	info beenden

man – die traditionelle Online-Hilfe

Mit man geben Sie die Manual-Seiten zu einem entsprechenden Namen aus:

```
man Name
```

Die Anzeige der man-Seite erfolgt über einen Pager, was meistens less oder eventuell auch more ist. Zur Steuerung dieser Pager blättern Sie bitte zur gegebenen Seite zurück. Den Pager können Sie aber auch mit der Option -P oder der Umgebungsvariablen PAGER selbst bestimmen.

Aufgeteilt werden die man-Seiten in verschiedene Kategorien:

1. Benutzerkommandos
2. Systemaufrufe
3. C-Bibliotheksfunktionen
4. Beschreibungen der Gerätedateien
5. Dateiformate
6. Spiele
7. Makropakete für die Textformatierer
8. Kommandos für den Systemverwalter
9. Kernelroutinen

Die Reihenfolge, in der die Sektionen nach einer bestimmten Manual-Page durchsucht werden, ist in der Konfigurationsdatei `/etc/man path.config` festgelegt. In der `MANSEC`-Umgebungsvariablen kann jeder User für sich eine andere Reihenfolge bestimmen.

Ebenso sind die Verzeichnisse, in denen nach den man-Seiten gesucht werden soll, in `manpath.config` festgeschrieben. Da die Datei `manpath.config` nur von root bearbeitet werden darf, besteht auch hierbei die Möglichkeit, dass der Benutzer mit der Umgebungsvariablen `MANPATH` ein anderes Verzeichnis angeben kann.

Das Kommando `man` hat eine Reihe von Optionen, hier die wichtigsten:

- **-a:** Häufig gibt es gleichnamige man-Seiten in verschiedenen Kategorien. Geben Sie bspw. `man sleep` ein, bekommen Sie die erste gefundene Sektion (abhängig von der Reihenfolge, die in `manpath.config` oder `MANSEC` angegeben wurde) mit entsprechenden Namen ausgegeben.

  Wollen Sie alle man-Seiten zu einem bestimmten Namen bzw. Kommando lesen, so müssen Sie nur die Option `-a` verwenden. Mit `man -a sleep` erhalten Sie jetzt alle man-Seiten mit `sleep`.

- **-k Schlüsselwort:** Entspricht `apropos Schlüsselwort`; damit werden alle man-Seiten ausgegeben, die das Wort »Schlüsselwort« enthalten.

- **-f Schlüsselwort:** Entspricht `whatis Schlüsselwort`; damit wird eine einzeilige Bedeutung von »Schlüsselwort« ausgegeben.

whatis – Kurzbeschreibung zu einem Kommando

Die Syntax:

```
user$ whatis Schlüsselwort
```

Mit dem Kommando `whatis` wird die Bedeutung von »Schlüsselwort« als ein einzeiliger Text ausgegeben. `whatis` entspricht einem Aufruf von `man -f Schlüsselwort`.

15.2.15 Alles rund um PostScript-Kommandos

Die Befehle rund um das Postscript-Format werden aus Platzgründen nur mit Kommando und Bedeutung beschrieben. Näheres müssen Sie den entsprechenden man-Seiten entnehmen.

Kommando	Bedeutung
a2ps	Textdatei umwandeln nach Postscript
dvips	DVI-Dateien umwandeln nach Postscript
enscript	Textdatei umwandeln nach Postscript
gs	PostScript- und PDF-Dateien konvertieren
html2ps	Umwandeln von HTML-Dateien nach PostScript
pdf2ps	Umwandeln von PDF nach PostScript
ps2ascii	Umwandeln von PostScript nach ASCII
ps2pdf	Umwandeln von PostScript nach PDF
psutils	Paket zur Bearbeitung von PostScript-Dateien

15.2.16 Sonstige Kommandos

alias/unalias – Kurznamen für Kommandos

Mit `alias` können Sie für einfache Kommandos benutzerdefinierte Namen anlegen. Löschen können Sie dieses Synonym wieder mit `unalias`.

bc – Taschenrechner

`bc` ist ein arithmetischer, sehr umfangreicher Taschenrechner für die Konsole mit vielen ausgereiften Funktionen.

printenv / env – Umgebungsvariablen anzeigen

Mit `printenv` können Sie Umgebungsvariablen für einen Prozess anzeigen lassen. Geben Sie kein Argument an, werden alle Variablen ausgegeben, ansonsten der entsprechende Wert der Umgebungsvariablen. Soll zum Beispiel der Standardpfad kontrolliert werden. so ist folgendes einzugeben:

```
user$ printenv PATH
/usr/local/bin:/usr/local/sbin:/sbin:/usr/sbin:
/bin:/usr/bin:/usr/bin/X11:/usr/games
```

Anhang

A   Ubuntu im VMware Player

Eine interessante Möglichkeit für Windowsnutzer, einmal »gefahrlos« in Ubuntu hineinzuschnuppern, bietet die Software *VMware Player* der Firma VMware. Damit können Sie Ubuntu direkt unter Windows betreiben, ohne Ihr System neu booten geschweige denn den Verlust Ihres Systems durch Fehlpartitionierung riskieren zu müssen. Auf der Begleit-DVD finden Sie eine eigens für diesen Zweck eingerichtete, kompakte virtuelle Maschine (VM) vor, die eine Ubuntu Minimalinstallation enthält. Diese kann beliebig erweitert werden, ja es kann sogar ein komplett neues System innerhalb der VM aufgesetzt werden.

Sie finden die im Folgenden besprochene Software im Verzeichnis `virtual` auf der Begleit-DVD.

Installation des VMware Players

Windowsversion   Beginnen wir mit der Installation des Windows-Players. Im Unterverzeichnis `VMware Player` finden Sie eine ausführbare Installationsdatei mit der Endung `*.exe`. Ein einfacher Klick bzw. Doppelklick auf diese Datei startet die selbsterklärende Installationsroutine für den Player. Während der Installation werden Sie gefragt, ob der Autorun-Mechanismus Ihres DVD-Laufwerks deaktiviert werden soll. Verneint man diese Frage, so kann es zu ungewünschten Interferenzen des Wirts- und des Gastbetriebssystems beim Einlegen einer DVD kommen. Sie finden nach der Installation einen Eintrag für den VMware Player im Startmenü.

Linuxversion   Anwender einer anderen Linuxdistribution haben ebenfalls die Möglichkeit, einmal unverbindlich in Ubuntu ohne Neuinstallation hineinzuschnuppern. Wenn Sie eine Distribution verwenden, die das RPM-Paketsystem verwendet (z.B. SUSE oder Red Hat), so wechseln Sie in das Verzeichnis `virtual/VMware Player` auf der DVD und installieren Sie den Player folgendermaßen:

```
user$ sudo rpm -ivh *.rpm
```

Anwender anderer Distributionen können die `*.tar.gz`-Datei verwenden, welche zuvor auf die Festplatte kopiert werden muss:

```
user$ mkdir /tmp/vmplayer
user$ cp *.tar.gz /tmp/vmplayer
user$ cd /tmp/vmplayer
user$ tar xfz *.tar.gz
```

```
user$ cd vmware-player-distrib
user$ sudo ./vmware-install.pl
```

Sie können nun den VMware Player aus einer Konsole heraus starten:

```
user$ vmplayer
```

Meist findet man auch im Menü einen Eintrag, bei Ubuntu z.B. unter **Anwendungen • Systemwerkzeuge • VMware Player**.

Nutzung der virtuellen Maschine

Die Begleit-DVD enthält eine kompakte Ubuntu VM, die hervorragend als abgeschottete Surfumgebung genutzt werden kann. Sie finden die gepackte Datei im Verzeichnis `virtual/Ubuntu VM`. Kopieren Sie die etwa 350 MByte große Datei auf Ihre Festplatte und entpacken Sie diese (rechter Mausklick über der Datei, »Entpacken«). Achtung: Sie benötigen mindestens 1,3 GByte freien Festplattenspeicher für das entpackte Abbild.

Starten Sie nun den VMware Player, navigieren Sie zu dem entpackten Abbild der VM und wählen Sie die Datei `ubuntuvm.vmx` aus. Daraufhin sollte Ubuntu im Player starten. Nach dem Hochfahren des virtuellen Systems können Sie wie im Buch beschrieben mit Ubuntu arbeiten. Der Internetzugang wird automatisch via NAT konfiguriert, so dass Sie in der Regel sofort lossurfen können. Einige technische Daten zur VM:

- **Hauptspeicher:** Zunächst 256 MByte, kann aber variiert werden über **Player • Troubleshoot • Change Memory Allocation**.
- **Virtuelle Festplatte:** Maximalkapazität: 10 GByte.
- **CD-ROM:** Auto Detect Modus, bei Linux Wirtssystemen ggf. innerhalb der Konfigurationsdatei `ubuntuvm.vmx` anzupassen.
- **Auflösung:** Es wurde eine Auflösung von 1024 x 768 Pixeln für das Display voreingestellt.

Die virtuelle Maschine wurde für folgenden Standardbenutzer konfiguriert:

- **Benutzer/Login:** vmware
- **Passwort:** vmware

Das Passwort dient zugleich auch als Superuserpasswort. Sie können die virtuelle Maschine jederzeit mit Hilfe des Knopfes *Schließen* des VMware Player Fensters herunterfahren.

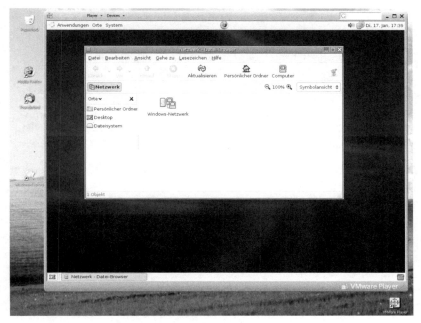

Abbildung A.1 Ubuntu goes Redmond: VM unter Windows

Aufrüstung der virtuellen Maschine

Die VM lässt sich problemlos in eine vollständige Ubuntuinstallation überführen. Dazu ist noch nicht einmal eine Internetanbindung erforderlich, hierfür kann die Begleit-DVD direkt verwendet werden. Linuxnutzer müssen zunächst sicherstellen, dass diese von der virtuellen Maschine erkannt wird. Bearbeiten Sie zu diesem Zweck unter Linux die Datei ubuntuvm.vmx mit einem Editor Ihrer Wahl wie folgt:

```
# Auszug aus ubuntuvm.vmx
ide1:0.present = "TRUE"
ide1:0.fileName = "/dev/hda"
ide1:0.deviceType = "cdrom-raw"
ide1:0.startConnected = "TRUE"
ide1:0.autodetect = "FALSE"
```

Wichtig sind die fett markierten Einträge. Der Eintrag für das DVD-Laufwerk ide1:0.fileName ist Ihrem System entsprechend anzupassen. Windowsnutzer verändern bitte zunächst nichts an der Datei.

Booten Sie nun die virtuelle Maschine und legen Sie die Begleit-DVD in Ihr Laufwerk. Diese sollte nun auch innerhalb der VMware Player Umgebung als Installationsmedium erkannt werden und kann wie gewohnt ausgewählt werden.

Ein Ubuntukomplettsystem wird nun einfach mittels

```
user$ sudo apt-get update
user$ sudo apt-get install ubuntu-desktop
```

installiert, dazu werden ca. 1 GByte weitere Daten innnerhalb der virtuellen Umgebung installiert.

Möchten Sie ein Ubuntusystem von Grund auf neu installieren, so gehen Sie folgendermaßen vor:

Kopieren Sie eines der Installationsimages aus dem Ordner `isos` der Begleit-DVD in ein lokales Festplattenverzeichnis und ändern Sie die Datei `ubuntuvm.vmx` folgendermaßen:

```
# Auszug aus ubuntuvm.vmx
ide1:0.present = "TRUE"
ide1:0.fileName = "/Pfad/zur/ISO-Datei"
ide1:0.deviceType = "cdrom-image"
ide1:0.startConnected = "TRUE"
```

Damit können Sie nun Ubuntu gemäß der Anleitung neu auf Ihrer virtuellen Platte installieren.

Tipps für Windowsanwender

Im Folgenden sind noch zwei Tipps für Windowsanwender aufgeführt:

- **Datenaustausch:** Um Daten zwischen Gast- und Wirtssystem auszutauschen, errichten Sie unter Windows eine normale Ordner-Freigabe. Diese suchen Sie dann im Ubuntu Gastsystem über das Menü **Orte • Netzwerkserver**. Nun können Sie problemlos Daten zwischen den Systemen hin und her schieben.
- **Drucken:** Geben Sie Ihren Windowsdrucker zunächst als Netzwerkdrucker frei. Installieren Sie anschließend in der VM die Pakete `gnome-cups-manager` und `libgtk1.2`. Besorgen Sie sich nun die Turboprinttreiber von **www.turboprint.org** und installieren Sie diese. Im Setup wählen Sie Ihren speziellen Drucker als Netzwerkdrucker aus. Anschließend können Sie auf den Windowsdrucker von der VM aus zugreifen.

B   Mark Shuttleworth

Biographie

Mark Shuttleworth wurde am 18. September 1973 in der südafrikanischen Goldgräberstadt Welkom geboren und verbrachte dort seine Kindheit. Er studierte Finanzen und Informationstechnologie an der Universität Kapstadt und gründete 1995 die auf Internet-Sicherheit spezialisierte Firma Thawte. Thawte war eine der ersten Firmen, die sowohl von Netscape als auch von Microsoft als verlässliche dritte Partei für Website-Zertifikate anerkannt wurde. Schnell entwickelte sich die Firma zum führenden Anbieter für Lösungen, mit denen Internetgeschäfte rund um die Welt im Netz sicher abgewickelt werden konnten.

Vier Jahre später, im Jahr 1999, verkaufte er Thawte an die US-Firma VeriSign und gründete danach die Firma HBD Venture Capital sowie die Wohltätigkeitsorganisation Shuttleworth Foundation, die sich der Förderung südafrikanischer Bildungsprojekte verschrieben hat. HBD investiert in Firmen mit Sitz in Südafrika, deren Potential, auf dem globalen Markt zu agieren, durch finanzielle Mittel gestärkt werden kann. HBD investiert hierbei in die unterschiedlichsten Sektoren, zum Beispiel in die Sektoren Software, pharmazeutische Dienstleistungen, Elektronik und Mobilfunkdienstleistungen.

Bekannt wurde Shuttleworth, als er sich am 25. April 2002 seinen Traum erfüllte und als erster Afrikaner und zweiter Weltraumtourist ins All flog. Er war Mitglied der russischen Sojus TM-34 und startete von Baikonur in Kasachstan in den Weltraum. Zwei Tage später dockte die Sojus-Kapsel an der internationalen Raumstation ISS an, wo Shuttleworth sich acht Tage aufhielt und unter anderem an verschiedenen Experimenten zur Aids- und Genforschung teilnahm. Am 5. Mai kehrte er mit der Sojus TM-33 zur Erde zurück. Für den Flug bezahlte er rund 20 Millionen US-Dollar und verbrachte fast ein Jahr damit, sich auf dieses Abenteuer vorzubereiten. Er unterzog sich etlichen medizinischen Tests und nahm aktiv an unterschiedlichen wissenschaftlichen Entwicklungen teil. Während dieser Zeit verbrachte er ausserdem fast sieben Monate in Star City, dem so genannten Sternenstädtchen, in Moskau.

Shuttleworth gründete die Firma Canonical, welche die freie Linux-Distribution namens Ubuntu sponsert und für dieses System kostenpflichtige Unterstützung anbietet, aber auch kostenlos CDs verschickt. Ein weiteres von ihm gegründetes Projekt zur Verbreitung von Open Source Software sind die so genannten Freedom Toaster. Freedom Toaster sind Brennstationen, die an öffentlichen Plätzen in Südafrika errichtet wurden, um der Bevölkerung die Möglichkeit zu geben, sich kostenlos Kopien freier Software zu brennen. Mit Hilfe dieser Freedom Toasters sollen die Schwierigkeiten, die sich aus der schlechten Internet-Infrastruktur in Südafrika ergeben, überwunden werden und allen Interessierten der Zugang zu freier Software erleichtert werden.

Mark Shuttleworth lebt heute in London.

Mehr Informationen zu Mark Shuttleworth erhalten Sie auf dessen englischer Homepage **http://www.markshuttleworth.com**.

Fragen und Antworten

Anfang Oktober 2005 veröffentlichte Mark Shuttleworth, seines Zeichens Initiator von Ubuntu und Gründer der Firma Canonical, eine Liste von Fragen, die Ubuntu betreffen und ihm während des letzten Jahres gestellt wurden. Im Folgenden sollen hier auszugsweise die wichtigsten Fragen und Antworten aufgegriffen werden.[1]

Warum mache ich Ubuntu?

Um den Bug #1 (Bug #1 in Ubuntu: »Microsoft hat den größten Marktanteil«) zu beheben natürlich. Ich glaube, dass freie Software uns in ein neues Technologiezeitalter bringt und außerdem verspricht sie den universellen Zugang zu den Werkzeugen des digitalen Zeitalters. Ich treibe Ubuntu voran, weil ich dieses Versprechen Realität werden sehen will.

Wird Ubuntu je Lizenzgebühren verlangen?

Nein. Nie. Es liegt nicht in meiner Absicht, Ubuntu der proprietären Software-Industrie anzugliedern. Das ist ein schreckliches Geschäft, das langweilig und schwierig ist und sowieso am Aussterben ist. Meine Motivation und mein Ziel ist es, ein globales Desktop-Betriebssystem zu entwickeln, das nicht nur in jeglicher Hinsicht »frei« ist, sondern auch zukunftsfähig und in der Lage, es qualitätsmäßig mit allem aufzunehmen, für das man bezahlen muss. Wenn wir versagen, tja, dann werde ich eben ein anderes Projekt verfolgen, anstatt in das Geschäft mit der proprietären Software einzusteigen. Davon abgesehen kann ich mir nicht vorstellen, dass irgendeiner der Entwickler aus dem Kern von Ubuntu

---

1 Die englische Originalfassung ist auf **https://wiki.ubuntu.com/MarkShuttleworth** einzusehen.

oder die Community mit dabei wären, wenn ich so verrückt wäre und das versuchen würde.

Wenn Ihnen das nicht reicht, dann wird es Sie freuen zu hören, dass Canonical Verträge mit der Regierung unterzeichnet hat, die besagen, dass es nie eine »kommerzielle« Version von Ubuntu geben wird. Es wird nie einen Unterschied zwischen dem »kommerziellen« und dem »freien« Produkt geben, wie es bei Red Hat (RHEL und Fedora) der Fall ist. Ubuntu-Releases werden immer umsonst zu haben sein.

Das heißt aber nicht, dass Sie nicht für Ubuntu oder etwas, das Ubuntu-Code enthält, zahlen können, wenn Sie wollen. Linspire, das kostenpflichtig ist, enthält bereits Ubuntu-Code. Obwohl Linspire (bisher) nicht direkt auf Ubuntu basiert, ist es nicht unmöglich, dass die Linspire-Leute auf die Idee kommen, das lieber früher als später zu tun. Es ist durchaus wahrscheinlich, dass es viele spezielle Ubuntu-Versionen unter anderen Markennamen geben wird, die kommerzielle oder proprietäre Merkmale besitzen. Dies könnten beispielsweise proprietäre Schriftarten oder Add-Ons oder auch die Integration von Diensten usw. sein. Es ist außerdem anzunehmen, dass es eine Menge proprietärer Software für Ubuntu geben wird (davon gibt es inzwischen einige - zum Beispiel wurde kürzlich Opera für Ubuntu angekündigt). Aber weder Canonical noch ich selbst noch der Ubuntu Community-Rat oder der Technische Vorstand werden eine »Ubuntu Professional Edition ($XX,00)« herausbringen. Es wird ganz sicher kein »Ubuntu Vista« geben.

Wenn Sie keine kommerzielle »Ubuntu Professional Edition« herausbringen, wie kann Ubuntu zukunftsfähig sein?

Wir haben ein erstes Einkommen aus Diensten, die mit Ubuntu in Verbindung stehen. Wir haben Verträge über die Erstellung von maßgeschneiderten Distributionen abgeschlossen und nehmen an groß angelegten Ausschreibungen für große Linux-Einsätze, üblicherweise in Kooperation mit Firmen aus der Region, teil. Unsere Aufgabe ist dabei der Support. Zusätzlich zur weiten Verbreitung von Ubuntu in Entwicklungsländern, kann es gut sein, dass Ubuntu bald überall auf dem Moffett Field der NASA läuft... Wir haben also die Basis eines zukunftsfähigen Projektes geschaffen und ich bin zuversichtlich, dass wir eine echte Chance haben, Ubuntu an den Punkt zu bringen, an dem es sein eigenes Wachstum finanziert.

Wie genau das alles von einem geschäftlichen Standpunkt aus aussehen wird, ist schwer zu sagen. Ich kann das nicht beantworten, was in Ordnung ist, da dies ein risikoreiches Unternehmen ist, das sich immer noch in einer frühen Entwicklungsphase befindet. Deshalb erwarte ich nicht, die Antworten zu kennen. Meine Investition in Ubuntu (zumindest das Geld, das wir für Open Source Entwicklung und Tools wie Launchpad für Open Source Entwickler, ausgeben) kann ich persönlich philantropisch begründen, weil ein Großteil meines Glücks und meines Wohlstands nur durch die Verwendung von Open Source Tools entstanden ist. Ich schätze mich glücklich, einen Teil davon der Community zurückgeben zu können. Gegenwärtig verdienen wir etwas Geld damit, dass wir Zertifizierungsdienste anbieten (Zertifizierung von Entwicklern, Administratoren, Anwendungen und Hardware) sowie kundenspezifische Anfertigungen (Sie wollen Ihre eigene auf Ubuntu basierende, Distribution? Reden wir darüber). Die Nachfrage nach diesem Service wächst. Ich bin mir ziemlich sicher, Canonical auf dieser Basis kostendeckend arbeiten zu lassen. Und das reicht mir, denn es bedeutet, dass Ubuntu weiterhin für Aufruhr sorgen wird, selbst wenn ich beschließe, dass es Zeit ist, zurück ins All zu gehen und dabei die falsche Sojus erwische.

Es ist auch wichtig, zwischen Canonical, dem profitorientierten Servicebetrieb, und der Ubuntu-Foundation, die ihr Kapital von mir auf einer Non-Profit-Basis erhalten hat, zu unterscheiden, um die Arbeit mit Ubuntu fortzuführen. Mit der Gründung der Ubuntu-Foundation habe ich im Grunde gesagt »Ok, dieses Projekt hat Hand und Fuß, ich stecke genügend Kapital hinein, um das Ganze eine längere Zeit am Laufen zu halten, egal was mit mir oder Canonical geschieht«. Wir haben also jede Menge Zeit, um die Zukunftsfähigkeit des Projekts zu entwickeln. Wenn Sie an dieser Front mithelfen wollen, schicken Sie Canonical Arbeit, wenn Sie das nächste Mal etwas mit Ubuntu erledigt haben wollen. Wir werden Sie nicht im Stich lassen.

...

Wie sieht es mit der Programmkompatibilität zwischen den Distributionen aus?

Es wurde schon viel darüber diskutiert, dass Debian nicht kompatibel zu Ubuntu ist. Manchmal zeigt sich das als »ich kann keine Ubuntu-Pakete unter Debian installieren«, manchmal eher als Frage, »warum verwendet Ubuntu GCC 4, wo doch Debian GCC 3.3 benutzt?«, oder als Frage, »warum sind der Kernel und glibc von Ubuntu 5.04 andere als in Debian Sarge?«. Ich werde versuchen, auf alle diese Fragen einzugehen.

Ich werde mit unserer grundlegenden Politik und Herangehensweise beginnen und dann auf einige der obigen Beispiele näher eingehen.

Zunächst muss gesagt werden, dass »Programmkompatibilität« für verschiedene Menschen verschiedene Bedeutungen hat. Falls Sie die Verhandlungen rund um den LSB Standardprozess verfolgt haben, werden Sie verstehen, wie schwierig eine aussagefähige Definition des Begriffs über die Distributionsgrenzen hinweg ist. Im Wesentlichen ist das der Grund, warum wir »Programmkompatibilität« bei Ubuntu nicht als Ziel gesetzt haben. Manchmal kommt das zwar vor, aber das ist dann zufällig oder weil sich die Gelegenheit dazu ergab – nicht weil es ein spezielles Ziel wäre.

Um es ganz klar zu machen: Wir streben keine »Programmkompatibilität« mit irgendeiner anderen Distribution an. Warum?

Kurz gesagt, weil wir an Freie Software als einen gemeinschaftlichen Prozess, basierend auf QUELLCODE, glauben. Wir betrachten sie als dem auf spezifische Anwendungen und Binärzeichen fokussierten proprietären Prozess überlegen. Wir haben entschieden, den größten Teil unserer Energie in die Verbesserung des fast überall und frei erhältlichen Quellcodes zu investieren, anstatt Arbeit in Binärzeichen zu stecken, die nicht so weitgehend geteilt werden können. Wenn wir Stunden an einem Feature arbeiten, dann wollen wir, dass diese Arbeit von so vielen Distributionen wie möglich genutzt werden kann. Deshalb veröffentlichen wir den Quellcode in »Realtime«, sobald wir neue Paketversionen veröffentlichen. Wir unternehmen große Anstrengungen, um diese Korrekturen in einem leicht zu findenden Format verfügbar zu machen, damit sie den Upstreams[2] und anderen Distributionen nützlich sein können. Davon profitiert Debian, aber auch SUSE und Red Hat, wenn sie Willens sind, die Zeit in das Studium und die Anwendung der Korrekturen zu investieren.

Wir synchronisieren unsere Entwicklung regelmäßig mit Upstream, mit Debian und mit anderen Distributionen wie Suse, Gentoo, Mandrake und Red Hat. Wir beziehen Code von den neuesten Upstreams (der teilweise weder in Debian noch in Red Hat enthalten ist, noch in der LSB behandelt wird). Wir versuchen, gleichzeitig mit Debian Unstable (auch als Sid bekannt) alle sechs Monate zu veröffentlichen. Wir haben keine Kontrolle über die Release-Prozesse anderer Distributionen oder

---

2 Upstream: laut Unixboard Wiki der Autor einer Software, die in Debian aufgenommen wurde

Upstreams. Daher ist es uns nicht möglich, ein API oder ABI für jedes Release im voraus zu definieren. Jedes Mal, wenn wir Ubuntu in der Vorbereitung auf eine neue Version »einfrieren«, sind wir hunderten anderer Entwickler ausgeliefert. Obwohl die Ubuntu Community Substanz besitzt und schnell wächst, ist sie immer noch winzig gegen die Gesamtzahl der Entwickler, die an den ganzen Freien Anwendungen, die die Distribution selbst ausmachen, arbeiten. Unsere Aufgabe ist es, das Verfügbare effizient und zusammenhängend zu bündeln und nicht zu versuchen, es in eine Kompatibilitätsform zu pressen. Wir konzentrieren uns darauf, die neuesten, aber stabilen und ausgefeilten Versionen der besten Open Source Anwendungen für Ihren Server oder Desktop zu liefern. Wenn wir Programmkompatibilität (egal in welchem Ausmaß) die höchste Prorität geben würden, würde dies entweder unsere Fähigkeit, neuere Software zu liefern oder bessere Integration und den letzten Schliff zu bieten, einschränken. Und wir sind der Meinung, dass unseren Usern am wichtigsten ist, die besten und bestintegrierten Anwendungen auf CD zu bekommen.

Erwähnenswert ist, dass der Linux-Kernel selbst den selben Weg geht: Die »Programmkompatibilität« wird zu Gunsten eines »maßgeschneiderten Kernels aus einem Guss« vernachlässigt. Jeder Kernel-Release erfordert, dass er getrennt von vorherigen Releases kompiliert wird. Module (Treiber) müssen mit dem neuen Release neu kompiliert werden, sie können nicht einfach in ihrer Binärform genutzt werden. Linus hat besonders betont, dass der monolithische Kernel – der auf Quellcode basiert und nicht versucht, eine binäre Schnittstelle für Treiber über die Releases hinweg aufrechtzuerhalten – besser für den Kernel ist. Wir glauben, dass das auch für die Distribution gilt.

So setzt das Gebot, mit sehr aktuellem Code zu arbeiten, die Idee der Kompatibilitätspflege mit einem spezifischen ABI außer Kraft. Insbesondere, wenn wir wenig oder nichts im ABI zu sagen haben, sollten wir versuchen, damit kompatibel zu bleiben.

Ich habe aber gehört, dass Ubuntu weniger kompatibel als vergleichbare Projekte ist?

Das stimmt absolut nicht. Wenn Sie den Kernel oder X-Server oder Clients oder libc oder Compiler verändern, dann haben Sie sich im Endeffekt selber inkompatibel gemacht. Und soweit ich weiß, hat jede Distribution von Bedeutung mit gutem Grund Arbeit in diese Komponenten gesteckt, um sicherzustellen, dass sie die Bedürfnisse ihrer User erfüllen. Währenddessen machen sie sich selbst »programminkompatibel«. Was die

Arbeit mit Open Source trotzdem so interessant macht, ist die Tatsache, dass sich Quellcode und Patches üblicherweise distributionsübergreifend verbreiten. Dies ist der Grund, warum wir uns darauf konzentrieren und nicht auf die Binärzeichen.

Einige Leute sagen vielleicht »aber ich habe ein Linspire-Paket unter Ubuntu installiert und es funktionierte. Also müssen sie kompatibel sein«. Und ja, in vielen Fällen wird ein Binärpaket von Linspire oder Debian ganz einfach funktionieren. Aber das ist »unbeabsichtigte Kompatibilität«, keine »zertifizierte Programmkompatibilität«. »Ihr individueller Gebrauch kann von den Herstellerangaben abweichen« – das ist nicht die Art von Sicherheit, die die meisten Leute akzeptieren würden, und kann auch kaum als »Kompatibilität« bezeichnet werden. Viele Pakete haben sehr simple Abhängigkeiten und erfordern nicht wirklich bestimmte Versionen von Systembibliotheken – sie können durchaus ohne weiteres funktionieren. Aber wenn man sich das Ganze genauer anschaut, dann findet man Programminkompatibilität in jedem Distributionsabkömmling von Bedeutung – von Knoppix über Linspire und den DCC bis zu Ubuntu.

Es ist möglich, nur mit Paketen aus anderen Distributionen eine neue zu entwickeln, und das ist auch nützlich. Es ist wie mit dem CDD-Projekt – und wird in Zukunft auch in der Ubuntuwelt Bedeutung haben. Aber es ist grundsätzlich nicht besonders interessant – es ist nur ein Selektieren von Paketen, was einer bestimmten Usergruppe nützen mag, aber die Open Source-Technik nicht voranbringt.

OK, warum kompilieren Sie Pakete neu?

Wir stellen sicher, dass Ubuntu vollständig mit der Standard- Toolausstattung von Ubuntu erstellbar ist. Normalerweise setzen wir eine neue Version von GCC in Ubuntu ein, und mit Sicherheit eine neuere Version als Debian. So stellen wir sicher, dass wir alle Pakete in Ubuntu mit dieser neuen Version erzeugen.

Theoretisch sollte die Verwendung von neueren GCC-Versionen auch bessere Programme erzeugen (obwohl in der Vergangenheit in einigen GCC-Versionen auch Rückschritte die Basis für spätere Fortschritte bildeten). Außerdem erlaubt es uns auch, mit ABI-Veränderungen umzugehen, besonders im C++-Code, und die Zahl der ABI-Pakete, die wir im Archiv rumliegen haben, zu reduzieren.

Das gilt genauso für Pakete aus dem »Universe«-Repository, welches die Tausende von Paketen in Ubuntu, die von Debian kommen, einschließt, obwohl es auch alternative Quellen gibt. Das MOTU (»Masters of the Universe«) -Team von Ubuntu kümmert sich um diese Pakete und stellt sicher, dass die ABI-Wechsel und (zum Beispiel) die Python-Versionswechsel auch dort vorgenommen werden. Um die Konsistenz zu gewährleisten, werden alle diese Pakete ebenfalls neu erstellt.

Wie wäre es mit ein paar präzisen Beispielen?

Es gibt einige gute Beispiele von anderen Distributionen, die dasselbe tun. Da sich Ian Murdock und Progeny darüber lautstark geäußert haben, lassen Sie uns dort beginnen. Progeny 1.x war nicht »programmkompatibel« mit dem damaligen stabilen Debian-Release. Ja, wirklich. Das aktuelle »DCC Alliance«-Release verwendet einen anderen Kernel und libc als Debian Sarge. In beiden Fällen allerdings werden Quellcode-Patches von diesen Projekten zu Ubuntu (und zu Debian) übertragen, und wir sind froh, sie zu verwenden. Das ist es, was die Open-Source-Entwicklung ausmacht: Fokussierung auf den QUELLCODE und Zusammenarbeit rund um den Code selbst – produktiver als proprietäre Entwicklung.

Es liegt nicht in meiner Absicht, die anderen Distributionen runterzumachen. Doch es ist bemerkenswert, dass die Leute, die am lautesten nach »Programmkompatibilität« rufen, diese in ihrer eigenen Arbeit fröhlich ignorieren. Denn in der Open-Source-Welt ist sie ganz einfach nicht so wichtig und als ein Ziel höchster Priorität auch nicht praktikabel.

Warum war Ubuntu 5.04 (Hoary Hedgehog) nicht »programmkompatibel« mit Debian Sarge?

Es gibt viele Leute, die keine Probleme mit dem Paketaustausch zwischen Ubuntu 5.04 und Sarge haben, sie sind aber nicht völlig kompatibel. Sie besitzen kleine, aber bedeutende Unterschiede in den libc-Versionen. Als Ubuntu 5.04 released wurde, war es mit der damaligen »deep freeze«-Sarge-Version kompatibel. Nach dem Release von Hoary wurde eine Änderung von Debian vorgeschlagen. Um diese zu implementieren, musste das Debian-Team die Kompatibilität mit Hoary aufgeben. Dies wurde öffentlich diskutiert und die Entscheidung fiel zugunsten der Änderung aus. Wir (von Ubuntu) glauben, dass diese Entscheidung absolut richtig von Debian war. Es geht um Open Source, und wir können effektiv zusammenarbeiten, wenn wir uns auf den Quellcode konzentrieren. Hätte Debian sich verpflichtet gefühlt, die Änderung nicht einzupflegen, um die Kompatibilität zu Ubuntu zu bewahren, dann hätte die Open-Source-Welt darunter gelitten.

Soweit es also eine Programmkompatibilität zwischen diesen zwei Releases gibt, wurde sie nicht vom Ubuntu-Team eingeführt. Im Gegenteil, wir unterstützten aktiv den Entscheidungsprozess, der zu der Inkompatibilität führte – das ist es, was Open Source stark macht.

Was ist mit dem Wechsel zu GCC 4.0? Warum haben Sie GCC 4.0 übernommen?

Wir sind stets bemüht, die neuesten stabilen Entwicklungswerkzeuge, Bibliotheken und Anwendungen einzubinden. GCC 4.00 wurde zu Beginn des Breezy (Ubuntu 5.10) Entwicklungszyklus veröffentlicht, deshalb war es die geeignete Compilerwahl für dieses Release. Das bedeutete, dass unter Breezy kompilierte C++-Anwendungen standardmäßig ein anderes Application Binary Interface (ABI) zu den entsprechenden unter Sarge (das GCC 3 benutzt) kompilierten Bibliotheken haben.

Dieses Thema wurde mit den Entwicklern der Debian Toolkette besprochen, die ebenfalls planten, GCC 4 zu gegebener Zeit zu übernehmen. Man kam überein, Programmpakete, die mit GCC 4 kompiliert wurden, besonders zu benennen, so dass Übernahme und Upgrade für User, die von vorherigen Versionen von Ubuntu (oder Debian) aktualisieren, elegant möglich sind. Das Ubuntu-Team ging voran und bereitete den Weg, indem es Patches für Hunderte von Paketen bereitstellte, um die vereinbarte Namensgebung für GCC 4 vorzunehmen. Diese Patches sind allen Debianentwicklern zugänglich und machen die GCC-4.0-Übernahme in Debian sehr viel einfacher.

Warum ist der Standard-Desktop von Ubuntu braun?

Das alles überspannende Thema der ersten Reihen von Ubuntu Releases ist »Menschlichkeit«. Dies bestimmt unsere Wahl der Artwork genauso wie unsere Auswahl der Pakete und Entscheidungen rund um den Installer. Unser Standardtheme in den ersten vier Ubuntu-Versionen heißt »Menschlichkeit« und betont warme, menschliche Farben – braun.

Ja, das ist in einer Welt voller blauer und grüner Desktops recht ungewöhnlich, und das MacOSX ist zum Küchengerät geworden. Zum Teil gefiel uns die Tatsache, dass Ubuntu anders, wärmer ist. Der Computer ist nicht länger nur ein Gerät, er ist eine Erweiterung Ihres Geistes, Ihr Gateway zu anderen Menschen (per E-Mail, VoIP, IRC und übers Internet). Wir wollten ein einmaliges, bemerkenswertes, beruhigendes und vor allem menschliches Gefühl vermitteln. Wir haben uns für braun entschieden, was eine ziemlich riskante Sache ist – um braun zu erzeugen muss Ihr Bildschirm zarte Schattierungen von blau, grün und rot erzeugen. Selbst leichteste Abweichungen von der Norm können das »braun« gewaltig verändern. Doch heutzutage sind die Monitor- und LCD-Bildschirm-Standards so einheitlich, dass wir das Risiko als akzeptabel ansahen. In Hoary und Breezy haben wir ein kräftigeres, röteres Braun verwendet, aufgrund des Feedbacks von lower-end Laptop- und LCD-Bildschirm-Nutzern.

Wird braun immer die Standard-Desktopfarbe bleiben?

Es ist unwahrscheinlich, dass die Farbe des Desktops *für immer* unverändert bleibt, schließlich erwarten wir, dass es Ubuntu eine lange Zeit geben wird :-)

Gegenwärtig planen wir, dass der »Dapper Drake« (Ubuntu 6.04, wenn wir unser Releasedatum April 2006 einhalten) der letzte der ersten »Serie« von Versionen wird. So können wir anschließend ein neues »Feeling« oder übergreifendes Theme definieren. Es wird höchstwahrscheinlich nicht ... blau sein. Aber es kann gut sein, dass es sich grundlegend vom aktuellen Menschlichkeits-Theme unterscheidet. Momentan wollen wir uns auf den Weg zu Dapper konzentrieren und dem existierenden Human-Theme den letzten Schliff verpassen und danach neue Wege beschreiten.

Ist Ubuntu ein Debian-Ableger?

Ja, Ubuntu ist ein Ableger. Nein, ist es nicht. Doch ist es! Ach, was auch immer.

Kurz gesagt sind wir ein Projekt, das mit vielen anderen Projekten zusammenzuarbeiten versucht - so wie Upstream X.org, GNOME und natürlich Debian. Häufig ist der Code, den wir ausliefern, verändert oder anders als der Code, der von den anderen Projekten ausgeliefert wird. Wenn das geschieht, bemühen wir uns sehr, dass unsere Änderungen in einem geeigneten, für andere Entwickler leicht zu verstehenden und einzubindenden Format weit verbreitet werden.

Wir haben große Anstrengungen unternommen, um Entwicklungswerkzeuge zu entwerfen, die eine Zusammenarbeit mit Ubuntu einfach machen und uns helfen, mit Upstreams und anderen Distributionen zusammenzuarbeiten. Zum Beispiel gibt es einen automatischen »Patch Publisher«, der Debian-Entwicklern zeigt, welche Patches für ihre Pakete für

Ubuntu erhältlich sind. Es könnte für sie nicht einfacher zu entscheiden sein, welche Patches sie wollen und welche nicht. Und natürlich ist es für uns sehr viel einfacher, wenn sie sie anwenden, aber dazu können wir sie nicht zwingen. Viele der Patches sind nur in Ubuntu sinnvoll. Als Nebeneffekt sind diese Patches auch für Gentoo, Red Hat, Linspire (ja, ehrlich) und SUSE erhältlich. Und wir wissen, dass sie sich die ansehen und einige verwenden – was cool ist.

Doch die Zusammenarbeit geht über Patches hinaus. Wir haben Malone entwickelt, einen »Bug-Tracker«, der eine Zusammenarbeit zwischen Ubuntu und anderen Distros beim Beseitigen von Bugs herzustellen versucht. Jeder Bug kann an vielen verschiedenen Orten gefunden werden, und an einem einzigen Ort kann man den Status des Bugs an allen Orten einsehen. Das ist echt klasse.

Eines der Dinge, die mich dazu gebracht haben, mit dem »Kosmonauten-Playboy-internationaler-Schürzenjäger-des-Geheimnisvollen«-Spiel aufzuhören und Ubuntu ins Leben zu rufen, war die Notwendigkeit von Tools wie TLA, das eine noch bessere Zusammenarbeit zwischen den Distros und Upstreams am Quellcode versprach. Also haben wir viel an TLA gearbeitet, bis es so verändert war, dass wir es »Bazaar« nannten. Anschließend haben wir ein grundlegendes Re-Write in Python gemacht und heraus kam Bazaar-NG, oder Bzr, das bis März 2006 Bazaar 2.0 sein wird. Warum das wichtig ist? Weil das Herumreichen von Patches nicht halb so effektiv wie das Arbeiten in einem wirklich verteilten Revisions-Kontrollsystem. Viele der Ubuntu-Leute arbeiten an Tools wie Bazaar und HCT, nicht an der Distribution. Wir hoffen, dass das die effektive Art der Zusammenarbeit in der Open-Source-Welt beschleunigen wird. Die Zukunft wird es zeigen.

Zusammengefasst: Die Programmkompatibilität zwischen Ubuntu und Debian hat für uns keine Priorität. Unserer Meinung nach helfen wir der Open-Source-Welt mehr, wenn wir Patches anbieten, die Ubuntu-(und Debian-)Pakete besser funktionieren lassen, und eine topaktuelle Distribution anbieten, an der andere mitarbeiten können. Wir stecken eine Menge Energie in die Verbreitung und einfache Erreichbarkeit unserer Pakete für Entwickler *aller* anderen Distributionen genauso wie Upstream, weil wir glauben, dass unsere Arbeit so den größten Langzeiteffekt haben wird. Und wir entwickeln Tools (siehe Bazaar, Bazaar-NG, Launchpad, Rosetta und Malone), die, wie wir hoffen, die Zusammenarbeit am Quellcode noch effizienter machen werden.

Was das Aufspalten der Community angeht: Die Ubuntu-Community ist sehr schnell gewachsen, einige Leute befürchten, dass dieses Wachstum zu Lasten der anderen Open-Source-Communities, besonders Debian, gehen könnte.

Unter den gegebenen Umständen, dass Patches so einfach zwischen Ubuntu und Debian hin- und herfließen, scheint es mir umso besser, für beide Projekte zu sein, je größer wir unsere gesamte Entwicklergemeinschaft machen. Ubuntu profitiert von einem starken Debian und Debian von einem starken Ubuntu. Das gilt besonders deshalb, weil die beiden Projekte etwas unterschiedliche Ziele haben. Ubuntu wird neue Anwendungsfelder schneller erschließen und Debian profitiert stark von den Patches (schauen Sie sich nur einmal die Changelogs von Debian Sid seit des Sarge Releases an, dann sehen Sie, wie viele Bezüge zu Ubuntu sich darin befinden. Und das sind nur die Fälle, in denen Danke gesagt wurde).

Würden die Ubuntu- und Debian-Communities in derselben Weise funktionieren, dann hätten diese Bedenken mehr Substanz, weil wir dieselben Leute ansprechen würden. Das würde bedeuten, dass wir um Können konkurrieren. Aber die beiden Communities sind sehr unterschiedlich. Die Organisation ist anders und wir haben verschiedene Prioritäten – was dazu führt, dass wir verschiedene Typen von Entwicklern anziehen.

Klar, es gibt bestimmt Debian-Entwickler, die den Großteil ihrer Arbeit an Ubuntu verrichten. Genauso gibt es Entwickler, die an Ubuntu und Debian gleichviel arbeiten. Aber der Großteil der Ubuntu-Community besteht aus Entwicklern, die sich von der Art, wie Ubuntu Dinge tut, angesprochen fühlt. Es wird immer etwas Abwanderung und Bewegung zwischen den Communities geben, aber das ist nur gut, weil es gute Ideen verbreiten hilft.

Was geschieht, wenn der Erfolg von Ubuntu zum Tod von Debian führt?

Das wäre sehr schlecht für Ubuntu, denn jeder Debian-Entwickler ist auch ein Ubuntu-Entwickler. Wir stimmen unsere Pakete regelmäßig auf Debian ab, weil das die neueste Arbeit, den neuesten Upstream-Code und die neuesten Paketentwicklungen einer großen und kompetenten Open-Souce-Community implementiert. Ohne Debian wäre Ubuntu nicht machbar. Doch der Weg von Debian ist nicht gefährdet, es bekommt viel mehr Aufmerksamkeit, seit Ubuntu gezeigt hat, was alles in dieser Community verwirklicht werden kann.

Warum gehört Ubuntu nicht zur DCC-Allianz?

Ich glaube nicht, dass die DCC Erfolg haben wird, obwohl ihre Ziele hochfliegend und rühmlich sind. Die Teilnahme wäre teuer und würde uns verbieten, die neuen Features, den Glanz und die Integration, die wir in neuen Versionen wollen, einzupflegen. Ich bin nicht bereit, knappe Ressourcen einer Initiative zu opfern, die nach meiner Überzeugung unweigerlich fehlschlagen wird. Es ist zwecklos, hier auf die genauen Gründe für meine Überzeugung einzugehen – die Zeit wird es zeigen. Ich würde die Mitglieder der Ubuntu-Community ermutigen, an den DCC-Diskussionen teilzunehmen, sofern sie Zeit und Interesse daran haben. Sollte die DCC guten Code produzieren, dann sollten wir den in die Ubuntu-Releases aufnehmen, und das sollte einfach sein.

Warum haben Sie Ubuntu gegründet, anstatt Debian Geld zu geben?

Ich habe viel darüber nachgedacht, wie ich am besten einen Beitrag zur Open-Source-Welt leisten kann, wie ich am besten den Einfällen, die mich am meisten interessieren, nachgehen kann: Zum Beispiel, was der beste Weg ist , um Open Source auf den Desktop zu bringen. Eine Möglichkeit war, der Position von DPL (Ich bin ein DD, erster Entwickler von Apache in 1996 blabla . . .) zu folgen und diese Ideen in Debian einzubringen. Doch ich entschied mich, eine parallele Distribution ins Leben zu rufen und eine Infrastruktur zu finanzieren, um die Zusammenarbeit zwischen Distributionen viel effizienter zu gestalten.

Warum?

Erstens: Viele der Dinge, die mir vorschwebten, schlossen eine Verringerung des Spielraums der Distro ein. Das würde ihren Nutzen für einen Teil von Leuten *vergrößern*, aber auf der anderen Seite für andere *weniger* nützlich machen. Beispielsweise unterstützen wir momentan nur drei Architekturen von Ubuntu. Das ist *toll* für die Leute, die eine dieser Architekturen verwenden, aber offensichtlich nicht so praktisch für die, die etwas anderes verwenden.

Des Weiteren unterstützen wir etwa 1000 Kernanwendungen unter Ubuntu. Dies sind die Herzstücke, die die Hauptanteile für Ubuntu, Kubuntu und Edubuntu darstellen. Alles andere ist über Universe oder Multiverse zugänglich, wird aber nicht offiziell unterstützt.

Mir wurde nach und nach klar, dass dies der falsche Weg für Debian war, das einen Großteil seiner Stärke aus seiner »Universalität« zieht. Es war sinnvoller, diese Vorhaben in einem eigenen Projekt durchzuführen. Wir können für diese Dinge Pionierarbeit leisten und uns darauf konzentrieren; die Patches sind sofort für die DDs verfügbar, die sie ebenfalls geeignet für Debian halten.

Zweitens: Das Problem des »Teilens zwischen Distributionen« ist sehr interessant. Momentan neigen wir dazu, die Welt als Upstream, Distro und Abkömmlinge zu sehen. In Wirklichkeit besteht die Welt mehr aus einem Bündel verschiedener Projekte, die zusammenarbeiten müssen. Wir müssen mit Debian zusammenarbeiten, aber wir sollten auch in der Lage sein, mit Upstream und Gentoo zusammenzuarbeiten. Mit Red Hat ebenfalls. Wir müssen herausfinden, wie effektive Zusammenarbeit mit Distributionen, die ein ganz anderes Paketsystem als wir verwenden, möglich ist. Denn die Zukunft der Open-Source-Welt liegt in einer wachsenden Zahl an Distributionen, von denen jede die Bedürfnisse einer kleinen Gruppe erfüllt – je nach ihrem Job, ihrer kulturellen Identität, der Institution, für die sie arbeiten, oder ihren persönlichen Interessen.

Das Problem der Zusammenarbeit der Distros zu lösen, würde Open Source sehr voranbringen. Also ist es das, was wir mit Ubuntu erreichen wollen. Wir arbeiten an Launchpad, das ist ein Web-Service für die gemeinsame Arbeit an Bugs, Übersetzungen und Technischem Support. Wir arbeiten an Bazaar, was ein Revisions-Kontrollsystem ist, das Zweige und Distributionen versteht und in Launchpad integriert ist. Wir hoffen, dass diese Tools unsere Arbeit leicht verfügbar für Debian, Gentoo und Upstream machen. Und sie erlauben uns ebenfalls, gute Arbeit von anderen Distros zu nehmen (selbst wenn diese es lieber hätten, wenn wir das nicht täten ;-)).

Schließlich scheint es mir, dass der schwierige Part nicht das Verfügbarmachen von Geldern ist, sondern vielmehr, diese an Leute und Projekte zu verteilen. Ich könnte ganz einfach einen Scheck auf SPI, Inc. ausstellen über denselben Betrag, den ich in Ubuntu investiert habe. Aber wer würde entscheiden, wofür das Geld verwendet wird? Haben Sie etwa die Jahresabschlussberichte von SPI, Inc. der letzten Jahre gelesen? Wer würde bestimmen, wer einen Vollzeitjob bekommt und wer nicht? Wer würde entscheiden, welche Projekte weiterhin finanziert werden und welche nicht? So sehr ich auch die Führung und soziale Struktur von Debian bewundere – ich glaube nicht, dass die Verteilung von Geldern an Debian effektiv wäre. Ich glaube nicht, dass dieselbe Produktivität herauskäme, die wir bisher im Ubuntu-Projekt erreichen konnten.

Die Vermischung von Finanzierung mit ehrenamtlicher Arbeit führt zu allen möglichen Problemen. Fragen Sie Mako nach dem Experiment, das zeigt, dass diese Schwierigkeiten in unseren Genen verankert sein könnten. Es gibt schwerwiegende soziale Schwierigkeiten in Projekten, die bezahlte Vollzeitarbeit mit ehrenamtlicher verbinden. Ich bin nicht sicher, ob Debian diese Art der Herausforderung gebrauchen kann. Man kann sehr schnell in ernsten Streit darüber geraten, wer Geld verteilen und Leute engagieren und wer über die Finanzierung von Vorhaben entscheiden darf und wer nicht. Eines der Dinge, die meiner Meinung nach Debian seine wahre Stärke verleihen, ist der Sinn für »Unbeflecktheit«. Bis zu einem gewissen Grad hat die Tatsache, dass Ubuntu Debian *keine* Änderungen aufzwingt, Debians gesunde Reputation gestärkt.

OK, aber warum nennen Sie es dann nicht einfach »Debian für Desktops«?

Weil wir die Markenpolitik von Debian respektieren. Möglicherweise haben Sie kürzlich die verwirrenden Verzerrungen um die Definition der »DCC Alliance« verfolgt – ein Beispiel dafür, was geschieht, wenn Leute das nicht tun. Ganz einfach ausgedrückt ist das Ubuntu-Projekt nicht Debian, also hat es auch kein Recht auf diesen Namen. Und die Verwendung des Namens würde Debians eigenen Markennamen schwächen. Abgesehen davon gefällt uns der »Menschlichkeits«-Aspekt des Namens Ubuntu, also haben wir uns für ihn entschieden.

Wo wir gerade bei der Namensgebung sind: Was hat es mit dieser »Funky Fairy« (»irre Fee«) Nomenklatur auf sich?

Der offizielle Name von jeder Ubuntu-Version lautet »Ubuntu X.YY«, wobei X die letze Ziffer der Jahreszahl und YY den Monat des Release in dem betreffenden Jahr bezeichnet. Die erste Version, die im Oktober 2004 herauskam, heißt also »Ubuntu 4.10«. Die (vom Zeitpunkt des Interviews aus gesehen) nächste Version ist im Oktober 2005 fällig und wird »Ubuntu 5.10« sein.

Der Entwicklungsname einer Version besitzt die Form »Adjektiv Tier«. Zum Beispiel Warty Warthog (Ubuntu 4.10, warziges Warzenschwein), Hoary Hedgehog (Ubuntu 5.04, altersgrauer Igel) und Breezy Badger (Ubuntu 5.10, Frechdachs oder frecher Dachs) sind die Namen der ersten drei Ubuntu- Versionen. Im Allgemeinen wird die Version mit dem Adjektiv bezeichnet, wie »Warty« oder »Breezy«.

Viele vernünftige Menschen haben sich gefragt, warum wir uns für dieses Benennungsmuster entschieden haben. Es entstand aus einem Scherz auf einer Fähre zwischen Circular Quay und irgendwo in Sydney:

```
lifeless:   Wie lange haben wir noch bis zum
            ersten Release?
sabdfl:     Das muss was Schlagkräftiges sein.
            Höchstens sechs Monate.
lifeless:   Sechs Monate! Das ist nicht viel
            Zeit für den letzten Schliff.
sabdfl:     Na, dann wird das eben das
            "Warty Warthog"-Release.
```

Und voilà, der Name blieb. Die erste Mailingliste für das Ubuntu-Team erhielt den Namen »Warthogs«, und wir pflegten auf #warthogs auf irc.freenode.net herumzuhängen. Für die folgenden Versionen wollten wir an den »hog«-Namen festhalten, also kamen wir auf »Hoary Hedgehog« und »Grumpy Groundhog«. Aber »Grumpy« hörte sich nicht richtig an für eine Version, die richtig gut zu werden versprach und eine fantastische Beteiligung der Community hatte. Wir suchten also weiter und entschieden uns für »Breezy Badger«. Wir werden »Grumpy Groundhog« noch verwenden, aber diese Pläne sind noch eine Überraschung ...

An alle, die meinen, dass die gewählten Namen noch verbesserungsfähig wären: Sie werden möglicherweise erleichtert darüber sein, dass der »Frechdachs« ursprünglich ein »Bendy Badger« (»Gelenkiger Dachs«) werden sollte (Ich finde immer noch, dass das gerockt hätte). Es gab noch andere ...

Wir werden alles geben, um die Namen nach Breezy alphabetisch zu vergeben. Vielleicht werden wir Buchstaben überspringen und irgendwann einmal werden wir einen Umbruch vornehmen müssen. Aber zumindest die Namenskonvention wird noch ein Weilchen bestehen bleiben. Die Möglichkeiten sind unendlich. Gregarious Gnu (geselliges Gnu)? Antsy Aardvark (nervöses Erdferkel)? Phlegmatic Pheasant (phlegmatischer Fasan)? Sie schicken uns Ihre Vorschläge, wir ziehen sie in Betracht.

Index

A
abiword 86
AC3 172
accept 467
ACER 55
ACPI 59
   bei Notebooks 438
   Howto 440
   Meldungen 434
Acrobat Reader 242
adduser 472, 496
Administration
   mit Webmin 371
Administrator 117
afio 517
Akku
   Ladezustand 85
Aktualisierungsverwaltung 79
alias 467
ALSA 170
Alsamixer 171
AMI 55
AMSN 328
aMule 293
Anjuta 338
Anwenderhandbuch 207
Anwendungen 100
   Starten von 100
Anwendungsverwaltung 195
Apache 312
Apple 35
Apple Quicktime
   wiedergeben 262
apropos 206, 467
APT 190
   Konfiguration bei der Installation 72
   Synaptic 191
Arbeitsspeicher
   Auf Fehler überprüfen 59
   testen 434
Archiv
   Entpacken mit Nautilus 104
Archivieren 468
Ark 413
arp 467, 531

aRts 170
AST 55
at 467, 497
Athlon64 36
ATT 55
Audacity 260
Audio
   ALSA 170
   Digitalausgang 172
   Dolby Surround 171
   Hardwaremixing 170
   Kanäle 172
   OSS 170
Aufbau des Buches 41
Autostart
   GNOME
     Programme hinzufügen 126
   KDE
     Programme hinzufügen 129
AVM 141
Award 55

B
Backports 199
Backup
   Grundlagen 377
   Inkrementell 383
   Klonen 384
badblocks 467, 506
basename 467, 493
bashrc 370
batch 467, 498
Bazaar 30
bc 467
Befehle
   finden 206
Befehlsreferenz 467
Benutzer
   Programme als anderer Benutzer
     ausführen 115
   Standardbenutzer
     Bei der Installation anlegen 71
     sudo 116
Berners-Lee, Tim 217
bg 467, 499

Bibliotheken 190
Bildbearbeitung
  mit Gimp 248
    rote Augen entfernen 248
  mit OpenOffice.org 244
Bilder
  archivieren 250
Bildschirm
  Auflösung einstellen 80
  Wiederholrate einstellen 80
Bildschirmschoner
  Wechseln in GNOME 106
  Wechseln in KDE 114
BIOS
  Bootreihenfolge ändern 55
  Tastenkombinationen 55
BitTorrent 292
  Download von Ubuntu 51
  integrierter Client 292
  Ubuntu downloaden 292
bleeding 200
Blogs 227
Bluefish 347
Bluescreen 73
Bluetooth 168
Bootloader
  im Windows-System 57
Bootmeldungen 60
Bootreihenfolge ändern 55
Bootsektor
  sichern 380
Bootvorgang 357
  anhalten 433
  fortsetzen 433
Breezy Badger 25
  auf der Begleit-DVD 51
Brennen
  cdrecord 468
  Drag & Drop im Nautilus 106
  ISO-Abbild
    unter Windows 47
  mit cdrecord 252
  mit K3b 254
  mit Nautilus 253
  mit xcdroast 256
Bridge 282
Browser 103
  Firefox 107
  Wiedergabe von Videos 265
  Konqueror (KDE) 104
  Nautilus (GNOME) 103
Bugs 33
Bugzilla 33
build-essential 187
bunzip2 467, 517
bzcat 467, 474
bzip2 467, 517
  Ausgabe von Dateien 467

C

C/C++ 334
  Entwicklung mit Anjuta 338
  Entwicklung mit Eclipse 341
  Entwicklung mit KDevelop 339
cal 467, 527
Camcorder 179
cancel 467
Canonical 24
  Adresse 27
cat 468, 474
ccrypt 520
CD
  abspielen
    mit KsCD 259
    mit soundjuicer 258
  auslesen
    mit KsCD 259
    mit soundjuicer 259
  brennen 252
cd 468, 493
CDDB 255
cdrecord 252, 468
Cedega 271
Centrino 164
Cern 217
cfdisk 468, 506
Chatten
  Chatprogramme
    XChat 228
chgrp 468, 474
chmod 468, 476
chown 468, 477
chroot 447
cksum 468, 475
ClamAV 391

clear 468
Client
  bei Edubuntu 28
cmp 468, 477
Codecs 257
comm 468, 477
Community 36
Compaq 55
Compiler 334
compress 468
Controller
  Festplatte 59
Copyright 60
cp 468, 479
cpio 468, 517
cron 468, 499
crontab 468, 499
Crossover Office 271
cryptsetup 396
csplit 468, 479
CSS 258
CUPS 155, 320
  per Browser konfigurieren 320
  Zugriff per Netzwerk 321
cut 468, 480

D

Dapper Drake 25
date 468, 528
Datei
  Programmzuordnung 108
  Umgang 102
  Zuriffsrechte ändern 476
Dateien
  aufteilen 479
  Eigentümer ändern 477
  kopieren 468, 479
  miteinander vergleichen 477
Dateiserver
  Konfiguration 296
Dateisystem 358
  überprüfen 407
  einhängen 362
  reparieren 407
Dateisystembaum 363
Datenabgleich
  mit einem PDA 180

Datenbanken 239
Datensicherung
  Grundlagen 377
  Inkrementell 383
  Klonen 384
Datenträger 358
  Bezeichnung 104
  Verzeichnisse 359
Datum
  ändern 127, 468
DCC 571
dd 384, 468, 507
dd_rescue 509
deb 187
Debian
  Anwenderhandbuch 208
  Grundlage von Ubuntu 25
  Pakete für Ubuntu 35
  Pakete installieren 124
deborphan 202
Defragmentieren 54
Defragmentierung 382
Dekomprimieren
  mit bzip2 467
  mit compress 468
Desktoppublishing 247
Devicebezeichnungen 104
df 468, 504
DHCP 62, 135
Diashow 251
Dienste
  (de)aktivieren 367
diff 468, 480
  diff3 468
diff3 481
dig 285, 468
digiKam 178
Digitalkamera 177
dillo 86
ding 243
dirname 468, 493
disable 468
Disk at Once 254
Distrowatch 21
DivX 264
DMA 162
dmesg 529
DNS 135, 284

abfragen 285
Aufgabe eines DNS 63
extern 135
Router 135
Dolby Digital 172
Dolby Surround 171
Domäne 135
dos2unix 468, 481
dpkg 187
Druck
  Auftrag löschen 467
Drucker 155
  aktivieren 468
  Befehle 530
  deaktivieren 468
  GDI- 155
  Konfiguration
    unter GNOME 156
    unter KDE 157
Druckerserver
  Konfiguration 296
Druckerwarteschlange 467
DSDT 85, 439
DSDT-Tabelle 434
DSL 139
  Zugang einrichten 138, 139
du 468, 505
dumpe2fs 468, 510
DVB 172
DVD
  abspielen 264
  Automatisches Einbinden 105
  brennen 252
  Inhalt der Begleit-DVD 46
  Problemlösung 162
  zum Buch 51
dvi 349
dvips 468
Dynamischer Datenträger 89
DynDNS 309

E
E-Learning 29
e2fsck 468, 510
eBooks 210
Eclipse 340
Edubuntu 28

als client 28
als Server 28
Einbindungspunkt 120
Eingabefenster
  in GNOME 100
Emacs 351
EMT64 36
enable 468
Energiemanagement 438
  bei Laptops 84
  testen 441
enscript 468
ESD 170
ESSID 165
EtherApe 282
Ethereal 284
Ethernet 135
Evince 242
Evolution 241
  Datenabgleich mit Handy 169
  Konfiguration 221
  Newsgroups hinzufügen 227
exit 469, 494
expand 469, 481

F
FAT32 siehe W
fdformat 469, 511
fdisk 362, 469, 511
Fehler
  Bugs melden 33
Fernabgabegesetz 134
Fernsehen 172
  Analoge TV-Karte 172
  DVB 174
Festplatte
  überprüfen 435
  extern 383
  hinzufügen 379
Festplatten
  Partitionieren
    mit cfdisk 468
fg 469, 499
file 469, 482
Fileserver
  aufbauen 288
find 469, 483

finger 469, 494
Firefox 217
    Fasterfox 220
    In Kubuntu nachinstallieren 217
    Java nutzen 218
    Lokalisierung 217
    Plugins 218
    Tuningtipps 218
FireGLX 151
Firestarter 393
Firewall 393
Firewire
    Anzahl bei der Installation 64
Flash 348
Flashplayer 219
fluxbox 86
fold 469, 484
fonts
    TrueType installieren 123
    Windows-Schriftarten 123
Forum
    englischsprachig 207
    Ubuntu-forum 207
    UbuntuUsers 36
Framebuffer 82
Frames per second 148
free 469, 505
Freedom Roaster 31
FreeNode 209
FreeNX 304
FritzCard 141
fsck 407, 469, 513
fstab 359
FTP
    Freigaben 111
    Konqueror als client 114
    mit der Konsole 291
    mit Konqueror 291
    mit Nautilus 290
    per Browser 318
    per Shell 317
    Server einrichten 316
ftp 469

G

Gaim
    Konfiguration 229
Gambas 343
Gateway
    Bei der Installation 63
    einrichten 137
gcc 4.0 567
gdeb 124
gdesklets
    Automatisch starten 126
    daemon 126
    data 126
    Debianpaket installieren 125
gdm 96
gedit 102
    mit Rootrechten 103
    Synthaxhighlighting 102
GeForce 148
GEONExT 275
Gimp 248
gksudo 118
glxgears 147, 150
GNOME 95
    Anwendungen installieren 97
    Entwickler 25
    gdm 96
    gnome-terminal 100
    Konfigurationseditor
        Mülleimer sichtbar machen 124
    Look & Feel 106
    Menüeditor siehe s
    Panel 99
    parallel zu KDE 95, 111
    Ressourcen 98
    Thema wechseln 106
GnomeBaker 254
GnomeMeeting 326
GNU
    Arch Protocol 30
GnuPG 401
    Schlüsselpaar erzeugen 403
    Wichtige Befehle 404
Google Groups 134
GParted 120
GPG
    Schlüssel importieren 200
gphoto2 178

GPL 34, 95
x.org 147
Grafik
neu konfigurieren 80
Treiber
ATI 150
NVIDIA 148
X-Window-System 133
groupadd 469, 495
groupdel 469
groupmod 469
groups 469, 495
growisofs 469
GRUB
in Windows 57
installieren/reparieren 405
Konfiguration
Graphisch 82
Gruppenzugehörigkeit von Dateien ändern 474
gs 469
gstreamer 262
gThumb 251
GTK2 95
Aussehen ändern 127
gtkam 178
gunzip 469, 521
gzip 469, 521

H

halt 469, 529
Handy
Datenabgleich mit Evolution 169
Hardware
Anforderungen 35
Hilfe
Compatibility Howto 134
Datenbank 134
Newsgroup 134
Wiki 134
Informationen 373
Netzwerkkarte
DHCP 135
Ethernet-Verbindung 135
Konfiguration 135
Schnittstellen deaktivieren 137
Recherche 133

Sytemcheck vor Installation 52
Unterstützung 133
HBD Venture Capital 559
hd 469
head 469, 485
Helixplayer 266
Hilfe
Befehle finden 206
info 205
IRC 209
Newsgroups 208
Support-Programme 27
Supportzyklus 27
yelp 205
Hoary Hedgehog 25
home 101
Homepage erstellen 344
hostname 469
HTML
Ursprung 217
Humanity 22

I

IASL Compiler 439
IBM 35, 55
icewm 86, 130
ICQ 229
id 469, 495
ifconfig 469
Image 52
ImgSeek 249
Info
im Konqueror aufrufen 114
info 205, 469
init 471
Inkscape 246
Installation
auf USB-Stick oder USB-Festplatte 86
Geräte abschalten 60
Medien 51
mit Diskette 57
Navigation 62
Optionen 58
VMware 92
Instant Messenger
Gaim 229
Kopete 231

Intel Centrino 164
Internet
  mit Analog- Modem 143
  mit einem DSL- Modem 139
  mit einem Router 53, 138
  mit ISDN- Modem 141
  Netzwerkkarte konfigurieren 135
  Verbindung prüfen 76
Internetseiten erstellen 344
IP
  Adressen vergeben 135
  Vergabe bei der Installation 63
IP-Forwarding 282
iPaq 169
IPv4 279
IPV6
  abschalten 127
IPv6 279
IRC
  FreeNode 209
ISDN 141
Isle of Man 26
ISO-Abbild
  Brennen 51
ISO-Image 252
ISS 559

J

Java 218
  Appletviewer 336
  Entwicklung mit Eclipse 340
  Installation 273
  Programmierung 336
jobs 371, 469, 499
Joker 370

K

K-Menü 110
  Einträge mit Rootrechten 115
  Programme hinzufügen/entfernen 115
K3b
  Konfiguration 254
k3b 51
Kaffee
  trinken 69
Kalender 467
Kate 111

KDE 95, 108
  Desktop 109
  Deutsche Lokalisierung 84
  Grundlage von Kubuntu 25
  Konfigurationsverzeichnis
    löschen 127
  Kontrollzentrum 95, 110
    Systemverwaltungsmodus 126
  parallel zu GNOME 95, 111
KDE-Dienste
  Aufruf im Konqueror 113
kdesu 118
KDevelop 339
kdm 109
  als Standard verwenden 109
  Anpassung 114
  Sprache wechseln 114
Kernel
  kompilieren 424
  Patches 426
  SMP 435
Kicker 111
Kile 351
kill 469, 499
killall 469, 499
kino 180
  Konfiguration 267
KIO-Slaves 113
  Übersicht 113
KLaptop 442
Klaus 276
Klonen 384
KMail 225
KNode 226
Knoppix 52
Knuth, Donald 348
Kompilieren
  eines Kernels 424
  Programme 335
  von Sekundärsoftware 413
  Vorgehensweise 414
Komprimieren
  mit bzip2 467
  mit compress 468
Konqueror 112
  als Internetbrowser 112
  als Systembrowser 112
  beschleunigen 127, 221

Datentransfer über SSH 288
  Webkürzel 220
Konsole 100
  Grundlagen 368
  History 370
  Tricks 369
Konsole (KDE-Terminal) 111
Kontact 242
Kontrollzentrum 113
Kooka 161
Kopete 231
KPDF 242
KPhone 325
KPPP 146
KPrint 157
KToon 348
Kubuntu 29
  auf der Begleit-DVD 51
  aus Ubuntu heraus nachinstallieren 83
  Desktop nachinstallieren 191
  Homepage 207
  im Download 83
  Ursprung 25
Kwrite 111
Kynaptic 196

L

LAME 258
LAMP 315
Laptop
  Besonderheiten 438
  Besonderheiten bei der Installation 84
  Breitbildschirm 443
  Energiemanagement 438
last 469, 495
LaTeX 348
  mit Emacs 351
  mit Kile 351
  mit XEmacs 351
Laufwerksbuchstaben 358
Launchpad 31
Lazarus 342
Lesezeichen
  im Konqueror 113
less 368, 469, 485

libraries 190
lilo 64
  statt GRUB installieren 72
line 470
Linphone 322
Linspire 561
Linux
  anpassen 413
  Dreisprung 413
Linuxfibel 208
Live-CD
  Testen alter Hardware 52
Livestreams
  Real Media 266
  Windows Media 266
Livesystem
  Einrichtung 44
ln 470, 485
Logical Volume 89
  Eigenschaften 91
  löschen 91
logname 470, 495
logout 470, 494
Lokalisierung 81
lp 470
lpadmin 470
lpc 470
lphelp 470
lpmove 470
lpq 470
lpr 470
lprm 470
lpstat 470
ls 470, 486
LTSP 28
LVM
  Befehle 91
  Installation 88
  Logical Volume 89
  Physical Volume 89
  Volume Group 89

M

MAC-Adresse 467
mail 470
Mailingliste 207
Main-repository 188

Malware 200
man 470
Mandatory Access Control 390
Mandriva 37
manpage
   Aufruf im Konqueror 206
   Auruf im Konqueror 114
manpages 102
   deutsche Übersetzung 205
Marillat 199
Masterbootrecord 72
Matrox 152
Maus
   Konfiguration 153
MBR
   sichern 380
md5sum 470, 475
memtest 58, 435
mesg 470
Microsoft
   Word
      in OpenOffice öffnen 123
Midnight Commander 119
MIME 108
Mirror 51, 198
mkdir 470, 493
mkfs 470, 513
mkisofs 470
mkreiser 470
mkreiserfs 470
mkswap 470, 514
Mono 338
Moodle 29
more 368, 470, 486
mount 362, 470, 515
Mountpoint 120
Mozilla Composer 344
mp3
   erstellen 259
mp3-Encoder 258
mplayer 219
   Konfiguration 265
   Wiedergabe von RealMedia Streams 267
MS-DOS 119
msttcorefonts 123
mt 470, 521
Multisync 169

Multitasking 366
   in der Konsole 371
Multiuser 366
Multiverse-repository 189
Musik
   Ändern des Zugriffes 106
   bearbeiten 260
   Direkte Wiedergabe 105
   mp3-Encodierung im Konqueror 113
   ogg-Encodierung im Konqueror 113
mv 470
MySQL 315

N

Nameserver
   eintragen 137
nano 118
Nautilus 103
   Doppelklick ändern 100
   Einfachklick aktivieren 104
   Entpacken über Kontextmenü 104
NdisWrapper 164
Nerim 199
   Schlüssel importieren 200
Nero 51
Netikette 226
netstat 470
Netzmaske 63
Netzwerk
   Alias-Namen 136
   Erkennung 62
   Gateway einrichten 137
   Ubuntu und Windows 294
Netzwerküberwachung 282
Netzwerkkarte 135
newgrp 470, 496
Newsfeeds 227
Newsgroups 208
   Evolution 227
   Thunderbird 227
Newsreader
   KNode 225
Newsserver 226
NFS 288
   Exports 114
   Freigaben 111

Nguni 22
nice 470, 500
nl 470, 486
nohup 471, 500
Norton Commander 119
Notebook
  Besonderheiten 438
  Besonderheiten bei der Installation 84
Notepad 102
nslookup 471
NTFS siehe W
numlockx 122
NVIDIA
  Treiber selbstkompilieren 148
Nvu 346

O

od 471, 487
ODBC 240
Office 232
Ogg Vorbis
  erstellen 259
Online-Banking 390
Open Source Kampagne 30
OpenBooks 210
OpenCD 31
OpenOffice
  Deutsche Lokalisierung 81
OpenOffice.org 232
  Base 239
  Calc 235
  Draw 245
  Impress 238
  Thesaurus 243
  Update auf Version 2.0 232
  Writer 232
Opteron 36
OSS 170

P

Packprogramme
  Übersicht 527
Paketquellen 77
Palm 169
PANEL
  in KDE 111

Panel
  Applets 99
  in GNOME 99
  Mac OSX-Aussehen 125
parted 471, 516
Partitionen
  Überblick mit fdisk 362
  Anlegen
    automatisch 64
    manuell 64
  Anzeigen lassen mit GParted 120
  Automatisch beim Systemstart einbinden 122
  externe Festplatte 383
  für Backups 379
  Linux
    Empfehlungen 68
    erweitert 64
    ext3 67
    logische Laufwerke 64
    primär 64
    root 67
    Swap 67
  Tabelle 64
  verkleinern 381
  Windows 120
    FAT32 einbinden 122
    NTFS einbinden 121
Partitionstabelle
  sichern 380
Partnerschaften 27
PASCAL
  Entwicklung mit Lazarus 342
passwd 471, 496
Passwort
  zurücksetzen 406
paste 471
patch 471
PDA 180
PDF
  Acrobat Reader 242
  Evince 242
  KPDF 242
PDF-Drucker 159
pdf2ps 471
Peer-to-Peer 292
Perl 332
pgrep 501

Phishing 390
Phoenix 55
PHP 313
Physical Volume 89
PIM
  Evolution 221
  Kontact 225
ping 471
  unterbrechen 136
Pipeline 369
Port
  des Proxyservers 79
Portmapper 289
Ports 395
PowerPC 35
pppoe 139
Präsentationen 238
Prüfsumme 468, 475
printenv 471
Printserver 298
Programm
  Compiler 334
Programme
  kompilieren 413
  reversibel installieren 415
  selbst kompilieren 335
Programmierung
  C/C++ 334
  Compiler 334
  Interpretersprachen 331
  Java 335
  Mono 338
  PASCAL 342
  Perl 332
  Python 333
  Shellskripte 331
  Visual Basic 343
Programmkompatibilität 562
ProjectX 274
Proxyserver
  in Synaptic eintragen 78
  Port 79
Prozesse
  anzeigen 395
ps 471, 500
ps2ascii 471
ps2pdf 471
pstree 471, 501

pwd 471, 493
Python 313, 333

Q
Quanta Plus 347
Quellcode
  eines Programmes 414

R
Radeon 152
  Dynamische Taktung 152
RAM-Disk 441
Raumfahrt 24
rcconf 368
rcp 471
rdev 471
Realplayer 266
reboot 471, 529
Rechnername
  ändern 135
Rechtschreibung
  neu oder alt? 81
Recovery-Modus 73
RedHat 37
reiserfsck 471
reject 471
Remoteadministration 301
Remoteverbindung
  für Linux 304
  für Windows 306
renice 471, 502
Reparatur
  eines Systems 405
Repositories 33
  In Synaptic 77
  main 33
  multiverse 34
  restricted 33
  universe 33
reset 471
Restricted-repository 188
Reversible Installation 415
rlogin 471
rm 471, 487
rmdir 471, 494
Root 388
  Konzept 386

Passwort deaktivieren 389
Passwortcache 116
sudo-Konzept 116
root
  Übung 120
  Account wieder herstellen 118
  Hinzufügen zur Administratorgruppe 117
  Konsole 117
  Passwort vergessen 118
Root-Shell 40
Rosetta 32
Router
  als DNS-Router 135
  Bei der Installation 53
  DHCP 62
Routing
  route 137
  Tabelle 137, 280
  Technik 281
rpm 187
rsh 471
rsnapshot 383
rsync 471
Runlevel 366

S

S-ATA
  Anzahl bei der Installation 64
S/PDIF 172
Samba 294
  Administration über den Browser 299
  neu starten 297
  Server aufsetzen 294
Scanner 159
  Konfiguration
    unter GNOME 160
    unter KDE 161
Schlüssel
  für Pakete 34
Schmiedinger, Klaus 268
Schnellstarter
  Anlegen auf dem Desktop 100
  anlegen im Panel 99
SchoolTool 28
scp 287

Scribus 247
SCSI
  Anzahl bei der Installation 64
SELinux 390
Server
  Installation 85
  Minimalkonfiguration 85
setgid 477
setterm 471
setuid 477
SGUID 477
Shell 101
  Befehlsreferenz 467
Shellskripte 331
ShipIt 51
shutdown 471, 529
Shuttleworth
  Foundation 31
  Mark 24
    Biographie 559
    Fragen und Antworten 560
    Homepage 560
Shuttleworth Foundation 559
Sicherheit
  Allgemeine Bemerkungen 389
  Updates einspielen 394
  Viren
    durch Softwareinstallation 34
Sicherheitskonzepte 385
  Linux 386
  Windows 385
Sicherung
  persönliche Daten
    unter Linux 52
    unter Windows 52
sid 35
Skalierbarkeit 358
SkoleLinux 29
Skype 326
sleep 471, 502
smeg 107
  Entfernen unerwünschter Menüeinträge 107
SMP-Kernel 435
Software 185
  Überblick 457
  Anwendungsverwaltung 195
  aus einer fremden Distribution 198

Authentizität 200
deb 187
Installation
   Debianpakete 124
Optik der Gnome-Programme ändern 127
Repository 187
   bleeding 200
   main 188
   multiverse 189
   restricted 188
   universe 189
Reversible Installation 415
rpm 187
Setup-Skript 186
Synaptic 76
Tar-Archive 186
Updates installieren über den Updatemanager 79
Softwareschichten 357
Sojus TM-33 559
Solitär
   unter Wine 272
sort 471, 488
Sound 170
soundjuicer
   Abspielen von CD's 259
   Auslesen von CD's 259
sources.list
   manuell editieren 196
Spam-Filter 223
Speichertest 434
split 472, 488
Sprache
   Anpassen bei der Installation 61
   deutsche Lokalisierung nachholen 81
   Sprachpakete bei der Installation 70
SSH
   Einrichtung 285
   Remotezugriff 287
   Zugriff mit dem Konqueror 114
ssh 472
Stabilität 34
Startbildschirm 74
Sticky 477
stty 472
su 117, 472, 502

Subnetzmaske 279
sudo 116, 388, 472, 503
   Konzept 388
SUID 477
sum 468, 475
Sun Java 218
Superkaramba
   Installation 128
   Themen aus dem Internet installieren 129
SUSE 37
Swap 66
swap 472
swapoff 472, 516
swapon 472, 516
SWAT 299
sylpheed 86
Synaptic
   konfigurieren 76
   Lokales Repository 193
   Repositories freischalten 192
sync 472, 516
System
   aufräumen 202

T

T-Online
   in Evolution nutzen 222
Tabellenkalkulation 231
   OpenOffice Calc 235
      Diagramme erstellen 236
      Lösen eines linearen Gleichungssystems 237
tac 472, 489
tail 472, 489
tar 472, 522
Tar-Archiv 186
tar.gz 413
Taschenrechner 467
Tastatur
   Multimedia konfigurieren 154
Tastaturlayout
   Übersetzungstabelle 60
   Anpassen 122
   bei der Installation 61
Tauschbörse
   aMule 293

TCP/IP 279
tcpdump 283
tee 472, 490
Telnet 285
Terminal
  Administration 102
  Aufteilung in Reiter 101
  gnome-terminal 100
  Grundlagen 368
  Grundlegende Befehle 101
  History 370
  Orientierung 101
  root-Terminal 101
  Tricks 369
Terminplaner 221
Textverarbeitung 231
  OpenOffice Writer 232
    Einfügen von Grafiken 234
    Erstellen eienr Gliederung 233
    Erstellen eines Dokumentes 232
    Rechtschreibprüfung 234
    Silbentrennung aktivieren 235
    Thesaurus 243
Thawte Consulting 24
Thema
  clearlooks 106
  Installation aus dem Internet 107
  Wechseln in GNOME 106
Thesaurus
  in OpenOffice 243
  online 244
Thunderbird 223
  Mailordner teilen 224
  Newsfeeds 228
  Newsgroups hinzufügen 227
  Rechtschreibkontrolle 223
  Spam-Filter 223
  Verschlüsseln von E-Mails 224
time 472, 504
TNT 148
Tonstudio 262
top 472, 504
Totem 219
  Konfiguration 262
touch 472, 490
tput 472
tr 472, 491
traceroute 472

tsort 472
tty 472
Turboprint 155
Tutu, Desmond 23
TuXlabs 31
TV-Ergänzungskarte 172
twm 130
type 472, 491

U

Ubuntu
  Aktualisierung 194
  Ankündigung 21
  Anwenderhandbuch 207
  auf 64-Bit 444
  Das Konzept 26
  Download 32, 51
    von einem Mirror 51
  Enterprise 24, 28, 29
  Foundation 27
  Homepage 207
  im Windows-Netzwerk 294
  kostenlos bestellen 51
  Lizenzanforderungen 33
  Logo 23
  Mailingliste 207
  Philosophie 22
  Release Candidate 32
  Releases 32
  und die Tiernamen 25
  Ursprung 22
  Vorzüge 22
  Windows parallel 64
  Zielgruppe 37
Ubuntu 64 444
  Benchmark 450
Ubuntu Lite 29
Ubuntu Vista 561
UbuntuUsers 37
Uebersetzung
  Rosetta 32
Uhrzeit
  ändern 468
  KDE
    ändern 127
umask 472, 491
umount 472, 515

unalias 472
uname 472, 528
uniq 472, 491
Universe-repository 189
unix2dos 472
unzip 473, 526
Update auf CD 201
Updates
   nach der Installation 75
   Updatemanager 79
uptime 472, 528
Usability 25
USB-Stick
   Devicebezeichnung 104
Usenet 208
user 388
User-ID 477
useradd 472, 496
userdel 472
usermod 472, 497
utf8
   unter LaTeX 350

V

VDR 268
   kvdr 268
Vektorgrafiken 244
   mit Inkscape 246
VeriSign 24, 559
Verlauf
   im Konqueror 113
Verschlüsselung
   Allgemeine Bemerkungen 396
   E-Mails 224
   einzelner Dateien 402
   mit GPG 401
   Schlüsselpaar erzeugen 403
   von E-Mails 402
   Von Partitionen 396
Verzeichnis
   Heimverzeichnis (home) 101
   Inhalt anzeigen 101
   Umgang 101
Verzeichnisbaum 363
Verzeichnisse
   Überblick 364
   Eigentümer ändern 477

kopieren 479
Zugriffsrechte ändern 476
Vesa 80
Video
   -Rekorder 268
   -Streams wiedergeben 267
   DivX-Wiedergabe 264
VideoLAN 267
Videos
   abspielen 262
Viren 385
Virenscanner 391
Virtual Network Computing
   (VNC) 303
Visual Basic
   Entwicklung mit Gambas 343
VMware 92, 272
VOIP 322
   mit KPhone 325
   mit Skype 326
   RTP 322
   SIP 322
   sipgate 325
   STUN 324
Volume Group 89
   Eigenschaften 91
   Erweiterung 91
VPN 306
   Firewall durchtunneln 309
   Schlüssel erzeugen 307

W

Wörterbuch 243
wall 473
Wallpaper
   Wechseln in GNOME 106
   Wechseln in KDE 114
WAMP 315
Warty Warthog 25
wc 473, 492
Webcam 176
Webdesign 344
   Bluefish 347
   Flash 348
   Mozilla Composer 344
   Nvu 346
   Quanta Plus 347

Webmin 371
Webserver
  aufsetzen 312
WEP-Schlüssel 164
whatis 473
whereis 473, 492
who 473, 497
whoami 473, 497
Wiki
  Kubuntu (engl.) 207
  UbuntuUsers 37
Wildcards 370
Windows
  Arbeitsgruppe 295
  Auslagerungsdatei ausschalten 55
  automatische Integration 73
  Freigaben 294
  Partition
    Defragmentieren 54
    FAT32 einbinden 122
    NTFS einbinden 121
    Verkleinern 53
  Schriftarten nachinstallieren 123
  Software-Alternativen 463
  WindowsCE 169
  wma wiedergeben 262
Wine
  Installation 271
WLAN 163
  ESSID 165
  Hotspots 163
  Installation 163
  Konfiguration mit KWiFiManager 166
  per Tunnel 307
  WEP-Schlüssel 164
  WPA 164
  WPA2 166
WPA 164
write 473

X

X-Tunnel 286
  Konfiguration 301

x.org 147
x86 35
xawtv 270
xcdroast 51, 256
XChat 228
XEmacs 351
Xeon 36
XFCE 27
xfce 129
xfree86 147
XFS 90
xine 175
  Konfiguration 263
xmms
  mit der Tastatur steuern 154
xorg
  reconfigure 80
XSane 160
xserver 80
Xubuntu 27
XviD 264
xzgv 86

Y

yelp 205

Z

Zahlenblock
  Beim Systemstart aktivieren 122
Zaurus 169
zcat 473, 492
Zeitzone
  bei der Installation wählen 70
Zertifizierung 27
zip 473, 526
zless 473, 492
zmore 473, 492
Zugriff, gepuffert 106
Zugriffsrechte
  ändern 468
Zugriffsrechte ändern 476

Für Linux-Ein- und -Umsteiger

Von der Installation bis zur Administration

Inkl. kompletter Debian-Distribution

ca. 600 S., mit DVD
ca. 39,90 Euro
ISBN 3-89842-627-0, April 2006

Debian GNU/Linux

www.galileocomputing.de

Heike Jurzik

Debian GNU/Linux

Das Praxisbuch

Debian GNU/Linux ist ein Betriebssystem für Profis. Leistungsstark aber nicht unkompliziert. Sie kennen sich mit Linux oder Windows bereits aus, haben aber den Umstieg auf Debian bisher genau deshalb gescheut? Von der Installation über die Anwendung bis hin zur Administration werden alle wichtigen Aspekte behandelt. Debian-Anwender finden geballtes Fachwissen zur Distribution, zur Paketverwaltung, zum grafischen System, der Konfiguration, zum Arbeiten mit der Shell und den Editoren Vi und Emacs. Kapitel zum Troubleshooting und alternativen Installationsmethoden runden das Buch ab.

>> www.galileocomputing.de/968

Netzwerk, Internet, Multimedia

OpenOffice.org

Inkl. openSUSE

568 S., 2., aktualisierte Auflage 2006
mit DVD, 24,90 Euro
ISBN 3-89842-671-8

Einstieg in SUSE 10

www.galileocomputing.de

Gunter Wielage

Einstieg in SUSE 10

Installation und Anwendung
2. Auflage

Das Buch bietet einen gründlichen Überblick über Installation und Anwendung der aktuellen SUSE-Version 10.
Auch komplexe Inhalte vermittelt Gunter Wielage praxisnah und verständlich. Inklusive Netzwerk, Internet, Multimedia und Umgang mit OpenOffice.org.

>> www.galileocomputing.de/1054

Installation, Anwendung, Administration

Über 1000 Seiten SUSE-Know-how

inkl. OpenSUSE

ca. 1100 S., mit DVD, ca. 39,90 Euro
ISBN 3-89842-728-5, Februar 2006

SUSE 10

www.galileocomputing.de

Sascha Kersken

SUSE 10

Das umfassende Handbuch

SUSE Linux 10 ist mehr als nur eine Windows-Alternative! Es basiert erstmals auf Novells Open-Source-Projekt openSUSE. Sascha Kersken bietet Ihnen in seinem Buch ein wirklich umfassendes Handbuch von A wie Admistration bis Z wie Zombie-Prozesse.

>> www.galileocomputing.de/1125

Das distributions-
unabhängige Handbuch

Inkl. Multiboot-DVD

Installation, Konfiguration,
Administration, Anwendung

1032 S., 2006, mit DVD, 39,90 Euro
ISBN 3-89842-677-7

Linux

www.galileocomputing.de

Johannes Plötner, Steffen Wendzel

Linux

Das distributionsunabhängige Handbuch

Dieses umfassende Handbuch bietet Ihnen nahezu vollständiges Linux-Wissen. Von der Administration des Systems, über die Shell, bis hin zur Netzwerkkonfiguration und Sicherheitsthemen und einem ausführlichen BSD-Teil werden Sie nichts missen. Das Buch ist geeignet für Nutzer aller gängigen Linux-Distributionen. Die beiliegende Multiboot-DVD enthält demnach auch eine große Auswahl an Linux-Systemen.
Dieses Buch ist konsequent praxisnah, immer verständlich und sehr gründlich in der Behandlung aller Themen. Sowohl Einsteiger als auch Profis werden von ihm profitieren.

>> www.galileocomputing.de/941

Überblick, Grundlagen, Profi-Tipps

Datensicherung, Systemwiederherstellung, Netzwerktechnik

Eigene Livesysteme erstellen

447 S., 2005, mit DVD, 29,90 Euro
ISBN 3-89842-631-9

Linux-Livesysteme

www.galileocomputing.de

Dr. Rainer Hattenhauer

Linux-Livesysteme

Knoppix, Ubuntu, Morphix, Kanotix, Mepis, Quantian & Co.

Dieses Buch trägt dem großen Interesse an einem umfassenden und auch für Profis interessanten Handbuch Rechnung. Es liefert einen Überblick über die aktuellen Livesysteme, erklärt die technischen Grundlagen und das ganze Potenzial von der Datensicherung bis zur Netzwerkintegration. Wer sein eigenes maßgeschneidertes Livesystem entwickeln möchte, wird hier mit den nötigen Anleitungen versorgt.

>> www.galileocomputing.de/976

Einführung, Praxis, Referenz

Bourne-, Korn- und Bourne-Again-Shell (Bash)

Inkl. grep, sed und awk

782 S., 2005, mit CD, 44,90 Euro
ISBN 3-89842-683-1

Shell-Programmierung

www.galileocomputing.de

Jürgen Wolf

Shell-Programmierung

Einführung, Praxis, Referenz

Von der Shellscript-Programmierung profitieren kann der einfache Linux-/UNIX-Anwender bis hin zum System-Administrator. Einfach jeder ambitionierte Linux-User. Dieses umfassende Handbuch bietet Ihnen einen detaillierten Einstieg, viele Praxisbeispiele und eine vollständige Referenz.
Aus dem Inhalt: Variablen, Parameter und Argumente, Kontrollstrukturen, Terminal Ein-/Ausgabe, Funkti-onen, Prozesses und Signale, Hinter den Kulissen, weitere Befehle, Fehlersuche, grep, sed und (n)awk (Reguläre Ausdrücke), Linux-/UNIX-Kommandoreferenz, Praxis & Rezepte, Shell-Kommandos (Referenz)

>> www.galileocomputing.de/1007

Webprogrammierung

Mark Lubkowitz

Webseiten programmieren und gestalten

2. Auflage

1150 S., 2. Auflage 2005
mit CD
39,90 Euro
ISBN 3-89842-557-6

Carsten Möhrke

Besser PHP programmieren

2. Auflage

701 S., 2., aktualisierte und erweiterte Auflage 2006
mit CD, 39,90 Euro
ISBN 3-89842-648-3

Kai Laborenz

CSS-Praxis

3. Auflage

563 S., 3., aktualisierte und erweiterte Auflage 2005, mit CD und Referenzkarte, 34,90 Euro
ISBN 3-89842-577-0

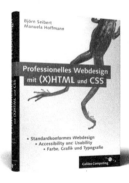

Björn Seibert, Manuela Hoffmann

Professionelles Webdesign mit (X)HTML und CSS

347 S., 2006, 29,90 Euro
ISBN 3-89842-735-8

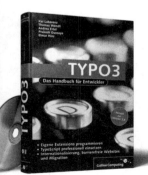

Kai Laborenz, Andrea Ertel, Prakash Dussoye, Thomas Wendt

TYPO3

Das umfassende Handbuch

708 S., 2005
mit CD und Referenzkarte
44,90 Euro
ISBN 3-89842-605-X

Softwareentwicklung

Christoph Kecher

UML 2.0

Das umfassende Handbuch

432 S., 2005, mit CD und Poster
29,90 Euro
ISBN 3-89842-573-8

Arnold Willemer

Einstieg in C++

2. Auflage

516 S., 2., aktualisierte und
erweiterte Auflage 2005
mit CD, 24,90 Euro
ISBN 3-89842-649-1

Jürgen Wolf

C von A bis Z

Der umfassende Einstieg

ca. 920 S., 2., aktualisierte und
erweiterte Auflage
mit CD und Referenzkarte, ca.
39,90 Euro
ISBN 3-89842-643-2, Januar 2006

Jürgen Wolf

Linux-Unix-Programmierung

Das umfassende Handbuch

1216 S., 2., aktualisierte und
erweiterte Auflage 2006, mit CD,
49,90 Euro
ISBN 3-89842-749-8

Ulrich Kaiser
Christoph Kecher

C/C++

**Von den Grundlagen zur
professionellen Programmierung**

1368 S., 3., durchgesehene
Auflage 2005
mit CD, 39,90 Euro
ISBN 3-89842-644-0

OpenOffice.org 2.0

Thomas Krumbein

OpenOffice.org 2.0 – Einstieg und Umstieg

Kompakte Einführung in alle Module, mit OpenOffice 2.0 auf CD

604 S., 2005, 2., aktualisierte und erweiterte Auflage
mit CD, 29,90 Euro
ISBN 3-89842-618-1

Jörg Schmidt

Tabellenkalkulation mit OpenOffice.org 2.0 – Calc

Inkl. OpenOffice 2.0 auf Buch-CD

456 S., mit CD
29,90 Euro
ISBN 3-89842-658-0

Thomas Krumbein

OpenOffice.org 2.0 automatisieren mit Basic/StarBasic

Einstieg, Praxis, Referenz, inkl. OpenOffice 2.0 auf Buch-CD

672 S., mit CD
39,90 Euro
ISBN 3-89842-657-2

Jacqueline Rahemipour

Textverarbeitung mit OpenOffice.org 2.0 – Writer

Inkl. OpenOffice 2.0 auf Buch-CD

501 S., 2006, mit CD, 24,90 Euro
ISBN 3-89842-659-9

Stefan Koehler, Andreas Mantke

Präsentationen mit OpenOffice.org 2.0 – Impress/Draw

Inkl. OpenOffice 2.0 auf Buch-CD

384 S., mit CD
29,90 Euro
ISBN 3-89842-660-2

Galileo Computing

**Hat Ihnen dieses Buch gefallen?
Hat das Buch einen hohen Nutzwert?**

Wir informieren Sie gern über alle
Neuerscheinungen von Galileo Computing.
Abonnieren Sie doch einfach unseren
monatlichen Newsletter:

www.galileocomputing.de

Professionelle Bücher. Auch für Einsteiger.